आदि तुर्क कालीन भारत

सेंटर ऑफ एडवांस्ड स्टडी इन हिस्ट्री, अलीगढ़ मुस्लिम यूनीवर्सिटी, अलीगढ़

आदि तुर्क कालीन भारत

(1206-1290)

(HISTORY OF EARLY TURKISH RULE IN INDIA)

समकालीन तथा निकट समकालीन इतिहासकारों द्वारा

(मिनहाज सिराज, ज़ियाउद्दीन बरनी, फ़ख़्रे मुदब्बिर,

सद्रे निज़ामी, अमीर ख़ुसरो, एसामी तथा इब्ने बतूता)

अनुवादक

सैयद अतहर अब्बास रिज़वी

एम.ए., पी-एच.डी.

राजकमल प्रकाशन

ISBN : 978-81-267-0974-8

मूल्य : ₹700

पहला संस्करण : 1956
राजकमल से पहली बार : 2005
चौथा संस्करण : 2020

प्रकाशक : राजकमल प्रकाशन प्रा. लि.
1-बी, नेताजी सुभाष मार्ग, दरियागंज
नई दिल्ली-110 002

शाखाएँ : अशोक राजपथ, साइंस कॉलेज के सामने, पटना-800 006
पहली मंजिल, दरबारी बिल्डिंग, महात्मा गांधी मार्ग, इलाहाबाद-211 001
36 ए, शेक्सपियर सरणी, कोलकाता-700 017

वेबसाइट : www.rajkamalprakashan.com
ई-मेल : info@rajkamalprakashan.com

मुद्रक : बी.के. ऑफसेट
नवीन शाहदरा, दिल्ली-110 032

AADI TURK KALEEN BHARAT
Translated by Saiyad Athar Abbas Rizvi

भूमिका

आदि तुर्क वंश के इस इतिहास में १२०६ ई० से १२९० ई० तक के समस्त प्रमुख फ़ारसी तथा अर्बी इतिहास ग्रन्थों का हिन्दी अनुवाद है। इसमें मिनहाज सिराज की तबक़ाते नासिरी तथा ज़ियाउद्दीन बरनी की तारीखे फ़ीरोज़शाही को मुख्य आधार माना गया है। मिनहाज सिराज तो समकालीन इतिहासकार है किन्तु ज़ियाउद्दीन बरनी कुछ बाद का। फिर भी बरनी का बड़ा ही महत्त्व है। तारीखे फ़ीरोज़शाही के अतिरिक्त किसी स्थान पर बल्बन तथा कैक़ुबाद का इतना विस्तृत उल्लेख नहीं मिलता।

दूसरे भाग में समकालीन इतिहासकारों की कृतियों का अनुवाद है। इनमें फ़खरे मुदब्बिर की तारीखे फ़खरुद्दीन मुबारकशाह, आदाबुल हर्ब वश्शुजाअत, सद्रे निजामी की ताजुल मआसिर, अमीर खुसरो के दीवाने वस्तुल हयात एवं क़ेरानुस्सादैन के संक्षिप्त तथा परमावश्यक अंशों का अनुवाद भी सम्मिलित है। बाद के केवल दो प्रमुख इतिहासकारों की रचनाओं के अनुवाद किये गये हैं एसामी की फ़ुतूहुस्सलातीन का और अर्बी में लिखी हुई इब्ने बतूता की यात्रा के वर्णन का। इतिहासकारों तथा उनकी कृतियों का परिचय अनुवाद के प्रारम्भ में दिया गया है। अनुवाद करते समय फ़ारसी से अँग्रेज़ी अनुवाद के सभी अच्छे प्रचलित नियमों को, जिनका पालन प्रसिद्ध इतिहासकार करते हैं, ध्यान में रखा गया है। भावार्थ के साथ शब्दार्थ को भी विशेष महत्त्व दिया गया है।

ज़ियाउद्दीन बरनी ने अपना इतिहास-ग्रंथ एक विशेष वातावरण में विशेष उद्देश्य से लिखा। एक एक वस्तु के गुण का उल्लेख चार-चार, छः-छः, समानार्थक शब्दों द्वारा किया गया है। इन शब्दों में किसी एक को छोड़ देने से मूल जैसा वातावरण न रह पाता। अतः प्रत्येक शब्द का अनुवाद किया गया है। तबक़ाते नासिरी के अनुवाद में अनावश्यक सम्मान-सूचक शब्द ही छोड़े गये हैं। ग्रन्थों के संक्षिप्त अनुवाद में मध्यकालीन भारतीय संस्कृति से सम्बंध रखने वाले आवश्यक उद्धरणों का विशेष ध्यान रखा गया है। क़ेरानुस्सादैन तथा फ़ुतूहुस्सलातीन की पृष्ठ-संख्या वाक्य के अन्त में कोष्ठ-बद्ध है। अन्य ग्रन्थों की पृष्ठ-संख्या अनुच्छेद के आरम्भ में ही कोष्ठ में लिख दी गई है। ताजुल मआसिर के अनुवाद में पृष्ठ संख्या इस लिये नहीं दी गई है कि इसका अनुवाद किसी सार्वजनिक पुस्तकालय की हस्तलिखित पोथी से नहीं किया गया है। दीवाने वस्तुल हयात की कविताओं का प्रकरण दिया है, पृष्ठ संख्या नहीं।

अङ्गरेज़ी अनुवाद के ग्रन्थों में पारिभाषिक शब्दों के अङ्गरेज़ी अनुवादों में दोष रह गये हैं। इस कारण मध्यकालीन भारतीय इतिहास में अनेक भ्रम-पूर्ण रूढ़ियों को आश्रय मिल गया है। इस प्रकार की त्रुटियों से बचने के उद्देश्य से पारिभाषिक और मध्यकालीन वातावरण के परिचायक शब्दों को मूल रूप में ही ग्रहण किया गया है। ऐसे शब्दों की व्याख्या पाद-टिप्पणियों में कर दी गई है। मिथ्या प्रवादों का विवेचन भी, समकालीन तथा उत्तरवर्ती इतिहासों के आधार पर, पाद टिप्पणियों में ही किया गया है। नगरों के नाम प्रायः मध्यकालीन फ़ारसी रूप में ही रहने दिये गये हैं। मुझे खेद है कि कुछ अत्यावश्यक व्याख्यायें इस लिए न की जा सकीं कि मैं विश्वविद्यालय से दूर रहा और मुझे अभीष्ट ज्ञापक ग्रंथ न मिल सके। यदि संभव हुआ तो बाद के संस्करण में इस न्यूनता को दूर कर दिया जायगा।

मेरी यह पुस्तक, खलजी कालीन भारत के प्रकाशित होने के पश्चात् एक वर्ष से अधिक समय बीत जाने पर, प्रकाशित हो रही है। तुग़लक़ कालीन भारत के इतिहास से सम्बन्धित मूल ग्रन्थों का अनुवाद दो भागों में तैयार है। इनमें इब्ने बतूता की महत्त्वपूर्ण भारतीय-यात्रा का विशद वर्णन भी सम्मिलित है। जहाँगीर के इतिहास से सम्बन्धित मूल ग्रन्थों का अनुवाद भी तैयार हो चुका है। इस अनुवाद में तुज़ुके जहांगीरी के पूरे अनुवाद का भी समावेश है। मध्यकालीन भारतीय इतिहास के आधारभूत, फ़ारसी तथा अर्बी के समकालीन इतिहासों का हिन्दी अनुवाद इस ग्रन्थ माला की बीस पुस्तकों में छापने का विचार है। इस योजना की रूप-रेखा मैंने बना ली है पर समझ में नहीं आता कि इन ग्रन्थों का प्रकाशन किस प्रकार हो सकेगा; होगा भी या नहीं।

प्रस्तुत इतिहास को प्रकाशित करने की स्वीकृति अलीगढ़ विश्वविद्यालय के इतिहास विभाग ने आज से ढाई वर्ष पहले दी थी। स्वीकृति के पश्चात् कई बार कुछ पृष्ठ छपे भी किन्तु कार्य आगे न बढ़ सका। बाधाएँ पड़ती गईं, अड़चनें आती गईं और मैं इसके प्रकाशन के सम्बन्ध में हताश सा हो गया। किन्तु अलीगढ़ विश्वविद्यालय के उपकुलपति डाक्टर ज़ाकिर हुसेन की असीम कृपा से प्रकाशन का कार्य फ़रवरी १९५६ के आते ही प्रारम्भ हो गया और लगभग डेढ़ मास में ही सम्पन्न हो गया। अलीगढ़ विश्वविद्यालय द्वारा खलजी कालीन भारत का प्रकाशन भी डाक्टर साहब की महती कृपा से ही सम्भव हुआ। डाक्टर साहब को राष्ट्र तथा राष्ट्र भाषा से विशेष प्रेम है। उनकी हार्दिक इच्छा है कि इस ग्रन्थ माला की सारी पुस्तकें अलीगढ़ विश्वविद्यालय के इतिहास विभाग द्वारा ही प्रकाशित हों किन्तु प्रशासिक तथा अन्य कठिनाइयों का समाधान तो ईश्वर के ही हाथ है। डाक्टर साहब की सुलभ कृपा के लिए मैं जितनी कृतज्ञता प्रकट करूँ, थोड़ी है।

इस माला की तैयारी में अलीगढ़ विश्वविद्यालय के इतिहास विभाग के प्रोफ़ेसर डा० नूरुल हसन एम० ए०, डी० फ़िल (आक्सन) द्वारा मुझे विशेष प्रेरणा मिली है। उन्होंने मेरी कठिनाइयों को दूर किया और अपने सत्परामर्श एवं मृदु आलोचना द्वारा मेरे कार्य को सुचारु बनाने की कृपा की। बहुमूल्य सुझावों और सामयिक प्रोत्साहन के लिए मैं उनका विशेष आभारी हूँ। पुस्तकों के मिलने की समस्त कठिनाइयाँ विश्वविद्यालय के पुस्तकालयाध्यक्ष प्रोफ़ेसर बशीरुद्दीन की उदार कृपा से दूर होती रहीं, या यों कहिए कि उनकी कृपा से मुझे पुस्तकों के मिलने में कठिनाई का अनुभव ही नहीं हुआ। उनको धन्यवाद देना मेरा परम कर्तव्य है। राजनीति विभाग के अध्यक्ष प्रोफ़ेसर मुहम्मद हबीब मेरी निरन्तर सहायता करते रहे हैं। इसके लिए मैं उनका आभारी हूँ। विश्वविद्यालय के इतिहास विभाग के अध्यक्ष प्रोफ़ेसर एस० ए० रशीद की मेरे ऊपर सर्वदा ही कृपा रही है। मैं उनका तथा रिसर्च और पब्लीकेशन कमेटी का भी आभारी हूं।

देहली विश्वविद्यालय के डाक्टर परमात्मा सरन ने तबक़ाते नासिरी के अनुवाद को पढ़ कर जो प्रशंसनीय सुझाव दिये उनके लिए मैं उनका परम कृतज्ञ हूं। आदर्श प्रेस के स्वामी श्री बद्री प्रसाद शर्मा ने अपने कर्मचारियों के सहयोग से इस पुस्तक की छपाई में जिस परिश्रम और उत्साह को प्रदर्शित किया है उसके लिये मैं उनका आभारी हूँ। पुस्तक के छपने के समय मैं दो मास के लिए एक परिचर्चा (सेमीनार) में भूपाल चला गया था और समयाभाव के कारण अन्तिम प्रूफ़ भी मुझे न भेजे जा सकते थे। प्रूफ़ और छपाई की सारी देख भाल मेरे मित्र श्री श्रवणकुमार श्रीवास्तव एम० ए०, एल० टी०, राजकीय हायर से० स्कूल, अलीगढ़ द्वारा बड़ी संलग्नता से होती रही। पुस्तक की नामानुक्रमणिका भी उन्हीं के द्वारा तैयार हुई। इसके

लिए मैं उन्हें विशेष धन्यवाद बेता हूँ। मूल-लिपि कहीं-कहीं अस्पष्ट थी इस कारण यदाकदा छपाई में कुछ भूलें रह गई हैं। यदि मैं अन्तिम प्रूफ़ देख पाता तो यह भूलें अवश्य दूर हो जातीं। वैसे तो यह भूलें ऐसी हैं जिनका पुस्तक पर कोई विशेष प्रभाव नहीं पड़ा है।

इस अवसर पर मैं खलजी कालीन भारत के समालोचकों के प्रति भी अपनी कृतज्ञता प्रकट करना चाहता हूं। प्रत्येक ने मुझे बड़ा ही प्रोत्साहन दिया है। स्वर्गीय डाक्टर अमरनाथ झा ने रुग्णावस्था में भी पुस्तक की उपयोगिता के सम्बन्ध में मुझे पत्र लिखने की कृपा की। सागर विश्वविद्यालय के उपकुलपति डा० रामप्रसाद त्रिपाठी ने लिखा है—'मुस्लिम इतिहास के अन्य कालों पर भी यदि इस प्रकार की पुस्तकें प्रकाशित हो जाएँ तो मैं आशा करता हूं कि इलियट व डाउंसन की प्रसिद्ध कृतियों की आवश्यकता ही न रहेगी।' मैं अपनी पुस्तक के सभी समालोचकों का कृतज्ञ हूं।

अपने इस कार्य में मुझे अपने सभी मित्रों से हर प्रकार की सहायता मिलती रही है। जिस किसी कालिज में मैं रहा उसी के हिन्दी तथा संस्कृत के आचार्यों ने मेरा हाथ बँटाया। स्थानाभाव के कारण मैं उनके नाम नहीं लिख सका हूं किन्तु मुझे विश्वास है कि वे अपने प्रति मेरे भावों से परिचित हैं।

राजकीय इण्टर कालिज,
बुलन्दशहर,
मार्च, १९५६

सैयिद अतहर अब्बास रिज़वी
एम० ए०, पी-एच० डी०
यू० पी० एजूकेशनल सर्विस

विषय-सूची

भाग 'अ'

भाग 'ब'

भाग 'स'

———

भाग अ

मुख्य समकालीन तथा निकट समकालीन इतिहासकार

मिनहाज सिराज

(क) तबक़ाते नासिरी

ज़ियाउद्दीन बरनी

(ख) तारीख़े फ़ीरोज़शाही

तबक़ाते नासिरी

मिनहाज सिराज

(१)

तबक़ाते नासिरी का लेखक अबू उमर मिनहाजुद्दीन उस्मान बिन (पुत्र) सिराजुद्दीन मुहम्मद जूज़जानी का जन्म ५८९ हि० (११९३ ई०) में हुआ होगा, इस लिये कि ६०७ हि० (१२१०-११ ई०) में जब उसने फ़ीरोज़कोह में मलिक रुक्नुद्दीन महमूद से भेंट की, तब उसकी अवस्था १८ वर्ष की थी। उसके पिता को मुइज़्ज़ुद्दीन मुहम्मद बिन (पुत्र) साम ने ५८२ हि० (११८६-८७ ई०) में हिन्दुस्तान की सेना का क़ाज़ी[1] नियुक्त किया था। मिनहाजुद्दीन का पालन-पोषण ग़यासुद्दीन मुहम्मद बिन साम (ग़ोर का सुल्तान ११६२-१२०२ ई०) की पुत्री शाहज़ादी माहे मुल्क, ने किया था। ६२२ हि० (१२२५ ई०) तथा ६२३ हि० (१२२६ ई०) में वह ग़ोर से सुल्तान ताजुद्दीन नियाल्तिगीन के पास नीमरोज़ में दूत बनाकर भेजा गया।

६२३ हि० (१२२६ ई०) में वह हिन्दुस्तान की ओर रवाना हो गया। ग़ज़नी तथा बामियान के मार्ग से मंगलवार २६ जमादी-उल-अव्वल ६२४ हि० (१४ मई १२२७ ई०) को वह उच्च पहुँचा और ज़िलहिज्जा ६२४ हि० (नवम्बर १२२७ ई०) में मदरसये फ़ीरोज़ी[2] उसको सौंप दिया गया।[3] पहली रबी-उल-अव्वल ६२५ हि० (९ फ़रवरी १२२८ ई०) को वह सुल्तान शम्सुद्दीन इल्तुतमिश की सेवा में उपस्थित हुआ। सुल्तान शम्सुद्दीन उस समय नासिरुद्दीन क़ुबाचा से युद्ध करने के लिये वहाँ गया था। सुल्तान के देहली वापस लौटने के समय वह भी उसके साथ देहली की ओर चल पड़ा और रमज़ान ६२५ हि० (अगस्त-सितम्बर १२२८ ई०) में वह देहली पहुँच गया।[4] ६२९ हि० (१२३१-३२ ई०) में सुल्तान शम्सुद्दीन ने ग्वालियर पर आक्रमण किया। मिनहाज भी उसी वर्ष रमज़ान मास (जून-जूलाई) में ग्वालियर पहुँचा। उसे सुल्तानी शिविर में रमज़ान तथा ज़िलहिज्जा और मुहर्रम मास के प्रथम दस दिनों में प्रत्येक दिन तज़्कीर[5] करने के लिये नियुक्त किया गया। अन्य महीनों में वह सप्ताह में तीन बार तज़्कीर किया करता था। इस समय उसने पिचानवे तज़्कीरें कीं। ग्वालियर की विजय

---

१ देहली के सुल्तानों के राज्य में धर्म सम्बन्धी सभी प्रबन्ध सद्रुस्सुदूर के अधीन होते थे। वह राज्य का क़ाज़िये ममालिक अथवा मुख्य न्यायाधीश भी होता था। उसका विभाग 'दीवाने क़ज़ा' कहलाता था। उसकी सहायता के लिए क़ाज़ी नियुक्त होते थे। दुराचार तथा कुकर्मों को रोकने के लिये मुह्तसिब नियुक्त किये जाते थे।

२ फ़ीरोज़ी विद्यालय।

३ तबक़ाते नासिरी (कलकत्ता संस्करण १८६४ ई०) पृष्ठ १४४, १७२

४ तबक़ाते नासिरी पृष्ठ १७२, १७४।

५ तज़्कीर:—एक प्रकार का धर्मोपदेश। युद्ध आदि संकटों के समय इसका विशेष महत्व समझा जाता था। इसमें इस्लामी इतिहास से ऐसी बातें प्रस्तुत की जाती थीं जिन्हें सुनकर लोग ईश्वर पर विश्वास करके प्रत्येक कठिनाई का सामना करने को तैयार हो जाते थे।

के उपरान्त मिनहाज सिराज को ग्वालियर की क़ज़ा, ख़िताबत, इमामत[१], एहतिसाब[२] तथा समस्त शरई[३] कार्यों की देखभाल सौंपी गई[४]।

शाबान ६३५ हि० (मार्च-अप्रैल १२३८ ई०) में मिनहाज ग्वालियर से देहली पहुँचा। सुल्तान रज़िया ने जो उस समय राज-सिंहासन पर विराजमान थी, मदरसये नासिरिया का प्रबन्ध उसको सौंप दिया। ग्वालियर का क़ज़ा विभाग भी उसी के अधीन रहा।[५] ऐसा ज्ञात होता है, कि वह ग्वालियर की क़ज़ा का प्रबन्ध अपने नायबों द्वारा कराता होगा। सुल्तान रज़िया के क़ैद हो जाने और मुइज़्ज़ुद्दीन बहरामशाह के सिंहासन पर विराजमान होने के पश्चात् मिनहाज ने सुल्तान मुइज़्ज़ुद्दीन बहराम को बधाई देते हुये एक कविता पढ़ी।[६] ६३९ हि० (१२४१-४२ ई०) में मुग़लों के उत्पात के बढ़ जाने के कारण सुल्तान मुइज़्ज़ुद्दीन बहरामशाह ने देहली के निवासियों को सफ़ेद राजभवन में एकत्र किया। सुल्तान के आदेशानुसार इस अवसर पर मिनहाज सिराज ने सर्वसाधारण की शान्ति के लिये तज़्कीर की।[७] जब अमीरों ने सुल्तान मुइज़्ज़ुद्दीन के विरुद्ध षड्यन्त्र प्रारम्भ कर दिया तब भी मिनहाज ने अमीरों को शान्त करने का विशेष प्रबन्ध किया।[८] ७ ज़ीक़ाद ६३९ हि० (९ मई १२४२ ई०) को मिनहाज़ पर भी आक्रमण हुआ किन्तु वह बच गया।[९] ८ ज़ीक़ाद ६३९ हि० (१० मई १२४२ ई०) को जब सुल्तान अलाउद्दीन मसऊदशाह बिन (पुत्र) फ़ीरोज़शाह राजसिंहासन पर आरूढ़ हुआ तो मिनहाज ने क़ाज़ी के पद से त्याग-पत्र दे दिया और ९ रजब ६४० हि० (२ जनवरी १२४३ ई०) को वह देहली से लखनौती की ओर चल दिया। बदायूँ में ताजुद्दीन क़ुतलुग़ ने और अवध में क़मरुद्दीन क़ीरान ने उसे विशेष प्रोत्साहन दिया। उसी समय तुग़ान खाँ इज़्ज़ुद्दीन बिन (पुत्र) तुग़रिल लखनौती का मलिक (शासक) कड़ा पहुँच चुका था। मिनहाज उसकी सेवा में उपस्थित हुआ और उसके साथ ७ ज़िलहिज्जा ६४० हि० (२८ मई १२४३ ई०) को लखनौती पहुँच गया।[१०] २ वर्ष पश्चात् जब तुग़ान खाँ को लखनौती छोड़ना पड़ा तो वह भी उसके साथ १४ सफ़र ६४३ हि० (११ जूलाई १२४५ ई०) को देहली लौट आया। १७ सफ़र ६४३ हि० (१४ जूलाई १२४५ ई०) को उलुग़ खाँ की सिफ़ारिश से मदरसये नासिरिया का प्रबन्ध तथा उससे सम्बन्धित वक़्फ़ की देखभाल भी उसके सिपुर्द करदी गई। इसके साथ-साथ उसे घोड़ा तथा खिलअत[११] भी प्राप्त हुए। इससे पूर्व यह वस्तुयें उसकी श्रेणी के किसी पदाधिकारी को कभी न मिली थीं।[१२] जब

---

१ इमाम के कर्तव्य :—इमाम नमाज़ तथा मस्जिदों का प्रबन्ध करता था। ख़तीब सुल्तान के नाम का ख़ुत्बा पढ़ता था। क़ाज़ी का विभाग क़ज़ा कहलाता था। ख़तीब का कार्य ख़िताबत कहलाता था।

२ मुहतसिब के कर्तव्यों से सम्बन्धित कार्य। एक ही व्यक्ति को इतने भिन्न-भिन्न पद, केवल तुर्कों के राज्य के प्रारम्भ ही में प्रदान किये जाते थे।

३ इस्लामी नियमों को शरा कहते है। शरा से सम्बन्धित कार्य शरई कार्य कहलाते हैं। इसके मुख्य आधार क़ुरान तथा हदीस हैं।

४ तबक़ाते नासिरी पृष्ठ १७३–१७५।

५ ,, ,, पृष्ठ १८८।

६ ,, ,, पृष्ठ १९१।

७ ,, ,, पृष्ठ १९५।

८ ,, ,, पृष्ठ १९६।

९ ,, ,, पृष्ठ १९७।

१० ,, ,, पृष्ठ १९८।

११ वह वस्त्र जो सुल्तानों की ओर से इनाम में दिया जाता था। यह प्रायः बड़ा बहुमूल्य होता था।

१२ तबक़ाते नासिरी पृष्ठ २००।

सुल्तान नासिरुद्दीन राजसिंहासन पर आरूढ़ हुआ तो मिनहाज के भाग्य का सितारा चरम सीमा पर पहुँच गया। उलुग़ ख़ाँ को, जो उसका विशेष आश्रयदाता था, राजकाज के समस्त अधिकार प्राप्त हो गये थे। वह मिनहाज सिराज को विशेष प्रोत्साहन देता था। उसने अपने इतिहास में प्रत्येक स्थान पर ख़ान की भूरि भूरि प्रशंसा की है।[1] ६४७ हि० (१२४९-५० ई०) में उसे अपनी बहिन के, जो कि ख़ुरासान में थी, कष्टों की सूचना मिली। उसने उलुग़ ख़ाँ की सेवा में उसके कष्टों का वृत्तांत दिया। ख़ान ने उसे एक घोड़ा और खिलअत तथा गाँव प्रदान किये। उलुग़ ख़ाँ ने सुल्तान से भी उसकी सिफ़ारिश की। सुल्तान ने उसे ४० ग़ुलाम तथा १०० ख़च्चर प्रदान किये। मिनहाज ने यह सब सामान ख़ुरासान भेजने हेतु २९ ज़िलहिज्जा ६४७ हि० (४ अप्रैल १२५० ई०) को देहली से मुल्तान की ओर प्रस्थान किया। ६ रबी-उल-अव्वल ६४८ हि० (८ जून १२५० ई०) को वह मुल्तान पहुँचा और वहाँ से सब सामान ख़ुरासान भिजवाया। २२ जमादी-उल-आख़िर ६४८ हि० (२२ सितम्बर १२५० ई०) को वह देहली वापस आया। १० जमादी-उल-अव्वल ६४९ हि० (३१ जूलाई १२५१ ई०) को उसे क़ाज़िये-ममालिक का पद प्रदान हुआ,[2] किन्तु इसी बीच में एमादुद्दीन रैहान के षड्यन्त्र के फलस्वरूप उलुग़ ख़ाँ को समस्त अधिकारों से वंचित कर दिया गया। रजब ६५१ हि० (अगस्त-सितम्बर १२५३ ई०) में मिनहाज सिराज से भी उसका पद लेकर क़ाज़ी शम्सुद्दीन बहराइची को दे दिया गया,[3] किन्तु ९ ज़िलहिज्जा ६५२ हि० (२० जनवरी १२५५ ई०) को उलुग़ ख़ाँ को फिर से पहले की भाँति अधिकार प्राप्त हो गये[4]। मिनहाज ने इस बीच में उलुग़ ख़ाँ के अन्य सहायकों के समान बहुत कष्ट भोगे। ७ रबी उल-अव्वल ६५३ हि० (१६ अप्रैल १२५५ ई०) को वह तीसरी बार राज्य के क़ाज़ी के पद पर नियुक्त हुआ।[5]

उसने शव्वाल ६५८ हि० (सितम्बर-अक्तूबर १२६० ई०) तक का हाल अपने इतिहास में लिखा है, यद्यपि वह इसके उपरान्त भी जीवित रहा, किन्तु उसने अपने इतिहास में इस तिथि के बाद का कोई हाल नहीं लिखा। बरनी ने उसका नाम बल्बन के राज्य-काल के उन आलिमों की सूची में लिखा है, जो शम्सी काल में भी विद्यमान थे[6]।

मिनहाज अपने समय का बहुत बड़ा विद्वान था। जब वह ग्वालियर से देहली की ओर जाने लगा, तो ताजुद्दीन संजर ने उसकी पुस्तकों के दो बकस ग्वालियर से महाबन पहुंचाये[7]। इससे ज्ञात होता है कि वह अपने साथ पुस्तकों की बहुत बड़ी संख्या हिन्दुस्तान लाया था। अधिकतर तुर्क अमीर उसके मित्र थे। इसी कारण सुल्तान शम्सुद्दीन की मृत्यु के पश्चात् जो उथल पुथल हुई और जल्दी-जल्दी सुल्तान बदले, उससे उसे कोई विशेष हानि नहीं पहुँची। उलुग़ख़ाँ की कृपा से वह राज्य का सर्वोच्च पदाधिकारी बन गया था।

तबक़ाते नासिरी, जो सुल्तान नासिरुद्दीन महमूदशाह को समर्पित की गई, निम्नाँकित २३ तबक़ों (अध्याय) में विभाजित है: (१) आदम से मुहम्मद साहब तक का हाल (२) प्रथम चार ख़लीफ़ा (३) बनी उमय्या (४) बनी अब्बास (५) प्रारम्भ के ईरानी बादशाह (६) तुब्बा तथा यमन के बादशाह (७) ताहिरी वंश (८) सफ़्फ़ारी वंश (९) सामानी वंश

१ तबक़ाते नासिरी पृष्ठ २८६।
२ ,, ,, पृष्ठ २९६।
३ ,, ,, पृष्ठ २९८-२९९।
४ ,, ,, पृष्ठ ३०३।
५ ,, ,, पृष्ठ ३०४।
६ ज़ियाउद्दीन बरनी तारीख़े फ़ीरोज़शाही (कलकत्ता) पृष्ठ १११।
७ तबक़ाते नासिरी पृ० २५६

(१०) दैलिमी वंश (११) सुबक्तिगीन का वंश (१२) सल्जूक़ वंश (१३) संजर वंश (१४) नीमरोज़ तथा सीस्तान के बादशाह (१५) कुर्द वंश (१६) ख्वारज़्म शाहों का हाल (१७) शंसबानी तथा ग़ोर (१८) तुख़ारिस्तान के शंसबानी (१९) ग़ज़नी के शंसबानी (२०) हिन्दुस्तान के मुइज़्ज़ी सुल्तान (२१) हिन्दुस्तान के शम्सी सुल्तान (२२) शम्सी मलिक (२३) इस्लाम पर संकट तथा मुग़लों के आक्रमण।

इस प्रकार इस इतिहास में आदम से लेकर लेखक के समय तक के संसार के प्रत्येक उन भागों के सुल्तानों का हाल है जिनके विषय में उस समय के विद्वानों को ज्ञान था। मिनहाज ने सुल्तान शम्सुद्दीन इल्तुतमिश के राज्यकाल से लेकर सुल्तान नासिरुद्दीन के राज्यकाल के पन्द्रहवें वर्ष तक का हाल अपनी जानकारी के आधार पर लिखा है। ग्वालियर से देहली पहुँचने के उपरान्त वह केवल ९ रजब ६४० हि० से १४ सफ़र ६४३ हि० तक दरबार से पृथक् रहा, किन्तु इस समय उसने देहली से लखनौती तक की यात्रा की। इस प्रकार उसे उत्तरी भारत की पश्चिमी सीमा से पूर्वी सीमा तक के सभी स्थानों के विषय में पूरी जानकारी हो गई थी। उसने बंगाल के इतिहास के विषय में जो कुछ लिखा है वह उसे स्थानीय लोगों से ज्ञात हुआ था। उसने उन समस्त लोगों के नाम लिखे हैं जिनके द्वारा उसे बंगाल का हाल ज्ञात हुआ। कई चढ़ाइयों के समय वह सेना के साथ गया था। उसने इनका हाल अपनी जानकारी के आधार पर लिखा है। क़ाज़िये ममालिक तथा देहली के मुख्य मदरसे का अध्यक्ष होने के कारण उसे राज्य की लगभग सभी घटनाओं का हाल ज्ञात होता रहता था।

मलिकों से घनिष्ठ सम्बन्ध होने के कारण उसने अपने इतिहास में सुल्तानों के साथ-साथ मलिकों तथा अमीरों का हाल भी लिखा है। बहुत सी घटनायें उसे भिन्न-भिन्न अमीरों के वृत्तान्त में कई-कई बार लिखनी पड़ीं किन्तु इससे हमें उस समय के अमीरों के चरित्र, षड्यंत्र, विद्या तथा धर्म से प्रेम और अनेक ऐसी बातों का ज्ञान प्राप्त होता है जो हिन्दुस्तान के अन्य मध्यकालीन इतिहासों में बहुत कम मिलती हैं। उसने एक प्रकार से इस क्षेत्र के बाद के लेखकों का पथ-प्रदर्शन किया। बरनी ने अमीरों तथा सुल्तानों के अतिरिक्त अन्य लोगों का वृत्तान्त सम्भवतः उसी से प्रभावित हो कर दिया है।

मिनहाज सिराज क़ज़ा तथा हिस्बा का अध्यक्ष था। वह एक धर्मनिष्ठ मुसलमान था, किन्तु उसके इतिहास से किसी स्थान पर भी उस धार्मिक कट्टरपन का पता नहीं चलता, जो ज़ियाउद्दीन बरनी के प्रत्येक ग्रन्थ में प्रतीत होता है। उसने विद्रोही हिन्दू राजाओं की निन्दा की है, किन्तु विद्रोही मुसलमान अमीरों की भी किसी स्थान पर प्रशंसा नहीं की। उसका विचार था कि समस्त अधिकार उच्च वंश के तुर्कों तथा ताजीकों को प्राप्त होने चाहिये। एमादुद्दीन रैहान के अधिकार-सम्पन्न हो जाने से उसे विशेष कष्ट भोगने पड़े। रैहान के कारण उसके स्वामी उलुग़ खाँ का ह्रास हुआ था अतः एमादुद्दीन रैहान की निन्दा करना उसके लिये स्वाभाविक था। उसने इस बात पर विशेष बल दिया है कि एमादुद्दीन रैहान में जो अवगुण थे उनका विशेष कारण यह था कि वह तुर्क-वंशीय न था वरन् एक हिन्दुस्तानी था। अतः इसे मिनहाज सिराज का नहीं, अपितु उसके समय की विशेष परिस्थिति का कारण समझना चाहिये।

मिनहाज सिराज ने अपने इतिहास में बड़ी सरल भाषा का प्रयोग किया है। समस्त घटनाओं का क्रमानुसार उल्लेख किया है। तबक़ाते नासिरी के पढ़ने से पता चलता है कि मिनहाज सिराज में ऐतिहासिक घटनाओं को समझने तथा उनका उल्लेख करने की बड़ी योग्यता थी। समकालीन राजनीति के विषय में भी उसने कहीं-कहीं अपने विचार प्रकट किये हैं। रुक्नुद्दीन की हत्या के उल्लेख के उपरान्त वह लिखता है, "बादशाहों में सभी बातें

विद्यमान होनी चाहिये, जिससे प्रजा तथा लाव लश्कर सन्तुष्ट रह सके। भोग-विलास तथा दुष्टों एवं दुराचारियों से मेल के कारण राज्य का पतन हो जाता है।" रज़िया के विषय में वह लिखता है, "उसमें बादशाहों के योग्य संचित सभी गुण थे किन्तु भाग्य ने उसे पुरुष न बनाया था, अतः उसके समस्त गुण उसके लिये कुछ भी लाभप्रद न हो सकते थे।"[१]

वह कवि भी था। सुल्तान मुइज़्ज़ुद्दीन बहरामशाह के सिंहासनारोहण की बधाई[२] तथा सुल्तान नासिरुद्दीन के राज्याभिषेक[३] के समय जिन कविताओं की उसने रचना की, उन्हें उसने तबक़ाते नासिरी में नक़ल भी कर दिया है। उसने "नासिरी नामा"[४] नामक एक अन्य कविता की भी रचना की जो अब अप्राप्य है। इसमें तिलसंदा नामक क़िले पर शाही सेना के प्रस्थान, उलुग़ ख़ाने मुअज़्ज़म के पौरुष्य एवं वीरता तथा दलकीओ मलकी की पराजय का उल्लेख है। इस कविता की चर्चा मिनहाज सिराज ने अपने इतिहास में अन्य स्थानों पर भी की है। सम्भव है कि इस कविता के प्राप्त हो जाने पर दलकीओ मलकी के विषय में निश्चित रूप से कोई प्रकाश डाला जा सके।

तबक़ाते नासिरी की हस्तलिखित प्रतियाँ योरुप तथा भारतवर्ष के भिन्न-भिन्न पुस्तकालयों में पाई जाती हैं। भारतवर्ष से सम्बन्धित तथा मंगोलों का इतिहास कलकत्ते से (बिबलियोथिका इण्डिका) १८६३—६४ ई० में प्रकाशित हो चुका है। सातवें तबक़े से अन्त तक का अँगरेज़ी अनुवाद एच० जी० रैवर्टी ने किया था, जो कलकत्ते से (बिबलियोथिका इण्डिका) १८७३—८१ ई० में प्रकाशित हुआ। ईलियट और डाउसन के इतिहास की दूसरी पुस्तक में पृष्ठ २५९—३८३ में तबक़ाते नासिरी के भारतवर्ष से सम्बन्धित वृत्तान्त का संक्षिप्त अँगरेज़ी अनुवाद वर्त्तमान है। कलकत्ते में छपी हुई पुस्तक के पृष्ठ १३७-३२४ (तबक़ा २०-२२ तक) का हिन्दी अनुवाद आगे के पृष्ठों में दिया जा रहा है।[५]

---

१ तबक़ाते नासिरी पृष्ठ १८४, १८५।

२ तबक़ाते नासिरी पृष्ठ १९१, १९२।

३ तबक़ाते नासिरी पृष्ठ २०२-२०५।

४ तबक़ाते नासिरी पृष्ठ २१०-११।

५ छपाई तथा संकलन की अनेक अशुद्धियाँ कलकत्ते की छपी हुई पुस्तक में विद्यमान हैं। रैवर्टी ने अंगरेज़ी अनुवाद में इन अशुद्धियों को ठीक किया है, किन्तु फिर भी बहुत सी अशुद्धियाँ रह गई हैं। इस अनुवाद में स्थानों तथा व्यक्तियों के शुद्ध नाम लिखने का प्रयत्न किया गया है और विशेष अशुद्धियों के विषय में टिप्पणियाँ भी दी गई हैं।

(२)

बीसवाँ तबक़ा[1]

हिन्दुस्तान के मुइज़्ज़िया सुल्तान

सुल्तान क़ुतुबुद्दीन ऐबक अल-मुइज़्ज़ी

(१३७) सुल्तान क़ुतुबुद्दीन ऐबक "हातिम द्वितीय" बड़ा ही वीर एवं दानशील बादशाह था। ईश्वर ने उसे ऐसी वीरता तथा दानशीलता प्रदान की थी, कि संसार में पूरब अथवा पश्चिम, किसी दिशा का भी बादशाह उसका सामना न कर सकता था।

(१३८) जब भगवान् अपने किसी दास को लोगों की दृष्टि में सम्मानित तथा प्रतिष्ठित बनाना चाहता है, तो वह उसमें दानशीलता तथा वीरता उत्पन्न कर देता है, जिससे वह शत्रुओं से युद्ध कर सके तथा मित्रों को अपनी उदारता से प्रभावित कर सके। इसी प्रकार इस कृपालु तथा वीर बादशाह ने अपने प्रयास तथा दान से हिन्दुस्तान को अपने मित्रों से परिपूर्ण, तथा शत्रुओं से रिक्त कर दिया। उसका दान भी लाखों तक और रक्तपात भी लाखों की संख्या तक पहुँच जाता था अतएव इमाम मलेकुल कलाम बहाउद्दीन उशी ने इस दानी बादशाह के विषय में इस प्रकार कहा है :

वास्तव में संसार में तू लाखों दान कर देता है।
तेरे हाथ ने खान के कार्य को निर्जीव कर दिया है।
तेरे हाथ पर ईर्ष्या करते-करते खान का हृदय रक्त बन गया है।
इस उपाय से उसने लाल उत्पन्न करने प्रारम्भ कर दिये।

प्रारम्भ में जब सुल्तान क़ुतुबुद्दीन को तुर्किस्तान से लाया गया तो वह नीशापुर पहुँचा। फ़ख़रुद्दीन अब्दुल अज़ीज कूफ़ी ने, जो कि इमामे आज़म अबू हनीफ़ा कूफ़ी[2] का वंशज तथा नीशापूर और उसके आसपास के स्थानों का अधिकारी था, उसे ख़रीद लिया। उसने उसकी सेवा में उसके पुत्रों के साथ क़ुरान पढ़ने और घुड़सवारी तथा तीर चलाने की शिक्षा ग्रहण की। थोड़े ही समय में वह अपने साहस तथा वीरता के लिये प्रसिद्ध हो गया। जब वह युवावस्था को प्राप्त हुआ तो व्यापारी उसको ग़ज़नी के दरबार में लाये। सुल्तान ग़ाज़ी मुइज़्ज़ुद्दीन मुहम्मद साम ने उसे व्यापारियों से ख़रीद लिया। यद्यपि उसमें नाना प्रकार के प्रशंसनीय गुण विद्यमान थे किन्तु वह देखने में रूपवान न था और उसके हाथ की छोटी अँगुली कटी हुई थी। इसी कारण उसे ऐबके[3] शल कहा जाता था।

---

१ अध्याय

२ अलनोमान बिन साबित अबू हनीफ़ा को कूफ़े तथा बग़दाद में उन्नति प्राप्त हुई। इनकी मृत्यु ७६७ ई० में हुई। वे प्रारम्भ में एक व्यापारी थे। हिन्दुस्तान के बहुधा सुन्नी मुसलमान इनके धर्म विधान के अनुयायी हैं। इन्होंने मुहम्मद साहब की शिक्षा तथा क़ुरान में बताये हुये नियमों के आधार पर इस्लाम की शिक्षाओं को कट्टरपन से पृथक् होकर समझाने का प्रयत्न किया है।

३ होदीवाला ने अपनी पुस्तक Studies in Indo-Muslim History (बम्बई १९३९ ई०) में इस शब्द की पूरी तरह समीक्षा करके यह सिद्ध किया है कि ऐबक समस्त नामों की भाँति एक नाम था। (पृष्ठ २०४) तबक़ाते नासिरी में ही अनेक ऐबक नामक पुरुषों का उल्लेख है।

उस समय सुल्तान मुइज्जुद्दीन कभी-कभी भोग विलास में ग्रस्त हो जाया करता था। एक रात उसने एक समारोह का आयोजन किया। उस जश्न में उसने अपने सभी दासों को सोना, चाँदी तथा सोने चाँदी के सिक्के प्रदान किये।

(१३६) जब क़ुतुबुद्दीन को इनाम प्राप्त हुआ, तो उसने वह सारा धन तुर्कों, द्वारपालों, फ़र्राशों तथा अन्य कर्मचारियों को बाँट दिया, यहाँ तक कि उसके पास कुछ भी शेष न रहा। दूसरे दिन सुल्तान को यह समाचार मिला। उसने उस पर विशेष कृपा दृष्टि दिखाते हुये उसे अपना विश्वासपात्र बना लिया। उसे राज्य में उच्च पद तथा दरबार में सम्मान प्रदान किया। वह एक उच्च पदाधिकारी तथा सरख़ेल[1] हो गया। दिन प्रतिदिन उसको अधिक सम्मान प्राप्त होने लगा। सुल्तान की कृपा दृष्टि की छाया में उसका पद बढ़ता गया यहाँ तक कि वह अमीर आख़ूर[2] हो गया। जब वह इस पद पर विराजमान था, तो ग़ोर, ग़ज़नी तथा बामियान के सुल्तानों को ख़ुरासान पर सुल्तान शाह के विरुद्ध युद्ध करने के लिये चढ़ाई करनी पड़ी। क़ुतुबुद्दीन पायगाह[3] के अधिकारियों का अफ़सर था और उसे घोड़ों के घास दाने की खोज में जाना पड़ता था। एक दिन सुल्तान शाह के सवारों से उसकी मुठभेड़ हो गई। क़ुतुबुद्दीन ने बड़ी वीरता दिखाई, किन्तु उसके सवारों की संख्या बहुत कम थी, अतः उसे बन्दी बना लिया गया। उसे सुल्तान शाह के सम्मुख प्रस्तुत किया गया। सुल्तान ने उसे क़ैद कर देने की आज्ञा दे दी।

सुल्तान शाह तथा ग़ोर और ग़ज़नी के सुल्तानों के युद्ध में, सुल्तान शाह पराजित हुआ। सुल्तान के दासों ने क़ुतुबुद्दीन को, जिस प्रकार वह लोहे में जकड़ा हुआ था, बिल्कुल उसी तरह ऊँट पर बैठा कर सुल्तान ग़ाज़ी की सेवा में प्रस्तुत किया। सुल्तान ने उसको सम्मानित किया और ग़ज़नी वापस होने पर कोहराम की अक़्ता[4] उसे प्रदान करदी। वहाँ से वह मेरठ की ओर रवाना हुआ। ५८७ हि० (११९१ ई०) में उसने मेरठ पर अधिकार जमा लिया। मेरठ से सन् ५८८ हि० (११९२ ई०) में चल कर उसने देहली पर क़ब्ज़ा कर लिया।

(१४०) सन् ५९० हि० (११९४ ई०) में क़ुतुबुद्दीन ने सुल्तान की अधीनता में सालार इज्जुद्दीन हुसेन ख़ुरमेल के साथ बनारस के राजा जयचन्द पर चन्दवाल में आक्रमण कर दिया। वे दोनों मुक़द्दमे[5] की सेना के अधिकारी थे। उन्होंने उसे पराजित कर दिया।

तत्पश्चात् सन् ५९१ हि० (११९४-९५ ई०) में थनकिर का विजय कर लिया। ५९३ हि० (११९६-९७ ई०) में क़ुतुबुद्दीन ने नहरवाले पर आक्रमण करके राय भीमदेव

---

१ सवारों के एक दस्ते का अफ़सर सरख़ेल कहलाता था। सरख़ेलों का अफ़सर सिपहसालार कहलाता था। अमीरों का अफ़सर मलिक कहलाता था। मलिकों का अफ़सर ख़ान कहलाता था। (बरनी, तारीख़े फ़ीरोज शाही पृष्ठ १४५)।

२ अमीर आख़ूरः—शाही अस्तबल का अधिकारी।

३ शाही अस्तबल।

४ अक़्ता का अनुवाद प्रायः जागीर किया जाता है, किन्तु यह उचित नहीं। यह शब्द आरम्भ में मध्य ऐशिया के राज्यों में प्रयोग में आता था। वहाँ से तुर्कों ने इसे ग्रहण किया। सल्जूक़ तथा ख़्वारज़्मी इतिहासों से ज्ञात होता है कि अक़्ता के स्वामी बड़े-बड़े सैनिक होते थे। सेना का प्रबन्ध करने के लिए उन्हें भूमि प्रदान की जाती थी। भूमि कर से सेना का प्रबन्ध होता था। सेना का प्रबन्ध तथा अक़्ता के स्वामी के व्यय से जो धन शेष रहता था, वह राजकोष में जमा कर दिया जाता था। जब लोग सेना में कार्य करने के योग्य न रह जाते थे तो अक़्ता वापस ले ली जाती थी यह सैनिक की योग्यतानुसार प्रदान की जाती थी, वंशानुगत नहीं।

५ सेना का वह भाग जो मुख्य सेना से आगे युद्ध करने के लिए अथवा शत्रुओं का पता लगाने के लिये जाता है। अग्रगामी सेना।

को पराजित करके सुल्तान का बदला उन लोगों से ले लिया। इस प्रकार उसने हिन्दुस्तान के अन्य प्रदेशों पर भी विजय प्राप्त की, और उज्जैन तक के प्रदेश अपने अधिकार में कर लिये। पूरब में मलिक इज़्ज़ुद्दीन मुहम्मद बख़्तियार ख़लजी ने बिहार तथा नदिया पर अधिकार जमा लिया। इसका उल्लेख आगे किया जायगा। यह सब स्थान उसी के राज्यकाल में जीते गये।

जब सुल्तान ग़ाज़ी मुहम्मद साम की मृत्यु हो गई तो सुल्तान मुइज़्ज़ुद्दीन के भतीजे सुल्तान ग़यासुद्दीन महमूद मुहम्मद साम ने उसे चत्र[1] प्रदान कर सुल्तान बना दिया। उसने ६०२ हि० (१२०५-६ ई०) में देहली से लाहौर की ओर प्रस्थान किया और मंगलवार १८ ज़ीक़ाद ६०२ हि० (२६ जून, १२०६ ई०) में लाहौर के सिंहासन पर आरूढ़ होगया।

कुछ समय उपरान्त उसमें तथा ताजुद्दीन यलदुज़ में लाहौर के अधिकार के प्रश्न पर विरोध प्रारम्भ हो गया और अन्त में युद्ध छिड़ गया। इसमें सुल्तान क़ुतुबुद्दीन की विजय हुई। ताजुद्दीन हार कर भाग निकला। सुल्तान क़ुतुबुद्दीन ने ग़ज़नी तक उसका पीछा किया और ग़ज़नी पर अधिकार जमा लिया। वह ४० दिन तक ग़ज़नी के राजसिंहासन पर विराजमान रहने के उपरान्त हिन्दुस्तान लौट आया। इसका उल्लेख पहले हो चुका है।

अब उसकी मृत्यु का समय भी निकट आ गया था। ६०७ हि० (१२१० ई०) में वह गेंद खेलते समय घोड़े से गिर पड़ा। घोड़ा भी उस पर गिर पड़ा। काठी का सामने का भाग उसके सीने में लग गया और उसकी मृत्यु हो गई।

(१४१) देहली की प्रथम विजय से अपनी मृत्यु के समय तक उसने बीस वर्ष राज्य किया। चत्र प्राप्त करने तथा अपना ख़ुत्बा[2] और सिक्का चलाने के उपरान्त उसने चार वर्ष और कुछ महीने राज्य किया।

(२) सुल्तान क़ुतुबुद्दीन का पुत्र आरामशाह

जब सुल्तान क़ुतुबुद्दीन ऐबक की मृत्यु हो गई तो हिन्दुस्तान के अमीरों तथा मलिकों ने यह उचित समझा कि उपद्रव को शान्त करने और प्रजा के आराम एवं सैनिकों के संतोष के लिए आरामशाह को सिंहासनारूढ़ किया जाय। सुल्तान क़ुतुबुद्दीन की तीन पुत्रियाँ थीं। इनमें से दो मलिक नासिरुद्दीन क़ुबाचा को (एक की मृत्यु के बाद दूसरी) ब्याही गईं। एक पुत्री सुल्तान शम्सुद्दीन को विवाहित थी। जब क़ुतुबुद्दीन की मृत्यु हो गई और आरामशाह को सिंहासनारूढ़ कर दिया गया तो मलिक नासिरुद्दीन क़ुबाचा उच्च तथा मुल्तान की ओर चला गया। क़ुतुबुद्दीन सुल्तान शम्सुद्दीन इल्तुतमिश को बादशाह बनाना चाहता था, और उसे अपना पुत्र कहा करता था। उसे बदायूँ की अक़्ता प्रदान करदी थी। मलिकों ने सर्व सम्मति से उसे बदायूँ से बुलवा कर देहली के राजसिंहासन पर बैठा दिया। सुल्तान क़ुतुबुद्दीन की पुत्री उसको ब्याही थी। आरामशाह की मृत्यु हो गई। हिन्दुस्तान का राज्य चार भागों में विभाजित हो गया। सिन्ध प्रदेश नासिरुद्दीन क़ुबाचा के हाथ में आ गया। देहली का राज्य

१ चत्रः—अमीर ख़ुसरो तथा अन्य लेखकों के वर्णन से यह पता चलता है कि चत्र अथवा छत्र भिन्न-भिन्न रंगों के होते थे। इनका प्रयोग केवल सुल्तान कर सकता था। कभी-कभी सुल्तान अपने शाहज़ादों तथा बड़े-बड़े अमीरों को भी चत्र प्रदान कर देता था। सुल्तान नासिरुद्दीन ने उलुग ख़ाँ को भी चत्र प्रदान कर दिया था।

२ ख़ुत्बा तथा सिक्का, बादशाही के विशेष चिह्न समझे जाते थे। एक राज्य में किसी अन्य बादशाह का ख़ुत्बा तथा सिक्का न चल सकता था। ख़ुत्बा उस व्याख्यान को कहते हैं जो दोनों ईदों तथा जुमे की नमाज के समय पढ़ा जाता है। इसमें भगवान् की स्तुति तथा मुहम्मद साहब की प्रशंसा के उपरान्त समकालीन बादशाह का वर्णन होता है। यदि राज्य के किसी प्रदेश में कोई अन्य व्यक्ति अपने नाम का ख़ुत्बा पढ़वा देता था तो वह विद्रोही समझा जाता था। अतः ख़ुत्बा तथा सिक्का स्वतन्त्र राज्याधिकार के चिह्न थे।

सुल्तान सईद शम्सुद्दीन को प्राप्त हो गया। लखनौती का राज्य खलजी सुल्तानों तथा मलिकों के अधिकार में रहा। लाहौर का राज्य कभी मलिक ताजुद्दीन, कभी मलिक नासिरुद्दीन क़ुबाचा और कभी सुल्तान शम्सुद्दीन के अधिकार में आ जाता था। इसका उल्लेख यदि ईश्वर ने चाहा तो आगे किया जायगा।

(१४२) (३) मलिक नासिरुद्दीन क़ुबाचा मुइज़्ज़ी

मलिक नासिरुद्दीन क़ुबाचा एक बहुत बड़ा बादशाह और सुल्तान ग़ाज़ी मुइज़्ज़ुद्दीन का दास था। वह बड़ा ही बुद्धिमान, समझदार अनुभवी तथा योग्य व्यक्ति था। वह सुल्तान ग़ाज़ी मुइज़्ज़ुद्दीन मुहम्मद साम की सेवा में भिन्न-भिन्न छोटे और बड़े पदों पर नियुक्त रह चुका था। उसे सेना तथा राज्य व्यवस्था के समस्त कार्यों का विशेष अनुभव था। जब मलिक नासिरुद्दीन एतिमुर उच्च तथा मुल्तान का मुक़्ता,[१] अन्दखुद के युद्ध में मारा गया और सुल्तान ग़ाज़ी इस युद्ध के उपरान्त ग़ज़नी लौटा तो उसने मलिक नासिरुद्दीन क़ुबाचा को उच्च प्रदान कर दिया। यह युद्ध सुल्तान ग़ाज़ी मुइज़्ज़ुद्दीन तथा 'ख़ता' की सेना और तुर्किस्तान के मलिकों के बीच में हुआ था। उसने सुल्तान ग़ाज़ी की अधीनता में भीषण युद्ध किया। अनेकों काफ़िरों का संहार करके उन्हें नरक भेज दिया। 'ख़ता' के सैनिकों ने युद्ध से व्याकुल होकर एक बार आक्रमण कर दिया। वह शहीद[२] हुआ। क़ुबाचा को सुल्तान क़ुतुबुद्दीन की दो पुत्रियाँ ब्याही थीं। बड़ी पुत्री से उसके एक पुत्र का जन्म हुआ था जिसका नाम मलिक अलाउद्दीन बहरामशाह था। वह बड़ा ही रूपवान परन्तु विलासी युवक था। युवावस्था के अनेक दोष भी उसमें पाये जाते थे।

संक्षेप में, सुल्तान क़ुतुबुद्दीन की मृत्यु के उपरान्त मलिक नासिरुद्दीन ने उच्च पहुँच कर मुल्तान पर अधिकार जमा लिया। सिन्धुस्तान[३] तथा देवल एवं समुद्र तट तक के प्रदेश तथा सिन्ध प्रदेश के क़िले, शहर और क़स्बे अपने अधिकार में कर लिये और 'चत्र' धारण कर लिया। उसने तबरहिन्दा, कोहराम, तथा सरसुती पर अधिकार जमा लिया।

(१४३) उसने लाहौर को कई बार अपने क़ब्ज़े में किया। ग़ज़नी की सेना से, जोकि सुल्तान ताजुद्दीन यलदुज़ की ओर से भेजी गई थी, युद्ध किया किन्तु ख्वाजा मुईदुल मुल्क संजरी ने, जो कि ग़ज़नी का वज़ीर था, उसे पराजित किया। जब सिन्ध का राज्य उसके अधिकार में आ गया तो चीन के काफ़िरों (मुग़लों) के उत्पात के कारण ख़ुरासान, ग़ोर तथा ग़ज़नी के अनेक प्रतिष्ठित व्यक्ति उसकी सेवा में पहुँचे। उसने इन सब का बड़ा आदर सम्मान किया और उन्हें बहुत इनाम इकराम दिया। वह सुल्तान शम्सुद्दीन का बहुत बड़ा विरोधी था। दोनों का सिन्ध नदी के युद्ध तक बड़ा विरोध रहा। यह युद्ध सुल्तान जलालुद्दीन ख्वारज़्म शाह तथा चँगेज़ ख़ाँ के बीच में हुआ। इसके उपरान्त जलालुद्दीन ख्वारज़्म शाह सिन्ध प्रदेश के अन्दर होता हुआ देवल और मकरान की ओर रवाना हो गया।

मुग़लों ने नन्दना की विजय के उपरान्त तूर्ती नवीन मुग़ल[४] की अधीनता में एक बहुत बड़ी सेना लेकर चढ़ाई कर दी। चालीस दिन तक उस दृढ़ क़िले को घेरे रहे। मलिक

१ बड़ी अक़्ता के स्वामी मुक़्ता कहलाते थे।

२ युद्ध में मुसलमानों के मारे जाने को लेखक ने शहीद होना लिखा है तथा हिन्दुओं की मृत्यु को नरक में जाना लिखा है। यह केवल उस समय की रचना का एक ढंग था। इससे किसी धार्मिक कट्टरपन को सिद्ध करना कठिन है।

३ पुस्तक में हिन्दुस्तान लिखा है. किन्तु यह सिन्ध होना चाहिये।

४ यह नाम स्पष्ट नहीं है। पुस्तक में तूली तथा रैवर्टी के अनुवाद में वूली लिखा है।

नासिरुद्दीन ने इस युद्ध में ख़ज़ाने का मुँह खोल दिया और लोगों को बहुत कुछ दान दिया। उसने इस युद्ध में इतनी वीरता, बुद्धिमत्ता तथा योग्यता दिखाई कि जिसे लोग क़यामत तक याद रक्खेंगे। यह युद्ध ६२१ हि० (१२२४ ई०) में हुआ। इसके डेढ़ साल उपरान्त ग़ोर के मलिक, काफ़िरों के विद्रोह के कारण, नासिरुद्दीन की सेवा में उपस्थित हुये। ६२३ हि० (१२२६ ई०) के अन्त में ख़्वारज़्मियों की सेना में से खलजियों की सेना ने सिविस्तान के अधीन मंसूरा पर अधिकार जमा लिया। उनका नेता मलिक ख़ाँ ख़ल्ज था। मलिक नासिरुद्दीन ने उनको वहाँ से भगाने के लिये, उन पर चढ़ाई की। दोनों में युद्ध हुआ। खलजी लश्कर पराजित हुआ और उनका ख़ान मारा गया। मलिक नासिरुद्दीन मुल्तान तथा उच्च को पुनः वापस आगया।

(१४४) इसी वर्ष इस इतिहास का लेखक मिनहाज सिराजे ख़ुरासाम से ग़ज़नी और बामियान[१] के मार्ग द्वारा नाव पर बैठ कर मंगलवार २६ जमादी-उल-अव्वल सन् ६२४ हि० (१४ मई १२२७ ई०) में उच्च पहुँचा। उसी वर्ष ज़िलहिज्जा (नवम्बर-दिसम्बर) के महीने में उच्च का मदरसये फ़ीरोज़ी उसको सौंप दिया गया। उसे अलाउद्दीन बहरामशाह की सेवा का क़ाज़ी भी नियुक्त किया गया।

उसी ६२४ हि० के रबी-उल-अव्वल मास (फ़रवरी-मार्च १२२७ ई०) में सुल्तान शम्सुद्दीन ने उच्च पर चढ़ाई करदी। मलिक नासिरुद्दीन पराजित होकर एक नाव पर बैठकर भक्खर की ओर भागा। सुल्तान की सेना ने वज़ीरे मुम्लिकत (राज्य के वज़ीर) निज़ामुल्मुल्क की अधीनता में उसका पीछा किया और उसे भक्खर के क़िले में घेर लिया। सुल्तान उच्च के क़िले के द्वार पर दो महीने २७ दिन तक डेरे डाले रहा। शनिवार २७ जमादी-उल-अव्वल (१५ मई १२२७ ई०) को उच्च के क़िले पर विजय प्राप्त हो गई[२]। जब उच्च विजय की सूचना मलिक नासिरुद्दीन को मिली तो उसने अपने पुत्र अलाउद्दीन बहरामशाह को सुल्तान की सेवा में भेजा। जब वह सुल्तान के शिविर में पहुँचा तो २२ जमादी-उल-आख़िर (१० जून १२२७ ई०) को भक्खर की विजय तथा मलिक नासिरुद्दीन के अपने आप को सिन्ध नदी में डुबा देने की सूचना भी प्राप्त हो गई। उसके जीवन का अन्त हो गया। उसने २२ वर्ष तक सिन्ध, उच्च तथा मुल्तान पर राज्य किया।

(४) मलिक बहाउद्दीन तुग़रिल मुइज़्ज़ी

(१४५) मलिक बहाउद्दीन तुग़रिल बड़े उत्कृष्ट स्वभाव का व्यक्ति था। वह बड़ा ही न्यायी और दीन दुखियों का आश्रय-दाता था। वह सुल्तान ग़ाज़ी मुइज़्ज़ुद्दीन का बहुत पुराना दास था, और उसने उसी की सेवा में इतनी उन्नति प्राप्त की थी। जब भियाना की विलायत[३] का थनकिर[४] नामक क़िला वहाँ के राय से युद्ध करके उसने अधिकृत किया, तो वह उसी को दे दिया। उसने उस प्रदेश को सुव्यवस्थित किया। हिन्दुस्तान तथा ख़ुरासान से व्यापारी तथा प्रसिद्ध व्यक्ति उसकी सेवा में आते रहते थे। इन सब को वह रहन-सहन तथा भोजन की सामग्री देता था। क्योंकि थनकिर के क़िले में उसे और उसकी सेना को

---

१ फ़ारसी की पुस्तक में मथान है किन्तु रैवर्टी ने बामियान लिखा है। यही उचित ज्ञात होता है।

२ होदीवाला ने मिनहाज की लिखी हुई तारीख़ों पर समीक्षा करके क़ुबाचा की मृत्यु १६ जमादी उस्सानी ६२५ हि० (२६ मई १२२८ ई०) तथा उच्च के पराजय की तिथि शनिवार २६ जमादी-उल-अव्वल ६२५ हि० (६ मई १२२८ ई०) लिखा है (पृ० २०५)। तबक़ाते नासिरी (पृ० १७३)

३ प्रत्येक राज्य भिन्न-भिन्न भागों में विभाजित था। राज्य का सब से बड़ा भाग अथवा प्रान्त या प्रदेश विलायत कहलाता था।

४ भरतपुर नगर से २५ मील दक्षिण पश्चिम में।

कोई आराम न मिलता था, अतः उसने भियाना की विलायत में सुल्तानकोट नामक नगर बसाया और वहीं रहने लगा। वहाँ से बराबर ग्वालियर[१] की ओर सेना भेजा करता था। जब सुल्तान ग़ाज़ी ग्वालियर की ओर से लौटा तो उसने बहाउद्दीन से कहा कि "यह क़िला तुझे अपने अधिकार में कर लेना चाहिये।" इस संकेत पर बहाउद्दीन तुग़रिल ने एक सेना ग्वालियर के क़िले के निकट नियुक्त कर दी। क़िले से दो फ़रसंग[२] पर मुसलमान सवारों के लिये एक क़िला बनवाया। मुसलमान सवार रात को वहीं निवास करते थे। रोज़ क़िले पर आक्रमण करते थे। एक वर्ष तक इसी प्रकार आक्रमण करते रहे। जब ग्वालियर के लोग बहुत परेशान हो गये तो उन्होंने सुल्तान क़ुतुबुद्दीन के पास अपने दूत भेजकर क़िला सुल्तान क़ुतुबुद्दीन को समर्पित कर दिया। सुल्तान क़ुतुबुद्दीन और मलिक बहाउद्दीन में कुछ मतभेद था। मलिक बहाउद्दीन बड़ा ही सदाचारी था। भियाना में उसके गुणों के अनेक चिह्न पाये जाते हैं। इसके उपरान्त उसकी मृत्यु हो गई।

(१४६) इसके पश्चात् इस तबक़े में उन ख़लजी मलिकों का उल्लेख किया जायगा जोकि सुल्तान क़ुतुबुद्दीन के राज्य में विद्यमान थे और मुइज़्ज़ुद्दीन मुहम्मद साम के दासों में सम्मिलित थे, जिससे पढ़ने वालों को हिन्दुस्तान के सभी मलिकों तथा अमीरों का हाल ज्ञात हो जाय और वे लेखक के प्रति भगवान् से प्रार्थना करें और साथ ही साथ यह भी प्रार्थना करें कि अमीरुल मोमनीन सुल्तान नासिरुद्दीन महमूद अपने राज्य पर क़यामत तक विद्यमान रहे।

(५) ग़ाज़ी मुहम्मद बख़्तियार ख़लजी

लखनौती प्रदेश में

विश्वसनीय लोगों का कथन है कि मुहम्मद बख़्तियार ग़ोर तथा गर्मसीर के राज्य के ख़लजी क़बीले से था। वह बड़ा ही वीर, साहसी तथा अनुभवी व्यक्ति था। वह अपने क़बीले से पृथक् होकर ग़ज़नी में सुल्तान मुइज़्ज़ुद्दीन के दरबार में पहुँचा। उसे दीवाने अर्ज़[३] में एक साधारण पद दिया गया इस लिये कि दीवाने अर्ज़ के अधिकारी को वह एक साधारण व्यक्ति ही प्रतीत हुआ किन्तु उसने उसे स्वीकार न किया।

(१४७) जब वह देहली पहुँचा तो वहाँ भी इसी कारण से कि देखने में उसमें कोई विशेषता न थी उसे कोई पद न मिला। मुहम्मद बख़्तियार देहली से बदायूँ की ओर गया। वहाँ सिपहसालार हिज़ब्रुद्दीन, हसन अदीब, बदायूँ के मुक़्ता ने उसके लिये वेतन नियत कर दिया। कुछ समय उपरान्त वह अवध की ओर चला गया। उसने मलिक हुसामुद्दीन उग़ुलबक की सेवा में कई अवसरों पर बड़ी वीरता तथा साहस का प्रदर्शन किया। उसके पास एक बहुत अच्छा घोड़ा तथा बड़े ही उत्तम अस्त्र-शस्त्र थे। उसकी वीरता के कारण उसे भगवत तथा भीवली[४] की अक़्ता प्राप्त हो गई। क्योंकि वह बड़ा वीर तथा पराक्रमी था, अतः वह मुनेर[५] और बिहार में धावे मारता था और वहाँ से बहुत सा धन लूट लाता था। इस प्रकार उसके पास बहुत से घोड़े, अस्त्र-शस्त्र, सैनिक तथा धन सम्पत्ति जमा

---

१ पुस्तक में ग्वालियर को कालीवर अथवा ग्वालिओर लिखा गया है।

२ बारह हज़ार हाथ का एक फ़रसंग होता था।

३ युद्ध का प्रबन्ध जिस विभाग से होता था वह दीवाने अर्ज़ कहलाता था। इसका सबसे बड़ा अधिकारी आरिज़े ममालिक होता था। वह तथा उसके नीचे वाले अफ़सर सेना की भर्ती तथा निरीक्षण करते थे।

४ पुस्तक में सिहिलट तथा सिहिली है किन्तु रैवर्टी ने भगवत तथा भीवली लिखा है। भगवत, भीवली, अहरौरा, चुनार तथा करियात सिखर मिर्ज़ापुर की चुनार तहसील में है। (होदीवाला २०६)

५ पटना के २० मील पश्चिम में है।

हो गये। उसकी वीरता तथा लूटमार से धन इत्यादि इकट्ठा करने का हाल बड़ा प्रसिद्ध हो गया। हिन्दुस्तान के चारों ओर से खलजियों के क़बीले उसके पास एकत्र हो गये। इसकी सूचना सुल्तान क़ुतुबुद्दीन को भी प्राप्त हो गई। उसने उसे ख़िलअ़त भेजी और उसको अत्यन्त सम्मानित किया। इस प्रकार सम्मान तथा प्रतिष्ठा प्राप्त कर लेने के उपरान्त उसने बिहार पर चढ़ाई करके वह विलायत विध्वंस करदी।

एक दो वर्ष तक वह बिहार के आसपास के स्थानों पर आक्रमण करता रहा। इसके उपरान्त उसने बिहार पर आक्रमण कर दिया। विश्वस्त सूत्रों से इस प्रकार ज्ञात हुआ है कि उसने दो सौ सवारों को लेकर बिहार के क़िले के द्वार पर पहुँच कर धावा बोल दिया। मुहम्मद बख्तियार की सेवा में फ़रग़ाना के दो बुद्धिमान भाई निज़ामुद्दीन तथा समसामुद्दीन नामक थे। इस पुस्तक का लेखक भी समसामुद्दीन से लखनौती में ६४१ हि० (१२४३-४४ ई०) में मिल चुका है। उसने इस युद्ध का वर्णन इस प्रकार किया है।

(१४८) जब आक्रमणकारी क़िले के द्वार पर पहुँचे और युद्ध प्रारम्भ हो गया, तो इन दोनों बुद्धिमान भाइयों ने बड़ी वीरता दिखलाई। जब मुहम्मद बख्तियार अपनी वीरता द्वारा क़िले के पीछे के फाटक पर पहुँच गया और क़िले पर अधिकार जमा लिया तो उन्हें अत्यधिक धन-सम्पत्ति प्राप्त हुई। उस स्थान के निवासियों में बहुत बड़ी संख्या ब्राह्मणों की थी। वे लोग अपने सिरों को मुड़ाये रहते थे। वे सब के सब मारे गये। वहाँ उनको बहुत बड़ी संख्या में पुस्तकें प्राप्त हुईं। जब यह पुस्तकें मुसलमानों ने देखीं तो उन्होंने कुछ हिन्दुओं को बुलवा कर उन पुस्तकों को पढ़वाना चाहा, किन्तु सभी विद्वान् मारे जा चुके थे। पुस्तकों द्वारा यह ज्ञात हुआ कि वह पूरा क़िला और नगर एक मदरसा[1] था। हिन्दवी[2] में बिहार विद्यालय (मदरसे) को कहते हैं।[3] विजय प्राप्त करके तथा अत्यधिक धन-सम्पत्ति लेकर वह सुल्तान क़ुतुबुद्दीन की सेवा में उपस्थित हुआ। सुल्तान ने उसका बड़ा आदर-सम्मान किया। जब दरबार के अमीरों ने सुल्तान क़ुतुबुद्दीन द्वारा उसका आदर सम्मान तथा उसको धन-सम्पत्ति पाते देखा, तो वे उससे ईर्ष्या करने लगे। एक समारोह में उन लोगों ने मुहम्मद बख्तियार पर व्यंग एवं उसकी निन्दा करनी प्रारम्भ करदी, यहाँ तक कि उसे सफ़ेद राज भवन में एक हाथी से युद्ध करने पर विवश कर दिया। उसने हाथी की सूँड़ पर इतने ज़ोर से गदा मारी कि वह भाग निकला। मुहम्मद बख्तियार ने हाथी का पीछा किया।

सुल्तान क़ुतुबुद्दीन ने उसकी सफलता पर उसे स्वयं इनाम दिया तथा अमीरों को भी आज्ञा दी कि वे उसे इनाम दें। उसे इतने इनाम मिले कि उसका उल्लेख सम्भव नहीं। मुहम्मद बख्तियार ने उसी महफ़िल में सब इनाम लोगों को बाँट दिये। सुल्तान द्वारा ख़िलअ़त प्राप्त करके वह बिहार की ओर लौट गया।

उसका भय लखनौती, बिहार, बंग तथा कामरुद[4] के प्रदेशों में फैल गया। विश्वस्त सूत्रों द्वारा ज्ञात हुआ है कि उसकी वीरता तथा साहस की ख्याति राय लखमनिया तक भी उसकी राजधानी नोदिया (यह नदिया अर्थात् नवद्वीप का अपभ्रंश है) में पहुँच गई। राय लखमनिया बहुत बड़ा राजा था और वहाँ अस्सी वर्ष से राज्य कर रहा था।

(१४९) इस स्थान पर एक कहानी का उल्लेख किया जाता है जो कि उस राय के विषय में

---

१ विद्यालय। वास्तव में यह एक बुद्धमत का बहुत बड़ा विहार तथा विद्यालय था।

२ हिन्दुस्तान में बोली जाने वाली भाषाओं के लिए सामान्य रूप से हिंदवी शब्द का प्रयोग किया गया है।

३ बौद्धकाल में भिक्षुओं के मठों एवं विद्यालयों को भी विहार कहा जाने लगा था।

४ यह शब्द कामरूप है जो तत्कालीन आसाम प्रदेश का नाम था।

प्रसिद्ध थी। वह इस प्रकार है कि जब उसके पिता की मृत्यु हो गई तो राय लखमनिया अपनी माता के गर्भ में था। राज मुकुट उसकी माता के पेट पर रख दिया गया और सभी उसकी माता की आज्ञाओं का पालन करने लगे। हिन्दू राजा उसके वंश को अत्यन्त सम्मानित समझते हैं और वह हिन्द का खलीफ़ा[1] समझा जाता है। जब उसके जन्म का समय निकट आया तो ज्योतिषियों तथा ब्राह्मणों को एकत्रित करके उसकी जन्म कुण्डली के विषय में प्रश्न किया गया। उन लोगों ने सहमत होकर यह कहा कि यदि इस समय इस पुत्र का जन्म हो जायगा तो यह उसके लिये बड़ा अशुभ होगा और वह राज्य प्राप्त न कर सकेगा। यदि उसका जन्म दो घड़ी पश्चात् होगा तो वह अस्सी वर्ष तक राज्य करेगा। जब उसकी माता ने ज्योतिषियों के यह शब्द सुने तो उसने आज्ञा दी कि उसके दोनों पैर बाँध कर और उसका सिर नीचे करके लटका दिया जाय। ज्योतिषियों को वहीं बैठा दिया गया, जिससे वे सितारों की चाल देखते रहें। जब जन्म की शुभ घड़ी आगई तो आज्ञा दी गई कि उसे लिटा दिया जाय। तुरन्त लखमनिया का जन्म हो गया। उसके जन्म के उपरान्त अत्यन्त पीड़ा के कारण उसकी माता की मृत्यु हो गई। लखमनिया को राजगद्दी पर बैठाया गया। उसने अस्सी वर्ष तक राज्य किया। विश्वस्त सूत्रों से ज्ञात हुआ है कि उसने छोटे बड़े किसी व्यक्ति पर कोई अत्याचार नहीं किया। जो कोई भी उससे कुछ माँगता तो वह दानी सुल्तान क़ुतुबुद्दीन के समान (जो अपने समय का हातिम था) एक लाख दान कर देता था। उस प्रदेश में जीतल[2] के स्थान पर कौड़ी का प्रयोग होता था। वह कम से कम एक लाख कौड़ी प्रदान करता था।

(१५०)जब मुहम्मद बख्तियार सुल्तान क़ुतुबुद्दीन के पास से लौटा तो उसने बिहार पर पूर्ण रूप से अधिकार जमा लिया। यह हाल राय लखमनिया तथा उसके राज्य के आसपास के स्थानों पर प्रकाशित होगया। ज्योतिषियों, ब्राह्मणों तथा दार्शनिकों ने उसके पास उपस्थित होकर उसके समक्ष निवेदन किया कि प्राचीन काल के ब्राह्मण हमारी पुस्तकों में लिख गये हैं कि यह राज्य तुर्कों को प्राप्त हो जायगा। इस बात के पूरा होने का समय आ गया है। तुर्कों ने बिहार पर अधिकार जमा लिया है। दूसरे वर्ष वह इस राज्य पर अवश्य अधिकार जमा लेंगे, अतः यह उचित होगा कि राय स्वयं तथा प्रजा को लेकर यह राज्य छोड़ देने का आदेश दे, जिससे हम लोग तुर्कों के उत्पात से सुरक्षित रह सकें। राय ने उत्तर दिया कि क्या तुम्हारी पुस्तकों में उस व्यक्ति के विषय में कुछ लिखा है जोकि हमारे राज्य पर अधिकार जमाने वाला है। उन्होंने उत्तर दिया कि उस व्यक्ति के विषय में यह लिखा है कि जब वह अपने दोनों पैरों पर सीधा खड़ा होगा और अपने दोनों हाथों को नीचे छोड़ देगा, तो उसके हाथ उसके घुटनों तक पहुँच जायँगे और उसकी अँगुलियाँ उसकी पिंडलियों को छू लेंगी। राय ने कहा कि यह उचित होगा कि विश्वासपात्रों को भेज कर इसकी पूछ-ताछ कराई जाय। राय के आदेशानुसार विश्वसनीय लोग भेजे गये। जब उन्होंने पूछ-ताछ की तो उन्होंने वे चिह्न मुहम्मद बख़्तियार में पाये। जब इन चिह्नों का प्रमाण मिल गया तो बहुत से ब्राह्मण तथा धनिक लोग संकनात,[3] कामरुद तथा बंग प्रदेश की ओर चले गये। राय लखमनिया ने अपने राज्य को त्यागना उचित न समझा।

---

१ मुहम्मद साहब के उत्तराधिकारी खलीफ़ा कहलाते थे। उमय्या तथा अब्बासी वंश के सम्राट् भी ख़लीफ़ा कहे जाते थे। चूंकि राय हिन्दू राजाओं में सर्वश्रेष्ठ समझा जाता था, अतः उसे मिनहाज ने ख़लीफ़ा लिखा है।

२ छपी हुई पुस्तक में चीतल है। अन्य स्थानों पर जीतल है।

३ होदीवाला का विचार है कि यह स्थान सुनार गाँव अथवा सतगाँव है (पृष्ठ २०७)।

(१५१) दूसरे वर्ष मुहम्मद बख्तियार एक सेना लेकर बिहार से प्रस्थान करके नोदिया नगर के द्वार पर एकाएक पहुँच गया। उसके पास उस समय १८ सवारों से अधिक न थे। शेष सेना उसके पीछे आरही थी। जब मुहम्मद बख्तियार नगर के द्वार पर पहुँच गया, तो उसने किसी की हत्या न की। बड़ी सावधानी और शान से आगे बढ़ता चला गया। वे यह न समझे कि मुहम्मद बख्तियार यही है। लोगों ने यह समझा कि वे लोग व्यापारी हैं और घोड़े बेचने आये हैं। राय लखमनिया के महल के द्वार पर पहुँच कर उसने अपनी तलवार खींच ली और युद्ध प्रारम्भ कर दिया।

उस समय राय लखमनिया भाजन करने के लिये बैठा हुआ था। भोजन के सोने चाँदी के थाल उसके समक्ष रखे हुये थे। इतने में राज भवन तथा नगर में हा हा कार मच गया। उसे विश्वास हो गया कि आपत्ति का समय आगया। मुहम्मद बख्तियार महल के भीतर घुस गया और बहुत से मनुष्यों को तलवार के घाट उतार दिया। राय नंगे पैर अपने महल के पीछे से भाग निकला। उसके ख़ज़ाने, स्त्रियों, लाव लश्कर तथा विश्वास पात्रों पर बख्तियार ने अधिकार जमा लिया। उसके हाथी भी मुसलमानों के हाथ पड़े। मुसलमानों को इतना धन प्राप्त हुआ कि उसका उल्लेख असम्भव है। जब उसकी सेना पहुंच गई और समस्त नगर पर अधिकार जमा लिया गया, तो उसने वहीं निवास करना प्रारम्भ कर दिया। राय लखमनिया, संकनात तथा बंग की ओर भाग गया। उसके कुछ दिन पश्चात् उसकी मृत्यु हो गई। उसके वंशज अभी तक बंग प्रदेश पर राज्य कर रहे हैं।

मुहम्मद बख्तियार ने नोदिया पर अधिकार जमा लिया और उसका विनाश करके उसे छोड़ दिया और उस स्थान पर, जो अब लखनौती के नाम से प्रसिद्ध है, अपनी राजधानी बनाई। फिर आसपास के प्रदेशों पर अपना अधिकार स्थापित कर लिया। प्रत्येक स्थान पर अपने नाम का सिक्का और ख़ुत्बा चालू कर दिया। उसके तथा उसके अमीरों के प्रयास से उस प्रदेश में मस्जिदें मदरसे और ख़ानक़ाहें बन गईं। उसने लूटी हुई धन-सम्पत्ति में से बहुत कुछ सुल्तान क़ुतुबुद्दीन के पास भी भेजा।

(१५२) कुछ वर्ष उपरान्त उसने तुर्किस्तान तथा तिब्बत एवं लखनौती के पूरब के स्थानों के विषय में पूर्णतः जानकारी प्राप्त कराई। उसके सिर पर तिब्बत तथा तुर्किस्तान को विजित करने का भूत सवार होने लगा। उसने एक बहुत बड़ी सेना तैयार कराई जिसमें लगभग दस हज़ार सवार थे। तिब्बत तथा लखनौती के बीच के पर्वतीय प्रदेशों में तीन जातियों के लोग पाये जाते हैं। प्रथम कूच, द्वितीय मीच, तृतीय तहारू। इन लोगों का रूप रंग तुर्कों के समान होता है किन्तु इनकी भाषा हिन्द तथा तुर्कों की भाषा से पृथक् है। कूच और मीच जाति के एक नेता ने, जो कि अली मीच के नाम से प्रसिद्ध था, मुहम्मद बख्तियार के कहने पर इस्लाम स्वीकार कर लिया था। उसने पहाड़ों में मार्ग प्रदर्शित करने का वचन दे दिया था। वह मुहम्मद को लेकर बुरधन कोट नामक नगर तक पहुँच गया। कहा जाता है कि प्राचीन काल में गरशास्प[1] शाह ने चीन से कामरूद वापस होते समय वह नगर आबाद किया था। उस शहर के सामने से एक बहुत बड़ी नदी बहती है जिसको बंगमती[2]

---

१ सीस्तान का प्राचीन काल का एक बादशाह। गरशास्प-नामा फ़िरदौसी के शाहनामे से पहले की कविता है। कहा जाता है कि इसकी रचना फ़िरदौसी के गुरु असदी ने की थी। (ईथे, इंडिया आफ़िस की फ़ारसी हस्तलिखित पुस्तकों की सूची नं० ८९३।

२ डाउसन का कथन है कि यह ब्रह्मपुत्र नदी का वर्णन है। रैवर्टी का बिचार है कि यह तिस्ता नदी है, किन्तु होदीवाला का विचार है कि इस नदी के विषय में कुछ कहना बड़ा कठिन है, क्योंकि नदियाँ बराबर मार्ग बदलती रहती हैं। (होदीवाला पृष्ठ २०८–२०९)।

कहते हैं। वह हिन्दुस्तान की एक नदी से समुद्र के स्थान पर मिलती है। हिन्दवी भाषा में उसे समुन्दर कहते हैं। वह गंगा नदी से तीन गुनी बड़ी और गहरी है।

मुहम्मद बख़्तियार उस नदी तट पर पहुँच गया। अली मीच इस्लामी सेना को उस नदी के चढ़ाव की ओर ले गया और दस दिन में पहाड़ के बीच में एक ऐसे स्थान पर पहुँच गया, जहाँ कटे हुए पत्थरों का एक बहुत पुराना पुल बना हुआ था, जिसमें बीस से अधिक मोरियाँ थीं। जब सेना उस स्थान पर पहुँच गई तो दो सरदारों को, जिनमें एक तुर्क और एक ख़लजी था, इस्लामी सेना की वापसी तक उस पुल की रक्षा करने के लिये छोड़ दिया गया।

(१५३) मुहम्मद बख़्तियार ने समस्त सेना लेकर पुल पार किया। जब कामरूद के राजा को इस्लामी सेना के पार करने की सूचना मिली तो उसने अपने विश्वासपात्रों को भेज कर यह कहलाया कि 'इस समय तिब्बत पर आक्रमण करना उचित नहीं। इस समय लौट जायँ और यथेष्ट तैयारी करें। मैं कामरूद का राय इस बात का वचन देता हूं कि दूसरे वर्ष अपनी सेना तैयार करके मुसलमानों की सेना से आगे बढ़कर उस प्रदेश को विजित करा दूँगा।' मुहम्मद बख़्तियार ने यह परामर्श स्वीकार न किया और तिब्बत के पर्वत की ओर चल पड़ा।

६४२ हि० (१२४४-४५ ई०) में लेखक मुहम्मद बख़्तियार के एक विश्वास पात्र के साथ, जिसने लखनौती में निवास ग्रहण कर लिया था, देवकोट[1] तथा बंगावन के बीच में एक स्थान पर ठहरा था। उसने उससे सुना है कि नदी पार करने के उपरान्त पन्द्रह दिन तक सेना पर्वतीय असमतल स्थानों को पार करती हुई, सोलहवें दिन तिब्बत पहुँची। वहाँ सब जगह खेती होती थी और वहाँ के गाँव तथा अन्य स्थान पूर्णतः आबाद थे। वे एक ऐसे स्थान पर पहुंचे, जहाँ एक बहुत ही दृढ़ क़िला बना हुआ था। इस्लामी सेना ने वहाँ पहुँच कर लूटमार प्रारम्भ करदी। उस क़िले तथा आसपास के निवासी अपनी रक्षा के लिये एकत्रित हो गये और युद्ध प्रारम्भ हो गया। प्रातःकाल से सायंकाल की नमाज तक भीषण युद्ध होता रहा। इस्लामी सेना की बहुत बड़ी संख्या मारी गई और बहुत से लोग घायल हुये। शत्रुओं की समस्त सेना के पास बाँस के टुकड़ों के बने भाले थे। उनके अस्त्र-शस्त्र जौशन[2], ढाल और खोद कच्चे रेशम के टुकड़ों को बाँध कर बनाये गये थे। वे लोग सबके सब बड़े धनुर्धारी थे और उनके पास बड़ी-बड़ी कमानें थीं।

(१५४) रात्रि में बहुत से लोगों को, जिन्हें मुसललानों ने बन्दी बना लिया था, पेश किया गया। उन्होंने बतलाया कि वहाँ से पाँच फ़रसंग पर एक नगर आबाद है जो करमपट्टन कहलाता है। वहाँ ३५० हज़ार वीर धनुर्धारी तुर्क विद्यमान हैं। मुसलमानों के पहुँचने की सूचना उन्हें भेजी जा चुकी है। प्रातःकाल वे सवार उपस्थित हो जायँगे

लेखक ने लखनौती में उस नगर के विषय में पूछताछ की थी। वह एक बहुत बड़ा नगर है। उसकी समस्त दीवारें तराशे हुये पत्थरों की बनी हुई हैं। वहाँ के निवासी ब्राह्मण तथा तुईनान[3] हैं। वह नगर उनके नेता के अधीन हैं। वे लोग अग्नि पूजक हैं। उस शहर के पशुओं के बज़ार में प्रतिदिन १½ हज़ार घोड़े बिकते हैं। लखनौती में अधिक तर घोड़े वहीं से आते हैं। वे दर्रों के मार्ग से यात्रा करते हैं। वे दर्रे उस देश में बड़े प्रसिद्ध हैं। कामरूद से तिब्बत तक ३५ दर्रे हैं। उस मार्ग से घोड़े लखनौती आते हैं।

---

१ देवकोट २५°-११ उत्तरी अक्षांश तथा २८°-३१ पूर्वी देशान्तर (दमदमा के क़िले के निकट)। बंगावन भी देवकोट के निकट है।

२ युद्ध में रक्षा के लिये शरीर पर पहनने का एक वस्त्र।

३ यहाँ बूनियान, तूनियान तथा तुईनान शब्दों का प्रयोग किया गया है, किन्तु ठीक शब्द तुईन ही है। तुईन बुद्ध लामा होते थे।

जब मुहम्मद बख़्तियार को उस प्रदेश का हाल ज्ञात हुआ, तो उसने इस्लामी सेना के थकने, व्याकुल होने एवं एक बहुत बड़ी संख्या में मारे जाने तथा घायल होने के कारण अपने अमीरों से परामर्श किया। उन्होंने सर्व सम्मति से यह राय दी कि इस समय लौट जाना चाहिये और दूसरे वर्ष तैयारी करके इस प्रदेश पर आक्रमण करना चाहिये। जब वे वापस हुये तो समस्त मार्ग में उन्हें घास का एक तिनका तथा लकड़ी की एक टहनी तक न दिखाई दी क्यों कि सबकी सब जला दी गई थीं। उन मार्गों तथा दर्रों के निवासी अपना स्थान छोड़ कर वहाँ से चल दिये थे। १५ दिन में एक सेर अनाज और घास का एक तिनका भी पशुओं और घोड़ों को प्राप्त न हुआ। लोग घोड़ों को मार-मार कर खाते जाते थे। जब पर्वतीय प्रदेशों को पार करके कामरूद में पुल के निकट पहुँचे तो समस्त पुल नष्ट कर दिया गया था। दोनों अमीर एक दूसरे के विरोधी हो गये थे और दोनों एक दूसरे के विरोध में पुल की रक्षा छोड़कर अपने-अपने मार्ग पर चल दिये थे। कामरूद के हिन्दुओं ने पहुँच कर पुल को नष्ट कर दिया।

(१५५) जब मुहम्मद बख़्तियार सेना लेकर उस स्थान पर पहुँचा तो उसे उस पार जाने का कोई साधन प्राप्त होता दिखाई न दिया। नावें उपलब्ध न थीं। वह स्तब्ध रह गया। सब लोगों ने यह निर्णय किया कि वहीं रह कर नौकाओं का प्रबन्ध करना चाहिये जिससे नदी पार की जा सके। उस स्थान पर एक मन्दिर का पता लगा, जोकि बहुत ही ऊँचा और सुन्दर बना हुआ था। वहाँ बहुत बड़ी संख्या में सोने चाँदी की मूर्तियाँ रखी थीं। वहाँ एक बहुत बड़ी मूर्त्ति भी थी जोकि दो तीन हज़ार मिसक़ाल[1] सोने के पत्तर की बनी थी। मुहम्मद बख़्तियार तथा समस्त सेना उसी मन्दिर में चली गई और नौकायें बनाने के लिये लकड़ी तथा रस्सी की खोज होने लगी, जिससे वे लोग नदी पार कर सकें। राय कामरूद को भी इस्लामी सेना के कष्टों का पता चल गया। उसने अपने राज्य के समस्त हिन्दुओं को आज्ञा दे दी, कि वे मन्दिर के निकट एकत्रित हो जायँ। उन्होंने मन्दिर के चारों ओर, अपने बाँस के भालों को गाड़ कर उन्हें एक दूसरे से इस प्रकार मिला दिया कि वे दीवार जैसे प्रतीत होने लगे। जब इस्लामी सेना ने यह हाल देखा तो उन्होंने मुहम्मद बख़्तियार से कहा कि 'यदि हम इसी तरह बैठे रहेंगे तो हम सबको काफ़िर बन्दी बना लेंगे। हमें किसी न किसी प्रकार मुक्ति प्राप्त करने का उपाय सोचना चाहिये।' सबने एक साथ मन्दिर से निकल कर आक्रमण कर दिया और एक स्थान पर अपने लिये मार्ग बना लिया। वहाँ से निकल कर वे खुले मैदान में पहुँचे। हिन्दू उनका पीछा करते हुये नदी तक पहुँचे। मुसलमान नदी पर रुक गये। प्रत्येक व्यक्ति ने यथाशक्ति नदी पार करने का प्रयत्न प्रारम्भ कर दिया। कुछ सवारों ने अपने घोड़े नदी में डाल दिये।

(१५६) थोड़ी दूर पर नदी का पानी कम था। समस्त सेना में शोर मच गया कि पार करने का मार्ग मिल गया। सब लोग नदी में कूद पड़े। हिन्दुओं ने नदी में उनका पीछा किया। बीच धारा में पानी गहरा था। सभी डूब कर मर गये। मुहम्मद बख़्तियार ने लगभग १०० सवारों के साथ किसी न किसी युक्ति से नदी पार कर ली। शेष सभी डूब गये।

जब मुहम्मद बख़्तियार ने नदी पार कर ली तो कूच और मीच जाति को उसके आने की सूचना मिली। अली मीच अपने सम्बन्धियों को लेकर उसके स्वागत के लिये पहुंचा और उसकी बड़ी सेवा की।

जब वह देवकोट पहुँचा तो शोक के कारण बीमार पड़ गया। वह ख़लजी विधवाओं

---

१ एक मिसक़ाल = एक माशा ८ रत्ती।

तथा अनाथों के समक्ष जिनके स्वामियों का विनाश हो गया था, लज्जावश घोड़े पर सवार भी न हो सकता था। जब कभी वह सवार होकर निकलता तो स्त्रियाँ तथा बालक कोठों पर और गलियों में रोना चिल्लाना प्रारम्भ कर देते थे और उसको गालियाँ देते थे। वह दुःखी हो हो कर कहा करता था कि ऐसा ज्ञात होता है कि 'मेरे स्वामी सुल्तान ग़ाज़ी मुइज्जुद्दुनियाँ वद्दीन पर कोई दुर्घटना हो गई है। इसी कारण मेरा भाग्य फिर गया है।' वास्तव में सुल्तान ग़ाज़ी शहीद हो चुका था। मुहम्मद बख्तियार इसी दुःख में बीमार हो कर मर गया।

कहा जाता है कि उसका एक बड़ा वीर तथा पराक्रमी अमीर अली मर्दान ख़लजी नामक था। कूनी[1] (नारनकूई) की अक़्ता का वह स्वामी था। इस दुर्घटना के विषय में सुनकर वह देवकोट पहुँचा। मुहम्मद बख्तियार बीमार था। तीन दिन से कोई उसके पास न पहुँच सका था। अली मर्दान ने किसी युक्ति से उसके पास पहुँच कर उसे चद्दर उढ़ाकर कटार द्वारा उसकी हत्या करदी। यह दुर्घटना ६०२ हि० (१२०५-६ ई०) में हुई।

(६) मलिक इज़्ज़ुद्दीन मुहम्मद शीरान ख़लजी
(लखनौती में)

(१५७) कहा जाता है कि मुहम्मद शीरान तथा अहमद[2] शीरान दो भाई ख़लजी अमीरों में से मुहम्मद बख्तियार की सेवा में थे। जब मुहम्मद बख्तियार ने कामरूद तथा तिब्बत पर चढ़ाई की थी तो उसने मुहम्मद शीरान और उसके भाई को एक कार्य सौंप कर लखनौती से जाजनगर की ओर भेज दिया था। जब उन्हें उपर्युक्त दुर्घटना का समाचार मिला तो वे देवकोट पहुँचे और वहाँ उन्होंने उसकी अन्त्यष्ठि क्रिया को पूरा किया। वहाँ से वे नारकूती की ओर, जो कि अली मर्दान की अक़्ता थी, गये। वहाँ अली मर्दान को बन्दी बना लिया। उसे वे उस स्थान के कोतवाल बाबा कोतवाल अस्फ़हानी को सौंप करके देवकोट लौट आये। यहाँ अमीरों को जमा किया।

मुहम्मद शीरान बड़ा ही वीर तथा चरित्रवान व्यक्ति था। उस समय, जबकि मुहम्मद बख्तियार ने नोदिया को नष्ट कर दिया था और राय लखमनिया को भगा कर उसके लाव लश्कर और हाथियों आदि को छिन्न-भिन्न करके अपार धन सम्पत्ति प्राप्त करली थी, यह मुहम्मद शीरान तीन दिन तक लापता रहा। सभी अमीर उसके लिये चिन्तित थे। तीन दिन उपरान्त यह समाचार मिला कि मुहम्मद शीरान ने अमुक जंगल में १८ से अधिक हाथियों को उनके महावतों सहित पकड़ लिया है और इस समय अकेला है।

(१५८) सवारों को भेजकर हाथियों को मुहम्मद बख्तियार के सामने पेश किया गया। वास्तव में मुहम्मद शीरान बड़ा ही पराक्रमी तथा वीर पुरुष था। जब वह अली मर्दान को बन्दी बना कर लौटा तो समस्त ख़लजी अमीरों ने अपना नेता के कारण उसकी अधीनता स्वीकार कर ली। प्रत्येक अमीर अपनी अपनी अक़्ता का अधिकारी रहा। अली मर्दान किसी युक्ति से कोतवाल द्वारा मुक्त होकर देहली पहुँचा और सुल्तान क़ुतुबुद्दीन से प्रार्थना की कि क़ायमाज़ रूमी को आज्ञा दी जाय कि वह अवध से लखनौती चला जाय और उसकी आज्ञा के अनुसार ख़लजी अमीरों के ठहरने की उचित व्यवस्था कर दे।

हुसामुद्दीन एवज़ ख़लजी को मुहम्मद बख्तियार ने कंकतूरी का मुक़्ता बना दिया था। उसने क़ायमाज़ रूमी का स्वागत किया और उसके साथ देवकोट पहुँचा। क़ायमाज़ रूमी की

---

१ भिन्न भिन्न पोथियों में यह नारनकूई, तारकूती, दयारकूनी, नारकूती, बारकूती है।

२ छपी हुई पुस्तक में परान है।

आज्ञा से वह देवकोट का मुक़्ता हो गया। तत्पश्चात् क़ायमाज़ रूमी वापस हो गया। मुहम्मद शीरान तथा अन्य ख़लजी अमीरों ने एकत्र होकर देवकोट पर चढ़ाई करदी। क़ायमाज़ रूमी मार्ग से ही लौट पड़ा। उसने युद्ध करके मुहम्मद शीरान तथा ख़लजी अमीरों को परास्त कर दिया। इसके पश्चा मक़सदा और सन्तूस की ओर ख़लजी अमीर आपस में ही लड़ने लगे। इसमें मुहम्मद शीरान मारा गया और उसकी क़ब्र वहीं है।

(७) मलिक अलाउद्दीन अली मर्दान ख़लजी

अली मर्दान ख़लजी बड़ा ही वीर पराक्रमी योद्धा था। नारकूती की क़ैद से छूटकर वह सुल्तान क़ुतुबुद्दीन की सेवा में उपस्थित हुआ और सुल्तान क़ुतुबुद्दीन के साथ ग़ज़नी चला गया। ग़ज़नी के तुर्कों ने उसे गिरफ़्तार कर लिया।

(१५९) उसने एक दिन सुल्तान ताजुद्दीन यलदुज़ के साथ शिकारगाह में सालार ज़फ़र नामकएक ख़लजी अमीर से कहा कि 'यदि कहो तो मैं इस ताजुद्दीन यलदुज़ को एक तीर से ही मार दूँ और तुझे उसके स्थान पर बादशाह बना दूँ।' वह ख़लजी अमीर बड़ा ही बुद्धिमान था। उसने उसे इस बात से रोका। जब अली मर्दान लौटा तो ज़फ़र ने उसे दो घोड़े देकर वहाँ से चले जाने के लिये कहा। हिन्दुस्तान लौटकर वह सुल्तान क़ुतुबुद्दीन की सेवा में उपस्थित हुआ। सुल्तान ने उसे खिलअत देकर सम्मानित किया और लखनौती का शासन उसे सौंप दिया। उसने लखनौती की ओर प्रस्थान किया। जब उसने कूस नदी पार करली, तो हुसामुद्दीन एवज़ ख़लजी देवकोट से उसके स्वागतार्थ वहाँ पहुँचा। अली मर्दान ने देवकोट पहुँच कर राज्य संभाल लिया और लखनौती के शासन को सुव्यवस्थित किया।

जब सुल्तान क़ुतुबुद्दीन की मृत्यु हो गई तो अली मर्दान ने चत्र धारण कर लिया और अपने नाम का ख़ुत्बा चालू कर दिया। उसकी उपाधि सुल्तान अलाउद्दीन हो गई। वह बड़ा ही अत्याचारी और ज़ालिम था। उसने चारों ओर सैनायें भेजकर अनेक ख़लजी अमीरों की हत्या करवा दी। चारों ओर के राज्य उससे भयभीत रहने लगे, उसे धन सम्पत्ति तथा भूमिकर भेजने लगे। उसने हिन्दुस्तान के चारों ओर के राज्यों के विषय में आज्ञा-पत्र लोगों को प्रदान करने प्रारम्भ कर दिये और बढ़-बढ़ कर व्यर्थ की बातें करने लगा। दरबार तथा सभा में ख़ुरासान, ग़ज़नी, ग़ोर पर अधिकार करने के विषय में तथा अन्य व्यर्थ की बातें किया करता था। यहाँ तक कि वह लोगों को ग़ज़नी, ख़ुरासान तथा इराक़ के राज्य पर अधिकार जमाने के विषय में आज्ञापत्र देने लगा।

कहा जाता है कि उसके राज्य में एक व्यापारी बड़ा ही निर्धन हो गया। उसकी सम्पत्ति नष्ट हो गई। उसने अली मर्दान के पास जाकर याचना की कि मुझे कुछ दीजिये। उसने पुछवाया कि वह कहाँ का निवासी है। लोगों ने बताया कि वह इस्फ़हान का निवासी है। उसने आदेश दिया कि इस्फ़ान के राज्य और अक़्ता पर उसे अधिकार प्राप्त करने का आज्ञा-पत्र प्रदान कर दिया जाय। किसी को उसके अत्याचार के कारण यह निवेदन करने का साहस न हो सकता था कि इस्फ़हान हमारे अधीन नहीं है।

(१६०) जिस किसी को भी इस प्रकार के आज्ञा-पत्र मिलते और यदि वह निवेदम करता कि 'अमुक राज्य हमारे (उसके) अधिकार में नहीं है' तो वह इसका यह उत्तर देता कि "मैं उसे अपने अधिकार में कर लूँगा।" उस व्यापारी को इस्फ़हान के विषय में आज्ञा-पत्र प्रदान किया गया। उसके पास भोजन तथा वस्त्र का भी साधन न था। जो गण्यमान्य व्यक्ति तथा बुद्धिमान लोग वहाँ उपस्थित थे, उन्होंने उस बेचारे के लाभ के लिये निवेदन किया कि इस्फ़हान के मुक़्ता को मार्ग का व्यय तथा सेना के लिये धन सम्पत्ति प्रदान की जाय जिससे

वह उस स्थान पर अपना अधिकार जमा सके। इस पर उसने उसे यात्रा व्यय के लिये अत्यधिक धन प्रदान किया। अली मर्दान का अभिमान, अत्याचार तथा उसकी दुष्टता चर्म सीमा तक पहुँच चुकी थी। इसके साथ-साथ वह भीषण रक्तपात तथा अत्याचार करता था। प्रजा, निर्बल लोग तथा सैनिक उसके अत्याचार एवं रक्तपात से बड़े परेशान थे। उससे मुक्त होने के लिये विद्रोह करने के अतिरिक्त और कोई उपाय उनकी समझ में नहीं आया। सभी ख़लजी अमीरों ने इस बात से सहमत होकर अली मर्दान की हत्या कर दी और हुसामुद्दीन एवज़ ख़लजी को सिंहासनारूढ़ कर दिया। उसने लगभग दो वर्ष तक राज्य किया।

(८) मलिक हुसामुद्दीन एवज़ हुसैन ख़लजी

हुसामुद्दीन एवज़ बड़ा ही चरित्रवान व्यक्ति था। वह ग़ोर के गर्मसीर प्रदेश के ख़लजियों के क़बीले से सम्बन्धित था। कहा जाता है कि एक समय वह कोहपाया[१] ग़ोर की सीमा की ओर एक गधे पर कुछ सामान लादकर एक स्थान को ले जा रहा था। जब वह ज़ाबुलिस्तान की ओर से पुश्तये अफ़रोज़ की ओर पहुँचा तो उसे ख़िरक़ा[२] पहने हुये दो दरवेश[३] मिले। उन्होंने उससे प्रश्न किया "तेरे गधे पर कुछ भोजन भी है।" एवज़ ख़लजी ने उत्तर दिया "हाँ है।" उसके पास खाने के लिये कुछ रोटियाँ और मांस था। उसने वह भोजन गधे से उतार कर एक कपड़ा बिछा कर दरवेशों के समक्ष रख दिया।

(१६१) जब वे खाना खा चुके तो वह उनके सम्मुख पानी पेश करके हाथ बाँध कर खड़ा हो गया। जब दरवेश खा पी चुके तो उन्होंने आपस में कहा कि 'इस साहसी पुरुष ने हमारी सेवा की है; अवश्य ही इसकी सेवा व्यर्थ नहीं जानी चाहिये'। उन्होंने एवज़ ख़लजी की ओर मुख करके कहा कि "ऐ सालार! हिन्दुस्तान प्रस्थान कर। वह प्रदेश, जो मुसलमानों के राज्य का सबसे अन्तिम भाग है, तुझे प्रदान कर दिया"। दरवेशों के आदेशानुसार वह वहीं से लौट पड़ा और अपनी स्त्री को उस गधे पर बैठा कर हिन्दुस्तान की ओर चल दिया और मुहम्मद बख़्तियार की सेवा में उपस्थित हो गया। लखनौती का ख़ुत्बा और सिक्का उसी के नाम से चालू हो गया। उसकी उपाधि सुल्तान ग़ियासुद्दीन निश्चित हुई और लखनौती उसकी राजधानी बन गया।

उसने बसानकोट नामक क़िला बनवाया। चारों ओर से आकर लोग वहाँ बस गये। वह बड़ा ही चरित्रवान, सदाचारी, साहसी, उत्कृष्ट स्वभाव वाला, न्यायकारी तथा दानशील था। उसके राज्य-काल में प्रजा को बड़ी सुख-शान्ति प्राप्त थी। सभी उसके दान पुण्य से विशेष लाभ उठाते थे। उसके दान पुण्य के वहाँ अनेक अवशेष वर्त्तमान हैं। मसजिदें और विद्यालय निर्मित कराये। अहले[४] ख़ैर में से आलिमों, सूफ़ियों तथा सैयदों के लिये वज़ीफे (वृत्तियाँ) नियत किये। अन्य लोगों को भी उसके दान पुण्य तथा इम्लाक[५] प्रदान करने से विशेष लाभ हुआ। फ़ीरोज़कोह नामक स्थान में एक इमामज़ादी[६] रहता था। वह जमालुद्दीन ग़ज़नवी का पुत्र जलालुद्दीन था। वह अपनी मातृभूमि से धन के लोभ में हिन्दुस्तान आ गया था। ६०८ हि० (१२११-१२ ई०) में वह कुछ वर्ष पश्चात् फ़ीरोज़कोह वापस लौट गया।

---

१ ग़ोर के पहाड़ों के किनारे के भाग।
२ वह लबादा जो मुसलमान सन्त पहनते हैं। चीवर।
३ मुसलमान सन्त, सूफ़ी।
४ वे लोग जोकि धार्मिक कार्य में लगे रहते हैं।
५ धार्मिक कार्यों में लगे हुये लोगों को दी जाने वाली भूमि।
६ इमाम का पुत्र। इस्लामी धार्मिक नेता इमाम कहलाते थे।

उसके पास अत्यधिक धन सम्पत्ति थी। उससे उस धन सम्पत्ति के विषय में प्रश्न किया गया तो उसने उत्तर दिया कि वह हिन्दुस्तान पहुँच कर देहली से लखनौती गया।

(१६२) वहाँ पहुँचने पर ईश्वर की कृपा से उसे ग़यासुद्दीन के दरबार में तज़्कीर[1] करने का अवसर मिल गया। उस चरित्रवान बादशाह ने उसे अपने ख़जाने से सोने चाँदी के तंकों से भरा हुआ एक बहुत बड़ा थाल प्रदान किया। उसने अपने मलिकों, अमीरों तथा विश्वास-पात्रों को भी आदेश दिया कि वे दस हज़ार चाँदी के तंके उसे दें। तीन हज़ार चाँदी के तंके इसके अतिरिक्त और प्राप्त हुये। लौटने के समय उसे पाँच हज़ार तंके और प्रदान किये गये। इस प्रकार लखनौती के बादशाह ग़यासुद्दीन ख़लजी की धर्मनिष्ठता के कारण १८ हज़ार तंके उस इमामज़ादे को प्राप्त हो गये।

जब लेखक ६४१ हि० (१२४३-४४ ई०) में लखनौती पहुँचा तो लखनौती के आस-पास के समस्त स्थानों पर उस बादशाह के दान पुण्य के चिह्न उसे दृष्टिगोचर हुए। लखनौती गंगा नदी के दोनों तटों पर दो बाज़ुओं में बसा हुआ है। पश्चिम ओर का स्थान राल[2] के नाम से प्रसिद्ध है। लखनौती नगर उसी ओर है। पूर्व की ओर का स्थान बरबन्दा कहलाता है। देवकोट नगर उसी ओर स्थित है। लखनौती से लखनौर के द्वार तक और दूसरी ओर देवकोट तक पुल बना हुआ है, और दस दिन की यात्रा है। इस के पूर्व वर्षा के कारण समस्त भूमि में जल भर जाता था और भवनों तक पहुँचना सम्भव न था। केवल नौकाओं द्वारा लोग जल को पार करते थे। अब पुल द्वारा समस्त लोगों के लिए मार्ग सरल हो गया है।

(१६३) कहा जाता है कि जब सुल्तान शम्सुद्दीन, मलिक नासिरुद्दीन महमूद की मृत्यु के उपरान्त मलिक इख़्तियारुद्दीन बल्का के विद्रोह को दबाने के लिए पहुँचा और उसने ग़यासुद्दीन ख़लजी के दान पुण्य के स्थानों को देखा तो वह इतना प्रभावित हुआ कि जब कभी भी ग़यासुद्दीन की चर्चा होने लगती तो वह उसे सुल्तान ग़यासुद्दीन ख़लजी की उपाधि से पुकारता। वह कहा करता कि ऐसे दानी व्यक्ति के विषय में सुल्तान ग़यासुद्दीन ख़लजी की पदवी का प्रयोग करने से संकोच न करना चाहिये।

ग़यासुद्दीन ख़लजी बड़ा ही सदाचारी, न्यायी तथा चरित्रवान बादशाह था। लखनौती के आसपास के प्रदेश अर्थात् जाजनगर, बंग प्रदेश, कामरूद तथा तिरहुत उसे कर भेजा करते थे। लखनौर प्रदेश भी उसके अधीन हो गया था। अत्यधिक धन सम्पत्ति, राज कोष और हाथी उसे प्राप्त हो गये थे। उसने अपने अमीरों को वहाँ नियुक्त कर दिया था। सुल्तान शम्सुद्दीन ने देहली से लखनौती की ओर कई बार सेनायें भेजीं और बिहार पर अधिकार जमा कर अपने अमीर वहाँ नियुक्त कर दिए। ६२२ हि० (१२२५ ई०) में उसने लखनौती पर आक्रमण किया। सुल्तान ग़यासुद्दीन अपनी नौकायें लेकर नदी के चढ़ाव की ओर बढ़ा। दोनों में सन्धि हो गई। उसने ३८ हाथी तथा ८० लाख की धन सम्पत्ति देकर सुल्तान के नाम का ख़ुत्बा चलाना स्वीकार कर लिया। सुल्तान ने लौटते समय अलाउद्दीन जानी को बिहार सौंप दिया। ग़यासुद्दीन एवज़ लखनौती से बिहार पहुँचा और उसे अपने अधिकार में कर लिया। वहाँ उसने बड़ा अत्याचार किया, यहाँ तक कि ६२४ हि० (१२२६-२७ ई०)

१ इस्लाम के इतिहास तथा धार्मिक नियमों पर आधारित भाषण।

२ हैमिल्टन का कथन है कि बंगाल प्राचीन काल में पाँच ज़िलों में विभाजित था : (१) राढ़ अथवा राढ़ा; हुगली तथा गंगा के दक्षिण का प्रदेश, (२) बगदी, गंगा का डेल्टा (३) बंग डेल्टा के पूरब का प्रदेश (४) बरिंद अथवा बरेन्द्रा पदमा के उत्तर का प्रदेश और करातोया तथा महानन्दा नदी के बीच का प्रदेश, (५) मिथिला महानन्दा नदी के पश्चिम का भाग। बरेन्द्र, पौन्ड्र को कहते हैं। (होदीवाला पृ० २१२)

में मलिक शहीद नासिरुद्दीन महमूद बिन (पुत्र) सुल्तान शम्सुद्दीन ने अवध से इज़्ज़ुलमुल्क जानी तथा हिन्दुस्तान[1] की सेना को लेकर लखनौती की ओर प्रस्थान किया। इस वर्ष ग़यासुद्दीन एवज़ ख़लजी लखनौती से बंग तथा कामरूद की ओर सेना लेकर गया हुआ था।

(१६४) लखनौती नगर ख़ाली था। मलिक नासिरुद्दीन महमूद ने लखनौती पर अधिकार जमा लिया। ग़यासुद्दीन ख़लजी ने अपनी सेना लेकर लौटते हुए मलिक नासिरुद्दीन से युद्ध किया। ग़यासुद्दीन तथा उसके समस्त अमीर बन्दी बना लिए गये। सुल्तान ग़यासुद्दीन शहीद कर दिया गया। उसने बारह वर्ष तक राज्य किया[2]।

---

१ देहली से पूरब का भाग हिन्दुस्तान कहलाता था।

२ पृ० १६४, १६५ में अधिकतर सुल्तान शम्सुद्दीन के लिए ईश्वर से प्रार्थना एवं उसकी प्रशंसा की गई है अतः उस भाग का अनुवाद नहीं किया गया।

(इक्कीसवाँ तबक़ा)

सुल्तानुल मुअज़्ज़म शम्सुद्दुनियाँ वद्दीन

अबुलमुज़फ़्फ़र इल्तुतमिश[1] सुल्तान

(१६५) क्योंकि भगवान् ने मनुष्यों का भाग्य निश्चित करते समय यह निर्णय कर दिया था, कि हिन्दुस्तान का राज्य सुल्ताने मुअज़्ज़म, शहरयारे आज़म, शम्सुद्दुनियां वद्दीन, अबुलमुज़फ़्फ़र इल्तुतमिश अस्सुल्तान यमीने खलीफ़तुल्लाह, नासिरे अमीरुलमोमिनीन तथा उसके पुत्रों की छाया में उन्नति करे और क़यामत तक नाना प्रकार की दुर्घटनाओं से सुरक्षित रहे, अतः उसने उस न्यायी, दानशील, वीर तथा साहसी बादशाह को तुर्किस्तान के अल्बरी क़बीले[2] से पृथक् कराने के पश्चात् यूसुफ़[3] की भाँति व्यापारियों को दिलवा दिया और धीरे-धीरे उसे राज सिंहासन तक पहुँचा दिया। उसके द्वारा मुहम्मद के धर्म की रक्षा कराई और उसे उन्नति प्रदान की।

(१६६) वह वीरता में दूसरा अली कर्रार[4] तथा दान में दूसरा हातिम[5] था। यद्यपि सुल्तान क़ुतुबुद्दीन अपने समय में लाखों की धन सम्पत्ति दान करता था किन्तु सुल्तान शम्सुद्दीन एक लाख के स्थान पर सौ सौ लाख का दान देता था। वह आलिमों, क़ाज़ियों, किसानों, व्यापारियों तथा परदेशियों को आश्रय प्रदान करता था[6]।

अपने राज्य के प्रारम्भ ही से वह आलिमों, सैयदों, मलिकों[7], अमीरों[8] तथा सद्रों[9] को हज़ार लाख से अधिक धन देता था। संसार के भिन्न-भिन्न भागों से लोग हिन्दुस्तान की राजधानी दिल्ली में जोकि इस्लाम की रक्षा तथा शरिअत[10] का केन्द्र थी, पहुँचा करते थे।

---

१ बदायूनी ने लिखा है कि सुल्तान का नाम अल्तमिश अथवा इल्तमिश इस कारण पड़ा कि उसका जन्म एक ऐसी रात्रि में हुआ था जबकि चन्द्रग्रहण पड़ा था। (मुन्तखबुत्तवारीख, कलकत्ता, पृष्ठ ६२) होदीवाला का विचार है कि अल्तमश भी ऐबक के समान एक साधारण नाम है। (होदीवाला २१३, २१४) सुल्तान के सिक्कों पर अल्तमश, इल्तुमिश, अल्तुतमिश तथा इल्तुतमिश चारों शब्दों का प्रयोग किया गया है।

२ सर० ई० डेनीसन रौस का विचार है कि यह शब्द अल्परी है। अल्पर का अर्थ वीर मनुष्य होता है।

३ क़ुरान के अनुसार यूसुफ़ को उनके भाइयों ने उनके पिता याक़ूब से ईर्ष्या के कारण पृथक् करके एक कुएँ में डाल दिया था। वहाँ से वे व्यापारियों के हाथ लगे और व्यापारियों ने उन्हें मिस्र में बेच दिया।

४ मुसलमानों के चौथे खलीफ़ा का नाम अली था। वे अपनी विद्वत्ता तथा वीरता के लिये बड़े प्रसिद्ध थे। वे जून २४, ६५६ ई० से जनवरी २४, ६६१ ई० तक खलीफ़ा रहे।

५ इस्लाम से पूर्व तय नामक क़बीले का सरदार हातिम अपने दान के लिये बड़ा प्रसिद्ध था।

६ सुल्तान के नाम के साथ उसके सम्मान के लिये जिन शब्दों का प्रयोग किया गया उनका अनुवाद नहीं किया गया।

७ खान के नीचे मलिक की श्रेणी होती थी।

८ अमीर, मलिक के अधीन होता था।

९ धार्मिक कार्यों का प्रबन्ध करने वाले।

१० मुहम्मद साहब के बताये हुये नियम एवं इस्लामी सिद्धान्त इस्लामी शरिअत के नाम से प्रसिद्ध है। इस्लामी नियमों एवं सिद्धान्तों के लिये शरा के शब्द का प्रयोग होता है।

उस बादशाह की दान शीलता के कारण इस शहर में भिन्न-भिन्न भागों से लोग एकत्र होते थे। ईरान के प्रदेशों की कठिनाइयों तथा मुग़लों के उत्पात के भय से लोग भाग-भाग कर हिन्दुस्तान पहुँचते थे। उसके बनाये हुये शान्ति के नियम अभी तक उसी प्रकार चालू हैं।

विश्वस्त सूत्रों से ज्ञात हुआ है, कि जब सुल्तान शम्सुद्दीन अल्प अवस्था में भगवान् की ओर से इस्लाम के राज्य तथा हिन्दुस्तान की हुकूमत के लिए नियुक्त हुआ तो तुर्किस्तान और अल्बरी क़बीला उससे छूट गया। उसके पिता का नाम ईल ख़ाँ था।

(१६७) उसके सहायक, विश्वास पात्र तथा सम्बन्धी बहुत बड़ी संख्या में थे। प्रारम्भ में वह बड़ा ही रूपवान था। इस कारण उसके भाई उससे ईर्ष्या करते थे। उसके भाइयों ने उसके माता-पिता से घोड़ों के गल्ले का तमाशा दिखाने के बहाने लेजाकर उसे एक व्यापारी के हाथ बेच दिया। कहा जाता है कि बेचने वाले उसके चचेरे भाई थे। व्यापारी उसे बुख़ारा की ओर ले गये और उसे बुख़ारा के सद्र जहाँ के एक सम्बन्धी के हाथ बेच दिया। उस वंश के लोग बड़ा ही पवित्र जीवन व्यतीत करते थे। उन लोगों ने उस पर दया की और उदारता से अपने पुत्रों के समान पालन-पोषण किया।

एक विश्वसनीय पुरुष से ज्ञात हुआ है कि उसने यह कहानी बादशाह के मुँह से सुनी थी। एक बार उस वंश के किसी व्यक्ति ने उसे बाज़ार से कुछ अंगूर लाने के लिए एक सिक्का दिया; मार्ग में वह सिक्का उससे खो गया। अल्प अवस्था के कारण वह डर के कारण रोने लगा। जिस समय वह रो रहा था तो एक दरवेश उसके पास आया। उसके हाथ पकड़ कर अंगूर मोल ले कर उसे दे दिए और उस से वचन ले लिया कि राज्य प्राप्त करने के उपरान्त वह सदा फ़क़ीरों तथा नेक लोगों का आदर सम्मान[1] करता रहेगा और उनके अधिकारों का ध्यान रक्खेगा। उसे राज्य पाट उस दरवेश की कृपा के कारण प्राप्त हुआ है। इसी कारण वह आलिमों तथा सूफ़ियों[2] का जितना आदर सम्मान करता था उतना संसार के प्रारम्भ से इस समय तक किसी ने भी नहीं किया।

(१६८) उस इमामों तथा भद्रों के वंश से उसे हाजी बुख़ारी नामक एक व्यापारी ने ख़रीद लिया। इसके उपरान्त उसे एक दूसरे व्यापारी जमालुद्दीन चुस्त क़बा नामक ने ख़रीदा और वह उसे ग़ज़नी लाया। उस समय तक इतना रूपवान, समझदार तथा चरित्रवान कोई दूसरा तुर्क ग़ज़नी न आया था। उसका हाल सुल्तान मुइज्ज़ुद्दीन मुहम्मद साम को ज्ञात हुआ। उसने आदेश दिया कि उसका मूल्य निश्चित किया जाय। उसका तथा एक अन्य तुर्क का, जिसको लोग ऐबक कहा करते थे, मूल्य एक हज़ार ख़ालिस रुकनी सोने के दीनार निश्चित किया गया। जमालुद्दीन चुस्त क़बा ने उस मूल्य पर उन्हें बेचना स्वीकार न किया। सुल्तान ने आदेश दे दिया कि कोई भी उन्हें न ख़रीदे। जमालुद्दीन चुस्त क़बा ग़ज़नी में एक वर्ष रहने के पश्चात् बुख़ारा की ओर चला गया, और तीन वर्ष वहाँ रह कर उनको ग़ज़नी वापस ले आया। किन्तु सुल्तान के आदेशानुसार इल्तुतमिश को किसी ने न ख़रीदा। एक साल और ग़ज़नी में उसने निवास किया। यहाँ तक कि सुल्तान क़ुतुबुद्दीन नहरवाले के युद्ध तथा ग़ुजरात की विजय के उपरान्त मलिक नसीरुद्दीन हुसैन के साथ ग़ज़नी पहुँचा। वहाँ उसे उसका (शम्सुद्दीन इल्तुतमिश का) हाल ज्ञात हुआ। उसने सुल्तान मुइज्ज़ुद्दीन से उसे ख़रीदने की आज्ञा माँगी। सुल्तान ने उत्तर दिया कि उसने आदेश दे दिया है कि उसे ग़ज़नी में कोई न ख़रीदे। अतः उसे देहली ले जा कर ख़रीद लिया जाय। सुल्तान क़ुतुबुद्दीन ने अपने कार्यों

१ एसामी ने यह कहानी दूसरे ढंग से लिखी है।
२ मुसलमान सन्त सूफ़ी कहलाते हैं।

को पूरा कराने के लिए निज़ामुद्दीन मुहम्मद को ग़ज़नी में छोड़ दिया और आदेश दिया कि जमालुद्दीन चुस्त क़बा हिन्दुस्तान जाय जिससे सुल्तान शम्सुद्दीन उसको वहाँ ख़रीद सके। उसके आदेशानुसार निज़ामुद्दीन उसे लौटते समय देहली लाया। सुल्तान क़ुतुबुद्दीन ने दोनों को एक लाख जीतल[1] देकर ख़रीद लिया। ऐबक नामक तुर्क का नाम तम्ग़ाज़ रखा और उसे तबर-हिन्दा का अमीर नियुक्त कर दिया गया। ताजुद्दीन यलदुज़ तथा क़ुतुबुद्दीन के युद्ध में वह मारा गया।

(१६६) सुल्तान इल्तुतमिश सरजानदार[2] नियुक्त हो गया। सुल्तान क़ुतुबुद्दीन ऐबक उसे अपना पुत्र कहता था और अपना बड़ा विश्वास पात्र समझता था। दिन प्रतिदिन उसका सम्मान बढ़ने लगा। उसकी समझ बूझ तथा योग्यता को देखकर उसे अमीर शिकार[3] नियुक्त कर दिया गया।

ग्वालियर की विजय के उपरान्त उसे वहाँ का अमीर नियुक्त कर दिया गया। इसके उपरान्त बरन तथा उसके आसपास की अक़्ता उसे दी गई। तत्पश्चात् उसकी वीरता, साहस, तथा योग्यता को देखकर सुल्तान ने उसे बदायूँ का शासन सौंप दिया।

जब सुल्तान मुइज़्ज़ुद्दीन मुहम्मद साम ख़्वारज़्म से लौटते समय अन्दख़ुद के युद्ध में पराजित हुआ तो कोखरों ने विद्रोह प्रारम्भ कर दिया।

उसने ग़ज़नी से उनके विरुद्ध युद्ध करने के लिये प्रस्थान किया। सुल्तान क़ुतुबुद्दीन को आदेश भेजा कि हिन्दुस्तान की सेना लेकर वहाँ पहुँचे। सुल्तान शम्सुद्दीन भी बदायूँ की सेना लेकर उसके साथ चल पड़ा। युद्ध में सुल्तान शम्सुद्दीन बड़ी वीरता से अपने साज़ व सामान सहित झेलम नदी के बीच में, जहाँ उन दुष्टों ने शरण प्राप्त करली थी, प्रविष्ट हो गया। बड़ा घोर युद्ध हुआ। उसने अपने बाणों की वर्षा से उन्हें पराजित कर दिया। उसने जल में इतना भीषण युद्ध किया कि काफ़िर[4] जल से नरक की अग्नि में पहुँच गये।

उस वीरता तथा पराक्रम का दृश्य सुल्तान मुइज़्ज़ुद्दीन ने भी देखा और उसे अपने सामने बुलवाकर ख़िलअत प्रदान की और सुल्तान क़ुतुबुद्दीन को आदेश दिया कि इल्तुतमिश से अच्छा व्यवहार करें, क्यों कि वह बड़े उत्तम कार्य करेगा।

---

१ यहाँ जीतल के स्थान पर तंका (चाँदी का) होना अधिक सम्भाव्य है।

२ सुल्तानों के अंग रक्षक जानदार कहलाते थे। केवल राजभक्त तथा वीर सैनिक ही इस पद पर नियुक्त हो सकते थे। सुल्तान अपने किसी विश्वास पात्र को उनका अधिकारी नियुक्त करता था। वह सरजानदार कहलाता था।

३ अमीर शिकार सुल्तान के शिकार का प्रबन्ध करता था। वह भी राज्य का एक मुख्य अधिकारी समझा जाता था।

४ इस इतिहास तथा अन्य मध्य कालीन इतिहासों में उन लोगों को जो सुल्तान का विरोध अथवा विद्रोह करते थे, काफ़िर लिखा गया है। इस प्रकार हिन्दुओं, मुग़लों तथा सुन्नियों के अतिरिक्त सभी धर्मवालों के लिये काफ़िर शब्द का प्रयोग किया गया है। विद्रोहियों की हत्या को नरक में भेजना लिखा है। सुल्तान के सहायकों की हत्या को शहादत लिखा गया है और यह बताया गया है कि वे अपनी मृत्यु के उपरान्त स्वर्गवास हो जाते थे। मध्य कालीन हिन्दू इतिहासकारों ने भी हिन्दुओं को काफ़िर तथा उनकी हत्या करना उनको नरक में पहुंचाना लिखा है। मुसलमानों की मृत्यु के विषय में उन्होंने भी स्वर्गवास होना लिखा है। इस प्रकार यह दोनों शब्द उस समय के साहित्य की शैली का एक अंग बन गये थे। इन शब्दों के प्रयोग द्वारा किसी धार्मिक कट्टरपन का विशेष पता नहीं चलता। अमीर ख़ुसरो, जो अपने समय के उदार व्यक्तियों में बड़े महत्वपूर्ण समझे जाते हैं, अपने ऐतिहासिक ग्रन्थों में इसी प्रकार के शब्दों का प्रयोग करते हैं।

(१७०) इसके अतिरिक्त यह भी आदेश दिया कि उसे स्वतन्त्रता का पत्र दे दिया जाय और उसे राजसी कृपा दृष्टि से सम्मानित किया जाय।

जब लाहौर में सुल्तान क़ुतुबुद्दीन की मृत्यु हो गई तो सिपहसालार अली इस्माईल ने, जोकि देहली का अमीरदाद[1] था, तथा अन्य अमीरों और सद्रों ने, सुल्तान शम्सुद्दीन की सेवा में पत्र लिखकर प्रेषित किये। वह उनकी प्रार्थना पर ६०७ हिजरी (१२१०-११ ई०) में देहली पहुँच कर राज सिंहासन पर विराजमान हो गया। जब तुर्क तथा अन्य मुइज़्ज़ी अमीर देहली के चारों ओर से एकत्रित हुये तो कुछ तुर्कों तथा मुइज़्ज़ी अमीरों ने उसका साथ न दिया और विरोध प्रारम्भ कर दिया। देहली के बाहर निकल कर हवाली[2] में एकत्र हो गये।

विद्रोह तथा षड्यन्त्र प्रारम्भ कर दिया। सुल्तान शम्सुद्दीन क़ल्ब[3] की सेना तथा अपनी व्यक्तिगत सेना लेकर देहली के बाहर निकला और जूद[4] के मैदान में उन्हें पराजित करके उनके बहुत से सवारों को तलवार के घाट उतार दिया।

इसके उपरान्त सुल्तान ताजुद्दीन यलदुज़ ने लाहौर और ग़ज़नी के विषय में उससे सन्धि करली ओर चत्र तथा दूरबाश[5] प्रदान किया। उसके तथा मलिक नासिरुद्दीन क़ुबाचा के बीच में लाहौर, तबरहिन्दा एवं कुहराम के अधिकार के प्रश्न पर बराबर विरोध होता रहा। उसने ६१४ हि० (१२१७-१८) में नासिरुद्दीन क़ुबाचा को पराजित किया।

हिन्दुस्तान के भिन्न-भिन्न भागों में भी अमीर तथा तुर्क उसका विरोध करते रहे, किन्तु भगवान् की दया से उसे सर्वदा विजय प्राप्त होती रही। जो भी उस पर चढ़ाई करता अथवा विद्रोह करता वह पराजित हो जाता।

(१७१) उसने भगवान् की सहायता प्राप्त हो जाने के कारण देहली के आसपास के प्रदेश बदायूँ, अवध, बनारस तथा सिवालिक अपने अधीन कर लिये।

सुल्तान ताजुद्दीन यलदुज़ ख़्वारज़्म की सेना से पराजित होकर लाहौर पहुँचा। उसमें तथा सुल्तान शम्सुद्दीन में एक दूसरे के राज्य की सीमा के प्रश्न पर विरोध प्रारम्भ हो गया। दोनों सेनाओं का तराएन के स्थान पर सामना हो गया। ६१२ हि० (१२१५-१६) में सुल्तान शम्सुद्दीन को विजय प्राप्त हो गई। ताजुद्दीन यलदुज़ बन्दी बना लिया गया और उसे देहली भेज दिया गया। वहाँ से उसे बदायूँ भेजा गया और वहीं उसकी मृत्यु हो गई।

इसके उपरान्त ६१४ हि० (१२१७-१८ ई०) में शम्सुद्दीन तथा मलिक नासिरुद्दीन क़ुबाचा का युद्ध हुआ। नासिरुद्दीन क़ुबाचा पराजित हुआ। ६१८ हिजरी (१२२१-२२ ई०) में चंगेज़ ख़ाँ मुग़ल की ख़ुरासान पर चढ़ाई के कारण जलालुद्दीन ख़्वारज़्मशाह काफ़िरों की सेना के भय से भाग कर हिन्दुस्तान पहुँचा। लाहौर की सीमा पर ख़्वारज़्मशाहियों का

---

१ अमीरदाद न्याय विभाग का एक उच्च पदाधिकारी होता था।

२ देहली के आसपास के स्थान हवाली कहलाते थे, इनके लिये हवालिये देहली शब्द भी प्रयोग होता था।

३ देहली की सेना को हश्मे क़ल्ब, अफ़वाजे क़ल्ब अथवा क़ल्बे आला कहते थे। इनका सम्बन्ध सीधे बादशाह से हुआ करता था। सेना का मध्य भाग भी क़ल्ब कहलाता था।

४ छपी हुई पुस्तक में जून लिखा है।

५ दूरबाश का अर्थ है दूर रहो अथवा पृथक् रहो। बादशाहों तक सर्व साधारण को पहुँचने से रोकने के लिए कुछ लोग एक दुशाख़ा भाला लिये रहते थे। इसकी शाख़ाओं में मोती और जवाहर जड़े होते थे। यह सर्वदा सवारी के समय बादशाह की सवारी के आगे रखे जाते थे। इनका प्रयोग बादशाह के अतिरिक्त कोई अन्य न कर सकता था। इस प्रकार इसे भी वही महत्व प्राप्त था जो चत्र को। कभी-कभी बादशाह बहुत बड़े-बड़े मलिकों को दूरबाश रखने की आज्ञा प्रदान कर देता था। जिसे चत्र तथा दूरबाश प्राप्त हो जाता था वह एक प्रकार से अपने क्षेत्र में स्वतन्त्र समझा जाता था।

उत्पात प्रारम्भ हो गया। सुल्तान शम्सुद्दीन देहली से सेना लेकर लाहौर की ओर गया। जलालुद्दीन ख़्वारज़्मशाह हिन्दुस्तान की सेना का मुक़ाबला न करके सिन्धु तथा सिविस्तान की ओर चला गया।

सुल्तान शम्सुद्दीन ने उसके उपरान्त ६२२ हि० (१२२५ ई०) में सेना लेकर लखनौती पर चढ़ाई की। ग़यासुद्दीन एवज़ ख़लजी ने अधीनता का जूआ अपनी सेवा की गर्दन में डलवा लिया। तीस हाथी तथा ८० लाख की सम्पत्ति प्रदान की। ख़ुत्बा और सिक्का सुल्तान शम्सुद्दीन के नाम का चालू करा दिया। फिर उसने ६२३ हि० (१२२६ ई०) में रणथम्भोर[1] पर चढ़ाई करने का संकल्प कर लिया।

(१७२) उस क़िले के विषय में समस्त हिन्दुस्तान में यह प्रसिद्ध था कि वह बड़ा ही दृढ़ है, और उस पर कोई भी विजय प्राप्त नहीं कर सकता। हिन्दुस्तानियों के इतिहास में लिखा है कि लगभग ७० बादशाहों ने इस क़िले पर आक्रमण किया किन्तु कोई भी सफल न हुआ। ६२३ हि० (१२२६ ई०) में सुल्तान के सैनिकों ने भगवान् की कृपा से इस पर अधिकार जमा लिया। उसके एक वर्ष उपरान्त ६२४ हि० (१२२६-२७ ई०) में मन्दावर के क़िले पर जोकि सिवालिक के निकट है भगवान् की कृपा से अधिकार प्राप्त हो गया। उसके सेवकों (सैनिकों) को अत्यधिक धन सम्पत्ति तथा लूट का माल प्राप्त हुआ। इसके एक वर्ष उपरान्त ६२५ हि० (१२२७-२८ ई०) में सुल्तान ने देहली की सेना लेकर उच्च तथा मुल्तान पर चढ़ाई की। लेखक मिनहाज सिराज रजब ६२४ हि० (जून, १२२७ ई०) में ग़ोर तथा ख़ुरासान से सिन्धु प्रदेश में उच्च तथा मुल्तान में पहुँच गया था। पहली रबी-उल-अव्वल ६२५ हि० (६ फ़रवरी, १२२८ ई०) में सुल्तान शम्सुद्दीन उच्च के क़िले के निकट पहुँच गया। सुल्तान नासिरुद्दीन क़ुबाचा ने अपने डेरे एहरावट[2] के क़िले के द्वार के निकट लगा रखे थे और उसका सब सामान नौकाओं के ऊपर लदा हुआ था। इसी समय जुमे (शुक्रवार) के दिन नमाज़ के उपरान्त मुलतान से दूतों ने पहुँच कर सूचना दी कि मलिक नासिरुद्दीन एतिमुर लाहौर का मुक्ता मुल्तान के क़िले के निकट पहुँच चुका है। सुल्तान शम्सुद्दीन 'तबरहिन्दा' के मार्ग से उच्च की ओर बढ़ता चला आ रहा है। मलिक नासिरुद्दीन क़ुबाचा अपनी समस्त सेना को नौकाओं पर बैठा कर भक्खर की ओर चल दिया, और अपने वज़ीर ऐनुलमुल्क हुसैन अशअरी को आदेश दे दिया कि वह उच्च के क़िले का समस्त खज़ाना भक्खर में पहुँचा दे।

(१७३) सुल्तान शम्सुद्दीन ने अपनी मुक़द्दमे की सेना को दो बड़े-बड़े मलिकों की अधीनता में उच्च की ओर भेज दिया। इनमें से एक मलिक इज़्ज़ुद्दीन मुहम्मद सालारी अमीर हाजिब तथा दूसरा कज़लक़ख़ाँ संजर सुल्तानी मलिक तबरहिन्दा था। चार दिन के उपरान्त सुल्तान शेष लश्कर हाथी तथा साज़ व सामान लेकर उच्च पहुँच गया और वहीं डेरे डाल दिये। अपने राज्य के वज़ीर निज़ामुलमुल्क मुहम्मद जुनैदी तथा अन्य मलिकों को मलिक नासिरुद्दीन का पीछा करने के लिये भक्खर की ओर भेज दिया।

तीन मास[3] तक उच्च के क़िले के निकट युद्ध होता रहा। मंगलवार २८ जमादी-उल-अव्वल ६२५ हि० (५ मई, १२२८ ई०) को उच्च के क़िले पर अधिकार प्राप्त हो गया। उसी मास में मलिक नासिरुद्दीन क़ुबाचा ने भक्खर के क़िले की दीवार से सिन्धु नदी में डूबकर आत्म हत्या करली। इसके कुछ दिन पूर्व उसने अपने पुत्र मलिक अलाउद्दीन बहरामशाह को सुल्तान शम्सुद्दीन की सेवा में भेज दिया था। इसके कुछ दिन पश्चात् नासिरुद्दीन (क़ुबाचा) की शेष

१ छपी पुस्तक में रतनपुर है।
२ छपी हुई पुस्तक में अमरौत है।
३ छपी हुई पुस्तक में एक मास है।

सेना तथा ख़ज़ाना भी सुल्तान की सेवा में पहुँच गया, और वह प्रदेश समुद्र तट तक विजित कर लिया गया। मलिक सिनानुद्दीन चतीसर ने, जोकि देवल तथा सिन्ध का वाली था, शम्सी दरबार में उपस्थित होकर अपनी बैअत अर्पण[1] करदी। जब उस बादशाह का शुद्ध हृदय उन प्रदेशों को विजित कर निश्चिन्त हो गया तो वह अपनी राजधानी देहली की ओर लौट गया।

इस पुस्तक का लेखक उस धर्मनिष्ठ बादशाह की सेवा में पहले ही दिन जब कि उसने उच्च के क़िले के निकट अपने शिविर लगाये थे उपस्थित हो गया था। सुल्तान ने उसका बड़ा आदर सम्मान किया था।

(१७४) जब कि शाही सेना ने उच्च से प्रस्थान किया तो वह भी उनके साथ रमज़ान ६२५ हि० (अगस्त, १२२८ ई०) में देहली पहुँच गया। उस समय ख़लीफ़ा के दरबार के दूत बहुत सी ख़िलअतें तथा उपहार लेकर नागौर पहुँच चुके थे। सोमवार २२ रबी-उल-अव्वल ६२६ हि० (१८ फ़रवरी, १२२९ ई०) को वे लोग राजधानी में पहुँच गये। शहर सजाया गया। बादशाह, मलिक, उसके पुत्र तथा उसके सेवकों के लिये ख़लीफ़ा के दरबार से ख़िलअतें भेजी गई थीं।

इस समारोह तथा आनन्दमङ्गल के उपरान्त ही जमादी-उल-अव्वल ६२६ हि० (मार्च, १२२९ ई०) में मलिक नासिरुद्दीन महमूद की मृत्यु का समाचार मिला। बल्का मलिक हुसामुद्दीन एवज़ ख़लजी[2] ने भी लखनौती में विद्रोह कर दिया। सुल्तान शम्सुद्दीन ने हिन्दुस्तान की सेना लेकर लखनौती पर चढ़ाई की। ६२७ हि० (१२२९-३० ई०) में उस विद्रोही को बन्दी बना लिया गया, और लखनौती का राज सिंहासन मलिक अलाउद्दीन जानी को प्रदान कर दिया गया। उसी वर्ष वह देहली लौट आया।

६२९ हि० (१२३१-३२ ई०) में उसने ग्वालियार के क़िले पर अधिकार जमाने का दृढ़ संकल्प कर लिया। जब उस क़िले के निकट उसके शिविर लगे तो दुष्ट बसील (बासिल) के पुत्र दुष्ट मलिक देव (मिहलक देव) ने युद्ध प्रारम्भ कर दिया। सुल्तान ग्यारह मास तक उस क़िले के निकट ठहरा रहा। यह लेखक उसी वर्ष शाबान के महीने (मई-जून) में देहली से चलकर उसकी सेवा में उपस्थित हुआ। इस तुच्छ को शिविर में तज़्कीर के लिये नियुक्त किया गया।

(१७५) प्रत्येक सप्ताह में वह तीन बार तज़्कीर किया करता था। रमज़ान के महीने में वह रोज़ तज़्कीर करने लगा। मुहर्रम[3] के पहले दस दिन तथा ज़िलहिज्जा[4] के प्रथम दस दिनों में रोज़ाना तज़्कीर हुआ करती थी। अन्य महीनों में उसी प्रकार प्रत्येक सप्ताह में तीन बार तज़्कीर होती थी। इस प्रकार शिविर में ९५ तज़्कीरें हुईं। ईदुलफ़ितर तथा ईदुज़्ज़ुहा के अवसर पर तीन भिन्न-भिन्न स्थानों पर नमाज़ें हुईं। इनमें से ईदुज़्ज़ुहा के दिन ग्वालियर के क़िले के सामने उत्तर की ओर मिनहाज सिराज ने नमाज़ पढ़ाई और ख़ुत्बा पढ़ा। उसे बहुमूल्य ख़िलअत मिली।

सेना ग्वालियर के क़िले को २६ सफ़र ६३० हि० (१२ दिसम्बर, १२३२ ई०) तक घेरे रही, तब उस पर विजय प्राप्त हो गई। मंगलदेव रात्रि में क़िले से निकल कर भाग गया। आठ सौ आदमियों को पड़ाव के सामने क़त्ल कर दिया गया। इसके उपरान्त उसने

१ अधीनता स्वीकार करना। अधीनता की शपथ लेना।

२ उसका पूरा नाम इख़्तियारुद्दीन ईरानशाह ख़लजी था। (नासिरी १७८) एक सिक्के में उसका नाम इस प्रकार है। शाहंशाह अलाउद्दीन अब्दुल मआली दौलतशाह बिन (पुत्र) मौदूद। होदीवाला पृ० २४५

३ इस्लामी कलेन्डर का पहला महीना।

४ इस्लामी कलेन्डर का बारहवां महीना।

अमीरों तथा गण्यमान्य व्यक्तियों में से मज्दलमुल्क ज़ियाउद्दीन मुहम्मद जुनैदी को अमीरदाद तथा सिपहसालार रशीदुद्दीन को कोतवाल नियुक्त किया। मिनहाज सिराज को क़ज़ा, ख़िताबत एहतिसाब तथा शरई कार्यों की देखभाल एवं ख़िलअत और बहुत से इनाम प्रदान किये गये। भगवान् उस दानी बादशाह की आत्मा को शान्ति प्रदान करे।

उसी वर्ष दूसरी रबी-उल-आख़िर (१६ जनवरी, १२३३ ई०) को सुल्तान ने क़िले से वापस होकर वहाँ से एक फ़रसंग की दूरी पर अपने शिविर लगा दिये, और उस स्थान पर दिन में पाँच बार नौबत[1] बजा करती थी। जब वह देहली वापस हुआ तो उसने ६३२ हि० (१२३४-३५ ई०) में इस्लामी सेना लेकर मालवा पर चढ़ाई की और भेल्सा के क़िले तथा नगर पर अपना अधिकार जमा लिया।

(१७६) वहाँ एक मन्दिर को, जो ३०० वर्षों में बन कर तैयार हुआ था और जो १०५ गज़ ऊँचा था, विध्वंस कर दिया। वहाँ से वह उज्जैन नगरी की ओर गया, और वहाँ महाकाल देव (महाकाली) के मन्दिर को नष्ट-भ्रष्ट किया। उज्जैन नगरी के राजा विक्रमाजीत (विक्रमादित्य) की मूर्ति, जिसके राज्य को आज १३१६ वर्ष व्यतीत हो चुके हैं, और हिन्दवी सन् जिसके राज्य से प्रारम्भ होता है, तथा अन्य पीतल की मूर्त्तियाँ और महाकाल देव की पत्थर की मूर्ति देहली ले आया।

६३३ हि० (१२३५-३६ ई०) में सुल्तान ने हिन्दुस्तान की सेना लेकर बानियान[2] की ओर प्रस्थान किया। इस यात्रा में सुल्तान ने अपने में निर्बलता का अनुभव किया, और रोगी होकर वहाँ से वापस हुआ। बुधवार पहली शाबान (१० अप्रैल) को ज्योतिषियों द्वारा निश्चित किये हुये समय पर पालकियों में बैठ कर देहली पहुँच गया। १६ दिन के उपरान्त रोग के बहुत बढ़ जाने के फलस्वरूप सोमवार २० शाबान ६३३ हि० (२९ अप्रैल १२३६ ई०) को उसकी मृत्यु हो गई। उसने २६ वर्ष तक राज्य किया। ईश्वर इस राज्य के उत्तराधिकारी नासिरुद्दीन महमूद को सर्वदा जीवित रखे।

---

१ नौबत में नगाड़ा, तुरही, बिगुल, झाँझ, बांसुरी आदि बाजे सम्मिलित थे। नौबत केवल बादशाह की उपस्थिति ही में अथवा राजधानी में बज सकती थी। नौबत प्रायः ५ बार बजती थी। चार बार दिन में और एक बार रात में। पंज नौबत शब्द का मध्यकालीन फ़ारसी साहित्य में अनेक स्थानों पर प्रयोग हुआ है। चचनामे के अध्ययन से पता चलता है कि यह प्राचीन भारतीय प्रथा थी।

२ होदीवाला का विचार है कि यह स्थान बन्नू हो सकता है (पृ० २४८)

सुल्तान शम्सुद्दीन इल्तुतमिश

उसके समय के क़ाज़ी

(१७७) क़ाज़ी सईदुद्दीन गरदेज़ी[1], क़ाज़ी नसीरुद्दीन कासली, क़ाज़ी जलालुद्दीन, क़ाज़ी कबीरुद्दीन, क़ाज़िये लश्कर।

उसके मलिक तथा सम्बन्धी

मलिक फ़ीरोज़शाह इल्तुमिश ख्वारज़्म का शाहज़ादा मलिक जानी तुर्किस्तान का शाहज़ादा मलिक क़ुतुबुद्दीन, मलिक ग़ोर, मलिक इज़्ज़ुद्दीन मुहम्मद सालार हरबी महदी, मलिक इज़्ज़ुद्दीन हमज़ा अब्दुल जलील, मलिक इज़्ज़ुद्दीन कबीर खाँ अयाज़, मलिक ताजुद्दीन सन्जर, मलिक क़ज़ल खाँ दौलतशाह खलजी, मलिक लखनौती, मलिक इख्तियारुद्दीन मुहम्मद भतीजा मलिकुल उमरा इफ़्तिखारुद्दीन अमीर कोह, मलिक इज़्ज़ुद्दीन अली स्यालकोटी, मलिक तुग़ान, मलिक शिरवान, मलिक नसीरुद्दीन मीरानशाह मुहम्मद चाऊश, खलज़ी का पुत्र, मलिक इज़्ज़ुद्दीन बख्तियार, मलिक नसीरुद्दीन मुहम्मद बेदार, मुहम्मद कौलान तुर्क नासिरी, मलिक इज़्ज़ुद्दीन तुग़रिल बहाई, मलिकुल उमरा दहसुनक़र नाज़िरी, मलिक नासिरुद्दीन एतिमुर, मलिक नासिरुद्दीन मादीनी, मलिक ग़ोर, मलिक नासिरुद्दीन महमूद, सुल्तान रुकुनुद्दीन फ़ीरोज़-शाह, सुल्तान ग़यासुद्दीन मुहम्मद शाह, सुल्तान नासिरुद्दीन वद्दुनियाँ महमूद, सुल्तान नासिरुद्दीन वद्दुनियाँ, सुल्तान मुइज़्ज़ुद्दुनियाँ वद्दीन, सुल्तान क़ुतुबुद्दीन मुहम्मद, सुल्तान जलालुद्दीन मसऊद, मलिक बहाउद्दीन मुहम्मद।

(१७८) एक अन्य हस्त लिखित पुस्तक में इन नामों के स्थान पर निम्नांकित अन्य नाम हैं :

नासिरुद्दीन मुहम्मद मर्दानशाह, मुहम्मद हारिम, मलिक नसीरुद्दीन तुग़ान मुक़्ता बदायूँ, मलिक इज़्ज़ुद्दीन तुग़रिल क़ुतुबी, मलिक इज़्ज़ुद्दीन बख्तियार ग़ोरी, मलिकुल उमरा क़ुरासुंकर) नासिरी, मलिक नसीरुद्दीन एतिमुर बहाई, मलिक नसीरुद्दीन एतिमुर क़ुतुबी, मलिक हुसामुद्दीन अग़लबक, मलिक इज़्ज़ुद्दीन अली नागौरी, मलिक फ़ीरोज़ शम्स सालारी शाहज़ादा ख्वारज़्म, मलिक अलाउद्दीन जानी अर्थात् शाहज़ादा तुर्किस्तान, मलिक क़ुतुबुद्दीन ग़ोर तथा जिबाल का मलिक, मलिक इज़्ज़ुद्दीन, मलिक इख्तियारुद्दीन हुसैन, मलिक ताजुद्दीन सन्जर, कज़लक़ खाँ, मलिक इख्तियारुद्दीन ईरानशाह बल्का खलजी, मलिकुल उमरा इफ़्तिखारुद्दीन अमीर कोह, मलिक रुकुनुद्दीन हमज़ा अब्दुल जलील, मलिक बहाउद्दीन नासिरी।

उसके वंशज

सुल्तान नासिरुद्दीन, सुल्तान रज़ीउद्दीन, सुल्तान मुइज़्ज़ुद्दीन बहरामशाह, सुल्तान क़ुतुबुद्दीन मुहम्मद, मलिक जलालुद्दीन मसऊद, मलिक शिहाबुद्दीन मुहम्मद, सुल्तान अलाउद्दीन मसऊदशाह, सुल्तान नासिरुद्दीन महमूद, सुल्तान ग़यासुद्दीन मुहम्मदशाह, सुल्तान रुकुनुद्दीन फ़ीरोज़शाह, सुल्तान नासिरुद्दीन महमूदशाह।

(१७९)

वज़ीर

निज़ामुलमुल्क कमालुद्दीन जुनैदी।

---

१ छपी हुई पुस्तक में करोरी लिखा है।

उसकी राजधानी

शहर देहली

पताकाएँ

दाहिनी ओर काले, बाईं ओर लाल

राजकीय मुद्रा का आदर्श वाक्य :

"ऐश्वर्य केवल भगवान् के लिये है"

राज्य की अवधि

छब्बीस वर्ष

विजय

बदायूँ की विजय तथा रायमान को हराना, जालौर तथा सिन्ध की विजय, ताजुद्दीन पर विजय तथा उसका बन्दी बनाया जाना। रणथम्भोर की विजय, मन्दोदर के क़िले की विजय, लखनौती की दूसरी बार विजय, बिहार की विजय, मुल्तान तथा उच्च की विजय, दरभंगा की विजय, थनकिर के क़िले की विजय, उज्जैन नगरी की विजय, जाजनगर की विजय, लाहौर तथा विरोधी अमीरों पर विजय, तबरहिन्दा की विजय, सरसुती की विजय, कुहराम की विजय, नासिरुद्दीन क़ुबाचा पर विजय, लखनौती की विजय, त्रिहुट की विजय, भिल्सा की विजय, बनारस की विजय, काफ़िरों पर विजय तथा उनसे ख़िराज प्राप्त होना, सिविस्तान की विजय, देवल की विजय, क़न्नौज की विजय, ग्वालियर की विजय, अलहेर की विजय, नन्दना की विजय, कूखा तथा स्यालकोट की विजय, झज्झर की विजय, मालवा की विजय।

(२) मलिकुस्सईद नासिरुद्दीन महमूदशाह

(१८०) मलिक नासिरुद्दीन महमूद सुल्तान शम्सुद्दीन का ज्येष्ठ पुत्र था। वह बड़ा ही योग्य, विद्वान्, बुद्धिमान, वीर, पराक्रमी तथा दानी बादशाह शाहज़ादा था। सुल्तान ने सर्व प्रथम उसे हाँसी की अक्ता प्रदान की थी। इसके उपरान्त ६२३ हि० (१२२६ ई०) में उसे अवध प्रदेश दे दिया गया। उस शाहज़ादे ने उस स्थान पर बड़े ही प्रशंसनीय कार्य किये और धर्म के नियमानुसार युद्ध करता रहा। उसकी वीरता तथा साहस की कथायें समस्त हिन्दुस्तान में प्रसिद्ध हो गई थीं।

दुष्ट बरतूह[1] ने अपनी तलवार से लगभग १ लाख २० हज़ार मुसलमानों को शहीद कर दिया था, किन्तु महमूद ने उसे पराजित करके नरक में भेज दिया। अवध के आसपास के विद्रोही काफ़िरों को पराजित कर दिया और एक बहुत बड़ी संख्या अपने अधीन बना ली। उसने अवध से लखनौती की ओर प्रस्थान किया और हिन्दुस्तान की सेनायें सुल्तान की आज्ञा से उसके अधीन कर दी गईं। इस प्रकार गण्यमान्य मलिक अर्थात् पूलान एवं मलिक अलाउद्दीन जानी सभी उसके साथ लखनौती की ओर रवाना हुए। सुल्तान ग़यासुद्दीन एवज़ खलजी ने बंग प्रदेश के ऊपर अधिकार जमाने के लिये लखनौती से प्रस्थान कर दिया था और राजधानी बिल्कुल खाली थी। जब मलिक सईद नासिरुद्दीन सेनाएँ लेकर उस ओर पहुँचा तो बसानकोट के क़िले तथा लखनौती नगर पर उसका अधिकार स्थापित हो गया। जब सुल्तान ग़यासुद्दीन एवज़ ख़लजी को यह समाचार मिला तो वह जिस स्थान पर था वहीं से लखनौती की ओर लौट पड़ा। मलिक नासिरुद्दीन सेना लेकर आगे बढ़ा और उसे पराजित कर दिया। ग़यासुद्दीन के सभी सम्बन्धी ख़लजी अमीर तथा राज-कोष एवं हाथी उसे प्राप्त हो गये। ग़यासुद्दीन की हत्या करवा दी गई। उसके ख़ज़ाने पर अधिकार जमा लिया गया।

(१८१) वहाँ से उसने देहली तथा अन्य नगरों के समस्त आलिमों, सैयदों, धर्मनिष्ठ लोगों के लिये उपहार तथा इनाम भेजे। जब सुल्तान शम्सुद्दीन को इस्लामी राजधानी (बग़दाद) से खिलअत प्राप्त हुई तो उसने एक बहुमूल्य खिलअत तथा लाल चत्र उसके पास लखनौती भेजा। इस प्रकार मलिक नासिरुद्दीन चत्र, खिलअत तथा अनुकम्पाओं द्वारा सम्मानित किया गया। हिन्दुस्तान के मलिक तथा गण्यमान्य व्यक्ति यही समझते थे कि शम्सी राज्य का उत्तराधिकारी वही होगा, किन्तु भगवान् द्वारा निश्चित भाग्य के अनुसार (जिसमें प्रायः मनुष्य कुछ योजनायें बनाता है किन्तु भगवान् की आज्ञा से वह कुछ की कुछ हो जाती हैं) डेढ़ वर्ष पश्चात् वह बीमार पड़ा और उसकी मृत्यु हो गई। जब उसकी मृत्यु के समाचार देहली पहुँचे तो सभी को बड़ा दुःख हुआ।

(३) सुल्तान रुकुनुद्दीन फ़ीरोज़शाह

सुल्तान रुकुनुद्दीन फ़ीरोज़शाह बड़ा ही दानी और रूपवान था। उसमें अनेक उत्कृष्ट गुण पाये जाते थे और दान तथा बख्शिश में वह हातिम द्वितीय था।। उसकी माता ख़ुदावन्दये जहाँशाह तुर्कान एक तुर्क दासी थी और रनवास की पटरानी थी। वह मलिकों, आलिमों, सैयदों तथा धर्मनिष्ठ लोगों को अनेक उपहार, दान आदि भेंट किया करती थी। सुल्तान

१ होदीवाला का विचार है कि यह नाम प्रिथू हो सकता है। रंगपुर की स्थानीय कहानियों के अनुसार जलपाईगुड़ी में भितरागढ़ नामक स्थान पर तेरहवीं शताब्दी ईसवी में प्रिथू नामक एक राजा था। उसने मुसलमानों के सम्पर्क से बचने के लिये अपनी राजधानी के एक ताल में डूब कर आत्महत्या करली थी। मुसलमानों ने उत्तर में उस पर आक्रमण किया था। (होदीवाला २१८)।

रुकुनुद्दीन को ६२५ हि० (१२२७-२८ ई०) में बदायूँ की अक़्ता तथा हरा चत्र प्राप्त हो गया था।

(१८२) मलिक नासिरुद्दीन क़ुबाचा का वज़ीर ऐनुलमुल्क हुसैन अशअरी सुल्तान रुकुनुद्दीन का वज़ीर नियुक्त हो गया था। सुल्तान शम्सुद्दीन ने ग्वालियर के क़िले की विजय के उपरान्त देहली वापस होकर लाहौर, जोकि ख़ुसरो मलिक की राजधानी थी, सुल्तान रुकुनुद्दीन को प्रदान कर दिया। जब सुल्तान सिन्ध तथा बानियान से, जोकि उसका अन्तिम युद्ध था, वापस हुआ तो वह अपने पुत्र रुकुनुद्दीन को भी अपने साथ देहली लेता आया, जिससे लोगों की दृष्टि उस पर पड़ती रहे क्यों कि नासिरुद्दीन महमूद के उपरान्त सुल्तान का सबसे बड़ा पुत्र वही था।

जब सुल्तान शम्सुद्दीन की मृत्यु हो गई तो राज्य के मलिकों तथा गण्यमान्य व्यक्तियों ने सर्व सम्मति से उसे सिंहासनारूढ़ किया। मंगलवार २९ रमज़ान ६३३ हि० (९ जून, १२३६ ई०) में सिंहासन तथा राज मुकुट उसके द्वारा शोभा को प्राप्त हुआ। सभी लोग उसके राज्याभिषेक से प्रसन्न थे। सभी को ख़िलअतें प्रदान की गईं। जब भिन्न-भिन्न मलिक देहली से चले गये तो सुल्तान रुकुनुद्दीन ने राज कोष के द्वार खोल दिये और भोग विलास में पड़ गया। बैतुलमाल का धन व्यर्थ लुटाना शुरू कर दिया। उसके भोग-विलास तथा ऐश व इशरत के कारण राज्य के कार्य में विघ्न पड़ गया, उसकी माता शाह तुर्कान ने राज्य व्यवस्था तथा शासन प्रबन्ध में हस्तक्षेप करना प्रारम्भ कर दिया। वह स्वयं आज्ञा पत्र चालू करने लगी। वह सुल्तान शम्सुद्दीन के जीवन में ही सुल्तान की अन्य स्त्रियों से ईर्ष्या व द्वेष करती थी। उनमें से कई स्त्रियों पर बड़ा अत्याचार किया और उन्हें मरवा डाला। राज्य के अधिकारियों के हृदय में सुल्तान और उसकी माँ के प्रति गहरा विरोध उत्पन्न हो गया।

(१८३) उन्होंने सुल्तान के पुत्र क़ुतुबुद्दीन की आँखों में सलाई गड़वादी, यद्यपि वह बड़ा ही योग्य था। तत्पश्चात् उसकी हत्या करवा दी। इसी कारण से राज्य के भिन्न-भिन्न भागों के मलिक उसके विरोधी बन गये। सुल्तान के दूसरे पुत्र मलिक ग़यासुद्दीन मुहम्मद ने, जो रुकुनुद्दीन से छोटा था, अवध में विद्रोह कर दिया और लखनौती के ख़ज़ाने पर जो देहली भेजा जा रहा था, अधिकार जमा लिया। हिन्दुस्तान के कुछ क़स्बों को विध्वंस कर दिया। मलिक इज़्ज़ुद्दीन मुहम्मद सालारी ने भी, जो कि बदायूँ का मुक़्ता था, विद्रोह कर दिया। दूसरी ओर से मुलतान का मुक़्ता मलिक इज़्ज़ुद्दीन कबीर ख़ाँ, हाँसी का मुक़्ता मलिक सैफ़ुद्दीन कूची और लाहौर का मुक़्ता मलिक अलाउद्दीन (इन सब) ने एकत्र होकर विद्रोह कर दिया। सुल्तान रुकुनुद्दीन उन लोगों का विद्रोह दमन करने के लिये देहली से सेना लेकर बाहर निकला। वज़ीरे मुम्लिकत (राज्य के वज़ीर) निज़ामुलमुल्क भयभीत होकर किलोखड़ी से कोल की ओर चल दिया और इज़्ज़ुद्दीन मुहम्मद सालारी से मिल गया। इसके उपरान्त वह दोनों मलिक जानी तथा कूची से मिल गये। सुल्तान सेना लेकर कोहराम की ओर चला।

तुर्क अमीरों तथा क़ल्ब की सेना के विश्वासपात्रों ने विद्रोहियों का अनुसरण करते हुये मन्सूरपूर तथा तराएन के बीच में ताजुलमुल्क महमूद दबीर[1] तथा मुशरिफ़े[2] ममालिक,

१ दबीर पत्र व्यवहार करते थे। इनका अफ़सर दबीरे ख़ास होता था। वह सुल्तान की ओर से पत्र आदि लिखता था।

२ मुशरिफ़े मूमालिक राज्य का गणनाध्यक्ष होता था। वह राज्य की आय का नियन्त्रण करता था। उसकी सहायता के लिये एक नाज़िर होता था, जो अपने सहायक कर्मचारियों द्वारा समस्त राज्य की आमदनी के हिसाब की देखभाल करता था।

बहाउलमुल्क हुसैन अशअरी, करीमुद्दीन ज़ाहिद, निज़ामुलमुल्क जुनैदी के पुत्र ज़ियाउलमुल्क, निज़ामुद्दीन शरक़ानी, ख़्वाजा रशीदुद्दीन मालिकानी, अमीर फ़ख़रुद्दीन तथा अन्य ताज़ीक अधिकारियों की हत्या करदी।

रबी-उल-अव्वल ६३४ हि० (नवम्बर, १२३६ ई०) में सुल्तान की बड़ी लड़की सुल्तान रज़िया ने सुल्तान रुक्नुद्दीन की माता का विरोध प्रारम्भ कर दिया। सुल्तान रुक्नुद्दीन को विवश होकर देहली वापस होना पड़ा।

(१८४) रुक्नुद्दीन की माता ने सुल्तान रज़िया को बन्दी बना लेने तथा उसका बध करवा देने का षड्यन्त्र रचना प्रारम्भ कर दिया। इस पर शहर के निवासियों ने राज भवन पर आक्रमण करके रुक्नुद्दीन की माता को बन्दी बना लिया। रुक्नुद्दीन जब किलोखड़ी पहुँचा तो शहर[1] (देहली) में विद्रोह प्रारम्भ हो चुका था और उसकी माता को बन्दी बना लिया गया था। क़ल्ब की सेना तथा तुर्क अमीर शहर में एकत्र हो कर सुल्तान रज़िया से मिल गये और उसकी बैअत कर ली तथा सिंहासनारूढ़ कर दिया। सिंहासनारूढ़ होने के उपरान्त उसने तुर्क अमीरों तथा दासों को इस आशय से किलोखड़ी भेजा कि वह सुल्तान रुक्नुद्दीन को बन्दी बना कर शहर (देहली) ले आयें। इस प्रकार उसे पकड़वा कर क़ैद कर लिया गया और उसी बन्दीवस्था में उसकी मृत्यु हो गई। यह घटना तथा क़ैद, रविवार १८ रबी-उल-अव्वल ६३४ हि० (१६ नवम्बर, १२३६ ई०) में हुई। उसने छः मास २८ दिन राज्य किया।

सुल्तान रुक्नुद्दीन दान में हातिम द्वितीय था। जिस प्रकार उसने लोगों को इनाम तथा दान दिये उस प्रकार किसी अन्य बादशाह ने कभी दान न किया था; किन्तु उसका सबसे बड़ा दोष यह था कि वह अधिकतर भोग विलास में ग्रस्त रहता था। दुराचार तथा व्यभिचार ने उसे पूर्णतया अपने वश में कर लिया था। वह अधिकांश इनाम तथा खिलअत गायकों, विदूषकों एवं नपुन्सकों को बाँटा करता था। वह नशे की अवस्था में हाथी की पीठ से शहर (देहली) के बाजार में सोना लुटाया करता था, सोने के तंके फेंकता जाता था और लोग उठाते जाते थे। उसे हाथी की सवारी से बड़ी रुचि थी। महावतों को वह अत्यधिक दान तथा इनाम प्रदान किया करता था। वह किसी को भी किसी प्रकार का कोई दुःख तथा कष्ट न पहुँचाना चाहता था। यही उसके राज्य के पतन का कारण हुआ।

(१८५) बादशाहों में सभी बातें विद्यमान होनी चाहिये, जिससे प्रजा तथा लावलश्कर सन्तुष्ट रह सकें। भोग विलास तथा दुष्टों एवं दुराचारियों से मेल जोल के कारण राज्य का पतन हो जाता है।

(४) सुल्तान रज़ियतुद्दुनियाँ वद्दीन बिन्त (बेटी) सुल्तान इल्तुतमिश

सुल्तान रज़िया बड़ी बुद्धिमान, न्यायकारी तथा दानी थी। वह आलिमों का आदर सम्मान करती, न्याय करती, तथा स्वयं युद्ध करती। उसमें बादशाहों के योग संचित सभी गुण थे, किन्तु भाग्य ने उसे पुरुष न बनाया था, अतः उसके समस्त गुण उसके लिये कुछ भी लाभ-प्रद न हो सकते थे। वह अपने पिता सुल्तान के समय में भी राज्य व्यवस्था में बड़े वैभव से भाग लिया करती थी। उसकी माता सुल्तान की स्त्रियों में सर्वश्रेष्ठ थी और वह राज भवन में, जिसका नाम कूशके फ़ीरोज़ी था, राज्य करती थी। यद्यपि वह पुत्री थी और परदे में रहती थी, फिर भी सुल्तान ने उसकी योग्यता तथा साहस को देखकर ग्वालियर की विजय से लौटने के उपरान्त ताजुलमुल्क महमूद दबीर को, जो कि मुशरिफ़े ममालिक था, यह आदेश दे दिया था, कि वह रज़िया को उत्तराधिकारी नियुक्त किये जाने के विषय में फ़रमान (आज्ञा पत्र) लिख दे।

१ देहली के लिए केवल शहर शब्द का भी प्रयोग होता था।

जिस समय यह फ़रमान लिखा जा रहा था, सुल्तान के विश्वासपात्रों ने उससे कहा कि 'बादशाहे इस्लाम बड़े-बड़े पुत्रों की उपस्थिति में, जो कि राज्य के योग्य हैं, किस कारण और क्या देखकर पुत्री को बादशाह बना रहे हैं। इस समस्या का समाधान किया जाय तो उचित है, क्योंकि सेवकों की समझ में यह बात नहीं आती'। सुल्तान ने कहा कि मेरे पुत्र भोग विलास में ग्रस्त हैं और कोई भी राज्य व्यवस्था के योग्य नहीं है।

(१८६) वे इस राज्य का शासन नहीं कर सकते। मेरी मृत्यु के उपरान्त तुम्हें ज्ञात हो जायगा कि उसके मुक़ाबले में राज्य व्यवस्था कोई भी न कर सकेगा। वास्तव में जो उस बुद्धिमान बादशाह ने कहा था सत्य था। जब सुल्तान रज़िया राज सिंहासन पर विराजमान हुई तो सभी कार्य पहले की भाँति नियमानुसार होने लगे, किन्तु वज़ीरे मुम्लिकत निज़ामुलमुल्क जुनैदी उसका विरोध करता रहा। मलिक जानी, मलिक कूची, मलिक कबीर ख़ाँ, मलिक इज़्ज़ुद्दीन मुहम्मद सालारी तथा निज़ामुलमुल्क चारों ओर से शहर (देहली) के द्वार के सामने एकत्र हो गये और सुल्तान रज़िया का विरोध प्रारम्भ कर दिया। यह विरोध बढ़ता ही गया। उस समय मलिक नुसरतुद्दीन[1] तायसी, मुइज़्ज़ी अवध का मुक़्ता था। वह अपनी सेना लेकर सुल्तान रज़िया की आज्ञानुसार उसकी सहायता करने के लिये देहली पहुँचा। जब उसने गङ्गा नदी पार करली तो विद्रोही मलिकों ने, जोकि देहली के द्वार के सामने थे, आगे बढ़कर उसे बन्दी बना लिया। वह बीमार होकर मर गया। विरोधी मलिक शहर के द्वार पर काफ़ी समय तक रुके रहे किन्तु सुल्तान रज़िया के भाग्य का सितारा उन्नति पर था, अतः उसने शहर (देहली) से निकल कर यमुना-तट पर एक स्थान पर डेरे डाल दिये। उसके सहायक तुर्क अमीरों तथा विद्रोही मलिकों के बीच में कई बार युद्ध हुआ, किन्तु अन्त में सन्धि हो गई।

(१८७) मलिक इज़्ज़ुद्दीन मुहम्मद सालारी तथा मलिक इज़्ज़ुद्दीन कबीर ख़ाँ अयाज़, जो कि गुप्त रूप से सुल्तान से मिल गये थे, एक रात्रि में शाही शिविर के सामने एकत्र हुये और यह निश्चय हुआ कि मलिक जानी, मलिक कूची, तथा निज़ामुलमुल्क जुनैदी को बुलवा कर बन्दी बना लिया जाय जिससे विद्रोह शान्त हो जाय। उन मलिकों को जब यह ज्ञात हुआ तब वे अपने शिविर को छोड़ कर भाग गये। सुल्तान के सवारों ने उनका पीछा किया। मलिक कूची तथा उसका भाई फ़खरुद्दीन गिरफ़्तार हो गये, और बन्दीगृह में उनको मार डाला गया। मलिक जानी की नकवान के निकट पायल[2] नामक ग्राम में हत्या करदी गई, और उसका कटा हुआ शीश राजधानी में भेज दिया गया। निज़ामुलमुल्क जुनैदी सिरमूर[3] बरदार की ओर भाग गया और कुछ समय पश्चात् उसकी मृत्यु हो गई।

इस प्रकार जब सुल्तान रज़िया के राज्य-सम्बन्धी सभी कार्य ठीक हो गये तो उसने निज़ामुलमुल्क के नायब[4] ख्वाजा मुहज़्ज़ब को अपना वज़ीर नियुक्त किया और उसको भी निज़ामुलमुल्क की पदवी प्रदान की। उसने मलिक सैफ़ुद्दीन ऐबक बहतू को सेना में अपना

१ पुस्तक में नसीरुद्दीन ताबशी है।

२ पटियाला नगर से ३४ मील उत्तर पश्चिम की ओर।

३ सिरमूर पर्वत।

४ नायब शब्द का अर्थ 'उप' है। बादशाह राजधानी छोड़ने से पूर्व अपना नायब नियुक्त कर दिया करते थे। लखनौती पर आक्रमण करने से पूर्व बल्बन ने देहली का नायब फ़खरुद्दीन कोतवाल को नियुक्त कर दिया था। लखनौती से तुग़रिल का पीछा करते समय बल्बन ने सिपहसालार हुसामुद्दीन को लखनौती में अपना नायब नियुक्त कर दिया था। नायब की पूरी पदवी नायबुलमुल्क अथवा मलिक नायब भी हुआ करती थी। बड़े-बड़े अमीर नायबुलमुल्क बनने का प्रयास किया करते थे। निर्बल बादशाहों तथा उनकी अल्पावस्था के पुत्रों के समय में उन्हें सुल्तान के पूरे अधिकार प्राप्त होते थे।

नायब नियुक्त किया और उसे क़ुतलुग़ ख़ाँ की पदवी प्रदान की। मलिक कबीर ख़ाँ को लाहौर की अक़्ता प्रदान की। इस प्रकार राज्य-व्यवस्था तथा शासन सम्बन्धी सभी कार्य ठीक हो गये। लखनौती से देवल तक के सभी मलिक तथा अमीर उसके आज्ञाकारी बन गये। मलिक ऐबक बहतू की अचानक मृत्यु हो गई। अतः मलिक क़ुतुबुद्दीन हसन ग़ोरी को नायब बनाया गया। उसे रणथम्भोर के क़िले पर चढ़ाई करने के लिये भेजा गया क्योंकि सुल्तान शम्सुद्दीन की मृत्यु के उपरान्त हिन्दुओं ने उस क़िले को घेर लिया था। मलिक क़ुतुबुद्दीन ने सेना लेकर चढ़ाई की और मुसलमान अमीरों को क़िले से बाहर निकाल कर क़िले को विध्वंस कर दिया और देहली लौट आया।

इसी समय मलिक इख़्तियारुद्दीन एतगीन अमीर हाजिब[1] नियुक्त हो गया और अमीर आख़ुर अमीर जमालुद्दीन याक़ूत सुल्तान का विश्वासपात्र बन गया।

(१८८) इस प्रकार तुर्क अमीर तथा मलिक उससे ईर्ष्या करने लगे। इस बीच में ऐसा हुआ कि सुल्तान रज़िया ने स्त्रियों के वस्त्र तथा पर्दा त्याग दिया। वह क़बा[2] पहिनने और कुलाह[3] धारण करने लगी तथा प्रजा के सामने आने लगी। हाथी पर सवार होते समय प्रजा उसके दर्शन करने लगी। इसी समय उसने अपनी सेना को अत्यधिक इनाम प्रदान करके ग्वालियर की ओर भेजा। चूँकि सेना का मुक़ाबला न हो सकता था, विजयी राज्य का सेवक मिनहाज सिराज, मजिदुलउमरा ज़ियाउद्दीन जुनैदी अमीरदादे ग्वालियर, तथा अन्य प्रतिष्ठित व्यक्ति पहली शाबान ६३५ हि० (१९ मार्च, १२३८ ई०) को ग्वालियर के क़िले से निकल कर देहली की सेना से मिल गये। इसी वर्ष शाबान के महीने में सुल्तान रज़िया ने उसे ग्वालियर के क़ाज़ी के पद के साथ-साथ मदरसये-नासिरिया का प्रबन्ध भी सौंप दिया।

६३७ हि० (१२३९-४० ई०) में मलिक इज़्ज़ुद्दीन कबीर ख़ाँ ने, जो कि लाहौर का मुक़्ता था, विद्रोह प्रारम्भ कर दिया। सुल्तान रज़िया ने देहली से सेना लेकर उस पर चढ़ाई की और उसका पीछा किया। अन्त में सन्धि हो गई और उसने अधीनता स्वीकार कर ली। मुल्तान प्रदेश, जोकि मलिक क़ुराक़ुश के अधीन था, मलिक इज़्ज़ुद्दीन कबीर ख़ाँ को प्रदान कर दिया गया और सुल्तान रज़िया वृहस्पतिवार १९ शाबान, ६३७ हि० (१५ मार्च १२४० ई०) में देहली वापस आई। अब मलिक अल्तूनियाँ ने, जो कि तबरहिन्दा का मुक़्ता था, विरोध प्रारम्भ कर दिया और देहली के कुछ अमीर गुप्त रूप से उसके सहायक बन गये। सुल्तान रज़िया ने उसी वर्ष बुधवार ९ रमज़ान (३ अप्रैल) को देहली से क़ल्ब की सेना लेकर अल्तूनियाँ का मुक़ाबला करने के लिये तबरहिन्दा पर चढ़ाई की। जब वह उस स्थान पर पहुँची तो तुर्क अमीरों ने विद्रोह करके अमीर जमालुद्दीन याक़ूत हब्शी की हत्या कर दी और सुल्तान रज़िया को बन्दी बना करके तबरहिन्दा के क़िले में क़ैद कर दिया।

(१८९) सुल्तान रज़िया के राज्य के प्रारम्भ में सबसे बड़ी दुर्घटना यह हुई थी कि

---

१ अमीर हाजिब तथा बारबक दरबार के नियमों तथा रीति रिवाजों के पालन कराने के उत्तरदायी होते थे। अमीरों तथा अन्य अधिकारियों को उनके उचित स्थानों पर खड़े होने का प्रबन्ध करते थे। उसके अधीन कर्मचारी हाजिब कहलाते थे। वे दरबारे आम में बादशाह तथा सर्वसाधारण के बीच में खड़े होते थे जिससे सर्वसाधारण बादशाह तक सीधे न पहुँच सकते थे। हाजिब बादशाह की सवारी के साथ भी रहते थे। अमीरे हाजिब तथा बारबक का पद केवल बड़े-बड़े प्रतिष्ठित व्यक्तियों तथा सैनिकों को मिल सकता था।

२ क़बा सब वस्त्रों के ऊपर पहनी जाती थी। यह लबादे के समान होती थी।

३ पगड़ी के साथ पहनने वाली टोपी।

क़रामेता[१] और हिन्दुस्तान के मुलहिदों[२] ने एक विद्वान नूर तुर्क के कहने पर हिन्दुस्तान के भिन्न-भिन्न प्रदेशों अर्थात् गुजरात, सिन्ध, देहली के आसपास के प्रदेशों तथा यमुना एवं गंगा-तट के स्थानों से आकर देहली में एकत्र होकर, एक दूसरे की सहायता का दृढ़ संकल्प करके, मुसलमानों के विनाश के षड्यन्त्र प्रारम्भ कर दिये। वह नूर तुर्क तज़्कीर किया करता था, और सभी कमीने उसके पास एकत्र हुआ करते थे। वह सुन्नी आलिमों को नासिबी[३] तथा मुरजी कहा करते थे और लोगों को अबूहनीफ़ा तथा शाफ़ई[४] धर्म के उलमा के विरुद्ध उत्तेजित करते थे। इस प्रकार एक समय निश्चित करके सभी मुलाहिदा तथा क़रामिता शुक्रवार ६ रजब ६३४ हि० (५ मार्च, १२३७ ई०) को एक हज़ार की संख्या में अस्त्र-शस्त्र, तलवार, ढाल लगा कर देहली की जामा मस्जिद में घुस आये और एक सेना नये क़िले की ओर से जामा मस्जिद के उत्तरी द्वार पर पहुँच गई। दूसरी सेना बज़ाज़ों के बाज़ार से मुइज़्ज़ी मदरसे के द्वार पर उसको जामा मस्जिद समझ कर एकत्र हो गई। इन सैनिकों ने दोनों ओर से मुसलमानों पर तलवारें चलानी आरम्भ कर दीं। बहुत से लोग काट डाले गये और बहुत से लोग पैरों के नीचे दब कर मर गये। हा हा कार सुन कर कुछ पराक्रमी, जैसे नसीरुद्दीन एतिमुर बलआरामी, अमीर इमाम नासिर शायर, तथा अन्य वीर एवं सवार अस्त्र-शस्त्र लगा कर, भाला ढाल आदि लिए हुए घुस कर मुलाहिदा तथा क़रामिता से युद्ध करने लगे। जो मुसलमान जामा मस्जिद के कोठे पर एकत्र हो गये थे उन्होंने पत्थर और ईंटें फेंकनी आरम्भ कर दीं। इस प्रकार समस्त मुलहिद तथा क़रामिता को नरक भेज दिया गया और उपद्रव शान्त हो गया।

(१९०) जब सुल्तान रज़िया को तबरहिन्दा के क़िले में बन्द कर दिया गया तो मलिक इख़्तियारुद्दीन अल्तूनियाँ ने उससे विवाह कर लिया और देहली पर पुनः चढ़ाई कर दी। अधिकार जमाने के लिए मलिक इज़्ज़ुद्दीन मुहम्मद सालारी तथा मलिक क़ुराक़ुश देहली में विद्रोह करके उन लोगों से मिल गये। सुल्तान मुइज़्ज़ुद्दीन को सिंहासनारूढ़ कर दिया गया था, और इख़्तियारुद्दीन एतगीन अमीर हाजिब की हत्या कर दी गई। बद्रुद्दीन सुंक़र रूमी अमीर हाजिब हो गया था। रबी-उल-अव्वल ६३८ हि० (सितम्बर अक्तूबर १२४० ई०) में सुल्तान मुइज़्ज़ुद्दीन देहली की सेना लेकर उनका मुक़ाबला करने के लिए निकला। सुल्तान रज़िया और अल्तूनियाँ पराजित हुये। जब वे केथल पहुँचे, तो वह सेना भी, जो उनके साथ थी, उनकी विरोधी हो गई। सुल्तान रज़िया तथा अल्तूनियाँ को हिन्दुओं ने बन्दी बना लिया और दोनों को मार डाला। वे २४ रबी-उल-अव्वल (१३ अक्तूबर १२४० ई०) को पराजित हुये। सुल्तान रज़िया की हत्या मंगलवार २५ रबी-उल-आख़िर ६३८ हि० (१३ नवम्बर, १२४० ई०) को

---

१ यह इस्लाम के इस्माईली फ़िरक़े की एक शाख़ा है। इसका प्रचार अब्दुल्ला तथा उसके शिष्य, कर्मत ने किया। ८७४ ई० में अब्दुल्ला की मृत्यु हो गई। इस फ़िरक़े के मानने वालों ने एक गुप्त समाज बनाया था। इसके सभी सदस्यों को बराबर के अधिकार प्राप्त थे। वे अपने विरोधियों का रक्त बहाना तथा गुप्त रूप से उनकी हत्या कर देना बुरा न समझते थे। वे समस्त इस्लामी संसार में सुन्नी मुसलमानों के लिये एक बहुत बड़ा ख़तरा बन गये थे। हिन्दुस्तान में मुल्तान भी इनका एक बहुत बड़ा केन्द्र था।

२ अधर्मियों।

३ नासिबी और मुरजी दोनों का यहाँ अभिप्राय अधर्मी है।

४ मुहम्मद इब्ने इदरीस शाफ़ई का जन्म ७६७ ई० में हुआ। इनके बताये हुये नियमों का पालन करने वाले सुन्नी धर्म के शाफ़ई सम्प्रदाय से सम्बन्धित हैं। इनकी संख्या भारतवर्ष में बहुत कम है किन्तु अरब में इनकी बहुत बड़ी संख्या पाई जाती है।

हुई[1]। उसने ३ वर्ष ६ महीने ६ दिन तक राज्य किया[2]। ईश्वर मुसलमानों के बादशाह को क़यामत तक जीवित रखे।

(५) मुइज़्ज़ुद्दीन बहरामशाह

(१९१) सुल्तान मुइज़्ज़ुद्दीन बहरामशाह बड़ा ही बलवान, निर्भीक, वीर, परन्तु निर्दयी तथा हत्यारा था। किन्तु उसमें कुछ अच्छे गुण तथा नैतिकतापूर्ण बातें भी पाई जाती थीं। वह बड़े ही सरल स्वभाव का मनुष्य था और बादशाहों की भाँति आभूषण तथा बहुमूल्य वस्त्र धारण करने की उसे रुचि न थी। उसने कभी भी ठाट-बाट के प्रदर्शन, रेशमी वस्त्र, सजावट के कार्यों, झण्डे आदि को महत्व नहीं दिया।

सुल्तान रज़िया को तबरहिन्दा में क़ैद कर देने के उपरान्त मलिकों तथा अमीरों ने सर्व सम्मति से देहली में पत्र भेज कर मुइज़्ज़ुद्दीन बहरामशाह को सोमवार २७ रमज़ान ६३७ हि० (२१ अप्रैल, १२४० ई०) में सिंहासनारूढ़ कर दिया। मलिकों, अमीरों तथा समस्त लावलश्कर ने देहली वापस होने के उपरान्त सोमवार ११ शव्वाल (५ मई, १२४० ई०) को उसी वर्ष राज भवन में सुल्तान से बैअत कर ली। इख़्तियारुद्दीन एतगीन नायब नियुक्त हुआ। उसी दिन लेखक ने बैअत के उपरान्त सुल्तान को बधाई देते हुये यह छन्द पढ़े :

छन्द

क्या कहना तेरे कारण राज्य के चिह्नों को सम्मान प्राप्त होता है।
देखिये किस प्रकार शाही पताकाओं के द्वारा राज्य के चिह्न स्पष्ट होते हैं।
मुइज़्ज़ुद्दीन वद्दुनियाँ मुग़ीसुल ख़ल्क
तू सुलेमान की भाँति है और जिन्नात तथा मनुष्य तेरे अधीन हैं।
हिन्द का राज्य शम्सी वंश की परम्परा है।
प्रशंसा के योग्य भगवान् है कि उसके पुत्रों में तू इल्तुतमिश द्वितीय है।
जब तुझे समस्त संसार देखेगा कि तेरा राज्य के ऊपर अधिकार उचित है,
तो सभी लोग तेरे द्वार के सामने झुकेंगे, चाहे वे विद्वान हों चाहे अधिकार सम्पन्न।
मिनहाज सिराज की भाँति लोगों की प्रार्थना तेरे लिये यह है,
(१९२) कि ऐ भगवान्! तू राज्य के सिंहासन पर क़यामत तक आरूढ़ रहे,
तेरे राज्य काल में समस्त संसार भाले की भाँति सीधा रहे,
और झण्डे की लहरों के अतिरिक्त किसी अन्य स्थान पर कोई व्याकुलता दिखाई न दे।

इख़्तियारुद्दीन एतगीन ने नायब नियुक्त हो जाने के उपरान्त राज्य के सभी कार्यों को सुव्यवस्थित किया और वज़ीर निज़ामुलमुल्क मुहज़्ज़बुद्दीन तथा मुहम्मद एवज़ मुस्तौफ़ी[3] की सहायता से सभी कार्यों को अपने हाथ में लेकर उचित रीति से सम्पन्न किया।

---

१ उसका शव देहली में दफ़न किया गया होगा। इब्ने बतूता के समय उसका मक़बरा यमुना-तट पर स्थित था और लोग वहां दर्शनार्थ जाया करते थे। (डेफ़रेमरी संस्करण भाग ३ पृ० १६७-६८) शम्स सेराज अफ़ीफ़ के अनुसार वह नवीन नगर फ़ीरोज़ाबाद में सम्मिलित था।

२ रैवर्टी की एक हस्तलिखित तबक़ाते नासिरी में ३ साल ६ महीने ६ दिन है। अन्य पुस्तकों में ३ साल ६ दिन है। वास्तव में ३ साल ६ महीने ६ दिन ही शुद्ध है। वह राज सिंहासन पर ८ रबी-उल-अव्वल ६३४ हि० को आरूढ़ हुई थी। तबक़ाते अकबरी, मुनतख़बुत्तवारीख़ तथा तारीख़े फ़रिश्ता में भी ३ वर्ष ६ मास ६ दिन है।

३ आडीटर को मुस्तौफ़ी कहते थे। मुख्य आडीटर मुस्तौफ़िये ममालिक कहलाता था। वह राज्य के व्यय की देखभाल करता था।

एक दो महीने के बाद सुल्तान को यह बात बुरी मालूम होने लगी। नायब ने सुल्तान की एक बहिन से विवाह कर लिया। उसकी बहिन का विवाह इससे पूर्व क़ाज़ी नसीरुद्दीन के पुत्र से हुआ था, किन्तु यह सम्बन्ध टूट गया था। उसने तेहरी नौबतें बजवानी प्रारम्भ करदीं और अपने महल के द्वार पर एक हाथी रखने लगा[१]। उसका अधिकार मुहर्रम ६३८ हि० (जुलाई १२४० ई०) तक चलता रहा। इसी समय सोमवार ८ मुहर्रम (३० जुलाई, १२४०ई०) को सफ़ेद राज भवन के कोठे पर तज़्कीर का आयोजन किया गया था। तज़्कीर के बाद सुल्तान मुइज़्ज़ुद्दीन ने दो बदमस्त तुर्कों को सफ़ेद राज भवन से दरबार के मंच के सामने भेजा। उन लोगों ने फ़िदाइयों[२] की भाँति इख्तियारुद्दीन एतगीन की हत्या चाक़ू मार मार कर करदी। वज़ीर निज़ामुलमुल्क मुहज़्ज़बुद्दीन की कोख में भी दो चाक़ू लगे, किन्तु उसकी मौत न आई थी अतः वह बच गया। मलिक बद्रुद्दीन सुन्क़र, अमीर हाजिब नियुक्त हो गया, और राज्य सुव्यवस्थित कर लिया गया।

इसी समय सुल्तान रज़िया तथा मलिक इख्तियारुद्दीन अल्तूनियाँ ने तबरहिन्दा से देहली पर चढ़ाई करदी किन्तु वे पराजित हुये और सुल्तान रज़िया तथा अल्तूनियाँ की, जैसा कि उल्लेख हो चुका है, हिन्दुओं ने हत्या करदी। बद्रुद्दीन सुन्क़र को पूर्ण रूप से अधिकार प्राप्त हो गया। चूंकि वह राज्य-व्यवस्या तथा शासन प्रबन्ध में सुल्तान की आज्ञा प्राप्त न करता था और वज़ीर निज़ामुलमुल्क मुहज़्ज़बुद्दीन से बढ़ जाने का प्रयत्न किया करता था तथा मनमाने आदेश दे दिया करता था, अतः वज़ीर, सुल्तान को बद्रुद्दीन सुन्क़र के विरुद्ध उकसाने लगा। यहाँ तक कि सुल्तान उसका विरोधी हो गया।

(१९३) बद्रुद्दीन सुन्क़र को जब यह बात ज्ञात हुई तो वह शंकित रहने लगा और इस बात का प्रयत्न करने लगा कि किसी प्रकार उससे राज सिंहासन छीनकर उसके किसी भाई को दे दे। सोमवार १७ सफ़र, ६३९ हि० (२७ अगस्त, १२४१ ई०) को बद्रुद्दीन सुन्क़र ने सद्रुलमुल्क ताजुद्दीन अली मूसवी मुशरिफ़े ममालिक के निवास स्थान पर सद्रों तथा शहर के गण्यमान्य व्यक्तियों को एकत्र किया। इस प्रकार क़ाज़िये ममालिक, जलालुद्दीन काशानी, क़ाज़ी कबीरुद्दीन, शेख मुहम्मद शामी, तथा अन्य अमीर एकत्र हुये और राज्य में क्रान्ति करने का विचार करने लगे। सद्रुलमुल्क को वज़ीर निज़ामुलमुल्क, मुहज़्ज़बुद्दीन के बुलाने के लिये इस आशय से भेजा गया, कि उसके परामर्श से कोई निर्णय किया जा सके। सुल्तान का एक विश्वास-पात्र वज़ीर के पास उपस्थित था। उसी समय सद्रुलमुल्क वज़ीर के निवास स्थान पर पहुँचा। वज़ीर ने सद्रुलमुल्क के आने का हाल सुनकर सुल्तान के विश्वास-पात्र को एक ऐसे स्थान पर छिपा दिया जहाँ से यह उन लोगों की वार्ता सुन सके। सद्रुलमुल्क ने उपस्थित होकर राज्य की क्रान्ति के विषय में मुहज़्ज़ब वज़ीर को सूचित किया। ख़्वाजा ने उत्तर दिया कि तुम लौट जाओ और मैं शीघ्र वज़ू[३] करके तुम्हारे पीछे आता हूँ। जब सद्रुलमुल्क लौट गया तो वज़ीर ने सुल्तान के विश्वासपात्र को

१ हाथी रखना भी सुल्तान का विशेष अधिकार था। लेखक का अभिप्राय यह है कि वह अपने आप को स्वतन्त्र समझने लगा था।

२ क़रामतियों के समान फ़िदाई भी एक गुप्त समूह था जिसका प्रसिद्ध नेता हसन बिन सब्बाह हुआ है। मार्कोपोलो ने इन लोगों का सविस्तार उल्लेख अपनी यात्रा के वर्णन में किया है। यह लोग ग्यारहवीं से तेरहवीं शताब्दी ई० तक सुन्नियों के राज्य के लिये बहुत बड़ा ख़तरा बन गये थे। अपने नेता के आदेश पर बड़े बड़े सुन्नी अमीरों, वज़ीरों, बादशाहों आदि की हत्या कर देना इनके बाँये हाथ का खेल हुआ करता था।

३ नमाज के लिये क्रमानुसार हाथ मुँह धोना। इस्लामी नियमों के अनुसार प्रत्येक पवित्र जीवन व्यतीत करने वाले से यह आशा की जाती है कि वह सदैव वज़ू किये रहे।

बाहर निकाल कर सद्रुलमुल्क की वार्ता पूर्णतयः सुना कर कहा कि शीघ्रातिशीघ्र सुल्तान के पास ज़ाकर निवेदन करो कि इस समय यह उचित होगा कि सुल्तान सवार हो कर उन लोगों के पास पहुँच जाय, जिससे वह इधर उधर न हो जायँ। जब उस विश्वासपात्र ने सुल्तान की सेवा में उपस्थित होकर सब हाल बताया तो वह तुरन्त सवार होकर चल दिया।

(१९४) वे लोग इधर उधर हो गये। बद्रुद्दीन सुन्क़र सुल्तान की सेवा में उपस्थित हो गया। सुल्तान ने लौट कर दरबार किया और बद्रुद्दीन सुन्क़र को आदेश दिया कि वह तुरन्त बदायूँ की ओर चला जाय। वह प्रदेश उसे उसकी अक़्ता में दे दिया गया। क़ाज़ी जलालुद्दीन पदच्युत कर दिया गया। क़ाज़ी कबीरुद्दीन तथा शैख़ मुहम्मद शामी भय के कारण शहर से भाग गये। तत्पश्चात् बद्रुद्दीन सुन्क़र चार महीने के बाद देहली पुनः लौटा। क्योंकि सुल्तान उससे रुष्ट था, अतः उसने उसे बन्दी बना दिया। जलालुद्दीन मूसवी को भी क़ैद कर दिया गया और दोनों शहीद कर दिये गये।

इस घटना से सभी अमीर घबड़ा गये और सुल्तान से शंकित रहने लगे। किसी को भी सुल्तान पर विश्वास न रहा। वज़ीर अपने घाव का बदला लेने के लिये यह चाहता था कि समस्त अमीर, मलिक तथा तुर्क, सुल्तान के विरुद्ध विद्रोह करदें। सुल्तान को भी अमीरों तथा तुर्कों से डराया करता था। अन्त में वज़ीर की यह बात इतनी फैली कि इसी के कारण सुल्तान का ह्रास हुआ और प्रजा ने विद्रोह कर दिया।

मुइज्ज़ुद्दीन के राज्यकाल में काफ़िर मुग़लों की सेना ख़ुरासान तथा ग़ज़नी से लाहौर पहुँच गई थी; बहुत दिनों तक युद्ध होता रहा। मलिक क़ुराक़ुश लाहौर का मुक़्ता था। वह स्वयं बड़ा ही वीर, साहसी तथा पराक्रमी था, किन्तु लाहौर के लोगों ने उचित रूप से उसका साथ न दिया। वे रात्रि में पहरा देने तथा युद्ध करने से जी चुराते थे। जब मलिक क़ुराक़ुश को यह हाल ज्ञात हुआ तो वह रातों रात अपनी सेना लेकर देहली की ओर चल दिया। क़ाफ़िरों ने उसका पीछा किया, किन्तु भगवान् ने उसकी रक्षा की और वह उन लोगों के बीच से साफ़ निकल गया। क्योंकि लाहौर में कोई भी अधिकारी न रह गया था, अतः सोमवार १६ जमादी-उल-आख़िर ६३९ हि० (२२ दिसम्बर, १२४१ ई०) को मुग़ल काफ़िरों ने उस नगर पर अपना अधिकार जमा लिया। मुसलमानों को शहीद कर दिया और उनके सहायकों को बन्दी बना लिया।

(१९५) जब इस दुर्घटना के समाचार देहली पहुँचे तो सुल्तान मुइज्ज़ुद्दीन ने देहली के निवासियों को सफ़ेद राज भवन में एकत्र किया। लेखक (मिनहाज) को तज़्कीर के लिये कहा। लोगों ने अपनी बैअत सुल्तान की सेवा में पुनः अर्पण की। एक तुर्क दरवेश अय्यूब नामक जोकि केवल कम्बल ओढ़ता था, एक समय से हौज़े[1] सुल्तान के निकट के महल में भगवान् की उपासना

१ इस हौज़ का उल्लेख अमीर ख़ुसरो, इब्ने बतूता तथा फ़ीरोज़शाह ने किया है। यह सुल्तान शम्सुद्दीन इल्तुतमिश ने बनवाया था। यह हौज़ लाल पत्थर का बना था। इब्ने बतूता ने लिखा है कि, "यह हौज़ शहर देहली के बाहर है। शहर वाले इसी का जल पीते हैं। शहर की ईदगाह भी इसी के निकट है। इसमें वर्षा का जल एकत्र होता है। यह दो मील लम्बा और एक मील चौड़ा है। पश्चिम दिशा में ईदगाह के सामने की ओर पत्थर के घाट बने हुये हैं और जीने के समान एक चबूतरा दूसरे चबूतरे के ऊपर बना हुआ है। चबूतरों से पानी तक सीढ़ियाँ हैं। प्रत्येक चबूतरे के कोने पर गुम्बद बने हुये हैं जहाँ से दर्शक सैर करते हैं। हौज़ के बीच में भी तराशे पत्थरों का गुम्बद बना हुआ है। यह गुम्बद दो मंज़िला है। जब हौज़ में पानी बहुत भर जाता है तो नौकाओं में बैठ कर इस गुम्बद तक पहुंच सकते हैं। जब पानी कम हो जाता है तो प्रायः लोग वैसे ही चले जाते हैं। उसमें एक मस्जिद है। धार्मिक तथा

शेष अगले पृष्ठ पर

किया करता था[1]। वह सुल्तान मुइज़्ज़ुद्दीन का विश्वासपात्र हो गया।

सुल्तान उस पर बड़ा विश्वास करने लगा। उस दरवेश ने राज्य के कार्य में हस्तक्षेप करना प्रारम्भ कर दिया। इससे पूर्व वह दरवेश मिहरपुरी नामक क़स्बे में रहता था। वहाँ क़ाज़ी शम्सुद्दीन मिहर निवासी ने उसे दण्ड दिया था। सुल्तान का विश्वासपात्र हो जाने के उपरान्त उसने क़ाज़ी शम्सुद्दीन मिहर को हाथी के पैर के नीचे कुचलवाने का प्रयत्न प्रारम्भ कर दिया। जब लोगों को यह समाचार मिले तो वे सुल्तान से पूर्णतयः भयभीत रहने लगे। सुल्तान ने दुष्ट मुग़लों से जोकि लाहौर नगर के द्वार पर थे युद्ध करने के लिये मलिक क़ुतुबुद्दीन हुसैन को वज़ीर, अमीरों, मलिकों और सेना के साथ उस ओर राज्य की सीमा की रक्षा करने के लिये नियुक्त किया। उस समय सुल्तान मुइज़्ज़ुद्दीन ने देहली तथा समस्त राज्य की क़ज़ा[2] का पद शनिवार १० जमादी-उल-अव्वल ६३९ हि०(१६ नवम्बर, १२४१ ई०) क. लेखक (मिनहाज सिराज) को दिया और बहुत-सा इनाम तथा खिलअत प्रदान किये। इसके उपरान्त उसने सेनाओं को प्रस्थान करने का आदेश दिया।

जब सेनायें ब्याह नदी के तट पर पहुँचीं तो ख्वाजा मुहज़्ज़बुद्दीन निज़ामुलमुल्क ने, जो कि सुल्तान से बदला लेने तथा किसी न किसी प्रकार उसे गद्दी से उतारने का प्रयत्न कर रहा था, सेना के पड़ाव से सुल्तान की सेवा में गुप्त रूप से एक प्रार्थना पत्र भेजा कि अमीर तथा तुर्क कदापि अधीनता स्वीकार नहीं कर सकते; अतः यह उचित होगा कि अन्नदाता इस आशय का आदेश भेज दें कि मैं और क़ुतुबुद्दीन हुसैन दोनों मिलकर समस्त तुर्क अमीरों को जिस प्रकार हो सके मार डालें ताकि राज्य को इन लोगों से छुटकारा मिल जाये।

(१९६) इस प्रार्थना पत्र के पहुँचने पर उस अनुभवहीन सुल्तान ने जल्दी में बिना सोचे समझे फ़रमान लिखवा कर भिजवा दिया। जब वह फ़रमान सेना के शिविर में पहुँचा तो उसने उसे अमीरों तथा तुर्कों को दिखा दिया कि बादशाह ने तुम्हारे विषय में इस प्रकार का फ़रमान भेजा है। सभी सुल्तान के विरोधी बन गये और ख्वाजा मुहज़्ज़ब के कहने पर सुल्तान को निकालने तथा राज सिंहासन से वंचित करने पर सहमत हो गये।

जिस समय अमीरों तथा सेना के समाचार देहली पहुँचे तो सुल्तान ने शेखुल इस्लाम सैयद क़ुतुबुद्दीन को उस विद्रोह को शान्त करने के लिए मलिकों के पास भेजा। उसने वहाँ पहुँच कर उस विद्रोह को और भी बढ़ा दिया और वहाँ से लौट गया। सेना भी उसके पीछे-पीछे शहर देहली के द्वार पर पहुँची और युद्ध प्रारम्भ हो गया। मिनहाज सिराज तथा शहर के बड़े-बड़े इमामों ने विद्रोह को शान्त करने का विशेष प्रयत्न किया, किन्तु वे सफल न हो सके। सेनायें शहर देहली के द्वार पर शनिवार १९ शाबान ६३९ हि०(२२ फरवरी, १२४२ई०) को पहुँच गईं और ज़ीक़ाद मास (मई) तक युद्ध होता रहा। दोनों ओर से बहुत से लोग मारे गये और शहर के आस पास के स्थानों को विशेष क्षति पहुँची। इस विद्रोह के बढ़ने का

त्यागी मुसलमान वहाँ आकर रहते हैं। जब हौज़ के किनारे सूख जाते हैं तब उसमें गन्ना, ककड़ी, तरबूज़ा और खरबूज़ा बो दिये जाते हैं। वहाँ का खरबूज़ा छोटा होता है; किन्तु वह बड़ा मीठा होता है। अमीर खुसरो के वर्णन से पता चलता है कि इस हौज़ में पानी पहुँचाने के लिये नहरें भी निकाली गई थीं। अलाउद्दीन तथा फ़ीरोज़शाह तुग़लक़ ने भी इस हौज़ की मरम्मत कराई थी। इल्तुतमिश से अलाउद्दीन के समय तक अधिकतर देहली के लोग इसी हौज़ का जल पीते थे। बरनी के इतिहास से पता चलता है कि सुल्तान बल्बन के समय में यह हौज़ देहली की चहार दीवारी के अन्दर ही था।

१ एतेकाफ़ में बैठा था।

२ क़ाज़ी से सम्बन्धित (न्याय विभाग)

विशेष कारण यह था कि मेहतर फ़र्राश जो फ़ख़रुद्दीन मुबारकशाह कहलाता था, सुल्तान का बड़ा विश्वासपात्र था। सुल्तान उसकी बात बहुत मानता था और वह जो कुछ कहता था सुल्तान वही करता था। यह फ़र्राश समझौता न होने देता था।

(१९७) शुक्रवार ७ ज़ीक़ाद (९ मई) को ख्वाजा मुहज़्ज़ब ने अपने सेवकों को तीन हज़ार जीतल प्रदान किये। लेखक के वर्ग के भी कुछ लोग विद्रोहियों के सहायक हो गये। लोगों ने नमाज़ के बाद जामा मस्जिद में विद्रोह कर दिया। लेखक पर तलवार का वार किया। भगवान् की कृपा से लेखक के हाथ में एक डंडा और एक कटार थी। उसने कटार निकाल ली। उसके साथ कुछ सशस्त्र दास भी थे। उनकी सहायता से वह उन बलवाइयों के बीच से निकल गया। तुर्क अमीरों ने क़िले पर अधिकार जमा लिया। दूसरे दिन शनिवार ८ ज़ीक़ाद ६३९ हि० (१० मई, १२४२ ई०) को नगर पर भी उनका अधिकार स्थापित हो गया। सुल्तान बन्दी बना लिया गया। मुबारकशाह फ़र्राश की, जो विद्रोह को बढ़ा रहा था, कठोर दंड देकर हत्या करवादी गई। मंगलवार १८ ज़ीक़ाद (२० मई) को सुल्तान मुइज़्ज़ुद्दीन बहरामशाह भी शहीद कर दिया गया। उसने दो वर्ष और डेढ़ महीना राज्य किया।

(६) सुल्तान अलाउद्दीन मसऊदशाह बिन (पुत्र) (रुक्नुद्दीन) फ़ीरोजशाह

सुल्तान अलाउद्दीन मसऊदशाह, रुक्नुद्दीन फ़ीरोज़शाह का पुत्र था। वह बड़ा ही दानी तथा चरित्रवान बादशाह था। उसमें अनेक प्रकार के गुण पाये जाते थे। शनिवार ८ ज़ीक़ाद ६३९ हि० (१० मई, १२४२ ई०) में शहर देहली मुइज़्ज़ुद्दीन के हाथ से निकल गया। मलिकों और अमीरों ने सहमत होकर तीनों शहज़ादों अर्थात् सुल्तान नासिरुद्दीन, मलिक जलालुद्दीन तथा सुल्तान अलाउद्दीन को क़ैद के बाहर निकाला। उनको सफ़ेद राज भवन से सुल्तान के महल क़सरे फ़ीरोज़ में ले गये। सभी लोग अलाउद्दीन को राज्य सौंपने पर सहमत थे। इसी बीच में मलिक इज़्ज़ुद्दीन बल्बन सुल्तान के राज भवन में राज सिंहासन पर विराजमान हो गया था। महल के बाहर शहर में उसके राज्य की घोषणा भी करा दी गई थी, किन्तु अमीर लोग इससे सहमत न थे।

(१९८) अतः सुल्तान अलाउद्दीन को सिंहासनारूढ़ किया गया और सभी ने उसकी बैअत की। मलिक क़ुतुबुद्दीन हुसैन ग़ोरी नायब मुल्क नियुक्त हुआ। निज़ामुलमुल्क मुहज़्ज़ब, वज़ीर नियुक्त हुआ। मलिक क़ुराक़ुश अमीर हाजिब नियुक्त किया गया। नागौर मन्दावर तथा अजमेर प्रदेश मलिक इज़्ज़ुद्दीन बल्बन को प्रदान किये गये। बदायूँ प्रदेश मलिक ताजुद्दीन संजर क़ुतलुक़ को प्रदान किया गया। देहली की विजय के ४ दिन उपरान्त लेखक ने क़ाज़ी के पद से त्याग-पत्र दे दिया। २६ दिन तक क़ज़ा का पद किसी को न मिला। चार ज़िलहिज्जा (५ जून, १२४२ ई०) को क़ाज़ी का पद इमादुद्दीन मुहम्मद शफ़ूरक़ानी को प्रदान किया गया।

निज़ामुलमुल्क मुहज़्ज़बुद्दीन ने राज्य पर पूर्ण अधिकार प्राप्त कर लिया और कोल की अक़्ता प्राप्त कर ली। अपने महल के द्वार पर हाथी रखने लगा और नौबत बजवाने लगा। तुर्क अमीरों को सभी अधिकारों से वंचित कर दिया। इस कारण तुर्क अमीरों के हृदय में मैल आ गया। अमीर सहमत होकर सेना के शिविर में शहर के सामने हौज़े रानी के मैदान में एकत्र हुये और बुधवार २ जमादी-उल-अव्वल ६४० हि० (२८ अक्तूबर, १२४२ ई०) को उसकी हत्या कर दी गई।

शुक्रवार ९ रजब ६४० हि० (२ जनवरी, १२४३ ई०) को लेखक देहली छोड़ कर लखनौती की यात्रा को रवाना हो गया। बदायूँ में ताजुद्दीन क़ुतलुक़ तथा अवध में क़मरुद्दीन

क़ीराँ ने उस पर विशेष कृपा दिखाई। (भगवान् दोनों की आत्मा को सुख प्रदान करे) उस समय तुग़ाँ ख़ान इज़्ज़ुद्दीन तुग़रिल लखनौती का मलिक, सेना तथा नावें लेकर कड़ा पहुँच चुका था। लेखक अवध से उसके पास जाकर मिल गया और उस के साथ लखनौती को प्रस्थान करके रविवार, ज़िलहिज्जा ६४० हि० (२८ मई, १२४३ ई०) में लखनौती पहुँच गया।

(१९९) वह अपने पुत्रों तथा सम्बन्धियों को अवध ही में छोड़ गया था और लखनौती पहुँच कर विश्वसनीय लोगों को भेज कर उन्हें अपने पास बुलवा लिया। तुग़ाँ ख़ान उस पर बड़ी कृपा-दृष्टि रखता था और उसे अपार धन सम्पत्ति प्रदान करता था। वह उस स्थान पर दो वर्ष तक रहा।

इन दो वर्षों में सुल्तान अलाउद्दीन ने देश के विभिन्न भागों को विजित कर लिया। ख़्वाजा मुअज़्ज़म मुहज़्ज़ब की हत्या के उपरान्त विज़ारत का पद सद्रुलमुल्क नज्मुद्दीन अबूबक्र को दिया गया, उलुग़ ख़ाँ मुअज़्ज़म राज्य का अमीर हाजिब नियुक्त हुआ और हाँसी की अक़्ता उसे मिली। इस बीच में उसने अनेक धर्म-युद्ध किये।

इज़्ज़ुद्दीन तुग़ाँ ख़ाँ ने कड़े से लखनौती पहुँच कर, शर्फ़ुलमुल्क अशअरी को सुल्तान अलाउद्दीन की सेवा में भेजा। सुल्तान ने अवध के क़ाज़ी जलालुद्दीन काशानी को अपनी ओर से ख़िलअत तथा लाल चत्र देकर लखनौती भेजा। रविवार ११ रबी-उल-आख़िर ६४१ हि० (२८ सितम्बर, १२४३ ई०) को राजदूत लखनौती पहुँचे। मलिक तुग़ाँ ख़ाँ को ख़िलअत द्वारा सम्मानित किया गया।

सुल्तान अलाउद्दीन ने सबसे अधिक प्रशंसनीय कार्य यह किया कि उसने मलिकों तथा अमीरों के परामर्श से अपने दोनों चाचाओं को बन्दीगृह से ईदुज़्ज़ुहा के दिन मुक्त कर दिया। मलिक जलालुद्दीन को क़न्नौज प्रदेश प्रदान किया। सुल्तान नासिरुद्दीन को बहराइच प्रदेश प्रदान किया। इनमें से प्रत्येक ने धर्म-युद्ध तथा नाना प्रकार के उत्कृष्ट कार्य किये।

(२००) शव्वाल ६४२ हि० (मार्च १२४५ ई०) में जाजनगर के काफ़िरों ने लखनौती के द्वार पर चढ़ाई की। ज़ीक़ाद की पहली तारीख़ (३१ मार्च) को तिमुर ख़ाँ क़ीरान सेना तथा अमीरों के साथ सुल्तान अलाउद्दीन के आदेशानुसार लखनौती पहुँचा, किन्तु उसमें तथा तुग़ाँ ख़ाँ में मत-भेद हो गया। उसी वर्ष बुधवार ३ ज़ीक़ाद (२ अप्रैल) को सन्धि हो गई। लखनौती मलिक क़ीरान को प्राप्त हो गई। तुग़ाँ ख़ाँ ने देहली की ओर प्रस्थान किया।

लेखक सोमवार १४ सफ़र, ६४३ हि० (११ जुलाई, १२४५ ई०) में देहली पहुँचा और दरबार में उपस्थित हुआ। बृहस्पतिवार १७ सफ़र (१४ जूलाई) को उलुग़ ख़ानें मुअज़्ज़म की सिफ़ारिश से नासिरिया मदरसे तथा उससे सम्बन्धित वक़्फ़[1] का प्रबन्ध, ग्वालियर की क़ज़ा तथा जामे मस्जिद में तज़्कीर करने का पद उसे प्रदान हुआ और उसे घोड़ा तथा ख़िलअत भी मिले। इससे पूर्व उसकी श्रेणी के लोगों को यह चीज़ें कभी न मिली थीं।

रजब मास (नवम्बर-दिसम्बर) में ऊपर (उत्तर) की ओर से यह सूचना मिली कि दुष्ट मुग़लों ने आक्रमण कर दिया है और उच्च की ओर पहुँच गये हैं। उनका नेता दुष्ट मंगूता[2] था। सुल्तान अलाउद्दीन ने मुग़लों की सेना को भगाने के लिये इस्लामी सेनायें चारों ओर से एकत्रित कीं। जब वह ब्याह नदी के तट पर पहुँचा तो काफ़िर उच्च से भाग गये और सुल्तान की विजय हो गई। लेखक सुल्तान के साथ था। उस यात्रा में सभी बुद्धिमान तथा समझदार लोग यह कहते थे, कि इस प्रकार की सेना पिछले वर्षों में कभी एकत्रित न हुई थी। जब इस्लामी सेना की अधिकता तथा तैयारी की सूचना काफ़िरों को प्राप्त हुई, तो वे घबरा कर ख़ुरासान की ओर लौट गये।

१—धार्मिक कार्यों के लिये जो धन सम्पत्ति अथवा भूमि पृथक् कर दी जाती है, उसे वक़्फ़ कहते हैं।

२—यह मंगूख़ाँ नहीं, मंगूख़ाँ चंगेज के पुत्र तूली का पुत्र था। मँगूता चंगेज़ का एक विश्वासपात्र था।

(२०१) सेना के कुछ अयोग्य लोग गुप्त रूप से सुल्तान अलाउद्दीन के विश्वासपात्र हो गये थे और उससे अनुचित कार्य कराया करते थे। उसने मलिकों की हत्या तथा बन्दी बनाने के विषय में सोचना प्रारम्भ कर दिया और कुछ इसका पक्का इरादा कर लिया। उसके स्वाभाविक गुण उत्कृष्ट मार्ग से हट गये। वह खुल्लम खुल्ला भोग विलास तथा शिकार में तल्लीन रहने लगा, यहाँ तक कि उसके राज्य में उपद्रव होने लगा; राज्य व्यवस्था में विघ्न पड़ने लगा। मलिकों तथा अमीरों ने सहमत हो कर सुल्तान नासिरुद्दीन की सेवा में गुप्त रूप से पत्र भेजे और अपने शुभ लश्कर के साथ दर्शन देने की प्रार्थना की। इसका उल्लेख बाद में होगा। रविवार २३ मुहर्रम ६४४ हि० (१० जून, १२४६ ई०) में सुल्तान अलाउद्दीन बन्दी बना लिया गया और उसी क़ैद में उसकी मृत्यु हो गई। उसने ४ साल और १ महीने राज्य किया। ईश्वर बादशाह (सुल्तान नासिरुद्दीन) को वर्षों तक राज सिंहासन पर आरूढ़ रखे।

---

(७) अस्सुल्तानुल मुअज़्ज़म नासिरुद्दुनियाँ वद्दीन महमूद बिन (पुत्र) अस्सुल्तान

(२०२) सुल्ताने मुअज्ज़म नासिरुद्दुनियाँ वद्दीन महमूद बिन अस्सुल्तान क़सीमे अमीरुल मोमिनीन का जन्म, मलिक नासिरुद्दुनियाँ वद्दीन महमूद की मृत्यु के उपरान्त, सुल्तान शहीद शम्सुद्दुनियाँ की राजधानी में हुआ। सुल्तान ने उसे अपने ज्येष्ठ पुत्र का नाम तथा पदवी प्रदान की। उसने उसकी माता को लूनी क़स्बे के महल में भेज दिया, जिससे उसका पालन-पोषण वहीं हो। उसके दूध पिलाने वालियों ने उसका पालन-पोषण इस प्रकार किया कि उसमें अनेक उत्कृष्ट गुण उत्पन्न हो गये थे। उसके कार्य तथा गुणों द्वारा राज्य को सम्मान तथा दृढ़ता प्राप्त हुई। जो बातें बड़े-बड़े बादशाहों को वृद्धावस्था एवं बड़े अनुभव के पश्चात् प्राप्त होती हैं, वे भाग्यवश प्रारम्भ ही से, अपितु उससे अधिक उसमें वर्त्तमान थीं। इस तुच्छ शुभ-चिन्तक ने उसके विषय में कुछ गद्य तथा पद्य की रचनायें की हैं जिनका उल्लेख निम्नांकित है :[1]

---

१ पृष्ठ २०२ से २०५ तक मिनहाज ने सुल्तान नासिरुद्दीन की प्रशंसा में एक कविता लिखी है। इसमें कोई विशेष बात नहीं है अतः उसे छोड़ दिया गया।

सुल्तानुल मुअज़्ज़म नासिरुद्दुनियाँ वद्दीन महमूद बिन (पुत्र) अस्सुल्तान यमीने खलीफ़तुल्लाह नासिरे अमीरुल मोमिनीन

मलिक तथा सम्बन्धी

(२०६) मलिक रुक्नुद्दीन फ़ीरोज़शाह, मलिक शिहाबुद्दीन महमूदशाह, मलिक ताजुद्दीन, मलिक मुइज़्ज़ुद्दीन बहरामशाह।

अल मलिकुल कबीरुल मुअज़्ज़म क़ुतुबुद्दीन हुसैन बिन अली ग़ोरी, मलिकुल कबीर इज़्ज़ुद्दीन तुग़रा तुग़ान खाँ मलिक लखनौती, मलिकुल कबीर इज़्ज़ुद्दीन मुहम्मद सालारी महती, मलिकुल कबीर तमर खाँ क़ीरान मलिक अवध तथा लखनौती, मलिकुल कबीर इज़्ज़ुद्दीन किशलू खाँ मलिकुस्सिन्ध बलहिन्द, मलिकुल कबीर वालिश खाँ मलिक लाहौर, मलिकुल कबीर अलखानुल मुअज़्ज़म बहाउलहक़ वद्दीन बल्बन उलुग़ खाँ, मलिकुल कबीर सैफ़ुद्दीन ऐबक मुबारक बारबक किशलू खाँ, मलिकुल कबीर ताजुद्दीन सन्जर शेर खां मलिक अवध, अल मलिकुल कबीर जलालुद्दीन खल्ज खाँ मलिक खानी मलिक लखनौती व कड़ा, मलिक नुसरतुद्दीन शेर खाँ मलिकुस्सिन्ध बलहिन्द, मलिकुल कबीर सन्जान ऐबक खिताई मलिक कुहराम, मलिक इख़्तियारुद्दीन दुखान तुकतिरमु, मलिकुल कबीर नुसरतुद्दीन अरसलान खाँ सन्जर चुस्त, मलिकुल कबीर सैफ़ुद्दीन बल्क़ा खाँ साक़ी, मलिकुल कबीर तमर खाँ सुन्क़र अज़मी मलिक कुहराम, अलमलिकुल कबीर नसीरुद्दीन मुहम्मद तुग़रा अलप खाँ।

पताकायें

(२०७) दाहिनी ओर काले बाईं ओर लाल

राजकीय मुद्रा का आदर्श वाक्य

ऐश्वर्य केवल भगवान् के लिए है।

राज्य की अवधि

२२ वर्ष

भगवान् ने उसे अनेक गुण प्रदान किये थे। वह बड़ा ही दानी था और आलिमों तथा सूफ़ियों का भक्त था। उसमें दान पुण्य, वीरता, योग्यता न्याय तथा अन्य गुण जो बादशाह के लिए आवश्यक हैं वर्त्तमान[1] थे।

(२०८) वह ६४४ हि० (१२४६ ई०) के प्रारम्भ में राज सिंहासन पर आरूढ़ हुआ। उसे राज्य करते हुये १५ वर्ष व्यतीत हो चुके हैं। प्रत्येक वर्ष का हाल पृथक्-पृथक् लिखा जाता है जिससे पाठक-गणों को सुविधा हो।

पहला वर्ष ६४४ हिजरी (१२४६-४७ ई०)

सुल्ताने मुअज़्ज़म नासिरुद्दुनियाँ वद्दीन महमूदशाह एक शुभ नक्षत्र में रविवार २३

१ पृ० २०७ में सुल्तान के सम्बन्ध में सम्मान-सूचक शब्दों का प्रयोग है। इन शब्दों का अनुवाद नहीं किया गया है।

मुहर्रम ६४४ हि० (१० जून, १२४६ ई०) को देहली में क़सरे सब्ज़ में राज सिंहासन पर विराजमान हुआ। मलिकों, अमीरों, सद्रों, गण्यमान्य व्यक्तियों, सैयिदों तथा आलिमों ने दरबार में पहुँच कर दस्तबोस[1] करते हुये इस शहंशाह को बधाई दी। प्रत्येक ने बधाई के दरबार में अपनी श्रेणी के अनुसार उपहार भेंट किये। मंगलवार २५ मुहर्रम (१२ जून) को सुल्तान के राज-भवन तथा कूशके फ़ीरोज़ी में दरबारे आम हुआ। राज्य की समस्त प्रजा ने इस गुणवान तथा दानी बादशाह की बैअत की। सभी लोग इस वंश की उन्नति से प्रसन्न थे। हिन्दुस्तान के विभिन्न प्रदेशों के लोग भी इसी प्रकार प्रसन्न थे। भगवान् उसके राज्य को बहुत दिनों तक स्थापित रखे।

जब सुल्तान नासिरुद्दीन देहली से बहराइच की ओर चला गया था तो उसकी माता मलिकये जहाँ जलालुद्दुनियां वद्दीन भी उसके साथ चली गई थीं। उसने उन प्रदेशों तथा पर्वतों में अनेक धर्म-युद्ध किये और बहराइच प्रदेश को उसके शुभ चरणों द्वारा विशेष सम्मान प्राप्त हुआ।

(२०९) जब उन धर्म-युद्धों तथा उन्नति की सूचना हिन्दुस्तान के विभिन्न भागों में फैल गई तो राज्य के जो मलिक तथा अमीर सुल्तान अलाउद्दीन से भयभीत रहते थे उन्होंने गुप्त रूप से उसके पास प्रार्थना पत्र भेजे कि वह देहली को अपने पवित्र चरणों द्वारा सम्मानित करे। उसकी माता मलिकये जहाँ ने उसके प्रस्थान करने के समय यह प्रसिद्ध कर दिया कि उसका पुत्र अपने रोगों की चिकित्सा के लिये देहली जा रहा है। उसने सुल्तान को पालकी में बैठा कर सवारों, प्यादों की एक बहुत बड़ी संख्या के साथ देहली की ओर कूच किया। रात्रि में वे सुल्तान का शुभ मुख परदे में छिपाकर घोड़े पर सवार करके यात्रा करते थे। इस प्रकार वे शीघ्रातिशीघ्र देहली के निकट पहुँच गये। इस बादशाह की शुभ सवारी के पहुँचने की सूचना उस समय तक, जब तक कि वह राज सिंहासन पर विराजमान न हुआ, किसी को न थी।

रजब ६४४ हि० (नवम्बर १२४६ ई०) में वह अपनी मंगल-सूचक पताकाओं के साथ सेना लेकर सिन्ध नदी तथा मुल्तान की ओर एवं चीन के काफ़िरों[2] के विनाश के लिये रवाना हुआ। रविवार पहली ज़ीक़ाद ६४४ हि० (१० मार्च, १२४७ ई०) को उसने लाहौर नदी (रावी नदी) पार की और इस्लामी सेना को आदेश दिया कि जूद पर्वत के प्रदेशों तथा नन्दना को विध्वंस करदें। उलुग़ ख़ाँने आज़म उस समय अमीर हाजिब था। वह सेना लेकर उस ओर भेजा गया। सुल्तान सामान तथा हाथियों के साथ सुधारा (चिनाब) नदी के तट पर ठहरा रहा। उलुग़ ख़ाँने आज़म ने भगवान् की कृपा से जूद पर्वत को नष्ट-भ्रष्ट कर दिया, और झेलम के खुक्खरों तथा विद्रोही काफ़िरों को नरक भेजा। वहाँ के निवासियों को सिन्धु नदी की ओर भगा कर उस प्रदेश का विनाश किया।

(२१०) तत्पश्चात् वह वहाँ से वापस हुआ क्योंकि सेना की आवश्यकता की सामग्री तथा घोड़ों के लिये चारे, दाने की कमी हो गई थी। इस प्रकार विजय प्राप्त करके वह सुल्तान के शिविर को वापस लौटा। उसी वर्ष बृहस्पतिवार ५ ज़ीक़ाद (१४ मार्च) को सूधारा (चिनाब) नदी से शुभ पताकायें देहली की ओर वापस हो गईं। ईदुज्ज़ुहा की नमाज़ जालन्धर में पढ़ी गई। वहाँ से वे देहली की ओर चल खड़े हुये। ईदुज्ज़ुहा के दिन लेखक मिनहाज सिराज को जुब्बा, पगड़ी तथा घोड़ा (बादशाहों के योग्य ज़ीन तथा लगाम के साथ) प्रदान किया गया।

दूसरा वर्ष ६४५ हि० (१२४७–४८ ई०)

बृहस्पतिवार दूसरी मुहर्रम ६४५ हि० (१९ मई, १२४७ ई०) को सुल्तान देहली

---

१ हाथ चूमना।
२ मुग़लों।

पहुँचा। ६ मास तक वर्षा की अधिकता के कारण किसी ओर प्रस्थान न किया। जमादी-उल-आख़िर मास (अक्तूबर) में शाही डेरे पानीपत में लगाये गये। शाबान (दिसम्बर) में वापस होकर शाही पताकायें हिन्दुस्तान की ओर रवाना हुईं। क़न्नौज की हद में तिलसन्दा[1] नामक एक मज़बूत क़िला था, जोकि सिकन्दर की दीवार की भाँति दृढ़ था। काफ़िर हिन्दू उसी क़िले में रक्षा के लिये चले गये और उन्होंने अपने प्राणों से हाथ धो लिये। दो दिन तक इस्लामी सेना ने उसी स्थान पर युद्ध किया, और अन्त में उन विरोधियों को नरक भेज दिया तथा उस स्थान को जीत लिया।

(२११) इस युद्ध के विषय में लेखक ने ५ या ६ पत्रों में एक कविता लिखी और इस यात्रा में जिस प्रकार धर्म-युद्ध हुए और उलुग़ ख़ाने मुअज़्ज़म को विद्रोही काफ़िरों के विरुद्ध तथा क़िलों पर विजय प्राप्त करने एवं धन सम्पत्ति पर अधिकार जमाने और दलकीओ मलकी[2] को पराजित करने में जो सफलता प्राप्त हुई उसका उल्लेख पूर्णतया उसी कविता में किया गया है।

उसका नाम सुल्तान के शुभ नाम पर नासिरी-नामा रखा है। सुल्तान ने इसके बदले में स्थायी रूप से कुछ भूमि प्रदान की जिसका लाभ प्रत्येक वर्ष मुझे प्राप्त होता रहेगा। उलुग़ ख़ाने आज़म ने भी हाँसी प्रदेश में मुझे इसके बदले में एक गाँव इनाम[3] में दिया। भगवान् दोनों को सुल्तानी तथा नायबी के सिंहासन पर विराजमान रखे।

बृहस्पतिवार २४ शव्वाल सन् ६४५ हि० (२१ फरवरी, १२४८ ई०) को वह क़िला भीषण युद्ध के उपरान्त अधिकृत हुआ। तत्पश्चात् सोमवार १२ ज़ीक़ाद ६४५ हि० (९ मार्च, १२४८ ई०) में सुल्तान कड़ा पहुँचा। इससे तीन दिन पूर्व उलुग़ ख़ाने आज़म की अधीनता में समस्त मलिकों, अमीरों तथा सेना को युद्ध करने के लिए भेजा जा चुका था। उस शेर-दिल ख़ान ने, जोकि युद्ध में रुस्तम तथा सुहराब की भाँति था और जिसका शरीर हाथी के समान था, ऐसी वीरता दिखाई कि उसकी प्रशंसा सम्भव नहीं। उसके द्वारा क़िलों पर अधिकार जमाने, जंगलों को काटकर मार्ग बनाने, विरोधी काफ़िरों का बध करने, रायों तथा रानाओं के बन्दी बनाये जाने का समस्त वर्णन लेख-बद्ध करना सम्भव नहीं। इसमें से कुछ नासिरी-नामे में कविता के रूप में लिख दिया गया है।

(२१२) उस प्रदेश तथा पर्वत में एक राना दलकीओ मलकी नाम का था। उसके पास युद्ध करने वालों की बहुत बड़ी संख्या थी। उसकी धन सम्पत्ति की कोई सीमा न थी, अनेक दृढ़ स्थान तथा दर्रे आदि उसके राज्य में थे। उलुग़ ख़ां ने सब को विध्वंस कर दिया और उस

---

१ होदीवाला का विचार है कि यह कानपुर के निकट एक ग्राम है। (पृ० २२२)

२ इस नाम का अभी तक निश्चय रूप से कोई पता नहीं चल सका है। टामस का विचार है कि यह त्रलोक्यमल्ला का बिगड़ा हुआ रूप है। इस नाम का एक चन्देल राजा परमर्दी अथवा परिमल था जिससे ऐबक ने कालिंजर प्राप्त किया था। वह उसका उत्तराधिकारी था। (**Chronicles of the Pathan Kings of Delhi, Edward Thomas** पृ० ६५-६६)। विंसेंट स्मिथ ने इसके विरुद्ध यह लिखा है कि दलकी तथा मलकी भार राजा दल व बल थे। जो तिलोकी बिलोकी कहलाये हैं। (**Journal Asiatic Society Bengal 1881, P. P. 35, 38**) सर वूल्ज़ले हेग का विचार है कि वह महलकी का राजा धलकी था। (**Cambridge History of India, III PP.67**) इतना तो निश्चय ही है कि दलकीओ मलकी एक ही राजा का नाम है जिसने उस क्षेत्र में दृढ़ राज्य स्थापित कर लिया था। (देखो होदीवाला पृ० २२२-२३) इस राजा का स्थान इलाहाबाद के पास का फ़तहपुर ज़िला भी कहा जा सकता है।

३ जो भूमि विद्वानों तथा धार्मिक लोगों को दी जाती थी, उसे इनाम तथा मिल्क कहते थे। इसका अक्ता से कोई सम्बन्ध नहीं। वह पाने वाले के अधिकार में वंशानुगत रहती थी।

दुष्ट के सहायकों तथा उसके परिवार को बन्दी बना लिया। अनन्त धन उसे प्राप्त हुआ। केवल १५ सौ घोड़े ही इस्लामी सेना के हाथ पड़े। इससे शेष धन सम्पत्ति का अनुमान किया जा सकता है।

(२१२) जब वह दरबार में उपस्थित हुआ तो सभी ने इस विजय की ख़ुशियाँ मनाईं। शाही झण्डे वृहस्पतिवार ११ ज़ीक़ाद ६४५ हि० (८ मार्च १२४८ ई०) को वहाँ से वापस हुए।

इस यात्रा में मलिक जलालुद्दीन मसूदशाह, जोकि क़न्नौज का मुक़्ता तथा सुल्तान का भाई था, दरबार में उपस्थित हुआ। सुल्तान ने उसे दस्तबोस[1] करने की आज्ञा देकर सम्मानित किया। तत्पश्चात् वह वापस हो गया और इस्लामी सेना देहली पहुँच गई।

तीसरा साल ६४६ हिजरी (१२४८-४९ ई०)

बुधवार २४ मुहर्रम ६४६ हि० (१९ मई, १२४८ ई०) को सुल्तान इस यात्रा से लौट कर देहली पहुँचा। शहर सजाया गया और सुल्तान ने राज सिंहासन को बड़े वैभव से सम्मानित किया। मलिक जलालुद्दीन को, जोकि मार्ग में सुल्तान की सेवा में उपस्थित हुआ था, सम्भल तथा बदायूँ की अक़्ता प्रदान की गई। इसी बीच में वह भयभीत होकर सम्भल तथा बदायूँ से देहली पहुँचा। सुल्तान ७ मास तक देहली रुका। ६ शाबान (२४ नवम्बर, १२४८ ई०) को शाही पताकायें देहली के बाहर निकलीं और आसपास के स्थानों, पहाड़ों तथा मैदानों में धर्म-युद्ध का आदेश प्रदान हुआ। अमीरों को भिन्न-भिन्न प्रदेशों में भेज कर वह स्वयं देहली लौट आया। इस यात्रा में सुल्तान अधिक दूर न गया और बुधवार ९ ज़ीक़ाद (२३ फरवरी) को देहली पहुँच गया।

(२१३) इस्लामी सेनायें रणथम्भोर के राना की पहाड़ी की ओर रवाना हुईं। इस युद्ध के अवसर पर दो घटनायें घटीं। प्रथम यह कि क़ाज़ी एमादुद्दीन शक़ूर क़ानी पर आरोप लगाया गया और शुक्रवार ९ ज़िलहिज्जा (२५ मार्च) को क़सरे सफ़ेद में उसे क़ज़ा के पद से पृथक् कर दिया गया और शहर से बदायूँ की ओर भेज दिया गया। सोमवार १२ ज़िलहिज्जा (२८ मार्च) को एमादुद्दीन रैहान के प्रयास से उसकी हत्या करदी गई। दूसरे यह कि मलिक बहाउद्दीन ऐबक ख़्वाजा की रणथम्भोर के क़िले के निकट रविवार ११ ज़िलहिज्जा (२७ मार्च) को काफ़िर हिन्दुओं द्वारा शहादत हो गई।

चौथा वर्ष ६४७ हि० (१२४९-५० ई०)

सोमवार ३ सफ़र ६४७ हि० (१८ अप्रैल, १२४९ ई०) को उलुग़ ख़ाने आज़म इस्लामी सेना तथा शाही झंडों के साथ शुभ घड़ी में लौटा। क्योंकि वह राज्य का सहायक था, अतः समस्त मलिकों तथा गण्यमान्य व्यक्तियों के परामर्श से उसकी पुत्री मलिकये जहाँ बनाई गई।[2] यह विवाह सोमवार २० रबी-उल-आख़िर ६४७ हि० (२ अगस्त, १२४९ ई०) में हुआ। भगवान् मुहम्मद साहब के धर्म के इन तीनों सहायकों का राज्य एवं अधिकार सुरक्षित रखे।

इसी वर्ष सोमवार १० जमादी-उल-आख़िर (२० सितम्बर, १२४९ ई०) में क़ाज़ी जलालुद्दीन काशानी अवध से देहली आया और क़ाज़िये ममालिक (राज्य का क़ाज़ी) नियुक्त किया गया। इसी वर्ष सोमवार २२ शाबान (३० नवम्बर) को शाही झंडे देहली से रवाना हुये और रविवार ४ शव्वाल (१० जनवरी, १२५० ई०) को हिन्दुओं से धर्म-युद्ध करने के लिये रवाना हुये।

---

१ दरबार में साधारणतया उपस्थित होने वाले लोग धर्ती चुम्बन (ज़मीनबोस) करते थे। किन्तु धार्मिक लोगों अथवा बहुत ही प्रतिष्ठित अमीरों एवं शाहज़ादों आदि को हाथ चूमने (दस्तबोस) की आज्ञा मिल जाती थी।

२ उलग़ ख़ाँ की पुत्री का विवाह सुल्तान से हुआ।

(२१४) ख़ुरासान से इस तुच्छ की बहिन के पत्र प्राप्त हुये। उन पत्रों को सुल्तान की सेवा में (प्रस्तुत) किया गया। सुल्तान ने उलुग़ ख़ाने मुअज़्ज़म की सिफ़ारिश से १०० दास तथा १०० ख़रवार[1] इनाम में प्रदान किये। शुभ पताकायें बुधवार २४ ज़िलहिज्जा (३० मार्च, १२५० ई०) को देहली वापस आईं। सोमवार २९ ज़िलहिज्जा (४ अप्रैल) को इस सेवक ने ग़ुलामों को देहली से ख़ुरासान भेजने के लिये मुल्तान की ओर प्रस्थान किया। हाँसी पहुँचने पर ख़ाने मुअज़्ज़म तथा ख़ाक़ाने आज़म के प्रदान किये हुये गाँव पर अधिकार प्राप्त किया और उसके उपरान्त अबूहर के मार्ग से मुल्तान की ओर रवाना हुआ।

पाँचवाँ वर्ष ६४८ हि० (१२५०-५१ ई०)

सिन्धु नदी के तट पर रविवार ११ सफ़र ६४८ हि० (१५ मई, १२५० ई०) को लेखक की शेर ख़ाँ से भेंट हुई। वहाँ से वह मुल्तान की ओर आया। बुधवार ६ रबी-उल-अव्वल ६४८ हि० (८ जून, १२५० ई०) को वह मुल्तान पहुँचा। मलिक इज़्ज़ुद्दीन बल्बने किशलू ख़ाँ उसी दिन उच्च से मुल्तान पर अधिकार जमाने के लिये पहुँचा। लेखक की उससे भेंट हुई। वह २६ रबी-उल-आख़िर (२८ जुलाई) तक वहीं रहा। मुल्तान पर, जोकि शेर ख़ाँ के एक दास के अधीन था, विजय प्राप्त न हो सकी। लेखक देहली लौट आया। मलिक इज़्ज़ुद्दीन बल्बने (किशलू) उच्च की ओर वापस हो गया। लेखक मरूत[2] तथा सरसुती और हाँसी होता हुआ २२ जमादी-उल-अव्वल ६४८ हि० (२२ अगस्त, १२५० ई०) को देहली पहुँच गया।

(२१५) उसी वर्ष शव्वाल (दिसम्बर-जनवरी) में इख़्तियारुद्दीन गुरदेज़[3] ने अनेक काफ़िर मुग़लों को बन्दी बना कर देहली भेज दिया। शहर देहली नासिरी विजय के फलस्वरूप सजाया गया। इसी वर्ष शुक्रवार १७ ज़ीक़ाद (१० फ़रवरी, १२५१ ई०) को क़ाज़ी जलालुद्दीन काशानी की मृत्यु हो गई।

छठा वर्ष ६४९ हि० (१२५१-५२ ई०)

मलिक इज़्ज़ुद्दीन बल्बने किशलू ख़ाँ के नागौर में विद्रोह कर देने के फलस्वरूप इस वर्ष शाही पताकाओं को नागौर की ओर जाना पड़ा, किन्तु इज़्ज़ुद्दीन सुल्तान की सेवा में उपस्थित हो गया और शाही पताकायें वापस आ गईं। इसके उपरान्त शेर ख़ाँ ने मुल्तान से उच्च पर चढ़ाई की। मलिक इज़्ज़ुद्दीन बल्बन नागौर से उच्च पहुँचा और शेर ख़ाँ की सेवा में उपस्थित हुआ। उसे उच्च शेर ख़ाँ को प्रदान कर देना पड़ा। वहाँ से वह सुल्तान के दरबार की ओर रवाना हो गया। रविवार १७ रबी-उल-आख़िर ६४९ हि० (१० जूलाई, १२५१ ई०) को वह दरबार में आया, और बदायूँ की अक़्ता उसे दे दी गई।

इसी वर्ष रविवार १० जमादी-उल-अव्वल ६४९ हि० (३१ जूलाई, १२५१ ई०) को राज्य तथा देहली की क़ज़ा का पद मिनहाज सिराज को मिला। मंगलवार २५ शाबान ६४९ हि० (१२ नवम्बर, १२५१ ई०) को शाही पताकायें ग्वालियर, चन्देरी, नुरूल[4] तथा मालवा की ओर रवाना हुईं; वे मालवा तक पहुँच गईं। जाहरा आजार[5] उस प्रदेश का सबसे बड़ा राजा था।

---

१ गधों पर लदा हुआ सामान।

२ भावलपुर नगर के ६० मील पूरब।

३ पुस्तक में गुरेज़ है।

४ पुस्तक में बुज़वाल है।

५ ज़फ़रुल वालेह में राय जाहर अजार है (पृ० ७१९)। राजा का नाम चाहड़ था। मिनहाज ने पृ० २९६ में 'जाहिर अजारी' लिखा है। एक स्थान पर राना अजारी और फिर अजारी का हिन्दू लिखा है (पृ० २९७) इस प्रकार अजार स्थान का नाम था। अरजार, झाँसी के दक्षिण-पूरब एक स्थान है। (देखो होदीवाला पृ० २२४-२५)।

(२१६) उसके पास ५ हजार सवार तथा २ लाख प्यादे थे। वह पराजित हुआ। जो बड़े-बड़े क़िले उसने बनवाये थे वे जीत लिये गये और विध्वंस कर दिये गये। उलुग़ ख़ाँने मुअज़्ज़म ने इस यात्रा में बड़ी वीरता का प्रदर्शन किया। इस्लामी सेना को अत्यधिक धन संपत्ति प्राप्त हुई।

सातवाँ वर्ष ६५० हि० (१२५२-५३ ई०)

शाही पताकायें सोमवार २३ रबी-उल-अव्वल ६५० हि० (३ जून, १२५२ ई०) को देहली पहुँचीं। इसके उपरान्त सुल्तान सात मास तक बड़े वैभव से राज्य करता रहा। इस काल में उसने अनेक उत्कृष्ट गुणों तथा न्याय का प्रदर्शन किया।

सोमवार २२ शव्वाल (२६ दिसम्बर, १२५२ ई०) को शाही पताकायें लाहौर की ओर उच्च तथा मुल्तान पर आक्रमण करने के लिये रवाना हुईं। लेखक सुल्तान को विदा करने के लिये कैथल तक गया। उसे ख़िलअत एवं ज़ीन तथा लगाम सहित घोड़ा प्राप्त हुए। इस आक्रमण में समस्त आसपास के खान, मलिक तथा अमीर शाही झंडे के नीचे एकत्र हुए। ब्याने से क़ुतलुग़ ख़ाँ और बदायूँ से इज़्ज़ुद्दीन किशलू ख़ाँ शुभ पताकाओं के साथ ब्याह नदी के तट पर पहुँचे। एमादुद्दीन रैहान ने छल से सुल्तान और उलुग़ ख़ाने आज़म में परस्पर विरोधी भावनायें उत्पन्न करवा दीं।

आठवाँ वर्ष ६५१ हि० (१२५३-५४ ई०)

(२१७) नये वर्ष में मंगलवार पहली मुहर्रम ६५१ हि० (३ मार्च, १२५३ ई०) को उलुग़ ख़ाँ को आदेश प्राप्त हुआ कि वह अपनी अक़्ता की ओर सिवालिक तथा हाँसी चला जाय। रोहतक से ख़ाने मुअज़्ज़म आदेशानुसार हाँसी की ओर चला गया। इसी वर्ष रबी-उल-अव्वल (मई) के प्रारम्भ में शाही झंडे देहली पहुँचे। प्रतिष्ठित व्यक्तियों के स्वभाव तथा पदों में बड़ा परिवर्तन हुआ। जमादी-उल-अव्वल (जून-जूलाई) को विज़ारत का पद ऐनुलमुल्क मुहम्मद निज़ाम जुनैदी को दिया गया। ख़ाने मुअज़्ज़म के भाई मलिक किशली ख़ाँ अमीर हाजिब उलुग़े बारबक को कड़े की अक़्ता प्रदान की गई और उसे उस ओर भेज दिया गया। उसी वर्ष जमादी-उल-अव्वल (जून-जूलाई) में एमादुद्दीन रैहान वकीलदर[1] नियुक्त हुआ। शाही झण्डे ख़ाने मुअज़्ज़म उलुग़ ख़ाँ को पदच्युत करने के लिये देहली से हांसी की ओर रवाना हुये। एमादुद्दीन रैहान ने क़ाज़ी शम्सुद्दीन बहराइची को राजधानी में बुलवाया और २७ रजब ६५१ हि० (२२ सितम्बर, १२५३ ई०) में उसे राज्य का क़ाज़ी बना दिया गया। ख़ाने मुअज़्ज़म हाँसी से नागौर की ओर चला गया और हाँसी की अक़्ता और अमीर हाजिबी का पद शाहज़ादा रुक्नुद्दीन को दे दिया गया। शाही पताकायें शाबान मास (सितम्बर-अक्तूबर) में देहली वापस हो गईं और शव्वाल के आरम्भ में उसी वर्ष उच्च, मुल्तान तथा तबरहिन्दा की विजय के लिये रवाना हुईं। जब वे ब्याह नदी के निकट पहुँची तो एक सेना तबरहिन्दा की ओर भेजी गई। इसके पूर्व शेर ख़ाँ सिन्धु नदी के तट पर काफ़िरों से युद्ध करने में असमर्थ रहा था और तुर्किस्तान की ओर चला गया था।

(२१८) उच्च मुल्तान, तथा तबरहिन्दा उसके सम्बन्धियों के अधिकार में आ गये थे। सोमवार २६ ज़िलहिज्जा ६५१ हि० (१६ फरवरी, १२५४ ई०) को इन स्थानों पर सुल्तान का

---

१. सुल्तान की व्यक्तिगत सेवा से सम्बन्धित कर्मचारियों का अधिकारी वकीलदर होता था। वह बड़ा ही अधिकार-सम्पन्न होता था। वह राज भवन के समस्त कर्मचारियों की देखभाल करता था। सुल्तान के चत्र भी उसी की देखरेख में रहते थे।

अधिकार स्थापित हो गया और इन्हें इरसलान खाँ सन्जर चुस्त को प्रदान कर दिया गया। शाही पताकायें ब्याह नदी से लौट आईं।

नवाँ वर्ष ६५२ हि० (१२५४-५५)

नये वर्ष में ६५२ हि० (१२५४ ई०) में हरिद्वार तथा बिजनौर[१] के पर्वतों के दामन (आंचल) में विशेष विजय तथा धन सम्पत्ति प्राप्त हुई। सेना ने प्रस्थान करने के लिए यमुना नदी पार की थी। बृहस्पतिवार १३ मुहर्रम ६५२ हि० (५ मार्च, १२५४ ई०) को सुल्तान ने मयापुर[२] के स्थान पर गंगा नदी पार की और इसी प्रकार पर्वतों के दामन में होते हुये सेना रहब नदी के तट पर पहुँच गई। उन युद्धों के समय रविवार १५ सफ़र (६ अप्रैल, १२५४ ई०) को मलिक रज़ीउलमुल्क इज़्ज़ुद्दीन दुर्मशी तकलाबानी के स्थान पर मारा गया। सोमवार १६ सफ़र (७ अप्रैल) को सुल्तान ने इस दुष्कर्म का बदला लेने के लिये कटिहर[३] के काफ़िरों को ऐसे कठोर दंड दिए कि वे उसे आजीवन याद रखेंगे। वहाँ से वह बदायूं की ओर गया। १६ सफ़र (१० अप्रैल) को बड़े वैभव से बदायूं शाही चत्र तथा झंडों से सुशोभित हुआ। वहाँ ६ दिन तक ठहरा। इसके पश्चात् राजधानी को लौटने का निश्चय किया। रविवार ६ रबी-उल-अव्वल (२६ अप्रैल, १२५४ ई०) को राज्य की विज़ारत का पद सद्रुलमुल्क नज़्मुद्दीन अबूबक्र को दुबारा प्राप्त हुआ। रविवार २० रबी-उल-अव्वल ६५२ हि० (१६ मई,१२५४ ई०) को कोल (अलीगढ़) के मुक़ाम पर सुल्तान ने लेखक को सद्रे जहाँ की पदवी तथा ख़िलअत से सुशोभित किया।

(२१६) मंगलवार २६ रबी-उल-अव्वल (१६ मई) को सुल्तान देहली पहुंचा और पाँच मास तक शहर देहली में ठहरा। इस बीच में यह सूचना मिली कि बहुत से मलिक जलालुद्दीन से मिल गये हैं और वे एक जगह एकत्र हो गये हैं अर्थात् विद्रोह करना चाहते हैं। शाही झण्डे शाबान (सितम्बर-अक्तूबर) में सुनाम तथा तबरहिन्दा की ओर रवाना हुये। ईदुलफ़ितर सुनाम में हुई। इरसलान खाँ तबरहिन्दा संजान ऐबक, ख़ताई उलुग़ ख़ाने आज़म तथा अन्य मलिक, जलालुद्दीन के साथ नागौर से तबरहिन्दा के निकट पहुँच गये थे। शाही झण्डे सुनाम से हाँसी लौट आये। जब सब मलिक, कुहराम तथा कैथल की ओर रवाना हुये तो सुल्तान हाँसी से उसी ओर चल पड़ा। अमीरों ने दोनों के बीच सन्धि के विषय में वार्ता करनी प्रारम्भ करदी। एमादुद्दीन रैहान दोनों ही ओर से झगड़े की जड़ बना हुआ था। बृहस्पतिवार २२ शव्वाल (५ दिसम्बर, १२५४ ई०) को उसी वर्ष सुल्तान ने एमादुद्दीन रैहान को बदायूं की ओर चले जाने का आदेश दिया। वह विलायत (प्रदेश) उसको अक़्ता के रूप में प्रदान की गई और इस प्रकार सन्धि हो गई। मंगलवार १७ ज़ीक़ाद (२६ दिसम्बर, १२५४ ई०) को अमीर और मलिक राजभक्ति के विषय में वचन देने तथा शपथ लेने के उपरान्त सुल्तान की सेवा में उपस्थित हुये। मलिक जलालुद्दीन को लाहौर की अक़्ता प्रदान करदी गई। मंगलवार ६ ज़िलहिज्जा (१० जनवरी, १२५५ ई०) को एक शुभ नक्षत्र में सुल्तान तथा सेना देहली पहुँचे।

दसवाँ वर्ष ६५३ हि० (१२५५-५६ ई०)

(२२०) नये वर्ष अर्थात् ६५३ हि० (१२५५ ई०) में एक विचित्र घटना घटी। वह इस प्रकार थी कि भाग्यचक्र के कारण सुल्तान का हृदय अपनी माता मलिकये जहाँ से फिर गया था। उसका विवाह क़ुतलुग़ खाँ से हो गया था। दोनों को अवध की अक़्ता

---

१ पुस्तक में बरदार तथा पंजोर है। किन्तु हरिद्वार अथवा हरद्वार और बिजनौर उचित हैं।

२ हरिद्वार के निकट प्राचीनकाल का एक प्रसिद्ध ग्राम।

३ आधुनिक रुहेलखन्ड।

प्रदान कर दी गई और आदेश दिया गया कि वे अपनी अक़्ता को चले जायें। आज्ञा के अनुसार वे अपनी अक़्ता को चले गये। यह घटना मंगलवार ६ मुहर्रम ६५३ हि० (१५ फरवरी, १२५५ ई०) को हुई। सुल्तान ने रविवार २३ रबी-उल-अव्वल (२ मई, १२५५ ई०) को राज्य तथा देहली की क़ज़ा का पद लेखक को पहले की भाँति प्रदान किया। रबी-उल-आख़िर में मलिक क़ुतुबुद्दीन हुसैन अली के विषय में कुछ अनुचित बातें सुल्तान के कानों तक पहुँची। वह राज्य का नायब था। मंगलवार २३ रबी-उल-आख़िर (१ जून, १२५५ ई०) को मलिक क़ुतुबुद्दीन को पकड़वा कर क़ैद कर लिया गया और वहीं उसका बध कर दिया गया। सोमवार ७ जमादी-उल-अव्वल (१४ जून, १२५५ ई०) को मेरठ की अक़्ता मलिक किशली ख़ाँ उलुग़े आज़म वारबक सुल्तानी को प्रदान की गई। वह उस समय कड़े से सुल्तान की सेवा में उपस्थित हुआ था। मंगलवार १३ रजब ६५३ हि० (१८ अगस्त, १२५५ ई०) को राजधानी की शेख़ुल[1] इस्लामी का पद शेख़ुल इस्लाम जमालुद्दीन बिस्तामी को प्रदान किया गया। इसी मास में मलिक ताजुद्दीन सन्जर सिविस्तानी ने अवध से चलकर एमादुद्दीन रैहान को बहराइच से निकाल दिया। इसी बीच में उसकी मृत्यु भी हो गई। इसी समय शव्वाल मास (नवम्बर) में शाही झण्डे राजधानी से हिन्दुस्तान की ओर रवाना हुये। इसी वर्ष रविवार १७ ज़ीक़ाद (१८ दिसम्बर) को उलुग़ ख़ाने मुअज़्ज़म सिवालिक के लावलश्कर के प्रबन्ध के लिये हाँसी की ओर रवाना हुआ। सेना सुव्यवस्थित हो गई। वह राजधानी लौट आया और बुधवार १६ ज़िलहिज्जा (१६ जनवरी, १२५६ ई०) को शाही सेना के शिविर में पहुँच गया।

(२२१) इससे पूर्व यह आदेश प्रदान किया जा चुका था कि मलिक क़ुतलुग़ ख़ाँ अवध से बहराइच की अक़्ता में चला जाय। उसने इस आदेश का पालन न किया। मलिक बकतमूर[2] रुकनी राजधानी से आज्ञा का पालन कराने के लिये नियुक्त हुआ; दोनों सेनाओं का बदायूँ में युद्ध हुआ। बकतमूर युद्ध में मारा गया। सुल्तान ने स्वयं युद्ध करने के लिये अवध की ओर प्रस्थान किया। जब वह अवध की हद में पहुँचा तो क़ुतलुग़ ख़ाँ भाग गया और शाही झण्डे कालियर[3] की ओर रवाना हुये। उलुग़ ख़ाने मुअज़्ज़म ने क़ुतलुग़ ख़ाँ का पीछा किया किन्तु उसे पकड़ न सका। वह बहुत-सा लूट का माल लेकर सुल्तान की सेवा में उपस्थित हुआ।

ग्यारहवाँ वर्ष ६५४ हि० (१२५६ ई०)

मुहर्रम ६५४ हि० (फरवरी, १२५६ ई०) में भगवान् की दया से विजय पाकर सुल्तान देहली की ओर रवाना हुआ, और मंगलवार ४ रबी-उल-आख़िर ६५४ हि० (२ मई, १२५६ ई०) को देहली पहुंच गया। जब क़ुतलुग़ ख़ाँ को यह ज्ञात हुआ कि शाही झण्डे देहली की ओर लौट गये, तो उसने कड़ा मानिकपूर पर अधिकार जमाना प्रारम्भ कर दिया। उसके तथा इरसलान ख़ाँ सन्जर चुस्त के बीच युद्ध हुआ। इरसलान ख़ाँ को विजय प्राप्त हुई। जब मलिक क़ुतलुग़ ख़ाँ को हिन्दुस्तान में कोई आश्रय न मिला तो उसने ऊपर (उत्तर) के मवास[4]

---

१ शेख़ुलइस्लाम राज्य के धर्म सम्बन्धी कार्यों की देखरेख रखता था।

२ पुस्तक में केवल बकतुम है।

३ कालियर रुड़की के निकट। कालिंजर जो छपी पोथी में है ठीक नहीं प्रतीत होता।

४ संस्कृत में 'मवास' शरण अथवा रक्षा के स्थान को कहते हैं। मध्यकालीन फ़ारसी इतिहासों में इस शब्द का अभिप्राय इन्हीं स्थानों से है। मवासात बहुबचन बनाया गया और इतने पुराने मध्यकालीन इतिहासकार द्वारा इस शब्द का इतना अधिक प्रयोग आश्चर्यप्रद अवश्य है। होदीवाला ने अपनी समीक्षा में इस शब्द का यही अर्थ सिद्ध किया है और अनेक उदाहरण दिये हैं। अँगरेजी के अनुवादक इसे प्रायः स्थान का नाम समझते रहे। इसके संस्कृत रूप की ओर होदीवाला ने भी ध्यान नहीं दिया। (पृ० २२७-२२६)

की ओर प्रस्थान किया और सन्तूर (देहरादून) के ८ मील उत्तर, कुनावर के मार्ग में पहुँचा। उसने वहाँ की जातियों और पहाड़ियों में जाकर शरण ली।

(२२२) शाही झन्डे मंगलवार २० ज़िलहिज्जा ६५४ हि० (८ जनवरी, १२५७ ई०) को उस विद्रोह को शान्त करने के लिये देहली से रवाना हुये। ६५५ हि० (१२५७-५८ ई०) के प्रारम्भ में शाही सेना ने सन्तूर की ओर प्रस्थान किया और पहाड़ी हिन्दुओं तथा इस्लामी सेना के बीच में युद्ध हुआ। क़ुतलुग़ खाँ इन्हीं लोगों के बीच में था। मुसलमान अमीरों में से कुछ लोग, जिन्हें सुल्तान से किसी प्रकार का भय था, उससे मिल गये; किन्तु वे युद्ध करने में असमर्थ रहे और पराजित हुये। उलुग़ ख़ाँने मुअज्ज़म ने समस्त पहाड़ी प्रदेशों को विध्वंस कर दिया और सिरमूर[१] पहाड़ी के दर्रों तक पहुँच गया। सिरमूर को, जिस पर किसी बादशाह का अधिकार न होसका था और जहाँ इस्लामी सेना अभी तक न पहुँच सकी थी, नष्ट-भ्रष्ट कर दिया। धर्म-युद्ध करके इतने अधिक हिन्दुओं की हत्या करदी कि इसका उल्लेख सम्भव नहीं।

बारहवाँ वर्ष ६५५ हि० (१२५७ ई०)

युद्ध से लौटते समय रविवार ६ रबी-उल-अव्वल ६५५ हि० (२४ मार्च, १२५७ ई०) को मलिक सनजान ऐबक ख़िताई घोड़े से गिर कर मर गया। शाही झण्डे देहली की ओर प्रस्थान करके रविवार २६ रबी-उल-आख़िर ६५५ हि० (१३ मई, १२५७ ई०) को राजधानी में पहुँच गये। विजयी सेना के वापस हो जाने के उपरान्त मलिक इज़्ज़ुद्दीन किशलू ख़ाँ बल्बन उच्च तथा मुल्तान की सेना लेकर ब्याह नदी के तट पर पहुँच गया। मलिक क़ुतलुग़ ख़ाँ तथा उसके सहायक अमीर मलिक किशलू ख़ाँ से मिल गये। वहाँ से वे लोग मन्सूरा (मन्सूरपुर) तथा सामाना की ओर रवाना हुये।

(२२३) जब सुल्तान ने उन लोगों के आगे बढ़ने का समाचार सुना तो उसने उलुग़ खाने मुअज्ज़म को सेना देकर उनकी ओर भेजा। उसने बृहस्पतिवार १५ जमादी-उल-अव्वल ६५५ हि० (३१ मई, १२५७ ई०) को देहली से कूच किया। जब वह विरोधी दल की सेना के निकट पहुँचा और केवल १० कोस की दूरी रह गई तो देहली से शेख़ुल इस्लाम क़ुतुबुद्दीन, क़ाज़ी शम्सुद्दीन बहराइची तथा कुछ अन्य लोगों ने मलिक क़ुतलुग़ ख़ाँ तथा मलिक किशलू ख़ाँ बल्बन के पास गुप्त रूप से पत्र लिखे कि वे यदि देहली पहुँच जायें तो द्वार उनके लिये खोल दिये जायेंगे। वे शहर के सभी निवासियों से इस बात का वचन तथा बैअत लेते थे। राजभक्त गुप्तचरों ने देहली से इस षड्यन्त्र का हाल उलुग़ खाने मुअज्ज़म को भी लिख भेजा। उलुग़ ख़ाँ ने सुल्तान को पगड़ी बाँधने[२] वालों के इस षड्यन्त्र से सूचित करते हुये लिखा कि यदि उचित समझा जाय तो देहली के आसपास के अक़्तादारों को आदेश दे दिया जाय कि वे अपनी अपनी अक़्ता को चले जायें जिससे यह उपद्रव शान्त हो जाय; सुल्तान उन्हें फिरसे शहर देहली में आने की आज्ञा न दे।

रविवार २ जमादी-उल-आख़िर ६५५ हि० (१७ जून, १२५७ ई०) को सुल्तान ने सैयिद क़ुतुबुद्दीन तथा क़ाज़ी शम्सुद्दीन बहराइची को आदेश दिया कि वे लोग अपनी-अपनी अक़्ता की ओर चले जायें। मलिक क़ुतलुग़ ख़ाँ तथा मलिक किशलू ख़ाँ बल्बन ने उन लोगों के पत्र पाते ही सेना लेकर अपने स्थान से देहली की ओर कूच कर दिया। वे लोग अपने शिविर सामाना से सोमवार ३ जमादी-उल-आख़िर (१८ जून, १२५७ ई०) को रवाना हुये, और इस तेज़ी से कूच किया कि सौ कोस का मार्ग लगभग ढाई दिन में पूर्ण करके बृहस्पतिवार ६ जमादी-उल-आख़िर

---

१ पुस्तक में सिलमूर है।

२ आलिमों। आलिम प्रायः पगड़ी बांधते थे अतः उन्हें दस्तारबन्द अथवा पगड़ी बाँधने बाला लिखा गया है।

(२१ जून, १२५७ ई०) को बाग़ेजूद के निकट पहुंच गये और दूसरे दिन नमाज़ के उपरान्त शहर के (देहली) द्वार पर पहुंच गये और दिन भर शहर के आसपास के स्थानों का चक्कर काटते रहे।

(२२४) रात्रि में शहर देहली के निकट किलोखड़ी तथा जूद के बीच में पड़ाव डाला। उनके पत्रों के वचन पर विश्वास करके जब वे मलिक तथा सेना बाग़ेजूद के निकट पहुँचे तो भगवान् की कृपा से इसके दो दिन पूर्व ही विरोधियों का दल शहर से निकाल दिया गया था। जब उन मलिकों को उन लोगों के चले जाने का हाल ज्ञात हुआ तो उनके सभी कार्यों में विघ्न पड़ गया। सुल्तान ने आदेश दिया कि शहर के द्वार बन्द कर दिये जायें, क्यों कि शाही सेना युद्ध करने के लिये बाहर गई थी। अमीरुल हुज्जाब अलाउद्दीन अयाज़ ज़नजानी, नायब अमीर हाजिब, उलुग़ कोतवाल बक, जमालुद्दीन निशापुरी तथा दीवाने अरज़े ममालिक ने बड़ी वीरता से शहर की रक्षा की। रात्रि में शहर के अमीरों तथा सरखैलों और गण्यमान्य व्यक्तियों ने शहर की चहार दीवारी की रक्षा की। दूसरे दिन भगवान् की कृपा से शुक्रवार को प्रातःकाल मलिक किशलू ख़ाँ ने वापस लौट जाने का निर्णय कर लिया। अन्य मलिकों तथा सुल्तान की माता ने जब यह देखा तो सभी वापस होने के लिए तैयार हो गये। किन्तु उनके सहायकों में से बहुत बड़ी संख्या में लोग शहर के आसपास के स्थानों में रुक गये और उन लोगों के साथ न गये। अनेक प्रतिष्ठित तथा गण्यमान्य व्यक्ति सुल्तान की सेवा के लिये तैयार हो गये। वे मलिक निराश होकर लौट गये।

जब सिवालिक में इन लोगों के देहली पर आक्रमण करने का हाल उलुग़ ख़ाने मुअज़्ज़म तथा शाही सेना के मलिकों एवं अमीरों को प्राप्त हुआ तो वे सब शहर की ओर लौट पड़े। जब वे लोग राजधानी के निकट पहुँचे तो उलुग़ ख़ाने मुअज़्ज़म को सब हाल ज्ञात हुआ। ये लोग मंगलवार ११ जमादी-उल-आख़िर (२६ जून, १२७५ ई०) को देहली में प्रविष्ट हुए।

(२२५) इसके उपरान्त बुधवार ८ रमज़ान (१६ सितम्बर) को विज़ारत का पद ज़ियाउलमुल्क ताजुद्दीन को प्राप्त हुआ। इस वर्ष के अन्त में काफ़िर मुग़ल ख़ुरासान से उच्च तथा मुल्तान की ओर पहुँचे। मलिक किशलू ख़ाँ ने उनसे सन्धि करली और उनका नेता सालीन नुईन से मिल गया।

तेरहवाँ वर्ष ६५६ हि० (१२५८ ई०)

नये वर्ष में सोमवार ६ मुहर्रम ६५६ हि० (१६ जनवरी, १२५८ ई०) को शाही झण्डे मुग़ल काफ़िरों से युद्ध करने के लिये देहली से रवाना हुये और प्रस्थान करने के लिये देहली के निकट शिविर लगा दिये गये। विश्वस्त सूत्रों से ज्ञात हुआ कि बुधवार ९ मुहर्रम (१९ जनवरी, को मुग़लों के नेता हलाकू ने बग़दाद में अमीरुलमोमिनीन अलमोतासिम[1] बिल्लाह को पराजित कर दिया। जब शाही झण्डे धर्म-युद्ध के लिये बाहर निकले तो विभिन्न दिशाओं में मलिकों तथा अमीरों को उनकी सेना सहित युद्ध करने के लिये नियुक्त कर दिया गया। क़ल्बे सुल्तानी १ रमज़ान (१ सितम्बर) को देहली वापस आ गया। यह लोग ५ मास तक देहली में रुके रहे। १८ ज़ीक़ाद (१६ नवम्बर) को लखनौती का राज्य मलिक जलालुद्दीन मसऊद मलिक जानी को प्रदान किया गया।

चौदहवाँ वर्ष ६५७ हि० (१२५८-५६ ई०)

(२२६) नये वर्ष बृहस्पतिवार १३ मुहर्रम ६५७ हि० (१० जनवरी, १२५६ ई०) को शाही पताकायें धर्म-युद्ध के लिये रवाना हुईं। रविवार २१ सफ़र (१७ फ़रवरी, १२५६ ई०) को

१ अन्तिम अब्बासी ख़लीफ़ा जिसने १२४२ ई० से १२५८ ई० तक राज्य किया।

ब्याना, कोल, बलाराम तथा ग्वालियर मलिक शेर खाँ को प्रदान किये गये। मलेकुनूनवाब ऐबक को सेना देकर काफ़िरों से युद्ध करने के लिये रणथम्भोर भेजा गया। शाही पताकायें राजधानी में वापस आ गईं। बुधवार ४ जमादी-उल-आख़िर (२६ मई, १२५६ ई०) को दो हाथी तथा खज़ाना लखनौती से सुल्तान की सेवा में भेजे गये। इस महीने की ६ तारीख़ को शेख़ुल इस्लाम जमालुद्दीन बिस्तामी की मृत्यु हो गई। २४ तारीख़ को क़ाज़ी कबीरुद्दीन का देहान्त हो गया। बादशाह ने दयापूर्वक उनके पद उनके पुत्रों को प्रदान कर दिये। रजब ६५७ हि० (जून-जुलाई १२५६) को मलिक किशली खाँ आज़म बारबक ऐबक की मृत्यु हो गई और उसका पुत्र अलाउद्दीन मुहम्मद अमीर हाजिब नियुक्त हुआ। प्रथम रमज़ान (२२ अगस्त, १२५६ ई०) को इमाम हमीदुद्दीन मारीगला की मृत्यु हो गई। उसकी इनाम की भूमि उसके पुत्र को प्रदान की गई। जिस समय सुल्तान के सभी कार्य उचित ढंग से सम्पन्न हो रहे थे, २६ रमज़ान ६५७ हि० (१६ सितम्बर, १२५६ ई०) को सुल्तान के उलुग़ खाँ की पुत्री के गर्भ से एक पुत्र का जन्म हुआ।

(२२७) सुल्तान ने अत्यधिक दान पुण्य किया। शव्वाल (अक्तूबर) के अन्त में मलिक तिमुर खाँ सन्जर सेना लेकर देहली पहुँचा।

पन्द्रहवाँ वर्ष ६५८ हि० (१२५६-६० ई०)

नया वर्ष प्रारम्भ हुआ। १३ सफ़र (२६ जनवरी, १२६० ई०) को खाने मुअज़्ज़म, उलुग़ खाने आज़म देहली से पर्वतों की ओर मेवातियों का, जिनसे भूत भी भयभीत रहते थे, दमन करने के लिये रवाना हुआ। लगभग १० हज़ार वीर रक्तपायी सवार उसके साथ में थे। दूसरे दिन उसे अत्यधिक धन सम्पत्ति तथा पशु प्राप्त हो गये। उसने पर्वतों के कठिन मार्गों को पार करके अनेक हिन्दुओं का बध किया। इस विजय के उपरान्त इस इतिहास का अन्त होता है। इसके पश्चात् यदि भगवान् ने चाहा तो भविष्य में जो कुछ हाल होगा, लिखा जायगा। यदि इसमें किसी को कोई त्रुटि दिखाई दे, वे लेखक को इसके लिये क्षमा करें; क्योंकि लेखक ने जो कुछ पिछले इतिहासों में देखा उसे संक्षेप से इस इतिहास में लिख दिया, और जो कुछ उसने स्वयं देखा उसका भी उल्लेख कर दिया।

(२२८) ईश्वर सुल्ताने मुअज़्ज़म शहंशाहे आज़म सुल्तानुस्सलातीन, नासिरुद्दुनियाँ वद्दीन अबुल मुज़फ़्फ़र महमूद बिन अस्सुल्तान को राज सिंहासन पर आरूढ़ रखे।

बाईसवाँ तबक़ा

हिन्दुस्तान के शम्सी मलिक

(१) ताजुद्दीन सन्जर कज़लक ख़ाँ

(२३१) लेखक पहली रबी-उल-अव्वल ६२५ हि० (६ फ़रवरी, १२२७ ई०) को सुल्तान सईद (इल्तुतमिश) के दरबार में पहुँचा। उस समय शम्सी शाही पताकायें सिन्ध प्रदेश की विजय के लिए देहली से उच्च की ओर पहुँच चुकी थीं। इसके १५ दिन पूर्व बादशाह की विजयी सेना तथा मलिक ताजुद्दीन कज़लक ख़ाँ की सेना उच्च पहुँच चुकी थी। मलिक ताजुद्दीन कज़लक ख़ाँ पहला अमीर था जिसकी सेवा में लेखक उपस्थित हुआ।

(२३२) जब बुधवार १६ सफ़र ६२५ हि० (२६ जनवरी, १२२८ ई०) को लेखक उच्च से शाही शिविर की ओर गया तो उस गुणवान मलिक ने उसका[1] प्रेम-पूर्वक स्वागत किया और अपने पास बैठने को स्थान दिया। लेखक को बीस मणि प्रदान किये और कहा कि "हे मौलाना ! इसे स्वीकार कीजिए। भगवान् इसके आशीर्वाद से आपकी सहायता करे।"

मलिक ताजुद्दीन कज़लक ख़ाँ बड़ा ही प्रतापी मलिक था और बड़े वैभव तथा लाव लश्कर का स्वामी था। कहा जाता है कि सुल्तान ने मलिक ताजुद्दीन को सुल्तान क़ुतुबुद्दीन के राज्य काल में ख़्वाजा अली बास्ताबादी से ख़रीदा था। उस समय शम्सुद्दीन बदायूँ का वाली था। उसने उसे अपने ज्येष्ठ पुत्र नासिरुद्दीन महमूद को प्रदान कर दिया। दोनों का पालन-पोषण एक साथ हुआ। कुछ समय उपरान्त सुल्तान ने उसकी योग्यता देख कर उसे अपनी सेवा में ले लिया और चाश्नीगीरी[2] का पद प्रदान किया। कुछ समय सेवा करने के उपरान्त वह अमीर आख़ुर हो गया। अन्त में जब ६२८ हि०[3] (१२३०-३१) में सुल्तान ने मुल्तान की ओर प्रस्थान किया तो मुल्तान का बंजरूत[4] नामक स्थान उसे प्रदान कर दिया। जब सुल्तान वहाँ से वापस हुआ तो उसने कुहराम की अक्ता प्रदान करदी। कुछ समय उपरान्त तबरहिन्दा का सुरक्षित नगर उसे प्रदान कर दिया। इसी वर्ष लेखक दरबार में पहुँचा। सुल्तान शम्सुद्दीन ने उसे मुक़द्दमे की सेना का सरदार बना कर मलिक इज़्ज़ुद्दीन मुहम्मद सालारी के साथ सिन्ध की सीमा से उच्च की ओर भेजा। जब शाही सेना ने उच्च में अपने शिविर लगा दिये तो ६२५ हि० (१२२७-२८ ई०) में कज़लक ख़ाँ को राज्य के वज़ीर निज़ामुलमुल्क मुहम्मद जुनैदी की अधीनता में भक्खर[5] की ओर भेजा। कुछ समय उपरान्त उस क़िले पर विजय प्राप्त हो गई। उसका उल्लेख पहले हो चुका है। मलिक नासिरुद्दीन क़ुबाचा के सिन्ध नदी में डूब जाने के उपरान्त उच्च के क़िले पर विजय प्राप्त हुई थी। उच्च नगर तथा आसपास के सभी स्थान मलिक कज़लक ख़ाँ को प्रदान कर दिए गये। जब

---

१ पृष्ठ २२६ से २३१ तक लेखक ने उलग ख़ाँ के दान पुन्य तथा अपने प्रति उसकी कृपा-दृष्टि का उल्लेख किया है अतः इसे अनुवाद में छोड़ दिया गया।

२ शाही रसोई की देख भाल करने वाला।

३ इसे ६२५ हि० (१२२७-२८ ई०) होना चाहिए। किन्तु पुस्तक में ६२८ हि० है।

४ पुस्तक में गुजरात है।

५ पुस्तक में थनकिर है।

शाही पताकायें देहली को लौट गईं तो कज़लक ख़ाँ ने उन स्थानों पर अधिकार जमा कर सुव्यवस्थित कर दिया। नगर आबाद किया गया और जो लोग छिन्न-भिन्न हो गये थे उन्हें एकत्र किया गया। वह प्रजा के साथ न्याय-पूर्वक व्यवहार करता और प्रजा की रक्षा और सुख का ध्यान रखता था। उसकी धर्मनिष्ठता, पवित्रता, न्याय-प्रियता, दान पुण्य तथा अन्य कार्यों की प्रशंसा बहुत समय तक होती रही। ६२६ हि० (१२३१-३२ ई०) में उसकी मृत्यु हो गई।

(२) मलिक कबीर ख़ाँ अयाज़ अलमुइज़्ज़ी हज़ारमर्दा

कबीर ख़ाँ अयाज़ रूमी तुर्क था। वह मलिक नसीरुद्दीन हुसैन अमीर शिकार का दास था। उसकी हत्या के उपरान्त वह उसके पुत्र को लेकर हिन्दुस्तान पहुँचा। वह सुल्तान सईद (इल्तुतमिश) का विश्वासपात्र बन गया और सुल्तान उसे भिन्न-भिन्न पदों पर नियुक्त करता रहा। वह बड़ा ही बुद्धिमान तथा योग्य तुर्क था। वीरता में उसके बराबर कोई न था। मलिक नसीरुद्दीन हुसेन, जोकि उसका स्वामी तथा आश्रयदाता था, समस्त ग़ोर, ग़ज़नी, ख़ुरासान तथा ख़्वारज़्म में अपनी वीरता तथा युद्ध के लिए प्रसिद्ध था।

(२३४) मलिक कबीर ख़ाँ ने अपने स्वामी की प्रत्येक स्थिति में सेवा की थी और उससे वीरता तथा युद्ध की शिक्षा ग्रहण की थी। जब मलिक नसीरुद्दीन हुसेन की ग़ज़नी के तुर्कों ने हत्या करदी तो उसके पुत्र शेर सुर्ख़ तथा उसका भाई सुल्तान की सेवा में उपस्थित हुये। सुल्तान ने मलिक इज़्ज़ुद्दीन कबीर ख़ाँ को उन लोगों से ख़रीद लिया। कुछ लोगों का कथन है कि जब सुल्तान ने ६२५ हि० (१२२७-२८ ई०) में मुल्तान प्रदेश पर अपना अधिकार जमा लिया तो मुल्तान नगर तथा क़िला एवं आसपास के क़स्बे मलिक इज़्ज़ुद्दीन कबीर ख़ाँ अयाज़ को प्रदान कर दिए और उसे इस प्रदेश का वाली[1] नियुक्त कर दिया। उसे कबीर ख़ाँ मँगीरनी की पदवी प्रदान की। लोग उसे अयाज़ हज़ारमर्दा कहते थे, किन्तु उसकी उपाधि कबीर ख़ाँ मंगीरिनी हो गई। जब शाही पताकायें देहली की ओर वापस हो गईं तो कबीर ख़ाँ ने उस प्रदेश को सुव्यवस्थित तथा आबाद किया। दो चार वर्ष उपरान्त उसे देहली बुला लिया गया और पलवल नामक स्थान को उसकी आवश्यकताओं के लिए उसे प्रदान कर दिया गया।

शम्सी राज्य के समाप्त हो जाने के पश्चात् सुल्तान रुक्नुद्दीन ने उसे सुनाम के आसपास के स्थान प्रदान कर दिये। जब लाहौर से मालिक जानी और हाँसी से मलिक (सैफ़ुद्दीन) कूची सुल्तान के विरोध के लिये एकत्र हुये तो कबीर ख़ाँ भी उनसे मिल गया। वे सुल्तान रुक्नुद्दीन की सेना को बहुत समय तक परेशान करते रहे। जब सुल्तान रज़िया राज सिंहासन पर आरूढ़ हुई तो उन्होंने शहर देहली के द्वार पर चढ़ाई करदी और बहुत समय तक आसपास के स्थान के निवासियों को कष्ट पहुँचाते रहे।

(२३५) वे सुल्तान की सेना से युद्ध करते रहते थे, यहाँ तक कि सुल्तान रज़िया ने उसे लालच देकर उसके साथियों से उसे पृथक् करके अपनी ओर मिला लिया। वह तथा मलिक इज़्ज़ुद्दीन मुहम्मद सालारी सुल्तान से मिल गये। उनके मिल जाने से सुल्तान तथा शहर देहली के निवासियों की शक्ति बहुत बढ़ गई। मलिक जानी तथा मलिक कूजी पराजित हुये। सुल्तान रज़िया ने कबीर ख़ाँ को बहुत सम्मानित किया। उसे लाहौर तथा आसपास के सभी प्रदेश प्रदान कर दिये। उसका अधिकार वहाँ कुछ समय तक स्थापित रहा। कुछ वर्ष उपरान्त सुल्तान उससे रुष्ट हो गई। ६३६ हि० (१२३८-३९ ई०) में सुल्तान ने लाहौर की ओर प्रस्थान

---

१ विलायत का अधिकारी, वाली कहलाता था। प्रदेश का हाकिम

किया। कबीर ख़ाँ अयाज़ भाग निकला और रावी नदी पार करली। सूधरह (चिनाब) नदी तक उसका पीछा किया गया। जब उसने देखा कि अधीनता स्वीकार करने के अतिरिक्त कोई अन्य उपाय नहीं तो उसने अधीनता स्वीकार करली। उसे मुल्तान प्रदेश प्रदान कर दिया गया। वह कुछ समय तक वहाँ राज्य करता रहा। जब मुग़लों की सेना ने मनकूता नूईन तथा तायर बहादुर की अध्यक्षता में लाहौर पर आक्रमण कर दिया तो कबीर ख़ाँ ने सिन्ध में चत्र धारण कर लिया और उच्च पर अधिकार जमा लिया। इसी प्रकार कुछ समय तक विरोध करने के उपरान्त उसकी मृत्यु ६३६ हि० (१२४१-४२ ई०) में हो गई। उसका पुत्र मलिक ताजुद्दीन अबूबक्र अयाज़, बड़ा वीर, साहसी, पराक्रमी तथा गुणवान था। अपने पिता की मृत्यु के उपरान्त उसने सिन्ध प्रदेश पर अपना अधिकार जमा लिया। कई बार उसने क़र्लुग़ की सेना से युद्ध करके उसे मुल्तान से भगा दिया। वह अपने साहस तथा वीरता के लिये बड़ा प्रसिद्ध था। युवावस्था ही में उसकी मृत्यु हो गई।.........

(२३६) मलिक नसीरुद्दीन एतिमुर बहाई

मलिक नसीरुद्दीन, सुल्तान मुइज़्ज़ुद्दीन के दास बहाउद्दीन तुग़रिल का दास था। कुछ लोगों का कथन है कि सुल्तान शम्सुद्दीन ने उसे बहाउद्दीन तुग़रिल के उत्तराधिकारियों से ख़रीदा था। वह बड़ा ही वीर साहसी, पराक्रमी, बुद्धिमान, न्यायकारी तथा सुव्यवस्थापक था। सर्व प्रथम सुल्तान ने उसे सरजानदार नियुक्त किया था। वह बड़ी योग्यता से सेवा करता रहा। उसे लाहौर की अक़्ता प्रदान की गई। जब ६२५ हि० (१२२७-२८ ई०) में सुल्तान ने सिन्ध, उच्च तथा मुल्तान पर चढ़ाई की तो नसीरुद्दीन एतिमुर ने सुल्तान के आदेशानुसार लाहौर से मुल्तान की ओर पहुँचकर उस प्रदेश की विजय में बड़ी योग्यता दिखाई। अन्त में वह क़िला और नगर बड़े उचित रूप से जीत लिया गया। जब सुल्तान सिन्ध से देहली की ओर वापस हुआ तो उसने सिवालिक, अजमेर, लावा, कासली[1] और साँभर नमक के स्थान उसे प्रदान कर दिये। इसके अतिरिक्त एक हाथी भी दिया। इस प्रकार अन्य मलिकों की अपेक्षा उसे विशेष रूप से सम्मानित किया। अजमेर पहुँच कर उसने हिन्दुओं से जेहाद करने में बड़ी वीरता दिखलाई और इस सम्बन्ध में बड़े उत्कृष्ट कार्य किये।

(२३७) जिस समय वह वाली था, तो लेखक उससे साँभर नमक के प्रदेश में मिला था। उसने उसका बड़ा सम्मान किया था। वह बड़े ही उत्तम विचार का मनुष्य था। उसने बूँदी के हिन्दुओं से जेहाद करने के लिये प्रस्थान किया और एक ऐसे स्थान पर पहुँच गया जहाँ से उसे नदी पार करनी थी। वह भारी अस्त्र-शस्त्र लगाये हुये था इस कारण वह उस नदी में डूब गया और उसकी मृत्यु हो गई।

(४) सैफ़ुद्दीन ऐबक

सैफ़ुद्दीन ऐबक सुल्तान शम्सुद्दीन का दास था। वह बड़ा ही वीर, पराक्रमी तथा धर्मनिष्ठ तुर्क था। सुल्तान ने उसे जमालुद्दीन ख़ूबकार से बदायूँ में ख़रीदा था। वह सर्व प्रथम सरजानदार नियुक्त हुआ। उसे यह पद उसकी इच्छा के विरुद्ध प्रदान किया गया था। वह ३ लाख जीतल से, जो उसे अपने पद के प्रबन्ध के लिये प्रदान किये जाते थे, संतुष्ट न था। जब सुल्तान को उसके असन्तुष्ट होने का हाल ज्ञात हुआ तो उसने उससे इसका कारण पूछा। उसने उत्तर दिया "अन्नदाता ने दास को ऐसा पद प्रदान किया है, जिसमें दास को बड़ा अत्याचार करना पड़ता है। दास मुसलमानों तथा अन्य प्रजा का रक्तपात एवं उन पर अत्याचार नहीं कर सकता। अतः दास को अन्य पद प्रदान करने की कृपा की जाय"। सुल्तान उस पर

१ पुस्तक में बीहा व काबुली है।

बड़ा विश्वास करता था। उसने नारनौल[1] की अक़्ता उसे प्रदान करदी। उसने उस स्थान पर बहुत दिनों तक राज्य किया। इसके उपरान्त बरन की अक़्ता प्रदान की गई। बरन की अक़्ता के पश्चात् उसे सुनाम की अक़्ता दी गई। जब शाही सेना ने लखनौती पर चढ़ाई की और बलका खलजी को परास्त करके सेना देहली को वापस हुई, तो कज़्ल ख़ाँ की उच्च में मृत्यु हो गई। सुल्तान ने मलिक सैफ़ुद्दीन हुसेन ऐबक को उच्च नगर तथा क़िले की अक़्ता प्रदान करदी। उसने वहाँ बहुत समय तक राज्य किया और उस राज्य को सुव्यवस्थित कर दिया।

(२३८) जब सुल्तान की मृत्यु हो गई तो मलिक सैफ़ुद्दीन हुसेन क़र्लुग़ी को उच्च की विलायत पर अधिकार जमाने का लोभ होने लगा। उसने बानियान से एक बहुत बड़ी सेना लेकर उच्च पर चढ़ाई की। सैफ़ुद्दीन ऐबक भी सेना लेकर उच्च के बाहर निकला। युद्ध में भगवान् ने उसे विजय प्रदान की और क़र्लुग़ियों की सेना परास्त हुई। वे निराश होकर भाग गये। वास्तव में वह बहुत बड़ी विजय थी, कारण कि सुल्तान की मृत्यु के पश्चात् सभी कार्यों का पतन होने लगा था और चारों ओर से शत्रुओं ने राज्य के भिन्न-भिन्न भागों पर अपना अधिकार जमाने का प्रयत्न प्रारम्भ कर दिया था। भगवान् की कृपा से इस विजय के उपरान्त वह बड़ा प्रसिद्ध हो गया। हिन्दुस्तान के समस्त नगर वालों को इस विजय का हाल ज्ञात हो गया। इस विजय के कुछ दिन उपरान्त वह घोड़े से गिर पड़ा और घोड़े ने उसके ऐसी लात मारी कि उसकी मृत्यु हो गई।

(५) मलिक सैफ़ुद्दीन ऐबक

मलिक सैफ़ुद्दीन ऐबक युग़ानतत ख़िताई तुर्क था। वह बड़ा ही वीर तथा गुणवान था। सुल्तान ने उसे इख़्तियारुद्दीन चुस्तक़बा के उत्तराधिकारियों से ख़रीद कर उसे अपना विश्वास-पात्र बना लिया था। सबसे पहले वह अमीरे मजलिस[2] नियुक्त हुआ। उस पद पर कुछ समय तक कुशलता-पूर्वक कार्य कर लेने के फलस्वरूप उसे उन्नति देकर सरसुती की अक़्ता प्रदान करदी गई। उस अवसर पर सुल्तान ने यह आदेश दिया कि प्रत्येक अमीर मलिक तथा विश्वास-पात्र उसे एक-एक घोड़ा प्रदान करे।

(२३९) उस इनाम के कारण उसका वैभव और बढ़ गया। सन् ६२५ हि० (१२२७-२८ई०) में जब लेखक उच्च तथा मुल्तान में सुल्तान के दरबार में उपस्थित हुआ तो मलिक सैफ़ुद्दीन ऐबक सरसुती का मुक़्ता तथा सुल्तान का बहुत बड़ा विश्वासपात्र था। कुछ समय तक कुशलता-पूर्वक कार्य करने के फलस्वरूप उसे बिहार की अक़्ता प्रदान की गई। जब मलिक अलाउद्दीन जानी लखनौती की अक़्ता से पदच्युत कर दिया गया तो लखनौती मलिक सैफ़ुद्दीन युग़ानतत को प्रदान करदी गई। उसने उस प्रदेश में बड़ी योग्यता से कार्य किया। बंग प्रदेश से कुछ हाथियों पर अधिकार जमा कर उन्हें सुल्तान के दरबार में भेजा। सुल्तान ने उसे युग़ानतत की पदवी प्रदान की। इससे वह बड़ा प्रसिद्ध हो गया। लखनौती प्रदेश पर वह बहुत समय तक राज्य करता रहा। ६३१ हि० (१२३३-३४ ई०) में उसकी मृत्यु हो गई।

(६) मलिक नुसरतुद्दीन तायसी मुइज़्ज़ी

मलिक नुसरतुद्दीन तायसी सुल्तान मुइज़्ज़ुद्दीन मुहम्मद साम का दास था। वह एक कुरूप दास था, किन्तु ईश्वर ने उसे बड़ा वीर पराक्रमी, साहसी, तथा बुद्धिमान बनाया था। जिस समय लेखक मिनहाज सिराज सुल्तान शम्सुद्दीन के

१ पटियाला में है।

२ सुल्तान की महफ़िलों का प्रबन्ध करने वाला।

दरबार में उपस्थित हुआ, उस समय मलिक नुसरतुद्दीन जिन्द बरवाना तथा हाँसी का मुक़्ता था। कुछ समय तक उसने बड़ी योग्यता से कार्य किया।

(२४०) सुल्तान शम्सुद्दीन ने ग्वालियर की विजय के उपरान्त उसे भियाना तथा सुल्तान-कोट की अक़्ता प्रदान करदी और उसे ग्वालियर की विलायत की शहनगी[1] का आदेश दिया और उसे ग्वालियर में निवास करने की आज्ञा दे दी। क़न्नौज महिर तथा महाबन की सेनायें उसके अधीन करदी गईं, जिससे वह कालिंजर तथा चन्देरी पर आक्रमण करता रहे। उसने ६३१ हि० (१२३३-३४ ई०) में ग्वालियर से सेना लेकर कालिञ्जर पर चढ़ाई की। कालिंजर का राय भाग निकला। उसने उस विलायत के क़स्बों को विध्वंस कर दिया और अत्यधिक धन सम्पत्ति पर अधिकार स्थापित कर लिया। ५० दिन में २५ लाख ख़ुमसे[2] सुल्तानी एकत्र किये।

लौटते समय अजार[3] के राना जाहर ने इस्लामी सेना का मार्ग रोक दिया और इस प्रकार इस्लामी सेना के गुज़रने का जो तंग मार्ग था उस पर युद्ध करने के लिये डट गया। मलिक नुसरतुद्दीन तायसी उस समय कुछ अस्वस्थ था। उसने सेना को तीन भागों में विभाजित किया, और उन्हें तीन भिन्न-भिन्न अमीरों के अधीन बनाकर अलग-अलग मार्ग से भेजा। एक सेना जरीदा[4] सवारों की थी। एक सेना के साथ सामान आदि था और वह एक अमीर के अधीन थी। एक सेना के साथ पशु तथा लूट का माल किया गया था। वह भी एक अमीर की अधीनता में दे दी गई। नुसरतुद्दीन से लेखक ने स्वयं सुना है, कि वह कहा करता था, कि 'भगवान् की दया से हिन्दुस्तान में मैंने किसी को पीठ न दिखाई थी। उस दिन उस हिन्दू ने मेरे ऊपर इस प्रकार आक्रमण कर दिया जैसे भेड़िया भेड़ों के समूह पर आक्रमण करता है। मैंने अपनी सेना को इस कारण तीन भागों में विभाजित कर दिया कि यदि हिन्दू मुझ से तथा जरीदा सवारों से युद्ध करेगा तो सामान तथा पशु शान्ति से बच कर निकल जायेंगे। यदि वह सामान तथा पशुओं पर आक्रमण करेगा तो मैं उसके पीछे से अपने सहायकों को लेकर उस पर आक्रमण कर दूँगा और उसका विनाश कर दूँगा।' हिन्दू ने उसकी सेना से युद्ध किया, किन्तु भगवान् ने उसे विजय प्रदान की, और बहुत बड़ी संख्या में हिन्दू नरक में पहुँच गये। वह लूट का माल लेकर शान्ति से ग्वालियर पहुँच गया।

इस युद्ध के अवसर पर एक ऐसी घटना का वृत्तान्त लोगों ने लेखक को दिया। जिससे नुसरतुद्दीन की सूझबूझ का पता चलता है। वह घटना इस लिये लिखी जाती है ताकि पाठकगण उससे लाभ उठायें। कहा जाता है कि लश्कर से एक दूध वाली भेड़ लापता हो गई। उसका डेढ़ मास तक पता न चल सका।

(२४१) एक दिन मलिक नुसरतुद्दीन अपनी सेना के शिविरों में घूम रहा था। उस स्थान पर सेना एक सप्ताह से ठहरी हुई थी। प्रत्येक व्यक्ति ने छाया के लिये अलग अलग प्रबन्ध कर लिये थे। नुसरत के भ्रमण करते समय एक भेड़ के बोलने की आवाज़ सुनाई दी। उसने अपने एक विश्वासपात्र से कहा कि यह मेरी भेड़ की आवाज़ है। लोग उस ओर गये और उन्हें, जैसा उस अमीर ने कहा था, भेड़ मिल गई और वे भेड़ को वापस ले आये।

इस युद्ध के समय उसने भिन्न-भिन्न अवसरों पर अपनी समझ बूझ तथा अनुभव का विशेष परिचय दिया। एक घटना का उल्लेख इस प्रकार किया जाता है। जब राय कालिंजर

१ शहना = प्रबन्धक

२ ख़ुमस = १/५; इस्लामी नियमानुसार लूट की धन सम्पत्ति का शाही ख़ज़ाने को केवल १।५ भाग प्राप्त होना चाहिये।

३ झाँसी के दक्षिण पूरब की ओर १८ मील पर उर्जार।

४ वह सेना जो वृत्तिभोगी न हो।

भाग गया तो नुसरतुद्दीन तायसी ने उसका पीछा किया। उसका पीछा करते समय लोगों ने एक हिन्दू को मार्ग दर्शाने के लिये अपने साथ ले लिया। वे लोग दो रात तथा दो दिन बराबर चलते रहे। दूसरी रात्रि में आधी रात के निकट हिन्दू मार्ग दर्शाने वाले ने कहा कि, "मैं मार्ग भूल गया हूं और आगे मेरी समझ में कुछ नहीं आता।" नुसरतुद्दीन तायसी ने आदेश दिया कि उसे तुरन्त नरक में भेज दिया जाय। नुसरतुद्दीन ने स्वयं मार्ग बताना प्रारम्भ किया। चलते चलते वह एक पुल पर पहुँच गया। भागने वालों ने उस स्थान पर पानी लिया था और सेना के चौपायों से पानी तथा भारी बोझ उतार कर फेंक दिया था। इस्लामी सेना वाले भिन्न-भिन्न प्रकार की वार्ता करने लगे। लोगों ने कहा कि यह रात्रि का समय है, सम्भव है कि शत्रु निकट ही हो और हम उनके जाल में फँस जायँ। मलिक नुसरतुद्दीन तायसी घोड़े से उतर पड़ा और कुछ दूर तक पैदल चलकर उसने वह पानी देखा जो कि जानवरों पर से उतार कर फेंक दिया गया था। उसने परीक्षा के उपरान्त कहा कि, "मित्रो कोई चिन्ता नहीं, क्योंकि जो सेना इधर से गई है वह शत्रु की सेना का अन्तिम भाग है, विशेष कर इस लिये भी कि यदि वहाँ क़ल्ब अथवा मुक़द्दमे की सेना होती तो उनकी रक्षा के लिये सेना का अन्य भाग होना भी आवश्यक था, किन्तु इस समय ऐसा दृष्टिगोचर नहीं होता। अतः साहस से काम लो। हम लोग शत्रु के पीछे ही हैं।" इसके उपरान्त वह फिर सवार हुआ और सुबह होते होते काफ़िरों तक पहुँच गया, और सब को नरक भेज दिया। राय कालिंजर के चत्र तथा झंडों पर अधिकार जमा लिया और बिना अधिक हानि के युद्ध के उपरान्त वापस हो गया।

(२४२) सुल्तान (इल्तुतमिश) के राज्य के उपरान्त जब मलिक ग़यासुद्दीन मुहम्मदशाह बिन (पुत्र) सुल्तान की हत्या कर दी गई तो सुल्तान रज़िया ने नुसरतुद्दीन तायसी को अवध प्रदान कर दिया। जिस समय मलिक जानी तथा मलिक कूची ने शहर (देहली) के द्वार पर आक्रमण कर दिया, तो वह अवध से सुल्तान की सेवा में उपस्थित हुआ। मलिक कूची ने उस पर अचानक धावा करके क़ैद कर लिया। वह उस समय बड़ा अस्वस्थ था। इसी अवस्था में रोग के कारण उसकी मृत्यु हो गई।

(७) मलिक इज़्ज़ुद्दीन तुग़रिल तुग़ान ख़ाँ

मलिक तुग़ान ख़ाँ तुर्की बड़ा रूपवान तथा चरित्रवान व्यक्ति था। उसके पूर्वज क़र्राख़िता के निवासी थे। उसमें अनेक गुण तथा नैतिकता पूर्ण बातें पाई जाती थीं। वह दान पुण्य तथा दूसरों को प्रभावित करने में अद्वितीय समझा जाता था। जब सुल्तान (इल्तुतमिश) ने उसे ख़रीदा तो उसे अपना साक़ीये[1] ख़ास नियुक्त कर दिया। वह बहुत समय तक उस पद पर विराजमान रहा। उसके उपरान्त उसे दावातदार[2] नियुक्त कर दिया, किन्तु एक बार उससे सुल्तान के जड़ाऊ काम की लेखन सामग्री खो गई। सुल्तान ने उसके लिए उसे विशेष चेतावनी दी, किन्तु कुछ समय पश्चात् ख़िलअत दे कर चाश्नीगीर और उसके उपरान्त अमीर आख़ुर नियुक्त कर दिया। ६३० हि० (१२३२-३३ ई०) में वह बदायूँ का मुक़्ता नियुक्त हुआ। जब लखनौती की अक़्ता यग़ानतत को प्रदान हुई तो बिहार की विलायत तुग़ाँन ख़ाँ को प्रदान कर दी गई। यग़ानतत की मृत्यु के उपरान्त वह लखनौती का मुक़्ता नियुक्त हुआ। उसने उस प्रदेश पर अपना अधिकार जमा लिया।

(२४३) सुल्तान की मृत्यु के उपरान्त उसमें तथा लखनौती के मुक़्ता लक्रूर ऐबक में, जिसकी पदवी ऊर ख़ाँ थी, युद्ध छिड़ गया। ऊर ख़ाँ बड़ा ही वीर तथा साहसी पुरुष था।

---

१ जल तथा अन्य पीने की वस्तुओं का प्रबन्धक।

२ सुल्तान की लेखन सामग्री का प्रबन्धक।

लखनौती के बसनकोट नामक स्थान पर दोनों की मुठभेड़ हुई। युद्ध में तुग़रिल तुग़ान खाँ ने उसकी एक बाण द्वारा हत्या करदी। तुग़रिल बड़ा प्रसिद्ध हो गया। लखनौती के दोनों भाग जिनमें से एक, जो लखनौर की ओर था, राल कहलाता था और दूसरा, जो देवकोट की ओर था, बरिन्दा कहलाता था, उसको प्राप्त हो गये। जब सुल्तान रज़िया राज सिंहासन पर विराजमान हुई तो तुग़रिल तुग़ान खाँ ने कुछ गण्यमान्य व्यक्तियों को सुल्तान के दरबार में भेजा। सुल्तान ने उसे ख़िलअत, चत्र तथा लाल पताका प्रदान किये और उसे बड़ा सम्मान प्राप्त हो गया। उसने लखनौती से त्रिहुट पर आक्रमण किया और वहाँ से अत्यधिक धन सम्पत्ति प्राप्त की। जब सुल्तान मुइज्ज़ुद्दीन बहरामशाह राज सिंहासन पर विराजमान हुआ तो उस समय भी उसका उसी प्रकार आदर सम्मान होता रहा और वह दरबार में बहुमूल्य उपहार (कर) भेजा करता था। मुइज्ज़ी राज्य-काल के उपरान्त अलाई राज्य-काल के प्रारम्भ में उसके विश्वास-पात्रों में से बहाउद्दीन हेलाल सुरयानी ने अवध, कड़ा, तथा मानिकपूर पर आक्रमण करने का उसे लालच दिलाया। ६४० हि० (१२४२-४३ ई०) में जब लेखक ने सपरिवार देहली से लखनौती की ओर प्रस्थान किया और अवध पहुँच गया तो तूग़ान खाँ कड़ा तथा मानिकपूर पहुँच चुका था। लेखक अवध से उसकी सेवा में उपस्थित हुआ। मलिक तुग़रिल तुग़ान खाँ कुछ समय तक अवध के निकट ठहरा रहा किन्तु अन्त में लखनौती को लौट गया। लेखक भी उसके साथ गया।

(२४४) ६४१ हि० में (१२४३-४४ ई०) जाजनगर के राय ने लखनौती पर आक्रमण करना प्रारम्भ कर दिया। तुग़ान खाँ ने शव्वाल ६४१ हि० (मार्च १२४४ ई०) में जाजनगर पर चढ़ाई की। लेखक भी उसकी सेना के साथ था। जाजनगर की सीमा पर स्थित कतासिन नामक स्थान पर पहुँचने के उपरान्त शनिवार ६ ज़ीक़ाद ६४१ हि० (१६ अप्रैल, १२४४ ई०) को मलिक तुग़रिल तुग़ान खाँ ने राय जाजनगर पर धावा बोल दिया। मुसलमान सैनिकों ने दो खाइयों को पार कर लिया। काफ़िर हिन्दू भाग निकले। जहाँ तक यह लेखक देख सकता था वहाँ तक उसने किसी भी मुसलमान प्यादे को कोई चीज़ उस चारे के अतिरिक्त प्राप्त करते न देखी जोकि हाथियों के सामने पड़ा था। इसके अतिरिक्त मलिक (तुग़रिल) तुग़ान खाँ ने यह आदेश दे दिया था कि हाथियों को कोई कष्ट न दे। इस कारण युद्ध की अग्नि शान्त हो गई।

जब दोपहर तक युद्ध होता रहा और इस्लामी सेना के सभी प्यादे भोजन करने लगे तो हिन्दुओं ने दूसरी ओर से पलट कर युद्ध करके ५ हाथियों पर अधिकार जमा लिया। लगभग २०० प्यादों तथा ५० सवारों ने मुसलमानों की सेना के पीछे वाले भाग पर धावा बोल दिया। मुसलमानों की पराजय हुई और बहुत से मुसलमान शहीद हुये। तुग़ान खाँ निराश होकर लखनौती लौट गया। उसने शरफ़ुलमुल्क अशअरी को सुल्तान अलाउद्दीन मसऊदशाह के दरबार में सहायता की प्रार्थना करने के लिये भेजा। उस सुल्तान ने क़ाज़ी जलालुद्दीन काशानी को चत्र तथा राजसी ठाठ बाट से लखनौती की ओर भेजा। शरफ़ुलमुल्क को भी उसके साथ कर दिया। अवध के मुक्ता तिमुर खाँ क़मरुद्दीन क़ीराँ के अधीन हिन्दुस्तानी सेना भी जाजनगर के काफ़िरों से युद्ध करने के लिये सुल्तान के आदेशानुसार लखनौती की ओर रवाना हुई। उसी वर्ष जाजनगर के राय ने कतासिन की लूट का बदला लेने के लिये लखनौती की ओर प्रस्थान किया था।

(२४५) मंगलवार, १३ शव्वाल ६४२ हि० (१४ मार्च, १२४५ ई०) को जाजनगर के काफ़िरों की सेना अपने हाथियों, सवारों तथा प्यादों को बहुत बड़ी संख्या लेकर लखनौती पहुंच गई। तुग़ान खाँ उनसे युद्ध करने के लिये नगर से बाहर निकला। काफ़िरों के उस-

दल ने, जिसने कि जाजनगर से चढ़ाई की थी, सर्वप्रथम लकूर पर अधिकार जमा लिया। लकूर के मुक़्ता फ़ख़रुलमुल्क करीमुद्दीन लाग़री तथा अन्य मुसलमानों को शहीद कर दिया। दूसरे दिन वे लखनौती के द्वार पर पहुँच गये। अगले दिन तेज़ दूतों ने इस्लामी सेना के पहुँचने के समाचार भी पहुँचाये। काफ़िरों की सेना डर कर भाग खड़ी हुई। जब देहली की सेना लखनौती के द्वार पर पहुँची, तो तुग़ान ख़ाँ तथा तिमुर खां में अविश्वास उत्पन्न हो गया, और दोनों युद्ध के लिये तुल गये। लखनौती के द्वार पर दोनों इस्लामी दलों में युद्ध हुआ। प्रातःकाल से दोपहर पूर्व तक लोगों के विशेष प्रयास से युद्ध बन्द हो गया और दोनों अपने-अपने शिविर को वापस चले गये। चूँकि मलिक तुग़रिल तुग़ान ख़ाँ नगर के द्वार के सामने था, अतः उसके शिविर के भीतर जाते ही उसके सैनिक नगर में अपने अपने घरों को चल दिये। तुग़ान ख़ाँ अकेला रह गया। तिमुर ख़ाँ अपने शिविर में वापस होने के उपरान्त भी उसी प्रकार अस्त्र-शस्त्र लगाये तैयार रहा। जब उसने देखा कि मलिक तुग़रिल तुग़ान ख़ाँ अपने शिविर में अकेला रह गया है तो उसने अवसर पाकर अपनी सेना सहित मलिक तुग़रिल तुग़ान ख़ाँ पर धावा बोल दिया। तुग़ान ख़ाँ पराजित होकर शहर में भाग गया। यह घटना मंगलवार ५ ज़ीक़ाद ६४२ हि० (४ अप्रैल, १२४५ ई०) को घटी।

(२४६) जब तुग़ान ख़ाँ शहर में पहुँच गया तो उसने मिनहाज सिराज को भेजकर सन्धि कराने का प्रयत्न किया। मिनहाज के प्रयास से यह निश्चित हुआ कि लखनौती तिमुर ख़ाँ को प्रदान कर दी जाय और तुग़ान ख़ाँ अपना ख़ज़ाना, सहायक, विश्वासपात्र तथा हाथी आदि लेकर देहली चला जाय। इस प्रकार लखनौती तिमुर ख़ाँ को प्राप्त हो गई और मलिक तुग़ान ख़ाँ, मलिक क़राक़श ख़ाँ मलिक ताजुद्दीन संजर माह पेशानी तथा अन्य अमीरों को लेकर देहली पहुँच गया। लेखक भी उन लोगों के साथ देहली वापस हो गया। सोमवार १४ सफ़र ६४३ हि० (११ जूलाई, १२४५ ई०) को सब लोग देहली पहुँचे। जब तुग़ान ख़ाँ देहली पहुँचा तो उसका बड़ा आदर सम्मान किया गया। उसी वर्ष रबी-उल-अव्वल मास (जूलाई-अगस्त) में अवध की विलायत उसे प्रदान कर दी गई। जब ६४४ हि० (१२४६-४७ ई०) में सुल्तान नासिरुद्दीन राज सिंहासन पर विराजमान हुआ तो तुग़ान ख़ाँ अवध से उसकी सेवा में उपस्थित हुआ। इसके कुछ समय उपरान्त शुक्रवार की रात्रि को शव्वाल मास (फरवरी-मार्च, १२४७ ई०) के अन्त में उसकी मृत्यु हो गई। भाग्यवश जिस प्रकार तुग़रिल तुग़ान ख़ाँ तथा मलिक तिमुर ख़ाँ क़ीरान में एक दूसरे के प्रति अविश्वास के कारण युद्ध हुआ और दोनों के राज्य अदल बदल हो गये, उसी प्रकार लगभग उसी समय तिमुर ख़ाँ की लखनौती में मृत्यु हो गई। दोनों में से किसी को एक दूसरे की मृत्यु की सूचना न प्राप्त हुई होगी, किन्तु भगवान् के सम्मुख दोनों का सामना अवश्य होगा।

(८) मलिक क़मरुद्दीन क़ीरान तिमुर ख़ाँ

(२४७) मलिक तिमुर ख़ाँ बड़ा ही गुणवान तथा चरित्रवान तुर्क था। वह बड़ा ही पराक्रमी, वीर तथा साहसी था। उसके पूर्वज क़िपचाक़ वंश से थे। वह बड़ा रूपवान था, और उसकी दाढ़ी काफ़ी बड़ी थी। सुल्तान (इल्तुतमिश) ने सर्व प्रथम उसे मलिक फ़ीरोज़ के भाई असदुद्दीन संगली से ५० हज़ार जीतल में ख़रीदा था। जब चँदवाल के युद्ध में राय चँदवाल का पुत्र लद्दा[1] नामक बन्दी बना लिया गया और तिमुर ख़ाँ उसे लेकर सुल्तान की सेवा में उपस्थित हुआ, तो सुल्तान ने उसको बड़ा प्रोत्साहन प्रदान किया। कुछ समय उपरान्त वह नायब अमीर आख़ुर हो गया। उस समय (तुग़रिल) तुग़ान ख़ाँ अमीर (आख़ुर)

१ पुस्तक में मद्दा है।

था। तिमुर ख़ाँ क़ीरान नायब ने अमीर आख़ुर के पद पर बड़ी कुशलता से कार्य किया। जब तुग़ान ख़ाँ को बदायूँ प्रदान किया गया तो वह (तिमुर ख़ाँ) अमीर आख़ुर हो गया। सुल्तान रज़िया के राज्य-काल में वह क़न्नौज का मुक्ता हुआ। उसी समय उसे इस्लामी सेना देकर ग्वालियर तथा मालवे की ओर भेजा गया। उस युद्ध में उसने बड़ी योग्यता दिखाई। जब वह देहली वापस आया तो कड़े की अक़्ता उसे प्रदान की गई। उसने वहाँ से अनेक ग़ज़वे (धर्म-युद्ध) किये। जब नुसरतुद्दीन तायसी की, जोकि अवध का मुक्ता था, मृत्यु हो गई, तो अवध तथा आसपास के स्थानों की विलायत तिमुर ख़ाँ क़ीरान को प्रदान कर दी गई। उसने उस स्थान से त्रिहुट की सीमा तक बड़ी वीरता दिखाई और अत्यधिक धन सम्पत्ति प्राप्त की। वहाँ के रायों, राजाओं तथा वहाँ की विलायत एवं मवासात[१] की धन सम्पत्ति को लूट लिया। उसने कई बार भटकूर नामक स्थान को विध्वंस करके धन सम्पत्ति प्राप्त की।

(२४८) ६४२ हि० (१२४४-४५ ई०) में उसने लखनौती की ओर प्रस्थान किया। इसका उल्लेख तुग़ान ख़ाँ के हाल में किया जा चुका है। जिस समय तुग़ान ख़ाँ देहली में था, तो वह अकेले मानिश तक आया और अवध से अपनी धन सम्पत्ति तथा परिवार लखनौती ले गया। दो वर्ष तक वह लखनौती में राज्य और दूसरे स्थानों पर आक्रमण करता रहा। जिस रात्रि में तुग़ान ख़ाँ की मृत्यु हुई, उसी रात में उसकी भी मृत्यु हो गई। उसकी धर्म पत्नी मलिक यग़ानतत की पुत्री थी। वह अपने पति का मृतक शरीर लखनौती से अवध ले गई और वहीं उसे दफ़न (समाधिस्थ) किया।

(९) मलिक हिन्दू ख़ाँ मुबारक अलख़ाज़िनुस्सुल्तानी

हिन्दू ख़ाँ मेहतर मुबारक महिरवंश से था। सुल्तान (इल्तुतमिश) ने उसे फ़ख़रुद्दीन इस्फ़हानी से मोल लिया था। वह बड़ा ही गुणवान, चरित्रवान तथा धर्मनिष्ठ था। वह सुल्तान का बड़ा विश्वासपात्र था। समस्त शम्सीकाल तथा रज़िया के राज्य-काल में उस पर बड़ा विश्वास किया जाता था। वह ख़ज़ीनेदार[२] था और उसने बड़ी उत्तम सेवायेंकीं। बहुत से राज्य के दास, जिन्हें पद तथा सम्मान प्राप्त हुये, उसके कृतज्ञ थे। वह सभी पर पिता-तुल्य कृपा करता था। सर्व प्रथम जब वह सुल्तान की सेवा में उपस्थित हुआ तो उसे यूज़बान[३] नियुक्त किया गया। तत्पश्चात् वह मिशअलदार[४] नियुक्त हुआ। जिस समय सुल्तान क़ुतुबुद्दीन राज सिंहासन पर विराजमान था और शम्सुद्दीन बरन का मुक्ता था तथा शम्सुद्दीन ने मेहरास हिन्दू क़बीले पर चढ़ाई की और उसे भगा दिया तो उस युद्ध में हिन्दू ख़ाँ मुबारक ने उस हिन्दू को अपनी मशाल की छड़ से नरक में भेज दिया।

(२४९) सुल्तान ने उसे तश्तदार[५] नियुक्त कर दिया। कई वर्ष तक वह उस पद पर कार्य करता रहा। जब शम्सी राज्य-काल प्रारम्भ हुआ, तब मेहतर मुबारक ख़ज़ानादार नियुक्त हो गया। किन्तु उसने आजीवन तश्तदारी का पद न त्यागा और उसी प्रकार तश्तेख़ास की सेवा करता रहा। जिस समय सुल्तान ने ग्वालियर के क़िले पर विजय प्राप्त की और

१ मवास उस स्थान को कहते थे जहाँ विद्रोही शरण के लिये छिप जाते थे। इस प्रकार के स्थान बघेलखण्ड, त्रिहुट, इटावा, दुआब, बुन्देलखण्ड तथा सिरमूर में बहुत बड़ी संख्या में थे। इन्हीं स्थानों के प्रसंग में मवासात शब्द का प्रयोग हुआ है।

२ राज कोषाध्यक्ष।

३ सुल्तान के शिकारी चीतों की देखरेख करने वाला।

४ राज्य भवन तथा सुल्तान की सवारी के समय प्रकाश का प्रबन्ध करने वाला।

५ सुल्तान के स्नान तथा इसी प्रकार की अन्य सेवाओं का प्रबन्ध-कर्त्ता।

मिनहाज सिराज को शाही शिविर में सुल्तानी शिविर के सामने सात मास तक तज़्कीर करने के पद पर नियुक्त किया गया तो वह रमज़ान[1] के महीने तथा ज़िलहिज्जा[2] और मुहर्रम[3] के महीनों के प्रथम १० दिनों में रोज़ तज़्कीर किया करता था। ग्वालियर पर पूर्ण विजय के उपरान्त समस्त शरा सम्बन्धी कार्यों का संचालन लेखक को प्रदान कर दिया गया। यह पद ६३० हि० (१२३२-३३ ई०) में प्रदान हुआ। मेहतर हिन्दू ख़ाँ लेखक का बड़ा आदर सम्मान करता था। शम्सी राज्य-काल के उपरान्त सुल्तान रज़िया ने उच्च के क़िले की विलायत उसे प्रदान कर दी। जब सुल्तान मुइज़्ज़ुद्दीन राज सिंहासन पर विराजमान हुआ तो वह उस प्रदेश से देहली पहुँचा और जालंधर की विलायत उसे प्रदान कर दी गई। वहीं उसकी मृत्यु हो गई।

(१०) मलिक इख़्तियारुद्दीन क़राक़श ख़ान एतगीन

(२५०) मलिक इख़्तियारुद्दीन क़राक़श एतगीन के पूर्वज क़र्राख़िता के निवासी थे। वह बड़ा ही चरित्रवान, वीर तथा पराक्रमी था। उसका हृदय सब की ओर से साफ़ रहता था। सुल्तान शम्सुद्दीन ने उसे मोल लेकर अपना साक़ी[4] नियुक्त कर दिया था। कई वर्ष तक उसने इस पद पर काम किया। इसके उपरान्त उसे बरीहून तथा दस्यबान की अक़्ता प्रदान की गई। कुछ वर्ष पश्चात् वह तबरहिन्दा के ख़ालसे[5] का शहना (प्रबन्धक) नियुक्त हो गया। तत्पश्चात् सुल्तान शम्सुद्दीन के राज्य-काल में उसे मुल्तान की अक़्ता प्राप्त हो गई। कबीर ख़ाँ के बाद उसकी पदवी क़राक़श ख़ाँ हो गई। शम्सी राज्य-काल के उपरान्त सुल्तान रज़िया ने मलिक कबीर ख़ाँ से लाहौर लेकर उसके स्थान पर मुल्तान प्रदान कर दिया। इसका उल्लेख इसके पूर्व हो चुका है। मलिक क़राक़श के लाहौर पर अधिकार करने तथा उसके हटाये जाने और मुग़लों के लाहौर पर आक्रमण करने तथा लाहौर के विनाश का हाल लिखा जायगा।

क़राक़श ख़ाँ को भियाना की विलायत प्रदान कर दी गई। वह बहुत समय तक उस स्थान पर रहा। सुल्तान मुइज़्ज़ुद्दीन के राज्य-काल में अमीरों के विद्रोह कर देने पर मलिक क़राक़श तथा मलिक युज़बक देहली पहुँच गये। क्योंकि मेहतर मुबारकशाह फ़र्रुख़ी ने तुर्क मलिकों तथा अमीरों के विरुद्ध षड्यन्त्र प्रारम्भ कर दिया था, अतः उसने सुल्तान मुइज़्ज़ुद्दीन तथा मलिक क़राक़श और मलिक युज़बक के मध्य में मतभेद पैदा करा दिया और दोनों बन्दी बना लिये गये। जब शहर देहली पर विजय प्राप्त हो गई और सुल्तान अलाउद्दीन राज सिंहासन पर विराजमान हो गया, तो क़राक़श ख़ाँ अमीर हाजिब नियुक्त हो गया। इसके कुछ समय उपरान्त शुक्रवार २५ जमादी-उल-अव्वल ६४० हि० (२० नवम्बर, १२४२ ई०) को उसे भियाना की अक़्ता प्रदान कर दी गई। कुछ समय उपरान्त उसे कड़ा प्रदान कर दिया गया। वहाँ से मलिक क़ीरान तिमुर ख़ाँ के साथ उसने लखनौती की ओर प्रस्थान किया और तुग़ान ख़ाँ के साथ वापस हुआ।

(२५१) सुल्तान नासिरुद्दीन के राज्य-काल में ६४४ हि० (१२४६-४७ ई०) में क़राक़श ख़ाँ की कड़े में मृत्यु हो गई।

---

१ इस्लामी नवाँ महीना।

२ इस्लामी बारहवाँ महीना।

३ इस्लामी पहला महीना।

४ पीने की वस्तुओं का प्रबन्ध करने वाला।

५ वह भूमि जिसका प्रबन्ध सुल्तान की ओर से होता था और जिसका कर शाही ख़ज़ाने में जाता था।

(११) इख्तियारुद्दीन अल्तूनिया तबरहिन्दा

मलिक इख़्तियारुद्दीन तबरहिन्दा बहुत बड़ा मलिक था। उसकी वीरता, साहस, बहादुरी तथा शेर-दिली की उस समय के सभी मलिक प्रशंसा करते थे। उसने सुल्तान रज़िया के राज्य-काल में विरोधी सेनाओं से बड़ी वीरता से युद्ध किया था। सर्व प्रथम सुल्तान शम्सुद्दीन ने उसे ख़रीदा था और उसे शराबदार[1] नियुक्त कर दिया था, उसकी वीरता देख कर उसने उसे सरचत्रदार[2] नियुक्त कर दिया। शम्सी राज्य-काल के उपरान्त रज़िया के राज्य-काल में उसे बरन की अक़्ता प्रदान करदी गई। इसके उपरान्त उसे तबरहिन्दा प्रदान कर दिया गया। जब सुल्तान रज़िया ने जमालुद्दीन याक़ूत हब्शी को अपना विश्वासपात्र बना लिया और शम्सीदास, तुर्क अमीर तथा मलिक सुल्तान से अप्रसन्न हो गये तो मलिक इख़्तियारुद्दीन एतगीन अमीर हाजिब ने, जोकि मलिक इख़्तियारुद्दीन अल्तूनिया तबरहिन्दा का मित्र तथा सहायक था, इस परिवर्तन की सूचना उसे दी। इख़्तियारुद्दीन अल्तूनिया ने गुप्त रूप से तबरहिन्दा के क़िले में विद्रोह की तैयारी प्रारम्भ कर दी और आज्ञाकारिता त्याग दी। सुल्तान हश्मेक़ल्ब[3] को लेकर तबरहिन्दा की ओर आषाढ़ मास में रवाना हुआ। इसका उल्लेख पहले हो चुका है।

(२५२) जब सुल्तान रज़िया बन्दी बना ली गई और मलिक तथा अमीर देहली वापस आ गये और मुइज़्ज़ुद्दीन राज सिंहासन पर आरूढ़ हो गया तो इख़्तियारुद्दीन अल्तूनिया ने सुल्तान रज़िया से, जो बन्दी थी, विवाह कर लिया। इसके कारण उसने विद्रोह कर दिया। जब मलिक इख़्तियारुद्दीन एतगीन शहीद हो गया और बद्रुद्दीन सुन्क़र रूमी अमीर हाजिब नियुक्त हो गया तो मलिक इख़्तियारुद्दीन अल्तूनिया ने सुल्तान रज़िया को तबरहिन्दा से निकाल कर एक सेना एकत्र की और देहली पर चढ़ाई कर दी। रबी-उल-अव्वल ६३८ हि० (सितम्बर-अक्तूबर, १२४० ई०) में देहली पर अधिकार जमाने में असमर्थ रहने के कारण वह वहाँ से वापस हुआ। सुल्तान रज़िया कैथल में बन्दी बना ली गई। इख़्तियारुद्दीन अल्तूनिया मन्सूरपुर के निकट गिरफ़्तार हो गया। मंगलवार २५ रबी-उल-अव्वल ६३८ हि० (१४ अक्तूबर, १२४० ई०) को उसकी मृत्यु हो गई।

(१२) मलिक इख्तियारुद्दीन एतगीन

मलिक इख़्तियारुद्दीन एतगीन क़रा ख़िताई था। वह एक बड़ा योग्य तुर्क था। बड़ा गुणवान तथा रूपवान भी था। सुल्तान शम्सुद्दीन ने उसकी योग्यता तथा बुद्धिमत्ता देखकर उसे अमीर ऐबक सनाई[4] से ख़रीद लिया था। उसने भिन्न-भिन्न पदों पर सुल्तान की सेवायें कीं और बादशाह का कृपा-पात्र बन गया। बादशाह ने उसे विशेष सम्मान प्रदान किया। सर्व प्रथम वह सरजानदार नियुक्त हुआ।

(२५३) कुछ समय उपरान्त उसकी योग्यता देखकर सुल्तान ने उसे मंसूरपुर की अक़्ता प्रदान कर दी। कुछ समय उपरान्त उसे कूजा तथा नन्दना की अक़्ता प्रदान हो गई। वहाँ उसने बड़ी योग्यता से कार्य किया। सुल्तान रज़िया ने राज सिंहासन पर विराजमान होने के उपरान्त उसे देहली बुलाकर बदायूँ की अक़्ता प्रदान कर दी। कुछ समय पश्चात् वह अमीर हाजिब नियुक्त हो गया और उसने बड़ी योग्यता से अपने कर्त्तव्यों का पालन किया। जमालुद्दीन याक़ूत हब्शी के सुल्तान का विश्वासपात्र हो जाने के बाद सभी तुर्क ग़ोरी तथा ताज़ीक

१ सुल्तान की पीने की वस्तुओं का प्रबन्ध करने वाला।
२ सुल्तानी चत्र के प्रबन्ध करने वालों का अफ़सर।
३ देहली की सेना।
४ पुस्तक में निसाई है।

अमीर उससे असन्तुष्ट हो गये, विशेष कर इख़्तियारुद्दीन एतगीन अमीर हाजिब उसका विरोधी था। सुल्तान रज़िया के हाल में इसका उल्लेख किया जा चुका है। इसी कारण जमालुद्दीन याक़ूत की हत्या कर दी गई और राज्य सुल्तान रज़िया के हाथ से निकल गया। एक कवि ने इस विषय पर एक मसनवी[1] भी लिखी जिसका एक छन्द निम्नलिखित है :

(छन्द)

राज्य उसके दामन से अलग हो गया।
जब उसने उसके ऊपर काली मिट्टी देखी ।।

जब मुइज़्ज़ुद्दीन राज सिंहासन पर विराजमान हुआ तो मलिक अमीर, आलिम, सद्र तथा देहली के लश्कर के गण्यमान्य व्यक्ति दरबार में उपस्थित हुये। सभी ने सुल्तान मुइज़्ज़ुद्दीन की अधीनता स्वीकार कर ली और उसको (मलिक इख़्तियारुद्दीन एतगीन) उसका नायब नियुक्त किया गया। सुल्तान मुइज़्ज़ुद्दीन बहरामशाह से यह तै कर लिया गया कि, क्योंकि अभी वह बालक है अतः वह एक वर्ष के लिये राज्य व्यवस्था सम्बन्धी समस्त अधिकार एक दास (एतगीन) को प्रदान कर दे। सुल्तान ने यह प्रार्थना स्वीकार करते हुये इसके विषय में आदेश दे दिया। मलिक इख़्तियारुद्दीन एतगीन ने ख़्वाजा मुहज़्ज़बुद्दीन वज़ीर से मिलकर राज्य के कार्य प्रारम्भ कर दिये। सुल्तान से उसने नौबत बजवाने तथा हाथी रखने की भी प्रार्थना की। उसने सुल्तान की एक बहिन से विवाह कर लिया और राज्य के सभी कार्य करने लगा। इसके फलस्वरूप सुल्तान उससे असन्तुष्ट रहने लगा। कई बार गुप्त रूप से उसने उसकी हत्या करवाने का प्रयत्न किया किन्तु सफल न हो सका।

(२५४) सोमवार, ८ मुहर्रम ६३८ हि० (३० जूलाई, १२४० ई०) को सिपहसालार अहमद सुल्तान की सेवा में गुप्त रूप से उपस्थित हुआ और उसके परामर्श से कुछ मस्त तुर्कों को इस कार्य के लिये नियुक्त किया गया। उन्होंने क़सरे सफ़ेद के कोठे से नीचे उतर कर दरबार के मंच के सामने पहुँचकर इख़्तियारुद्दीन को चाक़ू मार-मार कर हत्या करदी। ख़्वाज़ा मुहज़्ज़बुद्दीन के भी कुछ घाव लगे, किन्तु वह भाग निकला।

(१३) बद्रुद्दीन सुन्क़र रूमी

बद्रुद्दीन सुन्क़र रूमी था। कहा जाता है कि वह एक मुसलमान का पुत्र था किन्तु बन्दी बना लिया गया था। वह बड़ा चरित्रवान तथा रूपवान था। नैतिकता तथा नाना प्रकार के उत्कृष्ट गुणों में वह सबसे बढ़ा हुआ था। सुल्तान ने जब उसे सर्व प्रथम ख़रीदा तो तश्तदार नियुक्त कर दिया। कुछ समय तक इस पद पर कार्य करने के उपरान्त उसे बहलादार[2] नियुक्त कर दिया गया। इसके उपरान्त वह बदायूँ के ज़र्रादख़ाने[3] का शहना नियुक्त कर दिया गया। कुछ समय उपरान्त वह नायब अमीर हाजिब नियुक्त हो गया। उसने सुल्तान की प्रत्येक पद से उचित सेवायें कीं। जब वह नायब अमीर आख़ुर नियुक्त हो गया तो किसी समय भी बिना आवश्यक कार्य के पायगाह से अनुपस्थित न होता था। यात्रा तथा अन्य समय पर वह सर्वदा सुल्तान के दरबार में उपस्थित रहा करता था। जब ग्वालियर पर सुल्तानी सेना ने चढ़ाई कर दी थी तो उस समय वह लेखक का बड़ा आदर सत्कार करता था। लेखक उसकी कृपा कभी नहीं भूल सकता।

---

१ कह कविता जिसमें किसी कहानी तथा शिक्षा का उल्लेख हो।

२ सुल्तान के व्यय के लिये जो धन पृथक् कर दिया जाता था उसका प्रबन्धक।

३ अस्त्र-शस्त्र के कारख़ाने का प्रबन्धक।

(२५५) सुल्तान रज़िया के राज्य-काल में उसे बदायूं की अक़्ता प्रदान कर दी गई। ६३६ हि० (१२३८-३६ ई०) में मुइज़्ज़ुद्दीन के राज्य-काल में इख़्तियारुद्दीन ऐतगीन की हत्या के उपरान्त उसे बदायूं से बुलवा कर अमीर हाजिब नियुक्त कर दिया गया। जब इख़्तियारुद्दीन अल्तूनिया तबरहिन्दा ने सुल्तान रज़िया के साथ देहली पर आक्रमण किया और देहली की सीमा पर पहुँच गया तो बद्रुद्दीन सुन्क़र उनसे युद्ध करने के लिये भेजा गया। उसने इस युद्ध में बड़ी वीरता दिखाई। कुछ समय उपरान्त उसमें तथा ख़्वाजा मुहज़्ज़ब वज़ीर में किसी ऐसी बात पर मतभेद हो गया जिसका उल्लेख उचित नहीं। वह मतभेद बढ़ता गया। इस कारण ख़्वाजा मुहज़्ज़बुद्दीन ने सुल्तान के हृदय में उसकी ओर से मलिनता पैदा करा दी और वह सुल्तान का विश्वासपात्र न रहा। उसने भी सुल्तान पर विश्वास करना बन्द कर दिया। उसने सोमवार १० सफ़र ६३६ हि० (२० अगस्त, १२४१ ई०) को सैयिद ताजुद्दीन मूसवी के निवास स्थान पर देहली के गण्यमान्य व्यक्तियों की एक सभा का आयोजन किया, जिसमें राज्य में षड्यंत्र रचने के विषय में वाद-विवाद हुआ। ख़्वाजा मुहज़्ज़बुद्दीन ने सुल्तान को इसकी सूचना दे दी। सुल्तान स्वयं सवार होकर पहुँचा और बद्रुद्दीन सुन्क़र को षड्यंत्र के विचार त्यागने पर विवश किया। उसने सुल्तान की अधीनता का निश्चय कर लिया और सुल्तान ने उसे उसी दिन बदायूँ की ओर भेज दिया। कुछ समय उपरान्त उसकी मौत उसे देहली पुनः ले आई। उसे आने की आज्ञा न थी। देहली पहुँच कर वह मलिक क़ुतुबुद्दीन के निवास स्थान पर इस आशय से रुका कि कदाचित् उसके कारण उसे क्षमा कर दिया जायगा। दरबार से यह आदेश निकला कि उसे पकड़ कर क़ैद में रक्खा जाय। कुछ समय तक वह बन्दीगृह में रहा, अन्त में बुद्धवार की रात्रि को १४ जमादी-उल-अव्वल ६३६ हि० (२० नवम्बर, १२४१ ई०) में उसकी हत्या कर दी गई।

(१४) मलिक ताजुद्दीन संजर क़ुतलुक़

(२५६) मलिक ताजुद्दीन सन्जर क़ुतलुक़ एक उत्तम पुरुष था। वास्तव में क़िपचाक़[1] उसके पूर्वजों का निवास स्थान था। वह बड़ा वीर, साहसी, पराक्रमी तथा गुणवान था। उसने कभी ऐसी वस्तुओं का सेवन नहीं किया जो धर्म के विरुद्ध थीं। सुल्तान शम्सुद्दीन ने उसे ख़्वाजा जमालुद्दीन करीमान से ख़रीदा था। सर्व प्रथम वह जामादार[2] नियुक्त हुआ। उसके कुछ समय उपरान्त वह शहनये आख़ुर नियुक्त हुआ। उसने प्रत्येक अवस्था में सुल्तान की बड़ी सेवा की। सुल्तान शम्सुद्दीन की मृत्यु के उपरान्त रज़िया के राज सिंहासन पर विराजमान हो जाने के उपरान्त ताजुद्दीन सन्जर को बरन का मुक़्ता नियुक्त किया गया। उसे एक सेना देकर ग्वालियर की ओर भेजा गया। शाबान ६३५ हि० (मार्च-अप्रैल, १२३८ ई०) में लेखक मिनहाज सिराज उसकी सहायता से ग्वालियर के क़िले से निकल कर रज़िया के दरबार में पहुँचा। मार्ग में उसने लेखक पर बड़ी कृपा की। ग्वालियर से चलते समय लेखक की पुस्तकों के दो बकस ऊँटों पर लदवा कर महाबन पहुँचाये। अन्य अवसरों पर भी उसने लेखक को विशेष प्रोत्साहन दिया। देहली वापस आने पर वह सरसुती का मुक़्ता नियुक्त हो गया। मुइज़्ज़ी राज्य-काल में उसने बड़े अच्छे ढँग से सेवायें कीं। मुइज़्ज़ी राज्य-काल के उपरान्त अलाउद्दीन के राज सिंहासन पर विराजमान हो जाने के पश्चात् वह बदायूँ का मुक़्ता नियुक्त हो गया। ६४० हि० (१२४२-४३ ई०) में उसने कटिहर तथा बदायूं के

---

१ तारतरी में एक रेगिस्तान।

२ सुल्तान के वस्त्रों का प्रबन्धक।

मवासात को विध्वंस कर दिया। कई स्थानों पर मस्जिदें निर्मित कराईं और मिम्बर[1] तथा ख़ुत्बे का आयोजन कराया

(२५७) ८ हज़ार सवार और प्यादे तथा पायक बा अस्प[2] भर्ती किये। वह कालिंजर तथा महोबे पर आक्रमण करके उन प्रदेशों पर विजय प्राप्त कर लेना चाहता था। कुछ लोगों को उसकी सेना की अधिकता, शक्ति, वीरता तथा साहस से ईर्ष्या होने लगी। शैतान के बहकावे में आकर उन्होंने उसे पान में विष मिला कर दे दिया। उसकी आखें ख़राब हो गईं और वह कुछ दिन उपरान्त मर गया। उसने लेखक की भिन्न-भिन्न अवसरों पर सहायता की थी। जब लेखक ६४० हि० (१२४२-४३ ई०) में देहली से लखनौती की ओर रवाना हुआ तो उसने अपने परिवार को पहले ही बदायूँ भेज दिया था। उसने लेखक के परिवार की बड़ी सहायता की और उनका बड़ा आदर सम्मान किया। पाँच महीने के उपरान्त लेखक भी बदायूँ पहुँचा। मलिक ताजुद्दीन ने उसे अत्यधिक धन सम्पत्ति प्रदान की और उसका बड़ा आदर सम्मान किया। उसको अक़्ता भी प्रदान की और बदायूँ में उसे विशेष प्रोत्साहन देता रहा किन्तु अन्न-जल उसे लखनौती की ओर ले गया और वह वहाँ न रुक सका।

(१५) ताजुद्दीन सञ्जर कुरेत ख़ाँ

(२५८) कुरेत ख़ाँ क़िपचाक़ तुर्क था। वह बड़ा ही योग्य, पराक्रमी तथा बुद्धिमान था। युद्ध में वह इस्लामी सेना में सबसे बढ़-चढ़ कर था। घुड़-सवारी तथा युद्ध में वह अद्वितीय था; वह अपने साथ दो घोड़े रखता था। एक पर वह स्वयं सवार होता था और दूसरे को आगे रवाना कर देता था। इस प्रकार वह शीघ्रातिशीघ्र बढ़ता चला जाता था। घोड़ों के सरपट दौड़ने के समय वह एक घोड़े की पीठ पर से कूद कर दूसरे की पीठ पर पहुँच जाता और पुनः कूद कर पहले घोड़े की पीठ पर आ जाता। इसी प्रकार वह कुछ स्थानों की यात्रा में दो घोड़ों पर सवार हो कर गया। धनुर्विद्या में वह इतना निपुण था कि युद्ध में कोई शत्रु तथा मृगया में कोई जन्तु उसके बाण से न बच सकता था। वह शिकारगाह में अपने साथ चीते, बाज़ तथा शिकारी कुत्ते न ले जाता था, केवल तीर से शिकार करता था। जहाँ कहीं भी वह शिकार का पता पा जाता तो सबसे पहले वहाँ पहुँच जाता। वह शहनये[3] बहर तथा कश्ती था। वह लेखक का बड़ा मित्र था। जब तुर्कों ने ख़्वाजा मुहज़्ज़बुद्दीन वज़ीर पर दो जमादी-उल-अव्वल ६४० हि० (२८ अक्तूबर, १२४२ ई०) में चढ़ाई कर दी तो सञ्जर विरोधियों का नेता था। ख़्वाजा मुहज़्ज़ब के दास मेहतर जता फ़र्राश ने उसके मुँह पर ऐसी तलवार मारी कि वह घायल हो गया और घाव के चिह्न कभी न मिट सके। ख़्वाजा मुहज़्ज़ब की हत्या के उपरान्त कुरेत ख़ाँ शहनये[4] पील हो गया। इसके उपरान्त वह सरजानदार नियुक्त हो गया फिर बरन का मुक़्ता और उसके उपरान्त अवध का मुक़्ता नियुक्त हुआ। उसने उन प्रदेशों में अत्यधिक युद्ध किया और अनेक मवासात के अधिकारियों को अपने अधीन बना लिया।

(२५९) अवध से उसने बिहार पर चढ़ाई की और उस विलायत को विध्वंस कर दिया। बिहार के क़िले के निकट उसके एक ऐसा बाण लगा कि उसकी मृत्यु हो गई।

---

१ वह मंच जहाँ से ख़तीब (वक्ता) धार्मिक भाषण करते हैं।

२ पायक बा अस्प :—वे पैदल सैनिक जिनके पास घोड़े भी हों। प्रारम्भ में देहली के सुल्तान कुछ पैदल सैनिकों को युद्ध के समय घोड़े दे देते थे, क्योंकि वे लोग अपने साथ अपने घोड़े नहीं लाते थे इसी लिये उनको भी वही वेतन मिलता था जो अन्य पैदल सैनिकों को।

३ जल सेना का प्रबन्धक।

४ हाथियों का प्रबन्धक

(१६) सैफ़ुद्दीन बतख़ाँ ऐबक ख़िताई

मलिक सैफ़ुद्दीन बतख़ाँ ऐबक ख़िताई बड़ा गुणवान था। वह बड़ा धर्मनिष्ठ तथा नेक व्यक्ति था। युद्ध तथा वीरता के लिये वह बड़ा प्रसिद्ध था। सुल्तान शम्सुद्दीन ने उसे ख़रीदने के उपरान्त सरजामादार नियुक्त कर दिया। अलाउद्दीन के राज्य-काल में वह सरजानदार नियुक्त हो गया। कुहराम तथा सामाने की अक़्ता उसे प्रदान कर दी गई। इसके उपरान्त उसे बरन की अक़्ता दे दी गई। देहली से उच्च तथा मुल्तान पर चढ़ाई करने के लिये उसे नियुक्त किया गया। इस युद्ध में उसका एक पुत्र, जोकि अपनी युवावस्था ही से वीरता तथा साहस में बढ़ा चढ़ा था, घोड़े से गिर कर सिन्ध नदी में डूब गया। वहाँ से वापस होने के उपरान्त सुल्तान नासिरुद्दीन के राज्य-काल में वह वकीलदर नियुक्त हुआ और उसने बड़ी योग्यता से कार्य किया। सन्तूर के युद्ध में वह घोड़े से गिर कर मर गया।

(१७) ताजुद्दीन सन्जर तबर ख़ाँ

(२६०) मलिक ताजुद्दीन संजर तबर ख़ाँ गरजी[1] तुर्क है। वह बड़ा ही योग्य बुद्धिमान, पराक्रमी, वीर तथा साहसी है। वह अपनी वीरता, कार्य-कुशलता तथा युद्ध विद्या के लिये बड़ा प्रसिद्ध है। सुल्तान शम्सुद्दीन ने उसे ख़रीदा था। सुल्तान मुइज़्ज़ुद्दीन के राज्य-काल में वह अमीर आख़ुर नियुक्त हुआ। सुल्तान नासिरुद्दीन के राज्य-काल में वह नायब अमीर हाजिब नियुक्त हुआ और जनजाने की अक़्ता उसे प्रदान की गई। जब उलुग़ ख़ाने आज़म नागौर की ओर भेजा गया तो मलिक ताजुद्दीन तबर ख़ाँ को उसका विश्वासपात्र तथा हितैषी होने के फलस्वरूप हिन्दुस्तान[2] की विलायत से कसमन्दी एवं मंदियाना की अक़्ता प्रदान कर दी गई। वह वहाँ बहुत समय तक रहा। जब ख़ाने आज़म देहली पुनः वापस आया, तो मलिक तबर ख़ाँ भी देहली पहुँचा। उसे बरन की अक़्ता प्रदान कर दी गई। कुछ समय तक वह वहाँ रहा। ६५४ हि० (१२५६ ई०) में वह नासिरुद्दीन का वकीलदर नियुक्त हो गया और उसे बदायूँ की अक़्ता प्रदान की गई। जब मलिक क़ुतलुग़ ख़ाँ, जो अवध का शासक था, राजाज्ञा के विपरीत हिन्दुस्तान की सेना लेकर बदायूँ पर चढ़ आया तो देहली से मलिक तबर ख़ाँ को सेना देकर मलिक बकतमऊर ख़ाँ के साथ उसका सामना करने के लिए भेजा गया। समरामऊ के क्षेत्र में दोनों सेनाओं में युद्ध हुआ। मलिक तबर ख़ाँ को भागना पड़ा और वह देहली वापस आया। उसे अवध प्रदान कर दिया गया। वहाँ पहुँच कर उसने वह विलायत सुव्यवस्थित कर दी। हिन्दुस्तान के मवासात के काफ़िरों को उसने कठोर दण्ड दिये और उनकी धन सम्पत्ति पर अधिकार जमा लिया। राज्य की आज्ञानुसार वह कई बार देहली आया और प्रत्येक बार उसने बड़े उचित ढँग से सेवायें कीं। ६५८ हि० (१२५९-६० ई०) में जब यह इतिहास लिखा जा रहा था तब वह देहली आया। ख़ाक़ाने मुअज़्ज़म के परामर्श से सुल्तान ने उसे क़ल्बेहज़रत की सेना देकर कोहपाया मेवात की ओर भेजा। उसने बड़ी उत्तम सेवायें कीं और पुनः देहली वापस आगया। उलुग़ ख़ाने मुअज़्ज़म के साथ वह कोहपाया मेवात के हिन्दुओं से धर्म-युद्ध करने के लिये गया।

(२६१) इस युद्ध में उसने बड़ी वीरता दिखाई। देहली वापस आने पर उसे बहुमूल्य ख़िलअत प्रदान की गई और वह अवध की ओर वापस हो गया।

(१८) मलिक इख़्तियारुद्दीन युज़बक तुग़रिल ख़ाँ

मलिक इख़्तियारुद्दीन युज़बक वास्तव में क़िपचाक़ वंश से था। वह सुल्तान शम्सुद्दीन

---

१ जारजिया का।

२ अलीगढ़ के पूरब का भाग, अवध तथा उसके आसपास के स्थान।

का दास था। ग्वालियर के आक्रमण के समय वह नायब चाश्नीगीर[1] था। सुल्तान रुक्नुद्दीन के राज्य में वह अमीर मजलिस हो गया। इसके उपरान्त वह शहनये पील नियुक्त हुआ। वह अत्यधिक विश्वासपात्र हो गया था। जब तराएन के मैदान में सुल्तान के तुर्क दासों ने विद्रोह कर दिया और मलिक ताजुद्दीन, बहाउलमुल्क, करीमुद्दीन ज़ाहिद तथा निज़ामुद्दीन राज सिंहासन पर विराजमान हुए और मलिकों तथा अमीरों के एक दल ने देहली को घेर लिया तो मलिक युज़बक तथा मलिक क़राक़श देहली पहुँच कर सुल्तान से मिल गये। मंगलवार शाबान मास ६३९ हि० के अन्तिम दिन (४ मार्च, १२४२ ई०) तक उसने बड़ी योग्यता से सुल्तान की सेवा की। सुल्तान मुइज्ज़ुद्दीन उस समय मेहतर मुबारकशाह फ़र्रुखी के पूर्णतयः वश में था। उसने तुर्क मलिकों तथा अमीरों को देहली से निकलवा दिया था। सुल्तान को बहका कर उसने मलिक युज़बक तथा मलिक क़राक़श को क़ैद करवा दिया। बुधवार ९ रमज़ान ६३९ हि० (१३ मार्च, १२४२ ई०) को जब देहली पर पूर्णतयः अधिकार स्थापित हो गया तो मंगलवार ८ ज़ीक़ाद ६३९ हि० (१० मई, १२४२ ई०) को मलिक युज़बक को मुक्त कर दिया गया।

(२६२) सुल्तान अलाउद्दीन के राज्य-काल में उसे तबरहिन्दा की अक़्ता प्रदान कर दी गई। इसके उपरान्त उसे लाहौर की अक़्ता प्रदान हुई। वहाँ उसमें तथा मलिक नसीरुद्दीन मुहम्मद बिन्दार में युद्ध हो गया। इसके उपरान्त वह सुल्तान के विरुद्ध षड्यन्त्र रचने लगा। उसके मस्तिष्क में आतंक तथा हृदय में कठोरता उत्पन्न हो गई थी। उलुग़ खाने मुअज़्ज़म उसे दरबार में ले आया और उसको सम्मान प्रदान किया। उलुग़ खाने मुअज़्ज़म ने सुल्तान से सिफ़ारिश करके उसे ख़िलअत तथा सम्मान प्रदान कराया और उसका विद्रोह क्षमा कर दिया गया। कुछ समय पश्चात् उसे क़न्नौज की अक़्ता प्रदान कर दी गई। उसने पुनः विद्रोह करना प्रारम्भ कर दिया। देहली से मलिक क़ुतुबुद्दीन हसन को उस पर चढ़ाई करने के लिये सेना देकर भेजा गया। वह उसे अधीनता स्वीकार करने के लिये विवश करके देहली पुनः ले आया। थोड़े समय के बाद उसे अवध प्रदान कर दिया गया। जब वह देहली फिर आया तो उसे लखनौती का राज्य प्रदान कर दिया गया। वहाँ पहुंच कर उसने उस विलायत को सुव्यवस्थित किया। जाजनगर के राय से उसका युद्ध छिड़ गया। जाजनगर की सेनाओं का नेता साबन्तर था। वह राय का जामाता था। उसने मलिक इज़्ज़ुद्दीन तुग़रिल तुग़ान खाँ के समय में लखनौती नदी के तट पर पहुँच कर बड़ी वीरता से इस्लामी सेना को लखनौती के अन्दर भगा दिया। तुग़ान खाँ युज़बक ने अपने समय में उस पर आक्रमण किया किन्तु पराजित हुआ। राय जाजनगर से मलिक युज़बक का पुनः युद्ध हुआ और उसे विजय प्राप्त हुई। तीसरे अवसर पर उसे कुछ क्षति पहुँची। एक सफ़ेद हाथी, जोकि उस प्रदेश में बड़ा ही बहुमूल्य समझा जाता था, मस्त हो गया और वह उसके हाथ से निकलकर जाजनगर के काफ़िरों के हाथ में पहुँच गया। दूसरे वर्ष मलिक युज़बक ने लखनौती से उरमुर्दन पर चढ़ाई की और राय की राजधानी पर पहुँच गया।

(२६३) वह नगर उरमुर्दन के नाम से प्रसिद्ध था। वहाँ का राय भाग गया, राय का घरबार, धन सम्पत्ति तथा हाथी इस्लामी सेना को प्राप्त हुये। वहाँ से लखनौती वापस होने के पश्चात् उसने देहली के विरुद्ध विद्रोह कर दिया। लाल, काला तथा सफ़ेद तीन प्रकार के चत्र धारण कर लिये। लखनौती से अवध पर चढ़ाई कर दी। अवध पहुँच कर वहाँ अपने

१ सुल्तान के भोजन को सर्व प्रथम चख कर सेवन के योग्य बताना चाश्नीगीर का काम था।

नाम का ख़ुत्बा पढ़वा दिया[1] और सुल्तान मुग़ीसुद्दीन की पदवी धारण कर ली। दो सप्ताह के उपरान्त एक तुर्क अमीर ने जोकि सुल्तान की सेना को लिये हुये अवध के निकट के एक स्थान में था, युज़बक पर चढ़ाई करके यह प्रसिद्ध कर दिया कि सुल्तान की सेना शीघ्र पहुँचने वाली है। मलिक युज़बक हार गया और नाव पर बैठकर लखनौती की ओर चल दिया।

मलिक युज़बक के इस विद्रोह की समस्त हिन्दुस्तान के निवासियों, धार्मिक नेताओं, गण्यमान्य व्यक्तियों, मुसलमानों तथा हिन्दुओं ने निन्दा की। वे बादशाह के विरुद्ध विद्रोह करने के कारण उससे बड़े रुष्ट थे। वास्तव में उसने यह बड़ा दुष्कर्म किया। जब वह अवध से लखनौती वापस हुआ तब उसने कामरूद पर चढ़ाई करने के लिये बेगमती[2] नदी से एक सेना भेजी। राय कामरूद उससे युद्ध न कर सका और भाग गया। मलिक युज़बक ने कामरूद नगर पर अधिकार जमा लिया और अत्यधिक धन सम्पत्ति तथा ख़ज़ाना उसे प्राप्त हो गया। उस धन सम्पत्ति का उल्लेख सम्भव नहीं। इस लेखक ने, जब कि वह लखनौती में था विश्वस्त सूत्रों से सुना है कि ईरान के बादशाह गुर्शास्प के समय से, जिसने कि चीन के मार्ग से हिन्दुस्तान पर आक्रमण किया था, इस समय तक एक हज़ार दो सौ ख़जाने वहाँ वर्त्तमान थे। उन पर मुहर लगी हुई थी और किसी राय ने उस ख़ज़ाने में से कुछ खर्च न किया था।

(२६४) वह धन सम्पत्ति इस्लामी सेना को प्राप्त हो गई। कामरूद में ख़ुत्बे तथा नमाज़े जुमा का आयोजन हो गया और वहाँ पर इस्लाम के चिन्ह मिलने लगे, किन्तु इससे कोई लाभ न हुआ क्योंकि उसने अपने पागल-पन से सब कुछ नष्ट-भ्रष्ट कर दिया। बुद्धिमानों ने कहा है कि अत्यधिक सफलता प्राप्त करने के प्रयास से किसी को कोई लाभ नहीं हो सकता।

कामरूद की विजय के उपरान्त राय ने अपने विश्वास-पात्रों को उसके पास भेजकर निवेदन किया कि "इस राज्य पर तूने विजय प्राप्त कर ली। किसी मुसलमान राजा को यह राज्य न प्राप्त हो सका। अब तू लौट जा और मुझे सिंहासनारूढ़ कर दे। मैं तुझे प्रत्येक वर्ष इतना सोना और इतने हाथी भेजा करूँगा कि तेरे नाम का ख़ुत्बा और सिक्का यहाँ चलता रहेगा।" मलिक युज़बक ने यह बात किसी प्रकार स्वीकार न की। राय ने फिर अपनी प्रजा को सिखा कर उसके पास भेजा कि वे उसे अपनी अधीनता-स्वीकृति अर्पण करें और जिस भाव पर भी संभव हो कामरूद का सब अनाज ख़रीद लें, यहाँ तक कि इस्लामी सेना के पास भोजन सामग्री न रह जाय। उन्होंने उसके आदेशानुसार समस्त अनाज मँहगे दामों में ख़रीद लिया। मलिक ने राज्य की जन संख्या तथा कृषि को देखकर जोकि उन्नति पर थी अपने पास कुछ भी अन्न तथा भोजन-सामग्री संग्रह न की। जब रबी की फ़सल का समय आया तो राय ने अपनी प्रजा को लेकर आक्रमण कर दिया और चारों ओर से पानी के बाँध खोल दिये। मलिक युज़बक तथा इस्लामी सेना तंग आ गई। भोजन-सामग्री न होने के कारण सभी मरने लगे। इस्लामी सैनिकों ने यह निश्चय किया कि इस स्थान से चला जाना चाहिये नहीं तो सभी भूखे मर जायेंगे। वे कामरूद से लखनौती की ओर रवाना हुये। मैदानों तथा नदियों पर हिन्दुओं ने अपने अधिकार जमा लिये थे। मार्ग दर्शाने वालों ने उन्हें बहका कर ऐसे पर्वतीय प्रदेश में पहुँचा दिया जहाँ मार्ग तंग था। उस स्थान पर चारों ओर से हिन्दू पहुँच गये।

(२६५) आगे की पंक्तियों के दो हाथियों में युद्ध हो जाने के कारण इस्लामी सेना तथा हिन्दुओं की सेना में भी युद्ध प्रारम्भ हो गया। हिन्दू चारों ओर से पहुंच गये। मुसलमान तथा हिन्दू भिड़ गये। मलिक युज़बक उस समय हाथी पर था। बाण उसके सीने पर लगा और वह

---

१ अपने आपको स्वतंत्र शासक घोषित कर दिया।

२ पुस्तक में बकम्दी है।

गिर कर क़ैद हो गया। उसका परिवार उसके सहायक तथा सैनिक बन्दी बना लिये गये। जब वे राय के सामने पेश हुये, तो उसने अपने पुत्र को बुलवाया। जब उसका पुत्र आया तो वह अपने पुत्र के मुँह पर मुँह रख कर मर गया।

(१६) मलिक ताजुद्दीन इरसलान ख़ाँ सन्जर ख़्वारज़्मी

इरसलान ख़ाँ बड़ा ही वीर तथा पराक्रमी था। वह बड़ा बुद्धिमान और साहसी था। सुल्तान ने उसे इख़्तियारुलमुल्क अबूबक्र हब्शी से ख़रीदा था। इख़्तियारुलमुल्क उसे अदन तथा मिस्र से लाया था। कुछ लोगों का कथन है कि वह ख़्वारज़्मी अमीरों में से किसी अमीर का पुत्र था, वह शाम अथवा मिस्र में क़ैद हो गया था और उसे बेच दिया गया था। जब सुल्तान ने उसे ख़रीद लिया तो वह सर्व प्रथम ख़ासादार[1] नियुक्त हुआ। इस पद पर उसने कई वर्ष तक कार्य किया। रुक्नुद्दीन के राज्य-काल के उपरान्त रज़िया के राज्य-काल में वह चाश्नीगीर नियुक्त हो गया। कुछ समम उपरान्त उसे बलआराम की अक़्ता प्रदान कर दी गई। सुल्तान शम्सुद्दीन ने अपने जीवन में मलिक बहाउद्दीन तुग़रिल भियाना (निवासी) की पुत्री का विवाह उससे कर दिया था। उस विलायत (प्रदेश) तथा उसके पास के स्थानों को इस्लामी राज्य-काल के प्रारम्भ में उसी ने सुव्यवस्थित किया था।

(२६६) सुल्तान नासिरुद्दीन के राज्य-काल में भियाना की अक़्ता इरसलान ख़ाँ को प्रदान कर दी गई। कुछ समय तक वह वकीलदर के पद पर विराजमान रहा। इसके पश्चात् जब तबरहिन्दा नगर शेर ख़ाँ के सम्बन्धियों से ले लिया गया तो वह ज़िलहिज्जा ६५१ हि० (जनवरी-फ़रवरी १२५४ ई०) में उसे प्रदान कर दिया गया। इसके उपरान्त जब ख़ाने मुअज़्ज़म उलुग़ ख़ाने आज़म सुल्तान के आदेशानुसार नागौर गया और वहाँ से पुनः सुल्तान की सेवा में उपस्थित हुआ तो इरसलान ख़ाँ भी उसके साथ था। जब वे देहली पहुँचे तो इरसलान ख़ाँ को भी सम्मानित किया गया और तबरहिन्दा की ओर भेज दिया गया। जब मलिक शेर ख़ाँ ने तुर्किस्तान से वापस होकर तबरहिन्दा पर पुनः अधिकार जमाने का प्रयास प्रारम्भ किया तो वह अपने साथ लाहौर से सवार और प्यादों की बहुत बड़ी संख्या लेकर तबरहिन्दा के क़िले के निकट रात्रि में पहुँच गया। शेर ख़ाँ के सैनिक शहर तथा क़िले के चारों ओर फैल गये। प्रातः काल इरसलान ख़ाँ सञ्जर ने अपने पुत्रों तथा विश्वास-पात्रों को लेकर आक्रमण कर दिया। शेर ख़ाँ के सवार इधर उधर हो गये थे। शेर ख़ाँ को विवश होकर लौटना पड़ा। तत्पश्चात् जब शेर ख़ाँ दरबार में पहुंचा तो इरसलान ख़ाँ भी दरबार में उपस्थित हुआ। वह कुछ समय देहली में रहा; इसके उपरान्त उसे अवध प्रदान कर दिया गया। कई बार क़ुतलुग़ ख़ाँ ने अपने अमीरों तथा सहायकों को लेकर अवध तथा कड़े के आसपास आक्रमण किया किन्तु इरसलान ख़ाँ ने उन्हें छिन्न-भिन्न कर दिया और सेना लेकर उन पर चढ़ाई की। वे तितर-बितर हो गये। कुछ समय उपरान्त उसने सुल्तान का विरोध प्रारम्भ कर दिया। शाही पताकायें उससे युद्ध करने के लिए अवध तथा कड़े की ओर रवाना हुईं। जब शाही पताकायें वहाँ पहुँची तो इरसलान ख़ाँ ने लश्करे क़ल्ब[2] से युद्ध न किया और अपने विश्वासपात्रों को भेज कर क्षमा याचना की।

(२६७) यह निश्चय हुआ कि जब सुल्तानी पताकायें देहली पहुँच जायें तो इरसलान ख़ाँ तथा मलिक जानी का पुत्र क़ुतलुग़ ख़ाँ दरबार में उपस्थित हों। उनके प्रार्थना-पत्र इस प्रकार स्वीकार हो गये। जब सुल्तान की सवारी राजधानी में पहुँच गई तो कुछ

१ सुल्तान का व्यक्तिगत सेवक

२ देहली की सेना।

समय उपरान्त इरसलान ख़ाँ दरबार में उपस्थित हुआ। उसका बड़ा आदर सम्मान किया गया। कुछ समय तक वह देहली में रहा। इसके पश्चात् कड़ा नगर की अक़्ता उसे प्रदान कर दी गई। ६५७ हि० (१२५८-५९ ई०) में उसने कड़े से मालवा तथा कालिंजर पर चढ़ाई करने के लिए प्रस्थान किया। कुछ मंज़िल आगे जाकर वह लौट पड़ा और लखनौती की ओर चल दिया। लखनौती का मुक़्ता बंग की विलायत की ओर गया था। शहर लखनौती खाली था। इरसलान ख़ाँ ने अपने किसी पुत्र अथवा अमीर को यह बात न बताई थी कि वह लखनौती पर आक्रमण करने वाला है। उसे सुल्तान ने उस राज्य पर आक्रमण करने का आदेश न दिया था। जब वह लखनौती की सीमा पर पहुँच गया तो उसके पुत्रों तथा अमीरों में से कुछ लोगों को उसके हृदय की बात ज्ञात हो गई। वे उसका साथ देने के लिए तैयार न थे, किन्तु लौटना भी सम्भव न था, अतः उन लोगों को भी उसका साथ देना पड़ा। जब वह लखनौती के द्वार पर पहुँचा तो वहाँ के निवासियों ने शहर के द्वार बन्द कर लिए। लोगों का कथन है कि तीन दिन युद्ध करने के बाद तीसरे दिन शहर पर विजय प्राप्त हो गई। उसने शहर को विध्वंस कर दिया और उसकी सेना को अत्यधिक धन, पशु तथा मुसलमान बन्दी प्राप्त हुये। तीन दिन तक वह शहर में लूटमार करता रहा। इसके पश्चात् शहर पर अधिकार जमा लिया। लखनौती का मुक़्ता मलिक इज़्ज़ुद्दीन बल्बन यह समाचार सुन कर लौट आया और उसमें तथा इरसलान ख़ाँ में युद्ध हुआ।

(२६८) सुल्तान द्वारा इज़्ज़ुद्दीन बल्बन को लखनौती की विलायत प्रदान कर दी गई थी। उसने इसके उपरान्त दो हाथी और बहुमूल्य उपहार सुल्तान की सेवा में भेजे किन्तु इज़्ज़ुद्दीन को इरसलान ख़ाँ द्वारा बन्दी बना लिया गया। कुछ लोगों का कथन है कि उसकी मृत्यु हो गई। जो कुछ उस प्रदेश का हाल ज्ञात हो सका उसका उल्लेख किया गया।

(२०) मलिक इज़्ज़ुद्दीन बल्बने किशलू ख़ाँ

मलिक इज़्ज़ुद्दीन बल्बने किशलू ख़ाँ वास्तव में क़िपचाक़ वंश का था। वह बड़ा वीर साहसी, पराक्रमी और गुणवान था। वह आलिमों, सूफ़ियों, नेक एवं धर्मनिष्ठ लोगों का बड़ा भक्त था। सुल्तान ने उसे मंदावर के क़िले के निकट एक व्यापारी से खरीदा था। सर्व प्रथम वह साक़ी नियुक्त हुआ। कुछ समय तक सुल्तान की सेवा करने के बाद ग्वालियर के क़िले पर आक्रमण के समय वह शराबदार नियुक्त हो गया। इसके पश्चात् उसे बरहमू नामक स्थान की अक़्ता प्रदान कर दी गई। कुछ समय उपरान्त उसे बरन प्रदान कर दिया गया। शम्सी राज्य-काल के बाद जिस समय तुर्क अमीरों ने विद्रोह कर दिया था, वह तराएन के स्थान पर विद्रोहियों का नेता था। रुक्नी राज्य-काल के बाद रज़िया के राज्य-काल में जब मलिक जानी तथा मलिक कूची विद्रोह करके शहर देहली के द्वार पर चढ़ आये, तो कुछ शम्सी तुर्क दासों के साथ सुल्तान रज़िया की ओर से युद्ध करता हुआ मलिक बल्बन विद्रोहियों द्वारा बन्दी बना लिया गया, किन्तु वह शीघ्र ही मुक्त हो गया और सुल्तान द्वारा विशेष रूप से सम्मानित हुआ। रज़िया के राज्य-काल के पश्चात् सुल्तान मुइज़्ज़ुद्दीन के राज्य-काल में भी उसका उसी प्रकार आदर सम्मान होता था।

(२६९) जब ख़्वाजा मुहज़्ज़ब वज़ीर ने सुल्तान मुइज़्ज़ुद्दीन का विरोध प्रारंभ कर दिया और तुर्क अमीर, जैसा कि इसके पूर्व लिखा जा चुका है, विरोध करने लगे, सभी मलिक तथा अमीर मुइज़्ज़ुद्दीन को राज सिंहासन से उतारने के लिये ६४० हि० (१२४२-४३ ई०) में दलबन्दी करके शहर (देहली) पर चढ़ आये और पाँच मास अथवा इससे कुछ अधिक युद्ध करके शहर पर अधिकार जमा लिया तो उस समय भी उन

विद्रोही मलिकों का नेता मलिक बल्बन था। जब पहले दिन उसकी सेना शहर में प्रविष्ट हुई, तो मलिक बल्बन ने राज भवन में पहुँच कर अपनी बादशाही की सूचना प्रसारित की। तुरन्त ही इख़्तियारुद्दीन एतगीन कुहराम का शासक ताजुद्दीन संजर क़ुतलुग़, नुसरतुद्दीन एतिमुर तथा कुछ अन्य अमीर सुल्तान शम्सुद्दीन के रौज़े (क़ब्र) पर एकत्र हुये और उन्होंने उस सूचना का विरोध प्रारम्भ कर दिया। सुल्तान के पुत्रों तथा शाहज़ादों को, जो क़ैद थे, बाहर निकाला। जब मलिक बल्बन को यह सूचना मिली तो उसने भी उन्हीं लोगों का साथ दिया और अलाउद्दीन को सिंहासनारूढ़ कर दिया। नागौर विलायत तथा एक हाथी मलिक बल्बन को प्रदान किया गया। वह उस ओर चल दिया। कुछ समय पश्चात् जब चीन के काफ़िरों (मुग़लों) की सेना ने उच्च के क़िले पर आक्रमण कर दिया, तो सुल्तान अलाउद्दीन उनसे युद्ध करने के लिये इस्लामी सेना लेकर ब्याह नदी की ओर गया। मलिक बल्बन भी नागौर से सेना लेकर सुल्तान से मिल गया और उस युद्ध में सफलता प्राप्त हुई। जब काफ़िरों (मुग़लों) की सेना उच्च से भाग गई तो मलिक बल्बन नागौर की ओर वापस चला गया, किन्तु उसे मुल्तान प्रदान कर दिया गया।

जब सुल्तान नासिरुद्दीन राज सिंहासन पर विराजमान हुआ तो मलिक बल्बन दरबार में उपस्थित हुआ। उसने कई बार इस बात की प्रार्थना की कि उसे मुल्तान के साथ-साथ उच्च भी प्रदान कर दिया जाय। उसकी प्रार्थना इस शर्त पर स्वीकार की गई कि वह सिवालिक तथा नागौर छोड़ दे।

(२७०) वे अन्य मलिकों को सुल्तान द्वारा प्रदान कर दिये जायेंगे, किन्तु उसने उच्च पर अधिकार जमा लेने के उपरान्त भी नागौर को अपने हाथ से न जाने दिया। सुल्तान ने कुछ मलिकों तथा उलुग़ ख़ाने आज़म को लेकर देहली से नागौर की ओर प्रस्थान किया। जब वे उस स्थान पर पहुँचे, तो उसने विशेष रूप से अधीनता दिखा कर नागौर दे दिया और उच्च की ओर चला गया। जब मुल्तान तथा उच्च बल्बन को प्रदान कर दिये गये तो मलिक सैफ़ुद्दीन हसन क़र्लुग़ बानियान से सेना लेकर मुल्तान पर चढ़ आया। मलिक बल्बन उसे भगाने के लिये उच्च से रवाना हुआ। जब दोनों सेनायें युद्ध करने लगीं तो मलिक बल्बन के लगभग ५० सवारों ने, जोकि मलिक बल्बन के बड़े वीर सहयोगी थे, दलबन्दी करके उस पर धावा कर दिया। मलिक हसन क़र्लुग़ मारा गया, किन्तु उन वीर योद्धाओं में भी अधिकतर सवार मारे गये। मलिक बल्बन मुल्तान के क़िले के अन्दर चला गया। क़र्लुग़ की सेना ने अपने मलिक की मृत्यु का हाल किसी को ज्ञात न होने दिया और मुल्तान नगर के द्वार पर अपने डेरे डाले रक्खे। दोनों दलों ने सन्धि के विषय पर वार्तालाप प्रारम्भ कर दी और मुल्तान क़र्लुग़ को वापस दिये जाने पर ज़ोर दिया जाने लगा। अन्त में सन्धि हो गई और मलिक बल्बन ने क़र्लुग़ के सैनिकों को मुल्तान प्रदान कर दिया और स्वयं उच्च की ओर चल दिया। क़र्लुग़ के सैनिकों ने मुल्तान पर अधिकार जमा लिया। जब मलिक बल्बन को यह ज्ञात हुआ कि मलिक हसन क़र्लुग़ की मृत्यु हो चुकी है, तो वह मुल्तान को छोड़ देने पर पश्चात्ताप करने लगा किन्तु अब उससे कोई लाभ न हो सकता था। कुछ समय उपरान्त मलिक नुसरतुद्दीन शेर ख़ाँ सुन्क़र ने क़र्लुग़ों से मुल्तान छीन लिया और उस पर अधिकार जमा कर मलिक कुरेज़ को प्रदान कर दिया।

(२७१) सोमवार २ रबी-उल-अव्वल ६४८ हि० (४ जून, १२५० ई०) को मलिक बल्बन उच्च से मुल्तान पर अधिकार जमाने के लिये रवाना हुआ और मुल्तान के क़िले के निकट पहुँच गया। लेखक उस समय देहली से कुछ दासों को ख़ुरासान भेजने के लिये मुल्तान

पहुंचा था। वह उस स्थान पर दो मास ठहरा रहा किन्तु बल्बन क़िले पर अधिकार न जमा सका। अतः उच्च की ओर वापस लौट गया। मलिक शेर ख़ाँ ने तबरहिन्दा तथा लाहौर से उच्च के क़िले पर चढ़ाई करके उसे घेर लिया और कुछ समय तक उसी स्थान पर रहा। मलिक बल्बन इस बात पर विश्वास करके, कि वे दोनों एक ही वंश तथा एक ही सुल्तान के दास हैं, मलिक शेर ख़ाँ की सेवा में पहुँच कर उसके शिविर में प्रविष्ट हो गया। मलिक शेर ख़ाँ ने उस समय उसका स्वागत किया, किन्तु शिविर के बाहर निकल कर यह आदेश दे दिया कि मलिक बल्बन को उस समय तक बाहर न जाने दिया जाय जब तक कि क़िले के निवासी क़िला उसके हवाले न कर दें। मलिक बल्बन ने तंग आकर क़िले वालों को यह आदेश दे दिया कि क़िला शेर ख़ाँ को प्रदान कर दिया जाय। जब क़िले पर शेर ख़ाँ का अधिकार स्थापित हो गया तो उसने मलिक बल्बन को छोड़ दिया। मलिक देहली पहुंचा। जब वह दरबार में उपस्थित हुआ तो बदायूँ तथा आसपास के स्थान उसे प्रदान कर दिये गये। जब शाही पताकायें ऊपर की ओर रवाना हुईं और तबरहिन्दा पर अधिकार स्थापित हो गया, तो उच्च तथा मुल्तान की ओर सेनायें भेजी गईं। शेर ख़ाँ तथा मुल्तान के मलिकों से युद्ध होता रहा। मलिक शेर ख़ाँ ने तुर्किस्तान की ओर प्रस्थान कर दिया और मुल्तान तथा उच्च पुनः मलिक बल्बन को प्राप्त हो गये। जब उसने उन स्थानों पर अधिकार स्थापित कर लिया तो सुल्तान का विरोध प्रारम्भ कर दिया। उसने मलिक शम्सुद्दीन कुर्त ग़ोरी को तुर्किस्तान के बादशाह हलाकू मुग़ल के पास भेजकर एक शहना (प्रबन्धक) भेजने की प्रार्थना की। मलिक बल्बन ने अपने एक पुत्र को भी हलाकू के आश्वासन के लिये भेज दिया।

(२७२) इसके उपरान्त जब ख़ाने मुअज़्ज़म उलुग़ ख़ाने आज़म दरबार को वापस हुआ और मलिक क़ुतलुग़ ख़ाँ विद्रोह करके मलिक बल्बन से मिल गया तो मलिक बल्बन ने ६५५ हि० (१२५७-५८ ई०) में शाही पताकाओं के देहली पहुँच जाने के उपरान्त उच्च तथा मुल्तान की सेना लेकर देहली पर चढ़ाई कर दी। जब सुल्तान को यह हाल ज्ञात हुआ तो उससे युद्ध करने के लिये आदेश प्रदान किया। उलुग़ ख़ाँ समस्त मलिकों तथा अमीरों को लेकर विरोधी सेना से युद्ध करने के लिये निकल खड़ा हुआ। १५ जमादी-उल-अव्वल ६५५ हि० (१ जून १२५७ ई०) को वह कुहराम तथा सामाने के निकट पहुँच गया। देहली से पगड़ी बाँधने वालों तथा कुलाह धारण करने वालों (आलिमों) ने मलिक बल्बन के पास पत्र भेज कर उससे निवेदन किया कि यदि वह शहर (देहली) पर आक्रमण कर दे तो वे लोग उसकी सहायता करेंगे। मलिक बल्बन ने शहर की ओर प्रस्थान किया। वह बृहस्पतिवार ६ जमादी-उल-आख़िर ६५५ हि० (२१ जून, १२५७ ई०) को शहर के निकट पहुँच गया किन्तु उसे अपने विचारों में सफलता प्राप्त न हुई। जिन लोगों ने यह पत्र लिखे थे, उन्हें शहर के बाहर भेज दिया गया था। जब मलिक बल्बन जूद उद्यान के पास, जोकि देहली के निकट है, मलिक क़ुतलुग़ ख़ाँ तथा मलेकये जहाँ के पास पहुँचा तो उन्हें उन लोगों के निकाल दिये जाने का वृत्तान्त ज्ञात हुआ। आशा की वह आग निराशा के जल से बुझ गई। दोपहर पश्चात् की नमाज़ के उपरान्त वे शहर के (देहली) द्वार पर पहुँचे और शहर के चारों ओर चक्कर लगाते रहे। रात में वहीं रुके रहे और लौटने का दृढ़ संकल्प कर लिया। शुक्रवार ७ तारीख़[1] (२२ जून, १२५७ ई०) को उच्च तथा मुल्तान की सेना बल्बन का साथ छोड़कर चल दी।

---

१ पुस्तक में २७ जमादी-उल-आख़िर है किन्तु ७ जमादी-उल-आख़िर उचित है, क्योंकि वे ६ जमादी-उल-आख़िर को जूद उद्यान के निकट पहुँचे और एक दिन से अधिक वहाँ न ठहरे। ११ जमादी-उल-आख़िर को उलुग़ ख़ाँ भी देहली पहुँच गया (देखो ६५५ हि० का हाल पृ० २२५-२६)।

(२७३) अधिकतर लोग सुल्तान की सेवा में उपस्थित हो गये। मलिक बल्बन सिवालिक के मार्ग से लगभग २०० या ३०० सवारों को लेकर उच्च पहुँचा और वहाँ से ख़ुरासान तथा एराक़ की ओर चल दिया। वहाँ वह तुर्किस्तान के शाहज़ादे हलाकू मुग़ल की सेवा में उपस्थित हुआ। वहाँ से वह पुनः उच्च वापस आया और इस समय तक अर्थात् ६५८ हि० (१२५९-६० ई०) तक उसने अपने दूत तथा सिन्ध के शहना, जोकि मुग़ल सेना से सम्बन्धित थे, दरबार में भेजे। भगवान् करे कि भविष्य में सभी कार्य उत्तम रूप से होते रहें।

(२१) मलिक नुसरत ख़ाँ बद्रुद्दीन सुन्क़र सूफ़ी रूमी

मलिक नुसरत ख़ाँ सुन्क़र सूफ़ी, रूमी वंश से है। उसमें बड़े उत्तम गुण वर्त्तमान हैं और वह बड़ा ही वीर, पराक्रमी तथा चरित्रवान है। वह सुल्तान शम्सुद्दीन का दास था। उसने सुल्तान के पुत्रों के राज्य-काल में बड़े उत्तम रूप से भिन्न-भिन्न पदों पर कार्य किया किन्तु अलाउद्दीन मसऊदशाह के राज्य-काल में अर्थात् ६४० हि० (१२४२-४३ ई०) में जब तुर्क अमीरों ने विद्रोह करके ख्वाजा मुहज़्ज़ब वज़ीर की हत्या कर दी तो यह मलिक विद्रोही अमीरों के नेताओं में सम्मिलित था। इसके उपरान्त वह कोल का अमीर नियुक्त हो गया और वह विलायत अपने अधिकार में कर ली। वह अपने लश्कर तथा प्रजा से न्याय-पूर्वक व्यवहार करता था।

(२७४) जब लेखक मिनहाज सिराज ने लखनौती की ओर प्रस्थान किया और कोल प्रदेश में पहुँच गया तो इस चरित्रवान अमीर ने उसके प्रति बड़ी कृपा-दृष्टि दिखाई। इसके बाद उसे अन्य अक़्तायें भी प्रदान हुईं। सुल्तान नासिरुद्दीन के राज्य में भियाना की विलायत उसे अक़्ता के रूप में प्रदान की गई। वह कुछ समय तक वहाँ रहा और षड्यन्त्रकारियों को दण्ड देता रहा। जिस समय मलिक इज़्ज़ुद्दीन बल्बन किशलू ख़ाँ सिन्ध की विलायत से शहर देहली की विलायत में पहुँच गया तो मलिक सुन्क़र सूफ़ी बहुत बड़ी सेना लेकर भियाना से शहर (देहली) पहुंचा। शहर के निवासियों तथा प्रतिष्ठित लोगों को उसके देहली पहुँच जाने से बड़ा संतोष हो गया। इसके उपरान्त ६५७ हि० (१२५८-५९ ई०) में सुल्तान तथा उलुग़ ख़ाँ की कृपा से उसे तबरहिन्दा, सुनाम, झाझर, लखवाल तथा ब्याह नदी के तट तक के स्थान प्रदान कर दिये गये। उसे नुसरत ख़ाँ की उपाधि प्रदान की गई। उसने उस प्रदेश में बड़ी योग्यता से कार्य किया और अत्यधिक सेना एकत्र की। इस समय तक, जबकि यह इतिहास लिखा जा रहा है, वह सुल्तान के आदेश से उसी प्रदेश का अधिकारी है।

(२२) अरकली दादबक[1] सैफ़ुद्दीन शम्सी अज्मी

मलिक सैफ़ुद्दीन अरकली दादबक शम्सी अज्मी क़िपचाक़ वंश से सम्बन्धित है। वह बड़ा ही न्यायकारी, योग्य, बुद्धिमान तथा समझदार व्यक्ति है। वह अपनी वीरता तथा साहस के लिए बड़ा प्रसिद्ध है। वह पक्का मुसलमान तथा धर्मनिष्ठ है।

(२७५) वह अपने वचन तथा कार्य में बड़ा ही सच्चा एवं नेक है। १८ वर्ष से वह मज़ालिम[2] तथा अदल की गद्दी को सुशोभित कर रहा है। वह शरा (इस्लामी धर्म के नियम) के आदेशों का पूर्णतयः पालन करता है और शरा के आदेशों के विरुद्ध एक शब्द भी नहीं कहता। लेखक मिनहाज सिराज दो अवसरों पर लगभग ८ वर्ष तक उसके साथ देहली के अदल तथा मज़ालिम विभाग में कार्य कर चुका है। उसने उसे सर्वदा सुन्नत[3] तथा धर्म के

१ दादबक तथा अमीरदाद एक ही पदाधिकारी हैं।

२ न्याय विभाग।

३ वे कार्य जिन्हें मुहम्मद साहब उचित समझ कर किया करते थे।

मार्ग पर चलते हुये देखा है। उसके स्यासत[1] तथा न्याय द्वारा राजधानी के कुकर्मी तथा चोर डाकू लूट मार त्याग कर भय तथा ख़ौफ़ के कोने में छिपे हुये हैं।

जिस समय से मलिक सैफ़ुद्दीन ऐबक शम्सी दरबार में प्रविष्ट हुआ उसी समय से बराबर उसका आदर सम्मान होता रहा। जो स्थान, अक़्ता, अथवा विलायत उसे प्रदान की गई, उसे उसने अपने न्याय तथा अपनी योग्यता से सुव्यवस्थित कर दिया और उसकी प्रजा सर्वदा सुखी रहती थी; उन पर कोई अत्याचार तथा ज़ुल्म न हो सकता था। जब वह देहली का अमीरदाद नियुक्त हुआ तो वे १० या ११ शुल्क, जो उससे पूर्व अन्य अमीरदाद लेते थे, उसने लेने बन्द कर दिये, उनसे अपना कोई सम्बन्ध न रक्खा और उसकी आज्ञा भी न दी। सर्व प्रथम जब वह क़िपचाक़ के क़बीलों से तथा अपनी मातृ भूमि से पृथक् हो गया, तो वह ख़्वाजा मुनइम शम्सुद्दीन अज्मी अजम (ईरान) एराक़, ख़्वारज़्म तथा ग़ज़नी के मलिकुत्तज्जार के अधिकार में पहुंच गया। इसी कारण उसे अभी तक शम्सी कहा जाता है।

(२७६) जब वह सुल्तान शम्सुद्दीन के दरबार में पहुँचा, तो सुल्तान ने उसकी योग्यता तथा वीरता देख कर उसे ख़रीद लिया। सुल्तान ने उसे देश के भिन्न-भिन्न भागों पर आक्रमण करने के लिये भेजा और सभी स्थानों पर उसने बड़ी योग्यता से कार्य किया। सुल्तान रज़िया के राज्य-काल में वह सहमुलहश्म[2] नियुक्त हो गया। सुल्तान मुइज़्ज़ुद्दीन बहरामशाह के राज्य-काल में वह कड़े का अमीरदाद नियुक्त हुआ। ६४० हि० (१२४२-४३ ई०) में सुल्तान अलाउद्दीन के राज्य में वह देहली का अमीरदाद नियुक्त हो गया। कुछ समय उपरान्त सुल्तान नासिरुद्दीन के राज्य-काल में पलवल तथा कामा की अक़्ता एवं अमीरदाद का पद उसे प्रदान हुआ। कुछ काल के पश्चात् उसे बरन की विलायत प्रदान हुई। उसने वहाँ के विद्रोहियों को कड़े दण्ड दिये। कुछ समय पश्चात् उसे कसरक की अक़्ता तथा अमीरदाद का पद प्रदान किया गया। इसके दो वर्ष पश्चात् उसे बरन की अक़्ता पुनः दी गई। इस समय तक वह उसी स्थान पर विराजमान है।

(२३) मलिक नुसरतुद्दुनियाँ वद्दीन शेर ख़ाँ सुन्क़र

मलिक शेर ख़ाँ बड़ा ही वीर तथा बुद्धिमान है। उसमें नाना प्रकार के गुण तथा उच्च कोटि की बातें पाई जाती हैं। वह उलुग़ ख़ाने आज़म के चाचा का पुत्र था। उसके पिता तुर्किस्तान में बड़े प्रतिष्ठित समझे जाते थे। अलबरी क़बीले में वे ख़ान कहलाते थे। उनके पास अत्यधिक सेना तथा दास थे। इसका उल्लेख मलिक उलुग़ ख़ाने आज़म के हाल में, यदि भगवान् ने चाहा, तो किया जायगा।

(२७७) शेर ख़ाँ को सुल्तान शम्सुद्दीन ने ख़रीदा था। उसने राज्य की अनेक सेवायें की थीं। उसने इस वंश के अन्य बादशाहों की भी बड़ी सेवायें कीं। जब वह बड़ा हो गया और जब सुल्तान अलाउद्दीन ने मुग़लों से, जोकि उच्च के क़िले तक पहुँच गये थे, युद्ध करने के लिये देहली से लाहौर की ओर प्रस्थान किया तो तबरहिन्दा का क़िला तथा लाहौर की अक़्ता उसे प्रदान कर दी। तबरहिन्दा तथा उसके आसपास के स्थान उसे सौंप दिये गये। जब क़र्लुग़ियों ने मुलतान मलिक इज़्ज़ुद्दीन बल्बन से ले लिया तो शेर ख़ाँ ने सेना लेकर तबरहिन्दा से मुल्तान की ओर प्रस्थान किया और उसे क़र्लुग़ियों से छीन कर मलिक इख़्तियारुद्दीन कुरेज़ को प्रदान कर दिया। कुछ समय उपरान्त मलिक शेर ख़ाँ तथा मलिक बल्बन में इस कारण कि दोनों एक दूसरे के निकट के स्थानों के शासक थे मतभेद उत्पन्न हो गया। इसका

१ दण्ड-विषयक कार्य।
२ दरबार तथा सेना के अर्ज़ के समय सहमुलहश्म सैनिकों की पंक्तियों को ठीक करते थे।

उल्लेख हो चुका है। उसने उच्च का क़िला मलिक बल्बन से छीन कर समस्त सिन्ध प्रदेश पर अधिकार जमा लिया। जब मलिक आज़म उलुग़ ख़ाँ ने सेना लेकर नागौर की ओर प्रस्थान किया, तो उलुग़ ख़ाँ तथा शेर ख़ाँ में सिन्धु नदी के तट पर मुठभेड़ हो गई। मलिक शेर ख़ाँ वहाँ से तुर्किस्तान चला गया और मुग़लों की सेना में मनंकू ख़ाँ के दरबार में उपस्थित हो गया। वहाँ से बड़े सम्मान से लौटने के पश्चात् वह लाहौर की ओर रवाना हुआ। जब वह लाहौर के निकट पहुँचा, तो मलिक जलालुद्दीन मसऊदशाह से, जोकि शम्सुद्दीन का पुत्र था, मिल गया। अन्त में दोनों में मतभेद हो गया और मलिक जलालुद्दीन निराश होकर लौट गया। उसके सैनिकों पर शेर ख़ाँ के लश्कर ने अधिकार जमा लिया। इसके उपरान्त मलिक शेर ख़ाँ ने तबरहिन्दा पर चढ़ाई की। जब इरसलान ख़ाँ क़िले के बाहर निकला तो मलिक शेर ख़ाँ को लौटना पड़ा। राजधानी से अमीरों ने उसके पास अपने दूत भेजे और मलिक शेर ख़ाँ उनसे सन्धि करके सुल्तान के दरबार में उपस्थित हो गया।

(२७८) मलिक इरसलान ख़ाँ भी दरबार में पहुँचा। इरसलान ख़ाँ को अवध प्रदान कर दिया गया और तबरहिन्दा तथा अन्य विलायतें और अक़्तायें, जो उसके पास पहले से थीं, उसे पुनः प्रदान कर दी गईं। कुछ समय तक वह उस सीमा पर रहा, किन्तु इस बीच में भी पहले की भाँति उसका तथा मलिक इज्जुद्दीन किशलू ख़ाँ का विरोध बना रहा। दरबार से एक आदेश भेज कर शेर ख़ाँ को देहली बुलवा लिया गया और तबरहिन्दा नुसरत ख़ाँ सुन्क़र सूफ़ी को प्रदान कर दिया गया, जिससे सीमा पर विरोध न हो सके। कोल, भियाना, बलाराम जलेसर, मिहिर, महाबन तथा ग्वालियर का क़िला मलिक शेर ख़ाँ को सौंप दिया गया और इस समय रजब ६५८ हि० (जून-जूलाई, १२६० ई०) में जब कि यह इतिहास लिखा जा रहा है वह उसी स्थान पर विराजमान है।

(२४) मलिक किशली ख़ाँ सैफ़ुद्दीन ऐबक अस्सुल्तान मलिकुलहुज्जाब

किशली ख़ाँ ऐबक उलुग़ ख़ाने आज़म का सगा भाई है। वे अलबरी ख़ान थे। जब तुर्किस्तान तथा क़िपचाक़ के क़बीले काफ़िर मुग़लों के अधीन हो गये, तो उन्हें विवश होकर अपने परिवार तथा सहायकों को लेकर अपना देश छोड़ना पड़ा। मलिक किशली ख़ाँ ऐबक छोटा भाई था और ख़ाक़ाने मुअज़्ज़म उलुग़ ख़ाँ बड़ा भाई था। अपना देश छोड़ते समय भावी मलिक अमीर हाजिब अल्प अवस्था में था। जब उन्होंने मुग़लों के कारण प्रस्थान किया तो मार्ग में एक स्थान की भूमि में दलदल मिली।

(२७९) मलिक अमीर हाजिब रात्रि में सवारी से कीचड़ में गिर पड़ा। मुग़ल उनके पीछे आ रहे थे। कोई भी इस बात का साहस न कर सकता था कि उसे उठा ले। सब लोग आगे निकल गये। उलुग़ ख़ाने मुअज़्ज़म ने उसके पास पहुँच कर उसे उठा लिया; मुग़ल दूसरी बार वहाँ पहुँच गये और उन्होंने मलिक (उलुग़ आज़म) तथा अमीर हाजिब (किशली ख़ाँ) को पकड़ लिया। उन्हें एक व्यापारी ख़रीद कर इस्लामी नगरों में ले गया। इख़्तियारुलमुल्क उनकी योग्यता देखकर उन्हें देहली लाया। सुल्तान शम्सुद्दीन ने उन्हें इख़्तियारुलमुल्क से ख़रीद लिया। वे बड़े योग्य, साहसी, बुद्धिमान तथा पराक्रमी प्रतीत होते थे। यह बात पूर्णतयः न्यायपूर्ण तथा सत्य है कि उसके समान कोई अन्य तुर्क मलिक इतना बुद्धिमान, उत्कृष्ट तथा राज-भक्त न था। ईश्वर ने उसे वीरता, साहस तथा अनेक गुण प्रदान किये थे। सूझबूझ में वह पिछले तथा वर्त्तमान सभी वज़ीरों से बढ़-चढ़ कर था। वीरता तथा पौरुष में ईरान तथा तूरान के किसी पहलवान की उससे समानता न की जा सकती थी।

जब सुल्तान ने मलिक अमीर हाजिब को ख़रीद लिया तो उसने बहुत समय तक

सुल्तान की सेवा की। सुल्तान रज़िया के राज्य-काल में वह नायब सरजानदार[1] नियुक्त हुआ। कुछ समय उपरान्त मुइज़्ज़ी राज्य-काल में वह सरजानदार हो गया। वह सुल्तान अलाउद्दीन के राज्य में अमीर आख़ुर नियुक्त हुआ।

(२८०) सुल्तान नासिरुद्दीन के राज्य-काल में जब उलुग़ ख़ाँ को ख़ान बनाया गया तो किशली ख़ाँ को मलिक अमीर हाजिब नियुक्त कर दिया गया। नागौर मलिक बल्बन से लेकर किशली ख़ाँ को प्रदान कर दिया गया। जब वह अमीर हाजिब था तो उसने सभी छोटे बड़े तुर्कों को इतना प्रसन्न कर रखा था कि उसका उल्लेख सम्भव नहीं। सभी लोग उसके कृतज्ञ तथा कृपा-पात्र थे। जब उलुग़ ख़ाने आज़म ने नागौर की ओर प्रस्थान किया तो मलिक अमीर हाजिब को कड़ा प्रदान कर दिया गया। वह उस ओर चल दिया। जब उलुग़ ख़ाने आज़म देहली आया तो अमीर हाजिब भी दरबार में उपस्थित हुआ। उसे दूसरी बार फिर अमीर हाजिब नियुक्त कर दिया गया। कुछ समय पश्चात् जब रबी-उल-आख़िर ६५३ हि० (मई १२५५ ई०) में मलिक क़ुतुबुद्दीन हुसेन की मृत्यु हो गई तो मेरठ से बँदियारान पर्वत तक के स्थान उसको सौंप दिये गये। वे सब स्थान उसके अधीन रहे। कुछ वर्ष पश्चात् उसने आसपास के स्थानों पर आक्रमण करके बँदियारान पर्वत के प्रदेशों से रुड़की तथा मियाँपूर के स्थानों को अपने अधिकार में कर लिया। वहाँ से धन सम्पत्ति प्राप्त की। रायों तथा मवासात पर अधिकार जमा लिया। ६५६ हि० (१२५८ ई०) में उसे कोई भीतरी रोग हो गया। लज्जावश उसने इसके विषय में किसी को कुछ न बताया। कुछ महीने कष्ट भोग कर रविवार २० रजब ६५७ हि० (१३ जूलाई, १२५९ ई०) को मर गया।

(२५) ख़ाक़ानुल मुअज़्ज़म बहाउलहक़ वद्दीन उलुग़ ख़ाँ बल्बन अस्सुल्तानी

(२८१) ख़ाक़ाने मुअज़्ज़म उलुग़ ख़ाने आज़म प्रसिद्ध अलबरी ख़ानों के वंश से था। शेर ख़ाँ तथा सुल्तान के पिता सगे भाई थे। दोनों के पिता अलबरी वंश से थे। वह लगभग १० हज़ार वंशों का ख़ान था। तुर्किस्तान में अलबरी तुर्क बड़े सम्मानित समझे जाते हैं। इस समय उलुग़ ख़ाँ के चाचा के पुत्र उन क़बीलों में बड़े प्रतिष्ठित हैं। यह बात मैं ने मलिक कुरेत ख़ाँ संजर से सुनी है। चूंकि इस्लाम के लिये कोई दृढ़ स्थान बनाने, मुहम्मदी धर्म को संसार में एक ऐसा स्थान जहाँ वह शान्ति से रह सके देने, और हिन्दुस्तान को आश्रय प्रदान करने की ईश्वर की इच्छा थी, अतः उसने उलुग़ ख़ाने आज़म को मुग़लों के उत्पात के फ़लस्वरूप तुर्किस्तान से हटाकर, कुटुम्ब तथा सम्बन्धियों सहित बग़दाद और बग़दाद से गुजरात की ओर भिजवा दिया। ख़्वाजा जमालुद्दीन बसरी ने, जोकि अपनी धर्मनिष्ठता और पवित्रता के लिये प्रसिद्ध थे, उसे ख़रीद लिया और बड़े प्रेम से उसका पालन-पोषण किया। क्योंकि उसके माथे से समझ बूझ तथा वीरता दृष्टिगोचर होती थी, अतः उसने उस पर विशेष कृपा-दृष्टि रक्खी। ६३० हि० (१२३२-३३ ई०) में वह देहली आया। उस समय सुल्तान शम्सुद्दीन राज सिंहासन पर आरूढ़ था। उसे कुछ अन्य तुर्कों के साथ सुल्तान की सेवा में पेश किया गया।

(२८२) जब सुल्तान ने उलुग़ ख़ाँ को देखा तो उसे अन्य तुर्कों के साथ ख़रीद लिया और उसे राज्य का एक पद प्रदान कर दिया। उसकी योग्यता तथा कुशलता देख कर सुल्तान ने उसे ख़ासादार नियुक्त कर दिया, मानो अधिकार का बाज़ उसके हाथ पर

१ पुस्तक में जामादार है किन्तु जानदार ही उचित है।

बैठा दिया। इसका अर्थ यह भी था कि वह सुल्तान के पुत्रों के राज्य-काल में उन्हें राज्य का अपहरण करने वालों से सुरक्षित रक्खे। वह उपर्युक्त पद पर शम्सी राज्य-काल में विराजमान रहा। भाग्यवश उसे उसका भाई किशली खाँ अमीर हाजिब भी मिल गया। वह इससे बड़ा प्रसन्न हुआ और इससे उसकी शक्ति बढ़ गई। सुल्तान रुक्नुद्दीन के राज्य-काल में वह अन्य तुर्कों के साथ हिन्दुस्तान की ओर गया और जब वे लोग लौटे तो वह भी उनके साथ देहली लौट आया। कुछ दिन वह बन्दीगृह में रहा और उसे असफलता का मुँह देखना पड़ा। सम्भवतः इसमें उसके लिये कोई अच्छाई ही रही हो। वह यह हो कि शायद उसे उन लोगों की दशा का अनुभव हो जाय जो असफल हो जाते हैं, इससे शिक्षा प्राप्त करके उसे ऐसे लोगों के साथ अच्छा व्यवहार करने की आदत पड़ जाय और अपने अधिकार के समय इस श्रेणी के लोगों से उचित रूप से व्यवहार कर सके।

कहानी

कहा जाता है कि किसी बादशाह के एक पुत्र था। उस बादशाह का वैभव बहुत बढ़ा चढ़ा था। पुत्र बड़ा ही रूपवान और समझदार था। उस बादशाह ने आदेश दे दिया था कि जहाँ कहीं भी बुद्धिमान, ज्ञान-संपन्न तथा विद्वान् व्यक्ति मिल जायें तो उन्हें पुत्र की शिक्षा के लिये एकत्र किया जाय।

(२८३) (यह भी आदेश दिया कि) इन निपुण लोगों में से एक व्यक्ति, जो सब से अधिक बुद्धिमान, विद्वान् तथा कलाकार हो, चुन कर पुत्र की शिक्षा के लिये नियुक्त किया जाय, जिससे मेरा यह पुत्र शिक्षा तथा भिन्न-भिन्न जातियों के विषय में जानकारी, राज्य-सम्बन्धी कार्य, शासन, नीति, न्याय, प्रजा के पालन आदि के विषय में शिक्षा ग्रहण करे और प्रत्येक क्षेत्र में पूर्णतयः जानकारी प्राप्त कर ले।

एक निपुण व्यक्ति, जो शिक्षा के लिये चुना गया था, सुल्तान की सेवा में उपस्थित हुआ और उसने अपना कार्य प्रारम्भ कर दिया। जब पुत्र शिक्षा समाप्त कर चुका और उसे प्रत्येक क्षेत्र में ज्ञान प्राप्त हो गया तो बादशाह को उसके पुत्र की योग्यता के विषय में सूचना दे दी गई। उसके गुरु के विषय में आदेश दिया गया कि 'कल प्रातःकाल दरबार में उपस्थित किया जाय और शाहज़ादे को भी पेश किया जाय,जिससे यह पता लगाया जासके कि उसने कौन-कौन से ज्ञान प्राप्त किये हैं और किन-किन कलाओं में दक्ष हो गया है और जिससे सभी खास व आम को मेरे पुत्र की योग्यता, विद्वता तथा बुद्धिमत्ता का ज्ञान हो जाय। जब वह फ़रमान जारी हुआ तो गुरु ने बादशाह से तीन दिन का समय प्रदान किये जाने की प्रार्थना की। जब उसकी प्रार्थना स्वीकार हो गई तो पहले दिन गुरु घोड़े पर सवार होकर शाहज़ादे को लेकर नगर के बाहर चल दिया। जब वह आबादी के बाहर निकल गया तो शाहज़ादे को घोड़े से उतरवा कर अपने घोड़े के सामने कई फ़रसंग पैदल दौड़वा दिया। शाहज़ादे के कोमल शरीर को पैदल दौड़ने से विशेष कष्ट हुआ। जब वह नगर में वापस आया तो दूसरे दिन मकतब[१] में शाहज़ादे को आदेश दिया कि वह दिन भर खड़ा रहे। दिन भर खड़ा रहने से शाहज़ादे के कोमल शरीर को और भी कष्ट पहुँचा। तीसरे दिन जब वह मकतब में पहुंचा तो गुरु ने वह स्थान रिक्त करवा कर बादशाह के पुत्र के हाथ पैर बँधवा दिये और उसके सौ से अधिक बेत मारे। चोट से शाहज़ादे का पूरा शरीर घायल हो गया। इस प्रकार उसे बँधा छोड़कर भाग खड़ा हुआ।

(२८४) जब बादशाह के सेवकों को यह हाल ज्ञात हुआ तो उन्होंने उसके पुत्र को

---

१ पाठशाला।

खोल दिया और गुरू को ढुँढवाया किन्तु उसका कहीं पता न चला। उन्होंने बादशाह को इसके विषय में सूचना दी। उसने आदेश दिया कि पुत्र को उपस्थित किया जाय। जिस कला के विषय में भी परीक्षा ली गई, शाहज़ादे को उसमें अत्यधिक निपुण पाया गया। बादशाह ने कहा कि 'गुरू ने अपने शिष्य को शिक्षा प्रदान करने तथा निपुण बनाने में कोई कमी नहीं की, किन्तु इसका पता लगाना आवश्यक है कि उसने शाहज़ादे को इतना कष्ट क्यों पहुँचाया और फिर किस कारण भाग गया'। उसने आदेश दिया कि 'जिस प्रकार हो सके, गुरू को ढूँढा जाय'। बहुत समय उपरान्त गुरू का पता लगा और उसे बादशाह की सेवा में उपस्थित किया गया। बादशाह ने उसका बड़ा आदर-सम्मान किया और उससे पूछा कि उसने पुत्र को किस कारण इतना पीटा था, तथा पहले दिन दौड़ाने, दूसरे दिन खड़ा रखने तथा तीसरे दिन बँधा छोड़ जाने और स्वयं ग़ायब हो जाने का क्या कारण था। गुरू ने कहा कि "बादशाह का राज-पाट सर्वदा वर्त्तमान रहे। बादशाह को उन लोगों की दशा का, जिन्हें दण्ड दिया जाता है तथा जिन्हें सम्मानित किया जाता है, पूर्ण ज्ञान होना चाहिये। बादशाह को चाहिये कि वह जो कुछ भी कहे उचित हो। प्रसन्न तथा अप्रसन्न होते समय वह संतुलित रूप से कार्य करने का ध्यान रक्खे। सेवक यह चाहता था कि शाहज़ादे को उन लोगों का हाल ज्ञात हो जाय जिन्हें कष्ट पहुँचाया जाता है, जो बन्दी बना लिये जाते हैं, तथा जो घोड़ों के आगे-आगे पैदल दौड़ते हैं, और जो बराबर खड़े रहते है, एवं जिन्हें नाना प्रकार के कष्ट पहुंचाये जाते हैं। बादशाह को अपने क्रोध के समय यह समझना चाहिये कि भिन्न-भिन्न अवस्था में लोगों को कौन-कौन से कष्ट पहुंचते हैं। यदि बादशाह को मार खाने, दौड़ने और खड़े होने का थोड़ा बहुत भी अनुभव होगा, तो वह आदेश देते समय लोगों के विषय में ध्यान कर लिया करेगा।"

(२८५) (उसने पुनः निवेदन किया कि) "मेरे भाग जाने का कारण यह था कि चूँकि मैं ने शाहज़ादे के कोमल शरीर को कष्ट पहुंचाया था अतः मुझे भय था कि बादशाह पुत्र प्रेम के कारण सेवक को कहीं दण्ड न दे दे और मेरा सब कष्ट व्यर्थ जाय"।

यह कहानी उलुग़ ख़ाने आज़म के लिये भी चरितार्थ होती है, क्योंकि उसे भी अन्य तुर्कों की भाँति, जब वह देहली आया, कष्ट पहुँचा। इससे उसे यह शिक्षा मिली कि जब वह राज्य प्राप्त करेगा तो वह दरिद्रों तथा उन लोगों का ध्यान रखेगा जिन पर किसी प्रकार का अत्याचार किया गया होगा। ईश्वर करे कि वह सभी लोगों के साथ न्याय करता रहे तथा सब लोगों को सुख पहुंचाता रहे। सुल्तान रज़िया के राज्य-काल में भी वह उसी प्रकार ख़ासादार रहा। इसके उपरान्त वह अमीर शिकार नियुक्त हुआ, मानो भाग्य यह कह रहा था कि संसार उसके राज्य का शिकार होगा। बहुत समय तक वह इस पद पर विराजमान रहा। रज़िया के राज्य-काल के उपरान्त सुल्तान मुइज़्ज़ुद्दीन बहरामशाह के राज्य-काल में कुशलता-पूर्वक कार्य करने के फलस्वरूप वह अमीर आख़ुर नियुक्त हो गया और राज्य के घोड़े उसके अधिकार की लगाम के नीचे आ गये। जब मलिक बद्रुद्दीन सुन्क़र, अमीर हाजिब नियुक्त हुआ, तो वह उलुग़ ख़ाँ के प्रति पिता की भाँति कृपा-दृष्टि रखने लगा। उसने बड़ी कुशलता-पूर्वक शासन प्रबन्ध किया और उलुग़ ख़ाँ को उन्नति देकर रिवारी[१] की अक़्ता प्रदान कर दी। वहाँ पहुंच कर उसने पहाड़ी मवासात के निवासियों को अपनी वीरता द्वारा कठोर दण्ड दिये, और उस प्रदेश पर अधिकार जमा लिया।

(२८६) जब मुइज़्ज़ी राज्य का पतन प्रारम्भ हो गया, और मलिक षड्यन्त्र करके शहर (देहली) के द्वार पर पहुंच गये तो उलुग़ ख़ाने आज़म ने, जोकि रिवारी का मुक़्ता था, अन्य मलिकों के साथ ऐसी वीरता तथा योग्यता दिखाई कि सभी उसके साहस, वीरता तथा योग्यता

१ मेवात के निकट गुरगाँव ज़िले में।

का लोहा मानने लगे और कोई भी तुर्क अथवा ताज़ीक उसकी बराबरी न कर सका। शहर (देहली) पर विजय प्राप्त हो जाने के उपरान्त उसे हाँसी की अक़्ता प्रदान कर दी गई। उस विलायत पर अधिकार जमा लेने के उपरान्त उसने उसे आबाद करना तथा अपने न्याय द्वारा सर्व साधारण का भला करना प्रारम्भ कर दिया।

उसकी उन्नति देख कर मलिक तथा अमीर उससे ईर्ष्या करने लगे। किन्तु भगवान् ने उसे भाग्यशाली बनाया था। अतः उनकी ईर्ष्या होते हुये भी उसके भाग्य को उन्नति ही प्राप्त होती गई। लेखक मिनहाज सिराज को भी उसने इतना प्रोत्साहन दिया था कि उसका उल्लेख सम्भव नहीं और न लेखक उनके प्रति कृतज्ञता ही प्रकट कर सकता है।

(२८७) इस तुच्छ को ६४० हि० (१२४२-४३ ई०) में लखनौती की यात्रा हेतु जाना पड़ा। वह वहाँ सपरिवार दो वर्ष तक रहा। ६४२ हि० (१२४४-४५ ई०) मैं उलुग़ ख़ाँ अमीर हाजिब नियुक्त हुआ। जब शुभ पताकायें देहली से गंगा यमुना के दुआबे की ओर रवाना हुईं तो उलुग़ ख़ाँ ने जलाली और दतौली के स्वतन्त्र दलों तथा मवासों के निवासियों को ख़ूब दण्ड दिए और पूर्ण रूप से धर्म-युद्ध किया। लेखक मलिक इज़्ज़ुद्दीन तुग़रिल तुग़ान ख़ाँ के साथ सुल्तान के आदेशानुसार ६४२ हि० (१२४४-४५ ई०) में देहली पहुँचा। इस वर्ष मुग़लों के सरदार दुष्ट मंगूता[1] ने तुर्किस्तान के मलिकों को लेकर चढ़ाई की और सिन्ध प्रदेश में तायकान तथा क़ुन्दुज़ के क्षेत्र को पार करके पहुँच गया। सिन्ध प्रदेश तथा मंसूरा की भूमि के प्रसिद्ध क़िले उच्च को घेर लिया। उस क़िले में ताजुद्दीन अबूबक्र कबीर ख़ाँ का एक ख़्वाजासरा दास अक़सुन्क़र अमीरदाद था, और मुख़लिसुद्दीन कोतवाल था। जब यह सूचना देहली में पहुँची तो मलिक उलुग़ ख़ाँ ने सुल्तान को सूचित करते हुये युद्ध की तैयारियाँ प्रारम्भ कर दीं। समस्त अमीर तथा मलिक युद्ध करने में हिचकिचाते थे, किन्तु मलिक उलुग़ ख़ाँ ने दृढ़ संकल्प कर लिया।

(२८८) जब शाही पताकायें रवाना हुईं तो उलुग़ ख़ाने आज़म ने मार्ग दर्शाने वालों को आगे भेज दिया जिससे लोग शीघ्रातिशीघ्र आगे बढ़ते जायँ। वह सेना से यही कहा करता था कि दूसरा पड़ाव ८ या १२ कोस पर होगा और लोग इसी भ्रम में शीघ्रातिशीघ्र बढ़ते जा रहे थे, यहाँ तक कि सेना ब्याह नदी के तट पर पहुँच गई। नदी पार करके सेना लाहौर की रावी नदी पर पहुँची। इस प्रकार वह बड़ी वीरता का प्रदर्शन कर रहा था और सुल्तान तथा मलिकों को भी काफ़िर मुग़लों को भगाने के लिए उत्तेजित कर रहा था। सोमवार २५ शाबान ६४३ हि० (१५ जनवरी, १२४६ ई०) को सेना के शिविर में यह सूचना प्राप्त हुई कि काफ़िर मुग़लों की सेना उच्च से भाग गई। इसका कारण यह था कि उलुग़ ख़ाने आज़म ने ब्याह नदी के निकट पहुँच कर उच्च के क़िले वालों को पत्र भेजने प्रारम्भ कर दिए और उन्हें सूचित कर दिया कि शाही पताकायें बहुत बड़ी सेना, हाथियों तथा वीरों के साथ उच्च की ओर आ रही हैं।

एक सेना तलाया[2] तथा मुक़द्दमे के रूप में आगे भेजी जा चुकी है। जब संदेश-वाहक उच्च के निकट पहुंचे तो कुछ पत्र तो दुष्ट मुग़लों को प्राप्त हो गये और कुछ क़िले वालों को मिले। जब दुष्ट मंगूता को क़िले वालों की प्रसन्नता तथा पत्रों के पहुँचने एवं इस्लामी सेना के आने का हाल ज्ञात हुआ और यह पता चला कि मुक़द्दमे के सवार सिन्ध प्रदेश के निकट ब्याह तथा लाहौर नदी (रावी) के आसपास पहुँच चुके हैं, तो वह अत्यधिक भयभीत हो गया। विश्वस्त सूत्रों से ज्ञात हुआ है, कि जब मंगूता को इस्लामी सेना तथा शाही

१ पुस्तक में मनक़ूती है।

२ सेना का वह दल जो पहरे तथा शत्रुओं की सेना का पता लगाने के लिये नियुक्त किया जाता है।

पताकाओं के ब्याह के निकट पहुँचने का हाल ज्ञात हुआ और यह पता चला कि इस्लामी सेना पर्वत के आँचल तथा नदी के किनारे किनारे प्रस्थान कर रही है, तो उसने लोगों से इस्लामी सेना के पर्वत के आँचल में प्रस्थान करने का कारण पूछा जबकि वह मार्ग बड़ा लम्बा और सरसुती तथा मारूत का मार्ग निकट का है।

(२८९) लोगों ने उसे बताया कि नदी के मार्ग से इस्लामी सेना को अनेक कटे-पिटे स्थानों से होकर प्रस्थान करना पड़ता। मंगूता के मुँह से निकला कि 'हम लोग इस सेना का मुक़ाबिला नहीं कर सकते, अतः हमें लौट जाना चाहिये।' वह तथा उसकी सेना अत्यन्त भयभीत हो गई। उसने सेना को तीन भागों में विभाजित कर दिया और सभी लोग भाग निकले। अत्यधिक मुसलमान तथा हिन्दू बन्दी स्वतन्त्र हो गये। यह विजय केवल उलुग़ ख़ाँ की वीरता तथा साहस के कारण प्राप्त हुई। यदि वह इतनी वीरता तथा साहस न दिखाता तो इतनी बड़ी विजय कदापि प्राप्त न हो सकती थी। उलुग़ ख़ाँ ने आदेश दिया कि शाही फ़ौजों को सूधरह नदी (चिनाब) की ओर प्रस्थान करना चाहिये, जिससे शत्रुओं के हृदय पर इस्लामी सेना की वीरता तथा साहस का सिक्का बैठ जाय। इस पर सेना ने सूधरह नदी (चिनाब) की ओर से प्रस्थान किया और २७ शव्वाल ६४३ हि० (१७ मार्च, १२४६ ई०) को शाही पताकायें सूधरह नदी (चिनाब) से देहली की ओर रवाना हुई और सोमवार १२ ज़िलहिज्जा ६४३ हि० (३० अप्रैल, १२४६ ई०) को देहली पहुँच गईं।

इस बीच में सुल्तान अलाउद्दीन मसऊदशाह का हृदय अपने मलिकों की ओर से बिगड़ गया। अधिकतर चाहे वह सेना के साथ होता या न होता वह उनकी ओर से सन्देहशील रहने लगा। सब मलिकों ने सहमत होकर देहली से सुल्तान नासिरुद्दीन की सेवा में पत्र भेजे और उसे देहली के राज सिंहासन पर अधिकार जमा लेने के लिये लिखा।

(२९०) वह रविवार २३ मुहर्रम ६४४ हि० (१० जून, १२४६ ई०) को देहली पहुंचा और राज सिंहासन पर आरूढ़ हुआ। उलुग़ ख़ाने आज़म ने सुल्तान की सेवा में निवेदन किया कि इस समय नासिरी नाम[1] का ख़ुत्बा तथा सिक्का प्रचलित हो गया है। गत वर्ष मुग़लों की सेना इस्लामी सेना से भाग कर ऊपर (उत्तर-पश्चिम) की ओर चली गई थी। यह उचित होगा कि शाही पताकायें ऊपर की ओर प्रस्थान करें। इस परामर्श के अनुसार ऊपर की ओर प्रस्थान करने का दृढ़ संकल्प कर लिया गया। सोमवार पहली रजब ६४४ हि० (१२ नवम्बर, १२४६ ई०) को शाही पताकायें राजधानी के बाहर निकलीं और सूधरह नदी (चिनाब) तक पहुँच गईं। उलुग़ ख़ाने मुअज़्ज़म इस्लामी मलिकों तथा अमीरों को लेकर जूद पर्वत की ओर यह संकल्प करके रवाना हुआ कि उन पर्वतीय प्रदेशों के राना को उचित दण्ड देगा, क्योंकि उन्होंने मुग़ल काफ़िरों को मार्ग दर्शाने का कार्य किया था। इस उद्देश्य से जूद पर्वत तथा झेलम नदी के आसपास सिन्धु नदी तक इस्लामी सेना ने लूटमार की। काफ़िरों की स्त्रियाँ तथा परिवार भाग गये। मुग़ल सेनायें झेलम के घाट तक छापा मारती थीं, परन्तु उलुग़ ख़ाँ के अधीन इस्लामी सेनाओं को देखकर भयभीत हो गईं। इस्लामी सेना की अधिकता, सवारों की संख्या तथा अस्त्र-शस्त्र देखकर मुग़ल स्तब्ध थे और इस्लामी सेना का आतंक उनके हृदय पर बैठ गया था। उलुग़ ख़ाने मुअज़्ज़म ने ऊँचे-ऊँचे पर्वतों, भयानक दर्रों तथा जंगलों को काटने और क़िलों पर अधिकार जमाने में जिस वीरता का प्रदर्शन किया उसका उल्लेख सम्भव नहीं। इस युद्ध का हाल तुर्किस्तान तक पहुँच गया।

उस प्रदेश में कृषि तथा चारे की कमी के कारण उसे वापस होना पड़ा। वह इस प्रकार विजय तथा सफलता प्राप्त करके समस्त सैनिकों तथा मलिकों को लेकर पूर्णतया

१ सुल्तान नासिरुद्दीन के नाम का।

सुरक्षित शाही शिविर में पहुँच गया।

(२६१) बृहस्पतिवार २५ ज़ीक़ाद (३ अप्रैल, १२४७ ई०) को शाही पताकायें राजधानी की ओर रवाना हो गईं और बृहस्पतिवार २ मुहर्रम ६४५ हि० (६ मई, १२४७ ई०) को देहली पहुंच गईं।

उलुग़ ख़ाने मुअज़्ज़म की वीरता, योग्यता तथा साहस को देखकर तुर्किस्तान तथा मुग़ल सेना में से कोई भी ६४५ हि० (१२४७-४८ ई०) में ऊपर से सिन्ध पर आक्रमण करने न आया। ६४५ हि० (१२४७-४८ ई०) में उलुग़ ख़ाने आज़म ने निवेदन किया कि, 'उचित होगा कि इस वर्ष शाही पताकायें हिन्दुस्तान की ओर प्रस्थान करें, जिससे राजाओं तथा मवासात के निवासियों को, जिन्हें वर्षों से दण्ड नहीं दिया जा सका है, दण्ड दिया जाय और मुग़लों के विनाश के लिये धन सम्पत्ति प्राप्त हो'। इस परामर्श पर शुभ पताकायें प्रस्थान करके गंगा तथा यमुना के दुआब में पहुँची। युद्ध करके तलसन्दा[1] के क़िले पर अधिकार प्राप्त कर लिया गया। उलुग़ ख़ाने मुअज़्ज़म तथा अन्य मुसलमान मलिकों एवं सेना को दलकीओ मलकी से युद्ध करने के लिये भेजा गया। वह यमुना नदी के निकट के उस स्थान का राना था जोकि कालिंजर तथा कड़े के बीच में है और जिससे कालिंजर तथा मालवे के राजा युद्ध करने का साहस न कर सकते थे। उसके पास अत्यधिक सेना तथा धन सम्पत्ति थी। उसकी गढ़ बन्दी, जंगलों, पहाड़ों तथा भयानक मार्गों के कारण इस्लामी सेना कभी उस ओर न पहुंच सकी थी।

(२६२) उलुग़ ख़ाने मुअज़्ज़म जब उसके निवास स्थान तक पहुँच गया तो राना ने अपनी रक्षा इस वीरता से की कि प्रातः काल से सायंकाल की नमाज़ तक इस्लामी सेना को कोई सफलता प्राप्त न हुई। रात्रि में वह उस स्थान से एक दूसरे दृढ़ तथा सुरक्षित स्थान को भाग गया। दिन में इस्लामी सेना ने उस स्थान (क़िले) में प्रविष्ट होने के उपरान्त उसका पीछा किया। वह दुष्ट एक ऊँचे पर्वत पर चढ़ कर एक ऐसे भयानक स्थान को चला गया था जहाँ मार्ग न होने के कारण बिना रस्सियों अथवा सीढ़ियों के उतरना सम्भव न था। उलुग़ ख़ाने मुअज़्ज़म ने जेहाद का लालच दिलाया। उसके प्रोत्साहन तथा वीरता के कारण उस स्थान पर अधिकार जमा लिया गया। उसके परिवार, चौपाये, घोड़े तथा दासों पर अधिकार स्थापित हो गया। मुसलमानों को इतनी धन सम्पत्ति प्राप्त हुई कि उसका लेखा करना असम्भव है। ६४५ हि० (१२४८ ई०) के शव्वाल मास के अन्तिम दिन (२६ फ़रवरी) में वह अत्यधिक धन सम्पत्ति लेकर शाही शिविर में पहुँच गया। शाही पताकायें ईदुज्जुहा[2] के उपरान्त राजधानी की ओर रवाना हुईं। इस यात्रा तथा युद्ध का उल्लेख एक पृथक् पुस्तक में किया जा चुका है। इस पुस्तक का नाम नासिरीनामा है। २४ मुहर्रम ६४६ हि० (१६ मई, १२४८ ई०) में शाही पताकायें राजधानी में पहुँच गईं। शाबान ६४६ हि० (नवम्बर-दिसम्बर १२४८ ई०) में शाही पताकायें ऊपर की ओर चल पड़ीं और ब्याह नदी तक पहुँच गईं। वहाँ से पुनः राजधानी की ओर लौट आईं।

अन्य मलिकों को उलुग़ ख़ाँ के अधीन करके एक बहुत बड़ी सेना देकर रणथम्भोर[3] तथा मेवात के पर्वतीय प्रदेशों और नाहर देव के, जो हिन्दुस्तानी रायों में सबसे बड़ा समझा जाता था, प्रदेशों को भेजा गया। उसने वह विलायत (प्रदेश) तथा आसपास के प्रदेश विध्वंस कर दिये और अत्यधिक धन सम्पत्ति प्राप्त की।

(२६३) रविवार ११ ज़िलहिज्जा ६४६ हि० (२७ मार्च, १२४६ ई०) को मलिक बहाउद्दीन ऐबक रणथम्भोर के क़िले के नीचे शहीद हो गया। उलुग़ ख़ाने मुअज़्ज़म क़िले के

१ कनिंघम के अनुसार एटा (उत्तर प्रदेश) के उत्तर में दस मील पर एक ग्राम जो बिलसार कहलाता है।
२ बक़रईद अथवा १० ज़िलहिज्जा (६ अप्रैल, १२४८ ई०)।
३ पुस्तक में रतनपुर है।

दूसरी ओर जेहाद में लगा हुआ था। उसके सहायक भी धर्म-युद्ध में लगे थे। अत्यधिक काफ़िर नरक में भेज दिये गये। अपार धन सम्पत्ति प्राप्त हुई। इस्लामी सेना अपार धन सम्पत्ति लेकर सुल्तान के पास रवाना हुई। सोमवार ३ सफ़र ६४७ हि० (१८ मई, १२४९ ई०) को वह सुल्तान के पास पहुँच गई। इस वर्ष सुल्तान का यह विचार हुआ कि वह ख़ाने आज़म के परिवार से वैवाहिक सम्बन्ध स्थापित करे, क्यों कि वह प्रत्येक वर्ष आक्रमण और बड़ी योग्यता से सेवायें करता था। किसी बादशाह को ऐसा ख़ान अथवा मलिक कभी प्राप्त न हुआ था जिसमें इतनी वीरता, योग्यता तथा गुण पाये जाते हों। उलुग़ ख़ाने मुअज्ज़म ने सुल्तान की आज्ञा का पालन किया, और शनिवार २० रबी-उल-आख़िर ६४७ हि० (२ अगस्त, १२४९ ई०) को वह सम्बन्ध स्थापित हो गया। उस विवाह से जो शाहज़ादे पैदा हुये ईश्वर उन्हें सुल्तान तथा उलुग़ ख़ाँ की छाया में जीवित रक्खे।

(२९४) इसके फलस्वरूप उलुग़ ख़ाँ का पद बढ़ा दिया गया और वह अमीर हाजिब से ख़ान के पद पर पहुँच गया। मंगलवार ३ रजब ६४७ हि० (१२ अक्तूबर, १२४९ ई०) को उसे एक फ़रमान द्वारा लश्करकशी तथा मुल्कदारी[1] में नियाबत[2] का पद प्रदान किया गया। उसे उलुग़ ख़ाँ की भी उपाधि मिली। उसके उलुग़ ख़ाँ हो जाने पर उसके भाई को, जो अमीर आख़ुर था, अमीर हाजिब कर दिया गया। वह दानी तथा गुणवान मलिक सैफ़ुलहक़ वद्दीन किशली ख़ाँ ऐबक, अमीर हाजिब हुआ। मलिक ताजुद्दीन सन्जर तबर ख़ाँ नायब अमीर हाजिब नियुक्त हुआ। अमीरुलहुज्जाब अलाउद्दीन अयाज़ तबर ख़ाँ ज़नजानी नायब वकीलदर नियुक्त हुआ। वह मेरा पुत्र और बड़ा गुणवान है। उसका इससे अधिक कोई अन्य गुण नहीं हो सकता कि वह उलुग़ ख़ाँ का विश्वासपात्र है। यह पद शुक्रवार ६ रजब ६४७ हि० (१५ अक्तूबर, १२४९ ई०) को प्रदान किये गये। नायब अमीर आख़ुर इख़्तियारुद्दीन एतगीन मूयेदराज़ (लम्बे केशों वाला) अमीर आख़ुर नियुक्त हुआ।

सोमवार ९ शाबान ६४७ हि० (१७ नवम्बर, १२४९ ई०) को (उलुग़ ख़ाँ) जेहाद के लिये रवाना हुआ और जून नदी के घाट पर शिविर लगा दिये गये। युद्ध प्रारम्भ हो गया। लेखक को ख़ुरासान से यह सूचना मिली कि उसकी बहिन अकेली होने के कारण बड़े कष्ट में है। लेखक ने उलुग़ ख़ाने मुअज्ज़म की सेवा में उपस्थित होकर यह हाल बताया।

(२९५) उसने उसकी ओर विशेष कृपा दिखाई और उसे एक बहुमूल्य ख़िलअत, घोड़ा तथा एक गाँव प्रदान किया, जिसकी आय ३० हज़ार जीतल थी। इस समय तक उस इनाम से प्रत्येक वर्ष लेखक को लाभ पहुँच रहा है। उलुग़ ख़ाँ ने सुल्तान से भी लेखक के कष्टों के विषय में निवेदन किया। रविवार २ ज़ीक़ाद ६४७ हि० (६फ़रवरी, १२५० ई०) को दरबार से ४० गुलाम और १०० ख़च्चरों पर लदा हुआ सामान लेखक को अपनी बहिन के पास ख़ुरासान भेजने के लिये प्रदान हुआ। सोमवार २९ ज़ीक़ाद (५ मार्च, १२५० ई०) को लेखक राजधानी से यह सामान ख़ुरासान भेजने के लिये मुल्तान की ओर रवाना हुआ। मार्ग के प्रत्येक क़स्बे, नगर तथा क़िले में उलुग़ ख़ाँने मुअज्ज़म के दासों ने लेखक का इतना आदर सम्मान किया कि उसे देखकर बुद्धि की आँखें स्तब्ध रह गईं। बुद्धवार ६ रबी-उल-अव्वल ६४८ हि० (८ जून, १२५० ई०) को लेखक मुल्तान पहुँचा और वहाँ से झेलम की ओर रवाना हुआ। वह सामान तथा दास ख़ुरासान भेज देने के उपरान्त लेखक दो मास तक ग्रीष्म ऋतु के कारण मुल्तान के क़िले में मलिक इज्ज़ुद्दीन बलबन किशली ख़ाँ की सेना में रहा। वर्षा ऋतु के प्रारम्भ हो जाने के उपरान्त ६ जमादी-उल-अव्वल (६ अगस्त, १२५० ई०) को मुल्तान से लौटकर २ जमादी-

१ सेना संचालन तथा राज्य व्यवस्था।

२ सुल्तान का नायब होने का पद।

उल-आखिर (२ सितम्बर, १२५० ई०) को बादशाह के दरबार में उपस्थित हो गया।

(२९६) इस समय क़ाज़ीउलक़ुज़्ज़ात जलालुद्दीन काशानी हिन्दुस्तान का क़ाज़िये-ममालिक था। उस अद्वितीय व्यक्ति की अवस्था के दिन समाप्त हो जाने के फलस्वरूप उलुग़ खाँ ने इस हितैषी की सुल्तान से सिफ़ारिश की। रविवार १० जमादी-उल-अव्वल ६४९ हि० ३१ जूलाई, १२५१ ई०) को यह हितैषी दूसरी बार क़ाज़िये ममालिक बनाया गया। मंगलवार २५ शाबान ६४९ हि० (१२ नवम्बर, १२५१ ई०) को शाही पताकायें मालवा तथा कालिंजर की ओर रवाना हुईं। जब उलुग़ खाने आज़म इस्लामी सेना लेकर उस प्रदेश में पहुँचा तो ख़ान ने जाहर अजारी को, जोकि निकट के स्थानों का राना था और जिसके पास बहुत बड़ी सेना तथा अत्यधिक मनुष्य, धन सम्पत्ति, घोड़े आदि थे, पराजित करके उसका प्रदेश विध्वंस कर दिया। यह अजारी राना, जिसका नाम जाहर था, बड़ा वीर तथा पराक्रमी था। सुल्तान शम्सुद्दीन के राज्य-काल में ६३२ हि० (१२३४-३५ ई०) में इस्लामी सेनायें भियाना, सुल्तान कोट, क़न्नौज, मिहिर, महावन, तथा ग्वालियर से कालिंजर तथा जमु[१] की ओर युद्ध करने के लिये भेजी गई थीं। मलिक नुसरतुद्दीन तायसी, जोकि अपने समय में साहस, वीरता योग्यता तथा युद्ध में अद्वितीय समझा जाता था, सेना का सरदार नियुक्त हुआ था। ग्वालियर से वे लोग सेना लेकर ५० दिन तक युद्ध करके अत्यधिक धन सम्पत्ति लाये।

(२९७) इस प्रकार सुल्तानी ख़ुम्स २२ लाख के लगभग हो गया था। कालिंजर से लौटते समय इस्लामी सेना के मार्ग पर अजारी राना का राज्य था। उस राना ने इस्लामी सेना का मार्ग गराना[२] नदी तक रोक दिया था।

लेखक ने नुसरतुद्दीन तायसी से सुना है कि वह कहा करता था कि हिन्दुस्तान में किसी शत्रु ने उस हिन्दू अजारी के अतिरिक्त मेरी पीठ नहीं देखी है। उस हिन्दू अजारी ने मेरे ऊपर इस प्रकार आक्रमण किया कि मानों कोई भेड़िया भेड़ के गल्ले में घुस गया हो। मुझे उसके सामने से भाग कर दूसरी ओर से आक्रमण करके उसे परास्त करना पड़ा। इस घटना का उल्लेख इस कारण किया गया है ताकि पाठकगणों को यह ज्ञात हो जाय कि उलुग़ खाने आज़म कितना वीर, पराक्रमी था तथा युद्ध-विद्या में इतना निपुण था कि उसने ऐसे शत्रु को पराजित किया और नरबर[३] का दृढ़ क़िला उससे छीन लिया। इस युद्ध में उसने ऐसी वीरता दिखाई कि उसकी बहुत समय तक स्मृति बनी रहेगी।

सोमवार २३ रबी-उल-अव्वल ६५० हि० (३ जून, १२५२ ई०) में शाही पताकायें देहली वापस आईं। ६ मास तक देहली में सबने विश्राम किया। सोमवार १२ शव्वाल ६५० हि० (१६ दिसम्बर, १२५२ ई०) को शाही पताकायें ऊपर की ओर ब्याह नदी की तरफ़ रवाना हुईं। इस समय मलिक बल्बन बदायूँ का मुक़्ता था; मलिक क़ुतलुग़ खाँ भियाने का मुक़्ता था। दोनों मुक़्तों को सुल्तान ने बुलवाया और दोनों ही मुक़्ते तथा अन्य अमीर इस आक्रमण में उसके साथ थे। जब शुभ पताकायें ब्याह नदी की ओर पहुँचीं तो एमादुद्दीन रैहान अन्य मलिकों से मिलकर षड्यन्त्र रचने लगा।

(२९८) सभी लोग उलुग़ खाने आज़म से ईर्ष्या करते थे और इस द्वेष के कारण वे इस बात का प्रयत्न करने लगे कि उलुग़ खाँ की शिकारगाह अथवा किसी पर्वतीय मार्ग या किसी

---

१ यह नाम छपी हुई पुस्तक तथा हस्तलिखित पुस्तकों में स्पष्ट नहीं। होदीवाला का विचार है कि कदाचित् यह छत्रपूर नामक स्थान है जो कालिंजर के ४० मील दक्षिण-पश्चिम में है। (होदीवाला २३२)

२ पुस्तक में सन्दी है किन्तु रैवर्टी का विचार है कि गराना ठीक है।

३ पुस्तक में बजबर है।

नदी के किनारे हत्या कर दी जाय, किन्तु भगवान् उलुग़ ख़ाँ के भाग्य की रक्षा कर रहा था। उसके शत्रुओं को किसी प्रकार की सफलता प्राप्त नहीं हुई। इस प्रकार मलिकों ने सहमत होकर सुल्तान को इस बात पर तैयार कर लिया कि वह उसे उसकी अक़्ता की ओर भेज दे। ६५१ हि० के मुहर्रम मास के अन्तिम दिन (१ अप्रैल, १२५३ ई०) को उलुग़ ख़ाने आज़म अपने सैनिकों तथा विश्वासपात्रों को हसीरा[१] से लेकर हाँसी की ओर चल दिया। जब शाही पताकायें देहली पहुँचीं तब उलुग़ ख़ाने आज़म के प्रति ईर्ष्या के काँटे एमादुद्दीन रैहान को कष्ट पहुँचा रहे थे। उसने सुल्तान से निवेदन किया कि यह उचित होगा कि उलुग़ ख़ाने आज़म को नागौर की ओर भेज दिया जाय और हाँसी किसी शाहज़ादे को प्रदान कर दी जाय। इस परामर्श के फलस्वरूप शाही पताकायें उलुग़ ख़ाने मुअज़्ज़म को हाँसी से नागौर भेजने के लिये जमादी-उल-आख़िर ६५१ हि० (अगस्त-सितम्बर १२५३ ई०) को हाँसी की ओर रवाना हुईं। जब वे हाँसी पहुंचीं तो एमादुद्दीन रैहान वकीलदर नियुक्त हो गया, और उसने राज्यव्यवस्था अपने हाथ में ले ली। उलुग़ ख़ाने आज़म से ईर्ष्या के कारण क़ाज़िये ममालिक का पद लेखक मिनहाज सिराज से रजब ६५१ हि० (अगस्त-सितम्बर १२५३ ई०) में ले लिया गया और यह पद क़ाज़ी शम्सुद्दीन बहराइची को प्रदान कर दिया गया।

(२९९) १७ शव्वाल (१० दिसम्बर, १२५३ ई०) को सुल्तान देहली पहुँचा। उलुग़ ख़ाने मुअज़्ज़म के भाई मलिक सैफ़ुद्दीन किशली ख़ाँ ऐबक को कड़े की अक़्ता प्रदान की गई। क़ुतलुग़ ख़ाँ के जामाता इज़्ज़ुद्दीन बल्बन को नायब अमीर हाजिब नियुक्त किया गया। जो पद उलुग़ ख़ाँ ने अपने विश्वासपात्रों को प्रदान किये थे उन्हें उन पदाधिकारियों से या तो ले लिया गया या उनका स्थानान्तरण कर दिया गया। राज्य की शान्ति एमादुद्दीन रैहान के कुशासन के फलस्वरूप भँग हो गई।

जिस समय उलुग़ ख़ाँने मुअज़्ज़म नागौर का शासक था उस समय उसने इस्लामी सेना लेकर रणथम्भोर, बूँदी तथा चित्तौड़ पर अधिकार जमाने के लिए प्रस्थान किया। रणथम्भोर का राय नाहर देव, जोकि हिन्दुस्तानी रायों तथा मलिकों में बड़ा प्रतिभाशाली था, सेना लेकर उलुग़ ख़ाँने मुअज़्ज़म से युद्ध करने के लिए निकला। चूँकि भगवान् ने उलुग़ ख़ाँने मुअज़्ज़म को भाग्यशाली बनाया था, अतः राय नाहर देव की बहुत बड़ी सुसज्जित सेना, जिसमें घोड़े बहुत बड़ी संख्या में थे, हार गई। अत्यधिक शत्रु नरक में भेज दिये गये। अपार धन-सम्पत्ति, घोड़े तथा दास प्राप्त हुये। उलुग़ ख़ाँ बिना किसी क्षति के नागौर वापस हो गया।

६५२ हि० (१२५४-५५ ई०) में उलुग़ ख़ाने आज़म के विश्वास पात्र जोकि पदच्युत हो जाने के कारण भगवान् से उसकी उन्नति की प्रार्थना किया करते थे, अपनी प्रार्थनाओं में सफल हुये। उलुग़ख़ानी पताकायें नागौर से देहली की ओर रवाना हुईं।

(३००) इसका कारण यह था कि दरबार के समस्त तुर्क तथा ताज़ीक उच्च वंश के थे और एमादुद्दीन रैहान नपुंसक तथा तुच्छ था। वह हिन्दुस्तानी क़बीले से सम्बन्धित था। उत्कृष्ट वंश वालों को उसका अधिकार-सम्पन्न होना उचित प्रतीत नहीं होता था। वे उसका अधिकार-सम्पन्न होना अपने लिए बड़ी लज्जा की बात समझते थे। यह तुच्छ एमादुद्दीन रैहान के दुष्ट सहायकों के कारण ६ या उससे कुछ अधिक मास तक अपने घर से न निकल सका और जुमे की नमाज पढ़ने न जा सका। यही हाल राज्य के अन्य वीर, योग्य, प्रसिद्ध तथा पराक्रमी तुर्कों एवं मलिकों का था। वे अधिक दिनों तक इस अपमान की अवस्था में नहीं रह सकते थे। समस्त हिन्दुस्तान के मलिकों ने कड़ा मानिकपूर, अवध, बदायूँ, तबरहिन्दा

१ पुस्तक में मैसरह है।

सुनाम, सामाने तथा सिवालिक से उलुग़ खाने मुअज़्ज़म की सेवा में देहली वापस होने के लिए पत्र लिखे। इरसलान खाँ तबरहिन्दा से एक सेना लेकर रवाना हुआ। बत खाँ सुनाम तथा मंसूरपुर से बाहर निकला। उलुग़ खाँ ने नागौर तथा सिवालिक से सेना एकत्र की। मलिक जलालुद्दीन मसऊदशाह बिन (पुत्र) सुल्तान शम्सुद्दीन लाहौर से आकर इन लोगों से मिला और सब लोग देहली की ओर रवाना हुए। एमादुद्दीन रैहान ने सुल्तान से निवेदन किया कि शाही पताकायें युद्ध करने के लिए प्रस्थान करें। सेना देहली से सुनाम की ओर रवाना हुई। उलुग़ खाने मुअज़्ज़म अन्य मलिकों के साथ तबरहिन्दा के निकट था। लेखक शाही सेना के प्रस्थान करने के कारण शाही शिविर में सोमवार २६ रमज़ान ६५२ हि० (९ नवम्बर, १२५४ ई०) को पहुँचा, क्योंकि उसका नगर में रहना सम्भव न था।

(३०१) शबेक़दर[1] को उसने शाही शिविर में पहुँच कर सुल्तान के लिए भगवान् से प्रार्थना की। दूसरे दिन बुधवार २८ रमज़ान (११ नवम्बर, १२५४ ई०) को दोनों सेनायें एक दूसरे के निकट पहुँच गईं। दोनों ओर के यज़कियों[2] के बीच में युद्ध हो गया। शाही लश्कर को बड़ी क्षति पहुँची। ईदुलफ़ितर सुनाम में हुई। शनिवार ८ शव्वाल (२१ नवम्बर, १२५४ ई०) को शाही पताकायें हाँसी की ओर वापस हुईं। मलिक जलालुद्दीन तथा उलुग़ खाने मुअज़्ज़म एवं अन्य प्रतिष्ठित मलिक कैथल की ओर रवाना हुये। दोनों ओर से मलिकों तथा अमीरों ने सन्धि का प्रयत्न प्रारम्भ कर दिया। सिपहसालार क़रा जमाक़, जोकि उलुग़ खाँ का विश्वासपात्र तथा अपनी वीरता के लिए प्रसिद्ध था, शाही सेना के शिविर से उलुग़ खाँ के पास पहुँचा। काले झण्डे का अमीर हुसामुद्दीन क़ुतलुग़ जोकि बड़ा ही राज-भक्त तथा चरित्रवान था और समस्त अमीरों में वृद्ध था, सिपहसालार क़रा जमाक़ के साथ भेजा गया। मलिक इस्लाम क़ुतुबुद्दीन हसन अली ने भी इस विषय में विशेष प्रयत्न किया। समस्त मलिकों ने सुल्तान की सेवा में निवेदन किया कि 'हम सब अन्नदाता के दास तथा आज्ञाकारी हैं, किन्तु हमें एमादुद्दीन रैहान के षड्यन्त्र तथा कुकर्मों से बड़ा भय है। यदि वह दरबार से पृथक् करके किसी अन्य ओर भेज दिया जाय तो हम सब आज्ञा पालन तथा सेवा के लिये तैयार हैं।' जब शाही झण्डे सोमवार २२ शव्वाल ६५२ हि० (१५ दिसम्बर, १२५४ ई०) को हाँसी से झिन्द की ओर रवाना हुए तो एमादुद्दीन रैहान से वकीलदर का पद ले लिया गया।

(३०२) उसे बदायूँ का वाली कर दिया गया। इज़्ज़ुद्दीन बल्बन नायब अमीर हाजब उलुग़ खाँ की सेना की ओर गया। मंगलवार ३ ज़ीक़ाद (१५ दिसम्बर) को मलिक बत खाँ ऐबक ख़िताई सन्धि की पूर्ति के लिये शाही शिविर में पहुँचा। इस समय एक ऐसी घटना हुई जिसकी लेखक को पूर्णतया जानकारी है। वह इस प्रकार है कि एमादुद्दीन रैहान ने उलुग़ खाने मुअज़्ज़म का विरोध करने वाले तुर्कों से मिल कर यह षड्यन्त्र रचा कि जब बत ख़ाँ ऐबक ख़िताई सुल्तानी शिविर में पहुँचे तो उसकी हत्या कर दी जाय। जब यह सूचना उलुग़ खाँ की सेना में पहुँचेगी तो वे लोग इज़्ज़ुद्दीन बल्बन की हत्या कर देंगे। इस प्रकार सन्धि न हो सकेगी, एमादुद्दीन रैहान को न तो कोई क्षति पहुँचेगी और न उलुग़ खाँ दरबार में पुनः वापस हो सकेगा। जब यह सूचना मलिक क़ुतुबुद्दीन हसन को प्राप्त हुई तो उसने एक उलुग़े ख़ास (विशेष सन्देश-वाहक), हाजिब शर्फ़ुलमुल्क रशीदुद्दीन हनफ़ी को बत खाँ के पास भेजा और उसे यह सूचना दे दी कि उसके लिए यह उचित होगा कि वह कल प्रातः अपने ही स्थान पर रहे और शाही शिविर की ओर प्रस्थान न करे। यह सूचना मिलते ही बत खाँ ने शाही शिविर

१ २७ रमज़ान

२ अग्रगामी सेना।

की ओर प्रस्थान करने में विलम्ब किया और एमादुद्दीन रैहान तथा अन्य तुर्क अमीरों का षड्यन्त्र सफल न हो सका। प्रतिष्ठित अमीरों को इस षड्यन्त्र की सूचना मिल गई। एमादुद्दीन रैहान को सुल्तान ने शाही शिविर से बदायूँ की ओर प्रस्थान करने का आदेश दे दिया। मंगलवार १७ ज़ीक़ाद (२९ दिसम्बर, १२५४ ई०) को दरबार के मलिकों के परामर्श से सुल्तान ने इस तुच्छ मिनहाज सिराज को दोनों दलों में सन्धि कराने के लिए भेजा और यह आदेश दिया कि मैं सभी बातें पक्की कर लूँ।

(३०३) बुधवार को उलुग़ खाने मुअज़्ज़म अन्य मलिकों को लेकर सुल्तान की सेवा में उपस्थित हुआ। सुल्तान ने उसे दस्तबोस[1] का सम्मान प्रदान किया। शाही पताकायें रवाना हुईं और उलुग़ खाने मुअज़्ज़म के साथ बुधवार ९ ज़िलहिज्जा (२० जनवरी, १२५५ ई०) को देहली पहुँच गईं। इस बीच में एक विचित्र बात यह हुई कि उलग़ खाने मुअज़्ज़म की दरबार से अनुपस्थिति के समय वर्षा न हुई थी, उसके देहली पहुँच जाने पर उसके शुभ चरणों के आशीर्वाद से वर्षा प्रारम्भ हो गई और पानी, जोकि पशु-पक्षियों, मनुष्यों, कृषि तथा बनस्पति के लिये अत्यावश्यक है, बरसने लगा। उसके देहली वापस हो जाने पर सभी लोग बड़े प्रसन्न हुए और उन्होंने भगवान् के प्रति कृतज्ञता प्रकट की। नये वर्ष में ६५३ हि० (१२५५ ई०) में सुल्तान के अन्तःपुर में कोई ऐसी घटना घटी जिसकी जानकारी किसी को भी नहीं और जिसके फलस्वरूप बुधवार, ७ मुहर्रम ६५३ हि० (१६ फ़रवरी, १२५५ ई०) को क़ुतलुग़ ख़ाँ को अवध का वाली नियुक्त करके उस ओर भेज दिया गया। एमादुद्दीन रैहान को बहराइच का वाली नियुक्त किया गया था। उलुग़ ख़ाँ के भाग्य की उन्नति के उपरान्त उसके तुच्छ सेवक मिनहाज सिराज जूज़जानी को, जिस पर उसकी अनुपस्थिति में नाना प्रकार के अत्याचार किये गये थे, रविवार, ७ रबी-उल-अव्वल ६५३ हि० (१६ अप्रैल, १२५५ ई०) में तीसरी बार राज्य का क़ाज़ी बनाया गया।

(३०४) क़ुतलुग़ ख़ाँ ने अवध पहुँच जाने के उपरान्त कई बार विद्रोह करने का प्रयत्न किया और दरबार से उसको चेतावनी दी गई। एमादुद्दीन रैहान ने इस आशय से अपने छल द्वारा उपद्रव की अग्नि भड़काने का प्रयास किया कि कदाचित् उसे सफलता प्राप्त हो जायगी। मलिक ताजुद्दीन संजर माह पेशानी को मलिक क़ुतलुग़ ख़ाँ ने बन्दी बना लिया था क्यों कि उसे सुल्तान ने बहराइच प्रदान कर दिया था। उसने अपनी वीरता से अवध की क़ैद से मुक्ति प्राप्त करके सरयू नदी पार करने के उपरान्त बहराइच की ओर कुछ सवारों को लेकर प्रस्थान कर दिया। ईश्वर की कृपा से तुर्कों का सितारा उन्नति पर था और हिन्दुओं का पतन हो रहा था। एमादुद्दीन रैहान परास्त हो गया और बन्दी बना लिया गया। उसके जीवन का सूर्यास्त हो गया।

(३०५) उसकी मृत्यु से क़ुतलुग़ ख़ाँ का भी पतन होने लगा और रजब ६५३ हि० (अगस्त-सितम्बर, १२५५ ई०) में उसका भी अन्त हो गया। इन विद्रोहों तथा षड़यन्त्रों को दबाने के लिये शाही पताकायें बृहस्पतिवार अन्तिम शव्वाल ६५३ हि० (१ दिसम्बर, १२५५ ई०) को देहली से हिन्दुस्तान की ओर रवाना हुईं। शाही शिविर तिलपट में लगा दिया गया। सिवालिक का लश्कर जोकि उलुग़ खाने मुअज़्ज़म की अक़्ता में था पूर्णतया तैयार न होने के कारण कुछ देर में पहुँचा। उलुग़ खाने मुअज़्ज़म ने तिलपट से हाँसी की ओर प्रस्थान किया। रविवार १७ ज़ीक़ाद ६५३ हि० (१८ दिसम्बर, १२५५ ई०) को उसने हाँसी में पहुँच कर

१ हाथ चूमने का सम्मान। यह बहुत बड़ा सम्मान था। अधिकतर लोगों को ज़मीन बूस (भूमि चूमने) का सम्मान प्रदान किया जाता था।

शीघ्रातिशीघ्र सिवालिक, हाँसी, सरसुती, भिन्द तथा बरवाले की सेना १४ दिन में एकत्र की और लोहे के पहाड़ की भाँति सुसज्जित तथा दृढ़ सेना लेकर ३ ज़िलहिज्जा (३ जनवरी, १२५६ ई०) को देहली पहुँचा। १८ दिन तक वह अन्य सेनायें तथा मेवात के कोहपाया (पर्वत के आँचल) की सेना एकत्र करने में लगा रहा। १६ ज़िलहिज्जा (१६ जनवरी) को सेना लेकर शाही शिविर में पहुँचा। मुहर्रम ६५४ हि० (जनवरी-फ़रवरी, १२५६ ई०) में वे लोग अवध पहुँचे। क़ुतलुग़ ख़ाँ तथा उसके सहायक अमीर सुल्तान के दरबार के दास होते हुये भी कुछ मत-भेद के कारण अवध से सरयू नदी पार करके भाग गये।

(३०६) सुल्तान ने उलुग़ ख़ाँ को उनका पीछा करने के लिये मुहर्रम ६५४ हि० (जनवरी-फ़र्वरी, १२५६ ई०) में भेजा। उलुग़ ख़ाने आज़म एक बहुत बड़ी सेना लेकर उनके पीछे रवाना हुआ किन्तु घने जंगलों, नदी-नालों के कारण वह उन लोगों को न पकड़ सका। वह बसनपुर (बदीकोट) तथा त्रिहुट की सीमा तक बढ़ता चला गया और हिन्दू राजाओं तथा मवासात को विध्वंस कर दिया और अपार धन सम्पत्ति लेकर सुल्तान की सेवा में उपस्थित हो गया। जब उलुग़ ख़ाने मुअज़्ज़म सरयू पार करके अवध पहुँच गया तो शाही पताकायें राजधानी की ओर लौट गईं। उलुग़ ख़ाने आज़म भागे हुए अमीरों का पीछा करने के उपरान्त जब सुल्तान की सेवा में उपस्थित हुआ तो सुल्तानी शिविर के साथ लौटते समय कसमंडा होता हुआ मंगलवार १६ रबी-उल-अव्वल ६५४ हि० (१३ अप्रैल, १२५६ ई०) को देहली पहुँच गया।

मलिक क़ुतलुग़ ख़ाँ हिन्दुस्तान में सफलता पाने से निराश होकर सन्तूर की ओर चल दिया और उन पहाड़ी प्रदेशों में छिप गया। उस ओर के सभी लोग उसके अधीन हो गये क्यों कि वे उसको दरबार का बहुत बड़ा अमीर समझते थे और उसकी गणना उत्कृष्ट तुर्क अमीरों में होती थी। वह जिस ओर भी गया उसके पिछले आदर सम्मान के कारण सभी ने स्वागत किया। जब उसने सन्तूर के पर्वतीय प्रदेशों में गढ़बन्दी प्रारम्भ कर दी तो राना रनपाल हिन्दी ने, जोकि हिन्दुओं में बड़ा ही प्रतिष्ठित था और उन सब लोगों की सहायता करता था जो उसकी शरण में जाते थे, उसे विशेष सहायता प्रदान की। जब सुल्तान को यह समाचार मिला तो शाही पताकायें रबी-उल-आख़िर ६५५ हि० (अप्रैल, १२५७ ई०) के प्रारम्भ में सन्तूर की ओर रवाना हुईं।

(३०७) उलुग़ ख़ाने मुअज़्ज़म ने देहली की सेना लेकर अन्य मलिकों के साथ उन पहाड़ी प्रदेशों में घोर युद्ध किया। पर्वत के ऊबड़-खाबड़ तथा दुर्गम मार्गों को पार करके बड़ी वीरता के साथ सिलमूर प्रदेश तथा सिलमूर के क़िले तक पहुँच गया। वह प्रदेश उसी महान राना के अधीन था और आसपास के सभी राजा उसके अधीन थे, किन्तु वह उलुग़ ख़ाने मुअज़्ज़म से युद्ध न कर सका और भाग गया। इस्लामी सेना ने सिलमूर नगर तथा बाजार विध्वंस कर दिये। उलुग़ ख़ाँ ने ऐसे स्थान पर विजय प्राप्त कर ली जहाँ इससे पूर्व कोई भी इस्लामी सेना न पहुँच सकी थी। अपार धन सम्पत्ति लेकर उलुग़ ख़ाँ सुल्तान की सेवा में पहुँचा। शाही पताकायें २५ रबी-उल-आख़िर ६५५ हि० (१२ मई, १२५७ ई०) को देहली पहुँचीं। क़ुतलुग़ ख़ाँ सिलमूर के पर्वतीय प्रदेशों से निकल कर मलिक किशली ख़ाँ बल्बन से मिल गया। वे सामाने तथा कुहराम की ओर रवाना हो गये और उन्होंने उन स्थानों पर अधिकार जमाना प्रारम्भ कर दिया। जब यह समाचार सुल्तान को प्राप्त हुये तो उसने मलिक उलुग़ ख़ाने मुअज़्ज़म, मलिक किशली ख़ाँ एवं अन्य देहली के अमीरों और लश्कर को उन से युद्ध करने के लिये भेजा। बृहस्पतिवार १५ जमादी-उल-अव्वल ६५५ हि० (३१ मई,

१२५७ ई०) को उलुग़ ख़ाने मुअज़्ज़म देहली से चल पड़ा और शीघ्रातिशीघ्र कैथल की ओर रवाना हो गया। मलिक क़ुतलुग़ ख़ाँ उसी ओर था। जब दोनों सेनायें एक दूसरे के आमने सामने हुई तो सभी भाई मित्र एक ही वंश के दो सहायक, एक ही दरबार के दो अमीर, एक ही प्रदेश की दो सेनायें, एक ही शरीर के दो अंग, एक दूसरे से युद्ध के लिये तैयार हो गये। यह बड़ी विचित्र बात थी कि एक ही थैली के चट्टे-बट्टे शैतान के मार्ग-भ्रष्ट कर देने एवं स्वार्थ के कारण युद्ध करने के लिये तैयार थे। स्वार्थियों ने दोनों दलों में शत्रुता और भी बढ़ा दी थी।

(३०८) उलुग़ ख़ाने आज़म ने बड़ी योग्यता से हश्मेख़ास[1] को मलिक शेर ख़ाँ से, जोकि उसके चाचा का पुत्र तथा भाई था, क़ल्बे सुल्तानी[1] की सेना से पृथक् कर दिया। मलिक किशली ख़ाँ अमीर हाजिब को, जोकि उसका सगा भाई था, दरबार के मलिकों तथा हश्मेक़ल्ब के सैनिकों और हाथियों की सेना देकर पृथक् कर दिया। इस प्रकार यह दोनों सेनायें दो बड़े-बड़े भागों में विभाजित हो गईं। दोनों सेनायें सामाने तथा कैथल के निकट पहुँच कर युद्ध की प्रतीक्षा करने लगीं। कुछ पगड़ी बाँधने वालों (आलिमों) तथा षड्यन्त्र-कारियों ने मलिक बल्बन एवं मलिक क़ुतलुग़ ख़ाँ को पत्र लिख कर यह प्रार्थना की, कि 'शहर के द्वार हमारे हाथ में हैं, तुम लोग शहर पहुंच जाओ, क्योंकि शहर ख़ाली है। तुम में और सुल्तान की सेना में कोई अन्तर नहीं। जब तुम इस ओर पहुँच जाओ तो सुल्तान की सेवा में उपस्थित हो जाना। उलुग़ ख़ाँ अपनी सेना के साथ बाहर होगा और तुम्हें सफलता प्राप्त हो जायेगी'। सुल्तान के कुछ हितैषियों तथा उलुग़ ख़ाँ के भक्तों ने इस षड्यन्त्र की सूचना पाकर शीघ्रातिशीघ्र उलुग़ ख़ाँ को सब कुछ लिख भेजा। उलुग़ ख़ाँ ने सुल्तान की सेवा में पत्र भेजा कि विरोधियों को शहर से निकाल दिया जाय। इस घटना का उल्लेख सुल्तान नासिरुद्दीन के इतिहास में किया जा चुका है। जो लोग इसमें सम्मिलित थे उनके नाम भी लिखे जा चुके हैं।

(३०९) उस समय, जब कि दोनों सेनायें एक दूसरे के निकट थीं, एक व्यक्ति अपना तथा अपने पिता का नाम बता कर मलिक बल्बन किशलू ख़ाँ की ओर से उलुग़ ख़ाँ के पास जासूसी करने के लिये पहुँचा। उसने यह कहा कि वह उलुग़ ख़ाँ की सेवा में यह सूचना देने के लिये उपस्थित हुआ है कि जो मलिक तथा अमीर मलिक बल्बन किशलू ख़ाँ की सहायता कर रहे हैं वे उलुग़ ख़ाँ की सेवा में उपस्थित होने को तैयार हैं। वे केवल इतना चाहते हैं कि उनकी रक्षा का वचन दे दिया जाय और जो लोग उपस्थित हों उनकी रोटी तथा अक़्ता का प्रबन्ध कर दिया जाय। इस प्रकार बल्बन के सभी मलिक तथा अमीर उलुग़ ख़ाँ की सेवा में उपस्थित हो जायेंगे। उलुग़ ख़ाँ समझ गया कि उसके दिल में कुछ खोट है। उसने आदेश दिया कि उसे समस्त सेना का, सेना की तैयारियों का तथा साज व सामान एवं हाथियों का निरीक्षण कराया जाय। इसके उपरान्त उसने बल्बन के अमीरों तथा मलिकों को यह पत्र लिखवाया कि 'तुम्हारे पत्र पढ़े गये। तुम्हारी इच्छाओं का ज्ञान प्राप्त हुआ। इसमें सन्देह नहीं कि यदि तुम लोग मेरे आज्ञाकारी हो जाओगे तो मैं तुम्हारी योग्यता के अनुसार अपितु उससे भी अधिक रोटी तथा अक़्ता प्रदान करूँगा। यदि इसके विरुद्ध हुआ तो समस्त संसार को ज्ञात हो जायगा कि किस प्रकार तलवार तथा बर्छे की नोक से षड्यन्त्र-कारियों का अन्त कर दिया जाता है।' इस प्रकार जब यह पत्र, जिसमें मधु के साथ विष, चोट के साथ सम्मान तथा कृपा के साथ कठोरता मिली हुई थी, लिखा जा चुका तो वह लौट गया और उसने मलिक बल्बन को सब हाल सुना कर पत्र दिखाये। बुद्धिमान लोग समझ गये कि अमीर तथा मलिकों के षड्यन्त्र का क्या फल होता है।

---

१ देहली की सेना।

(३१०) इसी बीच में शहर देहली से पत्र पहुँचे और मलिक बल्बन तथा मलिक क़ुतलुग़ खाँ शहर की ओर रवाना हो गये किन्तु उन्हें निराश होकर वापस होना पड़ा। उनके चले जाने के दो दिन उपरान्त उलुग़ खाँ को यह हाल ज्ञात हुआ। वह इस बात से बड़ा परेशान हुआ कि राजधानी तथा सुल्तान की क्या दशा होगी। उलुग़ खाँ ने पत्र पाते ही वहाँ से प्रस्थान कर दिया और सोमवार १० जमादी-उल-आख़िर ६५५ हि० (२५ जून, १२५७ ई०) को देहली पहुँच गया। ७ मास तक शाही सेनायें देहली में रहीं। ज़िलहिज्जा ६५५ हि० के आरम्भ (दिसम्बर, १२५७ ई०) में दुष्ट मुग़लों की सेनायें सिन्ध पहुँच गईं। उन लोगों का सरदार नूईन सारी था। मलिक बल्बन ही उन लोगों के शहना को लाया था, अतः वह उन लोगों के पास पहुंच गया और उन लोगों ने मुल्तान के क़िले की गढ़बन्दी को बड़ी क्षति पहुंचाई। जब यह समाचार देहली पहुंचे तो उलुग़ खाँ ने सुल्तान के सम्मुख निवेदन किया कि शाही पताकाओं को देहली से प्रस्थान करना चाहिये। ६५६ हि० (१२५८-५९ ई०) वर्ष प्रारम्भ हो गया था। शाही पताकायें २ मुहर्रम ६५६ हि० (९ जनवरी, १२५८ ई०) को एक शुभ नक्षत्र में देहली से चल पड़ीं। सुल्तान का शिविर देहली शहर के सामने लग गया। उलुग़ खाने मुअज़्ज़म के परामर्श से सुल्तान ने राज्य के चारों ओर के बड़े-बड़े मलिकों, विलायत तथा सरहदों के ख़ानों के नाम फ़रमान जारी कर दिये कि सभी तैयारी करके सुल्तानी शिविर में पहुंच जायँ। आशूरे के दिन (१७ जनवरी, १२५८ ई०) लेखक को आदेश मिला कि वह तज़कीर करे और लोगों को धर्म-युद्ध तथा इस्लाम की रक्षा के लिये तैयार करे।

(३११) उलुग़ ख़ाने मुअज़्ज़म एक बहुत बड़ी सेना लेकर सुल्तान की सहायता के लिये बाहर निकला। समस्त मलिकों ने साथ दिया और सेनायें एकत्र होने लगीं। जब दुष्ट मुग़लों को इस तैयारी की सूचना मिली तो वे उस सीमा के आगे, जिसे वे विध्वंस कर चुके थे न बढ़ सके और उन्होंने कोई विशेष उत्पात न किया। यह उचित समझा गया कि ४ मास या इससे कुछ अधिक समय तक सेनायें शहर देहली के सामने एकत्रित रहें। सवारों के दस्ते आक्रमण करने के लिये मवासात तथा भिन्न-भिन्न दिशाओं में जाते थे। इसके उपरान्त यह सूचना मिली कि दुष्टों की सेना भाग गई। सुल्तान तथा अन्य लोगों को सन्तोष प्राप्त हो गया।

इस बीच में उलुग़ ख़ाने मुअज़्ज़म को गुप्तचरों द्वारा यह सूचना मिली कि (ताजुद्दीन) इरसलान खाँ संजर ने अवध से, तथा क़ुतलुग़ खाँ और मसऊद जानी, सुल्तानी शिविर में देर से उपस्थित होने के कारण बड़े भयभीत हैं और षड्यन्त्र रचने का विचार कर रहे हैं। उलुग़ ख़ाने मुअज़्ज़म ने सुल्तान की सेवा में निवेदन किया कि इससे पूर्व कि इस दल के पंख निकल आयें और वे विरोध करने लगें, यह उचित होगा कि उन्हें इसका समय न मिलने पाये और यह अग्नि शीघ्रातिशीघ्र बुझ जाय। उलुग़ खाँ के परामर्श से शाही पताकायें हिन्दुस्तान की ओर मंगलवार ६ जमादी-उल-आख़िर ६५६ हि० (१०जून, १२५८ ई०) को चल पड़ीं और कड़ा मानिकपूर पहुँच गईं। यद्यपि यह ग्रीष्म ऋतु थी और इस्लामी सेना को मुग़लों के आक्रमण के फलस्वरूप विशेष कष्ट उठाना पड़ा था, किन्तु उलुग़ खाँ ने विद्रोही हिन्दुओं तथा उपद्रवकारी राजाओं को इतने कठोर दण्ड दिये कि उसका उल्लेख सम्भव नहीं।

(३१२) उसके उस ओर पहुँचने के उपरान्त इरसलान खाँ तथा क़ुतलुग़ खाँ भाग गये और उन्होंने अपने परिवार तथा सहायकों को मवासात में भेज दिया। उन्होंने अपने विश्वासपात्र उलुग़-

ख़ाने मुअ़ज़्ज़म की सेवा में भेजे और उससे यह निवेदन किया कि वह सुल्तान की सेवा में यह लिख भेजे कि किस प्रकार उन्हें विवश होकर भागना पड़ा और कि शाही पताकाओं के देहली पहुँच जाने के उपरान्त दोनों (इरसलान ख़ाँ तथा क़ुतलुग़ ख़ाँ) दरबार में उपस्थित हो जायेंगे। उलुग़ ख़ाने मुअ़ज़्ज़म ने उपर्युक्त प्रार्थना-पत्र सुल्तान की सेवा में भिजवा दिये और शाही पताकायें सोमवार २ रमज़ान ६५६ हि० (२ सितम्बर, १२५८ ई०) को राजधानी में पहुँच गईं। ७ शव्वाल ६५६ हि० (७ अक्तूबर, १२५८ ई०) को इरसलान ख़ाँ तथा क़ुतलुग़ ख़ाँ सुल्तान के दरबार में उपस्थित हुए। इतने विरोध, संघर्ष तथा उत्पात के प्रदर्शन के उपरान्त भी उलुग़ ख़ाने मुअ़ज़्ज़म ने उन लोगों को इतना प्रोत्साहन प्रदान किया और उनके साथ इस प्रकार उदारता-पूर्वक उचित व्यवहार किया कि उसकी उदारता, नम्रता एवं प्रोत्साहन के फलस्वरूप वे राज-भक्त बन गये। २ मास उपरान्त उलुग़ ख़ाने मुअ़ज़्ज़म की सिफ़ारिश से लखनौती क़ुतलुग़ ख़ाँ को और कड़ा इरसलान ख़ाँ को प्रदान कर दिये गये।

नये वर्ष में १३ मुहर्रम ६५७ हि० (१० जनवरी, १२५६ ई०) को शाही पताकायें राजधानी के बाहर चल खड़ी हुईं और शाही शिविर देहली के सामने लगा दिये गये।

(३१३) उलुग़ ख़ाने मुअ़ज़्ज़म अपने चाचा के पुत्र शेर ख़ाँ को बड़ा प्रोत्साहन दिया करता था। उसकी सिफ़ारिश से रविवार २१ सफ़र ६५७ हि० (१७ फ़रवरी, १२५६ ई०) को भियाना, कोल, जलेसर तथा ग्वालियर की विलायत उसे प्रदान कर दी गई। ईश्वर की कृपा से उस वर्ष किसी दुर्घटना के न होने के फलस्वरूप शाही पताकाओं को किसी ओर प्रस्थान न करना पड़ा। बुधवार ४ जमादी-उल-आख़िर ६५७ हि० (२६ मई, १२५६ ई०) को लखनौती से ख़ज़ाना, धन सम्पत्ति, बहुमूल्य वस्तुयें तथा दो हाथी दरबार में प्राप्त हुए। उलुग़ ख़ाने मुअ़ज़्ज़म ने इन उपहारों को विशेष महत्व प्रदान किया। लखनौती के मुक़्ता इज़्ज़ुद्दीन बल्बन यूज़बकी को जिसने यह उपहार तथा हाथी भेजे थे लखनौती की अक़्ता का फ़रमान प्रदान किया गया और वह प्रदेश उसी को स्थायी रूप से दे दिया गया।

नये वर्ष में सफ़र ६५८ हि० (जनवरी-फ़रवरी, १२६० ई०) में उलुग़ ख़ाने मुअ़ज़्ज़म ने कोहपाया (पर्वतों के आँचल) की ओर प्रस्थान करने का दृढ़ संकल्प कर लिया। इस कोहपाया में आज्ञाओं के उल्लङ्घन करने वालों के दल सर्वदा लूटमार किया करते थे और मुसलमानों की धन सम्पत्ति लूट ले जाते थे, तथा प्रजा को कष्ट पहुँचाते थे। वे हरियाना, सिवालिक, तथा भियाना के ग्रामों में लूटमार किया करते थे। इसके ३ वर्ष पूर्व उलुग़ ख़ाँ के दास तथा विश्वासपात्र ऊँटों का एक गल्ला हाँसी की विलायत के निकट से ले जा रहे थे। इन उपद्रव-कारियों का नेता एक हिन्दू था जिसका नाम मल्का था। उसने भूतों के समान झपट कर ऊँटों तथा दासों का गल्ला छीन लिया। उन लोगों ने उन्हें कोहपाया से लेकर रतनपुर (रणथम्भोर) तक के हिन्दुओं में बाँट दिया।

(३१४) उस समय एक युद्ध का आयोजन हो रहा था और उलुग़ ख़ाने मुअ़ज़्ज़म को सामान ले जाने के लिये ऊँटों की विशेष आवश्यकता थी। इससे उलुग़ ख़ाने मुअ़ज्जम तथा समस्त मलिकों, अमीरों और सैनिकों को विशेष कष्ट पहुँचा किन्तु वे उन पर किसी प्रकार चढ़ाई न कर सकते थे क्योंकि मुग़ल सेना इस्लामी नगरों की, अर्थात् सिन्ध, लाहौर तथा ब्याह नदी की सीमा पर धावे मार रही थी। इसी समय ख़ुरासान तथा एराक़ की ओर से दूत, जिन्हें हलाकू मुग़ल ने, जोकि चंगेज़ ख़ाँ के पुत्र तूली का पुत्र था, भेजा था, देहली के निकट पहुँच चुके थे। सुल्तान की ओर से उनके विषय में आदेश हुआ कि दूतों को मारूता (बारूता) तथा उसके निकट के स्थानों पर ठहराया जाय। उलुग़ ख़ाने मुअ़ज़्ज़म तथा अन्य मलिकों एवं

देहली की सेना और मलिकों की सेना ने ४ सफ़र ६५८ हि० (२० जनवरी, १२६० ई०) को कोहपाया पर चढ़ाई कर दी। पहले ही धावे में वे ५० कोस तक पहुँच गये और अचानक उस ओर के विद्रोहियों पर टूट पड़े। उन पर्वतीय प्रदेशों तथा ऊबड़ खाबड़ और नदी नालों के निवासियों को मुसलमानों ने तलवार के घाट उतार दिया। २० दिन तक उलुग़ ख़ाने मुअज़्ज़म कोहपाया के चारों ओर धावे मारता रहा। उन पहाड़ियों के निवास स्थान पहाड़ों की चोटियों तथा ऊँची-ऊँची चट्टानों पर स्थित थे और ऐसा ज्ञात होता था कि वे आकाश अथवा सितारों के निकट बने हैं।

(३१५) उलुग़ ख़ाने मुअज़्ज़म ने उन सब स्थानों को, जोकि सिकन्दर की दीवार[1] के समान दृढ़ थे, विध्वंस कर दिया। वहाँ के निवासी हिन्दुओं, चोरों तथा डाकुओं को तलवार के घाट उतार दिया। उलुग़ ख़ाँ ने यह आदेश दे दिया था कि मुसलमान सैनिकों में से जो कोई एक कटा हुआ सिर लायेगा उसे एक चाँदी का तन्का प्रदान किया जायेगा, और जो कोई एक पुरुष को जीवित पकड़ कर लाये उसे दो चाँदी के तन्के ख़ज़ानेदार प्रदान कर दे। सत्य का पालन करने वालों ने उलुग़ ख़ाने मुअज़्ज़म के आदेशानुसार ऊबड़-खाबड़ स्थानों तथा नदी-नालों को पार करके कटे हुए सिर तथा बन्दियों को लाना प्रारम्भ कर दिया; विशेष कर अफ़ग़ानों में से प्रत्येक बड़ी वीरता से युद्ध करके सौ-सौ हिन्दुओं को पर्वत तथा जंगलों से पकड़ कर लाया। प्रत्येक अफ़ग़ान हाथी तथा भैंसे के समान था। यह बात इस प्रकार भी कही जा सकती है कि वे किसी ऐसे मीनार के समान थे जिस पर झण्डा लगा हो। उलुग़ ख़ाँ की सेवा में अफ़ग़ानों की संख्या लगभग ३ हज़ार सवारों तथा प्यादों की थी। समस्त मलिकों तथा अमीरों, तुर्कों तथा ताज़ीकों ने बड़ी वीरता का प्रदर्शन किया। उनकी वीरता की कहानी वर्षों तक वर्त्तमान रहेगी। जबसे इस्लामी झण्डे हिन्दुस्तान में पहुँचे, कभी भी कोई इस्लामी सेना उस स्थान पर पहुंच कर, उसे विध्वंस न कर सकी थी। वह विरोधी हिन्दू जिसने ऊँटों को छीन लिया था अपने परिवार सहित गिरफ़्तार हुआ और लगभग २५० प्रतिष्ठित विरोधी बन्दी बना लिये गए। १४२ घोड़े शाही अस्तबल में पहुँच गये। तन्कों से भरे हुए ६० बोरे जिनमें ३० हज़ार तन्के थे पहाड़ी प्रदेशों के राजाओं से प्राप्त हुए और ख़ज़ाने में भेज दिये गये।

(३१६) २० दिन में उलुग़ ख़ाँ ने बड़ी वीरता तथा योग्यता से इतनी सफलता प्राप्त की। २४ रबी-उल-अव्वल ६५८ हि० (६ मार्च, १२६० ई०) को उलुग़ ख़ाने मुअज़्ज़म दरबार वापस आया। अपने चत्र के नीचे सुल्तान मलिकों, सद्रों तथा शहर के गण्यमान्य व्यक्तियों को लेकर हौज़े रानी के मैदान में पहुँचा। वे जूद उद्यान से हौज़े रानी तक उलुग़ ख़ाँ के स्वागतार्थ पंक्तियों में खड़े हो गये। सुल्तान ने हौज़े रानी के निकट एक बहुत बड़ा दरबार किया। उलुग़ ख़ाने मुअज़्ज़म ने अपनी सेना के मलिकों तथा अमीरों को लेकर, जो उसकी प्रदान की हुई खिलअतें पहने थे, ज़मीन बोस[2] किया। नाना प्रकार के अतलस, रेशम, सुनहरे रुपहले काम के जैसे वस्त्रों[3] तथा विभिन्न प्रकार के सुनहरे झण्डों[4] से वह मैदान बाग़ बन

---

१ एक दृढ़ काल्पनिक दीवार।

२ (धरती चुम्बन) इस्लामी नियमानुसार केवल ख़ुदा के सामने सिजदा किया जाता है, किन्तु ईरान के प्राचीन सम्राटों का अनुसरण करते हुए ख़ाकबोस की प्रथा मुहम्मद साहब के चारों ख़लीफ़ाओं की ख़िलाफ़त के पश्चात् ही आरम्भ हो गई। तुर्क सुल्तान भी इसका विशेष पालन करते थे। भारतवर्ष में कभी-कभी कट्टर आलिमों ने इसका विरोध भी किया किन्तु सुल्तानों के दरबार में कभी नहीं सुनी गई। बरनी ने भी ख़ाकबोस अथवा धरती-चुम्बन में कोई आपत्ति नहीं बताई है।

३ अतलस, उकसून, अलबुरून व शुतरी।

४ अलमहाय-ज़र-कशीदा व बादली व चर्ख़ी व बग़लताक़।

गया। समस्त प्रतिष्ठित मलिकों, ग्रमीरों, पहलवानों ग्रौर योद्धाग्रों को उलुग़ ख़ाँ के ख़ज़ाने से बहुमूल्य वस्त्र एक दिन पूर्व प्रदान कर दिये गये थे। सब लोगों को, जोकि विजय तथा सफलता प्राप्त करके दरबार में उपस्थित हुए थे, सुल्तान ने दस्तबोस का सम्मान प्रदान किया। प्रत्येक का ग्रत्यधिक ग्रादर सम्मान किया गया। दो दिन उपरान्त सेना धर्म-युद्ध के लिये सुल्तान की सेवा में शहर से हौज़े रानी के मैदान की ग्रोर रवाना हुई ग्रौर यह ग्रादेश दिया गया कि पहाड़ों तथा भूतों के समान हाथियों को, जोकि क्षण भर में लोगों को मृत्यु के घाट उतार देते थे, काफ़िरों को दण्ड देने के लिये उपस्थित किया जाय। रक्तपात करने वाले तुर्क ग्रपनी नंगी तलवारें लेकर विद्रोहियों की हत्या के लिये उपस्थित हुए।

(३१७) कुछ विद्रोहियों को हाथी के पैरों के नीचे कुचलवा दिया गया। तुर्कों की रक्त बहा देने वाली तलवारों ने दो-दो हिन्दुग्रों के चार-चार हिन्दू कर दिये। कई सौ विद्रोही हिन्दुग्रों की खाल चाक़ू से उतरवा ली गई। खालों में घास फूस भर कर शहर के द्वार पर लटका देने का ग्रादेश दे दिया गया। इस प्रकार का कठोर दण्ड हौज़े रानी के सामने तथा देहली के द्वार के समक्ष किसी को कभी न दिया गया था ग्रौर न इस प्रकार के दण्ड की किसी ने कोई कथा ही सुनी थी। इस धर्म-युद्ध तथा वीरता से उलुग़ ख़ाने मुग्रज़्ज़म का सम्मान ग्रौर बढ़ गया। उलुग़ ख़ाने मुग्रज़्ज़म ने निवेदन किया कि उचित होगा कि इस ग्रवसर पर ख़ुरासान के दूतों को भी बुलवा कर उन्हें दस्तबोस का सम्मान प्रदान किया जाय। सुल्तान के ग्रादेशानुसार बुद्धवार ८ रबी-उल-ग्राख़िर ६५८ हि० (२३ मार्च, १२६० ई०) को शाही सवारी कूशके सब्ज़ (हरे राज भवन) की ग्रोर रवाना हुई। उलुग़ ख़ाने मुग्रज़्ज़म ने ग्रादेश दिया कि दीवाने ग्रर्ज़े ममालिक के ग्रधिकारी देहली के ग्रासपास से सेनायें एकत्र करें। दो लाख सशस्त्र प्यादे देहली में एकत्र हुए तथा ५० हज़ार सजी हुई काठियाँ, झण्डे एवं ग्रस्त्र शस्त्र लगाकर इकट्ठा हुये। शहर के निवासी (उत्तम, मध्यम तथा निम्न वर्ग के) पैदल तथा घोड़ों पर सवार होकर बाहर निकले।

(३१८) शहरे नव किलोखड़ी से राजधानी के राज भवन तक मनुष्यों की २० पंक्तियाँ एक दूसरे के पीछे इस प्रकार खड़ी की गईं मानों एक बाग़ लगा दिया गया हो, जिसमें वृक्षों की पंक्तियाँ लगी हों या ऐसा ज्ञात होता था कि क़यामत का दिन ग्रा गया है ग्रौर लोग ग्रपने कर्मों का हिसाब देने के लिये एकत्र हुए हैं। इस प्रकार उलुग़ ख़ाँ ने ग्रपनी नियाबत के समय बड़ी वीरता तथा साहस का प्रदर्शन किया। उसने ग्रमीरों, मलिकों, गण्यमान्य व्यक्तियों, सद्रों, ग्रन्य प्रतिष्ठित लोगों एवं झण्डों तथा पताकाग्रों के लिये उचित स्थान निश्चित किये। प्रत्येक को उचित स्थान प्रदान किया गया। भीड़-भाड़ तथा शोरगुल ग्रौर ढोल की ग्रावाज़, हाथियों के चिङ्घाड़ने तथा घोड़ों के दौड़ाने मे सर्व साधारण के कान बहरे हो गये थे ग्रौर ईर्ष्या करने वालों की ग्राँखों का प्रकाश समाप्त हो गया था। जब तुर्किस्तान के दूत शहरे नव में पहुँचे तो उन्हें भी वह भीड़भाड़ तथा शोरगुल दिखाई पड़ा। वे लोग इस दृश्य को देख कर इतने भयभीत हो गये कि ऐसा ज्ञात होता था कि उनके प्राण पखेरू उनके शरीर से उड़ जायेंगे। यह विश्वास से कहा जा सकता है कि गज-युद्ध को देख कर ग्रनेक दूत घोड़े मे गिर पड़े होंगे। जब दूत शहर के द्वार पर पहुँचे तो मलिकों ने उलुग़ ख़ाँ के ग्रादेशानुसार उनका स्वागत किया ग्रौर उन्हें बड़े ग्रादर सम्मान से हरे राज-भवन में राज सिंहासन के सम्मुख ले गये। उस दिन शाही राज-भवन नाना प्रकार के फ़र्शों, सुनहरे रुपहले पर्दों तथा ग्रन्य वस्तुग्रों से सजाया गया था। तख़्त के दोनों ग्रोर काले ग्रौर लाल रंग के बहुमूल्य दो चत्र लगे थे जिन में बहुमूल्य जवाहिरात जड़े हुए थे। सुनहरे राज सिंहासन को सुल्तान का ग्रासन सुशोभित कर रहा था।

(३१९) बड़े-बड़े मलिक, अमीर, सद्र तथा गण्य-मान्य व्यक्ति, रूपवान तुर्क दास सुनहरी पेटियाँ बाँधे तथा पहलवान बड़े सजधज से खड़े हुये थे। इनके द्वारा सजा हुआ भवन आठवें स्वर्ग[1] का एक भाग ज्ञात होता था। निम्नाङ्कित छन्द[2] इस अवसर के अनुकूल लिखे गये, और लेखक के एक पुत्र ने इन्हें सुल्तान के समक्ष पढ़ा।

(३२०) यह सच होगा यदि इस जश्न को सितारों से भरा हुआ आकाश कहा जाय। संसार का बादशाह राज सिंहासन पर इस प्रकार विराजमान था कि मानों सूर्य चौथे आकाश पर चमक रहा हो। उलुग़ ख़ाँ उसकी सेवा में इस प्रकार नम्रता से दोनों जानुओं पर बैठा था कि मानों चन्द्रमा चमक रहा हो। मलिक नक्षत्र की भाँति इधर उधर थे। तुर्क सुनहरे वस्त्र पहने हुये तथा सुनहरी पेटियाँ बाँधे हुये अगणित सितारों की भाँति थे। यह सब प्रबन्ध तथा व्यवस्था उलुग़ ख़ाने मुअज़्ज़म की योग्यता द्वारा सम्पन्न हुये थे। यद्यपि सुल्तान ने मुहम्मद साहब के आदेशानुसार उसे पिता का स्थान प्रदान किया था, किन्तु वह अपने आपको एक तुच्छ दास समझता था। इस प्रकार जब दूत पेश किये जा चुके तो उनका उचित आदर सम्मान करने तथा उन्हें इनाम इकराम देने के उपरान्त उस स्थान पर भेज दिया गया जो उनके लिए निश्चित किया गया था।

इस स्थान पर इस बात का उल्लेख आवश्यक है कि ये दूत ख़ुरासान से किस कारण भेजे गये और हलाकू मुग़ल का उद्देश्य क्या था तथा इसके उपरान्त क्या हुआ। मलिक नासिरुद्दीन मुहम्मद हसन क़र्लुग़ की यह आकाँक्षा थी कि उसके परिवार की सीपी से एक मोती का उलुग़ ख़ाने मुअज़्ज़म के पुत्र शाह[3] से विवाह हो जाय जिससे उसका सम्मान अन्य मलिकों की अपेक्षा बढ़ जाय और इस वैवाहिक सम्बन्ध से उसकी शक्ति तथा अधिकार में उन्नति हो जाय। उसने इस विषय से सम्बन्धित एक पत्र उलुग़ ख़ाने आज़म के एक विश्वासपात्र को गुप्त रूप से लिखा और यह ज्ञात करने का प्रयत्न किया कि उसकी प्रार्थना स्वीकार भी हो सकेगी अथवा नहीं। उसका विचार था कि इसके उपरान्त वह स्वयं उलुग़ ख़ाने आज़म की सेवा में निवेदन करे। चूंकि मलिक नासिरुद्दीन मुहम्मद अपने समय का एक प्रतिष्ठित मलिक था अतः उलुग़ ख़ाँ ने यह सम्बन्ध स्वीकार कर लिया। उसने अपने सेवकों में से एक को उसके पास उत्तर ले जाने के लिए नियुक्त किया। सन्देश-वाहक अति योग्य हाजिब जमालुद्दीन अली खलजी था।

(३२१) जब यह खलजी इस कार्य के लिए नियुक्त हुआ तो उसे यात्रा व्यय तथा अन्य ख़र्च मुख्य दीवान (राज्य की ओर से) द्वारा प्रदान किये गये। जब वह यात्रा के लिए रवाना हुआ तो मार्ग के कर वसूल करने वाले निश्चित कर इस हाजिब से भी माँगते थे, किन्तु वह उन्हें यह कह कर हटा देता था कि "मैं दूत हूँ।" जब उसने अपने राज्य की यात्रा का अन्त कर लिया और सिन्ध प्रदेश में पहुंचा तो मलिक इज़्ज़ुद्दीन किशलू ख़ाँ ने आदेश दिया कि उसे बुला कर पूछ-ताछ की जाय। हाजिब अली से वे पत्र माँगे गये जो वह ले जा रहा था जिससे उन पत्रों में जो कुछ लिखा था उसके विषय में जानकारी प्राप्त हो सके। हाजिब अली ने पत्र दिखाने से मना कर दिया। जब बहुत सख़्ती की गई तो उसने मुग़ल शहना के सम्मुख कहा कि "मैं दूत हूं और मैं ऊपर की ओर जा रहा हूँ।" जब उसने मुग़लों के सम्मुख

१ मुसलमानों के अनुसार स्वर्ग के आठ भाग हैं। अन्तिम भाग बड़ा ही भव्य बताया जाता है और प्रत्येक भव्य वस्तु की तुलना उसी से की जाती है।

२ छन्दों में कोई विशेष बात नहीं कही गई। अतः उनका अनुवाद नहीं किया गया।

३ शाहज़ादे का नाम छपी तथा हस्तलिखित पुस्तक में कहीं नहीं मिलता।

यह बात कही तो मलिक इज़्ज़ुद्दीन बल्बन किशलू ख़ाँ ने पत्र पढ़ने पर ज़ोर न दिया और कहा कि "तू आगे जा सकता है। मैं तुझे तेरे निश्चित स्थान तक पहुँचा सकता हूँ।" हाजिब अली ने उत्तर दिया कि "मुझे मलिक नासिरुद्दीन मुहम्मद हसन क़र्लुग़ की सेवा में उपस्थित होने का आदेश दिया है।" इस पर मलिक इज़्ज़ुद्दीन बल्बन को विवश होकर उसे उस ओर जाने की आज्ञा देनी पड़ी।

जब वह बानियान प्रदेश में पहुँचा तो यह सूचना मुग़ल शहना (अधिकारियों) तथा अन्य साधारण तथा विशेष व्यक्तियों को मिल गई, कि वह देहली से पत्र लेकर आया है। मलिक नासिरुद्दीन मुहम्मद हसन क़र्लुग़ को उसे एराक़ तथा आज़रबैजान की ओर हलाकू मुग़ल की सेवा में भेजना पड़ा, किन्तु उसने बिना देहली के दरबार तथा उलुग़ ख़ाने मुअज़्ज़म की आज्ञा के उनकी ओर से पत्र तथा उपहार उसके साथ कर दिये और अपने विश्वासपात्रों को भी उसके साथ रवाना कर दिया।

(३२२) एराक़ के निकट पहुँच कर वे तबरेज़ आज़रबैजान में हलाकू से मिले। हलाकू ने हाजिब अली का बड़ा आदर सम्मान किया। जिस समय हलाकू के सम्मुख पढ़ने हेतु फ़ारसी से मुग़ली भाषा में अनुवाद किये जाने लगे तो उलुग़ ख़ाने मुअज़्ज़म के नाम के स्थान पर अनुवाद में मलिक लिख दिया गया, कारण कि तुर्किस्तान की यह प्रथा है, कि केवल एक व्यक्ति ही बादशाह (ख़ान) कहलाता है और अन्य व्यक्तियों को मलिक कहते हैं। जब हलाकू ने पत्र सुने तो उसने कहा कि उलुग़ ख़ाँ का नाम किस कारण बदल दिया गया। उसका नाम उसी प्रकार ख़ान रखा जाय। इससे सिद्ध होता है कि वह उलुग़ ख़ाने मुअज़्ज़म का कितना आदर सम्मान करता था। इससे पूर्व हिन्दुस्तान तथा सिन्ध के ख़ान भी मुग़ल ख़ानों तथा शासकों के सम्मुख उपस्थित हुये। किन्तु उनका नाम बदल दिया गया था। उलुग़ ख़ाने मुअज़्ज़म के नाम में किसी प्रकार का कोई परिवर्तन न किया गया। यह ईश्वर की कृपा से उसके गौरव का प्रमाण है कि सभी मुसलमान तथा काफ़िर उसका नाम आदर-पूर्वक लेते थे।

जब हाजिब अली को विदा किया गया तो बानियान के शहना को, जोकि एक प्रसिद्ध तथा गण्यमान्य मुसलमान अमीर यग़रश का पुत्र था, उसके साथ जाने के लिये नियुक्त किया गया। मुग़ल सेना को, जोकि सारी नूईन के अधीन थी, आदेश भेजा गया कि यदि तुम्हारे किसी घोड़े का खुर भी सुल्तान नासिरुद्दीन के राज्य में पहुंच जाय तो उस घोड़े के पैरों को काट डाला जाय। इस प्रकार उलुग़ ख़ाँ की कुशल नीति द्वारा हिन्दुस्तान को शान्ति प्राप्त हो गई।

(३२३) जब मुग़ल दूत इस्लामी राजधानी में पहुंचे तो जिस प्रकार हलाकू ने सुल्तान के हाजिब का आदर सम्मान किया था उसी प्रकार सुल्तान ने भी "नेकी का बदला नेकी से देने के लिये", मुग़ल दूत का आदर किया। इसी कारण ख़ुरासान तथा तुर्किस्तान की सेना के दूत देहली आये।

इस समय की अन्तिम घटना इस प्रकार है। उलुग़ ख़ाने मुअज़्ज़म के कोहपाया में (पर्वतों के आँचल में) युद्ध करने तथा कठोर दण्ड देने के उपरान्त भी उन विद्रोहियों के कुछ सम्बन्धी बच गये थे। वे कोहपाया से इधर-उधर भाग गये थे और इस प्रकार उलुग़ ख़ानी तलवार से बच गये थे। उन्होंने पुनः विरोध करना प्रारम्भ कर दिया और मुसलमानों को लूटना शुरू कर दिया। लोग उनके उपद्रवों से भयभीत रहने लगे। यह हाल उलुग़ ख़ाँ को ज्ञात हुआ। उसने गुप्तचरों तथा अन्य पता लगाने वालों को इस बात के लिये नियुक्त

किया कि वे उन उपद्रवकारियों के निवास स्थान को देखलें और उनके विषय में पूर्णतया पूछताछ करलें। सोमवार २४ रजब ६५८ हि० (५ जूलाई, १२६० ई०) को उसने शाही सेना तथा मलिकों की सेना लेकर कोहपाया की ओर प्रस्थान किया। एक ही धावे में ५० कोस या इससे कुछ अधिक यात्रा करके अचानक उन पर टूट पड़ा और सभी को, जो लगभग १२ हजार की संख्या में थे, और जिनमें स्त्री बालक तथा पुरुष सभी सम्मिलित थे, बन्दी बना लिया। इस प्रकार समस्त पर्वतीय प्रदेश तथा भयानक मार्ग इस्लामी तलवारों द्वारा सुरक्षित हो गये और अपार धन सम्पत्ति प्राप्त हुई।

(३२४) जो कुछ भी मैं ने उस राज्य के विषय में देखा था उसे लिख दिया। पाठकों से अपने लिये प्रार्थना करने की याचना करता हूं। शव्वाल ६५८ हि० (सितम्बर-अक्तूबर, १२६० ई०)।

---

(३)

तारीख़े फ़ीरोज़शाही

ज़ियाउद्दीन बरनी

ज़ियाउद्दीन बरनी का जन्म बल्बन के राज्य-काल में ६८४ हि० (१२८५-८६ ई०) में हुआ था[1]। वह माता की ओर से कैथल के सैयिदों के वंश का था। यह वंश अपने समय में विद्वत्ता एवं कुलीनता के लिये बड़ा प्रसिद्ध था। उस समय अनेक प्रतिष्ठित सैयिदों के वंश वर्त्तमान थे[2]। बरनी का पिता मुईदुलमुल्क सैयिद जलालुद्दीन कैथली के वंश की एक पुत्री का नाती था। सैयिद जलालुद्दीन, कैथल के सैयिदों में बड़े प्रतिष्ठित और प्रभावशाली व्यक्ति समझे जाते थे। चंगेज़ ख़ाँ के आक्रमण तथा हलाकू के बग़दाद को विध्वंस कर देने के उपरान्त इस्लामी संसार के अनेक प्रतिष्ठित व्यक्ति भारतवर्ष में आकर बस गये थे। इनके कारण देहली और देहली के आस-पास के स्थान इस्लामी शिक्षा तथा मुसलमान विद्वानों के केन्द्र बन चुके थे। बरनी का प्रारम्भिक जीवन इन्हीं लोगों के मध्य में व्यतीत हुआ था। उसने इन्हीं लोगों से शिक्षा ग्रहण की और उनके प्रभाव की छाप उसके समस्त जीवन पर पड़ी रही[3]।

उसने अपने दादा के विषय में किसी स्थान पर कुछ नहीं लिखा। अलाउद्दीन ने उसके चचा अलाउलमुल्क के विषय में एक अवसर पर कहा था कि यह वज़ीर-ज़ादा था[4]। इससे पता चलता है कि ज़ियाउद्दीन बरनी का दादा भी अपने समय में किसी उच्च पद पर विराजमान रहा होगा। उसका नाना सिपेहसालार हुसामुद्दीन, बल्बन का बहुत बड़ा विश्वासपात्र था। जिस समय सुल्तान बल्बन तुग़रिल का पीछा कर रहा था उसने लखनौती की शहनगी हुसामुद्दीन को प्रदान कर दी थी। वह उस समय वकीलदर और मलिक बारबक था। उसे आदेश दिया गया कि वह प्रत्येक सप्ताह तीन चार बार देहली के समाचार तथा अमीरों के प्रार्थना-पत्र उसके पास भेजता रहे[5]।

उसके पिता मुईदुलमुल्क ने किलोखड़ी में एक विशाल भवन बनवाया था। जलालुद्दीन के राज्य-काल में वह अरकली ख़ाँ का नायब था[6]। बरनी ने जलाली राज्य-काल में लिखना पढ़ना सीखा और क़ुरान ख़त्म किया[7]। उसका पिता अपने समय का बड़ा प्रभावशाली व्यक्ति था। अलाउद्दीन ने अपने सिंहासनारोहण के प्रथम वर्ष में उसे बरन की नियाबत तथा ख़्वाजगी

---

१ ज़ियाउद्दीन बरनी ने अपनी जन्म तिथि किसी स्थान पर नहीं लिखी, किन्तु तारीख़े फ़ीरोजशाही के अन्त में उसने लिखा है कि उस समय उसकी आयु ७४ वर्ष की थी (पृ० ५७३)। भूमिका में वह कहता है कि उसने तारीख़े फ़ीरोजशाही ७५८ हि० (१३५७ ई०) में पूरी की (पृ० २३)। इस प्रकार उसकी जन्म तिथि ६८४ हि० (१२८५-८६ ई०) के लगभग होती है।

२ बरनी पृ० ३५०, ख़लजी कालीन भारत पृ० १०५

३ बरनी पृ० ३५१; ख़लजी कालीन भारत पृ० १०६

४ बरनी पृ० २५७, २५६ ख़लजी कालीन भारत पृ० ५१-५२। यह वार्ता जिस गोष्ठी में हुई, उसी गोष्ठी में अलाउद्दीन ने उसके चचा तथा पूर्वजों के लिये नवीसिंदा (लिपिक) के शब्द का भी प्रयोग किया।

५ बरनी पृ० ८७

६ बरनी पृ० २०६, ख़लजी कालीन भारत पृ० २२

७ बरनी पृ० २०५। ख़लजी कालीन भारत पृ० १६।

प्रदान कर दी थी[१]। बड़े-बड़े मलिक और अमीर एवं उच्च पदाधिकारी उसके पिता के यहाँ अतिथि हुआ करते थे[२]।

उसका चचा अलाउलमुल्क सुल्तान अलीउद्दीन का बड़ा विश्वास-पात्र था। जब सुल्तान ने कड़े से देवगिरि पर आक्रमण किया तो अपनी अनुपस्थिति में उसको कड़े का नायब नियुक्त किया। सुल्तान जलालुद्दीन को वह बड़ी सफलता से बराबर बहकाता रहा और सुल्तान को यह पता लगने न दिया कि अलाउद्दीन कहाँ और किस उद्देश्य से गया है[३]। जब सुल्तान अलाउद्दीन बादशाह हो गया तो उसने अलाउलमुल्क को कड़े और अवध का नायब नियुक्त कर दिया किन्तु अब वह बड़ा वृद्ध और चलने फिरने में असमर्थ हो चुका था। इस लिये सुल्तान ने उसे शीघ्र ही कड़े से बुलवा कर देहली का कोतवाल बना दिया[४]। सुल्तान के राज्य के आरम्भ में जब मुग़लों ने देहली पर आक्रमण किया और सुल्तान ने देहली छोड़कर सीरी में अपने शिविर लगाये, तो देहली और उसका पूरा प्रबन्ध मलिक अलाउलमुल्क को सौंप दिया गया[५]। मलिक अलाउलमुल्क सुल्तान को बराबर परामर्श देता रहा। जब सुल्तान ने दिग्विजय करने और एक नया धर्म स्थापित करने का संकल्प किया, तो अलाउलमुल्क ने ही सुल्तान को दोनों कार्यों से रोका और उसे पथ-भ्रष्ट न होने दिया[६]।

अलाउद्दीन और उसके उत्तराधिकारियों के राज्य में बरनी ने बड़े सुख और आराम से जीवन व्यतीत किया। उसका अधिक समय विद्याध्ययन तथा विद्वानों के साथ व्यतीत होता था। अमीर ख़ुसरो[७] और अमीर हसन[८] उसके बड़े मित्र थे। न तो अमीर हसन और अमीर ख़ुसरो को उसके बिना और न उसको उन दोनों के बिना चैन पड़ता था। सुल्तानुल मशायख़ निज़ामुद्दीन औलिया[९] का वह शिष्य था। उसने इस विषय पर अपनी एक पुस्तक हसरतनामे में बड़े विस्तार से लिखा[१०] है।

१ बरनी पृ० २४८, ख़लजी कालीन भारत पृ० ४५।

२ बरनी पृ० २०४। ख़लजी कालीन भारत पृ० १६

३ बरनी पृ० २२२। ख़लजी कालीन भारत पृ० ३०

४ बरनी पृ० २५० ख़लजी कालीन भारत पृ० ४६

५ बरनी पृ० २५५। ख़लजी कालीन भारत पृ० ४६

६ बरनी पृ० २६४-२६६ ख़लजी कालीन भारत पृ० ५४-५५

७ भाग दो में अमीर ख़ुसरो की जीवनी पढ़ो।

८ अमीर हसन भी अमीर ख़ुसरो की भाँति अपने समय के बहुत बड़े कवि थे। दोनों ही शेख़ निज़ामुद्दीन औलिया के भक्त थे। इनका जन्म ६५२ हि० १२५४ ई० मे बदायूँ में हुआ था। इनकी रचनाओं में फ़वाएदुल फ़वाद बड़ी प्रसिद्ध है। इसमें शेख़ निज़ामुद्दीन औलिया की संत-गोष्ठियों का उल्लेख है। अमीर हसन को भी मुहम्मद तुग़लक़ के राज्य-काल में दौलताबाद जाना पड़ा और वहीं ७३७-७३८ हि० (१३३७-३८ ई०) में उनकी मृत्यु हो गई।

९ शेख़ निज़ामुद्दीन औलिया :—भारतवर्ष के इस्लामी सूफ़ियों में बड़े प्रसिद्ध हैं। इनका सम्बन्ध शेख़ मुइनुद्दीन चिश्ती के भारतीय चिश्ती सिलसिले से था। इनके पूर्वज बुख़ारे के सैयिद थे। इनका जन्म ६३६ हि० (१२३८ ई०) में हुआ। इनकी बाल्यावस्था में ही इनके पिता का देहान्त हो गया। इनका पालन-पोषण इनकी माता ने किया। वे शेख़ फ़रीदुद्दीन गंजशकर के चेले थे। इनके शिष्य समाज के प्रत्येक वर्ग से सम्बन्धित थे। शाहज़ादे, बड़े-बड़े अमीर, उच्च पदाधिकारी, सर्व साधारण सभी इनके शिष्य थे। वे सुल्तानों के दरबार में कभी न जाते थे और सर्वदा अपना समय ईश्वर के ध्यान तथा अपने शिष्यों को शिक्षा देने में व्यतीत करते थे। उनका देहान्त १३२५ ई० में देहली में हुआ और वहीं दफ़न हुए।

१० सियरुलऔलिया—लेखक मौलाना सैयिद मुहम्मद मुबारक अलवी किर्मानी मीर-ख़ुर्द प्रकाशक मुहिब्बे हिन्द देहली (१३०२ हि० १८८५ ई०) पृ० ३१२-३१३।

वह सुल्तान मुहम्मद तुग़लक़ का बड़ा विश्वास-पात्र था और १७ वर्ष ३ महीने तक उसके दराबर में रहा[१]। सुल्तान मुहम्मद तुग़लक़ के समय में जो आदर सम्मान उसे प्राप्त था वह न तो इससे पूर्व और न इसके पश्चात् फिर कभी उसे मिल सका। वह उसको अत्यधिक धन सम्पत्ति प्रदान करता था और उस पर विशेष कृपा-दृष्टि रखता था[२]। बड़े-बड़े अमीर उसके द्वारा सुल्तान तक अपने प्रार्थना-पत्र पहुँचाते रहते थे[३]। जब सुल्तान मुहम्मद तुग़लक़ चारों ओर से विरोधियों से घिर गया और जब एक स्थान पर विद्रोह शान्त करने पर दूसरी ओर से विद्रोह की अग्नि भड़क उठती थी तो उसने ज़ियाउद्दीन बरनी से परामर्श किया[४]। एक समय सुल्तान मुहम्मद तुग़लक़ ने बड़े शोक एवं निराशा की मुद्रा में ज़ियाउद्दीन बरनी से प्रश्न किया कि प्राचीन काल के बादशाह जब विद्रोह-दमन में असमर्थ हो जाते थे तो उस परिस्थिति में वे क्या करते थे ? बरनी ने निस्संकोच कह दिया कि ऐसे अवसरों पर प्राचीन काल में बादशाह राज सिंहासन अपने पुत्रों अथवा सम्बन्धियों को सौंप कर स्वयं पृथक् हो जाते थे[५]।

सुल्तान मुहम्मद की मृत्यु के पश्चात् ज़ियाउद्दीन बरनी कठिनाइयों की काली घटाओं से घिर गया। उसने अपनी कठिनाइयों का सविस्तार उल्लेख कई स्थानों पर किया है, किन्तु किसी स्थान पर यह नहीं लिखा कि किन लोगों के षड्यंत्र द्वारा वह अपने पद से वंचित किया गया। सहीफ़ै नाते मुहम्मदी[६] की भूमिका से पता चलता है कि वह ७५४ हि० (१३५३ ई०) के लगभग पहतीज़[७] नामक स्थान में बन्दी बना दिया गया था। इस प्रकार सुल्तान फ़ीरोज़ के सिंहासनारोहण के पश्चात् उसका सब कुछ छिन गया था। न तो वह सुल्तान का विश्वास-पात्र ही रह गया था और न उसकी राजसभा में उसे कोई मान प्राप्त था। अपने पिता के समय को स्मरण करके वह लिखता है कि, "माँगने वाले मेरे द्वार से निराश होकर लौट जाते हैं, यद्यपि मैं एक दानी का पुत्र हूँ। मृत्यु को इस दिन से हज़ार गुना अच्छा समझता हूँ। न मेरे पास कुछ रह गया है और न मुझे कोई ऋण ही देता है[८]।" उसे सबसे अधिक चिन्ता इस बात की थी कि सुल्तान फ़ीरोज़ जैसे दयालु बादशाह के सिंहासन पर विराजमान होते हुये भी उसके कष्ट दूर नहीं हो रहे थे। उसने अपने इतिहास में पिछले कलाकारों का स्मरण करके खून के आँसू बहाये हैं और स्थान-स्थान पर भाग्य को कोसते हुये लिखा है कि नीच और धूर्त्त लोग तो बड़े-बड़े पदों पर विराजमान हैं, किन्तु योग्य लोगों को कोई पूछता ही नहीं[९]। सुल्तान बल्बन के दरबार के अमीरों को याद करके वह अत्यधिक दुःख प्रकट करते हुये लिखता है कि उन अमीरों के समान दानी और धर्मनिष्ठ अमीर नहीं[१०] रह गये। मुइज़्ज़ुद्दीन कैक़ुबाद की महफ़िलों को याद करके वृद्धावस्था में भी उसके मुँह में पानी भर आता है। जलाली राज्य-काल के उन अमीरों को याद करके जो उसके पिता के घर आते जाते थे और जिनके द्वारा बड़ी चहल पहल रहती थी, उसका हृदय

१ बरनी पृ० ५०४।
२ बरनी पृ० ४६७, ४६७, ५०४।
३ बरनी पृ० ५०८।
४ बरनी पृ० ५०६-५१०।
५ बरनी पृ० ५२१-५२२।
६ सहीफ़ै नाते मुहम्मदी (हस्तलिखित, रामपुर रिज़ा पुस्तकालय पृ० ४ अ।
७ पहतीज़ नामक स्थान के विषय में कुछ ज्ञात नहीं हो सका है। खलजी कालीन भारत पृ० १६।
८ बरनी २०५।
९ बरनी ६६।
१० बरनी ११४।

टुकड़े-टुकड़े हो जाता है[१]। सुल्तान जलालुद्दीन की महफ़िलों का उल्लेख भी उसने बड़े शोक से किया है। एक स्थान पर तो उसने अपनी दशा का बड़ा ही मार्मिक वर्णन किया है। वह लिखता है "मुझ जैसे मार्ग-भ्रष्ट वृद्ध की, जो कि इस समय पूर्णतया निराश हो चुका है और जिसके थोड़ी ही सी साँसें शेष हैं, उपर्युक्त महफ़िलों की प्रशंसा लिखते समय, यह इच्छा हुई कि में उन सुन्दरियों, युवतियों, रमणियों तथा तरुणों को याद कर लूँ, जिनमें नाज़ व अन्दाज़ और कृत्रिम भाव भरे पड़े थे। मैं ने उनमें से कुछ के नाज व अन्दाज़ तथा कृत्रिम भाव देखे हैं। कुछ का गाना एवं नृत्य देखा है। मेरा जी चाहता है कि मैं उनकी याद में ज़ुन्नार बाँध लूँ और ब्राह्मणों का टीका अपने दुष्ट माथे पर लगा कर तथा अपना मुँह काला करके सुन्दरता के बादशाहों और खूबसूरती के आकाश के सूर्यों की याद में गलियों तथा बाज़ारों में मारा मारा फिरूँ।"

"आज साठ वर्ष पश्चात, जबकि मै उन्हें नहीं पाता, जी चाहता है कि रोते चिल्लाते, वस्त्र फाड़ते, सिर व दाढ़ी के बाल नोचते हुये, उनकी क़ब्र पर पहुंच कर अपने प्राण त्याग दूँ। मुझे अपने ऊपर इस कारण बहुत ही शोक है कि न तो मैं धर्म के कार्य के ही योग्य रहा और न दुनियाँ के। मुझे तो अपने उच्च स्वभाव और उत्कृष्ट चरित्र के कारण बहुत ऊँचे स्थान पर होना चाहिये था, किन्तु आज, जब मैं वृद्ध, बेकार, असहाय और दरिद्र हो गया हूँ, पश्चाताप तथा शोक प्रकट करने के अतिरिक्त मेरे पास और कोई कार्य नहीं।"[२] सुल्तान मुहम्मद तुग़लक़ के इनाम व इकराम को याद करके वह और भी दुःखी हो जाता है[३]।

उसने फ़ीरोज़ तुग़लक़ के छः वर्ष के राज्य के इतिहास का उल्लेख तारीखे फ़ीरोजशाही में किया है किन्तु तारीखे फ़ीरोज़शाही, जिसकी रचना में उसने इतना परिश्रम किया, उसके समकालीन अमीरों के षड्यन्त्र के कारण फ़ीरोज़ के दरबार में प्रस्तुत भी न हो सकती थी। उसने फ़ीरोज़शाह की प्रशंसा में अपनी लेखनी की सम्पूर्ण शक्ति समाप्त कर दी थी किन्तु फिर भी कुछ न हो सका, यहाँ तक कि उसकी कठिनाइयाँ अपनी चरम सीमा पर पहुँच गईं। सियरुल औलिया के लेखक मीर ख़ुर्द ने, जो ज़िया बरनी को भली भाँति जानता था, लिखा है, कि जब बरनी की अवस्था सत्तर वर्ष से अधिक हो गई, तो फ़ीरोज़शाह के राज्य-काल में उसने अपनी दरिद्रता के कारण एकान्तवास ग्रहण कर लिया। अन्त में कुछ दिन बीमार रह कर ईश्वर के अन्य भक्तों के समान इस लोक से परलोक को सिधार गया। मृत्यु के समय उसके पास पैसा-कौड़ी कुछ न था। पहनने के वस्त्र भी उसके पास न रह गये थे। उसके जनाज़ में नीचे एक बोरिया और ऊपर एक चद्दर के अतिरिक्त कुछ न रह गया था। सुल्तान उल-मशायख़ शेख़ निज़ामुद्दीन औलिया के क़ब्रिस्तान में अपने पिता की क़ब्र के पाँयती दफ़न हुआ[४]।

ज़ियाउद्दीन बरनी का चरित्र—

ज़ियाउद्दीन बरनी ७५ वर्ष से अधिक जीवित रहा। उसे अपने पूर्वजों से बड़ा प्रेम था और वह उन पर बड़ा गर्व किया करता था। उसका अपने समकालीनों से बड़ा घनिष्ठ सम्बन्ध रहा। उसने तारीखे फ़ीरोज़शाही में अपने मित्रों का उल्लेख बड़े प्रेम से किया है। अमीर ख़ुसरो और अमीर हसन से तो उसकी बहुत बड़ी घनिष्ठता थी। उसे अपने समकालीन सैयिदों

१ बरनी २०४-२०५।

२ बरनी २००-२०१। ख़लजी कालीन भारत पृ० १७।

३ बरनी ४६७।

४ सियरुल औलिया पृ० ३१३ अख़बारुल अख़ियार लेखक शेख़ अब्दुल हक़ मुहद्दिस देहलवी (मृ० १०५२ हि० १६४२ ई०) मुजतबाई प्रेस देहली १३३२ हि० (१९१३-१४ ई०) पृ० १०३।

आलिमों और सूफ़ियों की गोष्ठी में भी अभिरुचि थी। शेख निज़ामुद्दीन औलिया का तो वह भक्त ही था[1] किन्तु अन्य सूफ़ियों से भी वह बड़ा प्रभावित था। सीदी मौला के जीवन का वर्णन उसने बड़े विस्तार से किया है[2]। शेख रुक्नुद्दीन[3] मुल्तानी और शेख फ़रीदुद्दीन[4] गंज-शकर के पोते शेख अलाउद्दीन से उसका घनिष्ठ सम्बन्ध था। वह धर्म में कट्टर सुन्नी था और सुन्नियों के अतिरिक्त किसी को भी आदरपूर्वक जीवन व्यतीत करने का अधिकारी न समझता था। उसकी समस्त रचनाओं, विशेषकर तारीखे फ़ीरोज़शाही तथा फ़तावाये जहाँदारी को समझने के लिए उसके चरित्र को समझना परमावश्यक है। उसकी मानसिक उलझनों की अमिट छाप उपर्युक्त दोनों ग्रन्थों में वर्त्तमान है और उसको समझे बिना लगभग ८२ वर्ष का इतिहास (१२६५ ई०-१३५७ ई०) समझना बड़ा कठिन है।

उसकी रचनायें—मीर ख़ुर्द ने निम्नांकित पुस्तकों को ज़ियाउद्दीन बरनी की रचना बताया है—

१—सनाय मुहम्मदी।
२—सलाते कबीर।
३—इनायत नामये इलाही।
४—मआसिरे सादात।
५—तारीखे फ़ीरोज़शाही।
६—हसरतनामा।

इनके अतिरिक्त ज़ियाउद्दीन बरनी की दो पुस्तकें और वर्त्तमान हैं।

१—फ़तावाये जहाँदारी।
२—तारीखे बरमकियान।

मीर ख़ुर्द की बताई हुई पुस्तकों में से सलाते कबीर, इनायत नामये इलाही और मआसिरे सादात का कहीं पता नहीं चलता। इण्डिया आफ़िस की फ़ारसी की हस्तलिखित पुस्तकों की सूची से पता चलता है कि हसरतनामे के कुछ भाग (सवाते उल अनवार) में नक़ल किये गये हैं[5] किन्तु पूर्ण पुस्तक का कहीं पता नहीं।

---

१ ज़ियाउद्दीन बरनी ने अपनी पुस्तक हसरतनामे में शेख़ निज़ामुद्दीन औलिया से अपनी वार्त्ता का विशेष उल्लेख किया है (अख़बारुल अख़ियार पृ० १००)।

२ बरनी पृ० २०८–२१२। ख़लजी कालीन भारत पृ० २१–२४।

३ शेख रुक्नुद्दीन का जन्म १२४८ ई० में हुआ। वे शेख़ बहाउद्दीन ज़करिया के पोते थे। शेख़ बहाउद्दीन ज़करिया ने भारतवर्ष में सुहरवर्दी नामक सूफ़ी सिलसिले की स्थापना की। इनकी शिक्षा का केन्द्र मुल्तान था; इनकी मृत्यु १२६७ ई० में हुई। इनके उत्तराधिकारी (ख़लीफ़ा) इनके पुत्र शेख़ सद्रुद्दीन आरिफ़ थे। इनकी मृत्यु १२८५-८६ ई० में हुई। शेख़ रुक्नुद्दीन इन्हीं के पुत्र थे। इनके समय तक मुल्तान तथा सिन्ध प्रदेश में सुहरवर्दी सिलसिले को बड़ा मान प्राप्त रहा।

४ शेख फ़रीदुद्दीन गंजशकरः—शेख़ फ़रीद शेख़ क़ुतुबुद्दीन बख्तियार काकीउशी के ख़लीफ़ा थे। शेख़ बख्तियार, शेख मुईनुद्दीन चिश्ती (मृ० १२५५ ई०) के ख़लीफ़ा थे। शेख फ़रीद, शेख क़ुतुबुद्दीन की मृत्यु के पश्चात् १२३५ ई० में ख़लीफ़ा हुये। वे अधिकत रअजुधन में विराजमान रहे और वहीं से अपनी शिक्षा का प्रसार करते रहे। इनकी मृत्यु ९५ वर्ष की अवस्था में ६६४ हि० (१२२५-२६ ई०) में हुई।

५ ईथे, फ़ारसी की हस्तलिखित पुस्तकों की सूची नं० ६५४ (२३)।

सहीफ़ै नाते मुहम्मदी—'सनाय मुहम्मदी' नामक किसी पुस्तक का पता नहीं चलता। ज़ियाउद्दीन बरनी की एक पुस्तक सहीफ़ै नाते मुहम्मदी रामपुर के रज़ा पुस्तकालय में वर्त्तमान है। सम्भव है कि सहीफ़ै नाते मुहम्मदी और सनाय मुहम्मदी एक ही पुस्तक हों। पुस्तकों के नामों में विषय तथा लेखक के नाम के अनुसार कुछ उलट फेर होना साधारण सी बात है। अमीर ख़ुर्द ने सहीफ़ै नाते मुहम्मदी के स्थान पर सनाय मुहम्मदी लिख दिया हो। रामपुर की सहीफ़ै नाते मुहम्मदी को १०८३ हि० (१६७२ ई०) में नूरुद्दीन मुहम्मद अकबराबादी ने मध्यकालीन नस्ख़ और नस्तालीक़[१] में लिखा है। इसमें २३२ पन्ने हैं और यह १०½ इञ्च लम्बी तथा ६½ इञ्च चौड़ी है। प्रत्येक पृष्ठ में २५ पंक्तियाँ हैं।

वह इस किताब की भूमिका में लिखता है कि इस समय उसकी आयु ७० वर्ष से अधिक हो चुकी है। वह वृद्ध हो जाने के कारण बड़ा ही निर्बल हो गया है। इस प्रकार यह पुस्तक ७५४ हि० (१३५३-५४ ई०) के लगभग लिखी गई। उस समय उसकी कठिनाइयाँ प्रारम्भ हो चुकी थीं। वह पहतीज़ नामक स्थान पर ५ महीने से क़ैद था। इन्हीं परेशानियों में उसने सहीफ़ै नाते मुहम्मदी की रचना प्रारम्भ[२] की। उसे आशा थी कि कदाचित् इसी के आशीर्वाद से उसे कष्टों से मुक्ति प्राप्त हो जाय। इसमें बरनी ने किसी विद्वत्ता का दावा नहीं किया, अपितु अपने आप को मुहम्मद साहब की प्रशंसा करने वाला एक तुच्छ लेखक बताया है[३]। पुस्तक में पाँच अध्याय और प्रत्येक अध्याय में कई कई खण्ड हैं। पाँचवें अध्याय में मुहम्मद साहब के प्रति उनके अनुयायियों के उत्तरदायित्व का वर्णन है। इस अध्याय के तीसरे खण्ड में बरनी ने मुहम्मद साहब के शत्रुओं का उल्लेख किया है और उनसे घृणा करने का आदेश दिया है। इस खण्ड का निम्नांकित भाग, जिसमें ज़ियाउद्दीन बरनी ने सुल्तान शम्सुद्दीन इल्तुतमिश की एक परामर्श-गोष्ठी की चर्चा की है, भारतवर्ष के मध्यकालीन इतिहास का ज्ञान प्राप्त करने वालों के लिये बड़ा ही महत्वपूर्ण है। वह कहता है कि "मुस्तफ़ा अलैहिस्सलाम[४] के दूसरे प्रकार के शत्रु वे हैं, जो मुस्तफ़ा अलैहिस्सलाम को इस कारण शत्रु समझते हैं कि उन्होंने हनीफ़ी दीन[५] और आदेशों का प्रचार किया। यह शत्रु कई प्रकार के हैं अर्थात् यहूदी, ईसाई, नास्तिक, कूट-तार्किक, ज़िन्दीक़,[६] मुग़,[७] मजूस,[८] दार्शनिक[९], हिन्दू और सभी मुशरिक[१०] एवं काफ़िर जोकि मुस्तफ़ा अलैहिस्सलाम के तथा उनके धर्म के इस कारण विरोधी हैं कि मुस्तफ़ा अलैहिस्सलाम

१ पुस्तकें लिखने की एक प्रकार की शैली।
२ सहीफ़ै नाते मुहम्मदी पृ० ४ अ, ६ ब।
३ ,, पृ० ६ अ।
४ ,, पृ० ३६०।
५ हनीफ़ शब्द का अर्थ "दीन का पक्का या मज़हब का सच्चा" है। मुहम्मद साहब के पूर्व कुछ लोग अरब के देवी देवताओं को नहीं मानते थे। वे अपने आप को दीने हनीफ़ का अनुयायी कहते थे। क़ुरान में इब्राहीम पैग़म्बर के धर्म के लिये हनीफ़ शब्द का ६ स्थानों पर प्रयोग हुआ है। मुहम्मद साहब के समय से सच्चे दीन अथवा इस्लाम के मानने वाले, हनीफ़ी दीन के मानने वाले कहे जाने लगे।
६ ज़िन्दीक़ वे लोग कहलाते हैं जिनका कुफ़्र बहुत बढ़ा हुआ होता है।
७ अग्नि पूजा करने वाले।
८ चन्द्र, सूर्य तथा अग्नि के उपासक।
९ दार्शनिक अथवा फ़लासफ़र वे लोग कहलाते थे जो फ़लसफ़े पर विश्वास रखते थे। अब्बासी राज्य-काल (७४९ ई०—१२५८ ई०) में फ़लसफ़े का बड़ा विरोध आरम्भ हो गया था।
१० वे लोग जिनका यह विश्वास है कि एक ख़ुदा के अतिरिक्त कई ख़ुदा हैं। मध्यकालीन इस्लामी साहित्य में ईसाइयों तथा हिन्दुओं आदि के लिये भी मुशरिक शब्द का प्रयोग हुआ है।

उनके धर्मों के विरुद्ध थे। जिस समय देहली के राज्य पर विजय प्राप्त हुई और दुष्ट चंगेज़ खाँ के भय से प्रत्येक स्थान के आलिम देहली पहुँचने लगे और देहली का राज्य सुल्तान शम्सुद्दीन इल्तुतमिश को प्राप्त हुआ तो आलिमों ने देखा कि हिन्दुओं में शिर्क और कुफ़ जड़ पकड़ चुका है। हिन्दू न तो किताब[1] वाले हैं और न ज़िम्मी[2]। यदि अपने सिर पर तलवार तथा सेना पाते हैं तो ख़िराज[3] अदा कर देते हैं, अन्यथा विरोध करते रहते हैं। कुछ प्रतिष्ठित आलिमों ने इस समस्या पर वाद विवाद करना प्रारम्भ कर दिया कि हिन्दुओं की हत्या कर दी जाय, अथवा उन्हें इस्लाम स्वीकार करने के लिये विवश किया जाय, या उनसे ख़िराज लेकर जिस प्रकार वे सुख एवं धन-धान्य सम्पन्न जीवन व्यतीत करते हैं तथा मूर्ति पूजा करते हैं, कुफ़ और काफ़िरी के आदेशों का निर्भीक होकर पालन करते हैं, उस पर रोक टोक न की जाय और उन्हें आदर-पूर्वक जीवन व्यतीत करने दिया जाय। बहुत वाद विवाद के पश्चात् लोगों ने एक दूसरे से कहा कि मुस्तफ़ा अलैहिस्सलाम के सब से कट्टर शत्रु हिन्दू हैं,[4] क्योंकि मुस्तफ़ा अलैहिस्सलाम के धर्म में यह आया है कि हिन्दुओं को क़त्ल करा दिया जाय; उनकी धन सम्पत्ति, उन्हें अपमानित और तिरस्कृत करके उनसे छीन ली जाय। दीने हनीफ़ी का यह आदेश न तो यहूदियों के लिये है, न ईसाइयों के लिये है और न दूसरे धर्मों के सम्बन्ध में। हिन्दू ब्राह्मणों, जिनमें शिर्क और कुफ़ फैल चुके हैं, के लिये उपर्युक्त आदेश पहले दिया जा चुका है। प्रत्येक स्थान के हिन्दू, चाहे वे विरोधी हों और चाहे आज्ञाकारी हों, मुस्तफ़ा अलैहिस्सलाम के सब से बड़े शत्रु हैं, अतः यह अत्युत्तम होगा कि आरम्भ ही में ऐसे शत्रुओं के विषय में वाद विवाद की आज्ञा बादशाह से प्राप्त कर ली जाय। उस समय के कुछ प्रतिष्ठित आलिम सुल्तान शम्सुद्दीन की सेवा में पहुँचे और उपर्युक्त समस्या का उसके सम्मुख बड़े विस्तार से उल्लेख किया। उससे निवेदन किया कि दीने हनीफ़ी के लिये यह उचित होगा कि या तो हिन्दुओं को क़त्ल करा दिया जाय या उन्हें इस्लाम स्वीकार करने पर विवश किया जाय। हिन्दुओं से ख़िराज तथा जज़िया[5] लेकर सन्तुष्ट न हो जाना चाहिये। सुल्तान ने उनसे वार्त्तालाप करने के पश्चात् वज़ीर को आदेश दिया कि वह आलिमों की बातों का उत्तर दे और जो कुछ उचित हो उनसे कह दे। निज़ामुलमुल्क जुनैदी ने उन आलिमों से जो उपस्थित थे सुल्तान के सम्मुख कहा, कि "इसमें कोई सन्देह या शक नहीं कि आलिमों ने जो कुछ कहा वह ठीक है। हिन्दुओं के विषय में यही होना चाहिये कि या तो उनका बध करा दिया जाय या उन्हें इस्लाम स्वीकार करने पर

---

१ क़ुरान के लिये मुसलमान धर्म-शास्त्र के लेखक किताब शब्द का प्रयोग करते है। अहलुल किताब अथवा अहले किताब का शब्द यहूदियों और ईसाइयों के लिये प्रयोग में आता है, क्योंकि ख़ुदा ने इनके पथ-प्रदर्शन के लिये भी क़ुरान के समान इनजील तथा ज़ुबूर नामक पुस्तकें भेजीं।

२ जिम्मी—यहूदी तथा ईसाई, इस कारण कि वे अहले किताब थे, जिम्मी कहलाते थे।

३ भूमिकर! ख़िराज शब्द का प्रयोग अधिकतर उस भूमि कर के लिये किया जाता था, जोकि मुसलमानों के अतिरिक्त अन्य धर्म के मानने वालों से उनकी भूमि के बदले वसूल किया जाता था, किन्तु बाद में खिराज शब्द का प्रयोग साधारणतया भूमि कर के लिए किया जाने लगा।

४ सहीफ़ै नाते मुहम्मदी पृ० ३६१।

५ एक प्रकार का कर जो इस्लामी राज्य में उन लोगों से वसूल किया जाता था जो इस्लाम को न मानते थे। इसका कारण यह बताया गया है कि चूंकि मुसलमानों को ऐसे बहुत से कर अदा करने पड़ते थे, जोकि अन्य धर्मों के मानने वालों से न वसूल किये जाते थे, अतः उनसे कोई न कोई कर लिया जाना आवश्यक था। कुछ इस्लामी धर्म-नीति के लेखकों ने लिखा है कि जजिया इस्लाम को न मानने वालों को अपमानित करने के उद्देश्य से लिया जाता था। जियाउद्दीन बरनी का भी यही विचार था। इस विषय पर ब्याने के क़ाज़ी मुग़ीस तथा सुल्तान अलाउद्दीन की भी वार्त्तालाप पढ़नी चाहिये (बरनी पृ० २६०; ख़लजी कालीन भारत पृ० ७०।

विवश किया जाय, क्योंकि वे मुस्तफ़ा अलैहिस्लाम के कट्टर शत्रु हैं। न तो वे ज़िम्मी[1] हैं और न उनके लिए हिन्दुस्तान में कोई किताब भेजी गई है और न पैग़म्बर, किन्तु हिन्दुस्तान अभी-अभी अधिकार में आया है। हिन्दू बहुत बड़ी संख्या में हैं। मुसलमान उनके मध्य में दाल में नमक के समान हैं। कहीं ऐसा न हो कि हम उपर्युक्त आदेश का अनुसरण प्रारम्भ करें और वे सुसंगठित होकर चारों ओर से विद्रोह तथा उपद्रव प्रारम्भ करदें, फिर हम बड़े कष्ट में पड़ जायेंगे। जब कुछ वर्ष व्यतीत हो जायेंगे और राजधानी के भिन्न-भिन्न प्रदेश और क़स्बे मुसलमानों से भर जायेंगे तथा बहुत बड़ी सेना एकत्र हो जायेगी, उस समय हम यह आज्ञा दे सकेंगे कि या तो हिन्दुओं को क़त्ल करा दिया जाय या उन्हें इस्लाम स्वीकार करने पर विवश किया जाय।"

जब आलिमों ने वज़ीर का यह नीति-पूर्ण उत्तर सुना तो उन्होंने सुल्तान से कहा कि "यदि हिन्दुओं को क़त्ल कराने की आज्ञा नहीं दी जा सकती तो सुल्तान को यह चाहिए कि वह उनका अपने दरबार तथा राज-भवन में आदर सम्मान न होने दे। हिन्दुओं को मुसलमानों के बीच में न बसने दे। मुसलमानों की राजधानी, प्रदेशों और कस्बों में मूर्ति पूजा तथा कुफ़ के आदेशों का पालन न होने दे।" बादशाह[2] और मंत्री ने आलिमों की तीनों बातें स्वीकार कर लीं। चूंकि प्रारम्भ में उनके क़त्ल की आज्ञा न दी गई, अतः मुसलमानों तथा दीनदारों में कुफ़, शिर्क और मूर्ति पूजा ने अपना अधिकार जमा लिया।

इख़बारे बरामेका[3]—यह अब्बासियों के प्रसिद्ध मंत्रियों का इतिहास है जोकि बरामेका कहलाते थे। यह अरबी के एक इतिहास का अनुवाद है जिसके लेखक अबू मुहम्मद अब्दुल्ला बिन (पुत्र) लाबरी और अब्दुल क़ासिम ताबिकी थे।

बरनी की भूमिका से पता चलता है कि इसका अनुवाद पहले भी हो चुका था किन्तु ज़ियाउद्दीन बरनी उससे सन्तुष्ट न था। उसने इसे भी अपने समकालीन बादशाह, सुल्तान फ़ीरोज़शाह को समर्पित किया है, क्योंकि बरमक मंत्री अपनी दानशीलता के लिये प्रसिद्ध थे[4]। ज़ियाउद्दीन बरनी का विचार था कि दानियों के इतिहास से बादशाहों को विशेष रुचि होती है; इसी लिये महमूद ग़ज़नवी भी बरमकियों का इतिहास सदैव ही सुना करता था और इस बात पर शोक प्रकट करता था कि हारुनुर्रशीद[5] ने इन लोगों का विनाश करा दिया[6]। इस पुस्तक में ज़ियाउद्दीन बरनी को किसी स्थान पर अपने विचार प्रकट करने का अवसर नहीं प्राप्त हो सका किन्तु भूमिका में उसने किताब के अनुवाद का जो उद्देश्य लिखा है, उससे प्रकट होता है कि वह किसी न किसी प्रकार से फ़ीरोज़शाह का विश्वास-पात्र बनना चाहता था।

---

१ ज़िम्मियों के अतिरिक्त किसी से जज़िया नहीं लिया जा सकता। हिन्दुओं को मुहम्मद बिन क़ासिम के समय ही से ज़िम्मी मान लिया गया था। इसके अतिरिक्त तुर्क सुल्तान उन सिद्धान्तों के मानने वाले थे जिनका प्रसार अबू हनीफ़ा (मृत्यु १५० हि०, ७६७–६८ ई०) द्वारा हुआ था। वे भी हिन्दुओं को ज़िम्मी मानते थे, अतः ज़िम्मी के विषय में किसी प्रकार के बाद विवाद का कोई प्रश्न ही नहीं उठता।

२ सहीफ़ै नाते मुहम्मदी पृ० ३९२।

३ यह पुस्तक बंबई से प्रकाशित हो चुकी है।

४ इख़बारे बरामिका पृ० ५।

५ हारुनुर्रशीद बड़ा प्रतापी अब्बासी ख़लीफ़ा हुआ है। उसने ७८६ ई० से ८०९ ई० तक राज्य किया। उसके राज्य-काल में कला दर्शन तथा संस्कृति को बड़ी उन्नति प्राप्त हुई। उसके राज्य-काल में ज्योतिष विद्या की एक संस्कृत पुस्तक सिद्धान्त का अरबी में अनुवाद हुआ।

६ इख़बारे बरामिका पृ० ३-४।

हसरतनामा :—हसरतनामे का उल्लेख मीर ख़ुर्द तथा शेख़ अब्दुल हक़ मुहद्दिस देहलवी दोनों ने किया है किन्तु यह पुस्तक किसी स्थान पर नहीं पाई जाती। मीर ख़ुर्द तथा शेख़ अब्दुल हक़ मुहद्दिस देहलवी के वर्णन से पता चलता है कि इसमें बरनी ने अपनी जीवनी तथा शेख़ निज़ामुद्दीन औलिया की सन्त गोष्ठियों एवं अपने समकालीन साहित्यकारों तथा कलाकारों का वर्णन किया होगा[1]।

फ़तावाये जहाँदारी :—ज़ियाउद्दीन बरनी की फ़तावाये जहाँदारी की केवल एक हस्तलिखित प्रति इण्डिया औफ़िस लन्दन के पुस्तकालय में मिलती[2] है। इसमें २४८ पन्ने हैं। किताब ९½ इंच लम्बी और ५½ इन्च चौड़ी है।। प्रत्येक पृष्ठ में १५ सतरें हैं। कहीं-कहीं पृष्ठों के बीच का लिखा हुआ भाग मिट गया है। पृ० ११५ अ, १५१ अ, १७२ ब और १७३ अ का कुछ भाग बिल्कुल सादा है। इस पुस्तक में ज़ियाउद्दीन बरनी ने अपना नाम कहीं नहीं लिखा है, किन्तु 'दुआगोये सुल्तानी' अर्थात् 'सुल्तान का हितैषी' के शब्द से ज्ञात होता है कि यह शब्द उसने अपने लिये लिखे हैं। इसके अतिरिक्त फ़तावाये जहाँदारी तथा तारीख़े फ़ीरोज़शाही के राज्य व्यवस्था सम्बन्धी सिद्धान्तों में जो समानता है वह इस बात का बहुत बड़ा प्रमाण है कि दोनों का लेखक एक ही है किन्तु यह पुस्तक भारतवर्ष तथा भारतवर्ष के बाहर किसी स्थान पर प्रसिद्ध न हो सकी। अमीर ख़ुर्द ने तो इस पुस्तक का नाम भी ज़िया-उद्दीन बरनी की सूची में नहीं लिखा है, ज़ियाउद्दीन बरनी लिखता है कि प्राचीन लेखकों ने राज्य व्यवस्था सम्बन्धी अनेक ग्रन्थ लिखे हैं, किन्तु बादशाहों, मंत्रियों, मलिकों तथा अमीरों के पथ-प्रदर्शन के लिये मैं ने जिस प्रकार राज्य-व्यवस्था सम्बन्धी अधिनियमों का उल्लेख इस ग्रंथ में किया है उस प्रकार आज तक किसी लेखक ने नहीं किया।[3]

फ़तावाये जहाँदारी में राज्य व्यवस्था सम्बन्धी कुछ महत्वपूर्ण उपदेश दिये गये हैं। ज़ियाउद्दीन, महमूद ग़ज़नवी को अनुपम तथा आदर्श बादशाह समझता था। उसने उसके बाद के समस्त मुसलमान बादशाहों को महमूद की सन्तान बताया है। प्रत्येक शिक्षा, बादशाहाने इस्लाम अथवा फ़रज़नदाने महमूद अर्थात् महमूद के पुत्र के नाम से आरम्भ की है। यह सिद्ध करने का प्रयत्न किया है कि प्रत्येक गुण जिसका उल्लेख फ़तावाये जहाँदारी में हुआ है, महमूद में वर्त्तमान था, अतः महमूद की सन्तान अर्थात् इस्लामी बादशाहों को उनका अनुसरण करना चाहिये। प्रत्येक उपदेश के पश्चात् उसे स्पष्ट करने के लिये प्राचीन ईरान और इस्लामी तारीख़ की भिन्न भिन्न घटनाओं से उदाहरण दिये हैं। इस प्रकार फ़तावाये जहाँदारी के उपदेशों को दो भागों में विभाजित किया जा सकता है।

(१) सिद्धान्तों का उल्लेख।

(२) इतिहास से उदाहरण।

फ़तावाये जहाँदारी में जिन समस्याओं का उल्लेख किया गया है वे निम्नांकित हैं—

सृष्टि की रचना

ईश्वर ने अपनी पूजा कराने के लिये की। पृ० २४२ अ

आदम के दो पुत्रों में शीस को पैग़म्बर और क्युमुर्स को बादशाह बनाया गया। बादशाह क्युमुर्स के और पैग़म्बर शीस के बंश से हैं। पृ० २४२ ब

क्युमुर्स की नसीहतें पृ० २४७ अ।

१ अख़बारुल अख़ियार (मुजतबाई प्रेस देहली, १३३२ हि०) पृ० १०३, १०४।

२ ईथे, इण्डिया औफ़िस की फ़ारसी हस्तलिखित पुस्तकों की सूची।

३ फ़तावाये जहाँदारी पृ० २४० ब।

बादशाह कौन ?

वास्तविक शासक ईश्वर है। सांसारिक बादशाह उसके खिलौने हैं। पृ० १४३ अ

राज्य व्यवस्था के संचालन हेतु ईश्वर के गुणों का अनुसरण करना चाहिये। पृ०१८७ अ

बादशाही ख़ुदा की ख़िलाफ़त और नियाबत है। पृ० १६७ अ

बादशाही सम्पूर्ण अधिकार-सम्पन्न होने का नाम है। यह अधिकार किसी सिद्धान्त पर हों या विजय प्राप्त करके मिल जायें। २१४ अ

बादशाही उसी समय तक स्थापित रह सकती है जब तक बादशाह पर लोगों को विश्वास हो। पृ० २३५ अ

बादशाह कैसा हो ?

बादशाह के लिये सत्य का अवलोकन आवश्यक है। उसे उन आदेशों का पालन करना चाहिये, जिन्हें ईश्वर ने आवश्यक बनाया है। उन बातों से घृणा करनी चाहिये जिनका भगवान् ने निषेध किया है। पृ० २४२ ब

बादशाह को आतंक, ऐश्वर्य तथा वैभव का प्रदर्शन करते हुये सहृदयता, दया और कृपा का व्यवहार करना चाहिये। पृ० १९४ अ

उसमें ऐसे गुण हों जो एक दूसरे के विरुद्ध हों। पृ० १९४ ब

मनुष्य स्वाभाविक रूप से उन कार्यों को करना चाहता है जो सुगमता और सरलता से हो जाते हैं किन्तु बादशाह को इस पर ध्यान न देना चाहिये। पृ० १६८ ब

साहसहीन बादशाह बादशाही के योग्य नहीं।

बादशाही के स्तम्भ

कृपा और क्रोध। पृ० १६८ ब

बादशाह के सभी गुण अन्य मनुष्यों से उत्तम होने चाहिये। पृ० १६९ अ

राज्य व्यवस्था में इस बात पर ध्यान रखना चाहिये कि सर्व साधारण की आवश्यकतायें राजधानी से पूरी हो जायँ। पृ० १७५ अ

यदि कोई सेना किसी दूसरे स्थान पर भेज दी गई हो तो लूट के धन में उसके हिस्से का माल सुरक्षित रखना चाहिये। पृ० १७५ ब

बादशाह को कपटी लोगों और धूर्त्तों से कष्ट पहुँचता रहता है, अतः उनसे सावधान रहना चाहिये।

राज्य के अच्छे और बुरे कार्य इस बात पर निर्भर हैं कि बादशाह का ईश्वर के प्रति दृढ़ विश्वास हो। पृ० ६ ब, १५ अ, १५ ब

बादशाह की सफलता की परीक्षा यह है कि शरा की आज्ञाओं का पालन होने लगे। पृ० १५ ब

दीन पनाही और दीन परवरी[1]

अमरे मारूफ़[2] व निही मुन्किर[3] की देख भाल। पृ० ७ अ

---

१ दीन पनाही—धर्म की रक्षा करना। दीन परवरी—धर्म-पालन। बरनी ने इन शब्दों का प्रयोग केवल सुन्नी धर्म की रक्षा तथा सुन्नी धर्म को आश्रय देने के लिए किया है, अतः बरनी की पुस्तक के अनुवाद में धर्म-रक्षा तथा धर्म-पालन का अर्थ सुन्नी धर्म की रक्षा समझना चाहिए।

२ वे बातें जिनके पालन का शरा में आदेश दिया गया है।

३ वे बातें जिनसे घृणा करने के लिये शरा में आदेश दिया गया है।

दीन पनाही और दीन परवरी न करने से उलिलअम्री[1] को धक्का पहुंचता है। पृ० ८ अ

कठोर मुहतसिबों[2] तथा अमीरदादों[3] को अपने राज्य के भिन्न-भिन्न भाग में नियुक्त करना चाहिये। पृ० ८ अ

बादशाह का अपने समय का मूल्य समझना पृ० १०४ अ

बादशाह को अपने समय का क्रमानुसार विभाजन करना चाहिये। पृ० १०५ अ

समय का मूल्य दो प्रकार से स्थापित हो सकता है।

(अ) उत्तम कार्यों के अतिरिक्त किसी कार्य में हाथ न डाल कर। पृ० १०६ ब

(ब) राज्य व्यवस्था के संचालन में विशेष प्रयास द्वारा। पृ० १०६

भोग विलास एवं सभी अन्य सांसारिक कार्यों की तुलना में राज्य व्यवस्था सम्बन्धी कार्यों को पहला स्थान मिलना चाहिये। पृ० ११० अ

दीन सम्बन्धी कार्यों को सर्व श्रेष्ठ समझना चाहिये।

बादशाह की अनुमति

बादशाह की अच्छी अनुमति तथा उपायों की पहचानः—

अच्छी अनुमति का बहुत बड़ा महत्व है। पृ० १६ अ

अच्छी अनुमति भगवान् की बहुत बड़ी देन है। पृ० १६ ब

बुरी अनुमति से संसार में बड़े दोष उत्पन्न हो जाते हैं। पृ० २१ अ

बुरी अनुमति के चिन्ह। पृ० २१ अ

अच्छी अनुमति वाला बादशाह एक अद्भुत वस्तु है। पृ० २१ अ

अच्छी अनुमति वाले बादशाह के गुण। पृ० २२ अ

(भगवान् का भय रखना, ज्ञान, राज्य की घटनाओं का निरीक्षण करते रहना, अत्यधिक बुद्धिमत्ता और समझ बूझ, निर्दोषी होना, वीर और दिल का अच्छा होना, सम्मान, सहनशीलता)।

बुद्धिमान मंत्री बादशाह के लिये बड़े गर्व की वस्तु होता है।

उचित तथा दृढ़ संकल्प। पृ० ३२ ब

अज़्म (संकल्प) का अर्थ। पृ० ३३ ब

इस्लामी बादशाहों तथा अत्याचारी बादशाहों के संकल्प में अन्तर। पृ० ३३ ब

धर्म-निष्ठ बादशाहों का संकल्प अच्छाइयों और नेकियों पर आधारित होता है। पृ० ३५ ब

बादशाह को अपने संकल्प के विषय में अपनी प्रजा को परिचित रखना चाहिये तथा प्रजा से परामर्श करते रहना चाहिये। पृ० ३५ अ

बादशाह को मुहम्मद साहब तथा उनके चारों खलीफ़ाओं का संकल्प, पथ-प्रदर्शन के लिये अपने समक्ष रखना चाहिये। पृ० ३५ ब

यदि कोई ऐसा संकल्प कर लिया जाय जो सत्य पर आधारित हो तो उससे पीछे न हटना चाहिये। पृ० ३७ अ

---

१ उलिलअम्र का अर्थ "वह जिसके आदेशों का सभी पालन करें। इस शब्द के प्रयोग पर इस्लामी धर्म-शास्त्र वेत्ताओं में बड़ा मत-भेद है, किन्तु वास्तव में सभी मुसलमान बादशाहों को उलिल-अम्र लिखा जाता था।

२ वे पदाधिकारी जो भ्रष्टाचार को रोकने का प्रयत्न किया करते थे।

३ वे लोग जो क़ाज़ियों के निर्णय का पालन कराते तथा अभियुक्तों को क़ाज़ी के न्यायालय में पेश किया करते थे।

उचित संकल्प तथा अत्याचार में अन्तर। पृ० ४२ अ

अच्छी अनुमति वाले बादशाहों की पहचान

बादशाह को मनमाना कार्य नहीं करना चाहिये। अच्छे परामर्श-दाताओं से परामर्श करते रहना चाहिये। पृ० २२ ब

परामर्श की शर्तें

अनुमति देने वालों को राज्य का सभी भेद बता देना चाहिये। उन्हें बादशाह का विश्वास-पात्र होना चाहिये। बादशाह अपने विचार को परामर्श-दाताओं की गोष्ठी में दूसरों से राय सुनने से पूर्व कभी न बताये। जो उचित राय हो उसे स्वीकार करे। यह आवश्यक नहीं कि यदि कोई ऐसी राय दे जिसे बादशाह पसन्द करता हो तो बादशाह उसी को स्वीकार करले। पृ० २३ अ-२४ ब

बड़े-बड़े कार्यों की सफलता अच्छी राय पर निर्भर है। पृ० २४ ब

मनमानी करने से राज्य में विघ्न पड़ जाता है। पृ० २५ अ

इस्लाम का सम्मान किस प्रकार स्थापित हो सकता है

कु.फ्र और काफ़िरों के विनाश द्वारा। पृ० ११८ ब

केवल जज़िया लेने से इस्लाम को सम्मान प्राप्त नहीं हो सकता। पृ० ११९ ब

ज़िम्मी का आदर कभी न करना चाहिये। पृ० १२० अ

रात दिन कुफ़्र तथा काफ़िरों को अपमानित करने का प्रयास करते रहना चाहिये। पृ० १८१ ब

ज़िम्मी। १४८ अ

इस्लाम को विरोधियों के विनाश से सम्मान प्राप्त हो सकता है। पृ० २९ अ

ज़िम्मी को जीवित न रहने देना चाहिये। पृ० १४८ अ

आलिमों ने बादशाहों को आतंक तथा ऐश्वर्य की आज्ञा प्रदान की है। पृ० ४४ ब

बादशाही, ईरानियों के रीति-रिवाज के पालन के बिना सम्भव नहीं। पृ० १०० अ

बादशाहों का आतंक तथा ऐश्वर्य:—

बादशाह के आतंक और ऐश्वर्य की परिभाषा। पृ० १०१ अ

गुज़ूबी तथा ग़ज़ब में अन्तर। पृ० २३७ अ

कमीनों और धूर्त्तों से व्यवहार

भगवान् जिसे ऐश्वर्य तथा वैभव प्रदान करता है, उसमें अनुपम गुण उत्पन्न कर देता है। कमीनों में उसी प्रकार के दोष पैदा कर देता है। पृ० ५७ ब

लोगों के साथ उनकी कुलीनता के अनुसार व्यवहार करना चाहिये। पृ० ५९ अ

कमीनों और धूर्त्तों को सम्मान न प्रदान करना चाहिये। पृ० ५९ ब

कमीने राज्य व्यवस्था तथा शासन सम्बन्धी कार्य करने के योग्य नहीं। पृ० ६२ अ, २१८ ब

बादशाह के कार्य उसके कुलीन या कमीने होने का प्रमाण होते हैं। पृ० २०७ अ

अकासिरा[1] ने कभी किसी कमीने को अपना विश्वास-पात्र नहीं बनाया। पृ० २०७ ब

भगवान् अच्छे कार्य करने वालों तथा चरित्रवान व्यक्तियों को अपना विश्वास-पात्र बनाता है। पृ० २०८ अ

---

१ इस्लाम से पूर्व ईरान के सम्राटों की पदवी किस्रा थी। किसरा का बहुवचन अकासिरा है।

कमीनों तथा धूर्तों के बादशाह बन जाने से राज्य का विनाश हो जाता है। पृ० २११ अ

न्याय

न्याय क्या है ? पृ० ४४ अ

स्वाभाविक न्याय की पहचान। पृ० १३३ ब

शासन सम्बन्धी कार्यों में न्याय सबसे बढ़कर है। पृ० ४६ अ

बादशाह को अपने सम्बन्धियों और मित्रों के विषय में न्याय करते समय बड़ा सावधान रहना चाहिये। पृ० ४६ ब

बादशाह में न्याय की योग्यता स्वाभाविक रूप से होनी चाहिये। पृ० ४६ अ, ४७ अ

बादशाह को विलायतों और क़स्बों में भी न्याय की सुव्यवस्था पर ध्यान रखना चाहिये। पृ० ४६ ब

बादशाह को क्या नहीं करना चाहिये

झूठ कभी न बोलना चाहिये। पृ० २३२ ब

धोखा कभी न देना चाहिये। पृ० २३६ ब

अत्याचारियों को कभी सम्मानित न करना चाहिये। पृ० २३७ अ

किसी राज्य पर अधिकार करने के पश्चात् उस राज्य के सम्मानित व्यक्तियों का विनाश न करना चाहिये। पृ० २३३ अ

अपराध और दण्ड

दूरदर्शी बादशाहों को दण्ड देने का उचित समय तथा अवसर भली भाँति समझना चाहिये। पृ० १४४ अ

दण्ड किस-किस को दिया जाय। पृ० १४६ अ

धूर्त्त और मक्कार। पृ० १४६ ब

अत्याचारियों को क्षमा प्रदान न करना चाहिये। पृ० १४७ अ

दुष्ट दो प्रकार के होते हैं। ग़ाली जोकि सदैव अपराध किया करते हैं और दूसरे वह जो कभी-कभी अपराध करते हैं। पृ० १४७ ब

ज़िम्मी को दण्ड। १४८ अ

सहाबा[1] की आलोचना करने वालों को दण्ड। पृ० १४९ अ

बैतुलमाल[2] का धन अपहरण करने वालों के लिये मृत्यु-दण्ड नहीं। पृ० १४९ अ

राज्य में दो प्रकार के अपराध होते हैं :

(१) ऐसे अपराध जिनसे राज्य की अवनति हो। (२) ऐसे अपराध जिन से बादशाह अपमानित हो। पृ० १४९ ब

मुसलमान तथा आस्तिक को कौन-कौन से दण्ड दिये जायँ। पृ० १४९ ब

दण्ड अपराध के अनुसार दिया जाय। पृ० १५० ब

मुसलमानों को दण्ड। पृ० १५२ अ

अभिमानवश मनमाना कार्य न कर डालना चाहिये। पृ० १५४ अ

दूसरों की शिक्षा के लिये कुछ मनुष्यों को कठोर दण्ड दिये जा सकते हैं। पृ० १५५ ब

---

१ मुहम्मद साहब के सहायक तथा मित्र।

२ इस्लामी राज कोष। इसका धन मुसलमान बादशाह अपने हित के लिये व्यय न कर सकते थे। बैतुलमाल का धन केवल मुसलमानों के हित के लिये खर्च किया जा सकता था किन्तु मुहम्मद साहब के प्रथम चारों ख़लीफ़ाओं के पश्चात् सभी ख़लीफ़ा बैतुलमाल का धन अपनी इच्छानुसार खर्च करने लगे थे।

देश पर आक्रमण और विद्रोह

राज्य के दोषों तथा दुर्घटनाओं को किस प्रकार दूर किया जाय। पृ० १७८ ब

जब बादशाह से सभी लोग घृणा करने लगें तो उसे क्या करना चाहिये। पृ० १८० अ

जब कोई बहुत बड़ा शत्रु आक्रमण कर दे तो क्या करना चाहिये। पृ० १०८ अ

जिस प्रकार हो सके शत्रु पर विजय पाने का प्रयास करना चाहिये। विरोधी सेना के संचालक को धन सम्पत्ति का लालच देकर मिला लेने का प्रयत्न करना चाहिये और जब कुछ न हो सके तो अपने देश की धन सम्पत्ति का विनाश कर देना चाहिये। मार्गों को खराब और पुलों आदि को नष्ट कर देना चाहिये। पृ० १८० ब

अपने राज्य के बाहर चला जाना चाहिये। पृ० १८२ अ

शत्रु से युद्ध करने के लिये अपने देश वासियों से ऋण लेना चाहिये। पृ० १८२ अ

युद्ध में अपनी सेना को अधिक और शत्रु की सेना को कम न समझना चाहिये। पृ० १८३ अ

राज कोष

राज कोष पर विशेष ध्यान देना चाहिये। धन सम्पत्ति ही से मनुष्य की आवश्यकताओं की पूर्ति होती रहती है और राज्य को सुव्यवस्थित रखने में सहायता मिलती है। पृ० ७८ अ

सेना

बादशाही के दोनों स्तम्भ अर्थात् जहाँदारी और जहाँगीरी सेना पर निर्भर हैं। पृ० ६५ अ

सेना को सुव्यवस्थित रखने के नियम। पृ० ६५ ब

सेना की आवश्यकताओं का ध्यान रखना। दिल खोल कर सेना पर धन सम्पत्ति खर्च करना, दयावान सरदार नियुक्त करना, आरिज़[1] का अनुभवी होना। पृ० ६६ अ

सेना की अधिकता से बड़े लाभ होते हैं, बादशाह की शक्ति और अधिकार को उन्नति प्राप्त होती है, लोग राज-भक्त हो जाते हैं और किसी को बादशाह के राज्य पर अधिकार जमाने की लालसा नहीं होती। पृ० ७१ ब

सेना को बेकार न रखना चाहिये। पृ० ७३ ब

सेना के अध्यक्ष के गुण

भगवान् से भय, बादशाह का निष्कपट सहायक होना, कुलीन होना, चरित्रवान होना, राज-भक्त होना, अनुभवी होना, वीर, दानी, सच्चा तथा सूझ-बूझ रखने वाला होना। पृ० ६७ अ

ऐसे नियम जिनसे सेना सुव्यवस्थित रहती है

सेना की भोजन व्यवस्था का ध्यान रखना, उसकी आवश्यकताओं का ध्यान रखना, उनके घोड़ों तथा अन्य सामान के विषय में साल में दो बार पूछताछ करते रहना। पृ० ७० ब, ७३ अ

सेना को बराबर हर प्रकार का सुख पहुँचाते रहना चाहिये। पृ० ७४ अ

---

१ युद्ध विभाग को दीवाने अर्ज़ कहा जाता था। उसका सबसे बड़ा पदाधिकारी आरिज़े ममालिक होता था। वह अफ़सरों की भर्त्ती का जिम्मेदार था। वह साल में दो बार सेना का निरीक्षण करता था।

यदि कोई सेना दूर के स्थान पर पड़ी हो तो लूट के माल में उसका हिस्सा सुरक्षित रखना चाहिये। पृ० १७५ ब

आरिज़

आरिज़े ममालिक, आरिज़े फ़स्ल, आरिज़े हश्म। पृ० ६७ ब

आरिज़ पर सेना वालों को विश्वास होना चाहिये। पृ० ६८ अ

लावलश्कर की रक्षा आरिज़ का परम कर्त्तव्य होना चाहिये। पृ० ६८ ब

बरीद[1]

मुशरिफ़ और सच्चे बरीद। पृ० ८० अ

बरीदों की नियुक्ति की शर्तें। पृ० ८१ अ, ८३ ब

बरीद क्यों नियुक्त किये जायें। पृ० ८१ अ

बरीदों को किन बातों पर ध्यान रखना चाहिये। पृ० ८३ अ

बरीदों का बेतन। पृ० ८६ अ

बरीदों को किस दशा में उनके पद से वंचित किया जा सकता है। पृ० ८७ अ

राजदूतों को बड़ा बुद्धिमान होना चाहिये।

बाज़ार के दाम

चीज़ों के सस्ते होने से सेना सुव्यवस्थित रहती है, सर्व साधारण के कार्य में सुगमता होती है। पृ० ९० ब, ९२ अ

अकाल के समय ख़राज और जज़िया न लेना चाहिये। पृ० ९१ अ

दाम को सस्ता करने का प्रयत्न करते रहना चाहिये। पृ० ९१ ब

दाम के निरीक्षण के लिए गुमाश्ते[2], शहने[3] आदि नियुक्त किये जायँ, कोतवालों को इस पर विशेष ध्यान देना चाहिये। पृ० ९२ अ

चीज़ों के सस्ता होने से कलाकारों, बुद्धिमानों तथा अन्य व्यवसाय करने वालों को बड़ा प्रोत्साहन मिलता है। पृ० ९३ ब

प्रजा के सुख-सम्पन्न होने और सेना के सुव्यवस्थित होने से विरोधी सिर नहीं उठा सकते। पृ० ९३ ब

दाम के सस्ता होने से बादशाह की नेकनामी होती है। पृ० ९३ ब

राज्य व्यवस्था के संचालन में धन की बड़ी आवश्यकता होती है और इसकी कोई सीमा नहीं। पृ० ९४ अ

न्याय में सुगमता होती है। पृ० ९४ ब

दवशों को भी लाभ पहुँचता है। पृ० ९४ ब

दाम के सस्ता होने से प्रत्येक व्यक्ति को अपने कार्य करने में सुगमता होती है। पृ० ९५ ब

---

१ बरीद का कार्य बादशाह को हर प्रकार की सूचना पहुँचाना होता था। बरीदे ममालिक बड़ा ही अधिकार-सम्पन्न व्यक्ति समझा जाता था। प्रान्तों में भी बरीद नियुक्त किये जाते थे और वे गुप्त रूप से भी बादशाह को सूचनायें भेजा करते थे।

२ परगने के कर्मचारियों में गुमाश्ते का नाम मिलता है। वहाँ उसका कार्य एजेन्ट का होता था किन्तु बाज़ार में गुमाश्ते का कर्त्तव्य भाव की देख भाल करना होता था। अलाउद्दीन के समय में इस पद को बड़ा महत्त्व प्राप्त था।

३ शहना सेना का एक कर्मचारी होता था किन्तु बाज़ारों में उसका कार्य गुमाश्ते से मिलता जुलता था।

दाम के सस्ता होने से कोई उपद्रव नहीं होता। पृ० ९९ अ

दाम के सस्ता होने में भगवान् की सहायता की भी आवश्यकता होती है। पृ० १०२ ब

चोर बाज़ारी और एहतेकार[1] तथा दाम को बहुत बढ़ा देना बड़े पाप हैं। चोर बाज़ारी, अग्नि पूजा करने वाले काफ़िरों, मुशारिकों तथा हिन्दुओं का कार्य है। पृ० ९५ अ

राज्य के नियम १५७ अ

राज्य के नियम नीच और कमीनों को पद न देने से दृढ़ हो सकते हैं। पृ० १५८ अ

नियम बनाने की शर्तें। पृ० १५९ अ

बुद्धि पर आधारित नियमों द्वारा राज्य किस प्रकार सम्भव है। पृ० १६१ ब

बादशाह को झूठ न बोलना चाहिये, ग़बन करने वालों को कोई पद न देना चाहिये, विरोधियों का विनाश कर देना चाहिये। पृ० १६२ अ

किसी कमीने को अपना विश्वास-पात्र न बनाना चाहिये। अत्याचार का अन्त कर देना चाहिये, सैनिकों को आश्रय देना चाहिये, अनाज का भाव नियत रखना चाहिये, हर चीज़ की ख़बर रखनी चाहिये। पृ० १६२ ब

सेना का सरदार योग्य होना चाहिये, जिन लोगों ने दुनियाँ त्याग दी है उनका सम्मान करना चाहिये, बुज़ुर्गों, प्रतिष्ठित तथा गण्यमान्य व्यक्तियों का आदर सम्मान करते रहना चाहिये। पृ० १६३ अ

बुद्धिमानों के परामर्श से प्रत्येक कार्य करना चाहिये, सेना की देखभाल रखनी चाहिये, ख़राज और जज़िया वसूल करने में मध्य का मार्ग ग्रहण करना चाहिये। पृ० १६३ ब

वचन पूरा करने का ध्यान रखना चाहिये, विद्रोही को क्षमा न करना चाहिये, ईर्ष्या रखने वालों की बातों पर ध्यान न देना चाहिये। पृ० १६४ अ

अपने कुटुम्ब वालों का ध्यान रखना चाहिये, राज्य की गुप्त बातों को छिपाये रखना चाहिये। पृ० १६४ ब

महमूद के नियम

शरा पर विशेष ध्यान देना चाहिये। पृ० १६५ अ

अपने विश्वास-पात्रों को अपमानित न करना चाहिये, सेना के ऊपर ख़र्च करने में संकोच न करना चाहिये, विद्या, बुद्धि, न्याय, धर्मनिष्ठता, कला तथा नैतिकता का ध्यान रखना चाहिये। पृ० १६५ ब

सब बातों की देख-रेख रखनी चाहिये, प्रत्येक कार्य करते समय उचित अवसर का ध्यान रखना चाहिये, प्रत्येक कार्य सोच विचार से करना चाहिये, आज्ञाकारियों पर दया करनी चाहिये। पृ० १६६ अ

झूठे लोगों के धोके में न आना चाहिये, हिन्दुओं के कुफ़्र और शिर्क का अन्त करके मुसलमान बना लेना चाहिये, ख़ुदा और रसूल से भय। पृ० १६६ ब

माल के अपराधियों को मृत्यु-दण्ड न देना चाहिये, अभिमान न करना चाहिये, अपनी हिम्मत और इरादे बुलन्द रखने चाहिये, बादशाह को ख़ुदा का ख़लीफ़ा और नायब समझना चाहिये। पृ० १६७ अ

बादशाह को बुद्धिमान मंत्रियों की राय से काम करना चाहिये। पृ० १७५ ब

सुल्तान महमूद को अपने समक्ष रखते हुये ज़ियाउद्दीन बरनी ने अपनी महत्वाकांक्षा इस प्रकार व्यक्त की है, "...महमूद यदि एक बार फिर हिन्दुस्तान की ओर आता तो समस्त

१ एहतेकार :—भविष्य में अधिक मूल्य पर बेचने के विचार से सामान इकट्ठा करना।

हिन्दुस्तान के ब्राह्मणों को, जो इस देश में एक छोर से दूसरे छोर तक, कुफ़ तथा शिर्क की प्रथाओं को दृढ़ बनाने का कारण हैं, मरवा डालता और अनुमानतः दो सौ तीन सौ हज़ार हिन्दू नेताओं की गर्दन मरवा देता। जब तक समस्त हिन्दुस्तान इस्लाम स्वीकार न कर लेता और कलेमा न पढ़ लेता हिन्दुओं की हत्या करने वाली तलवार को मियान में न रखता क्योंकि महमूद, शाफ़ई धर्म का अनुयायी था और इमाम शाफ़ई[1] के निकट हिन्दुओं के लिये यह आदेश है कि वे या तो इस्लाम स्वीकार करलें अन्यथा उन की हत्या कर दी जाय। हिन्दुओं से जज़िया लेने की आज्ञा नहीं क्योंकि न तो उनकी कोई किताब है और न पैग़म्बर।" पृ० १२ अ

तारीखे फ़ीरोज़शाही[2] :—

जियाउद्दीन बरनी की सर्व प्रसिद्ध रचना तारीखे फ़ीरोज़शाही है जिसे उसने ७५८ हि० (१३५७ ई०) में पूर्ण किया। इसमें बल्बन के सिंहासनारोहण (६६४ हि०, १२६५ ई०) से लेकर फ़ीरोज़शाह के छठे वर्ष तक (७५८ हि०, १३५७ ई०) का हाल है। वह आरम्भ में पूरे विश्व का इतिहास लिखना चाहता था किन्तु उसने यह देखा कि तबक़ाते नासिरी में सब कुछ लिखा जा चुका है, अतः उसने विश्व इतिहास लिखने का विचार त्याग दिया[3]।

जियाउद्दीन बरनी ने अपने इतिहास में अधिकतर उन्हीं घटनाओं का उल्लेख किया है जिनकी सत्यता पर उसे अपने दृष्टिकोण के अनुसार पूर्ण विश्वास था। वह स्वयं लिखता है कि "मैंने जो कुछ इस इतिहास में लिखा है, वह सच-सच लिखा है और उस पर विश्वास किया जा सकता है[4]।" वह इस बात से भली भाँति परिचित था कि इस्लाम के भिन्न-भिन्न फ़िरक़ों ने किस प्रकार धार्मिक कट्टरपन के कारण सच और झूठ को मिश्रित[5] कर दिया है; वह यह भी जानता था कि इससे इतिहास को कितनी क्षति पहुँची है। अतः वह भावी सन्तानों को किसी धोखे में न रखना चाहता था। वह लिखता है "यदि भय अथवा डर के कारण अपने समकालीन बादशाह के विरुद्ध कुछ लिखना सम्भव न हो तो इसके लिये वह अपने आपको विवश समझ सकता है किन्तु पिछले लोगों के विषय में उसे सच-सच लिखना चाहिये।" अपनी भूमिका में अतिशयोक्ति की बड़ी निन्दा की है। वह लिखता है कि किसी से प्रसन्न अथवा अप्रसन्न होकर उसकी प्रशंसा या बुराई न करनी चाहिये[6]। उसने सभी के गुण तथा दोष खोलकर बताये हैं। सुल्तान जलालुद्दीन की हत्या कराने में जिन लोगों ने अलाउद्दीन की सहायता की, उन सब की उसने बड़ी कटु आलोचना की है और अपने चाचा अलाउलमुल्क तक को नहीं छोड़ा। उसने ताजुद्दीन एराक़ी के पुत्र कबीरुद्दीन के फ़तहनामों की, जो उसने अलाउद्दीन के राज्य-काल में लिखे, बड़ी सुन्दर आलोचना की है। वह लिखता है, "उसने फ़तहनामों (विजय के उल्लेख) के अनेक ग्रन्थ लिखे हैं और पद्य लिखने में बड़ी योग्यता दिखाई है। वह पिछले तथा सभी वर्त्तमान लेखकों से बढ़ गया है। अलाई राज्य-काल के इतिहास के सम्बन्ध में उसने

---

१ इमाम शाफ़ई, अबू अब्दुल्लाह मुहम्मद बिन (पुत्र) इदरीस (मृत्यु ८२० ई०)

२ तारीखे फ़ीरोज़शाही कलकत्ते से १८६०–६२ ई० (बिबलियोथिका इण्डिका) में प्रकाशित हुई थी; इसका संस्करण सर सैयिद अहमद ख़ाँ द्वारा प्रकाशित हुआ था। रामपुर के रिज़ा पुस्तकालय में तारीखे फ़ीरोज़शाही की एक संक्षिप्त हस्तलिखित प्रति वर्त्तमान है जिसे मुहम्मद इब्ने जमाल, मुहम्मद ख़तीब सुल्तानपुरी ने १०१७ हि० (१६०८ ई०) में नक़ल किया था। भारत तथा भारत के बाहर भी तारीखे फ़ीरोज़शाही की हस्तलिखित प्रतियाँ वर्त्तमान हैं।

३ बरनी पृ० २१–२२।

४ बरनी पृ० २३।

५ बरनी पृ० १४।

६ बरनी पृ० १६।

अनेक विजय-पत्र लिखे हैं। उसमें सुल्तान की प्रशंसा बहुत बढ़ा चढ़ा कर की है। उसने इस बात पर ध्यान नहीं दिया कि इतिहासकारों के लिए यह परम आवश्यक है कि वे प्रत्येक व्यक्ति की अच्छाइयों और बुराइयों दोनों ही का उल्लेख करें। चूंकि उसने अलाई इतिहास, सुल्तान अलाउद्दीन के राज्य-काल में लिखा था और प्रत्येक ग्रन्थ उसके सम्मुख पेश होता था, अतः वह सुल्तान की प्रशंसा के अतिरिक्त कुछ और लिख भी नहीं सकता था[१]।"

बल्बन के इतिहास के विषय में यह लिखता है कि उसने जो कुछ लिखा है वह अपने पूर्वजों से सुनकर लिखा है[२]। मुइज़्ज़ुद्दीन कैक़ुबाद के इतिहास में जिन घटनाओं का उल्लेख किया है, वह उसने अपने पिता और गुरुओं से सुनी थीं[३]। जलालुद्दीन के राज्य-काल से फ़ीरोज़ के राज्य-काल तक का समस्त हाल उसकी अपनी जानकारी पर आधारित है[४]। उसने अपने नाना सिपहसालार हुसामुद्दीन से भी अनेक घटनाओं का वर्णन सुना था[५]। अपने चचा अलाउलमुल्क द्वारा उसे अलाउद्दीन के राज्य-काल का बहुत कुछ हाल ज्ञात हुआ होगा। बहुत सी घटनाओं का हाल उसने अमीर हसन तथा अमीर ख़ुसरो से सुना था[६]। अमीर ख़ुसरो की कविताओं से भी उसने अपने इतिहास में विशेष लाभ उठाया है। कहीं-कहीं उसने अमीर ख़ुसरो के छन्द नक़ल भी कर दिये हैं[७]।

ज़ियाउद्दीन बरनी के इतिहास की सबसे बड़ी विशेषता यह है कि उसने समस्त घटनाओं का उल्लेख एक विशेष दृष्टिकोण से किया है। राजनीति में उसका एक विशेष धार्मिक दृष्टिकोण था। इसी दृष्टिकोण की छाप तारीखे फ़ीरोज़शाही के पृष्ठों में विद्यमान है। उसका विचार था कि तारीखे फ़ीरोज़शाही के समान कोई इतिहास पिछले एक हज़ार वर्ष से नहीं लिखा जा सका है।[८] इतिहास के विषय में ज़ियाउद्दीन बरनी का दृष्टिकोण समझ लेने के पश्चात् ही तारीखे फ़ीरोज़शाही तथा तुर्क-कालीन भारतीय इतिहास के समझने में विशेष सुगमता होती है। वह इतिहास को केवल बादशाहों के युद्ध तथा उनकी शासन व्यवस्था तक ही सीमित न समझता था। अपितु उसका विचार था कि इसमें राज्य के उच्च पदाधिकारियों अमीरों, आलिमों, कलाकारों, सूफ़ियों तथा इस्लाम के उच्च वर्ग से सम्बन्धित सभी व्यक्तियों का उल्लेख होना चाहिये। तबक़ाते नासिरी में अमीरों का उल्लेख बड़े विस्तार से किया गया है। ज़ियाउद्दीन बरनी ने उपर्युक्त श्रेणी का वर्णन बड़े जोश तथा उत्साह से किया है। उनकी विशेषताओं और गौरव के उल्लेख में किसी स्थान पर कोई संकोच नहीं किया है। इतिहास के अध्ययन के उसने सात लाभ बताये हैं जोकि उच्च वर्ग के हित तथा राजनीति से सम्बन्धित हैं[९]। उसे इस बात से बड़ा दुःख था कि फ़ीरोज़शाह के अमीरों, प्रतिष्ठित तथा गण्य-मान्य व्यक्तियों की इतिहास में पूरी रुचि नहीं, यहाँ तक कि लोग जिस नगर में वर्षों से निवास करते चले आ रहे थे, उसके विषय में भी उन्हें कोई ज्ञान नहीं[१०]। समाज के निम्न वर्ग से वह

१ बरनी पृ० ३६१ ख़लजी। कालीन भारत पृ० ११२–११३।
२ बरनी पृ० २५
३ बरनी पृ० १२७।
४ बरनी पृ० १७५। ख़लजी कालीन भारत पृ० २
५ बरनी पृ० ११९।
६ बरनी पृ० ६०-६८, १८३।
७ बरनी पृ० ११०, ११८, १७६।
८ बरनी पृ० १२४।
९ बरनी पृ० १०-१२।
१० बरनी पृ० ४८-४९।

इतिहास का कोई सम्बन्ध नहीं समझता। उसका विचार था कि इतिहास कुलीन तथा गण्य-मान्य व्यक्तियों के उल्लेख तक ही सीमित रहना चाहिये। निम्न वर्ग के वर्णन से इतिहास का कोई मूल्य शेष नहीं रहता और न निम्न वर्ग को इतिहास का अध्ययन ही करना चाहिये। क्योंकि, जब उनका इससे कोई सम्बन्ध ही नहीं तो फिर इसे पढ़ने से क्या लाभ[१]? वह सभी ऊँचे पदों के लिए कुलीनता परमावश्यक समझता था। योग्यता का उसके निकट कोई विशेष मूल्य न था[२]।

उसके इतिहास का सबसे बड़ा दोष यह है कि उसने प्रायः बड़ी महत्त्वपूर्ण घटनाओं को बड़े ही संक्षिप्त रूप में लिख दिया है और घटनाओं का क्रमानुसार उल्लेख भी नहीं किया है। कुछ बड़ी-बड़ी घटनाओं के विषय में या तो उसने कुछ लिखा ही नहीं और यदि कुछ लिखा भी है तो वह इतना संक्षिप्त है कि उसके द्वारा उस समय का इतिहास समझने में बड़ी कठिनाई होती है। इसका कारण यह है कि उसने अधिकतर घटनाओं का उल्लेख करते हुये यह बात अपने समक्ष रक्खी है कि किसी प्रकार उनसे राज्य व्यवस्था अथवा शासन सम्बन्धी शिक्षा ग्रहण की जा सके और उनके द्वारा समकालीन बादशाह तथा उच्च पदाधिकारियों का पथ-प्रदर्शन किया जा सके। उसने भिन्न-भिन्न सूत्रों से भी घटनाओं को एकत्र करके जाँचने का प्रयत्न नहीं किया है। उसने अपनी भूमिका में हदीस[३] का इतिहास से सम्बन्ध बताया[४] है किन्तु हदीस के नियमों का अनुसरण करते हुये घटनाओं को परखने का प्रयत्न नहीं किया। उसका विचार था कि इतिहासकार के लिए पक्का मुसलमान होना पर्याप्त है, उसे किसी प्रमाण की आवश्यकता नहीं। धर्मनिष्ठ मुसलमान के प्रत्येक लेख पर सभी को विश्वास करना चाहिये। इसका कारण यही समझ में आता है कि उसका उद्देश्य घटनाओं को जाँचने तथा उनके सविस्तार उल्लेख के बिना ही पूरा हो जाता है। वह उद्देश्य राजनीति तथा शासन व्यवस्था के नियमों को समझना था; इसके लिए उसने फ़तावाये जहाँदारी नामक ग्रन्थ अलग भी लिखा।

तारीखे फ़ीरोज़शाही में मुहम्मद तुग़लक़ का इतिहास लिखने के पूर्व उसने अपने इतिहास लिखने की योजना इस प्रकार स्पष्ट की है। वह लिखता है, "यदि मैं उसके प्रत्येक वर्ष का हाल लिखूँ और जो कुछ उस वर्ष में हुआ उसका सविस्तार उल्लेख करूँ तो कई ग्रन्थ तैयार हो जायेंगे। मैं इस इतिहास में सुल्तान मुहम्मद की राज्य-व्यवस्था तथा शासन सम्बन्धी समस्त कार्यों का संक्षिप्त उल्लेख करता हूँ। प्रत्येक विजय के आगे पीछे घटित होने तथा प्रत्येक हाल और घटना के प्रथम या अन्त में घटित होने पर कोई ध्यान नहीं दिया गया है क्योंकि योग्य लोगों को शासन नीति एवं राज्य व्यवस्था सम्बन्धी कार्यों के अध्ययन से शिक्षा प्राप्त होती है। असावधान तथा बेख़बर लोगों को प्राचीन लोगों के अच्छे बुरे हाल की जानकारी से कोई रुचि नहीं होती। वे इतिहास की, जोकि समस्त ज्ञानों में उत्तम तथा लाभदायक है, कोई जानकारी नहीं रखते। यदि वे अबूमुस्लिम के क़िस्सों के ग्रन्थों का बराबर अध्ययन किया करें तो भी बुद्धि तथा समझ के अभाव के कारण उन्हें इससे कोई लाभ नहीं हो सकता और वे उस असावधानी से मुक्त नहीं हो सकते जो उनमें बाल्यावस्था ही से विद्यमान हैं।[५]"

फ़तावाये जहाँदारी तथा तारीखे फ़ीरोज़शाही को साथ-साथ पढ़ने से पता चलता है

---

१ बरनी पृ० ६
२ बरनी पृ० १९
३ हदीस में मुहम्मद साहब के कथन तथा कार्यों का उल्लेख होता है।
४ बरनी पृ० १०-११
५ बरनी पृ० ४६८।

कि ज़ियाउद्दीन बरनी ने बलबन, जलालुद्दीन, अलाउद्दीन और मुहम्मद तुग़लक़ द्वारा जिन सिद्धान्तों का प्रचार कराया है, वे कुछ सीमा तक उसके अपने सिद्धान्त तथा विचार भी थे। अलाउद्दीन के आर्थिक सुधार एवं अनेक सिद्धान्त कहानियों द्वारा फ़तावाये जहाँदारी में भी स्पष्ट किये गये हैं। मुहम्मद तुग़लक़ को राज्य त्यागने का जो परामर्श बरनी ने तारीखे फ़ीरोज़शाही में दिया है, उसी को सिद्धान्त के रूप में कहानियों द्वारा फ़तावाये जहाँदारी में भी लिखा है। इसके प्रमाण में इस स्थान पर दोनों ग्रन्थों से उदाहरण देना सम्भव नहीं किन्तु अनुवाद के फ़ुटनोट में फ़तावाये जहाँदारी के पृष्ठों का भी हवाला दे दिया गया है, जिससे दोनों पुस्तकों की तुलना करने वाले सुगमतापूर्वक स्वयं तुलना करके देख लेंगे कि किस प्रकार कहीं-कहीं ज़ियाउद्दीन बरनी ने अपने विचार बलबन तथा अन्य बादशाहों की ज़बान से कहलवाये हैं।

इतिहास द्वारा राजनीति को स्पष्ट करने की शैली का मध्यकालीन राजनीति के लेखकों ने प्रत्येक ग्रन्थ में पालन किया है, किन्तु किसी लेखक ने शरा को इतना महत्त्व प्रदान नहीं किया। हिन्दुओं को तहस नहस करने तथा उनके विनाश पर इतना ज़ोर उससे पूर्व किसी भी इतिहासकार ने नहीं दिया है। फ़ख़रे मुदब्बिर ने तो शासन-व्यवस्था एवं युद्ध के नियमों पर एक पृथक् ग्रन्थ[१] लिखा जिसमें हिन्दुओं का विनाश करने का प्रचार बड़ी सुगमता से किया जा सकता था किन्तु उसने ऐसा नहीं किया।

इसका कारण ढूँढने के लिये हमें ज़ियाउद्दीन बरनी के जीवन-काल का अध्ययन करना होगा और उस विशेष वातावरण को भी अपने समक्ष रखना पड़ेगा जिसमें तारीखे फ़ीरोज़शाही तथा फ़तावाये जहाँदारी की रचना की गई। इस समय ज़ियाउद्दीन बरनी अपने सभी अधिकारों से वंचित हो चुका था। उसे कोई सम्मान अथवा प्रतिष्ठा प्राप्त न थी। उसका विचार था कि इन ग्रन्थों की रचना द्वारा उसका खोया हुआ सम्मान पुनः वापस मिल जायगा। वह एक ओर तो भगवान् से प्रार्थना करता था और दूसरी ओर उसको आशा थी कि कदाचित् फ़ीरोज़ या उसका कोई उच्च पदाधिकारी उसकी सहायता कर दे।[२]

मुहम्मद तुग़लक़ के समय ही से देश के उच्च वर्ग की आर्थिक दशा डांवा डोल हो चुकी थी। अलाउद्दीन के समय की वह स्थिति, जब कि अनाज तथा अन्य वस्तुओं का भाव सस्ता कर दिया गया था, अब वर्त्तमान न थी। ज़ियाउद्दीन बरनी अपने समकालीनों की भाँति स्वयं बड़ा अपव्ययी बन गया था। उसने अपने समय के सभी अपव्ययी अमीरों की तारीखे फ़ीरोज़शाही में बड़ी प्रशंसा की है। उसने अपने सुख के दिन याद करके आँसू बहाये हैं, किन्तु मुसलमानों के इस वर्ग को धन अब किस प्रकार प्राप्त हो सकता था। ज़ियाउद्दीन बरनी स्वयं देश के साधन बढ़ाने के उपाय न सोच सकता था। उसने सुल्तान मुहम्मद तुग़लक़ की कृषि-उन्नति योजनाओं की भी हँसी सी उड़ाई है[३]। फ़ीरोज़ के समय की नई नहरों तथा आर्थिक व्यवस्था से भी उसे कोई लाभ न प्राप्त हो सके; उसे कोई ऐसा उपाय भी समझ में नहीं आया जिससे हिन्दू महाजनों, साहूकारों तथा धनी लोगों के धन का किसी प्रकार अपहरण किया जाय। यह केवल उसी समय सम्भव था जब कि बादशाह तथा समस्त उच्च पदाधिकारियों को यह समझा दिया जाता कि धर्मनिष्ठ अथवा दीनदार बादशाह का कर्त्तव्य यह है कि हिन्दुओं को अपमानित और तिरस्कृत किया जाय। उसे इस बात पर विश्वास था कि सभी हिन्दुओं को मुसलमान बना लेना या उनको तलवार के घाट उतार देना सम्भव नहीं। अस्तु उसने तारीखे फ़ीरोज़शाही तथा फ़तावाये जहाँदारी द्वारा यह समझाने का प्रयत्न किया

१ अदाबुल हर्ब वशुजाअत।
२ बरनी पृ० १२४-२५।
३ बरनी पृ० ४९८-९९।

है कि कम से कम इतना तो होना अनिवार्य है कि हिन्दुओं को दरिद्र तथा मुहताज बना दिया जाय; उनके पास इतना धन शेष न रहे कि वे आदर-पूर्वक जीवन व्यतीत कर सकें। इससे उसे आशा थी कि मुसलमानों को पुनः धन सम्पत्ति प्राप्त हो जायगी और उच्च वर्ग की आर्थिक समस्याओं का कुछ दिनों के लिये समाधान हो जायगा। जहाँ तक साधारण वर्ग का सम्बन्ध है उसे ज़ियाउद्दीन बरनी जीवित रहने का अधिकारी समझता ही न था। वह चाहता था कि लूट के माल में से सब कुछ राज कोष में ही न पहुँच जाय अपितु मुसलमानों के उच्च वर्ग को भी अधिक से अधिक लाभ उससे प्राप्त हो।

फ़तावाये जहाँदारी में उसने जिस आर्थिक नीति का उल्लेख किया है, वह वही है जिसका अनुसरण अलाउद्दीन ने किया था। उसका विचार था कि चीज़ों का दाम राज्य की ओर से निश्चित हो, किसी को निश्चित भाव से अधिक दाम वसूल करने की आज्ञा न हो, बाज़ार में निरीक्षक तथा अन्य पदाधिकारी नियुक्त किये जायें जो इस बात की देख-रेख करते रहें कि राजाज्ञाओं का किसी प्रकार उल्लंघन न हो। उसके समय में देश का सभी व्यापार हिन्दुओं के हाथ में था, अतः उसने जिस स्थान पर भी चोर बाज़ारी को रोकने की शिक्षा दी है उसी स्थान पर यह भी लिख दिया है कि वास्तव में चोर बाज़ारी हिन्दू तथा काफ़िर करते हैं। इस प्रकार उसने हिन्दू व्यापारियों तथा महाजनों को अपमानित करने की शिक्षा प्रत्येक स्थान पर दी है। ब्राह्मणों का विरोध भी इस कारण किया गया है कि हिन्दू समाज में उनका बड़ा सम्मान होता था। वे भी धनी थे। इसके साथ-साथ हिन्दुओं के धर्म सम्बन्धी सभी कार्य उन पर निर्भर थे। ज़ियाउद्दीन बरनी समझता था कि इन लोगों के विनाश द्वारा मुसलमानों को धन सम्पत्ति एकत्र करने में बड़ी सुगमता होगी।

अतः ज़ियाउद्दीन बरनी के दृष्टिकोण को उस समय के उन मुसलमानों का दृष्टिकोण समझना चाहिये, जिनकी आर्थिक दशा बड़ी खराब हो चुकी थी। इस प्रकार ज़ियाउद्दीन बरनी की तारीखे फ़ीरोजशाही द्वारा हमें केवल उस समय की राज्य सम्बन्धी घटनाओं का ही ज्ञान नहीं प्राप्त होता, अपितु बल्बन से लेकर फ़ीरोज़ के राज्य-काल तक की सांस्कृतिक, आर्थिक तथा सामाजिक स्थिति का भी पता चलता है। इस कारण तारीखे फ़ीरोजशाही को मध्यकालीन इतिहास के ग्रन्थों में एक बहुत ऊँचा स्थान प्राप्त है।

तारीखे फ़ीरोज़शाही

भूमिका

(अल्लाह के नाम से जोकि बड़ा ही दयालु और कृपालु है।)

भगवान् की बन्दना तथा मुहम्मद साहब और उनके सहायकों की प्रशंसा:—

बन्दना और प्रार्थना ईश्वर के लिये है, जिसने आसमानी वही[1] एवं नबियों[2] और सुल्तानों के इतिहास और तारीख द्वारा मानव जाति का पथ-प्रदशन किया। समस्त विश्वास-पात्रों तथा घृणा के योग्य व्यक्तियों के हाल, पहली उम्मत[3] के विश्वास के योग्य लोगों के गौरव एवं ईश्वर से दूर हो जाने वालों के अवगुण मुहम्मद साहब के मानने वालों को स्पष्ट तथा साफ़-साफ़ बता दिये। इस मार्ग प्रदर्शन और शिक्षा के द्वारा इस उम्मत को अपना कृतज्ञ बनाया। उसने क़ुरान में कहा है "और जो कुछ लोग पहले कर चुके हैं, उनको तथा उनके अच्छे या बुरे चिन्हों को हम लिखते जाते हैं।" दूसरी आयत[4] में कहा है "तुम पर क़ुरान भेज कर हम एक अत्युत्तम क़िस्सा बयान करते हैं।" उस पालने वाले का कृतज्ञ और आभारी होना उचित है, जिसने ध्यान पूर्वक निरीक्षण करने वालों और बुद्धिमान लोगों को बुद्धि तथा अपनी भक्ति के प्रकाश से उज्ज्वल किया है और उत्तम तथा स्पष्ट सोचने की शक्ति से सुशोभित किया है, जिससे वे लोग पहले के लोगों का इतिहास और तारीख, उनकी भलाइयाँ और बुराइयाँ, गुण तथा अवगुण, आज्ञाकारियों का आज्ञा-पालन, विरोधियों की अवज्ञा का अनुसरण करना, भक्तों की मुक्ति और दुष्टों का विनाश अपनी बुद्धि की आँखों से देखें। भगवान् के भक्तों को भाग्य-शाली और भगवान् से दूर हो जाने वालों को अभागा समझें। नेक और अत्याचारियों, विश्वास-पात्रों और ईश्वर से दूर पड़े हुये लोगों, भगवान् के प्रिय और अप्रिय, मार्ग-ज्ञाताओं तथा मार्ग-भ्रष्टों, मित्रों और शत्रुओं का अन्तर समझ सकें और उत्कृष्ट तथा निकृष्ट बातों, भलाइयों और बुराइयों को एक दूसरे से पृथक् कर सकें। वे इस्लाम की अच्छाई, कुफ़ की ख़राबी, प्रशंसात्मक नेकी और घृणात्मक बदी में जो अन्तर है, उसे भली भाँति समझ सकें। अल्लाह के विश्वास-पात्रों और उसके भक्तों के वचनों और कार्यों का अनुसरण अनिवार्य समझें।

(२) जिन लोगों को भगवान् ने त्याग दिया है, उनके कार्यों की बुराइयों और अनैतिक बातों से बचें, भाग्यशालियों का अनुसरण करना और अभागे के मार्ग से सुरक्षित रहना धर्म और राज्य के लिये अति आवश्यक समझें, जिससे वे अच्छे और नेक लोगों का अनुसरण कर

---

१ वही अथवा ईश्वर से प्रेरणा :—मुसलमानों का विश्वास है कि ख़ुदा जिबरील फ़रिश्ते द्वारा मुहम्मद साहब के पथ-प्रदर्शन के लिये संदेश भेजा करता था। इन संदेशों को वही कहा जाता है। क़ुरान में आया है कि मुहम्मद साहब उस समय तक कोई बात न कहते थे, जब तक कि उन्हें वही द्वारा भगवान् की इच्छा न ज्ञात हो जाती थी। क़ुरान इन्हीं वहियों का संग्रह है।

२ मुसलमानों का विश्वास है कि, ख़ुदा सृष्टि की रचना के पश्चात् सर्व साधारण के पथ-प्रदर्शन के लिये प्रत्येक काल में अपनी ओर से कोई न कोई व्यक्ति भेजता रहा है। उन्हें नबी, पैग़म्बर, रसूल अथवा मुरसिल कहा जाता है। मुहम्मद साहब अन्तिम नबी, पैग़म्बर, अथवा रसूल माने जाते हैं।

३ अनुयायी। प्रत्येक नबी के अनुयायी उसकी उम्मत कहलाते हैं।

४ क़ुरान का प्रत्येक वाक्य आयत कहलाता है।

के तथा बुरों के अनैतिक कार्य से सुरक्षित रह कर, मुक्ति प्राप्त कर सकें। इस प्रकार वे भगवान् के शरण में स्थान पा सकेंगे। नेकी बदी की जानकारी, पहले लोगों की अवज्ञा और आज्ञा-पालन के समाचार को मुहम्मद साहब के हर विशेष तथा साधारण अनुयायी को भगवान् की एक बहुत बड़ी देन और उसका दान समझना चाहिये। इतनी बड़ी देन की कृतज्ञता प्रकट करने में जिह्वा को सर्वदा लगाये रहना चाहिये। प्राचीन काल के समाचारों को ईश्वर की बहुत बड़ी देन और कृपा समझें। यह समझें कि निम्नांकित आयत में बड़े अच्छे फल की ओर संकेत किया गया है। यह ईश्वर की कृपा-दृष्टि है कि जिसे चाहे उसे प्रदान करे। भगवान् की दया तथा कृपा तो अपार है। अल्लाह नबियों, फ़रिश्तों, वलियों[१], अस्फ़िया,[२] पिछली उम्मतों के मान्य व्यक्तियों और मुहम्मद साहब की उम्मत के समस्त साधारण तथा विशेष व्यक्तियों का दरूद[३] और सलाम, नबियों और मुर्सलीन के सरदार मुहम्मद इब्ने (पुत्र) अब्दुल्ला क़ुरैशी[४] हाशमी[५] बतही[६] की पाक और पवित्र आत्मा पर हमेशा होता रहे, जिनके सर्वोत्तम गुणों तथा प्रशंसा के योग्य नैतिकता का वर्णन आसमानी पुस्तकों में वर्त्तमान है और नित्य बना रहेगा और जिनके प्रशंसनीय वचनों तथा कार्यों का यश एवं गौरव, हदीस एवं इतिहास की पुस्तकों में भरा पड़ा है। यह उपदेश और कार्य ऐसे हैं कि जिनके प्रकाश में शरीयत[७] और तरीक़त[८] की आज्ञायें पूर्व से पश्चिम तक जारी होती रहती हैं। इनके अनुसरण से उनके अनुयायियों को उच्च श्रेणी तथा मुक्ति प्राप्त होती है।

(३) इस्लाम के बादशाहों की राज्य-व्यवस्था इन्हीं पर अवलम्बित है। अल्लाह रसूल समस्त उम्मत के वली और अस्फ़िया तथा मुहम्मद साहब के साधारण अनुयायियों का दुरूद और सलाम, रसूल के चारों खलीफ़ाओं और कुटुम्ब वालों तथा समस्त निष्कपट सहाबियों पर सदैव तथा प्रलय तक होता रहे। यह लोग भगवान् और रसूल के चुने हुये लोगों में से थे। इनके कारनामों का उल्लेख सम्भव नहीं, क्योंकि इनकी प्रशंसा में क़ुरान की यह आयत वर्त्तमान है "और महाजिरीन[९] एवं अंसार[१०] में से (ईमान की ओर) बढ़ने वाले वे लोग जिन्होंने अच्छे विचार से (ईमान के स्वीकार करने में) उनका साथ दिया, भगवान् उन से सन्तुष्ट और वे लोग भगवान् से प्रसन्न रहें।"

---

१ भगवान् के मित्र। इस शब्द का प्रयोग उन सूफ़ियों (मुसलमान संतों) के लिये किया जाता है, जो अपना समय केवल ईश्वर ध्यान में व्यतीत करते हैं।

२ सूफ़ी का बहुवचन अस्फ़िया है। मुसलमान संत सूफ़ी कहलाते हैं।

३ अर्बी का एक वाक्य जिसमें मुहम्मद साहब, उनकी संतान तथा सहायकों और मित्रों के लिये भगवान् से प्रार्थना की जाती है। मुसलमानों के लिये इस वाक्य को दुहराते रहना अति आवश्यक बताया गया है, और लिखा गया है कि इसमें बड़ा पुण्य है।

४ क़ुरैश अरबों का बड़ा प्रतिष्ठित क़बीला समझा जाता था। इस क़बीले से सम्बन्धित लोग क़ुरैशी कहलाते थे। मुहम्मद साहब इसी क़बीले से संबन्धित थे।

५ मुहम्मद साहब के पूर्वजों में हाशिम एक प्रसिद्ध व्यक्ति हुये हैं। मुहम्मद साहब इन्हीं के वंश से होने के कारण हाशिमी कहलाते हैं।

६ मक्के का नाम बतहा भी है। मुहम्मद साहब का जन्म मक्के में हुआ था, अतः वे बतही कहलाते हैं।

७ मुहम्मद साहब के बताये हुए नियम एवं इस्लामी सिद्धान्त, इस्लामी शरीयत के नाम से प्रसिद्ध हैं। इस्लामी नियमों एवं सिद्धान्तों के लिये शरा के शब्द का भी प्रयोग होता है।

८ तरीक़त अथवा मार्ग:—सूफ़ी साधना का मार्ग है।

९ वे लोग जो मुहम्मद साहब के साथ मक्के से मदीने को प्रस्थान कर गये। इस प्रस्थान करने को हिजरत करना कहते हैं। इस्लामी इतिहास में यह घटना बड़ी महत्वपूर्ण समझी जाती है। इस्लामी वर्ष इसी संबन्ध के कारण हिजरी वर्ष कहलाता है।

१० वे लोग जिन्होंने मुहम्मद साहब की मक्के से मदीने पहुँचने पर सहायता की।

रसूल के खलीफ़ा

कौन लेखक या संकलन-कर्त्ता इस बात का साहस कर सकता है कि ऐसे लोगों की प्रशंसा तथा तारीफ़ करे जिनके विषय में क़ुरान में कहा गया है, "हे रसूल तुमको भगवान् और तुम्हारे भक्त और तुम पर ईमान रखने वाले पर्याप्त हैं।" विशेष कर धर्म-निष्ठा के काबे[१] के चारों स्तम्भों के गुण ऐसे हैं जोकि रसूल के धर्म सम्बन्धी और राज्य व्यवस्था सम्बन्धी कार्यों में चार तत्वों के समान जब ये व्यक्ति रसूल के पश्चात् खिलाफ़त के सम्मान से विभूषित हुये, तो उन्होंने जमशेद[२] और क़ैखुसरो[३] का राज-सिंहासन बड़ी सफलता-पूर्वक प्राप्त किया। वे समस्त संसार के शासक बन गये, इस 'उलिलअम्री' और संसार की बादशाही के होते हुये मुहम्मद साहब की बताई हुई बातों का अनुसरण करने से वे सर्वदा धर्मनिष्ठ और फ़क़ीर बने रहे। फटे पुराने वस्त्रों और मोटी-झोटी कमलियों के धारण करते हुये भी अपनी पवित्रता द्वारा संसार के सर्वोत्तम भागों को अपने अधिकार में कर लिया। यह रसूल का ही चमत्कार था कि इन लोगों ने फ़क़ीरी और ग़रीबी के साथ-साथ बादशाही के कार्यों को भी प्रफुल्लता प्रदान की। इस्लाम का झण्डा पूर्व से पश्चिम तक पहुँचा दिया और रसूल की शरीयत की आज्ञायें समस्त संसार में प्रचलित कर दीं। अमीरुल मोमिनीन अबूबक्र सिद्दीक़ रज़ि अल्लाह अनहो[४] की खिलाफ़त[५] के समय से जहाँदारी[६] और जहांगीरी[७] के कार्य भी प्रारम्भ हो गये।

(४) झूठे नबियों और दीन के विरोधियों का विनाश प्रारम्भ हो गया। इस्लामी सेनायें शाम और एराक़ के विधर्मी बादशाहों से युद्ध करने लगीं और उनके विनाश में संलग्न हो गई। विधर्मी बादशाहों को क्षीण कर दिया गया।

"क्योंकि अमीरुल मोमिनीन सिद्दीक़े अकबर[८] की खिलाफ़त की अवधि तीस मास से, जोकि ढाई वर्ष होते हैं, अधिक न रही, अतः विरोधियों और धर्म के शत्रुओं के इक़ालीम[९], जो (नष्टभ्रष्ट) हो चुके थे और जिनका विनाश हो चुका था, सुव्यवस्थित न हुये थे, एवं झूठे नबियों तथा उनके अनुयायियों का विनाश कर दिया गया था। अरब के क़बीले; जो मुरतद[१०] हो गये थे, उन्हें फिर तलवार के बल से इस्लाम स्वीकार करने पर विवश किया गया। जिस

१ मक्के का प्राचीन पूजागृह जिसका सम्मान समस्त अरब में किया जाता था। इस्लाम के फैलने के पश्चात् भी इसे उतनी ही प्रतिष्ठा प्राप्त रही। मुसलमान काबे का हज करने के लिये मक्के जाने का हमेशा प्रयत्न किया करते हैं।

२ ईरानियों का पौराणिक बादशाह। फ़िरदौसी के शाहनामे द्वारा पता चलता है कि वह आज से छः हज़ार वर्ष पूर्व राज्य करता था। इसके विषय में प्रसिद्ध है कि उसने विज्ञापन-कला तथा साहित्य को विशेष प्रोत्साहन किया था।

३ क़ैखुसरो को भी ईरान का पौराणिक बादशाह बताया जाता है। कहा जाता है कि उसने बड़े ऐश्वर्य तथा वैभव से राज्य किया था।

४ अल्लाह उनसे सन्तुष्ट रहे।

५ खलीफ़ा अथवा उत्तराधिकारी होना।

६ राज्य व्यवस्था।

७ राज्यों पर अधिकार जमाना अथवा विजय प्राप्त करना। दिग्विजय

८ रसूल के प्रथम खलीफ़ा अबूबक्र। इनका राज्य ६३२ ई० से ६३४ ई० तक रहा।

९ इक़लीम का बहुवचन इक़ालीम है। इक़लीम का अर्थ है, "एक जलवायु का प्रदेश"। मध्यकालीन भूगोल-वेत्ता संसार को इक़लीमों में विभाजित किया करते थे, किन्तु बरनी तथा अन्य इतिहासकारों ने भी छोटे-छोटे प्रदेशों और राज्यों के लिये भी इक़लीम शब्द का प्रयोग किया है।

१० वे लोग जो इस्लाम स्वीकार करने के पश्चात् इस्लाम त्याग कर किसी अन्य धर्म को स्वीकार कर लें।

प्रकार नबूअत के समय में सदक़ात[1], जकात[2], जजिया और उश्र[3] मुसलमानों और उनके राज्य के अधीन प्रजा से लिया जाता था उसी प्रकार सिद्दीक़ की खिलाफ़त के समय में भी लिया जाता था। ऊँट के पैर बाँधने की रस्सी भी, जो वाजिब होती थी, ले ली जाती थी। झूठे नबियों ने जो उपद्रव की अग्नि भड़का रखी थी, उसे तलवार और बर्छे के ज़ोर से शान्त कर दिया गया। उनके एवं इस्लाम से मुरतद हो जाने वालों के परिवार, धन सम्पत्ति आदि को इस्लामी मुजाहिदों[4] ने लूट लिया। उनके राज्य-काल में मुस्तफ़ा की सुन्नत[5] को बड़ी उन्नति प्राप्त हुई। सिद्दीक़े अकबर की सच्चाई और धर्म-निष्ठता के कारण रसूल के सभी सहाबी उनका बड़ा आदर करते थे। कोई एक दूसरे से विरोध या शत्रुता न रखता था।

सिद्दीक़े अकबर के पश्चात् सहाबा ने अमीरुल मोमिनीन उमर ख़त्ताब[6] को सर्व सम्मति से उनका उत्तराधिकारी बनाकर ख़िलाफ़त की गद्दी पर आरूढ़ किया। वे दस वर्ष और नौ महीने ख़लीफ़ा रहे। इसे मुस्तफ़ा अलैहिस्सलाम का चमत्कार ही कहना चाहिये कि उमर के राज्य-काल में दुनिया का बहुत बड़ा भाग इस्लाम के अधीन हो गया। मुहम्मद साहब की शरीअत की आज्ञायें समस्त संसार में चालू हो गई। इस्लामी नियमों को सम्मान प्राप्त हुआ। इस्लामी पताकायें संसार के पूर्वी और पश्चिमी सभी भागों में पहुँच गईं। अरब के सभी क़बीलों, हिजाज, यमन, बहरैन, एराक़, शाम, मिस्र, और खुरासान तथा मावराउन्नहर का बहुत बड़ा भाग एवं रूम का कुछ भाग उमर की 'ख़िलाफ़त' के समय में जेहाद की तलवारों द्वारा पराजित हो गया। किस्रा[7] और क़ैसर[8] के राज सिंहासन एवं दूसरे सुल्तानों के राज्यों पर इस्लामी सम्मान और मुसलमानी शक्ति के कारण वे सहाबा, जो कि फ़क़ीरों का जीवन व्यतीत करते थे एवं मुस्तफ़ा के विश्वासपात्र थे, अमीर और वाली[9] नियुक्त हो

---

१ एक प्रकार का दान, जैसे ईद के अवसर पर। इस दान का इस्लाम में बड़ा महत्व है।

२ एक प्रकार का कर जो कि मुसलमानों को अपनी धन सम्पत्ति पर अदा करना होता है। यह कर इस्लामी राज्य में भी केवल मुसलमानों ही से लिया जाता था। जिन वस्तुओं पर ज़कात लिया जाता है वे निम्नांकित हैं: सोना, चाँदी, पशु, व्यापार का माल आदि। प्रत्येक वस्तु के लिए यह निश्चित है कि उसकी इतनी संख्या हो जाय, जिससे जकात लागू किया जा सके। इस निश्चित संख्या को निसाब कहते हैं। निसाब से कम धन संपत्ति पर जकात नहीं लिया जा सकता। इसके अतिरिक्त यह भी आवश्यक है कि धन. सम्पत्ति उसके स्वामी के पास पूरे वर्ष तक रहे।

३ इस्लामी राज्य में मुसलमानों की कृषि योग्य भूमि को उश्री भूमि कहते थे। इस भूमि से कुंए आदि से सिंचाई के बिना जो अनाज पैदा होता था उस पर पैदावार का $\frac{१}{१०}$ लगान के रूप में लिया जाता था। जिस भूमि को सींचने की आवश्यकता होती थी उस पर पैदावार का $\frac{१}{२०}$ लगान के रूप में लिया जाता था। उश्री भूमि के लगान को उश्र कहते हैं।

४ इस्लाम की धार्मिक आवश्यकताओं में जेहाद भी सम्मिलित है। जेहाद शब्द का अर्थ चेष्टा या प्रयत्न करना है। किन्तु साधारणतः इस्लाम के प्रचार के लिये जो युद्ध किया जाता था उसे जेहाद कहते थे। जेहाद में युद्ध करने वाले मुजाहिद कहलाते थे। सुल्तानों के इतिहास में सभी लड़ाइयों को जेहाद लिखा गया है, यहाँ तक कि विद्रोही मुसलमानों से युद्ध को भी जेहाद कहा जाता था।

५ मुहम्मद साहब जिन सिद्धान्तों पर आचरण करते अथवा जो कार्य करते थे उन्हें उनकी सुन्नत कहा जाता था।

६ रसूल के दूसरे ख़लीफ़ा जो ६३४ ई० से ६४४ ई० तक ख़लीफ़ा रहे हैं।

७ ईरान के बादशाहों की उपाधि किस्रा थी।

८ रूस के बादशाह की उपाधि क़ैसर थी।

९ विलायत (प्रदेशों) का अधिकारी, राज्य-पाल।

गये। एराक़ की इक़्लीमों और दूसरी इक़्लीमों से कुफ़्र, शिर्क और अग्नि-पूजा का अन्त हो गया। पारसियों और अग्नि पूजा करने वालों के धर्मों को क्षीण कर दिया गया। कूफ़े और बसरे की स्थापना की गई। इस्लामी नगर आबाद किये गये। यह बात सात हज़ार वर्ष तक लोगों के लिए आश्चर्य-जनक रहेगी कि उमर ख़त्ताब, मुहम्मद साहब के चमत्कारों के आशीर्वाद से चौदह पैवन्द का ख़िर्क़ा[१] पहनते हुये भी संसार में सुलेमानी[२] तथा सिकन्दरी[३] करते थे। उमर के कोड़े के भय से संसार के विरोधी और विद्रोही, आज्ञाकारी तथा राज-भक्त हो गये। संसार के विरोधियों और विद्रोहियों से ख़राज और जज़िया दाँत की जड़ से निकलवा लिया जाता था[४]। अकासरा का हज़ारों वर्ष का ख़ज़ाना और कयासरा का वह ख़ज़ाना, जोकि प्राचीन समय से उनके पास था, जिनके बल पर क़ैसर और किस्रा ख़ुदा के विरुद्ध विद्रोह कर देते थे और ख़ुदाई का दावा करते थे, इस्लामी योद्धाओं के हाथ में पहुँच गया और मुस्तफ़ा की मस्जिद और मदीने में मुसलमानों के साधारण व विशेष व्यक्तियों में वितरित हो गया। संसार की घटनाओं से शिक्षा ग्रहण करने वालों के हृदय में इस्लामी प्रतिष्ठा बैठ गई और कुफ़्र को सब अपमान-जनक समझने लगे।

चूँकि उमर ख़त्ताब स्वयं इस्लामी ख़ज़ाने में हाथ न डालते थे और ख़ज़ाने के वितरण के पश्चात् ख़ाली हाथ घर लौट आते थे और जीविकोपार्जन तथा अपने परिवार का पालन-पोषण ईंट बना कर करते थे, अतः उनका मान और उनकी प्रतिष्ठा सहाबा की आँखों में बहुत बढ़ गई थी। उनकी आज्ञा का समस्त संसार पालन करता था। यह भी ईश्वर के रसूल की संगति का आशीर्वाद है कि उमर की ख़िलाफ़त के समय में बारह हज़ार तुर्की घोड़े मुसलमानों के बैतुलमाल के पायगाह[५] में विद्यमान रहते थे। सहाबा ने उस समय भी जुमे के दिन उमर के ख़िर्क़े पर नौ पैवन्द गिने थे।

(६) हदीस और इतिहास के लेखकों ने हदीस एवं इतिहास की पुस्तकों में लिखा है कि 'उलिलअम्री का' वह वैभव जो उमर ख़त्ताब को अपनी धर्मनिष्ठता के कारण फटा हुआ ख़िर्क़ा पहनने के बावजूद भी प्राप्त हुआ, जमशेद[६], कैक़ुबाद और कैख़ुसरो को भी न प्राप्त हो सका, यद्यपि वे लोगों को बड़ी कठोरता, आतंक, सख़्ती, अत्याचार और ज़ुल्म द्वारा दबा दिया करते थे। यह सम्मान सात हज़ार वर्ष से नबियों और मुरसिलों के अतिरिक्त किसी बादशाह अथवा ख़लीफ़ा को नहीं प्राप्त हुआ था।

जो न्यायशीलता और दानशीलता उमर ख़त्ताब में देखी गई थी, वह हातिमताई[७] एवं न्यायी नौशेरवाँ[८] में भी न देखी गयी थी। कोई भी बादशाह अथवा

---

१ चीवर—यह साधारणतः सूफ़ी तथा दरवेश पहना करते हैं।

२ मुसलमान सुलेमान को बहुत बड़ा पैग़म्बर मानते हैं। उनका विश्वास है कि सुलेमान समस्त संसार के सम्राट थे। सुलेमानी करने का अर्थ बहुत बड़े राज्य का स्वामी होना है।

३ सिकन्दरी करने का अर्थ बहुत बड़े राज्य का स्वामी होना है।

४ यह एक फ़ारसी मुहाविरे का अनुवाद है। इसका भावार्थ निम्नांकित है: "ज़बरदस्ती वसूल कर लिया जाता था"

५ अस्तबल।

६ कैक़ुबाद और कैख़ुसरो भी ईरान के पौराणिक बादशाह थे।

७ इस्लाम से पूर्व अरब के एक क़बीले का एक बहुत बड़ा दानी नेता।

८ नौशेरवाँ, ईरान के राज सिंहासन पर ५२१ ई० में आरूढ़ हुआ। वह अपने दान तथा ऐश्वर्य के लिये बड़ा प्रसिद्ध था। उसे किस्रा भी कहते हैं।

'उलिलग्रम्र', 'जमशेदी', 'दरवेशी', एवं 'कैख़ुसरवी'[1] करने तथा फटा हुग्रा खिर्क़ा पहनने में इस प्रकार समन्वय स्थापित न कर सका था ग्रौर न क़यामत तक कोई बादशाह ग्रथवा उलिलग्रम्र कर सकेगा।

सबसे पहले जिस ख़लीफ़ा को 'ग्रमीरुल मोमिनीन' की पदवी मिली, वह उमर ख़त्ताब थे। सर्व प्रथम जिस ख़लीफ़ा ने मुजाहिदों ग्रौर सहायता के योग्य लोगों के लिये बैतुलमाल से सहायता करना प्रारम्भ किया, वह उमर ख़त्ताब थे। सर्व प्रथम जिन्होंने मुसलमानों के नगरों की स्थापना की, उमर ख़त्ताब थे। सबसे पहले जिस ख़लीफ़ा ने सहाबा ग्रौर ताबईन[2] को श्रेणियों में विभाजित किया, उमर ख़त्ताब थे। सर्व प्रथम ख़लीफ़ा जिसने प्रजा ग्रौर रियाया पर ख़राज लगाया उमर ख़त्ताब थे। पहले ख़लीफ़ा जिन्होंने इस्लाम के नगरों में क़ाज़ी[3] नियुक्त किये, उमर ख़त्ताब थे। पहले ख़लीफ़ा जिन्होंने हाथ में कोड़ा लेकर लोगों को ग्रनुशासन में रखना ग्रारम्भ किया, उमर ख़त्ताब थे। इस्लामी ख़लीफ़ाग्रों में शहीद[4] होने वाले पहले ख़लीफ़ा उमर ख़त्ताब थे।

उमर ख़त्ताब के पश्चात् उस्मान बिन ग्रफ़्फ़ान[5] रज़ि ग्रल्लाहो ग्रनहुमा[6] ख़लीफ़ा हुये। महाजिर ग्रौर ग्रन्सार ने उनकी खिलाफ़त को स्वीकार कर लिया[7]। इतिहास की पुस्तकों में ग्रमीरुल मोमिनीन उस्मान की दया, कृपा, दान तथा पुण्य का विशेष वर्णन है। उन्होंने क़ुरान को एक ग्रंथ के रूप में संग्रहित किया।

(७) उनके संग्रहीत क़ुरान से सभी सहाबा, सहमत थे। ग्रमीरुल मोमिनीन उस्मान ने मुस्तफ़ा ग्रलैहिस्सलाम[8] के युद्धों में ग्रपनी धन-सम्पत्ति दान कर दी थी।

उनके इस्लाम पर ग्रनेक हक़ हैं। वे वही को लिखते थे ग्रौर क़ुरान के हाफ़िज़[9] थे। मुस्तफ़ा ग्रलैहिस्सलाम की दो पुत्रियाँ उनको विवाहित थीं, इस कारण उन्हें ज़ुन्नूरैन कहते थे। ग्रमीरुल मोमिनीन उमर ख़त्ताब के समय में वे ग्रधिकांश क़ाज़ियों ग्रौर पदाधिकारियों को पत्र तथा संदेश लिखकर भेजा करते थे। मुस्तफ़ा ग्रौर शेख़ैन[10] उनसे सन्तुष्ट थे। उस्मान की खिलाफ़त के समय में उमर के समय का राज्य सुव्यवस्थित रहा। समस्त ख़ुरासान ग्रौर मावराउन्नहर पूरी तरह विजित हो गये। उस्मान बारह वर्ष तक ख़लीफ़ा रहे।

उस्मान के पश्चात् ग्रली करमल्लाहो वजहो[11] मुसलमानों के, सर्व सम्मति से, ख़लीफ़ा हुए। ग्रमीरुल मोमिनीन ग्रली ग्रपनी विद्वत्ता में नबियों ग्रौर मुरसिलों के ग्रतिरिक्त ग्रादम से लेकर क़यामत तक मुस्तफ़ा ग्रलैहिस्सलाम के ग्राशीर्वाद से सर्वश्रेष्ठ रहेंगे। मुस्तफ़ा के चाचा हमज़ा (मृ० ६२५ ई०) के पश्चात् वीरता में उनकी पदवी ग्रसदुल्लाह[12] हुई। सभी सहाबा

---

१ बड़े ऐश्वर्य तथा वैभव से राज्य करने को जमशेदी तथा कैख़ुसरवी करना लिखा गया है।

२ वे लोग जिन्होंने स्वयं रसूल को न देखा था किन्तु उनके सहाबा को देखा था।

३ इस्लामी राज्यों के न्यायाधीश।

४ इस्लाम के लिये ग्रपने प्राण त्यागने वाले शहीद कहलाते हैं।

५ रसूल के तीसरे ख़लीफ़ा। इनका राज्य ६४४ ई० से ६५६ ई० तक रहा।

६ ग्रल्लाह उनसे राज़ी रहे।

७ इस प्रकार के स्वीकार करने को बैग्रत करना कहते हैं।

८ उन पर सलाम हो।

९ जिन लोगों को पूरा क़ुरान कंठस्थ होता है, वे हाफ़िज़ कहलाते हैं।

१० ग्रबूबक्र ग्रौर उमर।

११ इस्लाम के चौथे ख़लीफ़ा जो ६५६ ई० से ६६१ ई० तक ख़लीफ़ा रहे।

१२ ग्रल्लाह का सिंह।

मुरतज़ा[1] के गौरव को पूर्णतया मानते थे। सर्व प्रथम इसलिये कि वे मुस्तफ़ा अलैहिस्सलाम के भतीजे थे और बनी हाशिम के उन व्यक्तियों में से थे जिन्होंने अपनी मातृ-भूमि को त्याग दिया था। दूसरे यह कि मुस्तफ़ा अलैहिस्सलाम ने बाल्यावस्था ही से माता-पिता के समान अली का पालन-पोषण किया था। तीसरे यह कि वे मुस्तफ़ा के प्रिय नाती हसन और हुसेन के पिता थे। चौथे यह कि पैग़म्बर उन्हें बहुत बड़ा धर्म-निष्ठ कहते थे और वे धर्म-निष्ठता में सब सहाबा से बढ़ चढ़ कर थे। पाँचवे यह कि विद्वत्ता में उनके समान सहाबा में कोई न था। छठे यह कि इस्लाम स्वीकार करने के पूर्व भी क्षण भर के लिये उनके हृदय में कुफ़ और शिर्क न उत्पन्न हुआ था। इतिहास वेत्ताओं ने लिखा है कि जब अमीरुल मोमिनीन अली माँ के गर्भ में थे और उनकी माता मूर्त्तियों को सिज्दा करना चाहतीं (शीश नवाना चाहतीं) तो वे अपनी माँ के गर्भ में इस प्रकार उलटते पुलटते कि वे मूर्त्तियों के सामने शीश न नवा सकती थीं। सातवें यह कि उनके दान के विषय में क़ुरान में कुछ आयतें विशेष रूप से विद्यमान हैं।

(८) चूँकि अबूबक्र और उमर रज़ि अल्लाहो अनहुमा के इस्लाम पर विशेष अधिकार प्रमाणित थे और उन्होंने इस्लाम के लिये अपने प्राण और अपनी धन-सम्पत्ति सभी लगा दी थी, अतः वे सब से पहले ख़लीफ़ा हुये। अली के गुणों के ऊपर उनके इस्लामी हुक़ूक़ का विशेष ध्यान रखा गया।

जिस समय उस्मान के पश्चात् अली मुरतज़ा ख़लीफ़ा हुए, तो उन्होंने सुना कि उस्मान के भाई, जोकि इस्लाम के सभी देशों में वाली और अधिकारी बन बैठे हैं, चारों ओर अधर्म फैला रहे हैं, मुस्तफ़ा की सुन्नत और शेख़ैन की सुन्नत के जो यथार्थ में मुहम्मद की सुन्नत थी, विरुद्ध प्रचार कर रहे हैं, तो मुरतज़ा ने चाहा कि तलवार के बल से इन अधर्मियों को सुन्नत के मार्ग पर चलने के योग्य बनादें और सत्य पुनः अपने केन्द्र पर आजाये, मुहम्मद की सुन्नत और उमर के अनुशासन में फिर से चमक दमक पैदा हो जाय, क्योंकि माविया[2] और अमीरुल मोमिनीन, उस्मान के अन्य भाई, प्रत्येक इक़लीम और राज्य के अधिकारी हो गये थे तथा उन्हें बहुत बल और शक्ति प्राप्त हो गई थी और वे अली का विरोध और उनके विरुद्ध विद्रोह करने लगे थे। वे अली के आज्ञाकारी न बने और षड़यन्त्र रचने लगे। शेख़ैन के समय में सहाबा का जो दल शक्तिशाली और अधिकार-सम्पन्न था वह अब न रहा था। बहुत से "अमवास की संक्रामक" में मर चुके थे। अमीरुल मोमिनीन अली ने विद्रोहियों के विद्रोह को शान्त करने के लिये मदीने से एराक़ की ओर प्रस्थान किया और कूफ़े में निवास-स्थान ग्रहण किया। दो ढाई सौ सहाबी और एक सेना जिसमें सहाबा न थे, लेकर अपनी 'खिलाफ़त' के चार साल चार महीने तक विद्रोहियों से युद्ध करते रहे। बहुत से सहाबी विरोधी सैनिकों के हाथ से मारे गये। दुष्ट इब्ने मुल्जिम ने तलवार से अली की हत्या कर दी।

नबी की "ख़िलाफ़त", जैसा कि मुस्तफ़ा ने स्वयं कहा था कि, "मेरे पश्चात् तीस वर्ष तक ख़िलाफ़त चलेगी, तत्पश्चात् बादशाहों का राज्य स्थापित हो जायगा", मुरतज़ा रज़ि अल्लाह अनहो के पश्चात् समाप्त हो गई।

---

१ अली को मुरतज़ा भी कहते हैं।

२ माविया ने अली की ख़िलाफ़त के समय उनका बड़ा विरोध किया और शाम में ६६१ ई० में ख़लीफ़ा बन बैठे। अली की हत्या के उपरान्त वे स्वयं समस्त मुसलमानों के ख़लीफ़ा बन गये। उन्होंने ६६१ ई० से ६८० ई० तक राज्य किया। उनकी ख़िलाफ़त के समय से उमैया वंश की ख़िलाफ़त प्रारम्भ हुई, जो ७५० ई० तक चलती रही। उमैया वंश के उपरान्त अब्बासी वंश का राज्य हुआ।

इतिहास का महत्व तथा उससे लाभ

(९) मैंने मुस्तफ़ा के चारों मित्रों का वृत्तान्त जोकि मुस्तफ़ा अलैहिस्सलाम के विश्वास-पात्र थे, आशीर्वाद के लिए इस भूमिका में लिख दिया है। ईश्वर की बन्दना और मुस्तफ़ा की प्रशंसा के पश्चात् मैं तारीखे फ़ीरोज़शाही को कुछ बादशाहों के वर्णन से सुशोभित करता हूँ। ईश्वर से क्षमा याचना करने वाला पापी ज़िया बरनी ईश्वर की बन्दना और मुस्तफ़ा की प्रशंसा एवं मुस्तफ़ा की सन्तान पर दरूद तथा उनके चुने हुए मित्रों की तारीफ़ के पश्चात् इस प्रकार निवेदन करता है कि उसने अपनी आयु किताबें पढ़ने में व्यतीत की है। प्रत्येक ज्ञान सम्बन्धी प्राचीन और नवीन सभी ग्रन्थों का अध्ययन किया है। मैंने तफ़सीर[1], हदीस, फ़िक़ह[2] और मशायख़[3] की तरीक़त के अतिरिक्त इतिहास से बढ़ कर किसी भी ज्ञान में इतना लाभ और उपलब्धि नहीं पाई। नबियों, ख़लीफ़ाओं, सुल्तानों, धर्म तथा राज्य के बुजुर्गों के हाल एवं उनके विषय में जानकारी प्राप्त करने को इतिहास का ज्ञान कहते हैं। इतिहास के ज्ञान में विशेषकर वही बातें आती हैं जोकि धर्म तथा राज्य के बुज़ुर्गों की कीर्ति से सम्बन्धित हों। इनमें उनकी कीर्ति का वर्णन होता है। कमीनों, तुच्छों, क्षुद्रों, अयोग्यों, दुराचारियों, व्यभिचारियों, असभ्यों, साहसहीनों, बकवादियों, कमअसलों, पतितों और बाज़ारी व्यक्तियों से इतिहास का कोई सम्बन्ध या लगाव नहीं होता। उपर्युक्त समुदाय को इतिहास के ज्ञान से कोई लाभ नहीं होता। वह उनके किसी समय अथवा किसी अवसर पर काम नहीं आता क्योंकि इतिहास में राज्य और दीन के बुज़ुर्गों के कार्यों, गुणों तथा उनकी प्रशंसा का वर्णन होता है। इसमें तुच्छ, पतित, कमीनों, कमअसल, और बाज़ारियों का कोई स्थान नहीं, क्योंकि वे पतित कर्मों, कमीनी हरकतों और तुच्छ पदार्थों से प्रेम रखते हैं। यह लोग तारीख़ से कोई रुचि नहीं रखते, अपितु तारीख़ पढ़ना तथा तारीख़ का ज्ञान प्राप्त करना क्षुद्रों तथा तुच्छ व्यक्तियों के लिए हानिकारक है, लाभ-प्रद नहीं। इतिहास के महत्व में इससे अधिक और क्या सोचा जा सकता है कि इस उत्कृष्ट ज्ञान को कमीनों, क्षुद्रों तथा कमअसलों से कोई सम्बन्ध नहीं और न यह उनकी कमीनी हरकतों और कमीनी बातों में उनका सहायक होता है।

(१०) गण्यमान्य व्यक्तियों की प्रतिष्ठा का वर्णन उनको शोभा नहीं देता। कमीने लोग जिस ज्ञान या जिस कार्य को सिद्ध करने में संलग्न रहते हैं, उससे उन्हें कुछ न कुछ लाभ हो जाता है, किन्तु इतिहास द्वारा नहीं। जिन लोगों के वंश को सम्मान प्रॉप्त होता है अथवा जो स्वयं गण्यमान्य और जिनकी संतान प्रतिष्ठित होती हैं, उनके लिये इतिहास का ज्ञान और उसका सुनना परमावश्यक होता है। वे बिना इतिहास सुने जीवित नहीं रह सकते। प्रतिष्ठित व्यक्ति, कुलीन एवं उनकी सन्तान, इतिहासकार को अपने प्राणों से भी अधिक प्रिय समझते हैं। उनकी यह कामना होती है कि वे इतिहासकार के पैर की धूल को अपने संसार का ऊँच नीच समझने वाली आँखों में सुरमे के स्थान पर लगा लें, क्योंकि उनके लेख एवं व्याख्या से धर्म और राज्य के गण्यमान्य व्यक्ति चिर प्रसिद्ध हो जाते हैं। धर्म और राज्य के प्रसिद्ध व्यक्तियों ने इतिहास के ज्ञान में विशेष गुण बताये हैं।

इतिहास के ज्ञान का प्रथम गुण यह है कि इसमें आसमानी किताबों की अनेक बातें होती हैं। इसमें भगवान् की बातें, नबियों के हाल एवं सर्वोत्तम प्राणियों का वर्णन, और

१ क़ुरान के अनुवाद तथा उसकी व्याख्या को तफ़सीर कहते हैं।

२ इस्लामी धर्म नीति के ज्ञान को फ़िक़ह कहते हैं।

३ सूफ़ियों।

बादशाहों का वृत्तान्त तथा उनके वैभव एवं ऐश्वर्य का हाल होता है। इतिहास का ज्ञान वह ज्ञान है जिसमें आँखों वाले के लिये शिक्षा ग्रहण करने की विशेष सामग्री होती है।

इतिहास के ज्ञान का दूसरा गुण यह है कि इसका हदीस के ज्ञान से विशेष सम्बन्ध है। हदीस में रसूल के वक्तव्य और कीर्ति का वर्णन होता है। हदीस तफ़सीर के बाद सर्वोत्तम ज्ञान है और इसके द्वारा सब से अधिक लाभ पहुँचता है। रवात[1] की आलोचना, व्याख्या, आधार, हज़रत मुस्तफ़ा अलैहिस्सलाम के युद्ध का वर्णन तथा यह ज्ञान कि इनमें कौन घटना पहले घटी और कौन बाद में, कौनसी रद्द हो चुकी है और कौन सी नहीं, इतिहास से सम्बन्धित हैं। इसी कारण इतिहास का हदीस से विशेष सम्बन्ध है। हदीस के इमामों[2] का कथन है कि हदीस का ज्ञान और इतिहास जुड़वां बच्चों के सदृश हैं।

(११) यदि हदीस वेत्ता, इतिहासकार नहीं होता तो उसे हज़रत मुस्तफ़ा और सहाबै-कराम रिज़वानुल्लाहो अलैहिम की बातों का ज्ञान नहीं हो पाता, क्योंकि हदीसों के रवात (सूत्र) वास्तव में वही हैं। ऐसे व्यक्तियों में सहाबा की निष्कपटता और सत्य एवं छली और सहाबा पर आरोप लगाने वालों की बातों में अन्तर ज्ञात करने की योग्यता नहीं होती। यदि हदीस वेत्ता इतिहासकार नहीं होता तो उसे उपर्युक्त बातों का ज्ञान नहीं हो पाता। वे हदीस की रवायतें[3] न तो स्वयं समझ सकते हैं और न उन्हें दूसरों को ही समझा सकते हैं। मुहम्मद साहब की नबूअत के तथा सहाबा के समय में जो बातें हुईं और जिनके सविस्तार ज्ञान से उनके बाद के अनुयायियों को सन्तोष और विश्वास होता है, वे इतिहास द्वारा ही ज्ञात होती हैं।

इतिहास की तृतीय विशेषता यह है कि इसके ज्ञान द्वारा मनुष्य की बुद्धि में चेतना, उत्कृष्ट विचार और उपाय ज्ञात करने की शक्ति में वृद्धि होती है। मनुष्य दूसरे के अनुभव के ज्ञान से लाभ उठा कर स्वयं अनुभवी हो जाता है। इतिहासवेत्ता प्राचीन घटनाओं के ज्ञान से अपने कार्य में सावधान हो जाता है। अरस्तू और बुज़र्चमेहर[4] ने कहा है कि इतिहास के ज्ञान द्वारा मनुष्य के विचार उत्तम हो जाते हैं और भावी सन्तानें प्राचीन घटनाओं के ज्ञान से अपने विचारों को ठीक बना लेती हैं।

तारीख के ज्ञान का चतुर्थ लाभ यह है कि इसके ज्ञान से, सुल्तानों, मलिकों, मन्त्रियों और गण्य-मान्य व्यक्तियों के हृदय में वर्त्तमान घटनाओं और वाक़यात के प्रति सन्तोष उत्पन्न हो जाता है। यदि बादशाहों पर किसी आकस्मिक घटना के कारण कोई विशेष कठिनाई आ जाती है तो उसके समाधान की आशा समाप्त नहीं हो पाती। जिस प्रकार पिछले लोगों ने उन कठिनाइयों के होते हुये भी सफलता प्राप्त कर ली, उसी प्रकार वर्त्तमान सुल्तान भी अपनी कठिनाइयों पर विजय प्राप्त करने का प्रयत्न करते हैं। जिन वाक़यात और घटनाओं के विषय में आशंका अथवा भय होता है, ऐतिहासिक ज्ञान द्वारा उनसे मुक्ति प्राप्त हो जाती है। इतिहास के ज्ञान से बहुत सी घटनाओं का पता उनके घटने के पूर्व ही चल जाता है। यह लाभ सर्वोत्तम और सर्वोपरि है।

(१२) इतिहास के ज्ञान से पाँचवाँ लाभ यह है कि नबियों का इतिहास और उनके समय की घटनाओं की जानकारी से तथा यह ज्ञात होने से कि उन्होंने उनका किस प्रकार से सामना किया और इन घटनाओं और वाक़यात के होते हुये भी किस प्रकार धैर्य तथा

---

१ हदीस में बयान की गई घटनाओं के सूत्र।

२ हदीस के विशेषज्ञों।

३ जो बयान किया गया हो। घटनायें

४ ईरान के बादशाह नौशेरवाँ का मुख्यमंत्री।

शान्ति से कार्य किया, इतिहासवेत्ता भी उसी प्रकार धैर्य एवं शान्ति से कार्य करने योग्य हो जाता है। इतिहासवेत्ता को नबियों के विपत्तियों से मुक्त हो जाने का ज्ञान प्राप्त होने के कारण लोगों को बड़ा प्रोत्साहन मिलता है। इस जानकारी से कि नबी, जोकि आदम के पुत्रों में सर्वश्रेष्ठ थे फिर भी नाना प्रकार के कष्टों में ग्रस्त रहे, इस्लाम पर श्रद्धा रखने वाले विपत्तियों तथा आकस्मिक घटनाओं से नहीं घबड़ाते।

इतिहास की जानकारी से छठा लाभ यह है कि इतिहासवेत्ता को यह भली-भाँति ज्ञात होता है कि न्यायवर्ती, नेक लोग तथा वे जिन्हें ईश्वर ने दुराचार एवं पाप से मुक्त कर रखा है, कितने सर्वश्रेष्ठ थे। ख़लीफ़ाओं, सुल्तानों, वज़ीरों तथा इस्लामी बादशाहों को यह ज्ञात हो जाता है कि वैभव तथा ऐश्वर्य वालों का अन्त किस प्रकार हुआ और वे किस प्रकार विनाश तथा कष्ट में फँसे। राज्य व्यवस्था में दुराचार का जो परिणाम होता है, वह भी उन्हें ज्ञात हो जाता है। ख़लीफ़ा, सुल्तान और नेक बादशाह, नेकी तथा परोपकार करने लगते हैं। इस्लामी बादशाह वैभव और ऐश्वर्य की ओर ध्यान नहीं देते तथा लोगों से घृणा एवं अभिमान-पूर्वक व्यवहार नहीं करते। नम्रता के गुण वह कभी नहीं भूलते। ख़लीफ़ाओं, सुल्तानों, मंत्रियों और बादशाहों के सद्व्यवहार से जो लाभ होता है, वह दूर तथा निकट एवं अन्य सब लोगों तक पहुँच जाता है।

तारीख़ की जानकारी से सातवाँ लाभ सत्य से सम्बन्धित है। पिछले तथा वर्त्तमान धर्म एवं राज्य के सर्वश्रेष्ठ लोगों ने कहा है कि इतिहास के ज्ञान का आधार सच्चाई पर रखा गया है जैसा कि मेहतर इब्राहीम अलैहिस्सलाम[1] ने कहा है और भगवान् से प्रार्थना की है:—

इतिहास की विशेषता तथा इतिहासकार के कर्त्तव्य

(१३) इतिहास में जो रचना की जाती है, वह उन बुज़ुर्गों से विशेष रूप से सम्बन्धित होती है जो न्याय-प्रिय सत्यवक्ता होते हैं तथा स्वतंत्र विचार रखते हैं। इतिहास में पिछले लोगों की अच्छाई-बुराई, न्याय-अन्याय, अधिकार अनाधिकार, भलाई-बुराई, आज्ञाकारिता-अवहेलना, सदाचार तथा दुराचार का वर्णन होता है। इससे भविष्य के पाठकों को शिक्षा मिलती है। राज्य व्यवस्था से लाभ-हानि, शासन-प्रबन्ध की भलाई-बुराई ज्ञात हो जाती है। लोग हृदय से सदाचारी बनने का प्रयत्न करते हैं और दुराचार से बचते हैं।

ईश्वर न करे कोई झूठा या छली इतिहासकार झूठ लिखना आरम्भ कर दे या अपनी दुर्भावना तथा कुत्सित हृदय से अनुचित बातें पूर्वजों के सम्बन्ध में लिखने लगे अथवा मनगढ़न्त कथायें लिपि-बद्ध करने लगे; अपने झूठ और जाल को सुन्दर शब्दों में प्रसारित करदे; झूठ को सच बना कर दिखा दे और लिख दे; लोक तथा परलोक में अपने पाप से भय न करे; क़यामत[2] में उत्तर देने का भय उसके हृदय से निकल जाय। सदाचारियों की निन्दा करना तथा उनकी कटु आलोचना करना, लोगों की पीठ पीछे बुराई फैलाना बड़ा ही निकृष्ट कार्य हैं। बुरों को नेक कहना और लिखना अत्यन्त निन्दनीय कार्य है। चूँकि इतिहास में जो कुछ उल्लेख होता है, उसके लिये प्रमाण नहीं देना पड़ता और इसमें सुल्तान तथा प्रतिष्ठित लोगों का वर्णन होता है, अतः इतिहासकार को ऐसा होना चाहिये

१ एक बहुत बड़े पैग़म्बर। इनके विषय में प्रसिद्ध है कि इन्होंने काबे की स्थापना की थी।

२ मुसलमानों का विश्वास है कि एक समय ऐसा आयगा जबकि ख़ुदा समस्त सृष्टि का अन्त कर देगा और फिर सबको जिन्दा करके उनके कार्यों के विषय में पूछ ताछ करेगा। जिस दिन यह पूछ ताछ होगी उसे क़यामत का दिन कहते हैं। स्वर्ग या नरक मनुष्य को क़यामत की पूछ ताछ के पश्चात् प्रदान किया जायगा।

जिस पर सब विश्वास करें और जो अपनी सत्यता तथा न्याय के लिये प्रसिद्ध हो, जिससे जो कुछ उसने लिखा है, उस पर प्रमाण के न होते हुये भी लोग विश्वास करें और गण्यमान्य व्यक्तियों का भी उस पर विश्वास हो, क्योंकि वे लोग ऐसे लोगों के अतिरिक्त जिनका सब लोग विश्वास करते हैं और जिनकी सत्यता तथा ईमानदारी पर सन्देह नहीं किया जा सकता, किसी अन्य की बात पर ध्यान नहीं देते।

अरब के प्राचीन इतिहास

ईरान और अरब के समस्त इतिहासकार जिन्होंने अरबी या फ़ारसी में इतिहास लिखे हैं अपने समय और काल में बड़े विश्वास के योग्य समझे जाते थे। इमाम मुहम्मद इसहाक़[१] जिन्होंने 'सियरउन्नबी व आसारे सहाबा' नामक पुस्तक की रचना की है, एक सहाबी के पूत्र थे और हदीस के इमामों में बड़े प्रतिष्ठित थे। मग़ाज़ी वाक़दी[२] के लेखक इमाम वाक़दी भी सहाबी के पुत्र थे और हदीस के इमाम उनका सम्मान करते थे। उनकी पुस्तक उन पुस्तकों में, जिन पर विश्वास किया जा सकता है, सर्व श्रेष्ठ है।

(१४) इमाम असमई[३] क़िरअत के ज्ञान में सबसे बढ़ चढ़ कर थे और बहुत बड़े विद्वान् थे। वे उत्कट भाव-व्यंजना-पूर्ण रचना के आचार्य थे। इमाम मुहम्मद बुख़ारी[४] हदीस के आलिमों में सबसे बढ़ चढ़ कर थे। तारीख़ के इमामों में उनकी बराबरी करना और विश्वास के योग्य रवायतें लिखना उनसे उत्तम किसी से भी सम्भव न था। इमाम सालबी,[५] इमाम मुक़द्दिसी,[६] इमाम दीनुरी,[७] इमाम हज़म,[८] इमाम तबरी[९] भी इतिहासकार थे। इन्होंने तफ़सीरें और ऐसी पुस्तकें लिखी हैं जिनकी सत्यता पर सभी विश्वास रखते हैं।

ईरान तथा देहली के इतिहासकार

ईरान का इतिहास लिखने वालों में भी अपने समय तथा काल के बहुत बड़े-बड़े एवं

---

१ इनकी मृत्यु ७६७ ई० तथा ७६९ ई० के बीच में हुई। इन्होंने मुहम्मद साहब की जीवनी पर एक प्रसिद्ध पुस्तक लिखी है।

२ वाक़दी का जन्म ७४७-७४८ ई० में मदीने में हुआ। उनकी मृत्यु ८१८-८१९ ई० में हुई। इनकी सर्व प्रसिद्ध पुस्तक किताबुलमग़ाज़ी में मक्के और मदीने के आरम्भ के इतिहास से लेकर बाद के इस्लामी इतिहास तक का उल्लेख है।

३ इनका जन्म बसरे में ७४० ई० में तथा मृत्यु ८२८ ई० में हुई। अब्बासी ख़लीफ़ा हारूनुर्रशीद इनका बड़ा आदर करता था। वे भाषा सम्बन्धी सभी विषयों के आचार्य थे।

४ इनका जन्म ८१० ई० में बुख़ारे में हुआ था और मृत्यु समरक़न्द के निकट ८७० ई० में हुई। इन्होंने अपनी पुस्तक में मुहम्मद साहब की ७००० चुनी हुई हदीसों का वर्णन किया है।

५ इनका जन्म ९६१ ई० और मृत्यु १०३८ ई० में हुई। वे अपने समय के कवियों के विषय में बड़ा अच्छा ज्ञान रखते थे।

६ अलमुक़द्दिसी बड़े प्रतिष्ठित भूगोल वेत्ता हुये हैं। उन्होंने संसार के भिन्न-भिन्न भागों की यात्रा की और ९८५-८६ ई० में अपनी यात्रा के सम्बन्ध में एक पुस्तक की रचना की जो "एहसनुत्तक़ासीम फ़ी मारिफ़तुलअक़ालीम' के नाम से प्रसिद्ध है।

७ इनकी मृत्यु ८९५ ई० तथा ९०२ ई० के बीच में हुई। ये वनस्पति विज्ञान के बहुत बड़े आचार्य थे।

८ अली इब्ने हज़म स्पेन के इस्लामी राज्य के बहुत बड़े विद्वान् हुये हैं। वे ९९४ ई० से १०६४ ई० तक जीवित रहे। वे भिन्न-भिन्न धर्मों के विषय में अच्छी जानकारी रखते थे। इस विषय पर उनकी रचना "अलफ़सल फ़िलमिलल वल अहवा वल निहल" प्रसिद्ध है।

९ इनका जन्म ८४८ ई० तथा मृत्यु ९२३ ई० में हुई। इन्होंने ९१० ई० तक का एक सविस्तार इतिहास लिखा है।

प्रतिष्ठित इतिहासकार हुये हैं। फ़िरदौसी,[१] बेहक़ी,[२] तारीखे आईन के लेखक, तारीखे किसरवी, तथा यमीनी[३] के संकलनकर्त्ता उत्बी का अपने समय और काल में बड़ा विश्वास किया जाता था। वे अपने समय के प्रतिष्ठित तथा गण्यमान्य व्यक्ति थे। देहली राज्य के इतिहासकार भी अपने समय के विश्वास के योग्य व्यक्ति थे। ताजुल मआसिर के लेखक ख़्वाजा सद्र निज़ामी, जामेउलहेकायात[४] के संकलनकर्त्ता मौलाना सद्रुद्दीन औफ़ी तबक़ाते नासिरी के लेखक क़ाज़ी सद्रे जहाँ मिनहाज जूर्जानी, ताजुद्दीन एराक़ी के पुत्र कबीरुद्दीन[५] जिन्होंने अलाई राज्य-काल में सुल्तान अलाउद्दीन के फ़तेहनामे लिखे हैं, और उनमें बड़ी जादू-बयानी की है, अपने समय के प्रतिष्ठित तथा गण्यमान्य, बुज़ुर्ग और विश्वास के योग्य व्यक्ति थे।

झूठे इतिहासकार

यह समझना चाहिये कि विश्वास के योग्य व्यक्तियों ने अपने इतिहास में जो कुछ लिखा है, उस पर सभी लोग विश्वास करते हैं। साधारण तथा ऐसे व्यक्तियों ने जिनके वंश में कोई विद्वान कभी हुआ ही नहीं, जो कुछ लिखा है, उन पर विद्वान लोग विश्वास नहीं करते। साधारणतया ऐसे लेखकों की पुस्तकें, पुस्तक विक्रेताओं की दूकान पर पड़ी-पड़ी सड़ जाती हैं और पुनः काग़ज़ बनाने वालों के पास पहुंच जाती हैं तथा काग़ज़ सफ़ेद कर दिया जाता है। इतिहासकार को प्रतिष्ठित एवं सर्वश्रेष्ठ होने के अतिरिक्त यह भी होना आवश्यक है कि वह इतिहास लिखते समय अपने दीन और धर्म को ठीक रखे क्योंकि कुछ अधर्मियों, धर्मान्ध और भ्रष्ट लोगों ने अपनी धार्मिक कट्टरता के कारण इतिहास में झूठ और सच मिला दिया है।

(१५) जिस प्रकार गुलात[६] रवाफ़िज़[७] ख़वारिज[८] ने सहाबा के प्रति बहुत सी झूठी बातें गढ़ दी हैं, इसी प्रकार अधर्मी और बे दीनों ने भी मन गढ़न्त बातें लिखी हैं। उन्होंने

१ फ़िरदौसी तूसी का जन्म ९३४ ई० से ९३६ ई० के बीच में हुआ था। उसका सर्व प्रसिद्ध ग्रन्थ शाहनामा है, जिसकी रचना उसने ९८०-८१ ई० के लगभग प्रारम्भ की। इसका पहला संस्करण उसने ९९४-९५ ई० में पूरा किया। दूसरा संस्करण ९९९ ई० में तैयार किया। तीसरा संस्करण १०१० ई० में तैयार करके महमूद ग़ज़नवी (९९८ ई० १०३० ई०) को समर्पित किया, उसकी मृत्यु उसके जन्म स्थान तूस में १०२० या १०२५-२६ ई० में हुई।

२ अबुल फ़ज़ल मुहम्मद बिन अल हुसैन अल बेहक़ी का जन्म ९९६ ई० में हुआ था। बेहक़ी ने तारीखे बेहक़ी की रचना की है, जिसमें ग़ज़नी दरबार से सम्बन्धित उन घटनाओं का उल्लेख किया है, जो १०१८ ई० से १०५० के बीच में घटीं। यह घटनायें उसकी अपनी जानकारी पर आधारित हैं। इसका एक भाग कलकत्ते से १८६१-६२ ई० में और कुछ भाग तेहरान से १८८९-९० ई० में प्रकाशित हुआ। इसकी हस्तलिखित प्रतियाँ भी भारतवर्ष तथा योरुप में वर्त्तमान हैं।

३ तारीखे यमीनी में अमीर सुबुक्तिगीन तथा सुल्तान महमूद ग़ज़नवी के १०२०-२१ ई० तक के राज्य का हाल है। यह इतिहास अरबी में लिखा गया और देहली से १८४७ ई० में प्रकाशित हो चुका है। इसके लेखक अबूनस्र मुहम्मद बिन अब्दुल जब्बार अल उत्बी की मृत्यु १०३५-३६ ई० में हुई।

४ मौलाना नूरुद्दीन मुहम्मद औफ़ी ने यह पुस्तक सुल्तान शम्सुद्दीन इल्तुतमिश को समर्पित की। इसकी रचना औफ़ी ने ६२५ हि० (१२२८ ई०) में की। इसमें भिन्न-भिन्न प्रकार की कहानियाँ हैं। इलियट के इतिहास के दूसरे भाग में (पृष्ठ १५५ से २०३ तक) इसके एक भाग का अनुवाद भी हुआ है। अंजुमन तरक्क़िये उर्दू ने इसके कुछ भागों का उर्दू अनुवाद भी प्रकाशित किया है।

५ इस पुस्तक की किसी प्रति का इस समय तक कोई पता नहीं चल सका है।

६ यह शीयों का एक फ़िरक़ा है जिनका विश्वास है कि उनके इमाम मनुष्य जाति से बहुत बढ़ चढ़ कर थे।

७ राफ़ज़ी का बहुवचन। राफ़ज़ी का अर्थ "त्यागने वाला है"। यह भी शीआ होते हैं।

८ मुसलमानों का एक फ़िरक़ा।

प्रसिद्ध और अमान्य बातें, दोनों ही लिख दी हैं। चूंकि इतिहास के पढ़ने वालों को इतिहास के संकलन-कर्त्ताओं के धर्म, दीन और बदएतक़ादी[1] के विषय में कुछ ज्ञान नहीं होता, अतः वे यही समझने लगते हैं कि जो कुछ उन्होंने लिखा है सत्य लिखा है। प्राचीन लोगों की रचना होने के कारण इतिहास पर विश्वास रखते हुये जो कोई भी अधर्मियों की धोखे बाज़ी को नहीं समझता और यह नहीं जानता कि इसमें अधर्मियों और बदएतक़ादों की बातें लिखी हैं, वह उन पर विश्वास करने लगता है। यह लोग अपने झूठ, जाल और बदएतक़ादी की बातों को सच्चे इतिहासों और लेखों में मिला कर उन्हें भी प्रसिद्ध कर देते हैं। इस प्रकार अपनी घृणा के योग्य रचनाओं द्वारा पाठकों में अपनी बदएतक़ादी और अपने अधर्म को प्रचलित कर देते हैं चूंकि साधारण लोगों को इतिहास का ज्ञान नहीं होता, अतः उन लोगों के विश्वास में इन झूठी बातों से विघ्न पड़ जाता है और वे बेईमानों की झूठी और जाली रचनाओं को सत्य समझने लगते हैं।

इतिहास की जानकारी से लाभ

इतिहास की जानकारी से एक बहुत बड़ा लाभ यह है कि सुन्नी लोग अधर्मियों की, सच्चे लोग झूठों की और (इस्लाम पर) विश्वास रखने वाले मक्कार लोगों की चालों से परिचित हो जाते हैं। उन्हें विश्वास के योग्य कहानियों और उन बातों के समझने की, जिन पर विश्वास नहीं किया जाता, योग्यता हो जाती है। उस धर्म के विषय में, जिसमें बुरे एतक़ाद नहीं हैं तथा सुन्नत जमाअत के इमामों की बताई हुई बातें हैं, जानकारी हो जाती है।

इतिहास की रचना के लिये शर्तें

इतिहास की रचना करते समय सबसे बड़ी शर्त, जोकि इतिहासकार के लिये उसकी धर्म-निष्ठता को देखते हुये आवश्यक है, यह है कि वह बादशाही की प्रतिष्ठा, गुणों, उत्तम बातों, न्याय और नेकियों का उल्लेख करे। उसे यह भी चाहिय कि वह उसकी बुरी बातों और अनाचार को न छिपाये, इतिहास लिखते समय पक्षपात न करे।

(१६) यदि उचित देखे तो स्पष्ट अन्यथा संकेत या इशारे से बुद्धिमानों और ज्ञान-सम्पन्न व्यक्तियों को सचेत कर दे। यदि भय अथवा डर के कारण अपने समकालीन बादशाह के विरुद्ध कुछ लिखना सम्भव न हो तो इसके लिये वह अपने आप को विवश समझ सकता है किन्तु पिछले लोगों के विषय में उसे सच-सच लिखना चाहिये। यदि किसी इतिहासकार को किसी बादशाह या मंत्री अथवा किसी अन्य व्यक्ति द्वारा कोई कष्ट या दुःख पहुँचा हो या किसी ने इस पर विशेष कृपादृष्टि एवं दया, क्रोध और सहायता की हो तो उसे उस पर ध्यान न देना चाहिये तथा वह किसी की अच्छाई या बुराई सत्य के विरुद्ध न लिखे और न ऐसी घटनाओं का उल्लेख करे, जो कभी न घटी हों। इतिहासकार को सच-सच और ठीक-ठीक लिखना चाहिये। उसे अपने धर्म, दीन और एतक़ाद का ध्यान रखना चाहिये और क़यामत में उत्तर देने के भय से डरना चाहिये।

इतिहासकार के लिये यह परमावश्यक है कि वह झूठ बोलने वालों की बातों, प्रणालियों तथा बढ़ा चढ़ा कर प्रशंसा करने वालों, कवियों, जाल रचने वालों और झूठी बात गढ़ने वालों से बचता रहे। उपर्युक्त लोग सीपी को लाल और याक़ूत बना देते हैं। वे लोग जो भी लिखते या जाल रचते हैं, वह सर्वदा झूठ होता है किन्तु इतिहासवेत्ता की लिखी हुई

१ इस्लाम में अविश्वास।

बातों पर सभी विश्वास करते हैं। यदि वह झूठ हो तो उससे संकलनकर्त्ता को विशेष हानि पहुंचती है और इस कारण वह भगवान् के निकट दण्ड का पात्र हो जाता है।

इतिहासकार के प्रति उत्तरदायित्व

संक्षेप में इतिहास का ज्ञान बड़ा ही लाभप्रद और उत्तम ज्ञान है। इस ज्ञान का लाभ उसके समकालीनों को भी होता है क्योंकि उनकी प्रशंसा संसार में सर्वदा वर्त्तमान रहती है। इतिहास का अध्ययन करने वालों को भी विशेष लाभ होता है।

(१७) इतिहासकारों का उनके समकालीनों के ऊपर बहुत बड़ा उत्तरदायित्व होता है क्योंकि वे उनका इतिहास लिखते हैं और उनकी कीर्त्ति को प्रसारित करते हैं। इतिहासकार के जीवन में ही सभी लोग उसके प्रेमी और शुभ-चिन्तक हो जाते हैं। उसकी नेकी और मित्रता से सभी जाने-पहचाने और अनजान व्यक्ति प्रभावित रहते हैं। अपनी मृत्यु के उपरान्त समकालीनों का इतिहास लिखने के कारण उन्हें दूसरा जीवन मिल जाता है। उनकी आत्मा को ईश्वर भी सुख और शान्ति देता है। इतिहास का अध्ययन करने वालों और सुनने वालों पर भी उसका विशेष उत्तरदायित्व होता है क्योंकि इससे उन्हें अधिक लाभ पहुंचता है।

इमाम सालवी ने तारीख़ ग़ररुस्सियर में लिखा है कि आरम्भ के अब्बासी ख़लीफ़ाओं, सुल्तानों, तथा उस समय के प्रतिष्ठित एवं गण्यमान्य व्यक्तियों को इतिहास से विशेष रुचि हो गई थी। अमीरुल मोमिनीन हारुनुर्रशीद को जोकि अब्बासी ख़लीफ़ाओं में सर्वश्रेष्ठ था, इतिहास से विशेष रुचि थी। ख़लीफ़ा की रुचि को देख कर अबूयूसुफ़[1] क़ाज़ी और इमाम मुहम्मद शैबानी ने इतिहास का ज्ञान प्राप्त किया। इमाम वाक़दी से मुस्तफ़ा सल्ललाहो अलैहे व सल्लम और सहाबा का इतिहास तथा उनके युद्ध आदि का वर्णन पढ़ा क्योंकि ख़लीफ़ा और बादशाह प्रतिष्ठित वंश तथा बुज़ुर्ग ख़ानदान के होते हैं, अतः वे अपनी बुज़ुर्गी तथा बुज़ुर्ग़-ज़ादगी[2] के कारण इतिहास में विशेष रुचि रखते हैं। उस काल में ख़लीफ़ाओं सुल्तानों, वज़ीरों, मलिकों का कोई दिन अथवा रात ऐसी न व्यतीत होती थी जबकि किसी प्रतिष्ठित तथा गण्यमान्य व्यक्ति से वे विश्वस्त इतिहास न सुन लेते थे। उस समय के सुल्तानों वज़ीरों, और बुज़ुर्गों की इतिहास में रुचि होने के कारण इतिहासकारों को बड़ा सम्मान प्राप्त हो गया था। वे धन-धान्य सम्पन्न तथा सर्व प्रिय होते थे।

(१८) ख़लीफ़ा, सुल्तान, वज़ीर तथा प्रतिष्ठित मलिक इतिहासकारों को धन-सम्पत्ति गाँव, बाग़, घोड़े और ऊँट प्रदान करते थे। उन साहसी तथा उत्कृष्ट स्वभाव वालों की मृत्यु के पश्चात्, जिन्हें इतिहास में विशेष रुचि थी, अन्य लोगों की इतिहास में रुचि और इतिहासकार के प्रति प्रेम का अन्त हो गया। बाद के ख़लीफ़ाओं तथा सुल्तानों के उच्च स्वभाव में उनके ऐश व इशरत तथा भोग विलास में ग्रस्त रहने के फलस्वरूप कमी होने लगी। बुज़ुर्गों के कार्यों तथा प्रशंसा के उल्लेख के लिए जो परिश्रम करना पड़ता है, जिससे उनके नाम एवं कीर्ति इतिहास में चिरस्थायी और प्रलय तक शेष रहते हैं, उसकी ओर विशेष रुचि उनके हृदय में न रही। इस बात के ऊपर लोगों ने ध्यान देना छोड़ दिया कि सुल्तानों की बादशाही, मंत्रियों की विज़ारत और वालियों के शासन तथा उलिलअम्री के लिए कुलीन होना परमावश्यक है। बल के आधार पर बादशाही पर अधिकार जमाया जाने लगा और योग्यता तथा कार्य-कुशलता के

१ इनका जन्म ७३१-३२ ई० में हुआ तथा मृत्यु ७९८-९९ ई० में हुई। ये प्रसिद्ध इमाम अबूहनीफ़ा के शिष्य थे। इन्हीं के द्वारा अबूहनीफ़ा के समस्त विचार लिखित रूप में प्रसारित हुये। इस्लाम के हनफ़ी सम्प्रदाय के नियम इन्हीं की रचनाओं पर आधारित हैं।

२ बुज़ुर्गों की सन्तान से होना।

अनुसार विज़ारत मिलने लगी। इस कारण इतिहास की प्रसिद्धि तथा इतिहासकार के सम्मान में बाधा पड़ने लगी। जिस प्रकार पहले के लोग इतिहास पढ़ने, सीखने और जानने में रुचि रखते थे, तथा इतिहास के ज्ञान को बुज़ुर्गी की निशानी समझते थे, और इतिहास पढ़ने पढ़ाने में रुचि रखते थे, वह बात बाद के लोगों में न रही। इतिहासकारों का आदर सम्मान होना बन्द हो गया।

एराक़ के अकासरा के समय में बादशाही और बादशाह ज़ादगी केवल कुलीनों को प्राप्त होती थी। वज़ीरी, वज़ीर ज़ादगी, मलिकी, मलिक ज़ादगी के लिये उच्च वंश का होना शर्त थी। इतिहासकारों का वेतन निश्चित था और उनका आदर किया जाता था। इतिहासकारों के आदर सम्मान, प्रतिष्ठा और इज़्ज़त का मोबिदों के समान, जोकि उन बादशाहों के धर्म और दीन के नेता होते थे, ध्यान रखा जाता था। इमाम सालबी ने, जोकि बहुत बड़े इतिहासकार थे, तारीखे अरायसी में लिखा है कि ख़लीफ़ा और बादशाह, वज़ीर और मलिक इतिहासकारों की सेवाओं का बदला नहीं चुका सकते और उनकी सेवा का मूल्य नहीं समझ सकते।

(१९) उनके दरबारों में अनेक नदीम[1], कवि, प्रशंसा करने वाले, बकवादी, मक्कार, भूठे और अनुचित बातें करने वाले विद्यमान रहते हैं, जो उनकी निराधार प्रशंसा और बढ़ा-चढ़ा कर तारीफ़ किया करते हैं, अपनी विचित्र बातों और भूठी तारीफ़ों से धन-सम्पत्ति आदि वसूल कर लेते हैं, उनकी प्रशंसा और तारीफ़ का उल्लेख करते हुये बड़े-बड़े ग्रन्थ लिखते हैं और बड़ी-बड़ी पुस्तकों की रचना करते हैं। उन बादशाहों के राज्य और काल के उपरान्त तथा उन वज़ीरों की विज़ारत एवं मलिकों का अधिकार समाप्त हो जाने के पश्चात् उन चरणों की रचनाओं तथा उन भूठी और बढ़ा चढ़ा कर तारीफ़ करने वालों की पुस्तकों का कोई नाम भी नहीं लेता और उनकी लिखी हुई प्रशंसा का अध्ययन भी नहीं करता। इस प्रकार की भूठी तथा व्यर्थ पुस्तकें उनके रचयिता के घर तक ही सीमित रहती हैं। इसके विरुद्ध बादशाहों का जो उल्लेख इतिहास में होता है और उनकी कीर्त्ति का जो वर्णन प्राचीन सुल्तानों, वज़ीरों तथा मलिकों के वर्णन के साथ मिश्रित होता है, वह सर्वदा सुरक्षित रहता है। वे उन घटनाओं में, जो किसी वर्ष अथवा महीने में घटी हैं, सम्बन्ध पैदा कर देते हैं। वे भिन्न-भिन्न कालों में सम्बन्ध स्थापित करने का, जोकि इतिहास के लिये परमावश्यक है, ध्यान रखते हैं। वे ऐसी सेवा करते हैं, जिसके चिह्न प्रलय तक वर्त्तमान रहते हैं। उच्च स्वभाव वाले पाठकों की रुचि इतिहासकारों के ग्रन्थों तथा उनकी रचनाओं को सुनने से कभी कम नहीं होती। उससे बड़ा भाग्यशाली और कौन हो सकता है कि उस व्यक्ति की मृत्यु हो गई, उसका राज्य भी वर्त्तमान न रहा और उसके राज्य, देश, लाव-लश्कर, हाथी, घोड़े, ऊँट, धन-सम्पत्ति, मित्र, सहायक, सम्बन्धी, निकटवर्त्ती, स्त्री, बालक, कर्मचारी, दास, दासियों, ख़ज़ाने तथा एकत्र किये हुये माल का कोई चिह्न भी शेष नहीं रहा, किन्तु दूसरे सुल्तानों के साथ-साथ उनके कार्यों तथा उनकी प्रशंसा का वर्णन इतिहास में शेष रह जाता है। प्रत्येक सप्ताह सुल्तानों, मलिकों और प्रतिष्ठित लोगों का वर्णन, जोकि इतिहास में लिखा होता है, सुल्तानों, मलिकों और प्रतिष्ठित व्यक्तियों की सेवा में लोग पढ़ा करते हैं।

(२०) प्रत्येक काल में इतिहास सुनने से सुनने वाला बुज़ुर्गों के विषय में सैकड़ों बार शाबाशी देता है और उसके लिये सैकड़ों बार प्रार्थना करता है क्योंकि उसने इस प्रकार शासन किया। दूसरा उसकी प्रशंसा करते हुये कहता है कि ऐसे बादशाह के आचार, विचार, नेकी और न्याय का अनुकरण एवं अनुसरण करना परमावश्यक है। प्रत्येक ओर से सुनने

१ बादशाह के मुसाहिब तथा उनके साथ उठने बैठने वाले।

वाले उसकी प्रशंसा करने लगते हैं। इससे जिस व्यक्ति को उस प्रकार प्रशंसा की जाती है, उसकी कीर्त्ति पुनः जीवित हो जाती है और उसकी आत्मा को सुख मिलता है। मुस्तफ़ा अलैहिस्सलाम की हदीस में आया है कि जो मुसलमानों का नाम नेकी से लेता है और उनकी प्रशंसा करता है, वह स्वर्ग का भागी है।

बरनी के विश्व इतिहास न लिखने के कारण

इस तारीख़ फ़ीरोज़शाही के संकलनकर्त्ता ज़िया बरनी ने इस इतिहास की भूमिका में इतिहास के ज्ञान की शर्तें, आवश्यकतायें, लाभ और उसमें लोगों की रुचि का वर्णन कर दिया है और इस प्रकार प्राचीन फ़ारसी इतिहासकारों से कुछ अधिक लिख दिया है। इन बातों के सविस्तार उल्लेख का ध्येय यह है कि मुझे इतिहास में बड़े गुण तथा लाभ दृष्टिगोचर हुये हैं। मेरी यह महत्वाकांक्षा थी कि मैं एक ऐसा इतिहास लिखूं जिसमें आदम के दोनों जुड़वाँ पुत्रों तथा उनकी सन्तानों का इतिहास हो। आदम के पुत्रों में से एक मेहतर शीस थे, जोकि नबियों के पूर्वज थे; दूसरे क्यूमुर्स थे, जोकि सुल्तानों के पूर्वज थे। इस प्रकार क्रमानुसार नबियों तथा सुल्तानों के भिन्न-भिन्न युगों का उल्लेख करते हुये, मुस्तफ़ा अलैहिस्सलाम का इतिहास जोकि अन्तिम नबी थे और ख़ुसरो परवेज़ की तारीख़ जो क्यूमुर्स की सन्तानों के वंश का अन्तिम बादशाह था, लिखना चाहता था। तत्पश्चात् मुस्तफ़ा के अनुयायियों के खलीफ़ाओं तथा इस्लाम के सुल्तानों का हाल लिखते हुये, अपने समकालीन बादशाह के राज्य-काल का वर्णन करने की मेरी अभिलाषा थी।

(२१) मैं इसी सोच विचार में था कि मुझे तारीख़े तबक़ाते नासिरी याद आ गई, जिसकी रचना सद्रे जहाँ मिनहाजुद्दीन जूर्जानी ने की है और जिसमें उन्होंने अपनी महान कुशलता का परिचय दिया है। उन्होंने तबक़ाते नासिरी की रचना देहली में की थी। नबियों, ख़लीफ़ाओं और सुल्तानों के इतिहास का उल्लेख तेईस तबक़ों में किया है। आदम मेहतर शीस और क्यूमुर्स से आरम्भ करके क्रमानुसार तथा तरतीब से शम्सुद्दीन इल्तुतमिश के पुत्र सुल्तान नासिरुद्दीन शम्सी तथा नासिरी काल के उच्च पदाधिकारियों का वर्णन उसने अपने इतिहास में किया है। मैं ने सोचा कि यदि मैं वही लिखूँ, जो कि वे लिख गये हैं, तो उनकी रचना के पढ़ने के उपरान्त मेरी रचना के पढ़ने से किसी को कोई लाभ न होगा। यदि मैं उस बुज़ुर्ग की रचना के विरुद्ध कुछ लिखूँ या उसमें कुछ घटा बढ़ा दूँ तो यह बड़े दुस्साहस का तथा अशिष्ट कार्य होगा। तारीख़े तबक़ाते नासिरी के पाठक भी सन्देह तथा भ्रम में पड़ जायेंगे।

इस कारण मैं ने अपना इतिहास लिखते हुये यह उचित समझा कि जो कुछ भी तबक़ाते नासिरी में लिखा है, उसे इस इतिहास में न लिखूँ और देहली के राज्य के उन सुल्तानों का इतिहास या वर्णन लिखूं, जिनका उल्लेख क़ाज़ी मिनहाजुद्दीन ने अपने इतिहास में नहीं किया है। जो कुछ भी तबक़ाते नासिरी में नबियों, ख़लीफ़ाओं, सुल्तानों, उनके पुत्रों तथा उनके मित्रों एवं सहायकों के सम्बन्ध में लिखा है उसे पूर्णतया स्वीकार कर लूँ। यदि मैं अपने इतिहास में इतिहास के ज्ञान की शर्तों को पूरा कर दूँगा और तारीख के ज्ञान के प्रति अपने कर्त्तव्यों का पालन करूँगा, तो विद्वान, बुद्धिमान तथा न्याय-मर्मज्ञ मेरे संक्षिप्त लेख को पढ़कर यह समझेंगे कि मैं बहुत कुछ जानता था; मेरी प्रशंसा करने में और मेरे प्रति न्याय करने में उन्हें कोई आपत्ति न होगी। इस विचार के उपरान्त मैंने यह देखा कि तबक़ाते नासिरी में जिन बादशाहों का उल्लेख है उनके पश्चात् पंचानवे वर्ष व्यतीत हो चुके हैं।

(२२) इन पंचानवें वर्षों में आठ बादशाह देहली के राज सिंहासन पर विराजमान हुये। इनके अतिरिक्त तीन अन्य बादशाह तीन-तीन, चार-चार, महीनों तक राज्यारूढ़ हुये। मैंने

इस संक्षिप्त इतिहास में उन्हीं आठों बादशाहों का उल्लेख किया है। इसे मैंने सुल्तान ग़यासुद्दीन बल्बन के राज्य के वर्णन से आरम्भ किया है क्योंकि तबक़ाते नासिरी में उस समय का वर्णन दिया हुआ है जब वह ख़ान था किन्तु उसकी बादशाही का वर्णन वर्त्तमान नहीं। वे आठ बादशाह जिनका उल्लेख मैंने इस तारीख़े फ़ीरोज़शाही में किया है, निम्नांकित हैं।

तारीख़े फ़ीरोज़शाही की विषय-सूची

प्रथम सुल्तान ग़यासुद्दीन बल्बन[1] था, जिसने देहली के राज सिंहासन पर बीस वर्ष तक राज किया। द्वितीय सुल्तान बल्बन का पोता सुल्तान मुइज़्ज़ुद्दीन कैक़ुबाद था जिसने तीन वर्ष तक देहली में राज्य किया। तीसरा सुल्तान जलालुद्दीन फ़ीरोज़ ख़लजी है जो सात वर्ष तक देहली का राज्य करता रहा। चौथा सुल्तान अलाउद्दीन ख़लजी है जोकि बीस वर्ष तक राज सिंहासन को सुशोभित करता रहा। पाँचवाँ सुल्तान अलाउद्दीन का पुत्र सुल्तान क़ुतुबुद्दीन है जोकि चार वर्ष और चार महीने देहली के राज सिंहासन पर विराजमान रहा। छठा सुल्तान ग़ाज़ी ग़यासुद्दीन तुग़लक़शाह है, जिसने चार साल और कुछ महीने देहली में शासन किया। सातवाँ तुग़लक़शाह का पुत्र सुल्तान मुहम्मद है, जिसने सत्ताईस वर्ष तक देहली के राज सिंहासन पर हुकूमत की। आठवाँ इस समय और इस काल का सुल्तान फ़ीरोज़शाह है, जो कि देहली के राज सिंहासन पर जहाँदारी और जहाँबानी कर रहा है। ईश्वर उसे बहुत वर्षों तक राज-सिंहासन पर आरूढ़ रखे।

फ़ीरोज़शाह को समर्पण

उसके राज्य के हितैषी ज़िया बरनी ने, जिसने उपर्युक्त आठों बादशाहों का उल्लेख किया है और इनके पश्चात् जिस सुल्तान का वर्णन दिया है, उसके नाम पर इतिहास का नाम तारीख़े फ़ीरोज़शाही रखा है।

(२३) अपने समकालीन सुल्तान फ़ीरोज़शाह ख़लादल्लाहो मुल्कहू व सुल्तानहू[2] के राज्य के छः वर्षों में मैंने जो कुछ देखा है उसे इतिहास में संक्षिप्त में लिख दिया है। मुझे आशा है कि यदि मैं जीवित रहा तो मैं अपने इस समकालीन बादशाह का वर्णन, जिसके लिये मेरी भगवान् से यह प्रार्थना है कि वह अनेक वर्षों तक राज सिंहासन पर आरूढ़ रहें, इस इतिहास में परिशिष्ट

१

	हिजरी	ईस्वी
ग़यासुद्दीन बल्बन	६६४	१२६६
मुइज़्ज़ुद्दीन कैक़ुबाद	६८६	१२८७
शम्सुद्दीन क्यूमुर्स	६८९	१२९०
ख़लजी		
जलालुद्दीन फ़ीरोज़	६८९	१२९०
रुक्नुद्दीन इबराहीम	६९५	१२९६
अलाउद्दीन मुहम्मद	६९५	१२९६
शिहाबुद्दीन उमर	७१५	१३१६
क़ुतुबुद्दीन मुबारकशाह	७१६	१३१६
शम्सुद्दीन महमूद (राज्य का दावा करने वाला)	७१८	१३१८
नासिरुद्दीन ख़ुसरव	७२०	१३२०
तुग़लक़		
ग़यासुद्दीन तुग़लक़	७२०	१३२०
मुहम्मद बिन तुग़लक़	७२५	१३२५
फ़ीरोज़शाह	७५२	१३५१

२ उसका राज्य तथा शासन सर्वदा वर्त्तमान रहे।

के रूप में करूँगा। यदि मेरी मृत्यु हो जाय तो, जिसे भी ईश्वर शक्ति दे, वह उसके विषय में लिखेगा। मैंने इस इतिहास के लिखने में विशेष कष्ट उठाया है। मुझे न्याय-प्रिय लोगों से न्याय की आशा है, क्योंकि इस रचना में अनेक अर्थ (शिक्षा) संगृहीत हैं। यदि इस रचना को इतिहास कहा जाये तो इसमें सुल्तानों और मलिकों का इतिहास मिल जायेगा। यदि इस रचना में शासन-प्रबन्ध सम्बन्धी आज्ञाओं और आदेशों को ढूँढ़ा जाये तो उससे भी यह इतिहास शून्य नहीं। यदि इस इतिहास में जहाँबानों तथा जहाँदारों के उपदेशों और नसीहतों की खोज की जाये तो उपर्युक्त बातें भी इस रचना में अन्य रचनाओं की अपेक्षा उच्चकोटि की मिलेंगी। मैंने जो कुछ लिखा है, वह सच सच और ठीक ठीक लिखा है। यह इतिहास विश्वास के योग्य है। इसमें थोड़े से शब्दों में बहुत सी बातें लिख दी गई हैं। यह बातें अनुकरण के योग्य हैं। मैं इस इतिहास की विशेषता, न्याय एवं सत्यता पूर्वक इस प्रकार व्यक्त कर सकता हूँ :

छन्द

यदि मैं यह कहूँ कि संसार में मेरे इतिहास के समान कोई अन्य इतिहास नहीं, तो मेरी बात पर कौन विश्वास करेगा, क्योंकि इस विषय का कोई अन्य विद्वान् नहीं।

मैंने सन् ७५८ हि० (१३५६-५७ ई०) में उपर्युक्त इतिहास की रचना समाप्त की। भगवान् जो सबसे महान् और सर्वश्रेष्ठ है मेरे समकालीन प्रतिष्ठित व्यक्तियों को तारीखे फीरोज़शाही के अध्ययन की रुचि और शौक़ प्रदान करे; मेरा समकालीन बादशाह राज सिंहासन पर वर्षों तक विराजमान रहे और जहाँगीरी से फलता फूलता रहे। समस्त प्रशंसा भगवान् के लिए है जोकि विश्व का पालन कर्त्ता है। बहुत बहुत दुरूद और सलाम उसके रसूल मुहम्मद पर व उसकी समस्त संतान पर। समस्त लोगों से अधिक कृपा-दृष्टि रखने वाले, इन लोगों पर अपनी कृपा दृष्टि रख।

अस्सुल्तानुल मोअज़्ज़म ग़यासुद्दुनियां वद्दीन बल्बन

(२४) क़ाज़ी सद्रे जहाँ फ़खरुद्दीन नाक़िला, सुल्तान बल्बन का ज्येष्ठ पुत्र खाने शहीद, सुल्तान बल्बन का लघु पुत्र बुग़रा खां, आदिल खाँ शम्सी, खाने शहीद का पुत्र कैखुसरो, बुग़रा खां का पुत्र कैक़ुबाद, तिमुर खाँ शम्सी, एमादुलमुल्क रावते अर्ज़, ख्वाजा हुसैन बसरी वज़ीर, मलिक अलाउद्दीन किशिली खाँ बारबक, मलिक निज़ामुद्दीन बुज़ग़ाला वकीलदर, मलिक इख़्तियारुद्दीन बेकतर्स सुल्तानी बारबक, अमीन खाँ एतगीन मूयेदराज़ (लम्बे केशों वाला), मलिक अमीर अली सरजानदार, हैबत खाँ आखुरबक मैसरा (बाँई पंक्ति), मलिक बूतू सरजानदार, मलिक मुहम्मद सरदार, मलिक सौंज सरजानदार, मलिक अबाजी आखुरबके मैमना (दाहिनी पंक्ति), मलिक तरग़ी सरसिलाहदार मैसरा, मलिक इख़्तियारुद्दीन क़तमीरानी, मलिक ताशमन्द आखुरबक मैसरा, उम्दतुलमुल्क ख्वाजा अलादबीर, मलिक क़िवामुद्दीन इलाक़ादबीर (अलादबीर) मलिक तरग़ी सरसिलाहदार मैमना, मलिक मुक़द्दिर तुग़रिल कुश, मलिक शिहाबुद्दीन खलजी, मलिक जलालुद्दीन खलजी, अमीर जमाल नायब दादबक, मलिक नसीरुद्दीन कूची दादबक क़ुतलुग़ खाँ का पुत्र मलिक ताजुद्दीन, मलिक नसीरुद्दीन दाना शहनक पील मैमना मलिक अइज़्ज़ुद्दीन शहनक पील मैसरा, ख्वाजा शर्फ़ुद्दीन राशदी मुस्तौफ़ी, ख्वाजा खतीरुद्दीन नायब वज़ीर, मलिक अलाउद्दीन शानक, मलिक फ़खरुद्दीन नायब वज़ीर एतमन सुरखा, मलिक नसीरुद्दीन बर्की, मलिक इख़्तियारुद्दीन, मलिक जमालुद्दीन एतगीन बरीदे ममालिक ।

(अल्लाह के नाम से जोकि रहमान और रहीम है)।

(२५) समस्त प्रशंसा ईश्वर के लिए है, जोकि विश्व का पालन-कर्त्ता है, और बहुत बहुत दुरूद उनके रसूल मुहम्मद पर और सलाम उनकी समस्त संतान पर।

मुसलमानों का शुभ चिन्तक ज़िया बरनी इस प्रकार निवेदन करता है कि 'इस तुच्छ ने जो कुछ भी इस इतिहास में ग़यासुद्दीन बल्बन का वर्णन अथवा वृत्तान्त दिया है, वह उसने अपने पूर्वजों से सुना है। उसके शासन प्रबन्ध का हाल उन लोगों से सुना है जोकि उसके राज्य-काल में बड़े बड़े पदों पर नियुक्त थे।'

जब ६६२ हि० (१२६३-६४ ई०[1]) में सुल्तान ग़यासुद्दीन बल्बन, जो शम्सी[2] दासों में से एक दास था और चेहलगानी[3] तुर्क दासों की श्रेणी से मुक्त हो चुका था, दिल्ली के राज सिंहासन पर विराजमान हुआ, तो उसने प्राचीन राजाओं के अनेक अधिनियमों का अनुसरण करते हुये, ईरान के सम्राटों की भाँति अपनी राज सभा को सुशोभित किया, अपने मित्रों तथा सम्बन्धियों को देश में प्रतिष्ठा तथा सम्मान प्रदान किया, अपने पुत्रों तथा सरदारों को उच्च पद दिये और बड़ी बड़ी अक़्तायें प्रदान कीं।

(२६) सुल्तान ग़यासुद्दीन बल्बन के सिंहासनारोहण के पूर्व राज्य का वैभव, जोकि मिस्र के सम्राटों और एराक़, ख्वारज़्म तथा ख़ुरासान के बादशाहों के (राज्य के) समान था सुल्तान शम्सुद्दीन के मरते ही तीस वर्ष के भीतर ही सुल्तान शम्सुद्दीन के पुत्रों की अनुभव-शून्यता एवं विलास-प्रियता तथा उसके लघु पुत्र सुल्तान नासिरुद्दीन की स्वाभाविक मृदुलता एवं सौम्य के कारण क्षीण हो गया था। राजाज्ञाओं का उल्लंघन होने लगा था। राज कोष एवं सुल्तानी पायगाह में अधिक सम्पत्ति, घोड़े आदि न रह गये थे। राज-भण्डार तथा अधिकार, शम्सी तुर्क दासों में जोकि ख़ान बन बैठे थे विभाजित हो चुके थे। वे राज्य के भिन्न-भिन्न भागों के स्वामी बन बैठे थे।

सुल्तान शम्सुद्दीन की मृत्यु के पश्चात् दस साल के समय में उसके चार पुत्रों को सिंहासन पर बैठाया गया। वे नवयुवक तथा अनुभव-शून्य थे और राज्य-व्यवस्था की कठिनाइयों को सुलझा न सकते थे (अर्थात् शासन चलाने में असमर्थ थे)। वे अपना समय भोग विलासिता में एवं असावधानी में व्यतीत करते थे। उनके राज्य-काल में तुर्क दासों को चेहलगानी कहते थे। उन्होंने राज्य-व्यवस्था पर अपना अधिकार जमा लिया था और बड़े प्रभुत्वशाली एवं अधिकार-सम्पन्न हो गये थे। प्रसिद्ध अमीर तथा बड़े-बड़े सरदार, जोकि शम्सी काल में प्रभुत्व-सम्पन्न एवं विश्वासपात्र थे, पृथक् कर दिये गये।

शम्सुद्दीन के चार पुत्रों के दस साल के राज्य-काल के पश्चात् सुल्तान शम्सुद्दीन का लघु पुत्र सुल्तान नासिरुद्दीन सिंहासन पर बैठाया गया। सुल्तान नासिरुद्दीन, जिसके नाम पर तबक़ात लिखी गई है, बड़ा ही मृदुल, दानशील और धर्मनिष्ठ था। वह अपनी जीविकोपार्जन

१ ६६४ हि० (१२६६ ई०) होना चाहिये।

२ सुल्तान शम्सुद्दीन के।

३ चेहलगानी—प्रायः इसका अनुवाद 'चालीस तुर्कों का संघ' किया जाता है किन्तु वह लोग किसी समय भी संगठित न हुये और उनके लिये केवल चालीस कहना ही उचित है।

क़ुरान शरीफ़ नक़्ल करके करता था।[१] २० वर्ष तक[२], जब तक सुल्तान नासिरुद्दीन बादशाह रहा, सुल्तान बल्बन को उसके नायब[३] की पदवी प्राप्त रही। उस समय सुल्तान को उलुग़ ख़ाँ कहते थे। सुल्तान नासिरुद्दीन केवल नाम मात्र को शासक था किन्तु वास्तविक रूप से राज्य का संचालन वही करता था। उसे ख़ानी के समय में भी राजसी ठाटबाट, चत्र[४], दूरबाश[५], पील[६] और दारात[७] प्राप्त थे।

(२७) उनकी मृत्यु के पश्चात् शम्सी अमीरों का क्लेश तथा शासन के क्षीण होने का हाल इस कारण से लिखा गया है कि इस शम्सुद्दीन के राज्य में दुष्ट चंगेज़ ख़ाँ 'मुग़ल' के रक्त-पात के भय से बड़े-बड़े अमीर, प्रतिष्ठित और प्रसिद्ध मंत्री जिन्होंने वर्षों तक प्रशासन एवं राज्य किया था, सुल्तान शम्सुद्दीन की राज्य सभा में सम्मिलित हो गये थे। ऐसे अमीरों, जिनकी गणना उत्कृष्ट अमीरों में की जाती थी और ऐसे प्रसिद्ध मंत्रियों तथा प्रतिष्ठित व्यक्तियों, जिनके समान पृथ्वी पर कोई भी प्रतापी और सुदक्ष, कुलीन, शक्तिशाली,

---

१ "प्रसिद्ध है कि सुल्तान नासिरुद्दीन एक वर्ष में दो क़ुरान नक़ल करता था और उसके मूल्य से अपना जीवन-निर्वाह करता था। एक बार ऐसा हुआ कि सुल्तान का नक़ल किया हुआ क़ुरान किसी अमीर ने अधिक मूल्य पर मोल ले लिया। जब सुल्तान को यह बात ज्ञात हुई तो वह उससे बड़ा अप्रसन्न हुआ। उसने आदेश दे दिया कि मेरा लिखा हुआ (क़ुरान) गुप्त रूप से प्रचलित मूल्य पर बेचा जाया करे। यह भी कहा जाता है कि सुल्तान के पास उसकी पत्नी के अतिरिक्त कोई दासी अथवा नौकरानी न थी। वह सुल्तान के लिये भोजन बनाती थी। उसने एक दिन सुल्तान से कहा, 'रोटी पकाने से मेरे हाथों को सर्वदा कष्ट पहुँचा करता है। यदि रोटी पकाने के लिये एक दासी मोल ले ली जाय तो कोई आपत्ति न होगी।' सुल्तान ने उत्तर दिया, 'बैतुलमाल ईश्वर के बन्दों का हक़ है, मुझे नहीं प्राप्त होता जिससे मैं दासी मोल ले सकूँ। संतोष रखो। अल्लाह तुझे क़यामत में अच्छा बदला देगा।" तबक़ाते अकबरी भाग १ (कलकत्ता १९२७) पृ० ७७। मुन्तख़बुत्तवारीख़ भाग १ (कलकत्ता १८६८) पृ० ७९, ८०। तारीख़े फ़रिश्ता (नवल किशोर) पृ० ७४।

२ ६४४ हि० से ६६४ हि० (१२४६ ई० से १२६६ ई०)।

३ नायब शब्द का अर्थ उप है। बादशाह राजधानी छोड़ने से पूर्व अपना नायब नियुक्त कर दिया करते थे। लखनौती पर आक्रमण करने के पूर्व बल्बन ने देहली का नायब फ़ख़रुद्दीन कोतवाल को नियुक्त कर दिया था। लखनौती से तुग़रिल का पीछा करते समय बल्बन ने सिपहसालार हुसामुद्दीन को लखनौती में अपना नायब नियुक्त कर दिया था। नायब की पूरी पदवी नायबुलमुल्क अथवा मलिक नायब भी हुआ करती थी। बड़े-बड़े अमीर नायबुलमुल्क बनने का प्रयास किया करते थे। निर्बल बादशाहों तथा उनके अल्पायु के पुत्रों के समय में उन्हें सुल्तान के पूरे अधिकार प्राप्त हो जाते थे।

४ राजसी छत्र। इसे केवल सुल्तान ही रख सकते थे या कभी कभी वे अपने पुत्रों तथा नायबुलमुल्क को भी इसके रखने की आज्ञा प्रदान कर देते थे। अमीर ख़ुसरो ने कैक़ुबाद के भिन्न भिन्न रंगों के छत्रों का वर्णन किया है। आईने अकबरी के उन्नीसवें आईन में लिखा है कि चत्र (छत्र) में कम से कम सात बहुमूल्य जवाहिरात टाँके जाते थे।

५ यह एक प्रकार का दो शाख़ों का भाला होता था जिसे मोती और जवाहिरात आदि से सजा कर बादशाह की सवारी के सामने रखते थे, जिससे लोगों को बादशाह की उपस्थिति का ज्ञान हो जाय और वे बादशाह के निकट न आने पायें।

६ हाथी। इन्हें भी बादशाह की आज्ञा बिना न रखा जा सकता था।

७ सुल्तानी वैभव के वे सामान जिन्हें केवल सुल्तान ही अपने प्रयोग में लाते थे।

अनुभव एवं ज्ञान-सम्पन्न न था, की उपस्थिति के कारण सुल्तान शम्सुद्दीन की राज सभा महमूद और संजर की राज सभा के समान तथा लोगों के विश्वास की पात्र हो गई थी।

सुल्तान शम्सुद्दीन की मृत्यु के पश्चात् उसके चेहलगानी तुर्क दास शक्तिशाली बन बैठे। सुल्तान शम्सुद्दीन के पुत्रों में राजकुमारों के योग्य आचरण न रह गये थे। राज्य संचालन की योग्यता, जिससे बढ़कर नुबूवत के अतिरिक्त अन्य कार्य नहीं होता, उनमें न थी। तुर्क दासों के प्रभाव के कारण अनेक प्रतिष्ठित व्यक्तियों और उनकी सन्तान का, जिनके पूर्वज अमीर तथा अमीर-ज़ादे और वज़ीर तथा वज़ीर-ज़ादे थे, सुल्तान शम्सुद्दीन के पुत्रों के राज्य-काल में, जोकि शासन प्रबन्ध का कोई अनुभव न रखते थे, अनेक उपायों से विनाश हो गया था।

उन सरदारों तथा नेताओं के विनाश के पश्चात् शम्सी दास बढ़ते-बढ़ते खान बन गये और उनमें से प्रत्येक ने राजसी ठाटबाट एवं वैभव ग्रहण कर लिया। यह सब उसी कहावत के अनुसार हुआ जो कि जमशेद के नाम से प्रसिद्ध है; अर्थात् जब तक शेर जंगल से नहीं जाता, हिरनों को चरागाह में कोई स्वतंत्रता नहीं मिलती और जब तक बाज़ अपने अड्डे पर नहीं बैठता या अपने घोंसले में नहीं घुस जाता, फ़ाख्ता तथा अन्य छोटी-छोटी चिड़ियों का उड़ना सम्भव नहीं हो सकता। उस समय के लोगों ने देख लिया कि जब तक प्रतिष्ठित तथा शक्तिशाली सरदारों का प्रभुत्व और अधिकार बना रहा, उस समय तक नीच एवं क्रय किये हुये दासों का वैभव स्थापित न हो सका और न उन्हें कोई प्रभुत्व ही प्राप्त हुआ।

(२८) इनमें एक शम्सी दास ख्वाजा ताश[1] थे। चालीस दासों में प्रत्येक एक क्षेत्र पर अधिकार प्राप्त किये हुये था। उनमें से कोई भी एक दूसरे के आगे सिर न झुकाता था और न एक दूसरे का आधिपत्य स्वीकार करता था। वे चाहते थे कि सबका अधिकार अक्ता, प्रभुत्व तथा वैभव एक दूसरे के समान रहे। वे सभी इस बात की डींग मारते थे कि, "मेरे समान कोई अन्य नहीं।" एक दूसरे से यही कहता था कि, "तुझ में कौनसी विशेषता है जो मुझ में नहीं, और तुझ में कौनसी बात है जो मुझ में नहीं।" शम्सुद्दीन के पुत्रों की अनुभव-शून्यता तथा शम्सी दासों के प्रभुत्व छीन लेने के कारण उलिलअम्री की प्रतिष्ठा न रह गई थी। शम्सी राज सभा का वैभव जो सबसे अधिक था और राज्य का वह प्रभुत्व तथा गौरव, जो पृथ्वी के अन्य राजाओं से कहीं उच्चतर और बढ़ चढ़ कर था, क्षीण हो गया।

बल्बन के राज्य का प्रभाव

जब सुल्तान ग़यासुद्दीन बलबन, जिसे शासन सम्बन्धी अत्यधिक अनुभव प्राप्त था और जो मलिक से खान तथा खान से बादशाह बना था, राज सिंहासन पर विराजमान हुआ और दिल्ली के राज्य की बागडोर उस जैसे अनुभवी, तथा समय के शीतोष्ण को देखे हुये व्यक्ति के हाथ में पहुँची, तो उलिलअम्री तथा शासन नीति को फिर से सम्मान प्राप्त हो गया। शासन-व्यवस्था उसकी बादशाही से स्थिर हो गई। अस्थायी कार्य और वे कार्य जिन में विघ्न पड़ चुका था फिर से नियमानुसार होने लगे और शासन व्यवस्था की प्रतिष्ठा में वृद्धि होने लगी। दृढ़ नियमों तथा सुचारु नीति द्वारा देश के सर्व साधारण एवं विशेष व्यक्ति उसके आज्ञाकारी बन गये। उसका भय तथा ऐश्वर्य देश वासियों के हृदय पर भली-भाँति बैठ गया। न्याय एवं उदारता के कारण हिन्दुस्तान की प्रजा का हृदय उसकी शासन व्यवस्था तथा राज्य की ओर आकर्षित होने लगा।

(२९) सुल्तान शम्सुद्दीन की मृत्यु के पश्चात् ३० वर्ष में सर्व साधारण-जन शम्सुद्दीन के पुत्रों की अनुभव शून्यता तथा शम्सी दासों के प्रभुत्व छीन लेने के कारण अभिमानी,

---

१ क़ुतुबुद्दीन ऐबक के दास होने के कारण सहदास थे।

अवज्ञाकारी तथा उद्दंड हो गये थे। इधर-उधर लोगों का सहारा ढूंढ़ते, प्रत्येक सहायक का आश्रय लेते और अपने स्वार्थ के अनुसार जीवन व्यतीत करते थे। उलिलअम्री का भय, जिसके आधार पर संसार की व्यवस्था तथा राज्य की शोभा निर्भर है, उनके हृदय से निकल चुका था। देश में अराजकता फैल चुकी थी परन्तु वे सब बल्बन के राज्य-काल के प्रथम वर्ष में ही आज्ञाकारी, संतुष्ट तथा निष्ठावान हो गये और उन्होंने अभिमान, तथा अवज्ञा का परित्याग कर दिया। निर्भीकता एवं अवज्ञा का अन्त हो गया।

बल्बन का नये सैनिक तथा कर्मचारी नियुक्त करना

सुल्तान बल्बन ने अपने अनुभव तथा अपनी बुद्धिमत्ता के अनुसार राजसी ठाटबाट को, जिस पर शासन का आधार है, स्थिर बनाना राज्याभिषेक के प्रथम वर्ष में ही समस्त कार्यों से महत्व-पूर्ण समझा। प्राचीन तथा नवीन सवार एवं पयादों को अनुभवी मलिकों और प्रतापी सरदारों के अधीन बना कर राजभक्त तथा आज्ञाकारी बना लिया। क़ल्बे आला[1] में कई हज़ार ऐसे चुने तथा परखे हुये सवार और बढ़ा दिये जिन के पूर्वज भी बड़े अच्छे घुड़ सवार थे और जिन पर कभी किसी ने विद्रोह तथा षड्यन्त्र का आरोप न लगाया था। उसने उनको वेतन के स्थान पर उपजाऊ तथा धन-धान्य सम्पन्न गाँव प्रदान किये। अपने राज्य और देश में ऐसे व्यक्तियों को अपना सहायक और मित्र बनाया, जिनकी महानता, नेतृत्व, वीरता तथा दान-शीलता में कोई सन्देह न था। राज-दरबार में ऐसे सहायक, मित्र, प्रतिष्ठित व्यक्ति, कुलीन, बुद्धिमान और शुद्ध स्वभाव वाले लोगों को मान प्रदान किया जो पूर्ण आज्ञाकारी तथा राज-भक्त थे। किसी तुच्छ, अयोग्य, कंजूस, लालची और नीच को कोई ऊँचा पद या सरदारी न प्रदान की। यदि उसने अपने किसी निकटवर्ती अथवा सम्बन्धी को उन्नति दी, तो वे लोग ऐसे थे जो अपने समय में अपनी कीर्ति, सेना, तथा प्रजा की सेवा के लिये प्रसिद्ध थे।

(३०) उसने अपने सम्पूर्ण राज्य-काल में किसी तुच्छ, नीच, कमीने, कायर और चरित्र-हीन एवं दुष्ट को कोई पद न दिया अपितु अपने राज-दरबार के निकट भी न फटकने दिया। जब तक किसी व्यक्ति के मूल तथा वंश का पता न चल जाता, उसे कोई राजकीय सेवा न मिल सकती थी और न उसे कोई कार्य ही दिया जा सकता था। दुष्टों को उच्च पद तथा चरित्र-हीनों को प्रतिष्ठा प्रदान करने से उसे स्वाभाविक घृणा थी।

सुल्तान बल्बन की सवारी

सुल्तान बल्बन ने अपने राज्य-काल के प्रथम एवं द्वितीय वर्ष में अपने ठाटबाट बढ़ाने, वैभव को उन्नति देने, राज सभा तथा सवारी की शान तथा ऐश्वर्य को आकाश पर चढ़ाने का प्रयत्न किया। अनेक सीसतानी पहलवानों का साठ-साठ और सत्तर-सत्तर हज़ार जीतल वेतन निश्चित किया। वे नंगी तलवारें अपने कंधों पर रखे हुये उसके घोड़े के साथ साथ चलते। उसकी सवारी के समय एक ओर उसका चमकदार मुखड़ा अपनी चमक दमक दिखाता और दूसरी ओर नंगी नंगी तलवारें चमचम चमचम करतीं। सूर्य के प्रकाश में नंगी तलवारों की चमक से उसके मुख की शोभा तथा ज्योति सौ गुनी बढ़ जाती थी। दर्शकों की आँखों में आँसू भर आते और वे चकाचौंध हो जातीं; उसकी सवारी के ठाट-बाट तथा वैभव की प्रशंसा प्रत्येक व्यक्ति करने लगता।

१ देहली की सेना को हश्मे क़ल्ब, अफ़वाजे क़ल्ब अथवा क़ल्बे आला कहते थे। इनका सम्बन्ध सीधे बादशाह से हुआ करता था।

सुल्तान बल्बन का दरबार

दरबारे आम को प्रबन्धकों, हाजिबों[1] सिलाहदारों[2], जानदारों[3], सहमुलहश्मों[4], उनके नायबों, चाऊशों[5], नक़ीबों[6] और पहलवानों से उत्तम रूप से सुशोभित किया जाता था। हाथी और आभूषणों से सुसज्जित घोड़े बायें व दायें खड़े किये जाते थे। सुल्तान अपने सूर्य के समान मुख तथा कपूर की भाँति श्वेत दाढ़ी के साथ राज सिंहासन पर इस वैभव के साथ विराजमान होता था कि उसके वैभव से लोगों के हृदय काँप उठते थे। दरबार के समय उसके निकटवर्त्ती तथा सम्बन्धी सिंहासन के पीछे, शहनगाने पील[7], सरजानदारान, सरसिलाहदारान, आखुरबकान[8], व अमीरे गिलमान[9] दायें बायें और उनके नायब अपने-अपने उचित स्थानों पर खड़े रहते। सहमुलहश्म, चाऊश और नक़ीब इस प्रकार चिल्लाते कि उनकी चिल्लाहट दो-दो कोस तक सुनाई देती और दर्शकों में कपकपी पैदा कर देती थी।

(३१) इस अवसर पर यदि दूसरे देशों के राजदूत तथा अन्य स्थानों के राय व रायज़ादे[10] एवं मुक़द्दम[11] आ जाते तो उन्हें दरबार में ख़ाक बोस करना पड़ता। अधिकांशतः वे चकित होकर मूर्छित हो जाते और उनको कुछ सुध-बुध न रहती थी। बिस्मिल्लाह[12] की आवाज़ दूर-दूर तक कानों में जाती। सौ-सौ दो-दो सौ कोस के लोग हिन्दू तथा मुसलमान बल्बन की सवारी के दर्शन के लिये पहुँचा करते थे और स्तब्ध रह जाते थे। सुल्तान का दरबार तथा सवारी के वैभव के समाचार सुन कर दूर-दूर के विरोधी आज्ञाकारी बन जाते थे। यद्यपि सुल्तान शम्सुद्दीन सुल्तान बल्बन का स्वामी था और उसके अधीन राजा, महाराजा, अमीर, सेना, ख़ज़ाना तथा अन्य साधन हाथी-घोड़े कहीं अधिक थे, परन्तु बल्बन के समय में दरबार का जो वैभव था या सवारी का जो ठाटबाट एवं ऐश्वर्य था, वह देहली

---

१ अमीरे हाजिब अथवा बार्बक दरबार के नियमों तथा रीति रिवाजों के पालन कराने का जिम्मेदार होता था। अमीरों तथा अन्य अधिकारियों को उचित स्थानों पर खड़े करने का प्रबन्ध करता था। उसके अधीन कर्मचारी हाजिब कहलाते थे। वे दरबारे आम में बादशाह और सर्व साधारण के बीच में खड़े होते थे जिससे सर्व साधारण बादशाह तक सीधे न पहुँच जायें। हाजिब बादशाह की सवारी के साथ भी रहते थे। अमीरे हाजिब अथवा बार्बक का पद केवल बड़े प्रतिष्ठित व्यक्तियों तथा सैनिकों को मिल सकता था।

२ सुल्तान के दरबार तथा सवारी के समय जो सैनिक सुल्तान के निकट उपस्थित रहते थे उन्हें सिलाहदार कहते थे। इनका सरदार सर सिलाहदार कहलाता था।

३ सुल्तान के अङ्ग रक्षक जानदार कहलाते थे। केवल राज भक्त तथा वीर सैनिक ही इस पद पर नियुक्त हो सकते थे। इनका सरदार सरजानदार कहलाता था।

४ सेना की पंक्तियों को ठीक रखना सहमुल हश्मान तथा नायबाने सहमुल हश्मान का कार्य होता था।

५ चाऊश—निम्न वर्ग का एक कर्मचारी।

६ यह लोग सुल्तान की सवारी के आगे आगे सुल्तान की उपस्थिति की सूचना उच्च स्वर में दिया करते थे। दरबार के समय भी इनका यही कार्य था। इनका सरदार नक़ीबुलनुक़बा कहलाता था।

७ गजाधीश। यह लोग हाथियों की सेना की देख भाल करते थे।

८ आखुरबक शाही घोड़ों की देख रेख करता था।

९ दासों का अफ़सर।

१० हिन्दू राजे, महाराजे तथा उनके पुत्र।

११ गाँव का मुखिया मुक़द्दम कहलाता था।

१२ अल्लाह के नाम से।

के सिंहासन पर किसी अन्य सुल्तान को प्राप्त न हुआ। उसके दरबार का अत्यधिक भय दर्शकों के हृदय पर कई-कई दिन तक बैठा रहता।

दरबार के ऐश्वर्य के विषय में बल्बन के विचार

सुल्तान बल्बन बहुधा कहा करता था कि "मैंने मलिक अइज़्ज़ुद्दीन सालारी, मलिक क़ुतुबुद्दीन हसन ग़ोरी तथा अन्य प्रतिष्ठित व्यक्तियों से, जोकि मेरे स्वामी सुल्तान शम्सुद्दीन के समय में आदर-पूर्वक उच्च पदों पर विद्यमान थे, सुना है, कि उन्होंने अनेक बार सुल्तान से उसकी सभा में निवेदन किया था, कि यदि कोई सम्राट् अपने सम्मान तथा प्रतिष्ठा की रक्षा के लिये, अपनी राज-सभा और सवारी का वैभव बढ़ाने, उठने, बैठने के नियमों का पालन कराने और अकासिरा की भाँति व्यवहार करने की चेष्टा नहीं करता, तो उसकी सभी चीज़ों, वचन तथा कार्य और चाल ढाल से बादशाही का ऐश्वर्य नहीं प्रकट हो पाता[1]। उसका भय उसके देश के शत्रुओं के दिल से उठ जाता है। उसकी आज्ञाओं का भय उसकी प्रजा के हृदय पर नहीं बैठ पाता। बादशाह जो कुछ बादशाही के सम्मान तथा वैभव को रक्षा करके, अपने दरबार और सवारी के ऐश्वर्य को उन्नति देकर, सर्व साधारण को अपने वश में करके तथा विरोधियों पर अधिकार जमाकर प्राप्त कर लेता है, वह दण्ड और दया से नहीं प्राप्त कर पाता।"

(३२) "जिस समय तक बादशाह का भय तथा ऐश्वर्य सर्व साधारण एवं विशेष व्यक्तियों, निकट तथा दूरस्थ देश वासियों के हृदय पर नहीं बैठता, राज्य और शासन व्यवस्था यथा-योग्य नहीं रह माती। जो बादशाह अपनी राज्य व्यवस्था के सम्मान की रक्षा में उदासीनता दिखाता है उसके वैभव तथा ऐश्वर्य से निकटस्थ व दूरस्थ लोग भय-भीत नहीं रहते, राज्य व्यवस्था में विघ्न पड़ जाता है, सर्व साधारण अकड़ने लगते हैं, प्रजा द्वारा आज्ञा उल्लंघन के कारण शासन प्रबन्ध शिथिल हो जाता है।" सुल्तान बल्बन ने सुल्तान संजर तथा सुल्तान मुहम्मद ख़्वारज़्म शाह, जो सिकन्दर द्वितीय कहलाता था, के जश्न की प्रशंसा उन मलिकों से सुन रखी थी जो कि सुल्तान शम्सुद्दीन के मित्र थे। उनकी बातें उसने अपने हृदय में रख छोड़ी थीं।

दरबार का प्रबन्ध

वह अपने जश्न की सभाओं की सजावट के लिए अमूल्य काम के फ़र्श, वस्त्र, रंग-बिरंगे ख़्वान, चाँदी सोने के बर्तन ज़रबफ़्त के पर्दे, नाना प्रकार के झाड़ फ़ानूस, शरबत, पान आदि के एकत्र करने पर बहुत ज़ोर देता था। ज़ुहर[2] तथा असर[3] की नमाज़ के बीच में जश्न का समय निश्चित किया गया था। ख़ान, मलिक तथा मन्त्री अपने-अपने उपहार भेंट करते। जिनको उपहार भेंट करने का सम्मान प्रदान किया जाता, उनको राज सभा में बड़ा आदर एवं सम्मान प्राप्त होता था। उपहार की सूची भी उसी समय पेश हो जाती।

हिजाबते फ़स्ल[4] अपने समय के विश्वासपात्र तथा ज्ञान-सम्पन्न पुरुषों को प्रदान करता था। जश्न की सभाओं में संगीत होता। कवि सुल्तान की प्रशंसा में कवितायें पढ़ते।

---

१ फ़तावाये जहाँदारी पृ० १०० अ।

२ दोपहर के पश्चात् की नमाज़।

३ संध्या पूर्व की नमाज़।

४ हाजिबे फ़स्ल उन उपहारों की सूची बनाता था जोकि बादशाह की सेवा में पेश किये जाते थे। वही उसे पढ़ता भी था।

सुल्तान के जश्न की सजावट की चर्चा लोग एक दूसरे से बड़े आश्चर्य से कई-कई दिन तक करते थे। इस तारीखे फ़ीरोज़शाही के संकलन-कर्त्ता ने अपने नाना से जोकि बड़े ही बुद्धिमान, योग्य, प्रभावशाली व्यक्ति थे, तथा सुल्तान बल्बन की राजसभा में जिनका बड़ा मान और आदर सत्कार होता था, सुना है कि वे अपने मित्रों से कहा करते थे कि ऐसा प्रतीत होता है कि बादशाही वस्त्र सुल्तान ग़यासुद्दीन बल्बन के शरीर पर सिये गये हैं।

(३३) अपने दरबार की सजावट और मान बढ़ाने तथा अपनी राज सभा एवं प्रतिष्ठा की उन्नति के लिए यह जो भी प्रबन्ध करता उसके विषय में उस काल के सभी बुद्धिमानों का यह कथन था कि, "इसी प्रकार होना चाहिये" और "इससे उत्तम कोई और दूसरा कर भी नहीं सकता"। उसके ऐश्वर्य तथा यश के विषय में यदि एक पुस्तक लिखी जाय तो भी पूरी होनी सम्भव नहीं।

बल्बन के दरबार का अनुशासन

संक्षेप में, सुल्तान बल्बन ने अपने बीस वर्ष के राज्य-काल में बादशाही की प्रतिष्ठा, उसके ऐश्वर्य, वैभव और सम्मान की इस प्रकार रक्षा की कि उससे अधिक कोई अन्य न कर सकता था। अनुशासन की रक्षा के लिए वह इस सीमा तक बढ़ गया था कि उसने फ़र्राशों[1], तश्तदारों[2] ख्वाजा-सराओं[3] और अपने निज के उन कर्मचारियों के लिये, जोकि एकान्त में भी उसकी सेवा करते थे, कड़े नियम बना दिये थे। वे भी बिना टोपी, मोज़े और पूरे वस्त्र पहिने उसके सम्मुख न जा सकते थे। चालीस वर्ष के समय में, जब तक वह खान और स्वयं बादशाह रहा, उसने किसी साधारण कर्मचारी, बाज़ारी, तुच्छ, कमीने, चरित्रहीन, नर्तकी तथा विदूषक को मुँह न लगाया। उसने न अपने जानने वालों और न दूसरों के सम्मुख कोई ऐसा कार्य या कोई ऐसी बात चीत की जिसके कारण बादशाही के सम्मान को किसी प्रकार का धक्का पहुँचता। अपनी बादशाही के समय में उसने किसी से हंसी दिल्लगी नहीं की और न दूसरे ही उसके सामने मज़ाक़ कर सकते थे। न तो वह किसी सभा में ठट्ठा मार कर हँसता और न दूसरे ही उसके सामने ठट्ठा मार कर हँस पाते।

कमीनों को पद देने के विषय में बल्बन के विचार[4]

उसके राज्य-काल में फ़ख़र बाऊनी नामक एक प्रसिद्ध रईस था। उसने अपने अधिकार के समय इस बात का विशेष प्रयत्न किया कि किसी प्रकार सुल्तान उससे बात करले परन्तु यह सम्भव न हो सका। सुल्तान से वार्त्तालाप की लालसा में उसने उसके निकटवर्त्ती तथा बड़े-बड़े कर्मचारियों को अनेक अमूल्य उपहार भेंट किये। रईस के वर्षों के विनय तथा निवेदन को निष्फल देख कर उन लोगों ने सुल्तान की सेवा में उसकी आकांक्षा प्रकट की।

(३४) सुल्तान ने उन लोगों का निवेदन स्वीकार न किया और उस रईस से बात न की अपितु यह कहा कि "बादशाही सम्मान, वैभव तथा प्रतिष्ठा पर निर्भर है। लोगों से मिलने के कारण, यह वैभव, प्रतिष्ठा तथा सम्मान नष्ट हो जाता है। रईस, बाज़ारियों[5] व सर्व साधारण

१ फ़र्शों तथा बैठने की सामग्रियों का प्रबन्ध करने वाला।

२ तश्तदार सुल्तान के हाथ मुँह धुलवाता तथा उसे स्नान करवाता था।

३ अंतःपुर की रक्षा करने वाले नपुंसक।

४ फ़तावाये जहाँदारी पृ० ५७, ५९, ६२, २०७, २०८, २११, २१८।

५ बाज़ार वाले, व्यापारी तथा सर्व साधारण।

का अफ़सर होता है। सुल्तान बाज़ारियों के अफ़सर से कैसे मिल सकता है या इस बात की आज्ञा दे सकता है कि वह बादशाह से वार्त्तालाप करे। यदि बादशाह, कमीनों, तुच्छ, चरित्रहीनों, मुफ़रिदों,[1] सरहंगों,[2] अयोग्य, अनुचित लोगों, बाज़ारियों, नर्तकियों, मसखरों और अन्य निम्न श्रेणी के लोगों से वार्त्तालाप करने लगे और राज सिंहासन का अधिकारी उच्च पदाधिकारियों एवं अन्य विश्वासपात्र अधिकारियों के अतिरिक्त सर्व साधारण को मुँह लगाने लगे तो उलिलअम्री का वैभव, सम्मान तथा उसकी प्रतिष्ठा अपने हाथों से नष्ट कर देगा। अपने देश वासियों को स्वयं अपने ऊपर (धृष्ट) गुस्ताख़ कर लेगा। प्रजा की धृष्टता से बादशाही का सम्मान नष्ट हो जायगा। जब कभी बादशाह सर्व साधारण की दृष्टि से गिर जाता है तो उसे अपनी आज्ञाओं का पालन कराना कठिन हो जाता है। यदि किसी बादशाह की बादशाही सर्व साधारण की दृष्टि में हल्की पड़ जाती है तो फिर सभी लोगों के हृदय में बादशाही की, जोकि बड़ा ही उत्तम व उच्च कार्य है, लालसा पैदा होने लगती है। इस से अपार हानियाँ पहुँचती हैं। बादशाह का अपनी आज्ञाओं का पालन कराना अपने वैभव और प्रतिष्ठा पर आधारित है। आज्ञा का पालन कराना, जोकि बादशाही का कर्त्तव्य है, बादशाह के भय और ऐश्वर्य के कारण जिस प्रकार लोगों के हृदय पर बैठ जाता है, दण्ड से वह सम्भव नहीं। छिछोरे कार्य करने और अपने आपको देश वासियों की दृष्टि में हल्का कर देने से बादशाही स्थापित नहीं रह पाती। आज्ञा-दाता का भय यथा-रूप नहीं रह पाता। अलंकृत भाषा में, बादशाही ईश्वर का प्रतिनिधित्व है[3]। ईश्वर के प्रतिनिधित्व का सम्मान तुच्छ तथा छिछोरे कार्य करने से सम्भव नहीं।"

वंश-परम्परा के विषय में बल्बन के विचार

(३५) "यदि बादशाह के पूर्वज बादशाह होते हैं और वंशानुक्रम बादशाही के अधिकारी होते हैं तो लोगों के हृदय में उसके ऐश्वर्य एवं वैभव की वृद्धि हो जाती है। चाहे उसने कभी किसी को दण्ड अथवा भय से प्रभावित न किया हो लोग उसके आज्ञाकारी बने रहते हैं। यदि उसके पूर्वज बादशाह नहीं होते तो बादशाहों के गुण और उनकी विशेषतायें उसके द्वारा स्थापित नहीं हो पातीं। बादशाह की प्रतिष्ठा, साधारण तथा विशेष व्यक्तियों, दूर व निकट बाहरी व भीतरी लोगों पर यथा-रूप स्थापित नहीं रहती। उसका आदर और सम्मान किसी के हृदय में नहीं रह पाता। बादशाह बिना ऐश्वर्य, वैभव, सम्मान और भय के बादशाह नहीं रह पाता; केवल मीर हज़ारा[4] मीर तमन्नी[5] अथवा किसी विलायत का वाली[6] बन कर रह जाता है। बादशाह के ऐश्वर्य तथा वैभव के बिना उसके काल में सर्व साधारण, ज़िन्दीक़ बन जाते हैं, षड्यन्त्र एवं विद्रोह होने लगते हैं, हिन्दू आज्ञा उल्लंघन करने लगते हैं, मुसलमान भ्रष्टता तथा दुष्टता की अधिकता, वेश्यागमन, गुदाभोग से, मदिरा पान तथा चरित्रहीन कार्य करने के कारण अभागे

१ वे सैनिक जो किसी सेना से सम्बन्धित न होते थे अपितु लड़ाई के अवसर पर भर्ती कर लिये जाते थे।

२ निम्न वर्ग का एक कर्मचारी जो किसानों और मुक़द्दमों के पास सरकारी आदेश पहुँचाया करता था।

३ फ़तावाये जहाँदारी पृ० १६७ अ।

४ हज़ार सवारों का अफ़सर।

५ तुमन का अफ़सर। एक तुमन में दस हज़ार सैनिक होते थे।

६ शासन की सुविधा के लिये देहली के सुल्तान अपने राज्यों को इक़लीमों, विलायत और अक़्ता में विभाजित करते थे। इक़लीम का स्वामी इक़लीमदार कहलाता था। वह नाम मात्र को सुल्तान के अधीन होता था। विलायत में बड़े बड़े भाग होते थे जोकि सुल्तान के अधीन होते थे। इनका स्वामी वाली कहलाता था।

बन जाते हैं। ऐसी बादशाही से, जिसका आधार वंश-परम्परा पर नहीं होता या जिसके डर, भय, क्रोध तथा वैभव से लोगों के हृदय काँपते नहीं रहते, यह सम्भव नहीं, कि वह दीन पनाही अथवा दीन परवरी कर सके, क्योंकि ऐसे बादशाह उन कार्यों को न करा सकेंगे जिनकी आज्ञा ईश्वर ने दी है और न उन कार्यों का निषेध ही कर सकेंगे, जिनकी आज्ञा ईश्वर की ओर से नहीं मिली है। उस बादशाह, जिसका वैभव और ऐश्वर्य लोगों में नहीं रहता और जो दीन की रक्षा नहीं करता, का भय और यश लोगों के हृदय से उठ जाता है। कुछ समय तक तो वह राज सिंहासन पर विद्यमान रहता है परन्तु इसके कारण सत्य और धर्म में विघ्न पड़ता रहता है तथा अन्य धर्मों को मान प्राप्त हो जाता है और वे ज़ोरों से चलने लगते हैं। मुसलमानों के विषय में ऐसे अन्याय होने लगते हैं, जोकि काफ़िरों के देश में भी नहीं होते।"

फ़ख़र बाउनी की सिफ़ारिश पर चेतावनी

बल्बन ने मलिक अलाउद्दीन किशली ख़ाँ से जो उसका बार्बक था कहा कि "मैंने इस समय जो कुछ वार्त्ता की वह मैंने उन बुज़ुर्गों से सुनी थी, जो मेरे स्वामी सुल्तान शम्सुद्दीन के मित्र थे। वे लोग उपर्युक्त बातें अपनी गोष्ठियों में बहुधा कहा करते थे।"

(३६) "मैं नहीं चाहता कि तुम लोगों में से फिर कोई रईस के विषय में सिफ़ारिश करें क्योंकि मैं किसी की सिफ़ारिश से बादशाही का ऐश्वर्य नष्ट करने के लिये तैयार नहीं हूँ।"

इस पुस्तक के संकलन-कर्त्ता ने ख़्वाजा ताजुद्दीन मकरानी से जोकि एक बुज़ुर्ग ख़्वाजा[1] थे और सुल्तान बल्बन जिनका बड़ा आदर व विश्वास करता था सुना है कि बल्बन के सिंहासनारोहण के प्रथम वर्ष में ही अमरोहे की अक़्ता[2] मलिक अमीर अली सरजानदार को प्रदान की गई। सुल्तान ने दरबार के उच्च पदाधिकारियों को आदेश दिया कि वे एक सदाचारी मुतर्सरिफ़[3] जोकि कुलीन और योग्य हो, अमरोहे की अक़्ता की ख़्वाजगी के लिए चुन कर उपस्थित करें। उस समय मलिक अलाउद्दीन किशली ख़ाँ अमीर हाजिब तथा मलिक निज़ामुद्दीन बुज़ग़ाला नायब वकीलदर[4] थे। इन लोगों ने कमाल महियार को इस कार्य के लिए चुना और अमरोहे की ख़्वाजगी के लिए राज सिंहासन के सम्मुख उपस्थित किया जिस समय कमाल महियार ने खाकबोस किया बल्बन ने अपने पदाधिकारियों से कहा कि उससे पूछें कि महियार शब्द का क्या अर्थ है और उसका सूत्र क्या है। उसने उत्तर दिया कि 'महियार मेरा पिता और एक हिन्दू दास था।' ज्यों ही यह शब्द सुल्तान के कान में पड़े वह दरबार से उठ खड़ा हुआ और एकान्त में चला गया। उसके क्रोध से अधिकारियों ने समझ लिया कि सुल्तान का स्वभाव गर्म हो गया है। पता नहीं कि क्या हो जाय। उन्हें अपने हाथ पैर की भी सुध बुध न रही।

कुछ समय पश्चात् आदिल ख़ाँ शम्सी अजमी,[5] तिमुर ख़ाँ, मलैकुल-उमरा, फ़ख़रुद्दीन

---

१ ख़्वाजा को सुल्तान वज़ीर की सिफ़ारिश से नियुक्त करता था। वह हिसाब किताब के कार्य में बड़ा दक्ष होता था। प्रत्येक अक़्ता में एक ख़्वाजा रक्खा जाता था। वह अक़्ता के स्वामी के अधीन होता था किन्तु बादशाह द्वारा नियुक्त होने के कारण एवं हिसाब किताब पर नियंत्रण रखने के कारण उसे विशेष अधिकार प्राप्त थे।

२ शासन की सुविधा के लिये देश की भूमि को छोटे बड़े भिन्न भिन्न टुकड़ों में विभाजित किया जाता था। यह टुकड़े अक़्ता कहलाते थे।

३ मुत्सर्रिफ़ हिसाब किताब की देख भाल करता था।

४ वकीलदर सुल्तान के राज भवन के प्रबन्ध-कर्त्ता होते थे। नायब वकीलदर उसके अधीन होता था। दोनों ही राज प्रबन्ध के ज़िम्मेदार होते थे।

५ ईरानी

कोतवाल, तथा एमादुलमुल्क रावते अर्ज़[1] को एकान्त में बुलवाया। तत्पश्चात् मलिक अलाउद्दीन किशली खाँ, मलिक निज़ामुद्दीन बुज़ग़ाला और नायब अमीर हाजिब नायब वकीलदर तथा ख़ास हाजिब एसामी, पाँचों व्यक्तियों को बुलवाया और आदेश दिया कि पाँचों पदाधिकारी बैठ जायँ। उन लोगों के सामने उन चारों व्यक्तियों से जिन्हें इसके पूर्व ही बुलवा लिया गया था सुल्तान ने कहा कि "मैंने आज अपने इस भाई के पुत्र को जो हाजिब है, इस निज़ामुद्दीन बुज़ग़ाला को जोकि वकीलदर है ऐसी बात करते देख कर सहन कर लिया है जोकि यदि मेरा पिता भी करता तो मैं सहन न करता।"

(३७) "यह लोग एक मौला[2]-ज़ादे तुच्छ तथा नीच को मेरे पास चुनकर लाये और उसे अमरोहे की ख्वाजगी प्रदान करने की सिफ़ारिश की और कहा कि यह बड़ा ही योग्य एवं अनुभवी पुरुष है।" तत्पश्चात् आदिल खाँ और तिमुर खाँ से कहा कि "तुम दोनों मेरे बड़े मित्र तथा ख्वाजा ताश हो। यह खूब कान खोल कर सुन लो और भली भाँति समझ लो कि मैं अफ़रासियाब[3] के वंश से हूं, और मेरे पूर्वजों का सम्बन्ध अफ़रासियाब तक पहुंचता है। मुझे विश्वास है कि ईश्वर ने मुझे वह विशेषता प्रदान की है जिसके कारण मैं किसी तुच्छ, कमीने और चरित्रहीन को अपने राज्य में कोई पद अथवा कार्य नहीं सौंप सकता। जब इन लोगों का समूह दृष्टिगोचर होता है तो मेरे शरीर की नसें फड़कने लगती हैं। जब मेरी यह दशा है जैसा कि मैंने तुमसे कहा तो मैं यह नहीं चाहता कि किसी कमीने, नीच तथा चरित्रहीन को अपने राज्य के मुख्य कार्यों में जिसे ईश्वर ने मुझे सौंपा है, सम्मिलित करूँ और उन्हें कोई पद, कार्य अथवा अक़्ता प्रदान करूँ। आज मैंने इन दोनों पदाधिकारियों की बात सहन करली। तुम चारों व्यक्ति इस बात के साक्षी रहना कि इसके पश्चात् किसी अधिकारी ने कोई ऊँचा पद अथवा अक़्ता, ख्वाजगी मुशरिफ़ी[4] मुदब्बरी[5] आदि किसी कमीने, नीच तथा चरित्रहीन को, चाहे वह कितना भी योग्य क्यों न हो, प्रदान करने के लिए मेरे सम्मुख निवेदन किया तो मैं उसको ऐसा कठोर दण्ड दूँगा जिससे कि संसार वाले भी शिक्षा ग्रहण कर सकेंगे"। सुल्तान ने इस विषय में चेतावनी देकर उन पदाधिकारियों को लौटा दिया। वे लोग भयभीत हो कर काँपते हुये उसके सामने से लौट आये।

जब तक सुल्तान बल्बन जीवित रहा, किसी भी पदाधिकारी अथवा विश्वासपात्र को सुल्तान के सम्मुख किसी कमीने, तुच्छ तथा नीच को कोई ऊँचा पद प्रदान करने अथवा किसी विशेष कार्य में सम्मिलित करने के लिये निवेदन करने का साहस न हो सका।

सुल्तान शम्सुद्दीन तथा नीच कर्मचारी

(३८) सुल्तान बल्बन ने अपने दरबार में भी आदिल खाँ तथा तिमुर खाँ से पूछा कि तुम्हें यह बात क्यों याद नहीं कि जिस समय मेरे स्वामी सुल्तान शहीद सुल्तान शम्सुद्दीन ने अपने ज्येष्ठ पुत्र शाहज़ादा नासिरुद्दीन को क़न्नौज की अक़्ता प्रदान की तो क़न्नौज की नियाबत बहरोज़ वज़ीर के पुत्र ख्वाजा अज़ीज़ को प्रदान की। निज़ामुलमुल्क जुनैदी को क़न्नौज की

१ सेना विभाग का अध्यक्ष आरिज, साहबे दीवाने अर्ज़ अथवा रावते अर्ज़ कहलाता था। उसका कार्य सेना की भर्ती तथा सेना का प्रबन्ध करना होता था। यह आवश्यक न था कि वह स्वयं बहुत बड़ा सैनिक तथा रण-क्षेत्र में युद्ध करे किन्तु सेना की रसद तथा अन्य सामानों का प्रबन्ध वही करता था।

२ लौंडी-बच्चा।

३ तूरान का एक पौराणिक बादशाह।

४ मुशरिफ़ अथवा मुशरिफ़े ममालिक राज्य की आय की देख भाल करते थे।

५ राजकीय पत्र व्यवहार से सम्बन्ध रखने वाले।

ख़्वाजगी पर नियुक्त किया, जमालुद्दीन मरज़ूक़ को टकसाल का अधिकारी बनाया और जब नायब और क़न्नौज के ख़्वाजा को खिलअत प्रदान की और पाबोस[1] की आज्ञा दी तो उस समय ख़्वाजा अज़ीज़ बहरोज़ मंत्री ने सुल्तान के सम्मुख उच्च स्वर में यह छन्द पढ़े :

किसी कमीने के हाथ में क़लम मत दो, क्योंकि इसके आकाश को इस बात का साहस हो जाता है।

काबे में जो काला पत्थर है उसे इस्तिन्जे[2] का पत्थर बना दे।

यह छंद पढ़े और जमाल मरज़ूक़ क़न्नौज के मुत्सरिफ़ की ओर संकेत किया। सुल्तान शम्सुद्दीन समझ गया कि ख़्वाजा अज़ीज़ ने उपर्युक्त छन्द नीच जमाल मरज़ूक़ के विषय में पढ़े हैं। उसने तत्काल निज़ामुलमुल्क जुनैदी मंत्री को अपने सम्मुख बुलाया और जमाल मरज़ूक़ के विषय में पूछताछ कराई। ज्ञात हुआ कि वह कुलीन नहीं। मंत्री ने उसकी सिफ़ारिश में कहा कि वह सुलेख में दक्ष है तथा लिखने पढ़ने में भी बड़ा योग्य है। सुल्तान शम्सुद्दीन मंत्री से रुष्ट हो गया और उसने कहा कि नीच लोगों को उनकी योग्यता के कारण पद देकर मेरे राज्य में उच्च पदों को इनके द्वारा नष्ट करते हो। उस दिन सुल्तान शम्सुद्दीन बड़ा अप्रसन्न रहा और कोई कार्य न कर सका। उसने आज्ञा दी कि इस बात की पूछताछ की जाय कि देश के समस्त कार्यालयों के पदाधिकारियों अर्थात् ख़्वाजगान, मुत्सरिफ़ान, मुशरिफ़ान और बरीदों[3] में कितने तुच्छ तथा नीच हैं। बड़ी पूछताछ के पश्चात् ३३ व्यक्तियों का पता चल सका। उनके नाम सुल्तान के सम्मुख प्रस्तुत किये गये। उन्हें तुरन्त पदच्युत कर दिया गया।

निज़ामुलमुल्क जुनैदी के वंश की जाँच

(३९) जिस समय इस विषय की पूछताछ हो रही थी। मलिक अइज़्ज़ुद्दीन सालारी तथा मलिक क़ुतुबुद्दीन हसन ग़ोरी ने, जिनमें प्रथम बार्बक और द्वितीय वकीलदर था, शम्सी राज सभा में निवेदन किया कि "आदेशानुसार पूछताछ करने पर मुत्सरिफ़ों और मुशरिफ़ों को, जोकि नीच वंश के थे, पूर्ण रूपेण दण्ड दे दिया गया और उन्हें पदच्युत कर दिया गया। ख़ुदावन्दे आलम[4], मंत्री के मूल वंश की पूछताछ की भी आज्ञा प्रदान करें। यदि उसकी नसों में नीचता का रक्त न होता तो वह कदापि नीच वंश वालों को पद प्रदान न करता, न उन्हें किसी कार्य अथवा शासन के लिये नियुक्त करता। कुलीनता, प्रतिष्ठा तथा उच्च वंश से संबन्धित होने की परीक्षा यह है कि कुलीन, कमअसलों तथा नीच वंश वालों का वैभव देख ही नहीं सकता। वह किस प्रकार यह सहन कर सकता है कि वे (नीच) उच्च पद तथा राज्य व्यवस्था में मान पाकर राज सभा में सम्मान प्राप्त करें।" जब मंत्री के वंश की वास्तविकता की पूर्णतया पूछताछ की गई और उस पर सोच विचार किया गया तो ज्ञात हुआ कि निज़ामुलमुल्क जुनैदी के पूर्वज वास्तव में जुलाहे थे। नीचों तथा अयोग्य लोगों को पद प्रदान करने के कारण इतना बड़ा पदाधिकारी अपमानित हुआ और जुलाहा प्रसिद्ध हो गया।

अफ़रासियाब का वंशज होने पर बल्बन का गर्व

बल्बन ने कहा कि "मैं, जो अपने आपको अफ़रासियाब का वंशज कहलवाता हूँ, यदि अयोग्य तथा नीच वंश वालों को राज्य के उच्च पद प्रदान करने लगूँ, तो इस बात को मैं

१ पैर चूमने।

२ मूत्र के पश्चात् अपने आप को शुद्ध करने के लिये जिस मिट्टी का प्रयोग होता है वह इस्तिन्जे की मिट्टी कहलाती है।

३ राज्य के समस्त समाचारों का सुल्तान तक पहुँचाना बरीदों का कर्त्तव्य होता था।

४ अन्नदाता।

स्वयं ही सिद्ध कर दूँगा कि मैं भी कमअसल हूँ"। (बरनी कहता है) मुझे अपने पूर्वजों तथा अन्य विश्वस्त सूत्रों से जिन्होंने बल्बन के गुणों का अवलोकन किया था, ज्ञात हुआ है कि सुल्तान बल्बन में देहली के अन्य बादशाहों की अपेक्षा परस्पर विरोधी गुण पाये जाते थे। उसके क्रोध तथा दया, आतंक तथा नम्रता, तेज़ी तथा नर्मी के चिह्न भिन्न भिन्न अवसरों पर प्रकट हुआ करते थे। प्रसन्न-चित्त होते हुये भी वह विरोधियों, आज्ञा का उल्लंघन करने वालों, षड्यन्त्र-कारियों, दुष्टों तथा चरित्र हीनों से आतंक, क्रोध, सख़्ती और कठोरता के साथ व्यवहार करता था। राजभक्तों, अच्छे स्वभाव वालों, सदाचारियों तथा उससे भय करने वालों से वह दया, कृपा एवं उदारता का व्यवहार करता था। सन्तोष की मुद्रा में वह न तो अयोग्य तथा आज्ञा का उल्लंघन करने वालों से दया का व्यवहार करता और न क्रोध तथा गुस्से में राजभक्तों एवं योग्य लोगों से कठोरता और गर्मी से काम लेता[१]।

बल्बन का राज्य

(४०) इन्साफ़ और न्याय करने में वह अपने भाइयों, पुत्रों, निकटवर्त्तियों तथा विश्वास पात्रों का भी पक्षपात न करता था। यदि उसका कोई भी निकटतम सम्बन्धी कोई अत्याचार करता और न्यायाधीश उसे क्षमा कर देते तो उसके हृदय को उस समय तक शान्ति न मिलती जब तक कि वह, जिस पर अन्याय किया गया है, उसका बदला अपने विश्वासपात्र से न ले लेता। न्याय करते समय उसकी दृष्टि इस बात पर न रहती कि अपराध उसके सम्बन्धी या मित्र ने किया है अथवा किसी अन्य ने[२]। पीड़ितों तथा असहायों का तो वह माता पिता था। चूँकि उसके पुत्रों, निकटतम सम्बन्धियों, विश्वासपात्रों, पदाधिकारियों, वालियों और मुक्तों[३] को सुल्तान के न्याय के विषय में पूर्णतया जानकारी थी अतः उन्हें इस बात का साहस न होता कि वे अपने किसी दास, दासी अथवा सवार या पयादे पर कोई अत्याचार कर सकें।

मलिक बक़बक़ की हत्या

मलिक क़ीराँ बेग के पिता मलिक बक़बक़ ने जोकि सुल्तान बल्बन का सरजानदार तथा विश्वासपात्र एवं चार हज़ार सवारों का जागीरदार और बदायूँ की अक़्ता का स्वामी था, बदायूँ में मदिरा के नशे में निर्भीक होकर फ़र्राश को इतने कोड़े लगवाये कि वह मर गया। कुछ समय पश्चात् बल्बन को बदायूँ जाना पड़ा। उस फ़र्राश की विधवा ने न्याय की याचना की। उसी समय सुल्तान बल्बन ने आज्ञा दी कि मलिक बक़बक़ मुक़्तेदार बदायूँ को फ़र्राश की विधवा के सामने कोड़े लगवा कर मार डाला जाय। बदायूँ के बरीद को, जिसने सुल्तान तक मुक़्ते का पक्ष लेकर यह समाचार न पहुँचाया था, बदायूँ द्वार में फाँसी दे दी गई।

हैबत ख़ाँ को दण्ड

इसी प्रकार मलिक क़ीराँ अलाई के पिता हैबत ख़ाँ ने, जोकि सुल्तान बल्बन का क़ुराबेग[४] और अवध की अक़्ता का स्वामी था, एक मनुष्य को नशे में मार डाला। जिसकी हत्या की गई थी उसके सम्बन्धियों ने सुल्तान से न्याय की याचना की। सुल्तान ने अपने सामने हैबत ख़ाँ के पाँच सौ कोड़े लगवाये और उसे, जिसकी हत्या की गई थी, उसकी विधवा को सौंपते हुये कहा कि हत्यारा मेरा दास था, अब मैं इसे तुझ को देता हूँ; इसकी हत्या अपने हाथ से छुरी से करदे।

---

१ फ़तावाये जहाँदारी पृ० १६४।

२ फ़तावाये जहाँदारी पृ० ४६ ब।

३ अक़्ता का स्वामी।

४ क़ुराबेग सुल्तान के अस्त्र शस्त्र का प्रबन्ध करता था।

(४१) हैबत खाँ ने कुछ लोगों को बीच में डाल कर बड़े विनय-पूर्वक तथा नम्रता से रो पीट कर बीस हज़ार तनके उस मंत्री को दिये और अपने आप को उस स्त्री के हाथ से मुक्त किया। इस दुर्घटना के पश्चात् वह जीवन पर्यन्त घर के बाहर न निकला।

दीन पनाही के विषय में नूरुद्दीन मुबारक ग़ज़नवी के विचार

मैंने सिपहसालार हुसामुद्दीन से, जोकि मेरे नाना सुल्तान बल्बन के वकीलदर एवं बारबक थे, सुना है कि सुल्तान बहुधा एकान्त में अपने पुत्रों तथा अपने विश्वासपात्रों से कहा करता था कि 'मैंने दो बार सैयिद नूरुद्दीन मुबारक ग़ज़नवी से सुल्तान शहीद[१] की राजसभा में वह उपदेश सुने हैं जोकि सुल्तान शम्सुद्दीन को सैयिद दिया करते थे।' उनका कथन है कि बादशाह शासन व्यवस्था के विषय में जो आवश्यक कार्य करते हैं, जिस प्रकार वह खाते पीते, वस्त्र धारण करते, सवार होते, उठते-बैठते या राज सिंहासन पर विराजमान होते तथा लोगों को अपने सम्मुख बैठाते और सिज्दा कराते हैं, वह सब ईश्वर के विरोधी, पथ-भ्रष्ट अकासिरा के नियम हैं जिनका वे हृदय से पालन कर रहे हैं; सर्व साधारण से वे अपने आपको सभी विषयों में श्रेष्ठ समझते हैं। यह नियम मुहम्मद की सुन्नत के विरुद्ध हैं। यह शिर्क है इसका उन्हें क़यामत में दण्ड भोगना[२] होगा। बादशाह की मुक्ति उन कार्यों के पालन से सम्भव नहीं है जिनकी आज्ञा खुदा की ओर से नहीं मिली और जो मुहम्मद साहब की सुन्नत के विरुद्ध हैं।

दीन पनाही चार कार्यों पर निर्भर है।

दीन पनाही तथा दीन परवरी

१—इस्लाम के सम्मान तथा प्रतिष्ठा को, जोकि खुदा के बन्दों की बन्दगी के गुण के विरुद्ध है, सत्य की उन्नति, इस्लामी नियमों को ऊँचा उठाने, शरा की आज्ञा का पालन करने तथा अम्रे मारूफ़ की शोभा बढ़ाने एवं निहीये मुनकिर[३] को रोकने में सच्चे विश्वास से लगाया जाय। दीन पनाही यथा-रूप उस समय तक सम्भव नहीं जब तक कुफ़ काफ़िरी, शिर्क, बुतपरस्ती बन्द न हो जाय और रसूल अल्लाह के दीन के सम्मान में वृद्धि न हो[४]।

(४२) यदि शिर्क तथा कुफ़ जड़ पकड़ गये हों और सभी काफ़िरों और मुशरिकों को पूर्णतया उखाड़ फेंकना सम्भव न हो तो कम से कम यह तो होना ही चाहिये कि इस्लाम के कारण और दीन पनाही के लिये मुशरिक तथा बुतपरस्त (मूर्तिपूजक) हिन्दुओं को अपमानित, कलंकित तथा तुच्छ बनाने का विशेष प्रयत्न करते रहें, क्योंकि वे खुदा और रसूल के घोर शत्रु हैं। बादशाहों की दीन-पनाही का सबसे बड़ा चिन्ह यह है कि वे जब किसी हिन्दू को देखें तो उनका मुँह लाल हो जाय और अच्छा हो कि उसे जीवित नष्ट कर दें। ब्राह्मणों का, जोकि कुफ़ के इमाम (नेता) हैं और जिनके कारण कुफ़ और शिर्क फैलता है और कुफ़ की आज्ञाओं का पालन कराया जाता है, समूल उच्छेदन कर दिया जाय[५]। इस्लाम के सम्मान और दीने हक़ीक़ी[६] के सम्मान के लिये यह आवश्यक है कि किसी काफ़िर और मुशरिक को आदर-पूर्वक जीवन व्यतीत न करने दिया जाये और मुसलमानों के मध्य में

१ सुल्तान शम्सुद्दीन इल्तुतमिश।

२ फ़तावाये जहाँदारी पृ० १५ ब, पृ० १०० अ।

३ वे कार्य जिन की शरा द्वारा आज्ञा मिली है तथा वे कार्य जिनकी शरा से मनाही है।

४ फ़तावाये जहाँदारी पृ० ७ व ८।

५ फ़तावाये जहाँदारी पृ० ११८ ब, १२१ ब,

६ सच्चे धर्म।

उनका अपमान और तिरस्कार होता रहे। उसे संतोष एवं इतमीनान और चैन का जीवन प्राप्त न हो। मुशरिकों और बुतपरस्तों को किसी क़ौम, समूह, विलायत तथा अक़्ता का हाकिम न बनाया जाय। इस्लामी बादशाह के ऐश्वर्य और वैभव के कारण खुदा और रसूल के शत्रुओं में से एक भी निश्चिन्तता से पानी तक न पीने पावे और न संतोष की शय्या पर पैर फैला कर सो ही सके।

२—दीन पनाही के लिये दूसरा आवश्यक कार्य, जिससे बादशाह को मुक्ति प्राप्त हो सकती है, यह है कि उन नगरों, प्रदेशों और क़स्बों में जहाँ इस्लामी राज्य हैं, बादशाह के ऐश्वर्य और वैभव के कारण मुसलमान व्यभिचार, दुराचार, पाप तथा अपराध में ग्रसित न हो सकें। अपराधियों और आज्ञा का उल्लंघन करने वाले व्यभिचारियों और पापियों की हलक़ में व्यभिचार और पाप को दण्ड और अपमान की अधिकता द्वारा विष से अधिक कड़ुवा बना दिया जाय। इस्लाम का दावा करते हुये भी आजीवन जो लोग घृणित पाप और बड़े-बड़े गुनाह व्यवसाय के रूप में किया करते हैं, उन्हें इतना आतंकित किया जाय कि वे संसार को अँगूठी की गोलाई से भी छोटा समझने लगें और विवश होकर पाप तथा व्यभिचार का व्यवसाय पूर्णतया त्याग कर दूसरे उद्योग धंधों में लग जायें।

(४३) यदि व्यभिचारी तथा पापी को उसकी दुष्टता से बाज़ न रखा जा सकता हो, तो उसका कार्य गुप्त रहना चाहिये। यह न हो कि लोग खुल्लम खुल्ला उस पर गर्व करते हुये घूमते फिरें। यदि व्यभिचार एवं पाप घृणा के गड्ढों में पड़े रहें और दूर और पृथक् हो जायें तथा उनके करने वालों को रोक दिया जाय तो दुष्ट लोग व्यभिचार त्याग कर उत्तम कार्य करने लगेंगे।

३—दीन पनाही से सम्बन्धित तीसरा कार्य, जिस पर बादशाह की मुक्ति निर्भर है, यह है कि वह दीने मुहम्मदी की शरा की आज्ञाओं का पालन ऐसे लोगों को सौंप दे जो ईश्वर का भय रखने वाले, धार्मिक, पवित्र जीवन व्यतीत करने वाले तथा नमाज़ी और परहेज़गार हों। बेईमानों, भगवान् का भय न करने वालों, सत्य को न पहिचानने वालों, धोखे बाज़ों, लालचियों, सांसारिक व्यक्तियों, दुष्टों, अन्यायियों को शरा की आज्ञाओं का पालन कराना, तसव्वुफ़ के मामलों की सरदारी, फ़तवों[1] के उत्तर तथा दीनी उलूम[2] की देख भाल का कार्य कभी न दिया जाय[3]। अपने देश में दार्शनिकों, उनके ज्ञान और उन पर विश्वास करने वालों को नगरों में रहने की आज्ञा न मिलनी चाहिये। दार्शनिकों को अपने ज्ञान का प्रसार करने की आज्ञा न होनी चाहिये। अधर्मियों तथा भ्रष्ट लोगों के एवं सुन्नी धर्म के विरोधियों के अपमान तथा अनादर के लिये प्रयत्न करते रहना चाहिये। किसी बे-दीन और भ्रष्ट को अपनी राज सभा में कोई पद न प्रदान करना चाहिये।

(४) चौथा कार्य, जोकि सच्चे धर्म के लिये अनिवार्य है तथा धर्म के पालन एवं रक्षा के लिये आवश्यक है और जिस पर बादशाहों की मुक्ति और उन्नति निर्भर है, न्याय और इन्साफ़ करना है। जिस समय तक बादशाह इन्साफ़ और न्याय के विषय में पूर्णतया प्रयत्न नहीं करता और पूरी-पूरी तरह इन्साफ़ नहीं करता, अन्याय और अत्याचार से उसका देश मुक्त नहीं होता। जब तक बादशाह अपने वैभव, ऐश्वर्य तथा आतंक से अत्याचारियों के अत्याचार का अन्त नहीं करता, उस समय तक पूर्णतया न्याय तथा इन्साफ़ होना सम्भव नहीं[4]।

---

१ इस्लाम के सिद्धान्तों से सम्बन्धित प्रश्न।

२ इस्लामी ज्ञान।

३ फ़तावाये जहाँदारी पृ० ८।

४ फ़तावाये जहाँदारी पृ० ४४-४५।

दीन पनाही का प्रभाव

(४४) जब तक बादशाह उपर्युक्त चारों कार्य सच्चे संकल्प और दृढ़ विश्वास से करता रहता है तथा बादशाही के वैभव और ऐश्वर्य द्वारा सत्य को केन्द्रीय स्थान पर स्थापित रखता है, उस समय तक, चाहे वह कामाग्नि में जल ही क्यों न रहा हो, बादशाही के अनिवार्य कार्य करने एवं सुन्नत के पालन के कारण उसको मुक्ति तथा सम्मान प्राप्त होगा; उसका अंत दीन पनाही के कारण नबियों तथा वलियों (संतों) की भाँति होगा। बादशाह चाहे प्रतिदिन हज़ार रकात[1] नमाज़ पढ़े, आजीवन रोज़ा रक्खे तथा किसी व्यभिचार में न पड़े और अपने ख़ज़ाने को सत्य के मार्ग पर लुटाता रहे किन्तु दीन पनाही न करने और अपना वैभव एवं ऐश्वर्य ख़ुदा और रसूल के शत्रुओं के विनाश, अपमान, तथा तुच्छ करने में न लगाये, शरा की आज्ञाओं के सम्मान का प्रयास न करे और अपने देश के शहरों में अम्रे मारूफ़ और निहीये मुनकिर[2] के चलाने की चेष्टा न करे तथा न्याय और इन्साफ़ करने में अधिक से अधिक प्रयत्न न करे तो उसका स्थान नरक के अतिरिक्त और कहीं नहीं।

नूरुद्दीन ग़ज़नवी के उपदेश के विषय में सुल्तान बलबन के विचार

उपर्युक्त उपदेशों, जोकि उसने सैयिद मुबारक ग़ज़नवी की ज़बान से सुल्तान शम्सुद्दीन के सामने सुने थे, को अपने पुत्रों, भतीजों और विशेषाधिकारियों तथा अन्य लोगों से कहने के पश्चात् सुल्तान बलबन फूट-फूट कर रोने लगा। उसने कहा कि "मैं यथारूप दीन पनाही नहीं कर सकता। मैं कौन हूँ, जो यह आकांक्षा करूँ, क्योंकि यदि समस्त सुल्तान दीन पनाही करना चाहें तो भी यह सम्भव नहीं। मैं केवल इतना करता हूं कि जिन लोगों पर अत्याचार किया गया है उनका बदला लेने में शिथिलता नहीं करता[3]; न्याय और इन्साफ़ करते समय किसी भी मनुष्य का मुँह नहीं देखता। तुम लोग, जो मेरे मित्र और सम्बन्धी हो, इस लिये सावधान रहना कि यदि मुझे तुम्हारे किसी भी अत्याचार का पता लग गया तो मैं तुम्हें उसका पूरा दण्ड दूँगा, हत्यारे को जीवित न छोड़ूँगा। तुम्हारा निकट सम्बन्धी होना एवं मेरी सेवा करना न्याय में बाधक न हो सकेगा।"

सुल्तान बलबन और उसका न्याय

(४५) चूँकि सुल्तान बलबन को न्याय करने का बड़ा ध्यान था अतः उसने अपने राज्य-काल में विलायत तथा नगरों की अक्ताओं में विश्वासपात्र बरीद नियुक्त किये। बड़े-बड़े नगरों, प्रसिद्ध प्रदेशों और दूरस्थ स्थानों के लिये वह स्वयं बरीद नियुक्त करता था। जब तक किसी को सच्चा और विश्वास के योग्य न पाता था, बड़े-बड़े स्थानों का बरीद नियुक्त न करता था। यदि किसी बरीद की असावधानी का उसको पता लग जाता था तो वह उसे कभी भी क्षमा न करता। न्याय करने में किसी मनुष्य का मुँह न देखता था। उसके देश के भिन्न-भिन्न स्थानों के बरीदों, मुक्तों, वालियों, सरदारों, उच्च पदाधिकारियों, उसके पुत्रों, मित्रों, सम्बन्धियों और दासों को इस बात का साहस न था कि अकारण ही किसी को दुःख पहुँचा दें। यदि उसके राज्य-काल में कोई वाली अथवा हाकिम अन्याय या अत्याचार करता तो जिस पर अत्याचार किया जाता उसे संतुष्ट करने के लिये यथा-सम्भव प्रयत्न किया जाता। केवल पूछताछ करके मामला समाप्त न कर दिया जाता।

---

१ नमाज़ की वह पूरी क्रिया जिसमें खड़ा होना, झुकना, सिज्दा करना और पुनः खड़ा होना सम्मिलित है, रकात कहलाती है। प्रत्येक नमाज़ में इस प्रकार कई रकातें होती हैं।

२ ऐसे कार्य जिन की शरा द्वारा आज्ञा मिली है तथा ऐसे कार्य जिनकी मनाही है।

३ फ़तावाये जहाँदारी पृ० १४७ अ।

सुल्तान का असहायों की सहायता करना

सुल्तान बल्बन की आदत थी और उसका यह नियम था कि जिस स्थान पर वह पड़ाव करता वहाँ निर्बल, रोगी, असहाय और दीनों को पार कराने के लिए वह स्वयं बड़ी-बड़ी नदियों, नालों और पुलों के किनारे बैठ जाता। राज्य के कर्मचारियों को आज्ञा दे देता कि वे डण्डे ले लेकर कीचड़ में घुस जायें, बूढ़ों, निःसहाय लोगों, स्त्रियों, बच्चों, निर्बल व्यक्तियों, पशुओं आदि की सहायता करें। यदि कोई नदी ऐसी मिल जाती जहाँ नाव का प्रबन्ध न होता तो दस बारह दिन तक वहीं ठहर जाता, जिससे सर्व साधारण सुगमता एवं सुविधा-पूर्वक निकल जायें, किसी का सामान नष्ट न हो और किसी मनुष्य को कोई हानि न पहुँचे। सुल्तान के खास हाथी भी लोगों को पार करने में लगा दिये जाते। जिस समय वह मलिक और ख़ान था, उस समय भी शम्सी प्रतिष्ठित व्यक्तियों में वह प्रजा के पालन-पोषण, असहाय लोगों की सहायता करने तथा बरबाद लोगों को आबाद करने के लिए प्रसिद्ध था। मलिक और ख़ानी के समय में भी जो विलायत उसके अधिकार में होती थी उसे वह पूर्णतया आबाद और समृद्धिशाली कर दिया करता था।

(अपनी) ख़ानी के समय में सुल्तान बल्बन की विलासिता

(४६) जिस समय सुल्तान बल्बन मलिक और ख़ान था, उस समय वह मदिरा पान तथा सभायें करने के लिए प्रसिद्ध था। वह सप्ताह में दो तीन दिन जश्न किया करता। बड़े-बड़े ख़ान, मलिक तथा प्रतिष्ठित एवं गण्यमान्य व्यक्ति उसके अतिथि होते। वह जुआ खेलता था परन्तु जुए से जो धन प्राप्त होता उसे दान कर देता। आदर के योग्य लोगों (संतों) को घोड़े, बहुमूल्य वस्त्र आदि उपहार में देता; अपने सहकारियों को भी वस्त्र और घोड़े आदि प्रदान करता।

धर्म में सुल्तान की रुचि

अपनी विलासपूर्ण सभाओं की शोभा के लिए वह मीठी मीठी बातें करने वाले मित्रों, नदीमों, अच्छे स्वर में किताब पढ़ने वालों और नर्तकियों को नौकर रखता। इन लोगों को पर्याप्त आश्रय देता परन्तु सिंहासनारोहण के पश्चात् वह शरा के विरुद्ध किसी कार्य के निकट भी न फटका। नशा करने से तोबा करली, मदिरा पान की सभायें त्याग दीं, और मदिरा पान का नाम भी न लिया। एबादत एवं ईश्वर की आज्ञाकारिता, रोज़े नमाज़ में विशेष रुचि लेने लगा। जुमे और जमाअत[1] की नमाज़ में उपस्थित रहता। नमाज़े इशराक़[2], नमाज़े चाश्त[3], अव्वाबीन[4], तहज्जुद, में उसे एकायक बड़ा आनन्द आने लगा। हज के महीनों में समस्त रात्रि नमाज़ पढ़ता। यात्रा या राज भवन में अवराद[6] पढ़ने में उसे कोई बाधा न होती। बिना बज़ू[7] के कभी न रहता। आलिमों की उपस्थित के बिना भोजन न करता, भोजन के समय आलिमों से धर्म इस्लाम की समस्याओं के विषय में प्रश्न किया करता। भोजन की सभाओं

१ सामूहिक नमाज़।
२ प्रातःकाल की नमाज़ जो सूर्य निकलने के पहले की नमाज़ के पश्चात् पढ़ी जाती है।
३ नाश्ते के पश्चात् की नमाज़।
४ अन्य एबादतें।
५ आधी रात के बाद की नमाज़। उपर्युक्त नमाज़ें अनिवार्य नहीं।
६ क़ुरान के भिन्न भिन्न भाग जो दिन व रात में पढ़े जाते हैं।
७ नमाज़ के लिए क्रमानुसार हाथ मुँह धोना। प्रत्येक समय नमाज़ के अतिरिक्त भी बज़ू करते रहने में बड़ा पुण्य बताया गया है।

में विद्वान् उसके सामने बाद विवाद किया करते। उलमाये आख़ेरत[1] तथा मशायख़ (संतों) को प्रत्येक स्थान पर सम्मान प्राप्त था। वह धर्म (इस्लाम) के बुज़ुर्गों के दर्शनार्थ उनके निवास स्थान पर जाया करता था। जुमे की नमाज़ के पश्चात् बड़े ऐश्वर्य तथा वैभव से सवार हो कर मौलाना बुर्हानुद्दीन बल्ख़ी के निवास स्थान पर जाया करता। भगवान् का ज्ञान रखने वाले उस आलिम का वह बड़ा सम्मान करता। क़ाज़ी शर्फ़ुद्दीन वलवलजी, मौलाना सिराज उद्दीन संजरी तथा मौलाना नज्मुद्दीन दमिश्क़ी का, जो उल्माये आख़ेरत थे, बड़ा सम्मान करता। प्रत्येक जुमे की नमाज़ के पश्चात् बुज़ुर्गों के रौज़ों[2] के दर्शन के लिए जाता।

(४७) यदि नगर में कोई सैयिद, संत या आलिम परलोक को सिधार जाता था तो सुल्तान उसके जनाज़े[3] के साथ उपस्थित रहता। उसके जनाज़े की नमाज़ पढ़ता और उसके तीजे[4] में सम्मिलित होता। उसके भाइयों तथा पुत्रों को वस्त्र प्रदान करता और उनको आश्रय देता। बाप की रोटी (सहायता), गाँव तथा वज़ीफ़ा पुत्रों और भाइयों के लिये जारी कर देता। यद्यपि उसकी सवारी बड़े वैभव, ऐश्वर्य और ठाटबाट से निकलती, किन्तु यदि वह देखता कि मस्जिद में लोग एकत्रित हैं और कोई योग्य मुज़किर तज़्कीर कर रहा है तो कुछ समय के लिये उतर पड़ता। सर्व साधारण के साथ बैठ कर तज़्कीर सुनता। मुज़किरों के उपदेश तथा नसीहतें सुनकर फूट-फूट कर रोता। सेना के क़ाज़ियों को हर्मान[5] की उपाधि प्राप्त थी। वे अपनी पवित्रता और धर्म-निष्ठता के लिए प्रसिद्ध हुआ करते थे। बादशाह उनका बड़ा आदर सम्मान किया करता था। वे जिसकी सिफ़ारिश करते बादशाह अवश्य उसे स्वीकार करता।

सुल्तान बल्बन और उसके विरोधी

मैंने उन लोगों से, जो बल्बन के समय का वर्णन और वृत्तान्त दोहराया करते थे, सुना है कि सुल्तान बल्बन दया, कृपा, न्याय, इन्साफ़ और रोज़े नमाज़ के बावजूद भी, जिनके विषय में बहुत कुछ कहा जा चुका है, विरोधियों तथा विद्रोहियों को अत्यधिक दण्ड देता था। विद्रोहियों के विषय में किसी बात पर ध्यान न देता था। विद्रोह के दण्ड में सैनिकों के साथ-साथ नगर निवासियों तक का विनाश कर डालता था। दण्ड देने में निरंकुश और निर्दयी शासकों का अनुकरण करने में सुई की नोक के बराबर भी कमी न करता था। क्रोध और बादशाही के ऐश्वर्य के समय ईश्वर का भय भी त्याग देता था। विद्रोहियों तथा आज्ञा का उल्लंघन करने वालों की हत्या और दण्ड के समय धर्म को भी भूल जाता था। जैसा अपने राज्य के लिये उचित समझता, चाहे शरा के अनुकूल हो अथवा प्रतिकूल तुरन्त कर डालता था। विरोधियों को दण्ड देते समय केवल अपने राज्य का हित सामने रखता था।

अनेक शम्सी खानों तथा मलिकों को, जिन्हें उसने अपने राज सिंहासन का शत्रु और प्रतिद्वन्द्वी समझा, उसने शरबत या शराब में विष दिलवा कर मरवा डाला क्योंकि खुल्लम खुल्ला उनकी हत्या से उसे बदनामी का भय एवं विश्वास के कम हो जाने की चिन्ता थी।

(४८) क्षणिक राज्य के लोभ में वह यह भी भूल जाता था कि मुसलमानों की इन

१ भगवान् के ध्यान के अतिरिक्त किसी अन्य वस्तु से सम्बन्ध न रखने वाले आलिम।

२ समाधि स्थानों।

३ शव यात्रा

४ मरने के तीसरे दिन, मरे हुए व्यक्ति की आत्मा के लिए जो प्रार्थना आदि की जाती है।

५ मक्के तथा मदीने के पवित्र नगरों को हर्मान कहते हैं।

हत्याओं के लिये उसे क़यामत में उत्तरदायी होना पड़ेगा, चाहे वह हत्या तलवार से हो या विष से, चाहे गुप्त रूप से हो, चाहे मार पीट से, चाहे बहाने से हो या भूखा प्यासा रख कर, चाहे किसी ऊँचे स्थान से भूमि पर फेंक कर हो अथवा पानी में डुबा कर, और चाहे आग में जला कर।

अपने समकालीनों की इतिहास से रुचि न होने पर ज़ियाउद्दीन बरनी का पश्चाताप

इस समय जब मैं तारीखे फ़ीरोज़शाही की रचना कर रहा हूँ, सुल्तान बलबन की मृत्यु को ७० वर्ष हो चुके हैं, ढ़ाई क़रन[1] व्यतीत हो गये हैं। न तो उसके खानों में, न पुत्रों में, न मित्रों और न सम्बन्धियों में, जो इतनी बड़ी संख्या में थे, कोई शेष रहा है। सुबहान अल्लाह[2] ! इतिहास से अनभिज्ञ तथा जानकारी न रखना, इस सीमा तक पहुँच चुका है कि उस समय के आलिमों अथवा सैनिकों में से कोई भी ऐसा दिखाई नहीं पड़ता जोकि सुल्तान बलबन की राज्य व्यवस्था के वृत्तान्त अथवा वर्णन पर प्रकाश डाल सके। ऐसे व्यक्ति भी नहीं पाये जाते जिन्हें उसका इतिहास जानने या सुनने की इच्छा हो, या उन प्राचीन सुल्तानों के हाल जानने की अभिलाषा हो, जो दिल्ली के सिंहासन पर आरूढ़ रहे। विद्वानों को प्राचीन खलीफ़ाओं, अन्य देश के बादशाहों तथा संसार के भिन्न-भिन्न भागों के सम्राटों का इतिहास जानने की इच्छा रहा करती है। क़ुरान शरीफ़ में आया है "शिक्षा ग्रहण करो और विश्वास करो, पिछले अच्छे और बुरे कार्यों द्वारा"। जब प्राचीन लोगों का इतिहास और उनके विषय में जानकारी ही स्पष्ट नहीं तो शिक्षा किस चीज़ से ग्रहण की जा सकती है। भगवान् की आज्ञा का किस प्रकार पालन किया जा सकता है। प्राचीन इतिहास से अनभिज्ञ लोगों के विषय में दूसरी आश्चर्यजनक बात यह है कि वे जिस नगर के निवासी हैं, जहाँ उनके जन्म हुये और जहाँ रहते रहते वे वृद्ध हो गये, वहाँ के विषय में वे यह भी नहीं जानते कि वह नगर किस प्रकार हाथ आया, कितने वर्ष पूर्व वह विजय किया गया।

(४६) (वे यह भी नहीं जानते कि) वहाँ के सम्राट् प्रजा के साथ किस प्रकार का व्यवहार करते थे, उनके रहन सहन का क्या ढंग था, किस प्रकार संसार से वे उठ गये और समय ने उनकी स्त्रियों, बच्चों, कर्मचारियों और अधीनों के साथ किस प्रकार का व्यवहार किया, संसार ने उन्हें किस प्रकार पीठ दिखाई और किस प्रकार उनके अवशेष भी विद्यमान नहीं रहे। यदि अयोग्य और तुच्छ लोगों तथा उनकी सन्तानों को इतिहास के ज्ञान की आकांक्षा न हो तो कोई आश्चर्य की बात नहीं किन्तु आश्चर्य-जनक बात तो यह है कि इस काल के आलिमों और शासकों में भी इतिहास तथा भिन्न-भिन्न काल की दशा के जानने की इच्छा दृष्टिगोचर नहीं। जब मैं शासकों में इतिहास तथा बुज़ुर्गों का हाल जानने की इच्छा नहीं पाता तो फिर मेरी जो कुछ भी दशा या हालत हो जाय थोड़ी है, क्योंकि मुझे इस विद्या का पूरा ज्ञान है। उसको प्राप्त करने में मैंने कष्ट भोगे हैं। मेरा आदर और सम्मान कौन कर सकता है। यदि मैं यह न देखता कि मेरे समकालीन मनुष्यों को इतिहास पढ़ने और सुनने में रुचि नहीं है, तो मेरी अभिलाषा यह थी कि मैं आदम से लेकर अपने समकालीन बादशाह तक का वर्णन तथा इतिहास क्रमानुसार समस्त नबियों, खलीफ़ाओं और सुल्तानों के साथ लिपि-बद्ध करता।

---

१ एक क़रन में दस वर्ष होते हैं। कुछ लोग बीस वर्षों का, कुछ तीस वर्षों का क़रन भी मानते हैं। कुछ लोगों का विचार है कि दस वर्ष से १२० वर्ष के बीच के किसी भाग का एक क़रन हो सकता है।

२ प्रशंसा के योग्य भगवान् है।

उनकी राज्य-व्यवस्था और शासन प्रणाली के विषय में भी लिखता, उनके चरित्र की अच्छाइयों और उनकी महान कीर्ति का वर्णन करता। इस संक्षिप्त इतिहास की विशेषता, जिसमें इतिहास सम्बन्धी दुनिया भर की बातें लिख दी गई हैं, और संकेत तथा स्पष्ट रूप में शासन व्यवस्था के गुण बताये गये हैं, जिनकी जानकारी और जिनका अनुसरण करने से बादशाहों, मलिकों और प्रतिष्ठित व्यक्तियों को उच्च श्रेणी तथा मुक्ति प्राप्त हो सकती है, केवल पाठकगण ही समझ सकते हैं। उन्हें चाहिये कि वे इसमें बताई हुई बातों का पालन करें और उन्हें अपने दैनिक कार्य-क्रम में सम्मिलित करलें।

अन्य देशों को विजय करने के सम्बन्ध में सुल्तान के विचार

(५०) अब मैं सुल्तान बल्बन की राज्य व्यवस्था तथा शासन प्रबन्ध का हाल पुनः आरम्भ करता हूँ। सुल्तान बल्बन को सम्पत्ति, हाथी, घोड़े, जिन पर बादशाही का आधार है, उन देशों से प्राप्त होते थे जोकि उसके अधीन थे। अत्यधिक ख़राज में से जो कुछ भी प्राप्त होता, सेना और कर्मचारियों का वेतन अम्लाक[1], इनाम[2], मलिकों और अमीरों की अक्ता के शासन प्रबन्ध का ख़र्च, जोकि उनकी सेना और कर्मचारियों के वेतन के लिये प्रदान की जाती थी, कारख़ानों[3] का खर्च, अनुचरों का तथा अन्य खर्च निकाल कर जो कुछ शेष रहता, वह राज कोष में जमा हो जाता।

बल्बन उस अत्यधिक धन से, जो राज कोष में जमा होता था, सन्तुष्ट न था। उसकी आकांक्षा थी कि (सुल्तान) महमूद की परम्परा और (सुल्तान) संजर की विजय को फिर से जीवित किया जाय; ख़ुरासान तथा मावराउन्नहर पर अधिकार जमाये। सुल्तान के ख्वाजाताशों में से आदिल ख़ाँ, तिमुर ख़ाँ और अन्य प्राचीन शम्सी दासों ने अनेक बार निवेदन किया कि "क्या कारण है कि बादशाह, सुल्तान क़ुतुबुद्दीन ऐबक और सुल्तान शम्सुद्दीन की भाँति, जोकि हमारे स्वामी थे, झायन, मालवा, उज्जैन, गुजरात और दूर दूर के स्थानों को विजय नहीं करता। वहाँ के राजाओं महाराजाओं से उनके राज-कोष, सम्पत्ति, हाथी, घोड़े क्यों नहीं प्राप्त करता। यद्यपि सुल्तान के पास इतनी बड़ी सुसंगठित और वीर सेना है, फिर भी दूरस्थ स्थानों पर आक्रमण करने का प्रयत्न क्यों नहीं करता। अन्नदाता किस कारण राज्य के बाहर नहीं निकलते और अन्य राज्यों पर आक्रमण नहीं करते"। सुल्तान बल्बन ने उत्तर दिया कि "आक्रमण तथा विजय के विषय में जो तुम लोग निवेदन करते हो, मेरी हार्दिक आकांक्षा उससे कहीं अधिक है, परन्तु क्या तुमने नहीं सुना कि चंगेज़ ख़ाँ मुग़ल के तुमन[4] मेरे राज्य के स्त्री, बच्चों, सम्पत्ति और अन्य वस्तुओं पर हाथ साफ़ करने का प्रयत्न किया करते हैं। उन्होंने ग़ज़नी, त्रिमिज़ और मावराउन्नहार में अपने अड्डे स्थापित कर लिये हैं। चंगेज़ ख़ां के पोते हलाकू ने अपने मुग़ल तुमनों की सहायता से ऐराक़ पर अपना अधिकार जमा लिया है और बग़दाद में बिराजमान है। उन दुष्टों ने हिन्दुस्तान की अत्यधिक धन-सम्पत्ति और माल आदि का हाल सुन रखा है। हिन्दुस्तान के तहस नहस कर देने की इनकी बड़ी अभिलाषा है। मेरे देश की सीमा पर छापे मार मार कर लाहौर को नष्टभ्रष्ट

---

१ अम्लाक अथवा मिल्क धर्म सम्बन्धी तथा अन्य दान के कार्यों के लिए प्रदान होती थी। यह अधिकतर भूमि के रूप में होती थी और पिता से पुत्र को पहुँचती रहती थी।

२ वह भूमि जो बादशाह किसी से प्रसन्न होकर उसे प्रदान करता था।

३ राज भवन तथा राज्य की आवश्यकताओं की पूर्ति के लिए सामग्री एकत्र करने हेतु कारख़ाने हुआ करते थे। प्रत्येक कारख़ाना एक मलिक अथवा ख़ान के अधीन होता था। एक मुत्सर्रिफ़ कारख़ाने के हिसाब किताब की देख रेख करता था। समस्त कारख़ानों के लिए एक मुख्य मुत्सर्रिफ़ होता था।

४ दस हज़ार सैनिकों का दल तुमन कहलाता था।

करते रहते हैं। कोई साल ऐसा व्यतीत नहीं होता कि वे हमारे राज्य पर आक्रमण करके उसे तहस नहस न कर देते हों।

(५१) वे यह सुनने की प्रतीक्षा कर रहे हैं, कि 'मैंने सेना लेकर किसी दूर के स्थान पर आक्रमण किया और दूसरे देश अथवा स्थान की ओर ध्यान दिया।' यह सुनते ही वे मेरे नगरों पर चढ़ आयेंगे, समस्त दोआबा को तहस नहस कर देंगे और दिल्ली की बरबादी की भी सामग्री एकत्र हो जायेगी। मैं अपने राज्य के समस्त अधीन भागों की आय सेना पर व्यय करता हूं, सेना को तैयार तथा सुव्यवस्थित रखता हूं और उन लोगों के आक्रमण की प्रतीक्षा किया करता हूं। अपने राज्य से बाहर नहीं निकलता और कहीं दूर नहीं जाता। मेरे राज्य-काल के पहले, मेरे पूर्वगामी सुल्तान, मुग़लों की रोक टोक न करते थे। वे निश्चय होकर अपनी सेना लेकर चढ़ आते थे। हिन्द के राज्य तथा समस्त भागों को विध्वंस कर देते थे। यहाँ की सम्पत्ति और सेना लूट ले जाते थे। इस बात का प्रयत्न किया करते थे कि साल में या दूसरे साल राजधानी पर भी धावा बोल दें।

यदि मुझे मुसलमानों और मुसलमानों के नगरों की रक्षा के विषय में उपर्युक्त चिन्ता न होती तो मैं एक दिन भी राजधानी में अथवा उसके पास न रहता। दूसरे स्थानों पर आक्रमण करता; दूर-दूर के राजाओं और महाराजाओं की सम्पत्ति, कोष, हाथी, घोड़े शेष न छोड़ता। मैं सुसंगठित तथा सशस्त्र सेना इस कारण रखता हूं कि धर्म (इस्लाम) के शत्रुओं और विरोधियों को नष्ट कर सकूँ और उनसे बदला ले सकूँ, अन्यथा मैं दूसरे देश और हिन्दुओं के राज्य अवश्य अपने अधीन बना लेता। यदि मैं दूसरे देशों को जीतने तथा उन पर अपना अधिकार जमाने का प्रयत्न करूँ तो मेरे राज्य को भी हानि पहुँचने का भय है।

दूसरे कारण, जिससे सुल्तान दूसरे देशों को जीत कर अपने अधिकार एवं आधिपत्य में न लाता था, के विषय में वह कहा करता था कि 'यदि मैं उन राज्यों के अतिरिक्त कोई ऐसा राज्य जीत लूँ जो सुव्यवस्थित न हो तो उनकी राज्य व्यवस्था ठीक करने का मुझे प्रयत्न करना पड़ेगा। मुझे एक ऐसे प्रतिष्ठित 'वाली' को ढूँढ़ना पड़ेगा जिसमें बादशाही के गुण हों और जो सरदारी तथा नेतृत्व के योग्य हो। वहाँ मुझे अमीर, कर्मचारी, बुद्धिमान, योग्य मुत्सरिफ़, और चुनी हुई सेना रखनी पड़ेगी।"

(५२) "अपनी सेना में से बारह हज़ार चुने हुये योग्य सवार सपरिवार उन देशों में भेजने पड़ेंगे। यदि इतने व्यक्ति अपने नगरों से वहाँ न भेजूँ तो वह राज्य कदापि सुव्यवस्थित तथा दृढ़ न हो सकेगा। यद्यपि एक लाख आदमी उस वाली के साथ जिनमें अमीर, अधिकारी वर्ग, अन्य कर्मचारी, सवार और प्यादे सम्मिलित होंगे, दिल्ली के राज्य से उस राज्य में चले जायेंगे और वहाँ निवास करने लगेंगे, तो मैं यहाँ रह कर क्या करूँगा, क्योंकि मेरे दृढ़ राज्य से एक लाख योग्य आदमी कम हो जायेंगे। अपने राज्य को अपने आज्ञाकारियों तथा भक्तों से दूसरे राज्य के लिये केवल इस कारण कि वे दूर हैं ख़ाली कर देना पड़ेगा। उस विजित राज्य के विषय में यह भी कहना कठिन ही है कि वह मेरे अधिकार में सदैव रहेगा भी अथवा नहीं। यदि उस राज्य में जिसमें मेरे इतने आदमी पहुँच चुके हैं, किसी दुर्घटना के कारण शान्ति भंग हो जाय अथवा विद्रोह या कोई अन्य गड़बड़ हो जाय और उनमें से सब मेरे विरोधी बन बैठें, तो फिर मुझे पहिले भेजी हुई अपनी ही सेना पर आक्रमण करना पड़ेगा, और अपने प्राचीन दासों से युद्ध करना पड़ेगा। यदि मुझे उन पर विजय प्राप्त हो जायगी तो दूसरों को उचित चेतावनी देने के लिये उनमें से प्रत्येक को अपनी राज सभा में मरवा डालना पड़ेगा। मुसलमानों के रक्त से खून की नदी बह निकलेगी। यदि मैं यह चाहूँ कि तुच्छ, अयोग्य

और असन्तुष्ट व्यक्तियों द्वारा दूर के देशों पर अधिकार जमा सकूँ तो समस्त बुद्धिमान मेरे इस विचार का परिहास उड़ायेंगे। उस राज्य से ऐसी अशान्ति उठ खड़ी होगी कि उसे दबाना कठिन हो जायगा।

यदि मुग़लों के आक्रमण का भय न होता तो फिर मैं अन्य देशों को विजय करने का कौशल दिखाता। गुजरात, सोमनाथ, समुद्र तट के स्थान, झायन, मालवा, उज्जैन मेरे हाथ से बच कर कहाँ जा सकते थे। मैं भली भाँति जानता हूं कि देहली की सेना पर कोई भी हाथ उठाने का साहस नहीं कर सकता। हिन्दू राजे महाराजे चाहे लाख दो लाख हों किन्तु मेरी सेना का सामना करने का साहस नहीं कर सकते। उनके विनाश के लिये ६-७ हज़ार दिल्ली के सवार पर्याप्त हैं।

सुल्तान की हाथी घोड़ों से रुचि

(५३) मुझे विश्वस्त सूत्रों से ज्ञात हुआ है कि सुल्तान बल्बन को दो क़रन के शासन का अनुभव था। वह बहुधा अपने निकटवर्त्तियों से कहा करता था, कि हिन्दुस्तान के राज्य की शोभा हाथी घोड़ों पर निर्भर है। हिन्दुस्तान में प्रत्येक हाथी ५०० सवारों के बराबर होता है। मैंने सिन्ध प्रदेश अपने ज्येष्ठ पुत्र को प्रदान कर दिया है। वहाँ से भरची और तातारी चुने हुए घोड़े बहुत बड़ी संख्या में आते रहते हैं। सिवालिक प्रदेश, सिलम, सामाना, भटिंडा, भटनीर, खुक्खुरों के अधिकार के स्थानों पर, चिटवान (जाटों) तथा मन्दाहरान के अधिकार के स्थानों में चुने हुये और उत्तम हिन्दी (हिन्दुस्तान के घोड़े) घोड़े बड़ी संख्या में मिलते हैं। मेरी सेना को इन स्थानों से बहुत बड़ी संख्या में सस्ते घोड़े मिल जाते हैं और वे मेरे लिये पर्याप्त होते हैं। मुझे इस बात की आवश्यकता नहीं होती कि मुग़लों के राज्य से घोड़े मँगवाऊँ। मैंने लखनौती तथा बंगाल की इक़लीम (का राज्य) अपने कनिष्ठ पुत्र को दे रक्खा है। वह राज्य वर्षों पूर्व दृढ़ हो चुका है। मेरे गजशाले को वहीं से गज प्राप्त होते हैं। मेरी राजधानी अगणित हाथियों तथा असंख्य घोड़ों से भरी रहती है। मुझ से पूर्व अनुभवी तथा समय के शीतोष्ण का आस्वादन किये हुये व्यक्ति (अनुभवी लोग) कह गये हैं कि यह कहीं अच्छा है कि दूसरे राज्यों पर, जिनकी व्यवस्था करने में असमर्थ हो, छापा मारते रहने से अपने राज्य को दृढ़ और सुव्यवस्थित रखो। दूसरे राज्यों को प्राप्त करने की लालसा में अपने राज्य में अशान्ति और गड़बड़ न पड़ने दो। राज्य व्यवस्था के यह गुण, जिनका सुल्तान बल्बन ने वर्णन किया है, ऐसे हैं जिनके विषय में बुद्धिमान तथा अनुभवी लोगों का यह विचार है कि इनसे पर्याप्त लाभ हैं। ६६२ हिजरी[1] में जब कि सुल्तान बल्बन राज सिंहासन पर बैठा तो ६३ हाथी लखनौती से असरलाँ खाँ के पुत्र ततर खाँ के भेजे हुए देहली पहुँचे।

(५४) हाथियों के पहुँचने से बल्बन के सिंहासनारोहण के प्रथम वर्ष में ही प्रजा सन्तुष्ट हो गई और बल्बन के राज्य की दृढ़ता के चिह्न दिखाई देने लगे। नगर में क़ुब्बे[2] सजाये गये। लोगों ने खुशियाँ मनाईं। सुल्तान बल्बन ने बदायूँ दरवाज़े के सामने मैदान में दरबारे आम किया। मलिकों अमीरों, सद्रों[3], नगर के प्रतिष्ठित तथा गण्यमान्य लोगों और अन्य कर्मचारियों ने सुल्तान को बधाई दी। सुल्तान ने लोगों को भिन्न-भिन्न पद तथा घोड़े आदि प्रदान किये। प्रत्येक खान और मलिक को नाम ले लेकर सम्मानित किया गया।

इस दरबार की सजावट से सुल्तान शम्सुद्दीन की मृत्यु के ३० वर्ष पश्चात् अकासिरा की परम्परा पुनः जीवित हो गई। उस दरबार का ऐश्वर्य, वैभव तथा उसकी सजावट आदि

१ ६६४ हि० होना चाहिये।

२ एक प्रकार के द्वार, गुम्बद आदि जो ख़ुशी के अवसर पर सजाये जाते हैं। तोरण

३ धार्मिक कार्यों की देख भाल करने वाले।

बहुत दिनों तक सर्व साधारण के हृदय से न मिट सकी। यह सुल्तान बल्बन का प्रथम दरबार था। इसी प्रथम दरबार के वैभव तथा ऐश्वर्य का सिक्का वर्षों तक लोगों के हृदय पर बैठा रहा। इस प्रकार राजधानी के विशेष तथा साधारण व्यक्तियों के दिल पर बादशाही का आतंक छाया रहा।

शिकार से बल्बन की रुचि

सुल्तान बल्बन नाना प्रकार के कार्यों में तथा धर्म-पालन में एवं राज्य व्यवस्था करने में संलग्न होते हुये भी शिकार को विशेष महत्व देता था। शिकार की अत्यधिक लालसा होने के कारण जाड़े के दिन उसे बड़े ही प्रिय थे। शीतकाल की वह सर्वदा प्रतीक्षा किया करता था। उसने आज्ञा दे दी थी कि हवालिये[1] शहर के दस बीस कोस तक की शिकार-गाहों और मैदानों की रक्षा की जाये; वहाँ कोई शिकार न खेलने पाये। वह खानी और सुल्तानी के समय में भी शिकार पर विशेष ध्यान देता था। खासादारों[2] और बड़े-बड़े शिकारदारों[3] को बड़ा सम्मान प्राप्त था। उनके दिन फिर आये थे। सुल्तान के शिकरेखाने[4] में अनेक दक्ष शिकरे थे। उसने बहुत बड़ी संख्या में शिकरेदार[5] और चिड़ीमार नौकर रख छोड़े थे। सुल्तान बल्बन जाड़े के दिनों में रात के अन्तिम पहर में कुशके-लाल[6] से सवार होता और प्रति दिन रेवाड़ी या उसके आगे तक निकल जाता, शिकार खेलता और शिकरे उड़ाता। तिहाई रात गये ढोल पीटता नगर में प्रवेश करता। आधी रात तक क़िले के द्वार खुले रहते।

(५५) सुल्तान बिला नागा जाड़े के दिनों में शिकार खेलने जाता परन्तु रात को बाहर न रहता। कभी तिहाई रात गये कभी आधी रात गये शहर में प्रविष्ट होता। उसकी खानी के समय एक हज़ार पुराने सवार जिनमें से प्रत्येक से सुल्तान परिचित था और एक हज़ार प्राचीन दास जिनमें पायक तथा धनुर्धारी सभी सम्मिलित थे और जो सुल्तान के विश्वासपात्र थे, मृगया में उसके साथ रहते थे। सभी को पक्का तथा बिना पक्का भोजन सुल्तान के दस्तर-ख़्वान से मिलता था।

बल्बन के शिकार के विषय में हलाकू ख़ाँ के विचार

जब सुल्तान की शिकार में विशेष रुचि तथा उससे सम्बन्धित प्रयत्नों का वृत्तान्त दुष्ट हलाकू ख़ाँ के पास पहुंचा तो हलाकू ने कहा कि "बल्बन अनुभवी बादशाह है। उसने राज्य व्यवस्था का गहरा अध्ययन किया है। देखने में तो वह शिकार के लिए जाता है किन्तु इस असंख्य सवारी का ध्येय यह है कि खानों, मलिकों, और हश्मेहाशिया[7] को अधिक से अधिक अभ्यास होता रहे; घोड़े पसीने पसीने होते रहें जिससे घमासान युद्ध तथा सख्त लड़ाई में उनसे काहिली और असावधानी न प्रकट हो। जब सेना को दौड़ धूप की आदत रहती है और घोड़े दौड़ने में पसीने-पसीने होते रहते हैं, तो रण-क्षेत्र में शत्रु उन पर विजय प्राप्त नहीं कर सकते। बादशाह अर्थात् बल्बन शिकार नहीं खेलता अपितु अपने राज्य की रक्षा करता

१ देहली के आस पास के क़स्बे।

२ सुल्तान की व्यक्तिगत सेवा करने वाले।

३ शिकार का प्रबन्ध करने वाले।

४ वह स्थान जहाँ शिकरे अथवा बाज़ रखे जाते हों। ऐसा पता चलता है कि उस समय में बाज़ द्वारा शिकार पर विशेष ध्यान दिया जाता था।

५ शिकारों का प्रबन्ध करने वाले।

६ लाल राज भवन।

७ राजधानी की सेना।

रहता है" जब सुल्तान को यह समाचार मिला कि हलाकू इस प्रकार कहता है, तो वह बड़ा प्रसन्न हुआ । हलाकू की बात की प्रशंसा करते हुये कहा कि राज्य व्यवस्था के भेद वही जान सकता है, जिसने स्वयं शासन प्रबन्ध किया हो अथवा अन्य देशों पर विजय प्राप्त की हो। अनुभव-शून्य लोग अनुभवी लोगों की नीति नहीं समझ पाते ।

मेवों का विनाश

मैंने लोगों से सुना है कि बल्बन अपने सिंहासनारोहण के प्रथम वर्ष के अन्त में देहली के निकट के जंगलों को कटवाने और मेवों[1] का विनाश करने में संलग्न हो गया[2] ।

(५६) सुल्तान शम्सुद्दीन की मृत्यु के पश्चात् मेवों के उपद्रव को समाप्त करने का कार्य किसी ने न किया था। उसने इस कार्य के लिये नगर छोड़ कर सेना का पड़ाव बाहर डाल दिया। राज्य के समस्त कार्यों में मेवों के विनाश का कार्य, जिनके कारण बड़ी अशान्ति फैल चुकी थी सर्वोपरि समझा। ऐसा हुआ कि शम्सुद्दीन के ज्येष्ठ पुत्रों की युवावस्था, असावधानी, मदिरा पान, और भोग विलासिता एवं सुल्तान शम्सुद्दीन के लघु पुत्र सुल्तान नासिरुद्दीन की, जोकि बीस वर्ष तक देहली के राज सिंहासन पर आरूढ़ रहा, अयोग्यता तथा निर्बलता के कारण देहली के निकट के मेव बड़े शक्तिशाली बन बैठे थे। अधिकतर तो यह होता कि वे रात को नगर पर धावा बोल देते और घरों को तहस-नहस कर डालते; वे सर्व साधारण को बड़ा कष्ट पहुँचाते । लोगों को मेवों के उत्पातों के भय से रात में नींद न आती । शहर (देहली) के निकट के घर मेवों ने विध्वन्स कर डाले थे। सुल्तान शम्सुद्दीन के पुत्रों की अयोग्यता, शासन प्रबन्ध से अनभिज्ञता और धैर्य के अभाव से राज्य व्यवस्था के सभी कार्यों में विघ्न पड़ गया था। प्रजा में अनुशासन और आज्ञा पालन करने की इच्छा न रह गई थी। इस कारण देहली के निकट मेवों की संख्या बहुत बढ़ गई थी। वे बड़े साहसी बन गये थे। देहली के निकट बहुत बड़े-बड़े जंगल उग आये थे। दोआब के विरोधी और हिन्दुस्तान के अन्य दिशाओं के फ़सादी, उपद्रवकारी, डकैती और लूट-मार किया करते थे। चारों ओर के मार्ग बन्द हो चुके थे। कारवानों (बनजारों) और व्यापारियों को आने जाने का साहस न रह गया था। शहर (देहली) के आसपास के मेवों की लूट-मार के भय से क़िबला[3] दिशा के द्वार संध्या की नमाज़ के पश्चात् बन्द हो जाते और किसी को इस बात का साहस न था कि शाम की नमाज़ के पश्चात् निकल सके; किसी बुज़ुर्ग के दर्शन हो सकें; आमोद-प्रमोद के लिये कोई हौज़े सुल्तान[4] तक जा सके। बहुत से मेव शाम की नमाज़ के समय ही हौज के निकट पहुँच जाते। भिश्तियों, पानी भरने वाली दासियों को परेशान करते और उन्हें नंगा कर देते। उनके वस्त्र छीन लेते। आसपास के मेवों के भय के कारण देहली में हलचल मच गई थी।

सुल्तान बल्बन ने मेवों के उपद्रव का दमन अपने राज्याभिषेक के प्रथम वर्ष से ही सभी कार्यों की अपेक्षा अत्यावश्यक समझा ।

(५७) वह पूरे एक साल तक मेवों के विनाश और आसपास के जंगलों के कटवाने में संलग्न रहा। सभी जंगल पूर्णतया कटवा डाले गये। मेवों की बहुत बड़ी संख्या क़त्ल करा

१ यह लोग देहली के दक्षिण से मथुरा, गुड़गावाँ, अलवर और भरतपुर के निवासी थे।

२ तारीख़े मुबारकशाही लेखक यहिया बिन अब्दुल्ला सरहिन्दी ने बल्बन की प्रारम्भिक विजयों का हाल इस प्रकार लिखा है।

३ पश्चिम दिशा।

४ सुल्तान शम्सुद्दीन का बनवाया हुआ शम्सी हौज़। इसे हौज़े सुल्तानी भी कहते थे। (ख़लजी कालीन भारत पृ० १५७)

दी गई। उसने गोपालगीर[1] में एक क़िला बनवाया। शहर (देहली) के निकट के स्थानों पर थाने बनवाये। वहां अफ़ग़ानों को नियुक्त किया। थाने की भूमि को मफ़रूज़[2] कर दिया। इस युद्ध में सुल्तान के एक लाख ख़ास आदमी मारे गये। सुल्तान ने अपनी तलवार के बल से अनेक मनुष्यों को मेवों की लूट-मार और क़त्लोग़ारत से बचा लिया। उस तिथि से प्रजा मेवों के भय से मुक्त हो गई।

दोआबे में शान्ति

सुल्तान ने मेवों के विनाश के पश्चात् नगर के निकट के सभी जंगल कटवा दिये। दोआबे के क़स्बे और विलायत धन-धान्य सम्पन्न मुक़्तों को दिये और आज्ञा दी कि विरोधियों के गाँव के गाँव विध्वन्स कर दिये जायँ, विद्रोहियों का विनाश करा दिया जाय; उनकी स्त्रियों और बच्चों को बन्दी बना लिया जाय, जंगलों को पूर्णतया कटवा डाला जाय; उपद्रव मचाने वालों के उपद्रव का अन्त कर दिया जाय। बड़े-बड़े अमीरों में से कुछ लोग बड़ी-बड़ी सेनायें लेकर इस कार्य में संलग्न हो गये और उन लोगों ने दोआबा के उपद्रवियों के बुरे स्वभाव तथा उपद्रव का अन्त कर दिया। उनके जंगल काट डाले गये और विद्रोह करने वालों को छिन्न-भिन्न कर दिया गया। दोआबा की प्रजा को आज्ञाकारी और राजभक्त बना लिया गया।

मार्गों की रक्षा का प्रयत्न

दोआबा की विजय के पश्चात् सुल्तान बल्बन हिन्दुस्तान के भिन्न-भिन्न मार्गों को उपद्रव-कारियों से मुक्त करने के लिये दो बार दिल्ली के बाहर गया। कम्पिल[3] और पटियाली[4] में पहुँचा। पाँच पाँच तथा छः छः महीने वहाँ रहा और विरोध तथा विद्रोह करने वालों को तलवार के घाट उतरवा दिया। हिन्दुस्तान के मार्ग साफ़ कर दिये। बंजारे और व्यापारी आने जाने लगे। उन प्रदेशों को अधीन कर लेने से दिल्ली में अत्यधिक सम्पत्ति पहुंच गई। दास, पशु तथा मवेशी सस्ते हो गये। कम्पिल, पटियाली और भोजपुर[5] में, जोकि हिन्दुस्तान के मार्गों के डाकुओं के बहुत बड़े अड्डे थे, मज़बूत क़िले और बड़ी-बड़ी खुली मस्जिदें बनवाईं।

(५८) सुल्तान ने उपर्युक्त तीनों स्थानों के क़िले अफ़ग़ानों को सौंप दिये। उन क़िलों की कृषि योग्य भूमि को 'मफ़रूज़' कर दिया। उन क़स्बों को अफ़ग़ानों और मफ़रूज़ी मुसलमानों से इतना दृढ़ बना दिया कि हिन्दुस्तान के मार्गों में डाकुओं और लुटेरों के भय का अन्त हो गया। आज तक जब कि इन क़िलों तथा थानों के निर्माण को लगभग तीन क़रन व्यतीत हो चुके हैं, हिन्दुस्तान के मार्ग चालू हैं और लूट-मार का अन्त हो चुका है।

जलाली का क़िला

इन्हीं स्थानों पर धावे के समय जलाली का क़िला बनवाया गया। उस क़िले को भी उसने अफ़ग़ानों को सौंप दिया। इस स्थान पर भी, जो चोरों और डाकुओं का अड्डा बन चुका था, क़िलों का निर्माण किया। जलाली की भूमि को भी मफ़रूज़ कर दिया। जलाली, जोकि लुटेरों और डाकुओं का अड्डा बना हुआ था और हिन्दुस्तान के लिये जिस ओर से गुज़रने

१ तब्क़ाते अकबरी में कबालकर लिखा है (तब्क़ाते अकबरी कलकत्ता पृ० ८४)। यह स्थान जयपुर के आस-पास हो सकता है।
२ सम्भवतया वह भूमि जो कि क़िलों की सेना के ख़र्च के लिये अलग कर दी जाती थी।
३ आधुनिक फ़र्रुख़ाबाद ज़िले में।
४ एटा ज़िले में।
५ फ़र्रुख़ाबाद ज़िले में है।

वाले सदा लुट जाया करते थे, वहाँ मुसलमान बसा दिये गये। मार्गों की रक्षा होने लगी और और वे आज तक उसी प्रकार सुरक्षित हैं[1]।

कटिहेर[2] में विद्रोह

सुल्तान बल्बन जिस समय हिन्दुस्तान के मार्गों को साफ़ करने, थानों को मज़बूत बनाने तथा क़िलों के निर्माण में संलग्न था, उसे कटिहेर से निरंतर यह समाचार प्राप्त होते रहते थे, कि वहाँ असंख्य विद्रोही पैदा हो गये हैं जो प्रजा के ग्रामों को विध्वंस कर रहे हैं, जिन्होंने बदायूँ और अमरोहे की विलायत में गड़बड़ी पैदा कर रखी है और जो खुल्लम खुल्ला उपद्रव करते रहते हैं; वे इस प्रकार शक्तिशाली बन गये हैं कि बदायूँ और अमरोहे के मुक़्तों की चिन्ता भी नहीं करते; उनकी शक्ति और ज़ोर के कारण आसपास के वाली भी उनका मुक़ाबला नहीं कर सकते।

सुल्तान कम्पिल और पटियाली से लौट पड़ा। दिल्ली में प्रविष्ट हुआ। नगर में क़ुब्बे सजाये गये। ख़ुशियाँ मनाई गईं। कटिहेर के विरोधियों के विनाश के लिये सुल्तान ने आदेश दिया कि हश्मे क़ल्ब[3] को तैयार किया जाये; सर्व साधारण में घोषणा कराई जाय कि सुल्तान कोहपाया[4] की ओर शिकार खेलने जा रहा है। सुल्तान ने राजसी साज़ो सामान, ख़ेमे, पर्दे आदि के निकलने के पूर्व तक निश्चित स्थान का पता न बताया। शहर (देहली) के बाहर निकल खड़ा हुआ।

(५९) हश्मे क़ल्बे आला के साथ दो रात और तीन दिन का धावा करके गंगा पार करने के पश्चात् कटिहेर में प्रविष्ट हुआ। ५००० धनुर्धारी उसके साथ थे। उसने आज्ञा दी कि समस्त कटिहेर को तीर का निशाना बना डालें तथा विध्वंस कर दें; समस्त पुरुषों का का बध करा दिया जाय और स्त्रियों और बालकों के अतिरिक्त किसी को जीवित न छोड़ा जाय; आठ नौ वर्ष तक के बालकों को भी क़त्ल कर डालें। कुछ दिनों वह कटिहेर में ठहर गया और भीषण संहार कराता रहा, यहाँ तक कि कटिहेर के विद्रोहियों के रक्त की नदी ज़मीन पर बहादी; प्रत्येक ग्राम, जंगल और खेत के सामने लाशों के ढेर लगा दिये। उनकी दुर्गन्ध गंगा के तट तक पहुँचती थी। कटिहेर के भीषण संहार से समीप के विरोधी भी काँप उठे और असंख्य विरोधी भक्त बन गये। कटिहेर के सभी ग्रामों को सेना ने लूट-लूट कर तहस नहस कर दिया। लूटमार के आधिक्य से सुल्तानी सेना भी धनी बन गई। बदायूँ के निवासी भी मालामाल हो गये। कुल्हाड़े चलाने वालों और बदायूँ के सैनिकों ने घने जंगलों के मार्गों को कुल्हाड़ों से काट काट कर साफ़ कर दिया। वे सेना के लिये मार्ग बनाते जाते थे और लुटेरों से बदला लेते जाते थे। उस तिथि से, जबसे कि विरोधी एक साथ छिन्न-भिन्न कर दिये गये, जलाली[5] काल के अन्त तक किसी विरोधी को कटिहेर में सिर उठाने का साहस न हुआ। बदायूँ, अमरोहा, सँभल और कानूरी[6] की विलायत कटिहेर निवासियों के उपद्रव से सुरक्षित हो गई। सुल्तान बल्बन ने उन जैसे उपद्रवियों का, जिन्होंने इतनी जड़ पकड़ ली थी, पूर्णतया विनाश कर दिया। तत्पश्चात् विजय प्राप्त करके सफलता-पूर्वक शहर (देहली) में प्रविष्ट हुआ। कुछ समय तक शहर में रहा।

---

१ इब्ने बतूता ने जलाली के ख़तरनाक मार्ग का बड़ा विशद वर्णन किया है।

२ आधुनिक रुहेलखण्ड।

३ देहली की सेना।

४ हिमालय पर्वत के नीचे के तराई के भाग।

५ जलालुद्दीन फ़ीरोज़शाह ख़लजी।

६ इस स्थानका ठीक पता नहीं है। सम्भवतः संभल के निकट की कोई अक़्ता हो।

जूद पर्वत[1] की विजय

सिंहासनारोहण के प्रारम्भ के वर्षों में, जब कि बल्बन के हृदय को विद्रोहियों के विनाश होने के पश्चात् शान्ति प्राप्त हो गई, राजधानी से सब दिशाओं के मार्ग साफ़ हो गये और लुटेरों का भय समाप्त हो गया, सुल्तान बल्बन ने जूद पर्वत पर आक्रमण करने का संकल्प किया। एक लश्कर तैयार करके जूद पर्वत की ओर प्रस्थान किया।

(६०) उस पर्वत तथा निकटस्थ स्थानों को विध्वंस कर डाला। सुल्तान की सेना को पहाड़ियों की सेना से असंख्य घोड़े प्राप्त हुये। लूट के घोड़ों की अधिकता से सेना में घोड़ों का मूल्य ३०-४० तन्के तक पहुँच गया।

वृद्ध अक़्तादार

जिस समय सुल्तान बल्बन जूद पर्वत पर आक्रमण करने के लिये प्रस्थान कर रहा था, सुल्तान के कानों तक कई बार यह बात पहुंची कि शम्सी हश्मे क़ल्ब के अधिकांश अक़्तादार बड़े वृद्ध हो चुके हैं और सेना के साथ नहीं चल सकते; जो चल भी सकते हैं वे दीवाने[2] अर्ज़ के मुंशियों को घूँस देकर घर बैठ रहते हैं और उन गाँवों का कर व्यर्थ जाता है। जब उस आक्रमण से सुल्तान सफलता-पूर्वक जीत कर आया तो प्रथा के अनुसार क़ुब्बे सजाये गये और ख़ुशियाँ मनाई गईं। उसके समय में यह प्रथा हो गई थी कि जब सुल्तान आक्रमण करके लौटता तो शहर के प्रतिष्ठित एवं प्रसिद्ध व्यक्ति दो तीन मंज़िल[3] तक उसके स्वागतार्थ जाते। शहर (देहली) में क़ुब्बे सजाये जाते और ख़ुशियाँ मनाई जातीं। प्रजा को निसारे चत्र[4] (छत्र का न्योछावर) प्रदान किया जाता था।

आक्रमणों का गुप्त रखना

तारीखे फ़ीरोजशाही के संकलन-कर्त्ता ने अपने पूर्वजों से अनेक बार सुना है कि सुल्तान बल्बन जिस स्थान पर भी आक्रमण करना चाहता तो प्रस्थान करने का संकल्प करने से पूर्व पर्याप्त सोच विचार करता और यदि उस पर अपने आप को दृढ़ पाता तो सन्तुष्ट हो जाता कि आक्रमण अवश्य सफल होगा। उसी समय उस आक्रमण के लिये प्रस्थान करता। आक्रमण करने का संकल्प करने के पूर्व दीवाने विज़ारत[5] और दीवाने अर्ज़ में फ़रमान[6] भेज देता कि 'हमने इस वर्ष एक स्थान पर आक्रमण करने का दृढ़ संकल्प कर लिया है। कारख़ानों में तैयारी प्रारम्भ कर दी जाय और सेना को सुव्यवस्थित किया जाय।' प्रस्थान करने के दिन तक किसी को आक्रमण का स्थान अथवा दिशा न ज्ञात होती। जिस दिन प्रस्थान करना होता उससे पूर्व रात में बड़े-बड़े खानों और मलिकों को अपने सम्मुख बुलाता और उनको बतलाता कि "मुझे इस दिशा में आक्रमण करना है। कल प्रस्थान करूँगा।" उसी समय लोगों को उस स्थान के विषय में ज्ञात होता जिस पर सुल्तान के हृदय में आक्रमण करने का विचार होता।

(६१) मैंने अपने नाना से, जोकि मलिक बार्बक बेकतर्स सुल्तानी के वकीलदर थे,

---

१ साल्ट रेन्ज। नमक की पहाड़ियाँ।

२ युद्ध सम्बन्धी प्रबन्ध करने वाला विभाग, जिसका अध्यक्ष आरिज़ होता था।

३ पड़ाव, विश्राम स्थान। मध्य काल में यात्रा को मंज़िलों में विभाजित किया जाता था। जितनी दूर तक मनुष्य एक दिन में सुगमता-पूर्वक चल कर विश्राम करता था, उस दूरी को मंज़िल कहते थे।

४ तबक़ाते अकबरी में निसारे खैर (कुशलता का न्योछावर) है। (तबक़ाते अकबरी पृ० ८६)।

५ मुख्य मंत्री वज़ीर कहलाता था। उसका विभाग दीवाने विज़ारत कहलाता था।

६ आज्ञा-पत्र।

सुना है, कि सुल्तान बल्बन का मलिक बेकतर्स अमीर हाजिब से अधिक कोई अन्य विश्वासपात्र और ख़ास आदमी न था, परन्तु उसे भी सुल्तान के गुप्त विचारों का पता न रहता था।

लाहौर की ओर प्रस्थान

जूद पर्वत के आक्रमण से नगर में लौटने के दो वर्ष पश्चात् सुल्तान ने लाहौर की ओर प्रस्थान किया। लाहौर का क़िला, जिसे मुग़लों ने सुल्तान शम्सुद्दीन के पुत्रों के राज्य-काल में विध्वंस कर दिया था, पुनः निर्मित कराया। लाहौर, उसके क़स्बे और ग्राम जिन्हें मुग़लों ने नष्ट-भ्रष्ट कर दिया था, फिर से आबाद किये। वहाँ गुमाश्ते और मैमार[1] नियुक्त किये।

शम्सी अक़्तादार

उस समय भी उसके कानों तक यह बात पहुँचाई गई कि शम्सी काल के अक़्तादार या तो मर चुके हैं या बेकार हो गये हैं; सेना की नामज़दगी (एकत्रीकरण) के समय उपस्थित नहीं होते हैं; दीवाने अर्ज़ के मुन्शियों की सहायता के कारण अपने गाँवों को सुरक्षित रखे हुये हैं; वे अपने घरों में पड़े रहते हैं और विलास-प्रिय हो गये हैं। उस वर्ष जब सुल्तान लाहौर से लौटा और शहर में आया तो दीवाने अर्ज़ को आदेश दिया कि शम्सी अक़्तादारों के कागज़ात पेश किये जायँ; उनके विषय में पूछताछ आरम्भ कर दी जाये तथा उनके विषय में राज-सिंहासन द्वारा फिर से आज्ञा प्राप्त की जाये।

अक़्तादार की परिभाषा

ऐसा था कि सुल्तान शम्सुद्दीन के क़ल्बे (हश्म) के लगभग दो हज़ार सवारों को दिल्ली के आसपास के तथा दोआबे के गाँव वेतन में बाँट दिये गये थे। सुल्तान शम्सुद्दीन के पुत्रों के समय में उपर्युक्त सवारों में से कुछ की मृत्यु हो गई थी। बहुतों ने उन गाँवों के ऊपर जोकि उन्हें अक़्ता के रूप में प्राप्त थे अधिकार जमा लिया था। इन सैनिकों को अक़्तादार तथा सवारे क़ल्ब कहा जाता था। चूँकि उन सैनिकों को तीस चालीस वर्ष अपितु इससे अधिक व्यतीत हो चुके थे, अतः उनमें से बहुत से सवार वृद्ध तथा शक्तिहीन हो चुके थे, बहुतों की मृत्यु हो गई थी। उनके पुत्र, उनके गाँवों को अपने बाप की मीरास[2] की भांति अपने अधिकार में रखे थे। अपने नाम दीवाने अर्ज़ में लिखवा लिये थे।

(६२) जिन पिताओं के पुत्र नाबालिग़ (अल्पवयस्क) थे, उनके गाँव उनके दासों ने अपने नाम लिखा लिये थे। ऐसे अक़्तादार, उनके पुत्र तथा दास गाँवों को अपनी मिल्क और इनाम समझते थे। वे कहा करते थे कि 'सुल्तान शम्सुद्दीन ने यह गाँव हमें इनाम में दिये हैं।' शम्सी काल तथा उसके पुत्रों के समय में इन अक़्तादारों में से कुछ से एक, कुछ से दो और कुछ से तीन सशस्त्र सवार बादशाह के दीवाने अर्ज़ द्वारा मांगे जाते थे और यदि इनमें से कोई किसी कारण-वश या और किसी बहाने से सवार दीवान में न भेजता और सेना के नामज़द (संग्रह-करण) के समय न पहुँचता तो उनके गाँव छीने न जाते और उनके बहाने तथा उनकी विवशता दीवाने अर्ज़ में स्वीकार हो जाती थी। दो क़रन तक गाँव उनके अधिकार में रहे। अन्त में तो यह प्रथा हो गई कि कुछ अक़्तादार बिना तैयारी के सेना में पहुंच जाते और अधिकांश अपने घरों और गाँवों में बहाने बना कर बैठे रह जाते। नायब अर्ज़े ममालिक और कार्यालय के कर्मचारियों को यथा-शक्ति शराब, बकरे, मेंढ़े, चिड़ियाँ, कबूतर, घी, तेल और अनाज अपने गाँव से भेजते रहते। दीवाने अर्ज़ में नायबे अर्ज़ से लेकर सहमुल-हश्मान और नक़ीबों तक को अक़्तादारों से बड़ा लाभ प्राप्त होता रहता था। सुल्तान शम्सुद्दीन के पुत्रों के राज्य-काल में देश सुशासित

---

१ भवन निर्माण कराने वाले, इन्जीनियरों को भी मैमार कहा जाता था।

२ उत्तराधिकार।

तथा सुव्यवस्थित न रह सका था। क़ल्ब के अक़्तादारों के विषय में कोई भी पूछताछ न की जाती थी।

अक़्तादारों का प्रबन्ध

जब सुल्तान बल्बन का राज्य सुव्यवस्थित हो गया और उस वर्ष जबकि वह लाहौर से शहर देहली में पहुँचा तो शम्सी क़ल्ब के अक़्तादारों का प्रश्न सुल्तान के सम्मुख लाया गया। सुल्तान ने अक़्तादारों को तीन श्रेणियों में विभाजित किया। प्रथम श्रेणी में वे लोग थे जो पूर्णतया बृद्ध तथा निर्बल हो चुके थे एवं युद्ध के योग्य न रह गये थे। उनके लिये चालीस से पचास तन्के इदरार (वज़ीफ़ा) निश्चित किया गया। उनके गाँव को ख़ालसा में सम्मिलित कर लिया गया। दूसरी श्रेणी में जवान और युवक सम्मिलित थे। उनका वेतन उनकी योग्यता के अनुसार निश्चित किया गया और आज्ञा दे दी गई कि द्वितीय श्रेणी के लोगों के पास जो गाँव हैं, उनके कर में से वेतन निकाल कर जो शेष[1] रहे उसे प्रत्येक वर्ष दीवान द्वारा वसूल कर लिया जाय, परन्तु उनके गाँव ज़ब्त न किये जायँ। तीसरी श्रेणी में अनाथ बच्चे तथा वे सम्मिलित थे जिनके पास गाँव थे और जो अपने दासों के द्वारा घोड़े अस्त्र-शस्त्र आदि जो कुछ हो सकता था दीवाने अर्ज़ में पेश कर देते थे। उनके विषय में आदेश दिया कि अनाथों तथा विधवाओं के भोजन एवं वस्त्र का प्रबन्ध उनके गाँवों से करा दिया जाय। उनके ग्रामों का कर भी दीवान (कर विभाग) में जमा कर दिया जाय और गाँव उनसे ले लिये जायँ।

सुल्तान बल्बन के अक़्तादारों के विषय में इस आज्ञा से क़ल्बे शम्सी के अक़्तादारों में जोकि बहुत बड़ी संख्या में थे करुणामय कोलाहल मच गया। शहर (देहली) के प्रत्येक मुहल्ले में विलाप प्रारम्भ हो गया। बूढ़े और प्रसिद्ध अक़्तादार एकत्र हुए। मलेकुल-उमरा फ़ख़रुद्दीन कोतवाल की सेवा में कुछ दुम्बे और मिस्री के तश्त (थाल) लेकर उसके महल में गये। उसके सामने विलाप करते हुये कहा कि 'शम्सी काल से आज तक जिसे पचास बर्ष के लगभग हो रहे हैं दोआबा और उसके आस-पास की अक़्ता के हम स्वामी थे। हम लोग इन गाँवों को, जिन्हें बादशाह ने हमें प्रदान किया था, इनाम समझते थे। हमारा और हमारे परिवार का जीवन निर्वाह उसी पर निर्भर था। हमसे जो कुछ हो सकता था, अस्त्र-शस्त्र, सवार, घोड़े, दीवाने अर्ज़े ममालिक में पेश कर देते थे। बादशाह के दरबार में सेवा किया करते थे। हममें से, जिनसे हो सकता था और जो सेना में सम्मिलित होने की योग्यता रखते थे, सेना में भी सम्मिलित हो जाते थे। हमें यह न ज्ञात था कि वृद्धावस्था में हम निकाल दिये जायेंगे। सिपहसालारों और प्रतिष्ठित व्यक्तियों की विधवाओं और अनाथ बच्चों को बीस बीस और तीस-तीस तन्के मिलने लगेंगे। जवानों और युवकों से इतलाक़ी[2] सेना की भाँति घोड़े अस्त्र-शस्त्र माँगे जायेंगे और दो क़रन पश्चात् सुल्तान शम्सुद्दीन के प्रदान किये हुये गाँव ख़ालसे[3] में चले जायेंगे। हमको गली-गली की ठोकरें खानी पड़ेंगी।"

(६४) इस प्रकार अनुरोध करके मलेकुल-उमरा से सिफ़ारिश की प्रार्थना की। मलेकुल-उमरा को इनकी दशा पर दया आ गयी। आँखों में आँसू डबडबा कर अक़्तादारों के उपहार लौटाते हुये कहा कि "यदि मैं तुम से कुछ लेकर सुल्तान के समक्ष तुम्हारी सिफ़ारिश करूँगा तो उसका कोई प्रभाव न पड़ेगा।"

---

१ इसे फ़ाज़िलाते हासिल कहते थे।

२ वह भूमि जिसका प्रबन्ध सुल्तान अपने नियुक्त किये हुए कर्मचारियों द्वारा करवाता था।

३ वह भूमि जिसका प्रबन्ध सुल्तान स्वयं करता था।

उसी करुणावस्था में वस्त्र पहिन कर उसने राज-भवन की ओर प्रस्थान किया और अपने स्थान पर सुल्तान बल्बन के समक्ष दुःखी होकर सोच विचार की दशा में खड़ा हो गया। सुल्तान ने जब मलेकुल-उमरा कोतवाल की ओर देखा तो समझ लिया कि उसे कोई कष्ट है। प्रश्न किया कि "फ़खरुद्दीन क्यों दुःखी तथा सोच में पड़ा है ?" मलेकुल-उमरा ने उत्तर दिया कि "मैंने सुना है, कि दीवाने अर्ज़े ममालिक से वृद्धों को रद्द किया जा रहा है; उनके जीवन निर्वाह का साधन दीवान में वापस लिया जा रहा है। मुझे इसके कारण भय तथा शोक है और मैं सोच में पड़ा हूँ कि यदि भविष्य में क़यामत के दिन सभी बूढ़े रद्द कर दिये जायेंगे और स्वर्ग में उन्हें कोई स्थान प्राप्त न होगा तो मेरी क्या दशा होगी, क्योंकि मैं अब पूर्णतया वृद्ध हो चुका हूँ।" सुल्तान बल्बन समझ गया कि कोतवाल अक़्तादारों की सिफ़ारिश कर रहा है। सुल्तान को उसकी बात पर बड़ा दुःख हुआ और वह फूट-फूट कर रोने लगा। दीवाने अर्ज़ के पदाधिकारियों को बुलवाया। समस्त अक़्तादारों के पास जो जो गाँव थे वे उनको पूर्णतया दे दिये गये और आज्ञा दी गई कि वह आदेश जोकि अक़्तादारों को तीन श्रेणियों में विभाजित करने के लिये दिया गया है, वृद्ध तथा प्रसिद्ध अक़्तादारों और उनके सरदारों के सामने रद्द कर दिया जाय। उनके विषय में वह आज्ञा लागू न समझी जाय। इस इतिहास के संकलनकर्ता को याद है कि इन अक़्तादारों में से बहुत से जलाली राज्य-काल के अन्त तक विद्यमान थे और सुल्तान के सामने दरबारे आम में उपस्थित होकर सेवा किया करते थे। वे सर्वदा सुल्तान बल्बन तथा मलेकुल-उमरा फ़खरुद्दीन कोतवाल के लिये शुभ कामनायें किया करते थे।

शेर खाँ की हत्या

(६५) सुल्तान बल्बन के सिंहासनारोहण के चार पाँच वर्ष पश्चात् उसके चचेरे भाई शेर खाँ की, जोकि बहुत बड़ा खान था, मृत्यु हो गई। वह सुल्तान शम्सुद्दीन की मृत्यु के उपरान्त तीस वर्ष तक मुग़लों के लिये चीन की दीवार बन गया था। मैंने कुछ विश्वसनीय लोगों से सुना है कि यह देहली में नहीं आता था। सुल्तान बल्बन ने उसके फ़ुक़ाई[1] के द्वारा उसे फ़ुक़ा में विष दिलवा दिया। उस शेर खाँ ने भटनीर में एक बहुत बड़ा गुम्बद बनवाया था। भटिंडा तथा भटनीर के क़िले उसी के बनवाये हुये हैं। शम्सी दासों में उसे बड़ा सम्मान प्राप्त था। चहलगानियों में, जिनमें से प्रत्येक ने खान की उपाधि धारण करली थी, उसे बड़ा ही मान प्राप्त था और वह उन्हीं में से एक था। नासिरुद्दीन के राज्य-काल से बाद सुनाम लाहौर, दीपालपुर तथा मुग़लों के मार्ग की सभी अक़्तायें उसके पास थीं। कई हज़ार सुसंगठित तथा योग्य सवार उसके अधीन थे। वह अनेक बार मुग़लों पर धावे करके विजय प्राप्त करके लौटा था। मुग़लों को उसने तहस-नहस और छिन्न-भिन्न कर दिया था। सुल्तान नासिरुद्दीन के नाम का खुत्बा[2] उसने ग़ज़नी में पढ़वा[3] दिया था।

---

१ फ़ुक़ा भोजन के पश्चात् पीने का एक प्रकार का पदार्थ। इसका प्रबन्ध करने वाला फ़ुक़ाई कहलाता था।

२ वह भाषण जो जुमें तथा ईद और बकरीद के नमाज़ के अवसर पर पढ़ा जाता है। इसके भिन्न भिन्न भाग निश्चित हैं। खुदा की प्रशंसा एवं मुहम्मद साहब तथा उनके संबंधियों और सहाबियों के प्रति शुभकामनाओं के पश्चात् उस समय के सुल्तान का नाम लिया जाता है और उसके लिये भगवान् से प्रार्थना की जाती है। बादशाह के अतिरिक्त किसी अन्य के नाम का खुत्बा उसके राज्य में नहीं पढ़ा जा सकता।

३ इसका कोई प्रमाण नहीं।

उसकी वीरता, पौरुष, पराक्रम, वैभव तथा विशाल सेना के कारण मुग़लों को इस बात का साहस न होता था कि वे हिन्दुस्तान की सीमा को पार कर सकें, परन्तु शेर खाँ इस भय से देहली न जाता था कि प्रतिष्ठित शम्सी दासों की किसी न किसी बहाने हत्या करा दी जाती थी। जब सुल्तान बल्बन बादशाह हुआ तो भी वह उसके पास न गया। यद्यपि शेर खाँ सुल्तान बल्बन का चचेरा भाई था किन्तु उसे भी सुल्तान ने उसके फ़ुक़ाई से मिल कर फ़ुक़ा में विष दिलवा दिया। उसकी मृत्यु के पश्चात् सामाना और सुनाम की अक़्ता तिमुर खाँ को प्रदान कर दीं। वह भी शम्सी चहलगानी दास था। अन्य अक़्ता दूसरे अमीरों को प्रदान की गईं।

शेर खाँ ने जटवान (जाटों) खुरुखरों, भट्टियों, मीनियों, मंदाहिरों और अन्य दूसरे समूहों का विनाश करके उन्हें चूहों के बिल में भगा दिया था, मुग़लों से टक्कर ले रक्खी थी; किन्तु दूसरे मुक़्तों तथा अमीरों को वह बात न प्राप्त हो सकी। मुगल उन स्थानों पर भी छापा मारने लगे जहाँ बल्बन के रक्षक नियुक्त होते थे; वहाँ की विलायत (प्रदेश) छिन्न भिन्न कर देते थे। शेर खाँ ने जो कुछ एक क़रन में प्राप्त कर लिया था, वह किसी मुक़्ते को प्राप्त न हो सका।

मुहम्मद की नियुक्ति

सुल्तान बल्बन ने देश के भिन्न भिन्न स्थानों पर अपना आधिपत्य जमा कर विद्रोहियों तथा विरोधियों को नष्ट-भ्रष्ट करके एवं शेर खाँ के स्थान पर अपने विश्वासपात्र मलिकों को नियुक्त करने के पश्चात् अपने ज्येष्ठ पुत्र को, जिसे लोग खाने शहीद कहते हैं, चत्र प्रदान किया। अपना वलीअहद (उत्तराधिकारी) बना कर सिन्ध और उससे सम्बन्धित एवं उसके अधीन समस्त प्रदेश उसको प्रदान कर दिये। उसे बहुत से अमीरों, प्रतिष्ठित व्यक्तियों तथा विशाल सेना के साथ मुल्तान की ओर भेजा। उस समय उसे मुहम्मद सुल्तान कहते थे। सुल्तान बल्बन ने अपने इस पुत्र को "क़आने मलिक" की पदवी प्रदान कर रखी थी। बल्बन के सिंहासनारोहण के आरम्भ के वर्षों में यह खान, जो सुल्तान का ज्येष्ठ पुत्र था, कोल और उसके निकटवर्ती स्थानों की अक़्ता का स्वामी था। उसने इनकी व्यवस्था तथा प्रबन्ध करने का विशेष प्रयत्न किया था। राज्य करने की यथा-रूप योग्यता एवं दक्षता उसके मुख से टपकती थी; शम्सी दासों ने जोकि बहुत बड़े बड़े खान थे अपने पुत्रों के नाम मुहम्मद रख छोड़े थे। उनमें से प्रत्येक मुहम्मद, लोगों में अपनी योग्यता के लिये प्रसिद्ध हो गया था। उदाहरणतया मुहम्मद किशलू खाँ की बराबरी धनुर्विद्या में खुरासान तथा हिन्दुस्तान का कोई व्यक्ति न कर सकता था। मुहम्मद किशली खाँ, जो मलिक अलाउद्दीन के नाम से प्रसिद्ध था, दान पुण्य में हातिमताई से बढ़ गया था। मुहम्मद अरसलान खाँ जिसे ततर खाँ कहते थे, लखनौती का बादशाह हो गया। उसका साहस, त्याग, उसकी दानशीलता तथा वीरता बड़ी प्रसिद्ध हैं। सुल्तान बल्बन का पुत्र मुहम्मद सुल्तान दूसरे मुहम्मदों की अपेक्षा, जिनका वर्णन किया गया है, कहीं अधिक सभ्य तथा कुशल था। सुल्तान बल्बन को यह पुत्र अपने प्राणों से भी अधिक प्रिय था।

सुल्तान मुहम्मद की राज सभा

(६७) मुहम्मद सुल्तान की राज सभा बुद्धिमानों, विश्वासपात्रों, योग्य पुरुषों, कलाकारों से भरी पड़ी थी। उसके नदीम शाहनामा, दीवाने सनाई[1], दीवाने

१ अबुल मज्द मजदूद बिन आदम सनाई ग़ज़नवी की मृत्यु ११३१ ई० से ११५० ई० के बीच में हुई। इनकी सर्व प्रसिद्ध रचना "हदीक़तुल हक़ीक़त व शरीयतुत्तरीक़त" के नाम से प्रसिद्ध है। इसमें १० अध्याय हैं और यह पद्य में है। समस्त पद्यों में तसव्वुफ़ सम्बन्धी बातों का उल्लेख है।

खाक़ानी[1] और शेख निज़ामी का खमसा[2] पढ़ा करते थे। उपर्युक्त व्यक्तियों के छन्दों पर विद्वान् उसके सम्मुख वाद-विवाद किया करते थे। अमीर खुसरो और अमीर हसन भी उसके सेवक थे। उन्होंने मुल्तान में उसकी पाँच वर्ष तक सेवा की थी और शाहज़ादे के नदीमों के साथ वेतन और इनाम प्राप्त किये थे। शाहज़ादे ने अपनी योग्यता के कारण कुछ ही गोष्ठियों में इन दोनों कवियों की योग्यता, कुशलता एवं कला तथा रचना शैली को पूर्णतया समझ लिया था। अपने सभी नदीमों से उन्हें अधिक सम्मानित किया करता था। इन दोनों सुदक्ष साहित्यकारों के गद्य तथा पद्य से बड़ा प्रसन्न होता था और दोनों को अपना विश्वासपात्र समझता था। दूसरे नदीमों की अपेक्षा इन पर विशेष कृपा-दृष्टि रखता था। इनको सबसे उत्तम इनाम तथा वस्त्र प्रदान करता था।

मुहम्मद द्वारा विद्वानों का आदर

इस इतिहास के संकलन-कर्त्ता ने अमीर खुसरो तथा अमीर हसन से खाने शहीद की प्रशंसा अनेक बार सुनी है। खाने शहीद जितना सभ्य और व्यवहार-कुशल शाहज़ादा था, उतना व्यवहार कुशल शाहज़ादा बहुत कम देखा गया है। यदि पूरी रात और समस्त दिन राज्य तथा शासन की गद्दी पर बैठना पड़ जाता, तो ज़ानू न बदलता। हमने उसे बिना सम्मान और वैभव के कभी बैठे हुये नहीं देखा। शराब पीते समय अथवा अन्य समय उसकी ज़बान से कोई गन्दी, बुरी अथवा अश्लील बात न निकलती। इस सावधानी से मदिरापान करता कि बेहोश तथा बदमस्त न होता था।

वह हक्का[3] कह कर शपथ लेता था। शेख उस्मान नामक एक प्रतिष्ठित संत, जो बड़े बुज़ुर्ग थे, जब मुल्तान पहुँचे तो खाने शहीद ने उनकी बड़ी श्रद्धा तथा आदर भाव से सेवा की। उन्हें अत्यधिक फ़ुतूह[4] प्रदान किये। उस बुज़ुर्ग को मुल्तान में रोक लेने का विशेष प्रयत्न किया। उनके लिए एक खानक़ाह[5] बनवाई और उन्हें ग्राम प्रदान किये। (फिर भी) शेख उस्मान रुक न सके।

(६८) एक दिन खान शहीद ने शेख उस्मान तथा हज़रत बहाउद्दीन ज़करिया[6] के

---

१ अफ़ज़लुद्दीन बदील इब्राहीम बिन अली नज्जार खाक़ानी शिरवानी की मृत्यु ११८६ से ११९९ ई० के बीच में हुई। इनकी कवितायें बड़ी प्रसिद्ध हैं।

२ जमालुद्दीन अबू मुहम्मद इलियास बिन यूसुफ़ बिन मुअैयद निज़ामुद्दीन गंजवी (निज़ामी) की मृत्यु १२०२ से १२११ ई० के बीच में बताई जाती है। इन्होंने ५ प्रसिद्ध कविताओं की रचना की, जो खमसा कहलाती हैं। वे निम्नलिखित हैं।

१ मखज़नुल असरार—इसकी रचना ११७६ ई० से ११७८ ई० के बीच में हुई।

२ लैला व मजनूं—इसकी रचना ११८८ ई० में हुई।

३ खुसरो व शीरीं—इसकी रचना ११८० व ८१ के बीच में हुई।

४ हफ़्त पैकर—इसकी रचना ११९७ ई० में हुई।

५ सिकन्दर-नामा—इसकी रचना १२०० ई० तथा १२०१ ई० के बीच में हुई।

बाद के बहुत से फ़ारसी कवियों ने इन्हीं की नक़ल की है।

३ हे भगवान्

४ वह उपहार जो सूफ़ियों तथा आलिमों को भेंट किया जाता है।

५ वह स्थान जहाँ सूफ़ी निवास करते हैं। प्रायः प्रत्येक बड़े सूफ़ी के पास छोटे छोटे बहुत से सूफ़ी भी शिक्षा आदि के लिए रहा करते हैं।

६ प्रसिद्ध सुहरवर्दी सूफ़ी जो मुल्तान में निवास करते थे। इनकी मृत्यु १२६६ ई० में हुई।

पुत्र शेख क़दवा को अपनी सभा में बुलवा कर समा[1] कराया, जिसमें अर्बी ग़ज़लें गाई गईं। वे और दूसरे दरवेश मस्ती में नाचने लगे। जब तक समा होता रहा खान शहीद हाथ बाँधे खड़ा रहा, और फूट-फूट कर रोता था। यदि खान शहीद की सभा में उसके नदीम पिछले कवियों के छन्द जिनमें कोई उपदेश होता पढ़ते तो वह उस समय अन्य कार्य छोड़ कर उन बुज़ुर्गों के उपदेश बड़ी श्रद्धा से सुनने लगता और फूट-फूट कर रोता। जितने लोग उपस्थित होते, वे उसकी बुद्धिमत्ता तथा रोदन पर आश्चर्य करने लगते और चकित रह जाते।

शेख़ सादी को निमंत्रण

खान शहीद ने अपनी अत्यधिक बुद्धिमत्ता के कारण दो बार शेख सादी[2] को बुलाने के लिये दूत और यात्रा व्यय शीराज़ भेजा। उसकी तीव्र इच्छा थी कि शेख मुल्तान आ जायँ। वह चाहता था कि शेख के लिए मुल्तान में खानक़ाह बनवाये और उस खानक़ाह के व्यय के लिये गाँव वक़्फ़ कर दे। ख्वाजा सादी वृद्धावस्था के कारण न आ सकते थे। दोनों अवसरों पर अपने हाथ से लिखी हुई अपनी ग़ज़लों की पुस्तक खान को भेजी और अपने न आने के लिए अपने क़लम से क्षमा चाही। उपर्युक्त वृत्तान्त का ध्येय यह है कि चूँकि खान शहीद स्वयं विद्वान् था अतः विद्वानों को हृदय से अपनाता था। जोकि स्वयं विद्वान् नहीं होता उसके निकट विद्या, कला तथा वंश और कुल जैसी बातें तुच्छ तथा व्यर्थ होती हैं। वे मोती और सीपी को एक ही दृष्टि से देखते हैं।

छन्द

उसके निकट बुद्धिमत्ता नहीं सोती पाई जाती
जो जंगल के शेर को दिखावे का शेर समझता है।

भाग्य से बरनी की शिकायत

मैंने अमीर खुसरो तथा अमीर हसन को शोक एवं दुःख से उस समय को स्मरण करके यह कहते हुये अनेक बार सुना है कि "यदि हमारा और अन्य कलाकारों का सौभाग्य होता तो खान शहीद जीवित रहता; बल्बन के राज सिंहासन पर आरूढ़ होता; हमें तथा अन्य कलाकारों को सोने में डुबो देता; परन्तु (खेद है कि) बड़े-बड़े कलाकारों के पास भाग्य की कमी होती है।"

(६९) "समय न्याय की दृष्टि से कलाकारों की ओर नहीं देखता। विद्वान् तथा कलाकार सन्तुष्ट और धन-धान्य सम्पन्न नहीं रह पाते। दुष्टों तथा क्षुद्रों का आदर सम्मान करने वाले आकाश में इतनी क्षमता कहाँ है कि इस प्रकार के धन-धान्य सम्पन्न कला प्रेमी तथा कला के आश्रयदाता को राज सिंहासन पर विराजमान देख सके। आकाश का कार्य तथा उसका व्यवसाय निरर्थक है। जो अद्वितीय हो अथवा जिसके समान कोई न हो वह दीन तथा दरिद्र रहता है। अयोग्य, निकम्मे तथा अनभिज्ञ व्यक्ति भाग्यशाली होते हैं। दुनिया भर के अयोग्य लोगों, जिनके मुँह में पीने के लिये नाली का पानी और खाने के स्थान पर गोबर भी न डालना चाहिये, को आकाश बड़े आदर एवं सम्मान, प्रसन्नता तथा समृद्धि के साथ पालता है। सुअर और रीछ को जड़ाऊ और सुनहरे काम के वस्त्र पहिनवाता है। बुलबुल को अनादर तथा अपमान के पिंजड़े में बन्दी दुःखी एवं अपमानित रखता है।

---

१ सूफ़ियों का ईश्वर के भजन के लिये संगीत।

२ शेख मुसलेहुद्दीन सादी शीराज़ी फ़ारसी के बड़े प्रसिद्ध सूफ़ी कवि थे। गुलिस्ताँ तथा बोस्ताँ इन्हीं की कृति हैं। इनकी मृत्यु १२९२ ई० में लगभग १२० वर्ष की अवस्था में हुई।

यदि मैं वह सब सविस्तार लिखूँ जोकि तुच्छ, पतित तथा अधम आकाश ने इस इतिहास के संकलनकर्त्ता के साथ किया है तो इस शिकायत की दो पुस्तकें तैयार हो जायँगी। अतः आकाश की नाना प्रकार की वैमनस्यता के उल्लेख को छोड़ कर मैं सुल्तान बल्बन का इतिहास आरम्भ करता हूँ।

बल्बन की वसीअ्रत

जब बल्बन का राज्य सुव्यवस्थित हो गया तो सुल्तान शहीद प्रत्येक वर्ष मुल्तान से ख़ज़ाना और साज़ो-सामान लेकर अपने पिता की सेवा में उपस्थित हुआ करता था। कुछ रोज़ सेवा करता और अन्त में बादशाह उसे बड़े सम्मान से विदा करता। उस वर्ष, जिसके पश्चात् पिता तथा पुत्र की फिर भेंट न हुई, ख़ाने शहीद सुल्तान की सेवा में उपस्थित हुआ। पूर्व की भाँति सेवा की। एक दिन ख़ाने शहीद को सुल्तान ने एकान्त में बुलवाया और कहा कि "हे पुत्र, मैं वृद्ध हो चला हूँ। तुझे ज्ञात है कि मुझे मलिकी, ख़ानी और बादशाही करते दो क़रन व्यतीत हो चुके हैं। इस दीर्घकाल में मुझे अनेक अनुभव प्राप्त हुये हैं। मैं चाहता हूँ कि आज वह वसीअ्रतें[1] जिन पर राज्य व्यवस्था निर्भर है, तुझे इस कारण कि तू मेरा उत्तराधिकारी है, करदूँ। तेरे विषय में अपना वसीअ्रतनामा[2] तुझ ही से लिखवाऊँ। जब तू राज सिंहासन पर विराजमान होगा, तब तू अपने पिता की इस वसीअ्रत, जो मैं इस समय तुझे कर रहा हूँ, का मूल्य और महत्व समझ सकेगा।"

(७०) यह कह कर आदेश दिया कि दवात क़लम और काग़ज लाया जाय। उनको ख़ाने शहीद के हाथ में दे दिया गया। सुल्तान ने कहा कि "हे पुत्र! जान ले और सावधान हो जा। मैं तेरे लिए दो प्रकार की वसीअ्रतें करता हूँ। प्रथम प्रकार की वसीअ्रतें ऐसी हैं जोकि मैं सुल्तान शम्सुद्दीन की राज सभा में उन बुज़ुर्गों से सुन चुका हूं, जिनके समान मुझे फिर कोई न दिखाई पड़ा। मैं यह समझता हूं कि इन वसीअ्रतों पर आचरण करना मेरे और तेरे वश में नहीं है परन्तु पितृ-प्रेम के कारण इन वसीअ्रतों को तुझे लिखवा रहा हूँ; क्योंकि इनके द्वारा बादशाहों को उच्च श्रेणी प्राप्त होती है। दूसरे प्रकार की वसीअ्रतें ऐसी हैं जिनके द्वारा हमें और हमारे जैसे दासों को सम्मान प्राप्त होता है। यदि उन वसीअ्रतों का पालन न करूँ तो थोड़े ही समय में मेरे राज्य में विघ्न पड़ जायगा और उसका उत्तरदायित्व लोक तथा परलोक में मुझ पर होगा।"

पहले प्रकार की वह वसीअ्रतें हैं जिन पर आचरण करके प्राचीन काल के सुल्तान वर्त्तमान काल के सुल्तानों की अपेक्षा मुहम्मद साहब के धर्म में पादशाहाने इस्लाम की उपाधि से प्रसिद्ध हुये हैं। सुल्तान बल्बन ने ख़ाने शहीद को इस सम्बन्ध में जो वसीअ्रतें सिखाईं, वे इस प्रकार हैं—

बादशाही के लिये प्रथम प्रकार की वसीअ्रतें

'हे पुत्र! मैंने तुझे अपना उत्तराधिकारी बनाया है। तुझे चाहिये कि जब तू बादशाह हो और देहली के राज सिंहासन पर विराजमान हो तो राज्य व्यवस्था तथा शासन प्रबन्ध को सरल एवं साधारण कार्य न समझना, क्योंकि बादशाह का हृदय ईश्वर का प्रतिबिम्ब होता है। यह प्रतिबिम्ब बड़ा ही आश्चर्यजनक है। आदम के पुत्रों को जो कुछ भी दृष्टिगोचर होता है उसमें और इस प्रतिबिम्ब में कोई सम्बन्ध नहीं।[3] जिस समय तक भगवान् इस प्रतिबिम्ब में

१ वह बातें जो अपनी मृत्यु के समय कोई व्यक्ति दूसरों के लिए कहता है।

२ वसीअ्रत का पत्र।

३ इस विषय पर बरनी ने फ़तावाये जहाँदारी में भी अपने विचार व्यक्त किये हैं।

दृष्टिपात नहीं करता और इस प्रतिबिम्ब में ईश्वरीय प्रेरणा का प्रभाव नहीं होता तब तक भगवान् के दासों के कार्य पूर्णतया नहीं हो पाते। सर्व साधारण के कार्य भी पूरे नहीं होते, क्योंकि वे बादशाह के हृदय और ज़बान से सम्बंधित हैं।'

(७१) 'राज्य के साधारण एवं विशेष समस्त कार्य बादशाह के हृदय और ज़बान से निकलते हैं, और इच्छुकों की आवश्यकतायें बादशाह के हृदय तथा ज़बान से पूरी होती हैं। यदि भगवान् का प्रतिबिम्ब बादशाह का हृदय न हो तो सर्व साधारण के अनेक अच्छे और बुरे कार्य बादशाह के दिल और ज़बान से पूरे नहीं हो सकते। यदि बादशाह बादशाही के सर्व श्रेष्ठ कार्य नहीं समझता तो वह इस बात का भी मूल्य भली भाँति नहीं समझ पाता कि भगवान् ने किस प्रकार उसे लोगों के भाग्यों के निर्णय करने के महत्वपूर्ण अधिकार प्रदान कर रखे हैं; साधारण तथा विशेष व्यक्तियों को उसकी आज्ञा का मुहताज और उसके इन्साफ़ तथा न्याय का भिखारी बना दिया है। वह भगवान् की इस असीम कृपा की ओर अपनी नीति द्वारा कृतज्ञता प्रकट करके अपना मान नहीं बढ़ाता। इतने बड़े सम्मान को वह तुच्छ कार्य एवं क्षुद्र आचरण और दुर्व्यवहार द्वारा नष्ट कर देता है। शासन प्रबन्ध में, जोकि सर्व उत्तम कार्य है, पतित, तुच्छ, कमीनों, अधम, बे-दीन तथा अधर्मों और भगवान् का भय न रखने वालों को सम्मिलित करके अपमानित कर देता है। उन लोगों को, जिनमें भगवान् ने नाना प्रकार की बुराइयाँ भर दी हैं, अपनी राज्य व्यवस्था में प्रविष्ट होने की आज्ञा प्रदान कर देता है। वह भगवान् की इतनी बड़ी देन का अपमान करता है। भगवान् की इच्छा के विरुद्ध उसके राज्य में हस्तक्षेप करता है। अतः हे मेरे प्रिय पुत्र ! इसे भली भांति समझ ले कि भगवान् की देन के लिये वही बादशाह कृतज्ञता प्रकट करता हुआ समझा जा सकता है, जोकि भगवान् की इतनी बड़ी देन के विषय में यथा-सम्भव और यथाशक्ति लोगों के समक्ष तथा एकान्त में अपने कार्यों द्वारा कृतज्ञता प्रकट करे तथा भगवान् की इतनी बड़ी देन के विषय में अपना कर्तव्य समझे। बादशाही जैसी उच्च देन के लिए जो कर्तव्य हैं उन्हें पूरा करता रहे। इस प्रकार जीवन व्यतीत करे कि उसके बचन तथा कर्म एवं उसके समस्त कार्य मुसलमानों के मध्य में अत्यन्त विश्वास के योग्य हो जायँ। वह प्राचीन बादशाहों का अनुसरण करे। अपनी प्रशंसा के योग्य कार्यों तथा अन्य कृतियों द्वारा भगवान् की प्रशंसा प्राप्त करे, जिससे उसे उच्च श्रेणी एवं मुक्ति प्राप्त हो। बादशाही की देन के प्रति वही बादशाह अपने कर्तव्यों का पालन करता है जोकि अपनी राज्य व्यवस्था से सम्बन्धित कार्यों को सर्वसाधारण के हित के लिए करता है।'

(७२) 'वह शासन व्यवस्था में समस्त कार्य इस प्रकार करता है जिससे सर्व साधारण उसके शासन प्रबन्ध, प्रभुत्व, कीर्ति, आचरण तथा विशेषताओं से शरीअत के मार्ग पर चल कर जीवन व्यतीत करते रहें; व्यभिचार, दुराचार, पाप तथा दुष्टता को त्याग कर, आज्ञाकारी, भगवान् के उपासक एवं उत्तम कार्य करने वाले बन जायँ; संसार में प्रशंसा के पात्र और परलोक में मुक्ति के योग्य बन सकें।'

'बादशाही जैसी भगवान् की देन के प्रति वही बादशाह अपने कर्तव्यों का पालन करता है जो अपना वैभव, ऐश्वर्य, प्रताप, लावलश्कर, कर्मचारी, राजकोष, सम्पत्ति, आदि, जो उसे भगवान् ने प्रदान किये हैं, कुफ़ और काफ़िरों, शिर्क और बुतपरस्ती को नष्ट करने में लगा सके; दुराचार, व्यभिचार, विरोध और षड्यन्त्र का अन्त कर दे; ख़ुदा और रसूल के शत्रुओं, भगवान् की आज्ञा के विरोधियों और दीने इस्लाम के विपक्षियों का समूल उच्छेदन करदे। यदि यह सम्भव न हो तो ख़ुदा और मुहम्मद साहब के शत्रुओं को अपमानित और ज़लील करे तथा उनके विश्वास और आदर का अन्त करदे[१]। अपने राज्य में उनकी सुख-सम्पन्नता,

१ फ़तावाये जहाँदारी पृ० ६६ अ, ब १४८

उनके मान तथा पदों का चिह्न न रहने दे। यदि दुराचार और पाप का खंडन न कर सके तो इससे कम तो होना ही नहीं चाहिये कि दुराचार तथा व्यभिचार को दुराचारियों व्यभिचारियों, पापियों एवं विरोधियों के गले में विष से अधिक कड़वा बना दे। अपने राज्य में किसी को पाप, तथा दुराचार का प्रचार न करने दे और किसी को इन पर गर्व एवं अभिमान न होने दे।'

'बादशाही जैसी भगवान् की देन के प्रति वही बादशाह अपने कर्तव्यों का पालन करता है जिसके राज्य में उसकी जानकारी तथा उसकी आज्ञा से एक भी काफ़िर अथवा एक भी मुशरिक किसी कार्य में मुसलमानों से न बढ़ सके। अपमान, दुर्दशा, अविश्वास तथा अनादर के क्षेत्र से बाहर न निकल सके। कोई भी कुफ़ और शिर्क के नियमों का निर्भीक तथा निडर होकर प्रचार न कर सके। बादशाही जैसी भगवान् की देन के प्रति वही बादशाह अपने कर्तव्यों का पालन करता है जिसके राज्य-काल में दुष्ट, दुराचारी, व्यभिचारी तथा पापी सर्वदा लज्जित एवं अविश्वासी रहें और जो जीवन भर पाप तथा दुराचार के निकट भी फटक न सकें।'

(७३) 'बादशाही जैसी भगवान् की देन के प्रति वही बादशाह अपने कर्तव्यों का पालन करता है कि जिसका न्याय और इन्साफ़ उसके सहायकों, वालियों तथा कर्मचारियों में प्रसारित हो जाता है; (जिसके न्याय से) अत्याचार, अन्याय, ज़ुल्म, क्लेश इत्यादि का अन्त हो जाता है। मृत्यु दण्ड तथा बध करवा देने, व्यभिचार और दुराचार का दण्ड देने की उसके देश में कोई आवश्यकता ही शेष नहीं रहती। बादशाही जैसी भगवान् की देन के प्रति वही बादशाह अपने कर्तव्यों का पालन करता है जिसके सदाचरण, सदव्यवहार तथा प्रताप से उसके सम्बन्धी, मित्र, वाली, कर्मचारी तथा देश के प्रजाजन, दुराचार को त्याग कर, उच्च आचरण ग्रहण करके व्यभिचार का अन्त कर दें। अच्छे और नेक कार्य आरम्भ हो जायँ। बादशाही जैसी भगवान् की देन के प्रति वही बादशाह अपने कर्तव्यों का पालन करता है, जो दीन परवरी और दीन पनाही के कारण, क़ाजी, पदाधिकारी, अमीरदाद,[1] मुहतसिब और भगवान् का भय रखने वाले, सत्य को पहिचानने वाले और सत्य का प्रचार करने वाले पदाधिकारी सर्व साधारण पर नियुक्त करता रहे; (जिसके प्रयत्नों से) शरा की आज्ञायें इस्लाम के ७२ समुदायों के सर्व साधारण तथा विशेष लोगों में प्रचलित हो जायँ; अम्रे मारूफ़ और निहीये मुनकिर[2] में रौनक़ पैदा हो जाय; इस्लामी तरीक़े उन्नति के शिखर पर पहुँच जायँ। बादशाही जैसी भगवान् की देन के प्रति वही बादशाह अपने कर्तव्यों का पालन करता है जो स्वयं इस्लाम में पक्का होता है और पूर्ण विश्वास रखने या सत्य का पालन करने तथा उसका प्रचार करने के साथ-साथ अपने मित्रों, सम्बन्धियों, वालियों तथा कर्मचारियों में उपर्युक्त गुण पैदा करके अपने देश वासियों में से अविश्वास, षड्यंत्र, मक्कारी, छल, विरोध, लालच और बेईमानी एवं एहतेकार[3] को कम कर दे[4]; सर्व साधारण में सत्य और अच्छे आचरण का प्रदर्शन होने लगे। बादशाही जैसी भगवान् की देन के प्रति वही बादशाह अपने कर्तव्यों का पालन करता है, जो इस कथन का अर्थ भली भांति समझता है कि 'सर्व साधारण बादशाह के धर्म का पालन करते हैं।' बादशाह को इस बात पर विश्वास होना चाहिये कि वह, उसके मित्र सम्बन्धी, वाली तथा कर्मचारी, न्याय-पूर्वक नेक, उत्तम तथा श्रेष्ठ कार्य करने लगें

१ न्याय विभाग का कर्मचारी।

२ ऐसे कार्य जिनकी ईश्वर ने आज्ञा दी है तथा ऐसे कार्य जिनकी उसने मनाही की है।

३ चोर बाज़ारी।

४ फ़तावाये जहाँदारी पृ० ४६, ४७।

और खुदा की एबादत में, सच्चाई और ईमानदारी से संलग्न रहें। यदि वे राज्य के समस्त कार्यों में भगवान् के भय, ईमानदारी और सच्चाई पर ध्यान देने को अपनी आदत बना लें, तो उसके देश के समस्त निवासी बुद्धिमान और बुज़ुर्ग हो जायेंगे; स्त्री-पुरुष, बूढ़े-जवान सभी न्यायवादी, इन्साफ़ पसन्द, दानशील, सदाचारी, भगवान् की आज्ञा का पालन करने वाले, तथा एबादत करने वाले बन जायेंगे और ईमानदारी सच्चाई तथा अन्य सदाचार सम्बन्धी कार्य होने लगेंगे।'

(७४) 'यदि बादशाह उसके मित्र, सम्बन्धी, क़ाज़ी हाकिम, वाली, कर्मचारी, पदाधिकारी अत्याचार, जुल्म, भगवान् से न डरना, बेईमानी, दुराचार, व्यभिचार, पाप, गुनाह, मक्कारी, चालाकी, बनावट और अपराध करना प्रारम्भ कर देते हैं और नीच तथा बुरे कार्य करना अपनी आदत बना लेते हैं, तो प्रजा भी उसी मार्ग पर चलने लगती है। फिर सभी भ्रष्ट एवं अत्याचारी हो जाते हैं। हे मेरे प्रिय पुत्र! जमशेद, जोकि सभी बादशाहों में सवश्रेष्ठ था, यह बहुत कहा करता था, कि प्रजा बादशाह का अनुसरण, अनुकरण तथा उसकी आज्ञाओं का पालन करती है। वह बादशाह की रुचि जिस वस्तु में देखती अथवा पाती है, उसी वस्तु में रुचि लेना प्रारम्भ कर देती है, चाहे वे अच्छी हों या बुरी; आज्ञाओं का पालन करने से सम्बन्धित हों अथवा पाप से। बादशाह की रुचि की विशेषतायें प्रजा में भी पैदा हो जाती हैं।'

'बादशाही जैसी ईश्वर की देन के प्रति वही बादशाह अपने कर्तव्यों का पालन करता है, जो स्वयं और जिसके सम्बन्धी, मित्र, सहायक, क़ाज़ी, पदाधिकारी, वाली, कर्मचारी, अपनी आत्मा को उज्वल बनाना, बाह्य रूप को सुन्दर बनाने से अधिक श्रेष्ठ समझते हैं; यह बात भली भांति जानते हैं कि लोक तथा परलोक में मुक्ति और उन्नति अपनी आत्मा को उज्वल बनाने पर निर्भर है। बाह्य रूप को उज्वल बनाने का प्रयत्न सभी कुलीन, कमअसल मुसलमान, हिन्दू, मुशरिक, मोवाहिद[1], शरीफ़, कमीने, आलिम, जाहिल, बुद्धिमान, मूर्ख, गुणी, अवगुणी, स्वतंत्र और दास करते हैं। यदि बादशाह, उसके मित्र, सम्बन्धी, सहायक, क़ाज़ी और हाकिम आत्मा को उज्वल बनाने का प्रयत्न किया करें तो वे बादशाही जैसी ईश्वर की अनुपम देन के प्रति अपने कर्तव्यों का पालन कर लेंगे। हे प्रिय पुत्र! बादशाही जैसी देन के प्रति अपने कर्तव्यों का पालन उमर इब्ने खत्ताब और उमर इब्ने अब्दुल अज़ीज़[2] कर सके थे। हम दासों में इतना सामर्थ्य कहाँ कि हम इस देन के प्रति अपने कर्तव्यों का पालन कर सकें।'

बादशाही के लिये दूसरी प्रकार की वसीअतें

(७५) 'राज्य व्यवस्था के सम्बन्ध में दूसरे प्रकार की वसीअतें हम दासों के सम्मान से सम्बन्धित हैं, क्योंकि हम लोग मुसलमानों के धर्मनिष्ठ बादशाहों के गुलाम हैं और उन्हीं लोगों ने बादशाही के प्रति उचित प्रकार से अपने कर्तव्यों का पालन किया था। उन लोगों ने इस्लाम के नियमों का सम्मान उन्नति के शिखर पर पहुँचा दिया था। हम गुलामों की प्रतिष्ठा के लिये जो बातें आवश्यक हैं वे तुम्हें इस प्रकार लिखवा रहा हूँ। हे पुत्र! तुझे चाहिये कि बाह्य अथवा आंतरिक, एकान्त में अथवा सभा में, बादशाही के वैभव अथवा ऐश्वर्य की रक्षा करे, तथा बादशाही के सम्मान का ध्यान रखे, क्योंकि वह खुदा की नायबी है। बादशाही के ऐश्वर्य पर स्त्री, बच्चों, मित्रों, दासों और दासियों से व्यवहार करते हुये ध्यान

१ एक भगवान् को मानने वाले।

२ उमर इब्ने अब्दुल अज़ीज़—उमय्या वंश का ६ वाँ ख़लीफ़ा जो बड़ा सदाचारी था। उसकी मृत्यु ७२० ई० में हुई। उसने दो वर्ष से कुछ ही अधिक महीनों तक राज्य किया।

रखें। तू ने यह कहावत सुनी होगी कि जो अपने घर में तुच्छ हो जाता है वह बाहर उससे अधिक तुच्छ हो जाता है। तुझे चाहिये कि तू अपना उठना बैठना, बातचीत, मिलना-जुलना केवल प्रतिष्ठित, कुलीन, विश्वासपात्र, असील, नेक, राज-भक्त, बुद्धिमान, कलाकार, अपना अधिकार पहिचानने वाले, भगवान् की देन पर कृतज्ञता प्रकट करने वाले एवं साहसी लोगों के साथ रख। अपनी दया, कृपा, मेहरबानी और उदारता उन्हीं लोगों तक सीमित रख, जिससे तू अपनी कृपा और दान के कारण लोक और परलोक में सम्मान प्राप्त कर सके। इनको आश्रय देने से संसार में तेरी प्रतिष्ठा बढ़ जायगी। नेकों और कुलीन लोगों पर दया तथा कृपा करने से लोक अथवा परलोक कहीं भी तुझे किसी बात का पश्चाताप नहीं हो सकता।[1] यह कदापि न हो, हरगिज़, हरगिज़ न हो कि कमीने, अधम, पतित उनकी सन्तान, गुणहीन, मूर्ख, अशिष्ट, तुच्छ, अत्याचारी, कठोर, भ्रष्ट, अपहरणकर्त्ता, ईश्वर की देन पर कृतज्ञता न प्रकट करने वाले, ख़ुदा से न डरने वाले तेरे मित्र बन जायँ।'

(७६) 'उनका आदर तथा उनकी इच्छाओं की पूर्ति अपने दरबार से मत होने दे। बुरे, बदअसल लोगों पर दया करके कमीनों तथा भगवान् से डरने वालों को आश्रय देकर इस लोक में कुप्रसिद्ध और परलोक में दण्ड और सज़ा का पात्र मत बन। कमीनी हरकत करने वालों और नीच बातों में ग्रस्त लोगों को सुख और आराम पहुँचा कर अपने गुणों को नष्ट मत कर[2]। हे प्रिय पुत्र ! विश्वास रख, विश्वास रख, विश्वास रख, कि किसी अधम, कमीने, तुच्छ, पतित और ईश्वर का भय न रखने वाले के द्वारा उसके स्वामी को कोई लाभ नहीं पहुंच सकता। चरित्रहीन और उनकी सन्तान को आश्रय देकर अथवा उन पर कृपा करके बदनामी एवं पछतावे के अतिरिक्त कुछ प्राप्त नहीं होता। यदि किसी पतित तथा तुच्छ ने तेरी कभी कोई सेवा की हो, तो उसकी सेवा के अनुसार उसके साथ नेकी और मुरव्वत करदे, किन्तु उनको अपना मित्र और सहायक न बना। यदि तू किसी कमीने, अधम, तुच्छ और पतित को उच्च पद प्रदान करेगा अथवा किसी कमीने, तुच्छ अत्याचारी तथा पतित को प्रतिष्ठा प्रदान करेगा या उनसे कोई काम लेगा तो ख़ुदा तुझ से अत्यन्त रुष्ट होगा। अपनी बादशाही का सम्मान तथा राज्य व्यवस्था का वैभव, कमीनों, बदअसलों, अयोग्य और उनकी सन्तान को उन्नति देकर नष्ट-भ्रष्ट न कर। अपने देश तथा राज्य की उन्नति उपर्युक्त समूह से घृणा करने में समझ। जब तू इस समूह को अपने राज भवन के निकट फटकने भी न देगा तो परलोक में मुक्ति और इस लोक में यश की आशा कर सकता है[3]।

'इसके अतिरिक्त हे पुत्र ! तू यह जान ले कि राज्य व्यवस्था तथा साहस जुड़वाँ बच्चे की भाँति हैं, अपितु बादशाही केवल साहस का दूसरा नाम है। बे-हिम्मत आदमी बादशाह नहीं हो सकता। हिम्मत बादशाही के लिये परमावश्यक है। बादशाह की हिम्मत को उच्च स्थान प्राप्त होना चाहिये[4]।'

(७७) 'यदि बादशाह वही सब प्रदान करता है जो अन्य प्रजा करती है, उसी प्रकार के उच्च कार्य करता है जिस प्रकार अन्य मनुष्य करते हैं, तो उसमें और उसकी प्रजा में विशेष अन्तर नहीं रह पाता; वह उलिलअम्री की प्रतिष्ठा की रक्षा नहीं कर पाता। वे बादशाह जोकि उलिलअम्री का मान तथा गौरव नहीं समझते, उलिलअम्री के योग्य

---

१. फ़तावाये जहाँदारी पृ० ५६ ब, २०८ अ।

२ फ़तावाये जहाँदारी पृ० ५६ ब, २०८ अ।

३ फ़तावाये जहाँदारी पृ० ५६ ब, ६२ अ, २११ अ, २१८ ब।

४ फ़तावाये जहाँदारी पृ० ५० ब।

नहीं होते। बादशाही के विशेष गुण अर्थात् न्याय, दान, वीरता, उच्च विचार आदि के विषय में बादशाह को अपना जीवन प्रजा से पृथक् रखना चाहिये। उसके कार्य इस प्रकार के होने चाहिये और उसकी ख़ैरात, कृपा एवं उच्च विचारों से ऐसा प्रकट होना चाहिये, कि लोग अनुभव करें कि बे-हिम्मत व्यक्ति बादशाह कदापि नहीं हो सकता। हे पुत्र! जान ले कि बादशाही कुछ वस्तुओं पर निर्भर है। यदि उन वस्तुओं में विघ्न पड़ जाय तो बादशाही में विघ्न पड़ जायगा और वह स्थापित न रह सकेगी। वे चीज़ें यह हैं:—न्याय और नेकी, साज़ व सामान, ख़ज़ाना दफ़ीना,[1] प्रजा का विश्वास तथा उसका बादशाह की ओर झुकाव, चुने हुये अगणित मित्र तथा सहायक[2]। यदि बादशाही में न्याय और नेकी न हो तो उस राज्य में ज़ुल्म और अत्याचार होने लगेगा। बादशाह के अत्याचार और ज़ुल्म के कारण बादशाही दृढ़ नहीं रह सकती। बादशाही के दो पंख हैं—ख़ज़ाना और साज़ व सामान। इनके बिना बादशाह बादशाह नहीं रहता। यदि प्रजा का झुकाव घृणा में बदल जाय और प्रजा को बादशाह पर विश्वास न रहे, तो उसका राज्य छिन्न-भिन्न तथा अस्त-व्यस्त हो जाता है। प्रजा के अस्त-व्यस्त हो जाने से बादशाही में विघ्न पड़ जाता है। बिना पर्याप्त मित्रों तथा सम्बन्धियों के बादशाही करना संभव नहीं। यदि सहायक तथा मित्र चुने हुये और उत्तम न हों तो कमीने, तुच्छ, दुराचारी और बुरे कार्य करने वालों द्वारा बादशाहों का लोक तथा परलोक दोनों में मुँह काला हो जाता है और उन्हें बड़ी कठिनाई का सामना करना पड़ता है।'

'हे पुत्र! इसे भली भांति समझ ले कि पहले मनुष्य के आचरण और गुणों का सावधानी से निरीक्षण करके उसके वंश तथा कुल का पता लगा कर अपमानित करना अथवा सम्मान प्रदान करना चाहिये।'

(७८) 'यदि किसी को सम्मान प्रदान करदे तो छोटी-छोटी बातों अथवा त्रुटियों पर अनादरित मत कर। जिस किसी को दंड दे तो उसके लिए शरण का स्थान सुरक्षित रख। निष्कपट हितचिन्तकों को व्यर्थ में दुख तथा पीड़ा पहुँचा कर अपना शत्रु और बुरा चाहने वाला न बना ले। कुलीन तथा प्रतिष्ठित व्यक्तियों को अपमानित करने के लिए छिछोरे कार्य न कर। यदि कुलीन तथा प्रतिष्ठित व्यक्ति अपमानित हो जायेंगे तो इससे जो दुःख उन्हें पहुँचेगा उसकी पूर्ति किसी प्रकार नहीं हो सकेगी। यदि कुलीन तथा प्रतिष्ठित लोगों का अनादर करेगा तो तेरे राज्य में ख़राबी पैदा हो जायगी। दूसरों पर आलोचना करने वालों तथा अन्य लोगों के कार्य में त्रुटियाँ ढूँढने वालों को कोई उच्च पद न प्रदान कर; उन्हें अपने निकट न फटकने दे। चुग़ली खाने वालों और दूसरों की त्रुटि निकालने वालों के विश्वास-पात्र होने से राज-भक्त और आज्ञाकारी लोग भयभीत हो जाते हैं। बादशाह के रक्षक होने पर विश्वास, जोकि राज्य व्यवस्था के सभी विषयों से बढ़ कर है, उनके हृदय से उठ जाता है। जिस कार्य का संकल्प करे, उसकी पूर्ति के विषय में खूब सोच समझ ले, क्योंकि उन कार्यों का बादशाह को संकल्प ही न करना चाहिये जिनकी पूर्ति सम्भव ही न हो, अन्यथा उनका सम्मान लोगों के हृदय पर भली भाँति न बैठ सकेगा। बादशाही सम्मान पर ही निर्भर[3] है। तुच्छ एवं पतित हो जाने से उसे सम्मान नहीं प्राप्त होता। प्रत्येक वह कार्य या बात जिससे निरादर प्राप्त होने की सम्भावना हो, उसे कदापि और कभी भी न करना चाहिये। उससे पूर्णतया बचने और दूर रहने का प्रयत्न करता रह ताकि लश्कर वाले तेरी बराबरी करने

१ ज़मीन में गड़ा धन।

२ फ़तावाये जहाँदारी पृ० १६१ ब, १६७ अ।

३ फ़तावाये जहांदारी पृ० ३२ ब, ३५ ब, ३७ अ।

की न सोच लें। प्रत्येक कमीने तथा पतित के मुक़ाबले के लिये उस पर चढ़ाई करने की न ठान ले। ऐसे कार्य, जिन्हें दूसरे भी कर सकते हों, के लिए स्वयं न जा[1]। जहाँ तक सम्भव हो अपने आपको ज़िद्दी प्रसिद्ध न होने दे। अच्छी राय देने वालों से परामर्श किये बिना कोई कार्य आरम्भ न कर। जब तक किसी को निष्ठावान, योग्य, अनुभवी, ज्ञान-सम्पन्न, बुद्धिमान एवं दूरदर्शी न पाले, उस समय तक उसे अपने राज्य तथा देश का परामर्श-दाता न बना; उसे अपने राज्य की गोपनीय बातों को भी मत बता। अपने पुत्रों, भाइयों, सम्बन्धियों, मित्रों मुक़्तों, वालियों, कर्मचारियों, पदाधिकारियों, लावलश्कर तथा प्रजा के विषय में असावधान और बे-ख़बर मत रह।'

(७९) 'राज्य व्यवस्था का सब से उत्कृष्ट कार्य सावधान रहना तथा सर्वसाधारण की अच्छी और बुरी बातों की जानकारी रखना है। प्रत्येक कार्य से जानकारी होने के कारण बादशाही को वह सम्मान प्राप्त होता है जो असावधानी से नहीं हो पाता।'

'तू अपने राज्य के आय व्यय के विषय में जानकारी रख[2]। व्यय, आय का आधा होना चाहिये। शेष धन ख़ज़ाने में सुरक्षित रख, जिससे कि आवश्यकता पड़ने पर काम आये और आवश्यक मदों पर व्यय किया जा सके। अपव्ययता न कर, क्योंकि "ईश्वर अपव्ययी को अपना मित्र नहीं रखता।" धन एकत्र करने के लिये विशेष प्रयत्न कर। अत्यधिक धन तथा विलायत प्राप्त होने के कारण शरई कार्यों, सेना, प्रजा और व्यापार में उन्नति होती रहती है। शान्ति को परमावश्यक समझ। शरई आज्ञाओं तथा कार्यों को प्रचलित रहने दे। उन कार्यों को रोकने का प्रयत्न करता रह जिनकी भगवान् की ओर से मनाही की गई है। कामाग्नि को दबाता रह। समस्त प्रजा, कर्मचारियों, सैनिकों, नेक और पवित्र जीवन व्यतीत करने वालों और एहसान करने वालों को अपना मित्र समझ और अपने आपको उनमें से एक समझ। प्रजा से व्यवहार के विषय में मध्य का मार्ग ग्रहण कर। उन पर सर्वदा तेज़ी, कटुता, गुस्सा तथा क्रोध न करते रहना चाहिये, क्योंकि इससे सर्व साधारण तुझ से घृणा करने लगेंगे। उनसे सदैव नर्मी, नेकी भी न करता रह। सुगमता तथा सरलता से कार्य लेने से आज्ञाकारी विरोधी तथा विरोधी विद्रोही बन जाते हैं।[3] दुराचार, व्यभिचार तथा धोखेबाज़ी करना लोगों के पेशे बन जाते हैं। व्यभिचार तथा दुराचार की अधिकता से लोग ज़िन्दीक़ और मुलहिद हो जाते हैं। मुझसे पूर्व बुज़ुर्ग लोग कह गये हैं कि अमीर को इतना मीठा भी न होना चाहिये, कि चींटियों को चाटने की लालसा पैदा होती रहे क्योंकि कहा गया है कि बहुत मीठे हो जाने से सर्व साधारण सिर पर चढ़ आते हैं। इतना कड़वा भी न हो कि लोग तेरे पास से भागने लगें। सर्वदा सम्मान तथा धैर्य से जीवन व्यतीत कर। राज्य-व्यवस्था में हल्कापन और छिछोरी बातें न कर।

(८०) 'हे पुत्र! तुझे चाहिये कि अवज्ञाकारी तथा निर्भीक लोगों से अपनी रक्षा करता रह, क्योंकि वे लोभ एवं अपनी दुष्टता तथा कमीनेपन की अधिकता से अपने आपकी नदी तथा जलती हुई आग में डाल देते हैं। इसको भली भाँति जान ले और समझ ले और उस पर आचरण कर। अपने राज-भवन तथा दरबार को दरबानों, रक्षा करने वालों तथा निष्कपट द्वारपालों से परिपूर्ण रख। बादशाही को बहुत बड़ा समझ। ऐसे बड़े सम्मान तथा पूर्ण अधिकार द्वारा इस लोक में नाम तथा परलोक में गौरव प्राप्त करने का प्रयत्न कर। अपयश और क़यामत के दंड से बच।'

---

१ फ़तावाये जहाँदारी पृ० १०६ ब।

२ फ़तावाये जहाँदारी पृ० ८० अ, ८३ अ।

३ फ़तावाये जहाँदारी पृ० १८६ ब।

'अपने छोटे भाई पर कृपा-दृष्टि रख; उसके विषय में किसी की चुग़ली न सुन; उसे अपना हाथ पैर समझ। मैंने जो राज्य उसे प्रदान किया है, वह उसके पास सुरक्षित रहने देना। तू जानता है कि तुम दोनों के अतिरिक्त मेरे कोई अन्य पुत्र नहीं है। तुझे चाहिये कि तू अपने भाई के साथ इस प्रकार जीवन व्यतीत करे कि मेरा वंश नष्ट न हो।'

सुल्तान बल्बन ने अपने ज्येष्ठ पुत्र पर उपर्युक्त वसीअतों पर आचरण करने के विषय में बहुत ज़ोर दिया। तत्पश्चात् बड़े सम्मान, वैभव एवं साज़ व सामान के साथ मुल्तान की ओर प्रस्थान करने की आज्ञा दी।

बुग़रा ख़ाँ को वसीअत

जिस वर्ष सुल्तान बल्बन ने अपने ज्येष्ठ पुत्र को राज्य व्यवस्था के विषय में अनेक वसीअतें कीं और बड़े सम्मान से मुल्तान की ओर भेजा, उसी वर्ष उसने अपने कनिष्ठ पुत्र बुग़रा ख़ाँ को, जिसकी उपाधि नासिरुद्दीन थी, सामाने तथा सुनाम एवं उनसे मिले हुये, उनके अधीन तथा निकटवर्त्ती स्थानों की अक़्ता प्रदान करके सामाने भेजा। बुग़रा ख़ाँ भी बड़ा योग्य सुपुत्र था, परन्तु गुणों तथा नैतिकता में उसकी तथा उसके बड़े भाई की कोई तुलना न हो सकती थी। सुल्तान ने उससे कहा कि "सामाने पहुँच कर अपनी पुरानी सेना एवं कर्मचारियों का वेतन बढ़ा दे। जितनी पुरानी सेना तथा कर्मचारी हैं, उनसे दुगुनी नई सेना तथा कर्मचारी नियुक्त करे। अपने राज्य के हितैषियों को उचित अमीरी और सरदारी प्रदान कर; उन्हें अक़्तायें दे।"

(८१) "सामाने की सेना को अनुभवी, तजुर्बेकार तथा समय के शीतोष्ण का आस्वादन किये हुये लोगों के अधीन बनाकर सुव्यवस्थित और तैयार रख। मुग़लों का मुक़ाबला करने के लिये तैयार रह।" चूँकि बुग़रा ख़ाँ में ज्येष्ठ पुत्र के समान बुद्धि न थी, अतः सुल्तान ने उसे आदेश दिया कि "किसी कार्य में शीघ्रता न कर। अपने कर्मचारियों तथा विलायत के प्रबन्ध के लिये अपने विश्वास पात्रों से परामर्श किया कर। जिस किसी कार्य के करने में तुझे कठिनाई हो उसके विषय में मुझ से परामर्श लेता रह। उस कार्य के प्रबन्ध के लिये जैसी मेरी आज्ञा हो, उसी प्रकार उसकी व्यवस्था करता रह। उससे अधिक या कम न कर।"

सुल्तान ने बुग़रा ख़ाँ को मदिरापान से मना किया और उससे कहा कि, "सामाने की अक़्ता बहुत बड़ी अक़्ता है। वहाँ बहुत ही योग्य सैनिक तथा कर्मचारी विद्यमान हैं। यदि तू अपने स्वभाव के अनुसार अधिक मदिरापान करने लगेगा, तथा व्यर्थ के कार्यों में संलग्न हो जायगा तो अपनी अक़्ता एवं साज़ व सामान का प्रबंध न कर सकेगा। तू इस बात को भली भाँति विश्वास से समझ ले, कि यदि ऐसा हुआ तो मैं तुझे पदच्युत कर दूँगा। तुझे कोई अक़्ता न दूँगा और बेकार लोगों में सम्मिलित कर दूँगा।" सुल्तान ने उस पुत्र के ऊपर बरीद नियुक्त किये। उसके प्रत्येक कार्य की पूछताछ विशेष रूप से करता था। इस प्रकार वह भी सुधर गया और उसने अनुचित बातों को त्याग दिया।

मुग़लों की पराजय

उस समय अधिकांश मुग़ल सवार ब्याह (व्यास) नदी को पार कर लिया करते थे। सुल्तान बल्बन ख़ाने शहीद को मुल्तान से, बुग़रा ख़ाँ को सामाने से तथा मलिक बारबक बेकतर्स को देहली से नियुक्त करता था। वे व्यास नदी तक पहुँच कर मुग़लों के आक्रमण का अन्त करते थे। (उन्होंने) अनेक बार उन पर विजय प्राप्त की। मुग़लों को फिर उस नदी पर

आक्रमण करने का साहस न हो सका। इन तीनों सेनाओं का सामना ७० तथा ८० हज़ार सवार भी न कर सकते थे। इस प्रकार १५, १६ वर्ष में बल्बनी राज्य के क़स्बे तथा भिन्न भिन्न भाग दृढ़ और सुव्यवस्थित हो गये; देश के विद्रोही एवं विरोधी क्षीण हो गये; अक्ताओं का प्रबन्ध और शाहज़ादों की सेना एवं साज़ सामान का प्रबन्ध भली भाँति होने लगा; इस के नगरों पर उसके प्रतिष्ठित सम्बन्धी, विश्वासपात्र मित्र और सहायक नियुक्त हो गये।

तुग़रिल का विद्रोह[1]

इसके पश्चात् तुग़रिल, काफ़िरे नैमत (कृतघ्न) के विद्रोह की सूचना लखनौती से देहली पहुँची। यह तुग़रिल तुर्क बच्चा था। अपनी चतुराई, वीरता और योग्यता, साहस, दान तथा विशेषताओं के लिये बड़ा प्रसिद्ध हो गया था।

(८२) सुल्तान बल्बन ने उसे लखनौती तथा बंगाले की इक़्लीम का वाली बना दिया था। बुद्धिमान तथा अनुभवी लोग लखनौती को बलग़ाकपुर कहते थे, क्योंकि पिछले समय से जब से कि सुल्तान मुइज़्ज़ुद्दीन मुहम्मद साम ने देहली विजय की, जिस वाली को भी देहली के बादशाह ने लखनौती प्रदान की, लखनौती के दूर तथा एक विशाल राज्य होने के कारण और देहली से वहाँ पहुंचना कठिन होने की वजह से अधिकांश ऐसा होता था कि वह वाली विद्रोह और बग़ावत कर देता था। यदि कोई वाली विद्रोह न करता तो दूसरे लोग बग़ावत

१ तारीखे मुबारक शाही में तुग़रिल के विद्रोह तथा बल्बन के प्रारम्भिक प्रबन्ध का हाल इस प्रकार लिखा है—

इसी बीच में सुल्तान रोग ग्रस्त रहा और फलस्वरूप प्रजा ने जब बहुत दिनों तक उसके दर्शन नहीं किये तो उनमें सन्देह उत्पन्न होने लगा। यह समाचार सभी स्थानों में फैल गया। जिस समय यह समाचार लखनौती पहुँचा, उस समय तुग़रिल और अमीन ख़ाँ में शत्रुभाव उत्पन्न हो गये थे। दोनों ही एक दूसरे के विरुद्ध युद्ध में संलग्न थे। तुग़रिल को विजय प्राप्त हुई और अमीन ख़ाँ उसके हाथों बन्दी हुआ। तुग़रिल ने बादशाही चिह्न धारण करके मुइज़्ज़ुद्दीन की उपाधि धारण की।

कुछ समय पश्चात् राज्य की ओर से चार आदेश अमीन ख़ाँ, तुग़रिल, जमालुद्दीन, क़ुन्दुज़ी और एतगीन मूसा को इस आशय से भेजे गये कि सुल्तान के शत्रुओं को कुछ दिनों तक कष्ट पहुँचा है, किन्तु परमात्मा ने शीघ्र ही उसे स्वस्थ कर दिया है। इसलिये ख़ुशी के ढोल बजायें जायँ, बंदियों को मुक्त कर दिया जाय और आलिमों को ख़ुश कर दिया जाय। यदि किसी को दीवाने क़ज़ा द्वारा क़र्ज़ अदा न करने के कारण बन्दी बनाया गया हो, तो राज कोष से नक़द धन देकर उसे मुक्त कर दिया जावे। जब यह राजाज्ञा प्रसारित हुई और तुग़रिल तक पहुँची तो वह अपनी सेना लेकर बिहार की ओर गया। उसने अब्तगीन (एतगीन) जमालुद्दीन, क़ुन्दुज़ी, तथा अमीन ख़ाँ को नारकीलाह में बन्दी बना लिया।

तुरमती का तुग़रिल के विरुद्ध भेजा जाना व तुरमती की पराजय

तुग़रिल के विद्रोह का समाचार जब सुल्तान तक पहुँचा तो उसने मलिक तुरमती को तुग़रिल के विद्रोह का दमन करने के लिये भेजा। तुग़रिल तुरमती से प्रत्यागमन करते हुये घात लगाये हुए था। तुरमती ने बहुत असावधानी से तुग़रिल का पीछा किया। अकस्मात् ही तुग़रिल ने अपनी सेना को एकत्र करके शत्रु की मध्यस्थ सेना पर आक्रमण करते हुए उसे पहले ही आक्रमण में छिन्न-भिन्न कर दिया। तुरमती अवध की ओर भाग गया।

शिहाबुद्दीन का तुग़रिल के विरुद्ध भेजा जाना

तत्पश्चात् सुल्तान ने अवध के अमीर मलिक शिहाबुद्दीन को सेना का नेतृत्व सौंपा और कजरू तिमुर ख़ाँ को शिहाबुद्दीन के आधीन नियुक्त करते हुये उसे आदेश दिया कि वह सरयू नदी के तट पर मलिक तुरमती को फाँसी दे दे और तुग़रिल पर आक्रमण करे। सुल्तान का आदेश कार्यान्वित किया गया। जब वे लखनौती के निकट पहुँचे, तुग़रिल बाहर आया और उन का मुक़ाबिला किया और उस युद्ध में उसने अपने विरोधियों को पराजित किया। (पृ० ४१-४२)

करके उसकी हत्या कर देते थे और उसके राज्य पर अपना अधिकार स्थापित कर लेते थे। वर्षों से वहाँ के निवासी विद्रोह करने के आदी बन चुके थे। जो वाली भी वहाँ नियुक्त होता, वहाँ के विद्रोही और बलग़ाकी (षड्यन्त्रकारी) उसे अपने स्वामी का विरोधी बना देते थे।

तुग़रिल के विद्रोह के कारण

जब तुग़रिल लखनौती पहुँचा और उस प्रदेश के कुछ स्थानों पर विजय प्राप्त करली तब जाजनगर[1] पर भी अपना अधिकार जमा लिया; अत्यधिक धन सम्पत्ति एवं हाथी एकत्र कर लिये। वहाँ के विद्रोही और बलग़ाकी (षड्यन्त्रकारी) उस क़ाफ़िरे नैमत (कृतघ्न) के पास एकत्र होने लगे। उसे समझाया कि 'सुल्तान बल्बन वृद्ध हो चुका है। उसके दोनों पुत्र मुग़लों से युद्ध में तल्लीन हैं। कोई साल ऐसा व्यतीत नहीं होता जब कि मुग़ल हिन्दुस्तान पर आक्रमण न करते हों और उसके राज्य के क़स्बों पर धावा न मारते हों। मुग़लों के भगाने का कार्य देहली के बादशाहों के लिए बड़ा महत्वपूर्ण कार्य बन चुका है। सुल्तान और उसके पुत्र मुग़लों को भगाने का कार्य त्याग कर लखनौती तक नहीं पहुँच सकते। हिन्दुस्तान के अमीरों में न तो इतनी योग्यता है और न इतनी सेना और साज़ सामान, हाथी धन सम्पत्ति आदि हैं कि लखनौती पर आक्रमण कर सकें और आपका सामना कर सकें। चत्र धारण कीजिये और बादशाह बन जाइये। सुल्तान बल्बन की ओर से मुँह फेर लीजिये।' तुग़रिल उन अशुभ-चिन्तकों की बातों में आ गया। वह उस समय युवक, निर्भीक तथा अपनी मनमानी करने पर आरूढ़ था।

(८३) वर्षों से उसके सिर में ऐश्वर्य का अभिमान अण्डे दे रहा था[2]। उसने बल्बन के क्रोध और बदला लेने की भावना पर ध्यान न दिया। जाजनगर में जो कुछ भी हाथी, धन सम्पत्ति आदि प्राप्त की थी उसे अपने पास रख लिया और देहली न भेजी। उसके अभिमान पर चत्र धारण कर लिया। अपनी उपाधि सुल्तान मुग़ीसुद्दीन निश्चित की। अपने ख़ुत्बे और सिक्के पर अभिमानी हो गया। चूँकि वह बड़ा दानी था और इससे पूर्व बहुत दान कर चुका था, अतः उस नगर के सर्व साधारण, जो वहाँ निवास करते थे, उसके मित्र बन गये। धन सम्पत्ति ने उन लोगों की दूर-दर्शिता की आँखें बन्द कर दीं; लोभ ने आगा पीछा सोचने की शक्ति को कोने में डलवा दिया। बल्बन का क्रोध, जिसका अनुमान लश्कर वालों और शहरों के निवासियों को था, उनके हृदय से निकल गया। उनमें से प्रत्येक, हृदय से उसका (तुग़रिल का) मित्र हो गया। सुल्तान बल्बन को विद्रोह तथा विरोध इस कारण और भी बुरा मालूम हुआ, कि उसी ने उसको इतना सम्मान प्रदान किया था। क्रोध और चिन्ता के कारण खाना पीना, उठना बैठना, अप्रिय हो गया। तुग़रिल के ख़ुत्बे, सिक्के, दान आदि के समाचार देहली में निरंतर पहुँचते रहते थे। सुल्तान को और भी क्रोध तथा ग़ुस्सा चढ़ता। तुग़रिल के विद्रोह के कारण सुल्तान का क्षोभ इस सीमा तक पहुंच गया था कि किसी को उसके सम्मुख कुछ निवेदन करने का साहस न हो सकता था। सुल्तान रात दिन तुग़रिल के समाचार सुन सुन कर घुलने लगा।

अमीन ख़ाँ की पराजय

सुल्तान ने पहली बार एतगीन मूयेदराज़[3] को, जिसे अमीन ख़ाँ भी कहते थे, और

१ टिपरा नौआखाली के समीप

२ पैदा हो चुका था।

३ लम्बे बालों वाला। पुस्तक में अप्तिगीन है।

जो सुल्तान बल्बन का दास तथा वर्षों से अवध की अक़्ता का स्वामी था और जिसने लश्कर के सरदारों में प्रतिष्ठा प्राप्त करली थी, सेनापति बनाया। तिमुर ख़ाँ शम्सी तथा क़ुतलुग़ ख़ाँ शम्सी के पुत्र मलिक ताजुद्दीन को हिन्दुस्तान के अमीरों के साथ, लखनौती के लिये नियुक्त किया।

अमीन ख़ाँ हिन्दुस्तानी सेना के साथ सरयू पार करके लखनौती की ओर युद्ध करने के लिये अग्रसर हुआ। दूसरी ओर से तुग़रिल एक बहुत बड़ा लश्कर, दृढ़ हाथी तथा प्रसिद्ध सवारों को लेकर बाहर निकला और देहली के लश्कर को भगाने के लिये चल खड़ा हुआ। दोनों सेनायें एक दूसरे के सामने उतर पड़ीं। काफ़िरे नैमत (कृतघ्न) तुग़रिल के पास बहुत बड़ी सेना एकत्र हो गई थी।

(८४) उसकी दान-शीलता के कारण उस प्रदेश के निवासी तथा देहली के पुराने सिपाही हृदय से उसके मित्र हो गये थे। वे लोग उसके राज्य से प्रभावित थे। ज्यों ही दोनों लश्कर एक दूसरे के आमने सामने हुये, तुग़रिल ने अमीन ख़ाँ को पराजित कर दिया। देहली की सेना हार गई। हिन्दुस्तानी एक ओर को भाग खड़े हुये और हार कर भागने में हिन्दुओं के हाथों से बुरी तरह नष्ट हो गये। तुग़रिल तथा उसकी सेना को विजय प्राप्त हुई। बहुत से अभागे, लालसी, सुल्तान बल्बन के क्रोध तथा दण्ड को भली भांति जानते हुये भी अमीन के लश्कर से फ़िर कर तुग़रिल से मिल गये। तुग़रिल से ख़ूब धन सम्पति प्राप्त की।

अमीन ख़ाँ की पराजय के समाचार से सुल्तान का क्रोध और उसकी लज्जा सौ गुना बढ़ गई। उस लज्जा तथा क्रोध में भगवान् का भय भी उसके हृदय से निकल गया। व्यर्थ में बड़े आवेश का प्रदर्शन करने लगा। उसने आदेश दिया कि अवध के मुक़्ता अमीन ख़ाँ को अवध के द्वार पर फाँसी दे दी जाय। ऐसे कठोर दण्ड से उस काल के बुद्धिमान इस परिणाम पर पहुंच गये कि बल्बनी राज्य का अन्त निकट है और उसका राज्य छिन्न-भिन्न होने वाला है।

दूसरे सेनापति की पराजय

सुल्तान बल्बन ने दूसरे वर्ष दूसरा सेनापति नियुक्त किया और उसे हिन्दुस्तान के लश्कर के साथ लखनौती की ओर भेजना निश्चय किया। अमीन ख़ाँ के लश्कर की पराजय ने तुग़रिल को अन्धा बना दिया था। उसकी शक्ति तथा ऐश्वर्य और भी बढ़ गया था। इस समय उसने बहुत बड़ी सेना और साज़ व सामान के साथ लखनौती से निकल कर देहली के लश्कर से युद्ध किया। देहली के लश्कर को हराकर छिन्न-भिन्न कर दिया। इस लश्कर में से भी अनेक अपना आगा पीछा न सोचने वाले उस काफ़िरे नैमत (कृतघ्न) से मिल गये और उससे बहुत धन सम्पत्ति प्राप्त की।

सुल्तान का देहली से प्रस्थान

दूसरी बार जब देहली के लश्कर की पराजय के समाचार सुल्तान बल्बन तक पहुँचे तो उसकी लज्जा तथा क्रोध की सीमा न रह गई थी। उसका जीना दूभर हो गया। वह क्रोध की अधिकता से अपना हाथ चबाता था। अन्त में उसने स्वयं तुग़रिल के विनाश का दृढ़ संकल्प कर लिया और निर्णय किया कि स्वयं प्रस्थान करेगा।

(८५) कूच के पूर्व आज्ञा दी कि यमुना तथा गंगा में बजरे नौकायें एकत्रित तथा तैयार की जायें। लखनौती पर आक्रमण करने के लिये सुल्तान सामाना और सुनाम की ओर इस प्रकार चल खड़ा हुआ मानों शिकार खेलने जा रहा हो। सामाना तथा सुनाम की विलायत

को भिन्न-भिन्न शिकों[1] में विभाजित किया। उनको सामाना और सुनाम के सैनिकों तथा अमीरों को प्रदान किया। सामाने की नियाबत मलिक सौंज[2] सरजानदार को प्रदान की। उसे सामाना के लश्कर का सेनापति भी बनाया। बुग़रा खाँ को आज्ञा दी कि अपने ख़ासे के लश्कर को तैयार करके सुल्तान की सेना के पीछे-पीछे प्रस्थान करे।

मुल्तान और देहली का प्रबन्ध

सुल्तान सामाने से निकल कर दोआबे में प्रविष्ट हुआ। गंगा पार करके लखनौती की राह ली। अपने ज्येष्ठ पुत्र को मुल्तान में सूचना भिजवाई कि, "मैं लखनौती जा रहा हूं; तू जाने और तेरी ओर के प्रदेश। जिस प्रकार सम्भव हो मुग़लों का मुक़ाबिला करते रहना। सामाने का लश्कर तेरे सिपुर्द कर दिया है।" मलेकुल-उमरा कोतवाल देहली को जिसे सुल्तान ने विशेष उन्नति दी थी और जो उसका भक्त था, अपनी अनुपस्थिति में देहली में अपनी नियाबत का फ़रमान भिजवाया। उसको लिखा कि, "मैं तुग़रिल का पीछा करने के लिये निकला हूँ। जहाँ भी वह भागेगा मैं उसका पीछा न छोड़ूँगा। जब तक कि उससे तथा उसके मित्रों से अपने अपमान का बदला न ले लूँगा, उस समय तक वापस न आऊँगा। देहली तेरे सिपुर्द कर दी है; इसलिये तू जान और जिस प्रकार उचित समझ मेरी अनुपस्थिति में देहली का प्रबन्ध कर। दीवाने विज़ारत और दीवाने अर्ज़ के कर्मचारियों से तथा जो कोई भी उनके अधीन हो, काम लेता रह; अमीरों के प्रार्थना पत्रों पर, और उस ओर के पदाधिकारियों को जैसा उचित समझ उत्तर लिखता रह। मेरी इस अनुपस्थिति में राज्य संचालन के विषय में मुझ से पूछने की प्रतीक्षा मत करना। सर्व साधारण के कार्य रुकने न पायें। किसी को पदच्युत करने एवं नियुक्त करने का कार्य सुरक्षित[3] रखना।"

अर्ज़े आम[4]

सुल्तान ने चारों ओर से सेनायें एकत्रित करके लखनौती की ओर प्रस्थान आरम्भ कर दिया। लज्जा तथा क्रोध में वर्षा के प्रारम्भ होने पर भी ध्यान न दिया। जब अवध में पहुँचा तो अर्ज़े आम कर दिया।

(८६) दो लाख आदमी, सवार, प्यादे, पायक[5], धानुक[6], कहार, किबानी[7], खुदअस्पा[8], तीर चलाने वाले, दास और नौकर चाकर, व्यापारी, बाज़ारी भरती हुए। सुल्तान ने लश्कर के साथ-साथ अगणित नौकायें रवाना कीं। बहुत बड़ा लश्कर लेकर सरयू नदी पार की।

---

१ मोरलैन्ड ने लिखा है कि १४ वीं सदी ई० में शिक़ शब्द का प्रयोग प्रान्तों के लिये किया जाता था किन्तु बरनी के उपर्युक्त वाक्य से पता चलता है कि शिक़ शब्द का प्रयोग सरकार अथवा जिलों के लिये किया गया है। बल्बन के समय में इस शब्द का प्रयोग प्रान्त के लिये नहीं होता था अपितु विलायत के छोटे-छोटे भागों को शिक लिखा गया है। (डब्ल्यू. एच. मौरलैन्ड, दी एग्रेरियन सिस्टम ऑफ़ मुस्लिम इण्डिया, कैमब्रिज १६२६, पृ० २५, २७७)

२ मलिक सिराज, पुत्र नामदार तारीखे फ़रिश्ता पृ० ८०)

३ मत करना।

४ आम भरती।

५ पैदल सैनिकों को पायक कहते थे। इनकी श्रेणी सवारों से नीचे होती थी।

६ धनुर्धारी

७ बोझ ढोने वाले।

८ सवार जो अपने घोड़े स्वयं लाते थे। सैनिकों की एक श्रेणी पायक वा अस्प कहलाती थी। इन लोगों को सुल्तान की ओर से युद्ध के लिए घोड़े प्रदान किये जाते थे किन्तु वेतन केवल पैदल सैनिकों को मिलता था।

जब सुल्तान ने प्रस्थान किया, वर्षा ऋतु प्रारम्भ हो गई। यद्यपि सुल्तान के साथ असंख्य नौकायें थीं, परन्तु सेना के उतरने के स्थानों पर पानी भर जाने, मनुष्यों की अधिकता, कीचड़ की ज़्यादती और निरंतर वर्षा के कारण लश्कर को दस दस और बारह बारह दिन रुकना पड़ता था।

जाजनगर की ओर तुग़रिल का प्रस्थान

सुल्तान के लखनौती की ओर प्रस्थान करने का समाचार मिलने के पूर्व तुग़रिल अपने प्रतिष्ठित तथा निष्कपट मित्रों से राज भवन में कहा करता था कि "सुल्तान के अतिरिक्त जो कोई भी मेरा मुक़ाबिला करने आयेगा, मैं उससे युद्ध करूँगा, परन्तु यदि सुल्तान क्रोध की अधिकता से देहली की राज व्यवस्था को त्याग कर स्वयं आयेगा तो मैं उससे युद्ध न कर सकूँगा।" और उसके मुक़ाबिले में लश्कर न खड़ा कर सकूँगा। जब तुग़रिल ने यह सुना कि सुल्तान बल्बन ने अपनी सेना सहित सरयू पार कर लिया है, तो भागने की तैयारी करने लगा। सुल्तान को वर्षा के कारण बहुत रुकना पड़ा। तुग़रिल को समय मिल गया। सर्व साधारण बहुत बड़ी संख्या में बल्बन के दंड के भय से भाग निकले। इससे पूर्व कि शुभ सितारा चमके[1], तुग़रिल धन सम्पत्ति, हाथी, चुनी हुई सेना प्रतिष्ठित व्यक्तियों और अपने सहायकों एवं सम्बन्धियों के साथ उन के परिवार सहित चल दिया। लखनौती के उपयोगी लोगों में से सभी को सुल्तान के भय से डरा कर और धन सम्पत्ति का लोभ दिला कर अपने साथ ले लिया। इस प्रकार जाजनगर की ओर चल खड़ा हुआ। लखनौती से स्थल के मार्ग से एक मंज़िल निकल कर उतर पड़ा।

(८७) चुने हुये धनी और उपयोगी लोगों को लखनौती रहने न दिया। लोग सुल्तान के भय तथा उसकी (तुग़रिल की) कृपा-दृष्टि की लालसा से उसके साथ हो गये।

सुल्तान लखनौती के तीस चालीस कोस के निकट पहुँच चुका था किन्तु वह (तुग़रिल) अपने साथियों के साथ पहले ही निकल गया। जाजनगर पर अपना अधिकार स्थापित करके अपना अड्डा वहीं जमाने के विचार से वह जाजनगर की ओर निरन्तर कूच करने लगा। लोगों को इस धोखे में रखा कि 'मैं जाजनगर की सीमा[2] में कुछ दिन व्यतीत करूँगा। सुल्तान लखनौती में अधिक न टिक सकेगा। यह सुन कर कि सुल्तान लौट गया है, मैं जाजनगर से धन सम्पत्ति लूट कर लखनौती लौट आऊँगा। सुल्तान जिस किसी को भी वहाँ नियुक्त करेगा, वह मुझ से युद्ध न कर सकेगा। जब वह सुनेगा कि हम लोग लखनौती के निकट आगये हैं, तो वह शहर (देहली) लौट जायगा।' इस धोखे और बहकावे से उसने असंख्य व्यक्तियों को अपने साथ ले लिया।

बल्बन का तुग़रिल का पीछा करना

सुल्तान बल्बन कुछ दिनों तक लखनौती में ठहरा और उसने लोगों को नये अस्त्र शस्त्र तथा साज़ व सामान प्रदान किये और जितना शीघ्र हो सका जाजनगर की ओर तुग़रिल का पीछा करने के लिये प्रस्थान किया।

मेरे नाना सिपहसालार हुसामुद्दीन को, जोकि मलिक बारबक के वकीलदर थे, लखनौती की शहनगी[3] प्रदान की। उसे आज्ञा दी कि प्रत्येक सप्ताह में तीन चार बार शहर देहली के समाचार तथा देहली के मलिकों एवं अमीरों के प्रार्थना-पत्र लश्कर की ओर भेजता रहे।

---

१ सुल्तान पहुँचे।

२ हुदूद; परिधि।

३ प्रबन्ध; शहना अधिकतर भिन्न-भिन्न कारख़ानों के अध्यक्ष होते थे।

जिस समय सुल्तान ने अज़्मुल[1]-मुलूक से काम लेना निश्चय कर लिया और यह घोषणा कर दी कि, "चाहे जो कुछ हो जाय जब तक मैं तुग़रिल से बदला न ले लूँगा वापस न आऊँगा।" इस विचार से बराबर धावे मारता हुआ उसके पीछे रवाना हुआ। शीघ्र ही सुनार[2] गाँव पहुंच गया। वहाँ के राजा दिनौज राय[3] ने सुल्तान से भेंट की। सुल्तान ने सुनार गाँव के दिनौज राय से यह इक़रारनामा लिखवा लिया कि 'जहाँ कहीं भी तुग़रिल जाय और यदि वह जल के मार्ग से भागने के लिये अपने आपको समुद्र में भी डाल दे, तो वह उसका पीछा करेगा।'

(८८) सुल्तान ने अपने लश्कर के सामने अनेक बार सभी लोगों से कहा था कि, "मैं तुग़रिल का पीछा छोड़ने वाला नहीं। देहली की शासन व्यवस्था का मैंने प्रबन्ध कर लिया है। यदि वह समुद्र के मार्ग से भी भागेगा तो मैं उसका पीछा न छोड़ूँगा। जब तक उसका एवं उसके मित्रों का रक्त न बहा दूँगा, देहली की ओर वापस न लौटूँगा और न देहली का नाम ही लूँगा।" चूँकि लश्कर वाले सुल्तान के स्वभाव से भली भाँति परिचित थे और उसके दृढ़ संकल्प के विषय में पूर्णतया जानकारी रखते थे अतः सभी लौटने की ओर से निराश हो गये। बहुत से लोगों ने लश्कर से अपने घरों को वसीअत नामे लिख लिख कर भेज दिये। लश्कर के लोग और शहर दिल्ली के लोग एक दूसरे के वियोग में दुःखी रहने लगे। दोनों ओर से लोग समाचार लेजाने वालों तथा उलाग़ों[4] के द्वारा वियोग पत्र भेजने लगे।

लश्कर के कूच का नियम

सुल्तान बल्बन कूच पर कूच करता हुआ जाजनगर के साठ सत्तर कोस निकट तक पहुंच गया। कोई भी मनुष्य तुग़रिल के विषय में यह न बताता था कि उसने किस ओर प्रस्थान

१ वह संकल्प जोकि बादशाह किसी कार्य के लिये कर लेते थे। बरनी ने इस का बड़ा महत्व बताया है (फ़तावाये जहाँदारी पृ० ३३ ब, ३७ अ)

२ ढाके के निकट

३ शायद राय भोज। इस राजा के स्वागत तथा अन्य घटनाओं से सम्बन्धित हाल तारीखे मुबारक शाही में इस प्रकार लिखा है।

[इस पराजय के समाचार को पाकर सुल्तान को बहुत ही रुष्ट हुआ और उसने सेना का नेतृत्व स्वयं करने का संकल्प किया। यह समाचार पाते ही कि सुल्तान स्वयं सेना लेकर उसके विरुद्ध आ रहा है, तुग़रिल एक नाव में नारकीलाह की ओर भाग गया। सुल्तान ने मलिक इख़्तियारुद्दीन बेकतर्स को एक शक्तिशाली सेना के साथ तुग़रिल को पकड़ने के लिये भेजा। इसी बीच में दिनौज राय ने इस आशय का एक पत्र भेजा कि वह सुल्तान की सेवा में जमीन बोस करने के लिये स्वयं आ रहा है, और उससे प्रार्थना की कि वह (सुल्तान) राय के पहुँचने पर खड़े होकर उसका स्वागत करे। इस बात ने, कि एक मुसलमान सुल्तान को एक काफ़िर के प्रति उचित सम्मान नहीं प्रकट करना चाहिये, सुल्तान को चिन्तित किया। मलिक बेकतर्स ने जो उस समय उपस्थित था सुल्तान को चिन्तित रहने से मना किया और उसे परामर्श दिया कि सुल्तान राय के दरबार में पहुँचने से पूर्व ही सिंहासन पर अपने हाथ में एक बाज़ लेकर विराजमान हो जाये और राय के आने एवं जमीन बोस करने के पश्चात् सुल्तान खड़ा हो जाये और हाथ से बाज़ को उड़ा दे। इस पर उपस्थित जन यह समझेंगे कि सुल्तान ने बाज़ को उड़ाने के उद्देश्य से अपना स्थान छोड़ा था और इस प्रकार सुल्तान राय की प्रार्थना के अनुसार आचरण करेगा। सुल्तान ने मलिक बेकतर्स के इस परामर्श की सराहना करते हुए उसी के अनुसार आचरण किया। उसने मलिक को बहुमूल्य उपहार प्रदान किया। राय ने बचन दिया कि वह हर साधन से तुग़रिल को सुल्तान के सम्मुख लायेगा। (पृ० ४२)

४ जो लोग घोड़े पर डाक ले जाते थे वे उलाग़ कहलाते थे।

किया और कहाँ है। सुल्तान ने मलिक बारबक बेकतर्स सुल्तानी को आदेश दिया कि सात आठ हज़ार वीर सवारों को सुल्तानी लश्कर का मुक़द्दमा[1] बनाया जाय। यह लोग दस बारह कोस आगे आगे चलें। प्रत्येक दिन कुछ सवार ज़बाँगीरी[2] के तरीक़े से मुक़द्दमे के लश्कर से दस बारह कोस आगे भेजे जाते थे। वे लोग तुग़रिल का पता लगाते थे। मलिक बेकतर्स मुक़द्दमे के नियम के अनुसार आगे आगे चलता था। सुल्तानी सेना कुछ कोस पीछे कूच करती थी। मुक़द्दमे की सेना से जो यज़की[3] नियुक्त होते थे और कुछ कोस आगे चलते थे, वे आगे पीछे, दायें बायें तुग़रिल के लश्कर के विषय में पूछताछ करते जाते थे परन्तु उसका कोई चिह्न न मिलता था।

बंजारों द्वारा तुग़रिल का पता लगाना

एक दिन मुक़द्दमे की सेना से मलिक मुहम्मद शेरअन्दाज़ कोल का मुक़्ता, उसका भाई मलिक मुक़द्दिर और तुग़रिलकुश, जो कि शेर बबर की भाँति वीरता में प्रसिद्ध थे, तीस-चालीस सवारों के साथ ज़बाँगीरी के लिए नियुक्त हुये। उपर्युक्त सवार मुक़द्दमे की सेना से दस बारह कोस आगे आगे चले जाते थे और तुग़रिल के विषय में खोज एवं पूछताछ करते जाते थे।

(८९) अचानक उन्होंने देखा कि कुछ बंजारे तुग़रिल की सेना के हाथ कुछ बेच कर अपने ग्रामों को वापस जा रहे हैं। उन लोगों ने बंजारों को पकड़ लिया। मलिक शेरअन्दाज़ ने आदेश दिया कि उन बंजारों में से दो की गर्दन मार दी जाय। अन्य बंजारे भयभीत हो गये। उन लोगों ने सवारों से कहा कि, "तुम में और तुग़रिल की सेना में आधे कोस से कम दूरी रह गई है। तुग़रिल एक पत्थर के हौज़ के किनारे उतरा है। आज वहीं निवास करेगा, और कल जाजनगर की ओर प्रस्थान करेगा।" मलिक शेरअन्दाज ने इनमें से दो बंजारे, दो तुर्क सवारों के साथ मलिक बारबक, मुक़द्दमे की सेना के सेनापति के पास रवाना किये, और कहला भेजा कि 'तुग़रिल की सेना का हम लोगों ने पता लगा लिया है। मलिक बारबक शीघ्र पहुँच जायँ। ऐसा न हो कि वे हरामख़ोर[4] भाग जायें।'

यज़की सवारों द्वारा तुग़रिल पर छापा

यज़की सवार[5] आगे की ओर चल दिये। एक बाँध पर पहुँचे। देखा कि तुग़रिल की बारगाह (शिविर) लग चुकी है। उसकी सेना ने उसके शिविर के चारों ओर डेरे लगा दिये हैं और उतर पड़े हैं। प्रत्येक निश्चिन्त और असावधान है। सेना के कुछ मनुष्य उस पत्थर के हौज़ पर कपड़े धो रहे हैं, कुछ मदिरा पान कर रहे हैं और कुछ गा रहे हैं। हाथी पेड़ों से टहनियाँ तोड़ तोड़ कर खा रहे हैं। घोड़े और चौपाये चरागाह में पहुँच चुके हैं। तुग़रिल की सेना अपने आप को सुरक्षित तथा भय-रहित समझे हुई है। उन यज़की अमीरों ने एक दूसरे से परामर्श किया कि 'यदि तुग़रिल की सेना में से कोई हमें देख लेगा तो उस कृतघ्न को सूचना हो जायगी और वह भाग जायगा। चाहे उसके सभी हाथी और पूरा ख़ज़ाना हाथ आ जाय, किन्तु वह भाग निकला तो फिर हम किस प्रकार सुल्तान के सम्मुख लौट सकेंगे। राज सिंहासन के समक्ष क्या उत्तर दे सकेंगे, अतः हमारे लिये यही उचित है कि जान से हाथ धो लें और उसके लश्कर पर धावा बोल दें। उसके ख़ेमों पर टूट पड़ें।

१ वह सेना जोकि मुख्य सेना के आगे आगे चलती थी।

२ पूछताछ करने हेतु

३ वे सैनिक जोकि मुक़द्दमे की सेना के आगे पूछताछ एवं मार्ग का पता लगाने के लिये चलते हैं।

४ दुष्ट।

५ पुस्तक में तुर्की है।

सम्भव है कि वह हमारे हाथ लग जाय। जब हम उसका सिर काट लेंगे तो उसके लश्कर में से किसी को हमारा सामना करने का साहस न हो सकेगा।'

(९०) 'इस समय उसकी सेना भाग रही है। उन्हें यह अनुमान भी न होगा कि हम लोग तीस चालीस सवारों से अधिक नहीं हैं, अपितु वे यही समझेंगे कि सुल्तान की सेना पहुंच गई है। सभी लोग भाग निकलेंगे।'

यज़कियों ने यह सोचकर अपनी तलवारें म्यान से निकाल लीं और वे वीर, सिंह की भाँति लश्कर का संहार करने वाले, 'तुग़रिल' चिल्लाते हुये उसकी सेना पर टूट पड़े। उसके शिविर में घुस गये। तुग़रिल भयभीत होकर तश्त-खाने[1] की ओर से बाहर निकल भागा। एक नंगी पीठ के घोड़े पर सवार होकर एक नदी की ओर, जोकि सेना के निकट थी, भागा। उसकी सेना सुल्तानी सेना के भय से भाग निकली। उसकी सेना पर अत्यन्त भय तथा आतंक छा गया। मुक़द्दिर तथा तुग़रिलकुश ने तुग़रिल का पीछा किया। तुग़रिल घोड़ा भगाता कुदाता उस नदी के निकट पहुंचा। तुग़रिलकुश ने एक कटार उसकी बग़ल में मार कर उसे घोड़े से नीचे गिरा दिया। मुक़द्दिर घोड़े से नीचे उतरा, उसका सिर काट लिया और उसके मृतक शरीर को पानी में फेंक दिया। उसका कटा शीश अपने पल्लू (दामन) में छिपा कर नदी के किनारे हाथ मुँह धोने लगा। तुग़रिल के जानदार तथा सिलाहदार "ख़ुदावन्दे[2] आलम, ख़ुदावन्दे आलम" चिल्लाते हुये उसे नदी के किनारे ढूँढते फिरते थे। इतने में मलिक बारबक अपनी सेना लेकर वहाँ पहुँच गया। तुग़रिल की सेना छिन्न-भिन्न हो गई। मलिक मुक़द्दिर तथा तुग़रिलकुश, तुग़रिल का कटा शीश मलिक बारबक के सामने ले गये। तत्काल तुग़रिल के शीश और विजय की बधाई को सुल्तान बल्बन की सेवा में भिजवा दिया गया। तुग़रिल की स्त्री, पुत्र तथा पुत्रियाँ, ख़ज़ाना, हाथी, विश्वासपात्र, पदाधिकारी और उनका परिवार सुल्तानी लश्कर के हाथ आये। मुक़द्दमे की सेना को इतना धन, सम्पत्ति, घोड़े, अस्त्र शस्त्र, दास और दासियाँ प्राप्त हुईं कि वर्षों तक वे उनको और उनके पुत्रों के लिये पर्याप्त थे। दो तीन हज़ार स्त्री तथा पुरुष सैनिकों द्वारा बन्दी बनाये गये।

सुल्तान की प्रसन्नता और पारितोषिक वितरण

(९१) सुल्तान उसी स्थान पर, जहाँ विजय की सूचना तथा तुग़रिल का कटा शीश मिला था, रुक गया। मलिक बारबक समस्त प्राप्त धन सम्पत्ति तथा तुग़रिल की सेना के बन्दियों को लेकर सुल्तान की सेवा में पहुँचा। प्रत्येक ने राज सिंहासन के सम्मुख विजय का वृत्तान्त दिया। सुल्तान ने मलिक मुहम्मद शेरअन्दाज़ के ऊपर गर्म होते हुये कहा कि 'तुमने बहुत बड़ा अपराध किया था, परन्तु मेरे भाग्य तथा देहली के लश्कर के परिश्रम से वह अपराध अच्छाई में बदल गया, खेद प्रकट करने के पश्चात् समस्त यज़कियों को उनकी योग्यता तथा श्रेणी के अनुसार ख़िलअत और इनाम दिये। मलिक शेरअन्दाज़ को सम्मानित किया। यज़कियों में से प्रत्येक को उन श्रेणियों की अपेक्षा, जोकि उन्हें प्राप्त थीं, कई गुनी ऊँची श्रेणियाँ प्रदान कीं। कटार मारने वाले को तुग़रिल-कुश[3] की पदवी प्रदान की। मलिक मुक़द्दिर को जिसने उसका सिर काटा था ख़िलअत और इनाम दिये। सैनिक जोकि लौटने से निराश हो चुके थे खुशियाँ मनाने लगे। क़िवामुद्दीन दबीरे ख़ास ने देहली की ओर विजय

---

१ ग़ुसल-ख़ाने। वह स्थान जहाँ स्नान किया तथा हाथ मुँह धोया जाता है।

२ अन्नदाता

३ तुग़रिल का हत्यारा

का सूचना-पत्र लिखा। विजय का सूचना-पत्र लिखना तभी से दबीरों[1] की परम्परा हो गई। लखनौती की विजय की सूचना पहुँचते ही देहली के घर घर में खुशी मनाई जाने लगी। सुल्तान का प्रताप तथा ऐश्वर्य राज्य के लोगों पर सौगुना बढ़ गया।

विरोधियों को दंड

सुल्तान उस पड़ाव से जहाँ तुग़रिल का सिर लाया गया था लौट पड़ा। लखनौती में पहुँचा, आज्ञा दी कि लखनौती के बड़े बाजार में जोकि एक कोस से अधिक लम्बा है दोनों ओर फाँसी लटकाई जाय। तुग़रिल के पुत्रों, जमाइयों, पदाधिकारियों, कर्मचारियों, दासों, विश्वास-पात्रों, सेनापतियों, जानदारों, सिलाहदारों तथा प्रसिद्ध पायकों की हत्या करदी। सभी को फाँसी दे दी गई; यहाँ तक कि एक क़लन्दर[2] को भी उसके मित्रों सहित फाँसी दे दी गई, क्योंकि वह तुग़रिल का मुँह लगा हुआ था। तुग़रिल उसका बड़ा आदर करता था और सुल्तान उसे दरवेश कहा करता था। तुग़रिल ने उसे तीन मन सोना प्रदान किया था, और वह तथा उसके मित्र सोने के बने हुये क़लन्दरी के यन्त्र धारण करते थे, जब कि अन्य लोग लोहे के पहनते थे।

(६२) सुल्तान बल्बन ने तुग़रिल पर विजय पाकर लखनौती लौटने के पश्चात् दो तीन दिन के भीतर जो दण्ड दिये, उसके भय से अनेक दर्शकों ने अपने प्राण छोड़ दिये और उनकी मृत्यु हो गई। इस इतिहास के संकलनकर्त्ता ने अनेक वृद्ध सरदारों से सुना है कि सुल्तान बल्बन ने जो दंड लखनौती में दिये वह देहली के अन्य किसी बादशाह ने कभी न दिये थे। किसी को इस बात की भी स्मृति न थी कि हिन्दुस्तान में इस प्रकार के दंड कभी दिये गये थे। सुल्तान ने आदेश दिया कि उन बन्दियों को देहली तथा उसके निकट के स्थानों के निवासी हैं, कड़ी क़ैद में रख कर सेना के साथ ले जाया जाय जिससे कि उन लोगों को देहली में दंड दिया जाये।

बुग़रा ख़ाँ की नियुक्ति

सुल्तान बल्बन दंड के काम से निवृत्त होकर कुछ दिन लखनौती रुका। लखनौती की इक़्लीम अपने लघु पुत्र बुग़रा ख़ाँ को प्रदान की। उसे चत्र, दूरबाश तथा बादशाही के चिह्न प्रदान किये। पदाधिकारी और अक़्तादार अपने सामने नियुक्त किये। तुग़रिल के कारख़ानों से जो कुछ हाथी तथा सम्पत्ति प्राप्त हुई थी बुग़राख़ाँ को प्रदान की। उसे अपने पास एकान्त में बुलाया। उसे शपथ दिलाई कि बंगाले की इक़्लीम मिल जाने पर उसके सुशासित रखने का प्रयत्न करता रहेगा; किसी दिन कोई महफ़िल न करेगा; मदिरा पान न करेगा; भ्रष्टाचार में न पड़ेगा।

जिन दिनों सुल्तान बल्बन विरोधियों को दंड दे रहा था, उसने बुग़रा ख़ाँ से पूछा कि तू कहाँ ठहरा है। उसने उत्तर दिया कि बड़े बाज़ार के निकट, लखनौती के पुराने मलिकों में से एक मलिक के घर में। बुग़रा ख़ाँ का नाम महमूद था। सुल्तान ने उससे पूछा कि 'हे महमूद ! तूने देखा ?' बुग़रा ख़ाँ उसके प्रश्न को जो स्पष्ट न था समझ न सका और आश्चर्य में पड़ गया। कोई उत्तर उसकी समझ में न आया।

१ दबीर राजकीय पत्र विभाग के व्यवहार से सम्बन्धित होते थे। इस विभाग का अध्यक्ष दबीरे ख़ास होता था।

२ स्वतन्त्र विचार के दरवेश। इन लोगों के विचार एवं वेष-भूषा अन्य सूफ़ियों से पृथक् होते हैं। यह लोग हाथ पैरों में लोहे के कड़े और गर्दन में लोहे की हंसली तथा लोहे की जंजीरें पहनते हैं। इन वस्तुओं को आलाते क़लन्दरी अथवा क़लन्दरी के यन्त्र लिखा गया है।

(६३) सुल्तान ने फिर उस समय यह कहा कि 'हे महमूद ! तूने देखा ?' बुग़रा ख़ाँ फिर आश्चर्य में पड़ गया। कोई उत्तर उसकी समझ में न आया। सुल्तान ने तीसरी बार फिर खोल कर कहा कि, "मैंने जो कुछ दंड बाज़ार में दिये, तूने देखे ?" बुग़रा ख़ाँ ने धर्ती चुम्बन करके कहा कि, "देखा।" सुल्तान ने कहा, "जिस दिन कोई हरामखोर विरोधी तुझ से यह कहे कि देहली के बादशाह के विरुद्ध विद्रोह करना चाहिए तो तू उसकी बात पर ध्यान न देना। इस दंड और हत्या को जो तूने बड़े बाज़ार में देखी याद कर लेना। तू यह बात समझ ले और मेरी बात मत भूलना, कि यदि हिन्द, सिन्ध, मालवे, गुजरात, लखनौती तथा सुनार गाँव के इक़लीमदारों में से कोई भी देहली के बादशाह के विरुद्ध विद्रोह करेगा और तलवार खींचेगा तो उसको, उसके स्त्री बच्चों, मित्रों, सम्बन्धियों कर्मचारियों, तथा आज्ञाकारियों को यही दंड होगा, जोकि तुग़रिल, उसके पुत्रों और उसके कर्मचारियों को दिया गया।

बुग़रा ख़ाँ को चेतावनी

लौटते समय फिर एक दिन सुल्तान बल्बन ने बुग़रा ख़ाँ को उसके कुछ अन्य विश्वास-पात्रों के साथ एकान्त में बुलाया और उन लोगों के सम्मुख उससे कहा कि "हे महमूद, यद्यपि मैंने तुझ में उलिलअम्री की योग्यता चाहे देखी अथवा न देखी, किन्तु पुत्र प्रेम के कारण उलिलअम्री तथा अपने राज्य का हित इसी में पाता हूं कि लखनौती और बंगाले की इक़लीम, जिसको प्राप्त करने में मैं ने इतना रक्त-पात किया है, और जिस राज्य के लिये इतनी फ़िरऔनी[1] की है, इतने मनुष्यों को फाँसी दी है, तुझे प्रदान कर दूँ। दुनिया और दुनिया का हित जो लोगों को इतना प्रिय है अवश्य क्षणिक तथा समाप्त होने वाला है। प्रत्येक कठिनाई, जो उसके प्राप्त करने में आती है, इस कारण कि उसका समाधान हो जाता है, अति सरल है, परन्तु क़यामत का कार्य बड़ा ही कठिन है। सभी को क़यामत में अपने कार्यों के विषय में उत्तर देना पड़ेगा। यदि क़यामत में मुझ से प्रश्न किया गया कि "जब तू जानता था कि, तेरा पुत्र व्यभिचार और दुराचार, मदिरापान, संगीत, नृत्य तथा मनोविनोद को किसी प्रकार त्याग नहीं सकता, तो फिर इतनी बड़ी इक़लीम का प्रबन्ध और इतने दूर के स्थानों की बादशाही उसे क्यों प्रदान की। एक भ्रष्टाचारी को सर्व साधारण के ऊपर क्यों नियुक्त कर दिया, तो फिर मैं ईश्वर के सिंहासन के समक्ष क्या उत्तर दूँगा।"

(६४) "मैं जानता हूँ कि मैं जैसे ही लखनौती से पाँच छः मंज़िल दूर पहुंच जाऊँगा तैसे ही तू भोग विलास में मस्त हो जायगा। तू और तेरे समस्त मित्र तथा सहायक, तेरे लावलश्कर, कर्मचारी, और पदाधिकारी भ्रष्टाचार तथा व्यभिचार में पड़ जायेंगे। इस प्रदेश के निवासी, यदि बादशाह उसके मित्रों, सहायकों तथा लावलश्कर को मदिरापान एवं भोग विलास में संलग्न पायेंगे, तो सभी छोटे बड़े, स्त्री-पुरुष, हिन्दू मुसलमान उपद्रव आरम्भ कर देंगे। इस प्रदेश के हिन्दुओं के कुफ़ और शिर्क के कारण मुसलमानों में भी दुराचार तथा व्यभिचार एवं ज़िन्दिक़ा और इबाहत फैल जायेगी। जिस प्रकार मूर्ति-पूजक हिन्दू तथा मुशरिक ख़ुदा को भूल चुके हैं, इसी प्रकार मुसलमान भी उसे भूल जायेंगे। ख़ुदा का नाम विश्वास तथा श्रद्धा से कोई भी न लेगा। इस कारण मैं और तू सर्वदा दण्ड-ग्रस्त रहेंगे।"

तत्पश्चात् सुल्तान ने कहा कि, "हे महमूद ! तूने उन आलिमों, सूफ़ियों और बुज़ुर्गों को नहीं देखा है जिन्हें मैं अपने स्वामी सुल्तान शम्सुद्दीन की सेवा में देख चुका हूं और जो वाज़ और नसीहतें मैं सुन चुका हूं, तूने नहीं सुनी हैं। इस समय आलिम तथा सूफ़ी इतने

---

१ अत्याचार, निरंकुशता।

धर्मनिष्ठ और भगवान् का भय रखने वाले नहीं हैं जो बादशाहों के सम्मुख खुल्लम खुल्ला कुछ कह सकें और बादशाहों को ऐसे उपदेश दे सकें जो उन्हें रुचिकर न हों। मैं दूसरी इक़लीम में हूँगा और तू दूसरी इक़लीम में निश्चिन्त सोया करेगा। तुझे कौन जगायेगा या जगा सकेगा।" सुल्तान बल्बन ने उपर्युक्त बातें बुग़रा खाँ से कहीं और उसकी आखों में आँसू डबडबा आये। आज्ञा दी कि कूच का नक़्क़ारा बजा दिया जाय और देहली की ओर सेना वापस हो। बुग़रा ख़ाँ सुल्तान को कुछ मंज़िल तक पहुंचाने गया।

बुग़रा ख़ाँ को सुल्तान की नसीहतें

(६५) उस दिन जिसके पश्चात् बुग़रा खाँ विदा होने वाला था, सुल्तान बल्बन रुक गया। नमाज़े इशराक़ के पश्चात् कोई कार्य न किया। एकान्त में कुछ वृद्ध तथा अनुभवी अमीरों को बुलवाया। बुग़रा ख़ाँ से कहा कि 'अपने शम्स दबीर को दावात काग़ज़ क़लम देकर मेरे सम्मुख बुलवा, ताकि तेरे विषय में उसे कुछ नसीहतें लिखवा दूं।' जब शम्स दबीर को बुग़रा खाँ सुल्तान के समक्ष ले गया तो सुल्तान ने बुग़रा ख़ाँ और शम्स दबीर को अपने सामने बैठ जाने की आज्ञा दी। सुल्तान ने उपस्थित जनों की ओर मुँह करके कहा कि, "मैं जानता हूँ कि राज्य व्यवस्था के विषय में जो भी उपदेश मैं इस पुत्र को दूँगा उन पर वह विलासप्रियता तथा कामाग्नि के वश में होने के कारण कान न धर सकेगा और उन कार्यों को न करेगा, किन्तु पितृ-प्रेम से विवश होकर चाहता हूं कि तुम लोगों के सामने कुछ नसीहतें इस पुत्र के लिये लिखवा दूँ, क्योंकि तुम लोग वृद्ध और अनुभवी हो। कदाचित् ख़ुदा उसे इस बात की योग्यता प्रदान करे, कि वह मेरी नसीहतों पर आचरण कर सके।" यह शब्द उन लोगों के सम्मुख कहे और शम्स दबीर को आज्ञा दी कि वह लिखता जाय।

राज्य व्यवस्था के सम्बन्ध में महमूद के लिये उसकी प्रथम नसीहत इस प्रकार थी। जब लखनौती की इक़लीम उसके सिपुर्द हो तो वह देहली के बादशाह का आज्ञाकारी रहे। उसका विरोध न करे। उससे सम्बन्ध विच्छेद न करे, चाहे देहली का बादशाह उसका सम्बन्धी, भाई या कोई अन्य व्यक्ति हो। लखनौती के शासक के लिये देहली के बादशाह का विरोध करना या विद्रोह करना उचित नहीं। यद्यपि लखनौती बहुत दूर पर स्थित है किन्तु वह देहली के मुज़ाफ़ात[1] में से है। जिस तिथि से देहली विजय हुआ सर्वदा लखनौती के वाली देहली के बादशाह द्वारा नियुक्त होते रहे।

(६६) जिन लोगों ने भी देहली के बादशाह का विरोध किया उन्होंने वह सब कुछ देख लिया जो देखना था। 'हे महमूद! विश्वास रख कि लखनौती का शासक देहली के बादशाह से युद्ध में कदापि सफल नहीं हो सकता। हे महमूद! यदि तू देहली न जा सके और तुझे देहली के बादशाह से जान का भय हो तो यह समझ ले कि दो मनुष्यों का खुत्बा और सिक्का एक स्थान पर नहीं चल सकता, अतः तेरे हित के लिये यह परमावश्यक है कि देहली के बादशाह के साथ किसी न किसी युक्ति से जीवन निर्वाह करता रहे। उसकी सेवा में तोहफ़े, उपहार, विश्वासपात्र और योग्य दूत, जो तेरे भेदों को सुरक्षित रख सकें, भेजता रहे ताकि वह लखनौती पर आक्रमण करने के विचार को अपने आक्रमणों की योजना में विशेष स्थान न दे सके। कभी-कभी कुछ हाथी देहली भेज दिया करे। देहली के बादशाह के द्वारा उसके घोड़े पहुँचाने का मार्ग बन्द न हो[2]। यदि ऐसा हो कि देहली का बादशाह लखनौती पर

१ अधीन।
२ घोड़े पहुंचते रहें।

आक्रमण करदे, तो उससे कदापि युद्ध न करना और किसी बहुत दूर के स्थान पर अपने हाथी धन सम्पत्ति, उपयोगी लोगों और उनके परिवार को लेकर प्रस्थान कर जाना[१], किसी ऐसे दूर के स्थान पर चले जाना जहाँ देहली की सेना कठिनाई से पहुँच सके। अपनी रक्षा करते रहना और अपनी धन सम्पत्ति की देख भाल करते रहना। देहली के बादशाह से युद्ध न करना। उससे युद्ध की लालसा अपने हृदय में न पैदा करना, क्योंकि देहली का बादशाह एक धावे में लखनौती पर विजय प्राप्त कर सकता है। लखनौती के शासकों को छिन्न-भिन्न कर सकता है। देहली के बादशाह लखनौती के स्वामी को अपने अधीन समझते हैं।'

'लखनौती का शासन प्रबन्ध प्रत्येक मनुष्य को नहीं सौंपा जा सकता, क्योंकि लखनौती की इक़लीम पर केवल कुशल और ऐश्वर्य वाले बादशाह ही राज्य कर सकते हैं और उसे सुव्यवस्थित कर सकते हैं। जब यह सुन लेना कि देहली का बादशाह लौट गया, तो फिर हे महमूद ! तू लखनौती लौट जाना और लखनौती पर अधिकार जमा लेना, क्योंकि देहली के बादशाह के अतिरिक्त कोई अन्य, महमूद, तेरा मुक़ाबिला नहीं कर सकता। मुझे यह सब बातें अनुभव द्वारा ज्ञात हुई हैं।'

(७) 'महमूद तेरे विषय में दूसरी नसीहत यह है कि तू यह भली भाँति समझ ले कि विलायतदारी के नियमों और इक़लीमदारी के नियमों में विशेष अन्तर है। यदि किसी मुक्ते से विलायतदारी के कार्यों में कोई असावधानी या त्रुटि हो जाती है और विलायतदारी यथाशक्ति सम्पन्न नहीं हो पाती, तो बादशाह उसे उस त्रुटि और असावधानी के कारण पदच्युत कर देता है या उससे हिसाब किताब लिया जाता है और बादशाह अपने क्रोध के कारण उस पर जुरमाना करके उसकी धन सम्पत्ति छीन लेता है. परन्तु उसको प्राण का भय नहीं होता। उसके फिर क्षमा कर दिये जाने की आशा भी समाप्त नहीं होती। उसके स्त्री, बालक, नौकर चाकर उसकी भूल से तहस नहस नहीं होते, परन्तु यदि इक़लीमदारी में इक़लीमदार से कोई त्रुटि या भूल हो जाय और वह कोई अनुचित कार्य कर बैठे, तो उसकी त्रुटि, भूल एवं असावधानी का प्रभाव समस्त इक़लीम पर पड़ेगा। इक़लीम की प्रजा कष्ट में पड़ कर छिन्न-भिन्न हो जायगी। उसका लाव-लश्कर सुरक्षित नहीं रहेगा। ऐसी त्रुटि का, जिसके कारण समस्त इक़लीम कष्ट में पड़ जाती है, कोई न्याय नहीं, और न उसका समाधान ही हो सकता है; न उसे शान्ति प्राप्त हो सकती है और न उसका कार्य फिर से बन सकता है।'

'इक़लीम की परेशानी और इक़लीमदारी के कार्य की परेशानी का प्रभाव इक़लीमदार के प्राण, पुत्रों, बच्चों, सम्बन्धियों, मित्रों और उससे सम्बन्धित सभी व्यक्तियों पर पड़ता है। हे महमूद ! इक़लीमदारी में इस बात का ध्यान रखना और इक़लीमदारी से सम्बन्धित सभी अच्छे और बुरे विषयों पर अपने राज्य के अच्छी राय रखने वालों से परामर्श करते रहना, क्योंकि कोई भूल या त्रुटि न हो जाय। हे महमूद ! जान ले कि यदि अपनी इक़लीमदारी से सम्बन्धित कोई कार्य भाग्य और क़िस्मत से, बुद्धिमानी के परामर्श के विरुद्ध आचरण करने के बावजूद सफल हो जाय, त्रुटि का समाधान हो जाय और बादशाह की असावधानी और भूल के कारण राज्य को कष्ट न उठाना पड़े तथा बादशाह की इच्छानुसार सभी कार्य होते रहें, तब भी बादशाह को इसे अपना दुर्भाग्य समझना चाहिये और उन कार्यों को निष्फल समझना चाहिये। उस रौनक़ पर जो त्रुटि और अनुचित कार्य करने पर भी दिखाई पड़े गर्व न करना चाहिये। ऐसे कार्य करने से जिनसे टेढ़ी बातें सीधी हो जायँ और त्रुटि ठीक दिखाई दे, उसके लिये अपने आप से छिप-छिप कर सहानुभूति प्रकट करते रहना चाहिये और समझना चाहिये कि

१ फ़तावाये जहाँदारी पृ० १८० अ।

यदि टेढ़े कार्य का भी परिणाम सीधा और अनुचित बात का फल उचित दिखाई देता है, तो यह ईश्वर की ओर से ढील देने और कुछ समय के लिये छोड़ देने का एक उदाहरण है। ऐसा भी सम्भव हुआ है कि बहुत से बादशाहों ने आजीवन टेढ़े कार्य किये और जब कुछ किया तो बुराई ही की और उनके आजीवन सब कुछ ठीक ही होता गया, और जो कुछ भी भूल की वह ठीक ज्ञात हुई। ऐसे बहुत से बादशाह हुए हैं, जो भ्रष्टाचार, दुराचार, भोग विलास, असावधानी और व्यर्थ की बातें आजीवन करते रहे और सर्व साधारण भी उनका अनुकरण करते रहे। सर्व साधारण के व्यभिचार और शिर्क के कारण जो कुफ़ तथा पाप होते रहे और वे कार्य जोकि शरा के विरुद्ध तथा विलासिता के रूप में होते रहे, उसके विषय में वह लज्जित नहीं होते थे। उन्हें इस बात का ज्ञान नहीं था कि इस्लाम का सम्मान किस प्रकार होता है। उन्हें दीन पनाही और दीन परवरी के विषय में कोई सूचना नहीं थी। वे अम्रे मारूफ़ और नेहीये मुनकिर के विषय में कोई ध्यान नहीं देते थे। इस समाचार से वे प्रसन्न होते थे कि सर्व-साधारण भोग विलास, आराम, व्यभिचार, भ्रष्टाचार, ज़िन्दिक़ा और इलहाद में ग्रस्त हैं। सर्व साधारण के इस भ्रष्टाचार को अपने न्याय, नेकी, लोगों को दुःख न देने और प्रजा का ध्यान रखने का परिणाम समझते थे। उनके हृदय में साधारण तथा विशेष व्यक्तियों की मक्कारी, शिर्क और कुफ़ की आज्ञाओं का पालन, दुराचार, व्यभिचार, भ्रष्टाचार, ख्यानत, धोखेबाज़ी, नफ़ा-खोरी, लालच, बनावट पर घृणा नहीं उत्पन्न होती। वे यह नहीं समझते थे कि किन चीज़ों द्वारा उनकी मुक्ति और किन चीज़ों द्वारा उनका विनाश सम्भव है। अपने विनाश की वस्तुओं को मुक्ति की वस्तुयें और मुक्ति की वस्तुओं को विनाश की वस्तुयें समझते थे। अपने राज्य तथा युवावस्था से बदमस्त और असावधान रहने वाले बादशाहों को यह नहीं ज्ञात होता, कि सत्य का पालन करने एवं शरा के मार्ग पर चलने से ही बादशाह की मुक्ति तथा उन्नति सम्भव है। यह कोई महत्वपूर्ण कार्य नहीं कि प्रजा के समस्त वचनों तथा कार्यों को स्वीकार कर लिया जाय।'

(९९) 'उपर्युक्त घृणा के योग्य समस्त कार्यों के करने के बावजूद यदि किसी का राज्य सुरक्षित रह गया और उस पर कोई आपत्ति या दुर्घटना नहीं पड़ी, उसका लावलश्कर, सेना, ख़ज़ाना, धन-सम्पत्ति, हाथी घोड़े बढ़ते ही रहे तो वह यह समझते रहे कि यह सब उनकी सदभावना तथा दूसरों को न सताने का फल है। दीन तथा राज्य के विषय में जानकारी रखने वालों के निकट उन असावधान बादशाहों के देश एवं राज्य का सुरक्षित रह जाना ख़ुदा के ढील देने और टाल जाने का परिणाम होता है। मुझे अर्थात् बल्बन को, जोकि सुल्तान शम्सुद्दीन का दास है, तेरे अर्थात् महमूद के विषय में जोकि मेरा पुत्र है, यह भय है कि तू अपने देश की प्रजा के साथ इस प्रकार जीवन व्यतीत न करेगा जिस प्रकार मैंने नसीहतों में लिखवाया है। चूँकि तुझको धर्म (इस्लाम) और अपनी मुक्ति की चिन्ता नहीं अतः तू अपने राज्य वालों के दीन तथा उनकी मुक्ति की परवाह न करेगा। कुछ झूठे तुझ को जिस प्रकार बहका देंगे और मूर्ख बना कर तेरे सम्मुख यह कहेंगे कि ऐसा योग्य बादशाह प्रशंसा का पात्र है, जिसके राज्य तथा शासन में प्रजा को आराम, चैन, भोग-विलास, कामाग्नि की शान्ति और अपनी मनमानी करने की सुविधा प्राप्त है, लोग दिन रात अपनी इच्छाओं की पूर्ति करते रहते हैं और बादशाह के लिए दुआ करते रहते हैं; कहा करते हैं कि इस प्रकार भोग विलास की ख़ास व आम को सुविधा किसी समय और किसी काल में न थी। वे इसी प्रकार की बातें बनायेंगे, और तू उनके बहकाने पर फूल कर बहक जायगा। ऐसी दशा में शैतान भी तुझे इसी प्रकार बहकायेगा और तू सोचने लगेगा कि यद्यपि में भोग विलास में ग्रस्त हूं तो क्या हुआ, किन्तु मेरे राज्य और मेरी बादशाही के कारण देश के इतने हज़ार लोग भोग-

विलास, मदिरापान, जुए और व्यभिचार में ग्रस्त हैं। मैं प्रजा के भोग विलास के कारण प्रसिद्ध हो रहा हूं और स्वर्ग का अधिकारी बनूँगा।'

(१००) 'हे महमूद ! तेरे विषय में तीसरी नसीहत कुछ वसीग्रतों द्वारा है। यदि तू इन वसीग्रतों को पूरा करता रहेगा, तो कुछ समय तक तेरा राज्य स्थापित रहेगा। हे महमूद ! यदि तुझ को इन वसीग्रतों द्वारा राज्य व्यवस्था में कुछ लाभ हो तो अपने पिता के लिये भगवान् से प्रार्थना करना और उसकी आत्मा के सुख के लिये न्यौछावर बाँटना।'

'पहली वसीग्रत जिससे महमूद तेरा राज्य ठीक से चलता रहेगा यह है, कि इक़लीमदारी की व्यवस्था तथा प्रबन्ध हेतु उन नियमों का पालन करते रहना, जिनसे देश की प्रजा सुव्यवस्थित रह सके और उन्नति कर सके। वह न तो अत्यधिक सन्तुष्ट और न पूर्णतया दरिद्र ही हो जाय। आज्ञाकारी और आज्ञापालक प्रजा से अकारण अधिक (धन) न वसूल करना। तू भी उन्हीं कार्यों के विषय में आज्ञा देता रहे जिन्हें पिछले बादशाह भी देते आये हैं। स्वयं नये कार्य और नई आज्ञायें अपनी ओर से संचालित न करना। प्रजा के विषय में वही कार्य करना जोकि न तो बहुत कड़े हों और न बिल्कुल ही सरल। इसी प्रकार ख़राज के वसूल करने में भी मध्यम मार्ग ग्रहण करना। न तो इतना ले लेना कि प्रजा दरिद्र हो जाय और न इतना कम लेना कि वह सम्पत्ति की अधिकता से विरोधी बन जाय। यदि प्रजा के पास अत्यधिक माल हो जायगा, तो वह विरोधी बन जायगी, क्योंकि धन सम्पत्ति की अधिकता से मनुष्य व्यर्थ कार्य करने लगता है। लोग धन सम्पत्ति के विषय में अचेत हो जाते हैं और उनके हृदय में आज्ञा उल्लंघन की भावना उत्पन्न होने लगती है। लावलश्कर और प्रजा में इस प्रकार पारस्परिक सम्बन्ध रहना चाहिये कि प्रत्येक वर्ष प्रथम को वेतन और द्वितीय को पर्याप्त अनाज मिल जाय और किसी को कोई कष्ट न हो। लोग न तो दरिद्र रहें और न अवज्ञाकारी। प्रजा और लावलश्कर के विषय में उपर्युक्त बातें सन्तुलित रहनी चाहियें। प्रत्येक वर्ष उन्हें इतना वेतन मिल जाय और इतनी कृषि हो जाय कि लोग निश्चिंत होकर जीवन व्यतीत कर सकें; न तो दरिद्र हो जायँ और न विरोधी। यही राज्य व्यवस्था का महत्वशाली कार्य तथा शासन व्यवस्था की अत्यन्त सफल नीति है। इसे सुलेमानी और सिकन्दरी जैसी उत्कृष्ट वस्तुओं में गिना जा सकता है। इस प्रकार शासन व्यवस्था करना कि लावलश्कर को वेतन मिल जाय और प्रजा कृषि की आय से जीवन व्यतीत कर सके। इसमें कमी या ज़्यादती न हो।

(१०१) यह केवल उन्हीं लोगों द्वारा सम्भव है जो अपने काल तथा समय के अरस्तू और बुज़ुर्चमेहर हैं। जिस समय तक बादशाह विलासिता का परित्याग नहीं करता और जब तक उसके पास ऐसे बुद्धिमान मन्त्री नहीं होते जो अपनी आत्म-प्रेरणा से लौहे[1] महफ़ूज़ की इच्छा का पता चला सकें, उपर्युक्त कार्य, जोकि शासन व्यवस्था से सम्बन्धित कार्यों में अत्यन्त महत्त्वपूर्ण हैं, उसके राज्य में सफलता-पूर्वक सम्पन्न नहीं हो सकते। हे महमूद ! तू यह समझ ले कि उपर्युक्त वसीग्रतों में अनेक बातें पैदा हो सकती हैं। अपने परामर्श-दाताओं को सभा में तथा एकान्त में बुलाकर आज्ञा दे कि इस वसीग्रत पर तेरे सम्मुख वाद विवाद करते रहें।'

'महमूद तेरे विषय में दूसरी वसीग्रत यह है, कि अपने परामर्श-दाताओं को आज्ञा दे कि राज्य व्यवस्था से सम्बन्धित सभी कार्यों के लिये दृढ़ नियम बनायें। महमूद, तू यदि राज्य व्यवस्था सम्बन्धी कार्य के लिये उपर्युक्त प्रकार के अधिनियम नहीं बनायेगा और अपने (आचार) विचार और इच्छानुसार एक दिन प्रातः में एक आज्ञा, दिन के अन्त में दूसरी

१ वह बातें जिनका ख़ुदा ने फ़ैसला कर लिया है और जो उसकी इच्छा के अनुकूल हैं।

आज्ञा, रात्रि में कोई अन्य आज्ञा और दूसरे दिन फिर कोई और आज्ञा देगा, तो तेरा राज्य स्थापित नहीं रह सकता, क्योंकि आज्ञाओं के क्षणिक और अस्थायी होने के कारण अनेक कार्य बादशाह और वाली की इच्छा के विरुद्ध होते रहेंगे। ऐसा न हो कि महमूद शैतान तुझ पर विजय और सफलता प्राप्त कर ले और तेरे हृदय में यह डाल दे कि मैं बादशाह हूँ, सभी का शासक हूं; जो मेरी इच्छा हो और जो मेरे हृदय में आये उसे करता रहूं, क्योंकि यही शैतान का दिखाया हुआ मार्ग है। इसी के द्वारा बड़े बड़े आतंककारी बादशाह और फ़राइना पाताल तक पहुंच गये और स्थाई नरक में पड़ चुके हैं[1]।'

'महमूद तेरे विषय में तीसरी वसीअत यह है, कि कोई दिन भी ऐसा न व्यतीत होना चाहिये जब तू अपने लावलश्कर के विषय में पूछताछ न करे, क्योंकि प्रजा से कार्य तथा आवश्यकता वर्ष में एकाध बार ही पड़ती है और लावलश्कर से काम और आवश्यकता बराबर रहती है। जो राज्य लावलश्कर के कार्य में असावधान रहता है, वह सफल नहीं रह सकता। हे महमूद ! तुझे चाहिये कि लावलश्कर के कार्य के विषय में विलम्ब न होने दे।'

(१०२) 'जो लावलश्कर को दान देने और उसके हेतु कार्य करने के विरुद्ध कोई अन्य बात बताये और अपने को हितैषी और राज्य का शुभचिन्तक कहे तो उसे अपने राज्य का शत्रु समझ। अपनी बादशाही को लावलश्कर की अधिकता और उसको सुव्यवस्थित रखने पर निर्भर समझ। दीवाने अर्ज़ को चाहिये कि पुराने सैनिकों के पालन-पोषण और नये सवारों तथा प्यादों की भर्ती के कार्य तथा उनकी उन्नति में तल्लीन रहे। नित्य लावलश्कर के विषय में उसे पूर्ण जानकारी होती रहे[2]।'

'हे महमूद ! राज्य व्यवस्था और शासन सम्बन्धी चौथी वसीअत यह है कि तुझे इस बात की जानकारी और विश्वास होना चाहिये कि बादशाही और दासता एक दूसरे के विरुद्ध हैं। बादशाही ऐश्वर्य और वैभव का नाम है। इस्लामी आदेश ऐश्वर्य तथा स्वार्थ के विरुद्ध हैं। यदि मैं तुझ से यह कहूं कि बादशाहत की देन की कृतज्ञता के लिये तू दासता की भूमि पर अपना माथा रगड़ा करे और इस देन के लिये नाना प्रकार के बन्दगी के कार्य किया करे तो तुझ से यह न हो सकेगा। वही बादशाह इस कार्य को कर सके हैं, जिन्हें भगवान् की सहायता प्राप्त थी। यदि तू अपने आपको ख़ुदा का बन्दा और उसका पैदा किया हुआ समझता है तो चाहे जो भी हो पाँचों समय की फ़र्ज़ नमाज़[3] जमाअत के साथ पढ़ते रहना. क्योंकि नबी की यह सुन्नत मुवक्क़िदा[4] है। हदीस में आया है कि जमाअत की नमाज़ सुन्नतों में से एक सुन्नत है। उसे मुनाफ़िक़ के अतिरिक्त कोई नहीं त्यागता। यह भी हदीस है कि जमाअत का त्यागने वाला मलऊन (घृणित) होता है। पहली तकबीर (अल्लाहोअकबर) इमाम के साथ कहना लोक तथा परलोक के समस्त कार्यों से उत्तम है।'

'यदि किसी कारण से तू कोई नमाज़ न पढ़ सके तो रात में चाहे दिन में क़ज़ा[5] पढ़ लिया कर; इसमें असावधानी मत करना ताकि क़यामत में तेरा अन्त अच्छा हो।'

---

१ फ़तावाये जहाँदारी पृ० २२ ब, २५ अ।

२ फ़तावाये जहाँदारी पृ० ६५ अ, ६८ ब।

३ अनिवार्य नमाज़ें जो सूर्य निकलने के पूर्व, दोपहर पश्चात्, साय से पूर्व, सायंकाल तथा सायंकाल के पश्चात् रात्रि में पढ़ी जाती हैं।

४ अनिवार्य सुन्नत।

५ अनिवार्य नमाज़ों के छूट जाने के उपरान्त उनके बदले में नमाज़ पढ़ने को 'क़ज़ा नमाज़' पढ़ना कहते हैं।

उपर्युक्त नसीहतों के पश्चात् सुल्तान ने बुग़रा ख़ाँ से कहा कि, 'हे महमूद ! मैं ने तुझे जो नसीहतें कीं वे तेरी योग्यता के अनुसार थीं, परन्तु तेरे लिये धर्मनिष्ठ (इस्लामी) बादशाहों के कर्तव्यों के विषय में भी कुछ नसीहतें (जो नहीं कर सका) इस प्रकार हैं:—सर्वदा अपने विचार तथा आकाँक्षायें कुफ़ के विनाश में लगाये रख। मुशरिकों तथा बुतपरस्तों को तुच्छ, पतित और अपमानित रख, जिससे नबियों के मध्य में स्थान प्राप्त हो। तू ब्राह्मणों को जड़ से उखाड़ फेंक क्योंकि उनके द्वारा कुफ़ को उन्नति होती है।'

(१०३) 'मुहम्मद साहब की सुन्नत पर आचरण करता रह। बादशाही के कार्य के आडम्बर को सुन्नत के विरुद्ध तथा प्रतिकूल समझ। अपनी बादशाही के लिये अब्बासी ख़लीफ़ा से आज्ञा प्राप्त कर। अपना राज्य प्रत्येक प्रकार के आलिमों, सूफ़ियों, सैयिदों, मुफ़स्सिरों,[1] मुहद्दिसों[2], हाफ़िज़ों, मुज़क्किरों[3] तथा अन्य कलाकारों से भर दे ताकि तेरी राजधानी सभी प्रकार से परिपूर्ण रहे। जुमे की नमाज़ ख़लीफ़ा की आज्ञा से पढ़। यह सब वसीअतें ऐसी हैं जिनके ज्ञान तथा सुनने से मुझ को लाभ हो सकता है न कि तुझ जैसे विलास-प्रिय को; परन्तु अन्तिम वसीअत तुझ जैसे विलासप्रिय के लिये भी करना चाहता हूं। इससे तुझे भी, यदि तू उस पर आचरण करेगा, इस लोक में उन्नति तथा परलोक में मुक्ति मिलेगी।'

'अन्तिम वसीअत यह है कि, यदि तू बहुत दौड़ धूप कर एवं विनय तथा प्रार्थना से किसी ऐसे की शरण में चला जाय, जिसने देखने में दुनिया से मुँह फेर रखा हो और अपने आपको पूर्णतया ख़ुदा की बन्दगी के लिये वक़्फ़ कर दिया हो, तो यह अवश्य ही देखले कि यदि वह तुझ से या मेरे अतिरिक्त किसी और से कुछ माँगता हो या किसी प्रकार संसार तथा संसार प्रेमियों से मिलता जुलता हो तो उसमें श्रद्धा मत रख। उसे न तो संसार का प्रेमी ही समझा जा सकता है और न सत्य का उपासक। मैं बल्बन जो कि शम्सी दास हूँ, क़ाज़ी जलालुरूस से जोकि बहुत बड़े क़ाज़ी थे यह सुन चुका हूं कि जब वे दूत बन कर बग़दाद से देहली आये थे, तो यह उपदेश सुल्तान शम्सुद्दीन के लिये जिन पर हारुनुर्रशीद आचरण करता था, उपहार स्वरूप लाये थे। सुल्तान इस बात पर क़ाज़ी जलालुद्दीन से इतना प्रसन्न हुआ कि उसकी इच्छा थी कि अपना आधा राज्य उसे प्रदान कर दे। वह उपदेश, जोकि क़ाज़ी जलालुरूस सुल्तान शम्सुद्दीन के लिये उपहार स्वरूप लाये थे, उन्होंने बग़दाद में अमीरुल मोमिनीन मामून[4] का हस्तलिखित देखा था और उसे ख़लीफ़ा से प्राप्त कर लिया था। वह इस प्रकार है:—

(१०४) 'अमीरुल मोमिनीन मामून ने किताबे सफ़ीनतुल ख़ुल्फ़ा में अपने हाथ से लिखा था कि मेरे पिता अमीरुल-मोमिनीन हारुनुर्रशीद इतना ऐश्वर्य तथा वैभव रखते हुये भी दाऊद ताई और मुहम्मद समाक की सेवा में, जोकि बग़दाद के ज़ाहिदों (साधकों) में सर्वश्रेष्ठ थे, कुछ सेवकों को लेकर पैदल जाया करते थे और एक घड़ी उन लोगों के द्वार के समक्ष भूमि पर अकेले बैठे रहते थे। वे लोग मेरे पिता के लिये द्वार न खोलते और मेरे पिता को भीतर न बुलवाते। ख़लीफ़ा बार बार उन दरवेशों के द्वार पर जाता और लज्जित न होता और न इसमें अपना अपमान ही समझता। उनके प्रति उसकी श्रद्धा बढ़ती जाती और उनके विषय में उसकी भक्ति में वृद्धि होती रहती। उसकी इच्छा थी कि कोई उन लोगों से मेरी भेंट करा दे। इस कार्य के लिये उसने बहुत से लोगों को धन सम्पत्ति प्रदान करने का

१ क़ुरान की व्याख्या जानने वाले।
२ हदीसवेत्ता।
३ तज़्कीर करने वाले।
४ अब्दुल्लाह अल मामून सातवाँ अब्बासी ख़लीफ़ा था। वह ८१३ ई० से ८३३ ई० तक ख़लीफ़ा रहा।

आश्वासन दे रखा था। हमें और दूसरे विश्वासपात्रों को ख़लीफ़ा का उन भिखारियों के द्वार पर जाना और विनय करना बड़ा आश्चर्यजनक दिखाई देता था। वे लोग भिखारियों तथा दरिद्रों को अपने घर में बुला लेते और अमीरुल मोमिनीन को न बुलवाते। एक दिन मैं ख़लीफ़ा की सेवा में उपस्थित था कि अबू यूसुफ़ क़ाज़ी आये। अमीरुल मोमिनीन ने कहा कि "क्या कोई उपाय ऐसा हो सकता है कि दाऊद ताई से मेरी भेंट हो जाय। मैंने सुना है कि तुमने और उन्होंने एक साथ अबू हनीफ़ा से शिक्षा पाई थी।" अबू यूसुफ़ क़ाज़ी ने ख़लीफ़ा को उत्तर दिया कि, "जब तक मैं फ़क़ीर था वे मुझे अपने घर के भीतर बुलवा लेते थे। जब से मैं क़ाज़ी हुआ, बीसियों बार उनके दर्शनार्थ उनके द्वार पर गया, किन्तु मुझे भीतर न बुलाया।" ख़लीफ़ा ने कहा कि 'तेरे इस वचन से मेरी श्रद्धा उनके प्रति और बढ़ गई।' अबू यूसुफ़ क़ाज़ी ने ख़लीफ़ा की सेवा में निवेदन किया कि, "उल्मा और मशायख़ जिन्हें मुहम्मद साहब के धर्म पर विश्वास है संसार के चारों ओर से ख़लीफ़ा की सेवा में उपस्थित होते रहते हैं। उम्मत (मुसलमानों) को ख़लीफ़ा के दर्शन का भी आदेश प्रदान किया गया है; मुहम्मद साहब के चाचा के पुत्र[1] अपना भाग्य (उनकी भेंट) में कैसे समझते हैं?"

(१०५) "बग़दाद के यह दो फ़क़ीर जबकि बादशाही तथा रसूल के सम्बन्धी होने एवं ख़लीफ़ा की प्रतिष्ठा पर भी ध्यान नहीं देते, तो ख़लीफ़ा उनके द्वार पर क्यों जाय। यह समाचार कि ख़लीफ़ा आज रात को दाऊद ताई तथा मुहम्मद समाक के द्वार पर गया और उन्होंने प्रविष्ट होने की आज्ञा भी न दी, बग़दाद में प्रसारित हो चुका है।" ख़लीफ़ा ने उत्तर दिया कि, "मैं इसी कारण उन लोगों के प्रति अधिक श्रद्धा रखने लगा हूं कि वे न तो मुझे भीतर आने की आज्ञा देते हैं और न मेरी ओर ध्यान ही देते हैं। इसी कारण मैं उनका भक्त हो गया हूं। मुझे उनकी बातों से ज्ञात होता है कि उन्होंने संसार को, देखने में तथा यथार्थ में, त्याग दिया है। ईश्वर की भक्ति के कारण संसार को अपना शत्रु समझ रखा है। आजकल मैं सिर से पैर तक सांसारिक व्यक्ति बन चुका हूं। दुनिया का ऐश्वर्य तथा समस्त दुनिया मेरे चारों ओर एकत्र हो गई है। इन लोगों ने, जबकि दुनिया को सच्चे हृदय से शत्रु समझ लिया है, तो मुझको क्यों न शत्रु समझें, और किस प्रकार मुझे घर में आने दें और बात चीत करें, क्योंकि मैं देखने तथा यथार्थ में सांसारिक जीव बन चुका हूँ। चूंकि मैंने दुनिया एकत्र कर ली है और उसको पकड़ रखा है अतः वे भगवान् के लिये मेरे शत्रु बन गये हैं। मैं उन लोगों को, चूंकि वे दुनिया के शत्रु तथा भगवान् के भक्त हैं, भगवान् के लिये अपना मित्र बनाना चाहता हूं और उन पर श्रद्धा रखता हूँ। उन्हें मुझ को अपना शत्रु समझने में पुण्य होगा और मुझे उनको मित्र समझने में पुण्य होगा। मैं इस बात का प्रयत्न करता हूं कि यह लोग जिन्होंने संसार त्याग दिया है, यदि किसी प्रकार मुझे अपनी शरण में ले लें तो मैं दुनियादारी के सभी कष्टों से मुक्त हो जाऊँगा। जो लोग संसार के कारण तथा संसार के सम्मान, लोभ, धन सम्पत्ति और उपहार हेतु मेरे पास आते हैं और अपने दीन की प्रतिष्ठा दुनिया में बेच देते हैं, वे कल क़यामत में मुझ से भी अधिक दरिद्र होंगे। मैं उनसे क्या प्रार्थना करूँ। मेरा उनकी शरण और उनकी सहायता प्राप्त करने का प्रयत्न कुछ भी लाभप्रद न होगा। केवल सांसारिक सम्मान और बढ़ जायगा।" अमीरुल मोमिनीन ने यह लाभ बता कर रोना आरम्भ कर दिया और कहने लगे कि, 'मैं अपने कार्य, वचन तथा कर्तव्य मुहम्मद साहब की सुन्नत के विरुद्ध पाता हूं। मुझे ज्ञात नहीं कि कल क़यामत में हज़रत मुस्तफ़ा को क्या मुँह दिखाऊँगा; दुनिया में किस की शरण में जाऊँ, जिससे क़यामत के हिसाब किताब तथा कष्टों से मुक्त हो सकूँ।"

१ अब्बासी ख़लीफ़ा मुहम्मद साहब के चाचा के पुत्र थे।

(१०६) अबू यूसुफ़ क़ाज़ी ने उपर्युक्त बातें सुन कर खलीफ़ा के ज़ानूँ चूमे और कहा कि, "मैं इतनी विद्या प्राप्त कर चुका हूँ किन्तु खुदा की मारेफ़त (ज्ञान) के विषय में मैंने आज सब कुछ खलीफ़ा से सीख लिया है।"

देहली की ओर बल्बन की वापसी

बल्बन ने कहा कि इस आख्यान के कथन का उद्देश्य यह है कि पितृ-प्रेमवश मैं यह चाहता हूं कि, 'हे महमूद ! तू जो कुछ भी करे या कहे उससे क़यामत के कष्ट से मुक्त हो सके।' सुल्तान बल्बन ने अपनी नसीहतें और वसीअतें अपनी ज़बान से भी कहीं और उसके दबीर को भी लिखवा दीं। उसको ख़िलअत प्रदान किया। उसकी आँखें तथा कपोल चूमे। कुछ रोया। तत्पश्चात् उसे विदा कर दिया। इस मंज़िल से बुग़रा ख़ाँ को लखनौती की ओर लौटा दिया और स्वयं निरंतर कूच करता हुआ देहली की सेना के साथ सरयू तट तक पहुँच गया, वहाँ कुछ दिनों ठहरा। लोगों को सचेत कर दिया और फ़रमान भेजा कि जो कोई भी देहली से सम्मानित ध्वजा के साथ लखनौती की इक़लीम में आया हो, वह बिना आज्ञा लखनौती में न रहे और लखनौती की इक़लीम से बिना आज्ञा देहली की ओर प्रस्थान न करे। सर्व साधारण के विषय में पूछताछ करने के पश्चात् सुल्तान ने सरयू नदी पार की और देहली की ओर विजय तथा सफलता प्राप्त करके प्रस्थान किया। जिस ख़ित्ते[1] या क़स्बे में उसकी पताकायें पहुंचतीं, वैसे ही उस स्थान से तथा अन्य स्थानों से विजय की बधाई देने के लिये एवं स्वागतार्थ क़ाज़ी, आलिम, मशायख, गण्य-मान्य तथा प्रतिष्ठित लोग, पदाधिकारी, मुत्सर्रिफ़, मालकियान, मफ़रूज़ी, राय, चौधरी और मुक़द्दम आते। उसकी सेवा में उपहार और तोहफ़े तथा कर पेश करते थे। उन्हें ख़िलअत प्रदान होती। उनका आदर सत्कार किया जाता। इस प्रकार समस्त हितैषी और शुभ-चिन्तक वापस लौट जाते। बड़े बड़े ख़ित्तों तथा क़स्बों में क़ुब्बे सजाये जाते और ख़ुशियाँ मनाई जातीं।

बल्बन का देहली पहुँचना और देहली में समारोह

(१०७) जब बदायूँ से होकर गुज़रा तो धिन्नौर के स्थान पर गंगा को पार किया। देहली के प्रत्येक स्थान के सैयिद, क़ाज़ी, आलिम, सद्र, प्रतिष्ठित और प्रसिद्ध लोग तथा वृद्ध लोग स्वागत के लिये आते थे; तोहफ़े और उपहार भेंट करते थे। सुल्तान उनको ख़िलअत प्रदान करता था। देहली में बड़े सुन्दर क़ुब्बे सजाये गये। सुल्तान ने तीन वर्ष के पश्चात् शहर (देहली) में प्रवेश किया। प्रत्येक घर में उनके सम्बन्धियों के पहुंच जाने के कारण खुशियाँ मनाई जाने लगीं और दावतें होने लगीं। गाना बजाना आरम्भ हो गया। सुल्तान ने आज्ञा दी कि 'दरिद्र लोगों को न्यौछावर दिये जायँ।' सुल्तान ने समस्त बुज़ुर्गों की ज़ियारत क़िबले की ओर की[2]। उलमाये आख़ेरत में जो लोग जीवित थे, सुल्तान उनके घरों पर गया। सब की सेवा में फ़ुतूह पेश की। माल के बन्दियों के विषय में आज्ञा दी कि उन्हें बन्दीगृह से मुक्त कर दिया जाय। उनके ऊपर जो कुछ शेष हो उसे क्षमा कर दिया जाय। बक़ाये (शेष) के विषय में आज्ञा दी कि उन्हें काग़ज़ों से निकाल दिया जाय। जिस दिन सुल्तान ने शहर में प्रवेश किया तो देश के प्रतिष्ठित व्यक्तियों ने न्यौछावर की वर्षा की।

फ़ख़रुद्दीन कोतवाल को सम्मानित करना

सुल्तान राज भवन में उतरा। जिस क़बा[3] को पहने था उसे मलेकुल-उमरा देहली के कोतवाल को प्रदान कर दिया। उसकी अनुपस्थिति में जिस प्रकार उसने राज्य को

१ प्रदेश या भू भाग।

२ क़िबले की ओर (काबे की ओर) मुँह करके बुज़ुर्गों के लिये ख़ुदा से दुआ की।

३ अचकन के समान वस्त्र जोकि सब कपड़ों के ऊपर पहना जाता है।

सुव्यवस्थित रखा, उसके लिये उसे इतना सम्मानित किया कि लोगों को उसकी अधिकता से ईर्ष्या तथा द्वेष होने लगा। उसने लखनौती से मलेकुल-उमरा के विषय में एक फ़रमान भेजा था कि उसे बिरादर मलेकुल-उमरा[1] लिखा जाया करे। इस प्रकार मलेकुल-उमरा ने सर्वोच्च श्रेणी प्राप्त करली। सर्व साधारण उसकी सेवा में उपस्थित रहने लगे। उसकी प्रतिष्ठा तथा गौरव के कारण सुल्तान के पुत्रों एवं भतीजों को भी ईर्ष्या होने लगी। बल्बन के शहर में पहुंचने के कुछ दिन उपरान्त लोग अपने अपने घरों में निवास करने लगे; खुशियाँ और दावतें समाप्त हो गईं।

लखनौती के विद्रोहियों को फाँसी

जब क़ुब्बों पर लिपटे हुये कपड़े उतार लिये गये, तो बादशाह ने आज्ञा दी कि बदायूँ द्वार से तिलपट तक दोनों ओर दार[2] का प्रबन्ध किया जाय। देहली और समीप के स्थानों के उन निवासियों के विषय में जो लखनौती पहुंच कर तुग़रिल के मित्र हो चुके थे और अब बन्दी बनाकर सेना के साथ लाये गये थे, बल्बन ने आदेश दिया कि उन्हें दण्ड देने के लिये दार पर लटका दिया लाय।

(१०८) इस घातक समाचार को सुनकर शहर के निवासी बड़े दुखी हुए क्योंकि बंदियों में इन लोगों के अनेक सम्बन्धी और रिश्तेदार सम्मिलित थे। इन लोगों के लिये शहर के कुछ निवासी बड़े दुःखी और पीड़ित थे। बन्दियों के हा हाकार तथा रोने चिल्लाने से शहर के मुसलमानों की आँखों से आँसू के स्थान पर रक्त बहने लगा।

विद्रोहियों के विषय में सेना के क़ाज़ी की सिफ़ारिश

यह समाचार क़ाज़िये लश्कर को, जो अपने समय का बड़ा ही धर्मनिष्ठ तथा पूज्य व्यक्ति था, मिला। उससे निवेदन किया गया कि 'कल इतने मुसलमानों का बध होगा और उनको दार पर खींचा जायगा।' क़ाज़िये लश्कर को उपर्युक्त समाचार सुनने की शक्ति न रही। जुमे की रात्रि में सुल्तान के पास पहुंचा। सुल्तान के सामने ऐसी बातें करने लगा जिससे प्रभावित होकर सुल्तान ने रोना आरम्भ कर दिया। उसने सुल्तान को रोते और आँसू बहाते देखा तो एक पैर पर खड़े होकर, उन बन्दियों की जिन्हें बध करने का आदेश हो चुका था, सिफ़ारिश की। सुल्तान ने उसकी सिफ़ारिश स्वीकार कर ली। आज्ञा दी कि उन दारों को उतार कर पृथक् कर दिया जाय। उन बन्दियों में से अधिकांश अप्रसिद्ध और साधारण व्यक्तियों को मुक्ति प्रदान कर दी गई। कुछ प्रतिष्ठित लोगों को समीप के क़स्बों में भेज दिया गया। बन्दियों में से शहर के कुछ भूतपूर्व गण्यमान्य व्यक्तियों को बन्दीगृह में रखा गया। कुछ के विषय में आदेश हुआ कि उन्हें भैंसों पर सवार करके दण्ड के लिये शहर में घुमाया जाय। कुछ समय पश्चात् क़ाज़ी की सिफ़ारिश से उनमें से प्रत्येक को मुक्त कर दिया गया।

लखनौती की विजय का प्रभाव

जब सुल्तान बल्बन के सफलीभूत एवं विजयी पताकाओं के लौटने की सूचना देश में चारों ओर प्रसारित हो गई तो सभी मुसलमान, हिन्दू, तुर्क, ताज़ीक, प्रतिष्ठित एवं प्रसिद्ध व्यक्ति और मिल्क तथा इनाम की भूमि के स्वामी विजय की बधाई देने के लिये दरबार में आये और खाकबोस किया। घोड़े, ऊँट तथा उपहार एवं कर भेंट किया। सुल्तान ने उनको खिलअतें दीं और सम्मानित किया। देश के सभी नगरों में निसारे[3] चत्र बाँटी गई। इस कारण खज़ानों में बहुत सा धन एकत्र हो गया।

---

१ भाई मलेकुल-उमरा।
२ फांसी।
३ न्यौछावर।

(१०९) सुल्तान का ज्येष्ठ पुत्र, जिसे मुल्तान का ख़ानकहते थे और जिसको सिन्ध की अक़्ता भी प्राप्त थी, सुल्तान की ३ वर्ष की अनुपस्थित में बहरजी और तातारी घोड़े तथा जो कुछ धन सम्पत्ति एकत्रित कर सका था देहली लाया। उन्हें सुल्तान के कारखानों में भिजवा दिया गया। इनमें जो विशेष वस्तुयें थीं, उन्हें उसने अपने पिता के सम्मुख पेश किया। सुल्तान ने यह बहुत पसंद किया। सुल्तान की जो कुछ भी कृपा तथा दया इस पुत्र के विषय में थी वह दस गुनी बढ़ गई। सुल्तान ने कुछ समय तक उसे अपने समक्ष रखा और एकान्त में राज्य व्यवस्था की विधि बताता रहा। कुछ समय उपरान्त सुल्तान ने इस पुत्र को जिससे अधिक प्रिय सुल्तान के लिए कोई अन्य न था, बड़े आदर और सम्मान से मुल्तान की ओर विदा किया। लखनौती की विजय, तुग़रिल की हत्या और उस दण्ड के फलस्वरूप, जो सुल्तान ने लखनौती में दिया, उसका सम्मान, वैभव, प्रतिष्ठा साधारण तथा विशेष व्यक्तियों एवं हिन्द और सिन्ध वासियों के हृदय में बहुत बढ़ गई। लखनौती की विजय और तुग़रिल के विनाश के पश्चात् बल्बन का राज्य और भी दृढ़ हो गया। सुल्तान देश के प्रत्येक भाग पर आक्रमण करने से निश्चित हो गया। कोई विरोधी और विद्रोही शेष न रहा और उसकी इच्छायें पूरी हो गईं।

ख़ाने शहीद की मृत्यु

६८४ हि० (१२८५-८६ ई०) में मुल्तान के ख़ान को जो सुल्तान का ज्येष्ठ पुत्र, उत्तराधिकारी और उसके राज्य का सहायक था, लाहौर और दीपालपुर में दुष्ट तिमुर खाँ से, जोकि चंगेज़ख़ानी कुत्तों में एक विचित्र कुत्ता था, युद्ध करना पड़ा। भगवान् की इच्छा ऐसी हुई कि मुल्तान का ख़ान अमीरों, सरदारों और सेना के विश्वासपात्रों के साथ इस युद्ध में शहीद हो गया। बल्बनी राज्य में बहुत बड़ी दुर्घटना हुई। बहुत से योग्य सवार इस युद्ध में मारे गये। मुल्तान में एक कोलाहल मच गया। प्रत्येक घर में रोना पड़ गया। सभी ने नीले वस्त्र धारण कर लिए। उनके रोने चिल्लाने का शोर आकाश तक पहुँचने लगा। उस तिथि से मुल्तान के खान को खाने शहीद कहने लगे।

(११०) अमीर ख़ुसरो भी इस युद्ध में मुग़लों के हाथ बन्दी बना था। किसी न किसी युक्ति से वह उनके हाथ से मुक्त हो सका। उसने ख़ान शहीद के मरसिये[१] में दो छन्द लिख कर एक जादू कर दिया है।

'छन्द'

जिस दिन उस राज्य के सूर्य का अवसान हो गया।
दिन की क्या गणना, क्योंकि उस सूर्य का अन्त हो गया।।

मुहम्मद की मृत्यु का बल्बन पर प्रभाव

जब ख़ाने शहीद की मृत्यु तथा मुल्तान के लश्कर की, जो अतिसुव्यवस्थित था, पराजय की सूचना सुल्तान बल्बन को प्राप्त हुई तो सुल्तान पूर्णतः हताश हो गया। सुल्तान इस पुत्र को अपने प्राणों से प्रिय रखता था। राज्य व्यवस्था के अनेक गुणों से, जो उसमें विद्यमान थे, उसने ख़ाने शहीद को परिचित करा दिया था। ख़ाने शहीद में राज्य व्यवस्था चलाने के अनेक गुण थे। जिस समय उसकी मृत्यु हुई सुल्तान की आयु ८० वर्ष से अधिक हो चुकी थी।

---

१ करुण रस की कविता। अमीर हसन ने भी इस विषय पर एक मरसिया लिखा था जो बड़ा प्रसिद्ध है। यह्या ने तारीख़े मुबारक शाही में उस पूरे मरसिये को नक़ल किया है।

इस पुत्र की मृत्यु के पश्चात् यूँ तो वह बड़ा प्रयत्न करता और यह प्रकट न होने देता कि पुत्र की मृत्यु से उसकी शक्ति किसी प्रकार कम हो गई है, किन्तु वह दिन प्रति दिन निर्बल होने लगी। दिन को दरबार करता, राज्य व्यवस्था में संलग्न रहता और ऐसा दिखाता कि पुत्र की मृत्यु के शोक का उस पर कुछ प्रभाव नहीं पड़ा है परन्तु वह रातों को रोता चिल्लाता, अपने वस्त्र फाड़ डालता और सिर पर धूल डालता।

मुल्तान एवं सिन्ध का प्रबन्ध

सुल्तान ने ख़ाने शहीद की मृत्यु की सूचना पाने के पश्चात् जो अव़्ता, चत्र, दूरबाश और बादशाही के चिह्न ख़ाने शहीद को दे रखे थे, वे उसके पुत्र क़ैख़ुसरो को प्रदान किये। क़ैख़ुसरो, यद्यपि नवयुवक था परन्तु उसका पालन-पोषण सुल्तान के संरक्षण में हुआ था। देहली से मुल्तान की ओर नये अमीर, मंत्री तथा पदाधिकारी भेजे। उस तिथि से दिन प्रति दिन बल्बनी राज्य में विघ्न पड़ने लगा और सुल्तान पुत्र के शोक में निर्बल होने लगा।

सुल्तान बल्बन के राज्यकाल के प्रतिष्ठित व्यक्ति

(१११) इस तारीखे फ़ीरोज़शाही के संकलन-कर्त्ता ने कुछ विश्वासपात्रों से सुना है कि बल्बन के राज्य-काल में शम्सी प्रतिष्ठित लोगों में कुछ लोग शेष रह गये थे। सुल्तान बल्बन के राज्य-काल में ऐसे मलिकों में से कुछ चुने हुए और सर्वश्रेष्ठ मलिक, सम्बन्धी और सहायक एकत्र हो गये थे। उन बुज़ुर्गों और उन सहायकों के कारण सुल्तान बल्बन का राज्य-काल सुव्यवस्थित और सर्वश्रेष्ठ हो गया था। सभी उस पर विश्वास करने लगे थे। सैयिदों में, जोकि उम्मत (मुसलमानों) के बुज़ुर्गों में सबसे बुज़ुर्ग हैं, बदायूँ के क़ाज़ियों के आदरणीय पूर्वज क़ुतुबुद्दीन शहर के शेख़ुल इस्लाम थे। सैयिद मुबारक के पुत्र सैयिद मुन्तख़बुद्दीन तथा सैयिद जलालुद्दीन, सैयिद अज़ीज़ और सैयिद मुईनुद्दीन सामाना (निवासी) गर्देज़ के सैयिद छज्जू के पूर्वज, कैथल के बड़े बड़े सैयिद, जंजीर के सैयिद, ब्याने के सैयिद, बदायूँ के सैयिद और अन्य कुछ सैयिद, जोकि दुष्ट चंगेज़ ख़ाँ द्वारा उत्पन्न दुर्घटना के कारण इस देश में आगये थे, वर्त्तमान थे। जहाँ तक इनके वंश तथा कुल का प्रश्न है इनके समान कोई अन्य न था। यह लोग अपनी पवित्रता तथा धर्मनिष्ठता के लिये प्रसिद्ध थे और इनमें से प्रत्येक जीवित था। जिस काल में इतने सरदार उपस्थित हों, तो वह काल किस प्रकार समस्त युगों में उच्च कोटि का नहीं कहा जा सकता। सुल्तान बल्बन के राज्य-काल में भी अनेक प्रतिष्ठित आलिम जोकि अपने समय के विद्वान् गुरुओं में गिने जाते थे, लोगों को शिक्षा प्रदान किया करते थे।

बल्बन के राज्य-काल के आलिम

मौलाना बुरहानुद्दीन मलख़, मौलाना बुरहानुद्दीन बज़ाज़, मौलाना फ़ख़रुद्दीन क़ाज़ी के चेले मौलाना नज्मुद्दीन दमिश्क़ी, मौलाना सिराजुद्दीन संजरी, मौलाना शर्फ़ुद्दीन वलवलजी, सद्रे जहाँ मिनहाजुद्दीन जूरजानी, क़ाज़ी रफ़ीउद्दीन ग़ाज़रूनी, क़ाज़ी शम्सुद्दीन मराज़ी, क़ाज़ी रुक्नुद्दीन सामाना (निवासी), क़ाज़ी क़ुतुब काशानी के पुत्र क़ाज़ी जलालुद्दीन काशानी, क़ाज़िये लश्कर क़ाज़ी सदीदुद्दीन, क़ाज़ी ज़हीरुद्दीन, क़ाज़ी जलालुद्दीन और अनेक गुरु; मुफ़्ती और अन्य प्रतिष्ठित लोग तथा शम्सी काल के उलमा के शिष्य एवं पुत्र विद्यमान थे। वे शिक्षा प्रदान करने तथा फ़तवों के उत्तर लिखवाने में बड़े प्रसिद्ध थे।

बल्बनी राज्य के मशायख़

(११२) बल्बनी राज्य-काल में ऐसे कार्य कुशल तथा प्रतिष्ठित व्यक्ति विद्यमान थे, जिनमें

से प्रत्येक एक एक इक़्लीम का राज्य सँभालने के योग्य था। ऐसे मशायख़ से जिनके समान पुरुष विरले ही उत्पन्न होते हैं, बल्बनी काल के कार्यों को बड़ी शोभा प्राप्त हो गई थी। उसके राज्य-काल के प्रारम्भिक वर्षों में शेख़ुश्शुयूख़ुल आलम फ़रीदुद्दीन मसऊद थे जो कि संसार के क़ुतुब[1] और दुनिया के आधार थे। इस देश के निवासी उनकी संरक्षता में थे। सर्वदा उनके चमत्कार प्रदर्शित हुआ करते थे। सर्व साधारण उनके निकट एवं मध्य में रहने के कारण लोक तथा परलोक के कष्टों से मुक्ति प्राप्त करते थे। उस समय के योग्य व्यक्ति उनके शिष्य बनकर उच्च श्रेणी को प्राप्त हो गये थे। उस समय शेख़ुल इस्लाम बहाउद्दीन ज़करिया के पुत्र शेख़ सद्रुद्दीन, शेख़ क़ुतुबुद्दीन बख़्तियार के ख़लीफ़ा, शेख़ बद्रुद्दीन ग़ज़नवी, शेख़ मलिक यार पर्रा, देवीसाम, सीदी मौला और कुछ अन्य सन्त जीवित थे। इन लोगों के आशीर्वाद के कारण सुल्तान बल्बन के राज्य-काल में इस देश पर आकाश से भगवान् की दया तथा दान की सर्वदा वर्षा हुआ करती थी।

बल्बन के राज्य-काल के तबीब (चिकित्सक) तथा दार्शनिक

इसी प्रकार बल्बन के राज्य-काल के दार्शनिकों और तबीबों (चिकित्सकों) के समान कोई अन्य न था। मौलाना हमीदुद्दीन मुतरिज़ अपने समय के ज्योतिषवेत्ता और तिब (चिकित्सा शास्त्र) में बुक़रात और जालीनूस थे। मौलाना बद्रुद्दीन दमिश्क़ी के समान तिब में कोई न था। वे धर्मनिष्ठता तथा पवित्रता में भी सब से बढ़े चढ़े थे। मौलाना हुसामुद्दीन मारीगला और कुछ अन्य दक्ष तबीब उस काल की शोभा थे।

बल्बन के राज्य के गण्यमान्य व्यक्ति

सुल्तान बल्बन के राज्य-काल में अनेक योग्य मंत्री, प्रतिष्ठित, प्रसिद्ध तथा गण्यमान्य व्यक्ति विद्यमान थे। उसका राज्यकाल विद्वानों, ज्ञानियों, कलाकारों, कार्यकुशल लोगों, विश्वासपात्रों, क़व्वालों तथा अद्वितीय गायकों से परिपूर्ण था, उसके राज्य-काल में विश्वासपात्र लोगों की अधिकता के कारण राज्य की धाक संसार के चारों ओर बैठ गई थी। उसकी बादशाही के वैभव तथा राज्य-व्यवस्था के नियमों का अन्य बादशाह भी अनुसरण करने लगे थे।

(११३) बल्बनी राज्य-काल में कुछ ऐसे मलिक पैदा हो गये थे, जिनके समान उस युग में कोई न था। वे लोग उसके राज्य के सहायक तथा हितैषी थे।

मलिक अलाउद्दीन किशली ख़ाँ

उस काल के इन प्रतिष्ठित मलिकों में सुल्तान का चचेरा भाई मलिक अलाउद्दीन किशली ख़ाँ भी था, जो अपनी दानशीलता एवं उदारता के कारण हातिमताई से भी बढ़ गया था। मैंने अनेक विश्वस्त सूत्रों विशेषकर अमीर ख़ुसरो से सुना है कि मलिक अलाउद्दीन किशली ख़ाँ के समान दान तथा उदारता में कोई भी न था। वाण फेंकने, गेंद खेलने और शिकार खेलने में ऐसे व्यक्ति कम जन्म पाते हैं। जिस समय वह अपने पिता किशली ख़ाँ के स्थान पर जोकि सुल्तास का भाई था, बारबक नियुक्त हुआ और कोल की अक़्ता और चौग़ानेज़र[2] प्राप्त किया, ख़्वाजा शम्स मुईन नदीमे ख़ास तथा मलिक क़ुतुबुद्दीन हसन ग़ोरी, जिन्होंने उसकी प्रशंसा और गौरव के विषय में अनेक पुस्तकों की रचना की है, जीवित थे। उन्होंने मलिक अलाउद्दीन की प्रशंसा में कविता लिखी और गाने के लिये एक ग़ज़ल की रचना की। उन्हें बल्बन के दरबार के गायकों को दे दिया, जिन्होंने ग़ज़ल और कविता कंठस्थ कर ली। तत्पश्चात् गायकों को

१ बहुत बड़े बड़े सूफ़ी क़ुतुब अथवा संसार के आधार कहे जाते हैं।

२ तलवार।

उपहार देकर विदा कर दिया गया। जिस समय सुल्तान के दरबार में नौरोज़[1] के जश्न (समारोह) के दिन समस्त ख़ानों तथा मलिकों के उपहार पेश किये जा रहे थे और प्रत्येक के नाम से फ़स्ली पुकारे जा रहे थे, सुल्तान के गायकों ने मंच पर सुल्तान के सम्मुख वह कविता ग़ज़ल के साथ गा दी।

कविता

अलाउद्दीन शह उलुग़ क़ुतलुग़े मुअज़्ज़म बार्बक
किशली ख़ाँ मुअज़्ज़म का पुत्र तथा पृथ्वी का बादशाह

मलिक अलाउद्दीन ने अपने पायगाह के समस्त घोड़े ख़्वाजा शम्स मुईन को प्रदान कर दिये। गायकों को दस हज़ार तन्के इनाम दिए। इस इनाम से उसकी दानशीलता का अनुमान किया जा सकता है। दानशीलता, उदारता, गेंद खेलने तथा शिकार खेलने में मलिक अलाउद्दीन किशली ख़ाँ हिन्दुस्तान तथा ख़ुरासान में प्रसिद्ध था। सुल्तान बल्बन को यद्यपि वह उसका चाचा था इससे लज्जा आती थी। वह उसके दान की अधिकता से रुष्ट रहा करता था।

(११४) मैंने बल्बन के मन्त्री हसन बसरी के भानजे ख़्वाजा ज़की से सुना है, कि बल्बन के राज्य-काल में मलिक अलाउद्दीन किशली ख़ाँ के तीर चलाने, गेंद खेलने और शिकार खेलने के समाचार बग़दाद में दुष्ट हलाकू को मिले। हलाकू ने मलिक अलाउद्दीन के पास एक कटार यादगार के तौर पर भेजी। बल्बन के वकीलदर बुज़ग़ाला कटार लाया था। हलाकू ने उसे सूचना भेजी कि "मलिक अलाउद्दीन से मेरी ओर से कहदे कि मैंने तेरे गेंद और शिकार खेलने की प्रशंसा सुन रखी है। मेरी इच्छा है कि तुझे देख भी लूँ। यदि मेरे पास चला आये तो मैं एराक़ के राज्य में से आधा तुझे प्रदान कर दूँगा।" सुल्तान बल्बन को इस सन्देश का पता लग गया। वह अपने दिल में और भी रुष्ट हुआ। उसे यह बात अच्छी न लगी और मलिक अलाउद्दीन से उसकी ईर्ष्या और बढ़ गई। मलिक अलाउद्दीन में अनेक गुण और विशेषतायें थीं। वह सुल्तान बल्बन का अमीर हाजिब था। दान तथा वीरता में, जोकि सरदारी और नेतृत्व के लिए परम आवश्यक हैं, उसके समान कोई न था। अनेक बार अपनी यादगाह एवं इमलाक नष्ट कर चुका था और मिल्क तथा धन सम्पत्ति में पहनने के वस्त्र के अतिरिक्त अपने पास कुछ अधिक न रखा। दुख और हज़ार दुख हैं कि समय के हाथों ऐसे दानियों का अन्त हो गया। आकाश ने ऐसे अपने समय के महत्वपूर्ण व्यक्तियों को भी भूमि के नीचे कर दिया।

मैं, जोकि दानियों का मर्सिया लिख रहा हूँ, उन कलाकार वृद्धों में हूँ जोकि पीले सूर्य के समान शेष रह गये हैं। आकाश मेरे साथ ऐसी लीलायें कर रहा है जोकि उसने किसी वृद्ध के साथ न की होंगी। दानियों और कलाकारों से पृथक् होकर उनकी स्मृति में रोता हूँ।

एमादुल-मुल्क रावते अर्ज़

सुल्तान बल्बन के मलिकों में दूसरा प्रतिष्ठित मलिक एमादुल-मुल्क रावते अर्ज़ था।

---

१ ईरान में इस्लाम से पूर्व भी नौरोज़ का त्यौहार बड़े समारोह के साथ मनाया जाता था। यह त्यौहार २१ मार्च को होता था। मुसलमान भी ईरान की विजय के पश्चात् इस समारोह को मनाने लगे। अब्बासी काल में नौरोज़ बड़ी धूम से मनाया जाता था। बल्बन ने भारतवर्ष में ईरानी राज्य दरबार की सभी बातों का अनुसरण किया। इस कारण नौरोज़ हिन्दुस्तान में बड़ी धूम से मनाया जाने लगा।

यह एमादुल-मुल्क शम्सी दास था। शम्सी राज्य-काल में अर्ज़े शिकरा से अर्ज़े ममालिक के पद पर पहुँचा था। शम्सी पुत्रों के तीस वर्षीय राज्य-काल में भी वही अर्ज़े ममालिक रहा।

(११५) सुल्तान बल्बन ने अपने राज्य-काल में अर्ज़े ममालिक का पद रावते अर्ज़ को दे दिया। शम्सी राज्य-काल में रावते अर्ज़ सुल्तान बल्बन के घनिष्ठ मित्रों में से एक था। इस समय तक जब कि क़रन अर्थात् ६२ वर्ष व्यतीत हो चुके है दीवाने अर्ज़ ममालिक का संचालन रावते अर्ज़ की आज्ञा तथा आदेश से होता है। सुल्तान बल्बन रावते अर्ज़ के ऐश्वर्य तथा सम्मान का बड़ा ध्यान रखता था। उसने आदेश दे दिया था कि उस पद पर बहुत बड़े-बड़े बल्बनी खान और मलिक नियुक्त किये जायें। दीवाने अर्ज़ में उन्हें पूर्ण अधिकार प्राप्त[1] हो। जो सवार भी अर्ज़ के समय रावत को योग्य तथा सुव्यवस्थित दृष्टिगोचर हो, उसका वेतन पहले की अपेक्षा बढ़ा दिया जाय, उसे ख़िलअ़त प्रदान की जाय और उसका सम्मान किया जाय। यदि हश्मे हज़रत के किसी सवार पर कोई दुर्घटना पड़ जाती और वह एमादुल-मुल्क रावते अर्ज़ से निवेदन करता कि मुझ पर ऐसी आफ़त आ पड़ी है कि मेरा घोड़ा और अस्त्र-शस्त्र किसी दुर्घटना में नष्ट हो चुके हैं, तो रावते अर्ज़ उसकी सहायता करता था। अपने पास से उसको सहायता और मदद प्रदान करता और कहता, "मैं हश्म का सरदार हूं और यदि मैं हश्म के कष्टों का निवारण न करूँ तो मेरी सरदारी घृणास्पद एवं व्यर्थ है। रावते अर्ज़ को समस्त सेना के प्रति माता-पिता के समान कृपा-दृष्टि रखनी चाहिये।" यदि किसी सवार का घोड़ा दुर्बल पाता तो उसके विषय में पूछताछ करता कि वह दुराचारी और शराबी तो नहीं है। यदि उसे दुराचारी न पाता तो उसे अपनी पायगाह से मोटा ताज़ा घोड़ा प्रदान कर देता, या उसके हाथ पर पचास तन्के रखता और कहता कि अपना घोड़ा इससे मोटा कर लो।

रावते अर्ज़ प्रत्येक वर्ष दीवाने अर्ज़ (के कर्मचारियों) को अपने निवास स्थान पर बुलवाता था और कार्यालय के सभी कर्मचारियों को वस्त्र प्रदान करता, उनको मेहमान रखता और अपने पास से बीस हज़ार तन्के दान करता था ताकि वह कर्मचारियों के पद के अनुसार उनमें वितरित किया जाय।

(११६) कर्मचारियों को अपने सम्मुख बुलवाता, प्रत्येक से हाथ मिलाता, धन्यवाद एवं कृतज्ञता प्रकट करते हुये कहता कि, 'मैं तुमसे निवेदन करता हूं कि तुम लोग बादशाह का, जो कि हश्म का स्वामी है, मेरा क्योंकि मैं हश्म का आरिज़ हूं, और हश्म का, क्योंकि वे देश के नगरों के रक्षक हैं, विशेष ध्यान रखो। हश्म से किसी वस्तु की रिश्वत या अन्य तरीक़े से कोई आशा मत रखो। यदि तुम लोग नायबाने अर्ज़ मलिकों और अमीरों से किसी कार्य की पूर्ति हेतु कुछ ले लोगे तो नायबाने अर्ज़ उसका दुगुना, तीन गुना हश्म से वसूल कर लेंगे। जो कुछ व्यय करेंगे वह उनके वेतनों से निकाल कर पूरा कर लेंगे। एक तिहाई या चौथाई तुमको दे देंगे और दो तिहाई या तीन चौथाई बीच ही से उड़ा देंगे। इस प्रकार हश्म का विनाश हो जायगा।" वह इस बात को उचित न समझता था कि हश्म के वेतन में से किसी प्रकार एक जीतल भी कम हो जाय या हश्म को किसी कारण दुःख अथवा कष्ट पहुँचे। अनेक बार अर्ज़ की गद्दी पर से बैठे बैठे उसने घोषणा की थी कि "सभी उपस्थित जन सुनलें कि राज्य व्यवस्था एवं शासन प्रबन्ध का रक्षक और सहायक, "मैं हूँ", क्योंकि हश्म मेरे हाथ में दे दी गई है। इसका प्रबन्ध और इसकी कठिनाइयों तथा क्लेश को दूर करने का कार्य-भार मेरे ऊपर है। यदि मैं हश्म के कार्य में असावधानी करता हूं और रात दिन

१ फ़तावाये जहाँदारी पृ० ६७ ब ६८ ब।

उनकी उन्नति की चिन्ता नहीं करता, हश्म को अपने भाइयों और पुत्रों से बढ़कर नहीं समझता तो इस लोक में हरामखोर प्रसिद्ध हो जाऊँगा और क़यामत में भगवान् के सिंहासन के सम्मुख लज्जित रहूँगा।"

दीवाने अर्ज़ में लोग एमादुल-मुल्क रावते अर्ज़ का भोजन खाते थे। भोजन के पचास साठ थाल दीवान में लाये जाते जिनमें मैंदे की रोटियाँ, भेड़ का उत्तम माँस, कबूतर और मुर्ग़ी के चूज़े,[1] सेंकी हुई और तली हुई टिकियाँ, अनेक प्रकार के शर्बत, फ़ुक़्क़ा और पान होते थे। सभी नवीसिन्दों (मुंशियों), सहमुल हश्मान तथा उनके नायब, चाउश, नक़ीब, नायबे अर्ज़े ममालिक, प्रतिष्ठित अमीर और वे जिन्हें दीवाने अर्ज़ में कोई विशेष स्थान प्राप्त होता, दस्तरख्वान[2] पर बैठते और भोजन करते थे। जो भोजन शेष रह जाता वह दरवेशों (भिखारियों) को दे दिया जाता था। बहुत से ऐसे व्यक्ति जो दस्तरख्वान पर न बैठ सकते थे, उन्हें भी एमादुल-मुल्क के दस्तरख्वान से भोजन भेजा जाता था।

(११७) रावते अर्ज़ पान खाने के लिये प्रसिद्ध था, उसकी आदत थी कि वह जल्द-जल्द पान माँगा करता था, जितनी बार भी उसको पान दिया जाता, उतनी बार उसी प्रकार के पान समस्त लोगों को, जो उसके निकट बैठे अथवा खड़े होते, चाहे उन्हें कोई पहचानता हो या न पहचानता हो, पान दिये जाते थे। जिस समय तक वह दीवान में बैठता, पचास साठ पान बनाने वाले दास उसे पान देने में लगे रहते। रावते अर्ज़ में प्राचीन मलिकों तथा बड़े बड़े खानों का ठाट बाट तथा ऐश्वर्य पाया जाता था। वह लोगों को अत्यधिक दान-पुण्य किया करता था। दान के लिये उसने अनेक गाँव वक़्फ़ कर दिये थे। इस समय, जब कि उसकी मृत्यु को कई क़रन व्यतीत हो चुके हैं, गाँव वर्त्तमान हैं और उन गाँवों की आय उन लोगों को प्रदान की जाती है, जिन्हें अधिक आवश्यकता होती है। उनसे उसकी आत्मा की शान्ति के लिये भोजन वितरण होता है और क़ुरान पढ़ा जाता है।

फ़खरुद्दीन कोतवाल

सुल्तान बल्बन के राज्य-काल के मलिकों में तीसरा विशेष प्रतिष्ठित मलिक, मलेकुल-उमरा फ़खरुद्दीन कोतवाल था। वह अपने दान पुण्य के लिये शहर में बड़ा प्रसिद्ध था। बारह हज़ार क़ुरान पढ़ने वालों को वह वज़ीफ़े[3] दिया करता था। वे लोग दिन के बारह घंटे क़ुरान पढ़ा करते थे और उनमें से कुछ लोग पूर्ण क़ुरान पढ़ डालते थे। वह साल के तीन सौ साठ दिन में प्रतिदिन ग्रीष्म, शीत तथा वर्षा ऋतुओं में नया वस्त्र (क़बा, यकता, पीराहन, इज़ार, दस्तारचा[4]) धारण करता था। जिस वस्त्र को एक बार पहन लेता उसे दुबारा न पहनता। जो कपड़ा उतारता उसे न्योछावर और दान में दे देता। इसी प्रकार उसकी चारपाई और फ़र्श भी नया होता था। यह सब एकत्रित होता रहता और अनाथ कन्याओं तथा निर्धनों की कन्याओं को दहेज में दिया जाता था। प्रत्येक वर्ष एक हज़ार निर्धन कन्याओं के विवाह के अवसर पर दहेज़ दिया जाता था। जो कोई किताबें नक़ल करने वाला कोई क़ुरान नक़ल करके लाता, उसके लिये उपहार भेंट करता और क़ुरान ले लेता और

---

१ बच्चे।

२ वह कपड़ा जिस पर खाना रख कर खाया जाता है।

३ आर्थिक सहायता।

४ भिन्न भिन्न प्रकार के वस्त्र। (यकता अथवा यकतही-गर्मी के मौसम में पहनने का कपड़ा; पीराहन-कमीज़। इज़ार-पाजामा अथवा सिलवार। दस्तारचा-छोटी पगड़ी अथवा रूमाल।

किसी ऐसे को दे देता जोकि क़ुरान पढ़ना जानता था या उसको याद करने की इच्छा रखता था।

(११८) जो कुछ वृत्तान्त दिया गया है, उससे उसके दान-पुण्य के विषय में भली-भाँति अनुमान लगाया जा सकता है। उसने जुमा मस्जिद के बड़े द्वार के सामने अपना रौज़ा निर्मित कराया। लोग उसकी आत्मा की शान्ति के लिये वहाँ फ़ातेहा पढ़ा करते हैं।

अमीर अली सरजानदार (हातिम ख़ाँ)

चौथा मलिक जोकि सुल्तान बल्बन के राज्य-काल के मलिकों में बड़ा विशेष स्थान रखता था, वह सुल्तान बल्बन का मौलाज़ादा मलिक अमीर अली सरजानदार था। उसके दान की अधिकता के कारण उसे हातिम ख़ाँ के नाम से पुकारा जाता था। अमीर ख़ुसरो के दीवान में उसकी बहुत बड़ी प्रशंसा पाई जाती है। अमीर ख़ुसरो उसका सेवक था और उसके नाम पर उसने अस्पनामे[1] की रचना की है। उसमें से दो तीन छंद निम्नांकित हैं—

अपने समय का शाह, जिसके अधिकार में राज्य और दीन हैं
ज़ीन के ऊपर वह सम्मान का सूर्य है।
उसका नाम अली है और साहस में
वह अली की भाँति दुलदुल[2] सवार सिंह हैं।
संसार को वह लगाम की तरह हिला देता है।
एक कोड़े में सब जीत लेता है।

वह बड़ा दानी, उत्कृष्ट, विचित्र, और महत्वशाली मौलाज़ादा था। वह अपने समय का "शाह" कहलाता था। उसका नाम हातिम ख़ाँ पड़ गया था। उस बादशाह का वैभव और ऐश्वर्य किस सीमा पर होगा जबकि उसके एक दास के पुत्र को उसके काल में और उसके राज्य-काल की समाप्ति के पश्चात् शाह कहा जाता है और हातिम ख़ाँ के नाम से पुकारा जाता है। मलिक अमीर अली सरजानदार का दान हज़ारों तक पहुँच चुका था। अमीर ख़ुसरो ने उसकी प्रशंसा में इस प्रकार लिखा है—

(पद)

मैं ख़ान के दान के हाथ को मानो समुद्र कहूं,
मेरा हृदय काँप उठता है क्योंकि मैं इस योग्य नहीं।
कभी उसका दान हथेली पर याक़ूत से भरा ख़ज़ाना लिये रहता है।
जोकि मेरी हथेली तक पहुँचने के लिए उसको तृण ज्ञात होता है।

जिसको कम से कम दान देता वह भी सौ से कम न पाता। जिस किसी को घोड़ा और वस्त्र प्रदान करता उसे बिना चाँदी के तन्कों की थैली के न देता। गलियों में फिरने वाले दरवेशों को भी सोने चाँदी के तन्के प्रदान किया करता था; जीतल का शब्द उसके मुँह से न निकलता था। उसके दान के समाचार जब सुल्तान बल्बन को प्राप्त होते तो, यद्यपि वह शीघ्र रुष्ट हो जाने वाला व्यक्ति था, उसे इस पर बड़ी प्रसन्नता होती।

(११९) वह भगवान् को धन्यवाद देता कि 'मेरा मौलाज़ादा इतना दानी तथा उदार है कि इस काल के बड़े-बड़े दानी उसके सम्मुख अपने हाथ फैलाते हैं। अपने समकालीनों में दान के विषय में वह सबसे आगे बढ़ा हुआ है। उसको

१ यह कविता अमीर ख़ुसरो के दीवान ग़ुर्रतुल कमाल में सम्मिलित है।
२ अली के घोड़े का नाम दुलदुल था। अली अपनी वीरता के लिये बड़े प्रसिद्ध थे।

दान द्वारा जो प्रतिष्ठा प्राप्त होती है वह वास्तव में मुझ तक पहुँचती है।' उसके दान तथा उदारता का जितना अधिक हाल वह सुनता उतना ही उस का इनाम और अक़्ता बढ़ा देता।

एक दिन सुल्तान बल्बन ने उससे कहा कि 'ऐ अली! मैंने सुना है कि तू मदिरा की महफ़िल में मदिरा-पान करता है और नशे में लोगों को दान देता है। मैं तो यह उत्तम समझता हूँ कि चैतन्य अवस्था में दान किया कर।' जिस दिन सुल्तान ने उससे यह वचन कहे उस दिन से हातिम ख़ाँ ने मदिरा-पान त्याग दिया और चैतन्य अवस्था में पहले की अपेक्षा जबकि वह मदिरा पान की महफ़िलों में दान करता था, कहीं अधिक दान करने लगा। शम्सी काल के कुछ प्रतिष्ठित अमीर बल्बन के राज्य-काल में भी यादगार के रूप में शेष थे। इन लोगों की उपस्थिति के कारण उसके राज्य-काल को इतनी शोभा प्राप्त हुई कि उसके समान न किसी ने आँख से देखा और न कान से सुना।

बल्बनी राज्य-काल के अमीरों की दानशीलता

इस तारीखे फ़ीरोज़शाही के संकलन-कर्त्ता ने अपने नाना सिपहसालार हुसामुद्दीन वकीलदर से सुना है कि शम्सी तथा नासिरी और कुछ बल्बनी ख़ान और मलिक एक दूसरे से अक़्ता, धन सम्पत्ति, पद और सम्मान के कारण परस्पर ईर्ष्या, द्वेष तथा विरोध न करते थे, अपितु वे एक दूसरे की दानशीलता पर ईर्ष्या करते हुये बढ़ जाने का प्रयत्न करते रहते थे। यदि कोई ख़ान अथवा मलिक यह सुन पाता कि अमुक ख़ान अथवा अमुक मलिक के दस्तरख्वान से पाँच सौ मनुष्यों को भोजन प्राप्त हुआ हैं तो उसे इस बात से लज्जा आती थी और वह इस बात का प्रयत्न किया करता था कि उसके दस्तरख्वान से हज़ार मनुष्य भोजन करलें। यदि कोई उनके पास पहुंच कर यह कहता कि अमुक मलिक अपनी सवारी के समय दो सौ तन्के न्यौछावर करता है तो उन्हें इससे लज्जा आती और वे इस बात का प्रयत्न करते कि अपनी सवारी के समय चार सौ तन्के न्यौछावर कर दें। यदि कोई व्यक्ति अपनी मदिरा-पान की महफ़िल में पचास घोड़े दान करता और दो सौ आदमियों को वस्त्र प्रदान करता तो दूसरे को यह सुनकर स्पर्धा होती और वह इस बात की व्यवस्था करता कि सौ घोड़े न्यौछावर करे और पाँच सौ मनुष्यों को वस्त्र प्रदान करे।

(१२०) उस समय के मलिक, ख़ान तथा गण्यमान्य व्यक्ति दान-पुण्य और न्यौछावर के कारण सर्वदा ऋणी रहा करते थे। महफ़िलों के अतिरिक्त उनके घरों में सोने चाँदी का कोई चिह्न भी न पाया जाता। दान पुण्य की अधिकता के कारण उन्हें अपने घरों में कुछ एकत्र करने और गाढ़ने की समस्या ही उत्पन्न न होती। वे एक दूसरे की बराबरी दान-पुण्य में किया करते थे। देहली के साहु और मुलतानी जो इतने धनी हो गये हैं, उसका कारण प्राचीन मलिक और अमीर हैं। वे लोग मुलतानियों और साहों से यथा-सम्भव ऋण लिया करते थे। अक़्ता से ऋण-दाताओं को उनके (दिये हुये) ऋण के साथ अन्य इनाम भी देते थे। जब ख़ान और मलिक महफ़िल करते और प्रतिष्ठित लोग मेहमान होते तो उनके कर्मचारी मुलतानियों और साहों के पास भागते, ब्याज पर ऋण लेते और अपने नाम से रसीद दे देते थे।

बुग़रा ख़ाँ का लखनौती से बुलवाया जाना

अब मैं सुल्तान बल्बन के समकालीन प्रतिष्ठित अमीरों के वर्णन को छोड़कर, जिनमें अनेक गुण थे, बल्बन के राज्य-काल का शेष हाल लिखता हूं। जब सुल्तान बल्बन खाने शहीद की मृत्यु के शोक एवं पीड़ा से पूर्णतया टूट गया, तो उसने अपने लघु पुत्र बुग़रा ख़ाँ को लखनौती से देहली में बुलवाया। उसने कहा कि, "मुझे तेरे बड़े भाई की मृत्यु ने रोगी बना

दिया है और मैं अब एक पीला सूर्य बन कर रह गया हूं। कौन जानता है कि क्या हो जाय। हे पुत्र! अब यह समय ऐसा नहीं कि तू अनुपस्थित रहे। तेरे अतिरिक्त मेरा अब कोई दूसरा पुत्र नहीं है। तूही मेरा स्थान ग्रहण करेगा। कैख़ुसरो तथा कैक़ुबाद जोकि तुम दोनों के पुत्र हैं और जिनका पालन-पोषण मैंने ही किया है, अभी नवयुवक हैं। उन्होंने समय के शीतोष्ण का आस्वादन नहीं किया है। यदि मेरे पश्चात् राज्य इनको मिल जायगा तो वे अपनी विलासप्रियता और युवावस्था के कारण बादशाही के प्रति जो कर्तव्य हैं, उनका पालन न कर सकेंगे और देहली का राज्य पुनः उसी प्रकार बच्चों का खेल हो जायगा, जैसा कि सुल्तान शम्सुद्दीन की मृत्यु के पश्चात् एक क़रन तक रहा।"

(१२१) "यदि तू लखनौती में रहता है, और देहली के राज सिंहासन पर कोई अन्य विराजमान होता है तो तुझे उसके अधीन रहना पड़ेगा। यदि तू देहली के राज सिंहासन पर विराजमान हो जायगा तो जो कोई भी लखनौती का शासक होगा वह तेरे अधीन रहेगा। इस बात पर ध्यान दे और मेरे निकट से दूर न हो तथा लखनौती को प्रस्थान करने की इच्छा मत कर।"

बुग़रा ख़ाँ की लखनौती को पुनः वापिसी

बुग़रा ख़ाँ बहुत ही जल्दबाज़ शाहज़ादा था और यह न जानता था कि आसमान के उलट फेर से प्रत्येक कार्य में विघ्न पड़ जाता है और प्रत्येक ओर से दुर्घटना उपस्थित हो जाती है। वह कुछ समय तक अपने पिता के साथ देहली में रहा और सुल्तान को उस दुःख से कुछ छुटकारा मिल गया। बुग़रा ख़ाँ फिर लखनौती लौटने के प्रबल लोभ में फंस गया। बहाना करके बिना पिता की आज्ञा के लखनौती की ओर प्रस्थान कर दिया।

सुल्तान की मृत्यु तथा कैख़ुसरो को उत्तराधिकारी बनाना

बुग़रा ख़ाँ के पुत्र का नाम कैक़ुबाद था। उसका पालन-पोषण सुल्तान के निरीक्षण में में हुआ था। वही सुल्तान के पास रह गया। बुग़रा ख़ाँ लखनौती पहुँच भी न पाया था, कि सुल्तान पुनः बीमार पड़ा। इस बार सुल्तान का रोग बहुत बढ़ गया। सुल्तान ने समझ लिया कि अब अन्तिम समय आ गया और जीवन से हाथ धो लिया। इसी रोग की दशा में मरने से तीन दिन पूर्व, मलेकुल-उमरा कोतवाल देहली, ख़्वाजा हुसैन बसरी, मंत्री और अपने कुछ विश्वासपात्र मलिकों को अपने सम्मुख बुलवाया। मलेकुल-उमरा से कहा कि, "तू वृद्ध हो चुका है और बड़ा अनुभवी है। राज्यों के उलट फेर को देख चुका है। तुझे ज्ञात है कि बादशाहों का अन्त किस प्रकार हो जाता है। मैं देखता हूं कि मेरा अन्तिम समय निकट है। मेरे शासन का समय शेष नहीं। मेरे हृदय में इस विचार के अतिरिक्त अन्य भावना उत्पन्न नहीं होती कि संसार किसी का साथ नहीं देता। वह अस्थायी है। कुछ वर्ष हमारे साथ रहा और अब हमें छोड़ रहा है। उसने जो सभी बादशाहों के साथ किया, वही मेरे साथ भी कर रहा है।"

(१२२) "तुम लोगों को चाहिये कि मेरे पश्चात् मेरे ज्येष्ठ पुत्र ख़ाने शहीद के पुत्र कैख़ुसरो को राज सिंहासन पर बैठाओ। मैंने उसे उसके पिता की मृत्यु के पश्चात् अपना उत्तराधिकारी बनाया है। वह शासन चलाने के योग्य भी है। यद्यपि वह युवक तथा अल्पावस्था का है और राज्य संचालन यथा-रूप नहीं कर सकता तो भी मैं क्या कर सकता हूं? महमूद जो इस कार्य को कुछ कर सकता था और जिससे लोग डरते भी हैं, लखनौती चल दिया है; जब तक उसको वहाँ से बुलवाया जायगा उस समय तक पता नहीं क्या से क्या हो जायगा। राज सिंहासन बिना बादशाह के नहीं रह सकता। मेरे लिये कैख़ुसरो के

अतिरिक्त किसी अन्य को बादशाह बनाने की वसीअत करने के अतिरिक्त कोई अन्य उपाय नहीं।" यह वसीअत करके मलिकों को वापस कर दिया। तीसरे दिन उसके प्राण पखेरू उड़ गये।

अमीरों का कैखुसरो को बादशाह न बना कर कैक़ुबाद को बादशाह बनाना

कोतवाल और कोतवालियान शहर में पूर्ण अधिकार वाले, प्रबन्धक और अनुभवी हो गये थे। वे लोग किसी ऐसे कारण से जिसका सम्बन्ध स्त्रियों के किसी मामले से हैं, खाने शहीद से द्वेष रखते थे। उन्होंने सोचा कि यदि कैखुसरो बादशाह हो जायगा तो बड़ी आपत्ति होगी। इसी लिये उसी दिन उन्होंने खाने शहीद के पुत्र कैखुसरो को मुल्तान की ओर रवाना कर दिया। बुग़रा खाँ के पुत्र कैक़ुबाद की पदवी सुल्तान मुइज्ज़ुद्दीन निश्चित की और उसे राज सिंहासन पर आरूढ़ कर दिया।

बल्बन का अन्तिम संस्कार

सुल्तान बल्बन का मृतक शरीर रात के पिछले पहर कूशके लाल से बाहर निकाला गया और दारुलअमान[1] में लेजा कर दफ़न कर दिया गया।

उस जैसा ऐश्वर्य और वैभव वाला शासक जिसने बड़े वैभव तथा ऐश्वर्य से राज्य किया था, भूमि के सिपुर्द कर दिया गया और चार गज़ भूमि में दफ़न हो गया।

छन्द

बादशाह का धन पानी और आग थे। पानी चला गया और आग बुझ गई।
अब उसके लिये उसका लावलश्कर मिट्टी और राख से अधिक नहीं।

उस समय जबकि सुल्तान बल्बन का जनाज़ा कुशके लाल से बाहर लाया गया, समस्त मलिकों और दरबारियों ने अपने सर पर मिट्टी डाल कर वस्त्र फाड़ डाले। जनाज़े के पीछे नंगे सिर रवाना हुये।

(१२३) जब सुल्तान का जनाज़ा दारुल-अमान में लाया गया और सुल्तान को अभी मिट्टी के सिपुर्द न किया गया था, मलेकुल-उमरा कोतवाल ने, जोकि अत्यन्त अनुभवी था, पुनः अपने सिर पर मिट्टी डाली और इस प्रकार चिल्ला कर कहा कि सब उपस्थित जनों ने सुन लिया। उसने कहा कि, "इस बादशाह की मृत्यु के पश्चात्, जिसने कि दो क़रन तक बादशाही की थी, यह कहा जा सकता है कि अच्छे बुरे, साधारण तथा विशेष लोग उसकी राज्य व्यवस्था के विषय में जानकारी रखते हैं। लोगों के उस पर और लोगों के उसके ऊपर अनेक अधिकार प्रमाणित हो चुके हैं। कोई भी, जो मनुष्य कहलाने के योग्य है, उसके राज्य के पूर्व पानी भी न पी सकता था और कोई वर्ष या छठा महीना ऐसा व्यतीत नहीं होता था, जब कि देहली निवासियों को कोई कष्ट न भोगना होता हो। प्रत्येक अयोग्य तथा अनभिज्ञ के हृदय में बादशाही की लालसा पैदा हुआ करती थी और वे शासक बन जाने की इच्छा किया करते थे। वे सब बल्बन के राज्य में शान्त हो गय थे। हम लोग जोकि इस अनुभवी बादशाह के राज्य-काल में सुरक्षित थे पुनः परेशान हो जायँगे। प्राचीन वंश तथा प्रसिद्ध परिवार नष्ट हो जायँगे।"

सुल्तान बल्बन का शोक

कोतवाल जिसका वर्णन ऊपर किया गया है, सुल्तान बल्बन की मृत्यु के शोक में छः मास तक भूमि पर शयन करता रहा। अन्य मलिक अमीर, सद्र, शहर के प्रतिष्ठित और

---

१ सुल्तान के समाधि स्थान का नाम।

गण्य-मान्य व्यक्ति चालीस दिन तक भूमि पर शयन करते रहे। बुद्धिमान, अनुभवी और समझदार लोग सुल्तान की मृत्यु से बड़े दुःखी हुये। शहर के प्रतिष्ठित लोग सुल्तान की आत्मा की शान्ति के लिये भोजन बाँटा करते थे। जिस तिथि से सुल्तान बल्बन की, जो आज्ञाकारियों, हुक्म मानने वालों और शान्ति-प्रिय लोगों के लिये माता-पिता के सदृश था, मृत्यु हो गई, सर्व साधारण के प्राणों और धन सम्पत्ति की सुरक्षा का अन्त हो गया। राज्य के प्रति विश्वास लोगों के हृदय से क्षीण हो गया। उसके पोते मलिक सुल्तान मुइज्जुद्दीन के राज्य-काल को एक साल भी न व्यतीत हुआ था कि अनेक अमीरों और मलिकों के वंश का एक दूसरे की शत्रुता के कारण विनाश हो गया; अनेक प्रतिष्ठित लोगों की केवल अविश्वास और भ्रम के कारण हत्या करा दी गई। इस परेशानी और क्लेश को देखकर लोग वर्षों तक बल्बनी राज्य-व्यवस्था को फिर से देखने की इच्छा करते रहे और उस बादशाह की कीर्ति का वर्णन लोग बड़े चाव से किया करते थे।

अपने इतिहास के विषय में बरनी के विचार

(१२४) मुझ ज़िया बरनी ने, जोकि इस तारीखे फ़ीरोज़शाही का संकलनकर्त्ता है, इस इतिहास में जादू भर दिया है। इतिहास-वेत्ता जो इस समय सीमुर्ग़[1] और कीमिया[2] हो चुके हैं, भली भाँति जानते हैं, कि एक हज़ार वर्ष से तारीखे फ़ीरोज़शाही के समान जिसमें राज्य-व्यवस्था के सम्बन्ध में अनेक बातें और गुण संकलित कर दिये गये हैं, कोई इतिहासकार कुछ नहीं लिख सका है। मुझे दुःख है कि मैं क्या करूँ; किस के सम्मुख विलाप करूँ; किस की सेवा में निवेदन करूँ कि इस इतिहास की दूसरे इतिहासों से तुलना करें और इसे जाँचें; मेरे परिश्रम के प्रति न्याय करें, क्योंकि मैंने प्रत्येक पंक्ति ही नहीं अपितु प्रत्येक वाक्यांश में सुल्तानों के राज्य-व्यवस्था और हाल के विषय में अनेक आश्चर्यजनक और उत्तम बातें लिखी हैं। बादशाहों की बादशाही की अच्छाइयाँ और बुराइयाँ नाना प्रकार से स्पष्ट एवं संकेत द्वारा अत्युत्तम शैली, ढंग और अन्दाज़ से खोल कर लिख दी हैं। मेरे हृदय को इतिहासवेत्ताओं, इतिहास के मूल्यांकन करने वालों और उसके प्रति अपने कर्तव्यों का पालन करने वालों के अभाव से बहुत दुःख होता है। मैं कहता हूँ और शपथ लेकर कहता हूँ और मुझे अल्लाह की शपथ है कि यदि जमशेद और कैखुसरो, जोकि संसार भर के बादशाह थे, या नौशेरवाँ और परवेज़ जिन्होंने विशेष प्रकार से बादशाही की है, जीवित होते तो मैं यह इतिहास उनके सम्मुख ले जाता। यदि वे अपनी बुद्धिमत्ता और इतिहास-ज्ञान तथा प्रेम के कारण इस इतिहास की दूसरे इतिहासों से तुलना कराते, तो लोग उन बादशाहों के सिंहासन के सम्मुख इस इतिहास पर गर्व करते और उन बादशाहों की कृपा और दया से मेरा सम्मान और मेरे इतिहास के गुण विशेष एवं सर्व साधारण व्यक्तियों के हृदय पर अंकित हो जाते। यद्यपि उपर्युक्त विचार एक अनुचित एवं असम्भव विचार है, तथापि कम से कम यदि अरस्तू और बुज़र्च-मेहर इस इतिहास पर दृष्टिपात करते तो वे मेरे साथ न्याय करते और मेरी प्रशंसा होती। यदि इस कामना को भी पागलपन समझा जाय तो इतना तो होता कि यह इतिहास सुल्तान महमूद और सुल्तान संजर के हाथों तक पहुँच जाता जिससे इतिहास और इतिहास की रचना का सम्मान इस्लामी राज्यों में उत्पन्न हो जाता।

---

१ एक चिड़िया जिसके विषय में प्रसिद्ध है कि उसने रुस्तम के पिता ज़ाल का पालन-पोषण किया था। जियाउद्दीन बरनी के कहने का तात्पर्य यह है कि इतिहासवेत्ता कहीं नहीं पाये जाते।

२ एक औषधि जिसके विषय में प्रसिद्ध है कि उसके द्वारा पीतल और ताँबे को सोना बना लिया जाता था और जो अप्राप्य है।

(१२५) उस खेद से बढ़ कर जिसको मैंने उपर्युक्त पंक्तियों में प्रकट किया है, एक अति विचित्र खेद मेरे हृदय में बैठ चुका है। वह इस प्रकार है कि मेरे समकालीन बादशाह को (जिसकी आयु हज़ार वर्ष की हो) इतिहास से विशेष रुचि है। इस विद्या का उसे ज्ञान है। उसे इसमें बड़ा आनन्द आता है; परन्तु मैं क्या करूँ। मेरे शत्रुओं ने मुझे अन्नदाता से बहुत दूर कर दिया है और मैं उनके निकट नहीं पहुँच सकता। मेरा यह वश नहीं कि मैं इस इतिहास को उसकी शुभ दृष्टि तक ले जा सकूँ। यदि यह इतिहास जिसे मैंने उसके शुभ नाम से सम्मानित किया है और जिसमें उसके राज्य का इतिहास तथा नेकियों और अच्छाइयों का वर्णन किया है, उसके राज सिंहासन के सम्मुख पेश हो जाय, और वह उसका अध्ययन करके उसे सम्मानित कर दे, तो मैं समस्त दुःखों से मुक्त हो जाऊँगा। मेरी जो भी कामनायें मेरे हृदय में उठती हैं वे मेरे अभाग्य के कारण दब जाती हैं। मैं अल्लाह की, जोकि सब से बड़ा और पूज्य एवं पवित्र है, शपथ लेकर कहता हूँ, कि मेरा दिल बहुत टूट चुका है और इस दशा में, मैं भगवान् से प्रार्थना करता हूँ कि 'हे भगवान्! मेरे क्लेश, दुःखों, व्याकुलता और दरिद्रता पर दया कर और ऐसा कर कि मेरा यह इतिहास खुदावन्दे आलम, बादशाहे बनी आदम (अन्नदाता और मनुष्य जाति के बादशाह) फ़ीरोज़शाह सुल्तान खलदल्लाहो मुल्कहू व सुल्तानहू के सामने पहुँच जाय और मैंने जो कुछ परिश्रम किया है वह व्यर्थ न हो।

अस्सुल्तानुल अकरम मुइज़्ज़ुद्दुनियां वद्दीन कैक़ुबाद

(१२६) क़ाज़ी सद्रे जहाँ जलालुद्दीन काशानी, सुल्तान शम्सुद्दीन का पुत्र क्यूमुर्स, खाने खुरासान, मलेकुल-उमरा कोतवाल बक, हिज़ब्र खाँ मलिक शाहक लश्कर खाँ, मलिक इख्तियारुद्दीन जीजू, हातिम खाँ, अमीरअली सरजानदार, शाइस्ता खाँ मलिक जलालुद्दीन खलजी, मलिक निज़ामुद्दीन दादबक, मलिक क़िवामुद्दीन अला दबीर[1], मलिक इख्तियारुद्दीन तुर्की, मलिक एतिमुर कच्छन, मलिक यशर सुल्तानी, मलिक मुहम्मद बक़बक़ बारबक, मलिक अइज़्ज़ुद्दीन खुर्रम, मलिक नुसरत सुब्बाह, मलिक तुर्मती शहनये पील, मलिक नुसरतुद्दीन राना शहनये पील, मलिक ताजुद्दीन कूची, मलिक अलीशह कोहजूदी, मलिक फ़ख़रुद्दीन कूची. मलिक ताजुद्दीन क़ीरबक, मलिक अइज़्ज़ुद्दीन ग़ोरी, मलिक सैफ़ुद्दीन नाहजन, मलिक अलाउद्दीन ताजिर, मलिक नसीरुद्दीन उलुग़ची, मलिक ताजुद्दीन नाखुद्र, मलिक नुसरतुद्दीन नसरुल्लाह, मलिक ऐनुद्दीन हिरनमार, मलिक ज़ियाउद्दीन जहजी, मलिक ऐनुद्दीन बर्मश, मलिक रुक्नुद्दीन, मलिक सैफ़ुद्दीन क़ीरबक, मलिक नासिरुद्दीन मक़्हारी, मलिक कमालुद्दीन महियार, मलिक इख्तियारुद्दीन ग़ाज़ी, मलिक नसीरुद्दीन सैफ़े[2] सुल्तानी, मलिक इज्जुद्दीन यग़ाँ खाँ, मलिक ज़ैनुद्दीन शर्के शुक्र, मलिक इख्तियारुद्दीन सकनत, हैबत खाँ का पुत्र मलिक हुसामुद्दीन, क़र्लुग़ का नाती मलिक हिज़ब्रुद्दीन, मलिक बहाउलमुल्क हीलमी।

---

१ पुस्तक में इलाक़ा दबीर है किन्तु अला दबीर उचित ज्ञात होता है।

२ पुस्तक में सैफ़र है।

अल्लाह के नाम से जोकि रहमान और रहीम है

समस्त प्रशंसा भगवान् के लिये है जो विश्व का पालक है।

(१२७) और बहुत बहुत दुरुद और बहुत बहुत सलाम उसके रसूल मुहम्मद पर और उसकी सन्तान पर,

मुइज़्ज़ुद्दीन कैक़ुबाद का सिंहासनारोहण

यह तुच्छ हितैषी ज़ियाबरनी, जोकि इस तारीखे फ़ीरोज़शाही का संकलन-कर्त्ता है, इस प्रकार निवेदन करता है कि सुल्तान बल्बन के पोते सुल्तान मुइज्ज़ुद्दीन कैक़ुबाद के सिंहासनारोहण के समय यह तुच्छ अल्पावस्था में था। जो कुछ उसने इस तारीख में सुल्तान मुइज्ज़ुद्दीन की राज्यव्यवस्था का वर्णन या इतिहास लिखा है, वह उसने अपने पिता मुईदुलमुल्क तथा अपने गुरुजनों से, जोकि अपने समय के आचार्य थे, सुनकर लिखा है। उसने उनसे सुना है कि ६८५ हि०[1] में बुग़रा खाँ का पुत्र एवं सुल्तान बल्बन का पोता, सुल्तान मुइज्ज़ुद्दीन कैक़ुबाद बल्बन के राज सिंहासन पर आरूढ़ हुआ। जिस समय यह बादशाह देहली के राज सिंहासन पर बैठा, उसकी अवस्था सत्रह-अठारह वर्ष की थी।

(१२८) यह शाहज़ादा सुल्तान मुइज्ज़ुद्दीन बहुत बड़ा सदाचारी था। उसका चरित्र तथा स्वभाव बहुत ही पवित्र एवं उत्कृष्ट था। वह बड़ा रूपवान था। उसके हृदय में भोग विलास, सुखभोग, काम-वासना तथा इन्द्रिय-लोलुपता की इच्छा बड़ी प्रबल थी। बाल्यावस्था से राज सिंहासन पर पहुँचने के समय तक उसका पालन-पोषण उसके दादा सुल्तान बल्बन के नियन्त्रण में हुआ था। उसके ऊपर अनेक कठोर निरीक्षक नियुक्त थे, जो इस बात की देख रेख किया करते थे कि उसे भोग विलास की रुचि तथा काम-वासना से दूर रखा जाय। सुल्तान बल्बन के भय से उसके निरीक्षक इस बात की आज्ञा न देते थे कि वह किसी सुन्दरी की ओर दृष्टि-पात कर सके अथवा मदिरा का प्याला पी सके। रात दिन कठोर अताबक[2] नियुक्त रहते जोकि उसे अनुशासन में और ठीक से रखने का प्रयत्न करते रहते थे। गुरुजन उसे लिखना, पढ़ना और अनुशासन की शिक्षा प्रदान किया करते थे। वे उसे बाण फेंकने, गेंद खेलने और भाला चलाने की शिक्षा देते तथा उसे अनुशासन से न निकलने एवं कुमार्ग पर चलने और नैतिकता से गिरी बात करने का अवसर न देते थे।

---

१ ६८६ हि० (१२८७-८८ ई०) होनी चाहिये। तारीख़े मुबारकशाही में कैक़ुबाद के सिंहासनारोहण का प्रारम्भिक हाल इस प्रकार लिखा है।

उसका सिंहासनारूढ़ होना

सुल्तान मुइज़्ज़ुद्दीन कैक़ुबाद बुग़राँ खाँ का पुत्र और सुल्तान ग़यासुद्दीन बल्बन का पौत्र था। शोकावह संस्कारों के पश्चात् मुइज़्ज़ुद्दीन अमीरों, मलिकों, इमामों व और क़ाज़ियों की इच्छानुसार ६८६ हि० (१२८७ ई०) में राज सिंहासन पर विराजमान हुआ। प्रजा के हर श्रेणी के लोगों ने उसके प्रति स्वामी-भक्ति प्रदर्शित की। नये सुल्तान ने राज्य के पुराने पदाधिकारियों को अपने पदों पर कार्य करते रहने की आज्ञा दी और कुछ नये पदाधिकारियों की भी नियुक्त की। इस प्रकार मलिक तुर्की को ख़ास हाजिब नियुक्त किया। मलिक निज़ामुद्दीन को दादबक बनाया। मलिक जावरजी को सरजानदार का पद प्राप्त हुआ। ख्वाजा ख़तीरुद्दीन को ख्वाजाये जहाँ की पदवी मिली।

छः मास बीतने के पश्चात् सुल्तान मुइज़्ज़ुद्दीन ने शुक्रवार के दिन किलोखड़ी में दरबारे आम किया। (पृ० ५२-५३)

२ गुरु अथवा निरीक्षक।

कैक़ुबाद का भोग विलास

जब ऐसा व्यक्ति जिसके हृदय में कभी यह विचार या ख्याल भी उत्पन्न न हुआ था कि वह बादशाह होगा अकस्मात् ऐसे राज सिंहासन पर विराजमान हो गया जिसको बड़ा ऐश्वर्य प्राप्त था, ऐसा राज्य पा गया जिसका एक छोर समुद्र तक पहुँचा था, जिसे ऐसी अमूल्य वस्तु प्राप्त हो गई, जिसके लिये लोग वर्षों तक प्रयत्न किया करते हैं और जिसकी आकांक्षा में अपने प्रिय प्राण तक भय में डाल देते हैं किन्तु फिर भी उसे नहीं प्राप्त कर पाते, तो जो कुछ भी पढ़ा, लिखा, सुना या सीखा था पूर्णतया भूल गया। अनुशासन एवं नैतिकता के सभी पाठ ताक़ पर रख दिये; भोग विलास तथा सुख भोग में मस्त हो गया। कामवासनाओं को राज्य व्यवस्था तथा शासन प्रबन्ध से बढ़ कर समझने लगा। जब वह सख्ती, कठोरता, भय आतंक तथा ऐश्वर्य जो लोगों के हृदय में बल्बन के साठ वर्ष के राज्य में बैठ गया था, उनके मध्य से निकल गया, तो सभी कार्यों में विघ्न पड़ने लगा।

(१२९) जहाँ अनुभवी वृद्ध और अति कुशल बादशाह की शासन व्यवस्था के वैभव ज्ञान, समझ, दण्ड, सज़ा तथा बन्दीगृह में डाल दिये जाने की आशंका और अन्य कष्ट पहुँचने के भय से ख़ान और मलिकों के हृदय में भोग विलासिता, इन्द्रिय-परायणता, मदिरापान और व्यभिचार का ध्यान भी न होता था और पदाधिकारियों तथा शासन के सहायकों की ज़बान पर भोग विलासिता, इन्द्रिय-परायणता, परिहास, विदूषकों और गायकों का नाम भी न आता था, वहाँ अब यह बात न रही। युवक तथा रूपवान बादशाह के राज सिंहासन पर आरूढ़ हो जाने से, जिसे कामवासनाओं, भोग विलास के अतिरिक्त कोई कार्य ही न था, और जिसे सुख-भोग से रुचि होने के अतिरिक्त राज्य व्यवस्था से कोई सम्बन्ध न था, शासन प्रबन्ध की नीतियों तथा उसकी दुर्घटनाओं से बचने की कोई जानकारी न थी, देश का शासन छिन्न-भिन्न हो गया। आनन्द मनाने वाले, महफ़िलें करने वाले, विलास-प्रिय चुटकुलेबाज़, विदूषक, जोकि हताश हो चुके थे और अपमान के कोने में व्यर्थ पड़े थे, और जिनका पूछने वाला कोई न था, अब अपने अपने कार्य में लग गये। प्रत्येक दीवार की छाया से कोई न कोई रमणी दृष्टिगोचर होने लगी और प्रत्येक कोठे से कोई न कोई सुन्दरी अपनी छवि प्रदर्शित करने लगी। प्रत्येक गली में सुमधुर स्वर वाले और ग़ज़ल-गायक उत्पन्न हो गये। हर मुहल्ले से गाने बजाने की आवाज़ें आने लगीं। भोगियों और विलासप्रियों के दिन फिर आये। हरीफ़ों[१] और नदीमों के भाग्य खुल गये। विदूषकों तथा मसख़रों को उनके भाग्य स्वागत करने लगे। गायकों एवं सुन्दरियों के भाग्य का सितारा चमक उठा और रमणियों तथा सुन्दरियों का भाग्य चाँद की तरह चमकने लगा।

(१३०) सुल्तान मुइज्जुद्दीन तथा उसके समय के ख़ानज़ादे, मलिकज़ादे, भोगी और विलासी, विषयी तथा कामुक सब के सब भोग-विलास तथा आमोद-प्रमोद में फँस गये। देश के सर्व साधारण एवं विशेष व्यक्तियों के हृदय मदिरापान, रमणियों, गायकों और विदूषकों की ओर आकर्षित होने लगे। देश के नगरों के छोटे, बड़े, वृद्ध, युवक, मूर्ख, विद्वान्, आलिम, ज़ाहिल, हिन्दू-मुसलमान अपने कार्यों से यह सिद्ध करने लगे कि, "राजा के धर्म का प्रजा पालन करती है"। राज्य में पहले की अपेक्षा अन्य प्रकार के कार्य तथा बातें होने लगीं। विलासिता के भवन सर्व साधारणों के लिये खुल गये।

कैक़ुबाद का किलोखड़ी में निवास करना

सुल्तान मुइज्जुद्दीन ने शहर में निवास करना छोड़ दिया। राजधानी के कुशके लाल

१ बादशाह की भाँति भोग विलास से रुचि रखने वाले उसके सहचर।

से बाहर निकल कर यमुना तट पर किलोखड़ी में एक अद्वितीय राज भवन तथा उपवन का निर्माण कराया। अपने मलिकों, अमीरों, विश्वासपात्रों, विशेष व्यक्तियों और दरबारी कर्मचारियों को लेकर वहीं निवास करने लगा। समस्त मलिक, अमीर, विश्वासपात्र, प्रतिष्ठित व्यक्ति और कलाकारों ने सुल्तानी राज महल के निकट अपने घर बनवा लिये। उन्होंने जब यह देखा कि बादशाह की इच्छा किलोखड़ी में निवास करने की है तो उन्होंने भिन्न-भिन्न स्थानों पर अपने लिये महल और घर बनवाये। प्रत्येक समूह के सरदारों ने वहीं पहुंच कर निवास करना आरम्भ कर दिया। किलोखड़ी पूर्ण रूपेण आबाद हो गई। सुल्तान और उसके दरबार के विशेष तथा साधारण व्यक्तियों के भोग विलास में संलग्न और मस्त रहने के समाचार, देश के चारों ओर फैल गये। देश के चारों ओर से गायक, रमणी, चारण, सुमधुर स्वर वाले तथा मसखरे, विदूषक भांड़ दरबार में पहुंचने लगे और प्रत्येक दिशा में आबादी ही आबादी दिखाई पड़ने लगी। दुराचार और व्यभिचार प्रारम्भ हो गये। मस्जिदें नमाज़ियों से रिक्त हो गई। मधुशालायें भर गईं। लोगों ने एकान्त वास त्याग दिया।

कैक़ुबाद के समकालीनों की विलास-प्रियता

मदिरा का भाव दसगुना चढ़ गया। लोग भोग विलास में मस्त रहने लगे। किसी के हृदय में शोक, भय, चिन्ता, कष्ट, डर और अवरोध का ध्यान भी न रहा। मसख़रों, भाटों, चुटकुले बाजों, विदूषकों का सम्मान बढ़ गया। गायकों और रमणियों के चञ्चलपन में वृद्धि हो गई। मदिरा और नशे की वस्तुएँ बेचने वालों की थैलियाँ सोने और चाँदी के तन्कों से भरी रहने लगीं।

(१३१) सुन्दरियाँ और प्रतिष्ठित गदाग़ाज़ी[1] शराब और मदिरा में डूब गये। प्रतिष्ठित तथा गण्यमान्य व्यक्तियों को मदिरापान करने, महफ़िलें सजाने, लोगों से बाज़ी लगाने, गाना सुनने, जुआ खेलने, धन नष्ट करने और अपने अमूल्य समय को आमोद-प्रमोद तथा भोग विलास में नष्ट करने के अतिरिक्त कोई कार्य न रह गया। संक्षेप में, सुल्तान की महफ़िलें रमणियों तथा गायकों से इस प्रकार सुशोभित रहती थीं कि जो कोई देखता और सुनता, वह अपने हृदय मे पुनः देखने और सुनने की अभिलाषा अपने शेष जीवन में न भुला सकता। ज़िया जहजी तथा हुसाम दरवेश जोकि अपने समय के बहुत बड़े विदूषक और भाट थे और विचित्र नदीमों में गिने जाते थे, जो चुटकुले-बाज़ी और इस प्रकार की बातों में अद्वितीय थे, सुल्तान की व्यक्तिगत महफ़िलों के नदीम बन गये। सुल्तान के सम्मुख जो चुटकुला कहते या परिहास की बात सुनाते, उसके लिये उन्हें धन सम्पत्ति ख़िलअत और घोड़े प्रदान किये जाते। सुल्तान मुइज़्ज़ुद्दीन रात दिन भोग-विलास और आमोद प्रमोद में पड़ा रहता।

निज़ामुद्दीन की उन्नति

मलेकुल-उमरा कोतवाल देहली का जामाता तथा भतीजा मलिक निज़ामुद्दीन, मुइज़्ज़ी राज सिंहासन के अति निकट होता गया। देखने में तो उसे दादबके हज़रत और सरनायब मलिक नियुक्त किया गया, परन्तु राज्य व्यवस्था का संचालन वास्तव में उसी की देख रेख में होने लगा। मलिक क़िवामुद्दीन अला दबीर[2] जोकि अपनी रचना-शैली में सर्वोत्तम और दबीरी के कार्य में अद्वितीय और अनुपम था, उम्दतुलमुल्क और नायब

१ नट। तमाशा दिखाने वाले।

२ इलाक़ा दबीर

वकीलदर नियुक्त हुआ। राजनीति की देख रेख तथा शासन व्यवस्था का कार्य मलेकुल-उमरा के जामाता मलिक निज़ामुलमुल्क को प्रदान कर दिया गया,। वह बड़ा ही चतुर सुव्यवस्थापक, कूटनीतिज्ञ और सभी बातें भली भाँति समझता था। बल्बनी मलिक जो इस समय बहुत बड़ी संख्या में थे और जिनका अधिकार एवं वैभव बड़ा प्रबल था, मुइज़्ज़ी राज्य के सहायक तथा हितैषी बन गये थे, वे सब मलिक निज़ामुद्दीन की उन्नति से परेशान तथा चिन्तित रहने लगे।

मलिक निज़ामुद्दीन को राज्य का लोभ

(१३२) मलिक निज़ामुद्दीन को राज्य का लोभ सताने लगा। सुल्तान मुइज़्ज़ुद्दीन भोग विलास में ग्रस्त था। प्रतिष्ठित, अनुभवी और समय के शीतोष्ण का आस्वादन किये हुए व्यक्ति समझ गये कि मलिक निज़ामुद्दीन उन्हें जीवित न छोड़ेगा। वे लोग इधर उधर हो गये। मलिकों की चिन्ता के कारण राजधानी के सभी कार्यों में विघ्न पड़ने लगा। बहुत से खेल ख़ानादार[1] मलिकों को राज्य पर अधिकार जमाने की लालसा होने लगी। सुल्तान मुइज़्ज़ुद्दीन को भोग विलास में तल्लीन तथा असावधान पाकर मलिक निज़ामुद्दीन ने देश के राज्य पर अधिकार जमाने के लिये अपने दाँत तेज़ करने आरम्भ कर दिये। उसने सोच विचार कर यह बात भली भाँति समझ ली थी कि 'सुल्तान बल्बन जो एक अनुभवी वृद्ध था तथा साठ वर्ष तक देहली पर राज्य कर चुका था, जिसने देश वासियों को अनेक उपाय से अपनी मुट्ठी में कर लिया था, अब मर चुका है। उसका एक पुत्र जोकि राज्य के योग्य था, उसके जीवन काल ही में परलोकगामी हो गया है। बुग़रा खाँ लखनौती में निवास करने लगा है। देश के राज्य की नींव जिसे वृद्ध ने सुदृढ़ कर दिया था, अब दिन प्रति दिन निर्बल होती जा रही है। सुल्तान मुइज़्ज़ुद्दीन विलास-प्रिय होने के कारण राज्य व्यवस्था की ओर ध्यान नहीं देता। यदि मैं खाने शहीद के पुत्र कैख़ुसरो को बीच से हटा दूँ और कुछ प्राचीन मलिकों को भी सुल्तान मुइज़्ज़ुद्दीन से पृथक् कर दूँ, तो देहली का राज्य सुगमता-पूर्वक मुझे प्राप्त हो जायगा।' उपर्युक्त ढंग के कुत्सित विचार जोकि अति निकृष्ट थे इसके मस्तिष्क में चक्कर लगाया करते थे। वह कैख़ुसरो की जान के पीछे पड़ गया।

कैख़ुसरो की हत्या

उसने सुल्तान मुइज़्ज़ुद्दीन से कहा कि 'कैख़ुसरो राज्य में तेरे बराबर है। उसमें बादशाही के गुण भी पाये जाते हैं। मलिकों को उससे विशेष प्रेम है। उन्हें ज्ञात है कि वही सुल्तान बल्बन का उत्तराधिकारी है।'

(१३३) 'यदि कुछ बल्बनी मलिक उसके मित्र हो जायेंगे तो तुझे एक दिन में राज्य से हटा देंगे और उसको देहली के राज सिंहासन पर आरूढ़ कर देंगे, अतः राजनीति इसी में है कि उसे मुल्तान से बुलाया जाय और अपने मार्ग से हटा दिया जाय।' इस कुत्सित विचार से खाने शहीद के पुत्र कैख़ुसरो को बुलाने का फ़रमान भिजवाया। सुल्तान मुइज़्ज़ुद्दीन जब नशे में था तो उसी समय मलिक निज़ामुद्दीन ने उस जैसे बादशाह-ज़ादे के बध के लिये आज्ञा प्राप्त कर ली। इस कार्य के लिये आदमी नियुक्त किये गये। रोहतक क़स्बे में कैख़ुसरो की हत्या कर दी गई।

ख़्वाजा ख़तीर को दण्ड

कैख़ुसरो की हत्या से समस्त बल्बनी सरदार जोकि सुल्तान मुइज़्ज़ुद्दीन के सहायक तथा हितैषी बन चुके थे, मलिक निज़ामुद्दीन से भयभीत रहने लगे। मलिकों की प्रतिष्ठा

१ प्रसिद्ध तुर्क अमीर

और उनका सम्मान घटने लगा और प्रत्येक भयभीत रहने लगा। मलिक निज़ामुद्दीन के अधिकार बढ़ते ही गये। मुइज़्ज़ुद्दीन के मन्त्री ख्वाजा ख़तीर पर आरोप लगा कर यह दण्ड दिया गया कि उसे गधे पर बैठा कर अपमानित करने के लिये शहर में घुमाया जाय। मलिक निज़ामुद्दीन का भय सभी प्रतिष्ठित तथा गण्य-मान्य व्यक्तियों के हृदय पर बैठ गया। मलिक निज़ामुद्दीन सरदारों और शहर के खेल ख़ानादारों के विनाश हेतु कटिबद्ध हो गया।

नव मुसलमानों का बध[1]

सुल्तान मुइज़्ज़ुद्दीन को एकान्त में समझा दिया गया कि "नव मुसलमान अमीर जो उच्च पदाधिकारी हैं, और जो तेरे विश्वासपात्र हैं, दलबन्दी कर चुके हैं और तू उन्हें अपना मित्र तथा सहायक समझे बैठा है। वे प्रयत्नशील हैं कि विद्रोह करके राज-भवन में घुस आयें और तुझे राज सिंहासन से हटा दें और तेरे राज्य पर अधिकार जमालें। यह मुग़ल अमीर अपने घरों में एक दिल हो षड्यन्त्र रचते रहते हैं और सभी एक ही समुदाय से सम्बन्धित हैं। इनके पास बड़ा लावलश्कर है। उन्होंने यह निश्चय कर लिया है कि अकस्मात् विद्रोह कर देंगे।" इस बात को सुल्तान को समझाने के कुछ दिन पश्चात् उसने सुल्तान को बहका कर उन लोगों को बन्दी बनाने तथा उनकी हत्या करा देने की उससे आज्ञा ले ली और उनमें से सभी को राज-भवन में एकत्र किया। बहुतों की हत्या कराके उन्हें यमुना नदी में फिकवा दिया गया। उनके घर बार विध्वंस कर दिये गये।

बल्बन के मौलाज़ादों का बध

(१३४) सुल्तान बल्बन के कुछ मौलाज़ादों को, जोकि बड़े-बड़े मलिकों और नव मुसलमान अमीरों के यहाँ उठते-बैठते थे, तथा उनके सम्बन्धी थे, क़ैद करा दिया और दूर-दूर के स्थानों पर स्थित क़िलों में भिजवा दिया। प्राचीन खेल-खानों को जो जड़ पकड़ चुके थे, नष्ट-भ्रष्ट कर दिया।

अन्य अमीरों का बध तथा उसका प्रभाव

तत्पश्चात् मलिक शाहक का, जोकि मुल्तान का अमीर था, और मलिक तूज़की का जोकि बरन की अक़्ता का स्वामी और अर्ज़े ममालिक था और सुल्तान बल्बन के राज्य-काल से बड़ा प्रभावशाली तथा अधिकार-सम्पन्न हो गया था, किसी न किसी उपाय से विनाश करा दिया। राज भवन के सभी व्यक्तियों तथा शहर के प्रतिष्ठित लोगों को मलिक निज़ामुद्दीन के

१ नव मुसलमानों के विनाश तथा निज़ामुद्दीन के षड्यन्त्र का हाल तारीख़े मुबारक शाही में इस प्रकार लिखा है :

नव मुसलमानों के कुछ अमीरों को बन्दी बनाने के उद्देश्य से एक चातुर्य-पूर्ण युक्ति निकाली गई। मुल्तान के अमीर को आदेश भेजा गया कि वह यह वर्णन करते हुए एक प्रतिवाद भेजे कि एक बड़ी सेना के साथ मुल्तान के निकट में दुष्ट मुग़लों के आजाने के कारण उसने शाही सेना एकत्र करली है, और शत्रुओं पर आक्रमण करके बादशाह के वैभव के आशीर्वाद से उनको भगा दिया है। संक्षेप में, विजय का समाचार प्रजा को सुनाने के पश्चात् प्रत्येक अमीर तथा मलिक बधाई देने के लिये उपस्थित हुआ। समय पर हरकत करने के लिये मलिक निज़ामुलमुल्क ने अपने पूरे साज़ सामान, लावलश्कर सहित महल के ऊपर स्थान ग्रहण किया। जब मलिक और अमीर सुल्तान के सम्मुख बधाई देने आये तो मलिक बेग सारिक़, अमीरे हाजिब, मलिक ग़ाज़ी वकीलदर, मलिक करीमुद्दीन नायब बारबक, मलिक बहराम आख़ुर बक, मलिक जावरजी सरजानदार, मलिक मुग़लती मुसल्लादार जैसे प्रतिष्ठित व्यक्ति बन्दी बना लिये गये। मुग़लती तथा जावरजी को देश छोड़ना पड़ा। दूसरे अमीर मार डाले गये। (पृ० ५३)

उपर्युक्त आचरण का पता लग गया। उसकी महफ़िलों और महल में विशेष और सर्व साधारण व्यक्तियों का जमघट रहने लगा। उसने सुल्तान मुइज़्ज़ुद्दीन को इस प्रकार अपने वश में कर लिया था कि शहर का कोई भीतरी या बाहरी आदमी उसके हित तथा लाभ के लिए सुल्तान से उसके विषय में कुछ कहता तो सुल्तान उसी समय मलिक निज़ामुद्दीन को बता देता कि अमुक व्यक्ति उसके विषय में इस प्रकार कहता था। उसको पकड़वा कर निजामुद्दीन के सुपुर्द कर देता कि 'यह जाने तू जाने।' मलिक निज़ामुद्दीन का विश्वासपात्र और सम्मानित होना इस सीमा तक पहुँच गया था कि सुल्तान उसकी धर्मपत्नी को, जोकि मलेकुल-उमरा की पुत्री थी, अपनी माता कहने लगा था। वह मुइज़्ज़ी राज महल की शासक बन गई थी। मलिक निज़ामुद्दीन की उन्नति को देख कर सभी गण्य-मान्य व्यक्ति, वाली और मुक़्ते इधर उधर छिपते फिरते थे और सब कुछ देखा करते थे। मलिक निज़ामुद्दीन की दुष्टता से अपने आपको सुरक्षित रखने का अनेक उपाय से प्रयत्न किया करते थे। जिस प्रकार सम्भव होता मलिक, निज़ामुद्दीन तथा उसके विश्वासपात्रों का आश्रय लेते रहते थे।

फ़ख़रुद्दीन का निज़ामुद्दीन को समझाना

(१३५) मलेकुल-उमरा फ़ख़रुद्दीन कोतवाल ने मलिक निज़ामुद्दीन को, जो उसका भतीजा और जामाता था, अनेक बार अपने पास बुला कर शिक्षा दी, कि वह राज्य पर अधिकार जमाने, अमीरों तथा दरबारियों को अपना शत्रु बनाने एवं विश्वासपात्रों की हत्या कराने से बाज़ आ जाय। वह कहता कि, "मैंने तेरा पालन-पोषण किया है। तू मेरा पुत्र है। मैं और मेरे पिता अस्सी वर्ष से देहली की कोतवाली कर रहे हैं। चूँकि हमने राज व्यवस्था में हस्तक्षेप नहीं किया, अतः सुरक्षित रहे। हे पुत्र ! समझ ले कि हम सरहंग[1] हैं और तू मेरे पुत्रों में से एक है। कोतवाली ही सरहंग की बादशाही है। जैसे-जैसे सरहंग उन्नति करता जाता है उसे उच्च पद प्राप्त होते जाते हैं, यहाँ तक कि वह कोतवाल हो जाता है। हमें कोतवाल हुये बहुत वर्ष हो चुके हैं। तू बादशाही की इच्छा त्याग दे क्योंकि हम बादशाही के योग्य नहीं। बादशाही के वह वस्त्र उन शूरवीरों तथा सेनाओं को विनाश कर देने वालों को शोभा देते हैं जो एक क्षण में बड़ी से बड़ी सेना को अपनी वीरता एवं पौरुष से तहस-नहस कर देते हैं। यह वस्त्र हमारे शरीर पर जोकि घुड़सवारी नहीं जानते और तीर तथा भाला चलाने की योग्यता नहीं रखते और जिन्होंने रण-क्षेत्र देखा भी नहीं है, शोभा नहीं देते। हम राज्य व्यवस्था तथा शासन प्रबन्ध को उचित प्रकार से चलाने की योग्यता नहीं रखते। यदि तू यह कुत्सित विचार, जोकि तेरे हृदय में बादशाह का विश्वास पात्र और निकट में रहने के कारण बैठ गये हैं, अपने हृदय से न निकाल देगा, तो हमको अपने आपको, अपनी सन्तान को तथा अपने खेल खाने को तबाही में डाल देगा। तेरी आकांक्षाओं से कोई लाभ नहीं होगा।" उपर्युक्त उपदेश के पश्चात् मलिक कोतवाल ने यह छन्द पढ़े :

छन्द

हे लोमड़ी ! तू अपने स्थान पर क्यों न बैठी रही।
तूने शेर का मुक़ाबिला किया और उसका मज़ा चख लिया।

इस प्रकार मलिक निज़ामुद्दीन को, मलिक कोतवाल शिक्षा देता और कहता कि, "यद्यपि तूने सुल्तान शम्सुद्दीन को और उसके राज्य के वैभव, उसके सहायकों तथा सम्बन्धियों को नहीं देखा तो सुल्तान बल्बन और उसके मित्रों और सहायकों को तो देखा है, कि वे किस प्रकार महमूदी और संजरी करते थे।"

---

१ भूमिकर विभाग का निम्न वर्ग का एक कर्मचारी।

(१३६) "उसके वैभव तथा ऐश्वर्य के कारण उसके खानों, मलिकों, विश्वासपात्रों और विशेष व्यक्तियों को यह साहस न होता था, कि उसकी ओर देर तक देख सकते। उसके वैभव तथा ऐश्वर्य से सिंहों का पित्ता पानी हो जाता था। हम लोग वर्षों तक दूरबाश लिए हुए उसकी सवारी के साथ-साथ फिर चुके हैं और सरहंगी तथा मुफ़रिदी कर चुके हैं। हम से राज्य व्यवस्था तथा शासन एवं बादशाही नहीं हो सकती। क्योंकि तू अपने धन सम्पत्ति के कारण नई टोपी, सफ़ेद पेटी और सुनहरे काम की क़बा पहनने लगा[1] ताज़ी घोड़े पर सवार होने लगा और कुछ भंगड़ी, अधम, मुफ़रिद तथा साधारण एवं अधम व्यक्ति इधर-उधर अपने आमने सामने देखने लगा तो तुझे राज सिंहासन का लोभ हो गया। तू नहीं जानता और तूने नहीं सुना कि राज सिंहासन तथा उलिलअम्री की गद्दी का पात्र वह है, जिसके वंश में श्रेष्ठता तथा गौरव हो। बादशाह वे लोग होते हैं जोकि जान पर खेल जाना कुछ नहीं समझते; रणक्षेत्र में शत्रुओं का विनाश कर देते हैं और रुधिर की धारा बहा देते हैं; आकाश पाताल एक कर देते हैं। तू यह रूप-रंग तथा आचार विचार लेकर, जो ऐसे हैं कि किसी बनजारे को प्याज़ के छिलके से मारने तथा लोमड़ी पर ढेला फेंकने की योग्यता नहीं रखते, अपने आपको वीर समझने लगा है, और राज्य-व्यवस्था चलाने की अभिलाषा करने लगा है। क्या तूने यह छन्द नहीं सुना है :—

छन्द

वीरों की सूरत बना और फिर रण-क्षेत्र में प्रवेश कर

रुस्तम तथा अस्फ़न्दयार के चिह्न भवन पर बनवा लेने से क्या लाभ ?

(१३७) "सम्भव है कि इस असावधान, बदमस्त, बेख़बर तथा बेहोश बादशाह की किसी न किसी उपाय से तू हत्या करादे परन्तु यह कलङ्क तेरे और तेरी सन्तान के मुख से कभी न मिट सकेगा। मैं यह भी मान सकता हूँ कि यदि तू दो दिन के लिये राज सिंहासन पर आरूढ़ हो जाय और देहली के राज सिंहासन को नष्ट-भ्रष्ट कर दे फिर भी तुझे वे विश्वास-पात्र तथा सहायक न प्राप्त हो सकेंगे जोकि बादशाही के हाथ बन सकें। तेरे पुत्र ऐसे कहाँ जो शाहज़ादे हो सकें। तेरे पास वह लावलश्कर कहाँ जिसमें निष्कपट और अनुभवी लोग होते हैं। तेरे पास वह दास भी नहीं जोकि राज सिंहासन के चारों ओर एकत्र होकर बादशाही की शोभा तथा सम्मान को बढ़ा देते हैं। तू यह समझता है, कि कुछ तुच्छ तथा साधारण व्यक्ति जो अपने आपको तेरा निष्कपट सहायक और मित्र कहते हैं और जो तेरे सामने यह कहते घूमते हैं कि प्याला कहाँ रखें, गिलास कहाँ रखूं और तेरी चाटुकारी करते रहते हैं, सुन्दर वस्त्र धारण करते हैं, कमर में सुनहरी पट्टी बाँधते हैं, इत्र मलते हैं, इस योग्य बन सकेंगे कि इतने बड़े राज्य के जो जमशेद और कैख़ुसरो के राज्य के बराबर है, सहायक तथा मित्र हो सकें। तू राज्य की प्रतिष्ठा और सम्मान कुछ कंजूसों और लोभियों तथा साधारण व्यक्तियों, कम हिम्मत वालों, ग़बन करने वालों को सम्मान देकर नष्ट-भ्रष्ट और पतित कर रहा है। राज्य के बड़े-बड़े पद जो गण्यमान्य तथा प्रतिष्ठित व्यक्तियों के अतिरिक्त किसी अन्य को न मिलने चाहिये, अयोग्य तथा साधारण व्यक्तियों और उनकी सन्तानों को प्रदान कर रहा है। बड़े-बड़े कार्य तू ऐसे लोगों को सिपुर्द कर रहा है जो एक तन्के या जीतल के लिये उचित अथवा अनुचित सभी प्रकार के कार्य कर डालते हैं, और उसके लिए आकाश पाताल एक कर देते हैं। क्या तू ने मुझ से अनेक बार

१ जिस प्रकार बहुत बड़े-बड़े शाहज़ादे एवं ख़ान वस्त्र धारण करते हैं।

यह नहीं सुना है कि सुल्तान शम्सुद्दीन के सहायकों तथा मित्रों में क्या गुण थे ? मैंने उनकी प्रशंसा तुझ से की है कि वे कितनी प्रतिष्ठा, सम्मान और बुज़ुर्गी रखते थे। सुल्तान शम्सुद्दीन ने अनेक बार सबके सामने घोषणा की थी कि मैं किस प्रकार भगवान् के प्रति अपनी कृतज्ञता प्रकट कर सकता हूँ. क्योंकि उसने मुझे ऐसे सहायक तथा मित्र प्रदान करके सम्मानित किया है, जोकि मुझ से हज़ार गुना अच्छे हैं। सुल्तानों के निश्चित किये हुए नियमों के अनुसार वे मेरे आगे पीछे चलते फिरते रहते हैं, मेरे सामने अपना हाथ फैलाते हैं और मेरे सामने दरबार में खड़े रहते हैं। मुझे उनकी प्रतिष्ठा तथा सम्मान के कारण लज्जा आती है और मेरी यह इच्छा होती है कि राज सिंहासन से नीचे उतर कर उनके हाथ पैर छू लूँ।"

(१३८) "सुल्तान बल्बन बीस वर्ष तक मलिक और बीस वर्ष तक ख़ान रहा। इस अवधि में बड़े परिश्रम से अनेक विश्वासपात्र, सहायक मित्र, गण्यमान्य तथा प्रतिष्ठित व्यक्ति एकत्र किये। जब वह राज सिंहासन पर आरूढ़ हुआ तो वे विश्वासपात्र और अद्वितीय व्यक्ति उसके मित्र और सहायक बन गये। निस्सन्देह दोनों बादशाहों की बादशाही चुने हुए और उत्कृष्ट सहायकों के कारण सफल रही। उन्होंने बड़ी योग्यता से राज्य व्यवस्था, शासन प्रबन्ध और राज्य संचालन किया। लोग उन पर क़यामत तक गर्व तथा उनकी प्रशंसा करते रहेंगे। उन पर इतिहास लिखते रहेंगे।" इस उपदेश के पश्चात् कोतवाल ने निज़ामुद्दीन से कहा कि, "हे बाबा ! जा और अपना काम कर। व्यर्थ की बातें अपने मस्तिष्क से निकाल दे क्योंकि हम से और हम जैसों से बादशाही कदापि नहीं हो सकती।" निज़ामुद्दीन ने उत्तर दिया कि, "आप जो कुछ फ़रमाते हैं, वह उचित है परन्तु मैंने सब लोगों को अपना शत्रु बना लिया है। सभी यह जानते हैं कि मेरी महत्त्वाकांक्षा बादशाही प्राप्त करने की है। यदि मैं इस समय इसे त्याग दूँ, तो किसी प्रकार भी जीवित नहीं रह सकता।" मलेकुल-उमरा ने उससे कहा कि "यदि तू अपनी महत्त्वाकांक्षा को, जिसके तू कदापि योग्य नहीं, अपने हृदय से नहीं निकाल सकता तो अपने जीवन से भी हाथ धोले और अपने लिये कोई रक्षा का स्थान निश्चित कर ले। भगवान् हम लोगों की रक्षा करे, जिससे तेरी व्यर्थ की बातों और महत्त्वाकांक्षाओं से हम लोगों का विनाश न हो।"

देहली निवासियों द्वारा मलेकुल-उमरा की प्रशंसा तथा निज़ामुद्दीन का राज्य के लिये षड्यन्त्र

मलेकुल-उमरा ने निज़ामुद्दीन को जो उपदेश तथा शिक्षा दी तथा ईश्वर की इच्छा से जो कुछ ऊँच नीच उसे समझाया, वह शहर के प्रतिष्ठित गण्य-मान्य व्यक्तियों और सद्रों के कानों तक पहुँच गया। सभी ने मलेकुल-उमरा की प्रशंसा और तारीफ़ की। लोगों के उसके शान्ति-प्रिय तथा भगवान् से भय रखने के विषय में जो विचार थे, उनमें सौ गुनी वृद्धि हो गई, परन्तु मलिक निज़ामुद्दीन को उस उपदेश से कोई लाभ न हुआ। बादशाही के लोभ ने उसके आँख और कान क्रमशः अन्धे और बहरे कर दिये थे। वह बादशाही के शतरंज के तख़्ते से नित नई चाल चलने लगा। ख़लजियों के राज्य के हित में दुष्ट समय बल्बनी राज्य के सहायकों का अन्त कराने लगा।

(१३९) आकाश निज़ामुद्दीन की अनुभव-हीनता तथा अयोग्यता की मज़ाक़ व खिल्ली उड़ाता था और ख़लजियों को बादशाही की बधाई देता था। सुल्तान मुइज़्ज़ुद्दीन को भी ज्ञात हो गया, कि निज़ामुद्दीन उसे राज सिंहासन से वञ्चित करने का प्रयत्न कर रहा है।

बुग़रा[1] ख़ाँ का लखनौती में बादशाह होना तथा अपने पुत्र को समझाने के लिये पत्र भेजना

निज़ामुद्दीन की महत्त्वाकांक्षायें देहली के राज्य के समस्त विशेष तथा साधारण व्यक्तियों पर स्पष्ट हो गईं। जिस समय सुल्तान मुइज़्ज़ुद्दीन देहली के राज सिंहासन पर आरूढ़ हुआ, तो उसके पिता बुग़रा ख़ाँ ने सुल्तान नासिरुद्दीन की पदवी धारण करली और लखनौती में अपने नाम का ख़ुत्बा और सिक्का चला दिया। पुत्र तथा पिता में पत्र व्यवहार होने लगा; पत्रवाहक तथा उलाग़ एक दूसरे का पत्र लेकर आने जाने लगे। सुल्तान मुइज़्ज़ुद्दीन अपने पिता के पास लखनौती में उपहार और तोहफ़े भेजा करता था। सुल्तान नासिरुद्दीन भी पुत्र के लिये यादगार के रूप में वस्तुएँ भेजता था। सुल्तान नासिरुद्दीन को लखनौती में यह सूचना मिली कि सुल्तान मुइज़्ज़ुद्दीन भोग विलास में व्यस्त है; निज़ामुद्दीन ने अनेक उपयोगी मलिकों तथा अमीरों का सुल्तान मुइज़्ज़ुद्दीन की आज्ञा से बध करा दिया है; वह यहाँ तक बढ़ गया है कि शीघ्र ही सुल्तान मुइज़्ज़ुद्दीन को भी राज्य से वञ्चित कर देगा; देहली के राज्य पर अधिकार जमा लेगा। इस प्रकार के समाचारों के निरन्तर पहुँचने पर सुल्तान नासिरुद्दीन ने अपने पुत्र को उपदेश तथा परामर्श देते हुए पत्र लिखने आरम्भ कर दिये। मलिक निज़ामुद्दीन के बुरे विचारों ने भी संकेत में सुल्तान को सचेत कर दिया, परन्तु सुल्तान को जवानी तथा बादशाही की मस्ती, भोग विलास तथा मदिरा के नशे ने इतना असावधान बना दिया था, कि वह अपने पिता के उपदेशों पर भी ध्यान न देता था। मलिक निज़ामुद्दीन के षड्यन्त्र की उसे चिन्ता भी न थी। भोग विलास में ग्रस्त होने के कारण राज्य के शासन प्रबन्ध तथा नीति की ओर ध्यान भी नहीं देता था। उसे रमणियों के हाव भाव, मदिरा पिलाने वालों के हाथों से मदिरा पीने, गायकों की मधुर तानों एवं युवतियों का हास्य सुनने के अतिरिक्त किसी वस्तु की चिन्ता न थी। प्रत्येक समय भोग विलास में ग्रस्त रहता और आमोद प्रमोद में डूबा रहता था।

बुग़रा ख़ाँ तथा कैक़ुबाद की भेंट का आयोजन

(१४०) उसके पिता सुल्तान नासिरुद्दीन को लखनौती में सुल्तान मुइज़्ज़ुद्दीन की असावधानी तथा लापरवाही के समाचार से बड़ा दुःख एवं चिन्ता होती। उसने अपने अनुभव के दर्पण

---

१ बुग़रा ख़ाँ तथा मुइज़्ज़ुद्दीन की भेंट का हाल तारीखे मुबारकशाही में इस प्रकार लिखा है। इस बीच में समाचार प्राप्त हुआ कि सुल्तान का पिता बुग़रा ख़ाँ जो नासिरुद्दीन की उपाधि धारण करके बंगाल के राज सिंहासन पर विराजमान है, एक बहुत बड़ी सेना के साथ देहली की ओर चल पड़ा। मुइज़्ज़ुद्दीन भी अपनी सेना को देश के चारों ओर से एकत्र करके बुग़रा ख़ाँ का सामना करने के लिये अवध की ओर चल दिया। सरजू नदी के बीच में आजाने से पिता तथा पुत्र नदी के दोनों तटों पर पड़ाव डाले पड़े रहे और कोई भी उस नदी को पार नहीं कर सका। गयासो काल के मलिक एवं अमीर पिता तथा पुत्र के संघर्ष के बीच में पड़े और दोनों में सन्धि करा दी। सुल्तान नासिरुद्दीन अपने सेवकों सहित सरजू पार करके अवध आया। पिता तथा पुत्र दोनों ही एक दूसरे के बहुत निकट उसी चबूतरा ताबूसी के सिंहासन पर बैठे। उसके पश्चात् सुल्तान नासिरुद्दीन ने अपने पुत्र से विदा ली और अपने शिविर को वापस हुआ। अन्त में सुल्तान मुइज़्ज़ुद्दीन ने पिता को अरबी घोड़े व अन्य बहुमूल्य उपहार भेंट किये और सुल्तान नासिरुद्दीन बदले में हौदों तथा विचित्र वस्तुओं से सुसज्जित बड़े बड़े हाथी अपने पुत्र को भेज कर लखनौती की ओर चला। अमीर ख़ुसरो पिता और पुत्र की भेंट का पूरा विवरण क़िरानुस्सादेन में देता है। सुल्तान मुइज़्ज़ुद्दीन वापस हुआ और किलोखड़ी में निवास ग्रहण किया। (पृ० ५४-५५)

में अपने पुत्र की हत्या देख ली। समझ गया कि उसके पीठ पीछे लिखित उपदेशों का कुछ भी प्रभाव नहीं पड़ता; अतः उसने यह निश्चिय किया कि पुत्र से भेंट करके जो कुछ कहना सुनना है, अपने सम्मुख कहे। अतः पुत्र की भेंट की इच्छा के अनेक पत्र उसके पास भेजे। अन्त में अपने हाथ से यह पत्र लिख कर भेजा कि 'हे पुत्र! तुझे बादशाही, भोग विलास और आमोद प्रमोद के कारण अवकाश न मिल सकेगा तब भी मुझ से भेंट करने का महत्त्व समझ। अब मुझ में वियोग की शक्ति नहीं रह गई है।' अन्त में यह छन्द अपने हाथ से लिखा :

छन्द

'यद्यपि स्वर्ग बड़ा ही रमणीक स्थान है, परन्तु मेरी भेंट से उत्तम अन्य वस्तु नहीं'।

सुल्तान मुइज़्ज़ुद्दीन की अपने पिता से मिलने की इच्छा इस पत्र के पढ़ने के उपरान्त बड़ी ही प्रबल हो गई। उसकी आँख से आँसू बहने लगे। कुछ विश्वासपात्रों को लखनौती भेजा और पिता से भेंट करने के लिए पत्र लिखा।

पुत्र और पिता में यह निश्चय हुआ कि सुल्तान मुइज़्ज़ुद्दीन देहली से अवध की ओर प्रस्थान करे और सुल्तान नासिरुद्दीन लखनौती से सरयू तट पर पहुँचे और पिता तथा पुत्र की वहीं भेंट हो।

निज़ामुद्दीन का कैक़ुबाद को सेना लेकर प्रस्थान करने के विषय में समझाना

सुल्तान मुइज़्ज़ुद्दीन की यह इच्छा थी कि वह अकेला देहली से अवध की ओर प्रस्थान करे परन्तु मलिक निज़ामुद्दीन ने निवेदन किया 'कि बादशाह का इतनी दूर अकेले जाना उचित नहीं। देहली से अवध बड़ी दूर है। राजसी ठाठ बाट तथा लावलश्कर लेकर उस ओर प्रस्थान करना चाहिये; क्योंकि राज्य में पुत्र एवं पिता का कोई सम्बन्ध नहीं होता।' प्राचीन विद्वान् कह गये हैं, कि "राज्य बाँझ होता है।" प्राचीन विद्वानों का इन दो अरबी शब्दों से तात्पर्य यह है, कि राज्य के लोभ में पिता पुत्र की, और पुत्र पिता की हत्या करा देता है।'

(१४१) 'राज्य के कारण पिता और पुत्र की ममता का भी भरोसा नहीं। इसी कारण प्रत्येक धर्म में पिता अपने स्वार्थ के लिए अपने पुत्र का बध करा देता है और पुत्र राज्य के लोभ में पिता की हत्या करा देता है। राज्य व्यवस्था में पिता तथा पुत्र के सम्बन्ध पर कोई ध्यान नहीं देता। बादशाह के कूच के समय अपने पिता से भेंट होगी। पिता राज्य, ख़ुत्बे और सिक्के का वास्तविक अधिकारी है। कौन जानता है कि जब दोनों सेनायें एकत्र हों तो क्या हो जाय। अतः यह उचित है कि बादशाह सेना लेकर उस ओर प्रस्थान करे। इसके अतिरिक्त बादशाही ऐश्वर्य, वैभव तथा सम्मान पर निर्भर है। बादशाह के हिन्दुस्तान की ओर प्रस्थान करने के समय (मार्ग के) स्थानों के सभी राजे महाराजे दरबार में ख़ाकबोस के लिये आयेंगे। यदि बादशाह के सम्मुख एकान्त में ख़ाकबोस करेंगे, तो विशेष तथा सर्व साधारण के हृदय से बादशाही का ऐश्वर्य एवं वैभव कम हो जायगा। अनेक आज्ञाकारी अवज्ञाकारी हो जायेंगे।' सुल्तान मुइज़्ज़ुद्दीन को उपर्युक्त उपदेश जोकि बड़े ऊँचे तथा उचित थे, अत्युत्तम ज्ञात हुये। उसने आज्ञा दी कि सेना एकत्र की जाय; कारख़ानों का साज व सामान दुरुस्त किया जाय। शीघ्र सब कुछ तैयार हो गया। सुल्तान मुइज़्ज़ुद्दीन ने बड़े बादशाही वैभव तथा ऐश्वर्य से लश्कर सजवा कर अवध की ओर प्रस्थान किया।

बुग़रा ख़ाँ तथा कैक़ुबाद का सरयू तट पर पहुँचना

जब सुल्तान अवध पहुँचा और सुल्तानी शिविर सरयू तट पर पहुँचे तो सुल्तान नासिरुद्दीन को ज्ञात हुआ कि पुत्र सेना लेकर आ रहा है। उसे यह भी मालूम हुआ कि

निज़ामुद्दीन ने उसको भयभीत कर दिया है। वह भी अपनी सेना तथा हाथी लेकर लखनौती के बाहर निकला और निरंतर कूच करता हुआ सरयू तट पर पहुँच गया। सरयू के एक तट पर उतरा। दोनों सेनायें दोनों किनारों पर इस प्रकार उतरी थीं कि एक दूसरे के शिविर दिखाई पड़ते थे।

भेंट की शर्तें

दो तीन दिन तक दोनों ओर के प्रतिष्ठित व्यक्ति पिता और पुत्र के पास आते जाते रहे और पिता तथा पुत्र अपने संदेश भेजते रहे। अन्त में भेंट के विषय में यह निश्चय हुआ कि सुल्तान नासिरुद्दीन देहली के बादशाह के सम्मान तथा प्रतिष्ठा का पूरा ध्यान रखे; सरयू नदी पार करे और पुत्र से भेंट करने जाय; पुत्र राज सिंहासन पर बैठा रहे और वह नियमानुसार दस्तबोस[1] करे।

(१४२) सुल्तान नासिरुद्दीन ने कहा कि "मेरे हृदय में पुत्र की सेवा में उपस्थित होने में कोई संकोच नहीं। यद्यपि वह मेरा पुत्र है तथापि वह मेरे पिता के स्थान पर देहली के राज-सिंहासन पर आरूढ़ है। देहली के राज-सिंहासन को बड़ा सम्मान प्राप्त है। सभी इक़लीमों के बादशाहों का कर्तव्य है कि वे देहली के बादशाह का सम्मान करें। मैं यद्यपि सुल्तान बल्बन का पुत्र हूँ और वह राज-सिंहासन मेरा ही है, परन्तु अब वह मेरे पुत्र को प्राप्त हो गया है। मैं यह समझता हूँ कि वह मुझ को ही मिला हुआ है। वह मेरी मृत्यु के पश्चात् उसे प्राप्त होता, परन्तु यदि वह मेरे जीवन ही में उसे मिल गया, तो मैं इससे और अधिक प्रसन्न हूं। देहली का राज्य भी मेरे ही कुटुम्ब में है। यदि मैं देहली के बादशाह के सम्मान पर ध्यान न दूँ और अपने पुत्र की सेवा न करूँ और उसके आगे हाथ न बढ़ाऊँ तो देहली के बादशाह का सम्मान क्षीण हो जायगा; मुझे और मेरे पुत्र को बड़ी हानि पहुँचेगी। इसके अतिरिक्त मेरे पिता ने वसीअत की है कि मैं देहली के बादशाह का आज्ञाकारी रहूं; देहली के बादशाह की प्रतिष्ठा का पूरा पूरा ध्यान रखूँ।"

भेंट का दिन निश्चय होना तथा बुग़रा ख़ाँ का कैक़ुबाद के दरबार में पहुँचना

उपर्युक्त योजना के अनुसार दरबार में ज्योतिषियों ने पिता और पुत्र की जन्म कुण्डली देख कर एक शुभ दिन दोनों की भेंट का निश्चित किया। उस दिन सुल्तानी शिविर तालसी चबूतरे के निकट लगाया गया। दरबारे आम की सजावट का पूरा पूरा प्रबन्ध हुआ। सुल्तान मुइज़्ज़ुद्दीन राज-सिंहासन पर विराजमान हुआ और दरबारे आम किया। सुल्तान नासिरुद्दीन दरबार के द्वार पर उतर पड़ा। हाजिबों के बीच से होता हुआ ज़मीनबोस के स्थान पर पहुँचा। शीश धरती पर रख दिया। तीन स्थानों पर सुल्तानी नियमानुसार ज़मीनबोस किया। जब राज सिंहासन के निकट पहुँचा तो सुल्तान मुइज़्ज़ुद्दीन पिता का अपमान सहन न कर सका।

(१४३) उसने बादशाही आतंक त्याग दिया। राज-सिंहासन से नीचे उतरा और पिता के पैरों पर गिर पड़ा। पिता से मिलते ही तथा उसका ऐश्वर्य देखते ही बादशाही वैभव भूल गया। प्रेमवश दोनों की आँखें डबडबा आईं। पुत्र और पिता ने रोना आरम्भ कर दिया। एक दूसरे को गले से लगाया। पिता ने पुत्र की आँखें चूमीं और कपोलों का चुम्बन किया। पुत्र रोता जाता था और पिता के पैर पर आँखें रख कर मलता जाता था। पिता तथा पुत्र के अत्यधिक रोदन के कारण उपस्थितगण भी रोने लगे। कुछ समय पश्चात् जब दोनों शान्त हुए तो

---

१ हाथों का चुम्बन। गण्यमान्य धार्मिक व्यक्ति केवल हाथों का चुम्बन करते थे, धरती का चुम्बन नहीं। चूंकि बुग़रा ख़ाँ कैक़ुबाद का पिता था; अतः उसे भी धरती चुम्बन पर विवश नहीं किया गया।

पिता ने पुत्र के हाथ पकड़े और राज सिंहासन पर ले गया। उसकी इच्छा थी कि कुछ समय तक राज सिंहासन के समक्ष खड़ा रहे। पुत्र राज सिंहासन से नीचे उतरा, पिता के हाथ पकड़े और राज सिंहासन पर ले गया; अपने दाहिनी ओर बैठाया। स्वयं आदर-पूर्वक पिता के पास बैठ गया। अनेक सोने चाँदी की दीनारों के तबक़ (थाल) और सोने चाँदी के तन्कों के हौजक (थाल) पिता और पुत्र के सिरों पर न्यौछावर किये गये। राज सिंहासन के निकट खड़े हुए लोग उन दीनारों तथा तन्कों को चुनते जाते थे। न्यौछावर के तबक़ और हौजक (थाल) की सामग्री खड़े हुए व्यक्तियों में दूर दूर तक फेंकी जाती थी। कवियों ने दोनों की प्रशंसा में कवितायें पढ़ीं। मधुर स्वर के गायकों ने गान किये। सहमुल-हश्मों, चाऊशों तथा नक़ीबों ने अपने अपने नारे लगाये और न्यौछावर सर्व साधारण में लुटाया गया। जिस समय दरबार के उपस्थित जन न्यौछावर लूटने आदि में संलग्न थे, उस समय पिता और पुत्र एक दूसरे की भेंट से इतने प्रभावित थे, कि उनकी आँखों से आंसू गिरते जाते थे। भेंट के आनन्द से दोनों विभोर हो गये थे। एक दूसरे से वार्त्तालाप करने की सुधबुध न थी, यहाँ तक कि सभी भोजन कर चुके। दोनों उठ खड़े हुए। दरबार विसर्जित हुआ। पिता तथा पुत्र एकान्त में चले गये। कुछ देर साथ बैठे और वार्त्ता की।

बुग़रा ख़ाँ की वापसी तथा दोनों बादशाहों का उपहार भेजना

(१४४) तत्पश्चात् सुल्तान नासिरुद्दीन वापस हुआ और नदी पार करके अपने शिविर में पहुँच गया। थोड़ी-थोड़ी देर पश्चात् पिता अच्छे-अच्छे उपहार और अपने प्रदेश के विचित्र मेवे पुत्र के पास भेजता था। पुत्र भी थोड़ी-थोड़ी देर बाद पिता के पास मिठाई, शरबत और बादशाहों के खाने कें योग्य चीज़ें भिजवाता था। पिता और पुत्र की भेंट के दूसरे दिन सुल्तान मुइज्ज़ुद्दीन ने कहा कि, "मेरी बादशाही वास्तव में मेरे पिता की बादशाही है। दोनों में कोई वैमनस्य अथवा शत्रुता नहीं। दोनों ओर की सेनायें एक ही आज्ञा पर चलें। दोनों लश्कर के लोग, उनके सम्बन्धी तथा मित्र एक दुसरे से मिलें और एक दूसरे के शिविर में अतिथि हों, आयें जायें और दोनों सेनाओं के बाज़ारों में एक दूसरे के क्रय-विक्रय पर कोई रोक टोक न लगाई जाय।"

बुग़रा ख़ाँ तथा कैक़ुबाद की नित भेंट

कुछ दिनों पश्चात् विदा का दिन भी निकट आ गया। हाथी पर से दोनों सेनाओं में घोषणा कराई गई कि देहली की सेना का कोई व्यक्ति बिना आज्ञा के लखनौती प्रदेश में न रुक जाय और न लखनौती का कोई व्यक्ति देहली की इक़लीम में रहें। कई दिन बराबर सुल्तान नासिरुद्दीन अपने पुत्र के पास आता रहा। दोनों बादशाह एक साथ बैठते, महफ़िलें होतीं, और आनन्द मनाया जाता। पिछली बातें दुहराई जातीं, बुजुर्गों और उनके कारनामों पर मदिरा-पान होता। दोनों एक दुसरे की भेंट से बड़े प्रसन्न थे। विदा का नाम जोकि मृत्यु से भी कठोर है, कोई ज़बान पर न लाता था।

अपने पिता की शिक्षा के विषय में बुग़रा ख़ाँ के विचार

उसी आनन्द के अवसर पर सुल्तान नासिरुद्दीन को अपने पिता सुल्तान बल्बन के पालन-पोषण का ढंग याद आ गया। वह बहुत रोया। पुत्र से कहा कि, "जब मैं और मेरे बड़े भाई शब्द बोध तथा लिखने की शिक्षा समाप्त कर चुके, तो हमारे अताबक ने सुल्तान की सेवा में निवेदन किया कि 'इसके पश्चात् शाहज़ादों को सर्फ़ व नहो[1] अथवा फ़िक़ह की शिक्षा प्रदान करें। कौनसा गुरु नियुक्त किया जाय इस विषय में क्या आज्ञा है?' सुल्तान ने कहा

१ व्याकरण।

कि 'लिखना सिखाने वालों को ख़िलअ़त और इनाम प्रदान किया जाय और मेरे पुत्रों को बुद्धिमान इतिहास-वेत्ताओं के सिपुर्द किया जाय जो उन्हें किताब आदाबुस्सलातीन और मआसिरुस्सलातीन पढ़ायें। यह दोनों पुस्तकें मेरे स्वामी सुल्तान शम्सुद्दीन के पुत्रों के लिये बग़दाद से लाई गई थीं।'

(१४५) 'मेरे पुत्रों को ऐसे वृद्ध और अनुभवी लोग इतिहास की शिक्षा दें, जिन्हें हमारे बुज़ुर्गों का पूरा-पूरा इतिहास ज्ञात हो। तुच्छ, पतित और नीच लोग पुत्रों के पास भी न फटकने पायें। वे लोग जो बातें जानते हैं और सिखाते हैं, उससे मेरे पुत्रों को राज्य व्यवस्था सम्बन्धी कोई लाभ न होगा। जहाँ तक नमाज़, रोज़ा, वज़ू और इससे सम्बन्धित बातों का सम्बन्ध है, वह इन लोगों को सिखाया जा चुका है। हम लोगों ने किताब आदाबुस्सलातीन ख्वाजा ताजुद्दीन बुख़ारी से, जोकि सुल्तान शम्सुद्दीन के नदीम थे, पढ़ी हैं। हम आरम्भ से अन्त तक इस पुस्तक का अध्ययन उन्हीं की सेवा में करते रहे। जब हम किताब पढ़ चुके तो हमें सुल्तान की सेवा में उपस्थित किया गया। सुल्तान बल्बन ने ख्वाजा ताजुद्दीन को, जोकि वृद्ध हो चुके थे, दो गाँव और एक लाख जीतल इनाम में दिये।'

राज्य के भिन्न भिन्न पदों की परिभाषा एवं उनकी शर्तें

मैंने उस किताब के आरम्भ में पढ़ा है कि जमशेद, जोकि बहुत बड़ा शासक था, अपने पुत्रों से कहा करता था कि "जिस किसी सरख़ेल के पास दस अच्छे तथा चुने हुए सवार न हों उसे सरख़ेल न कहना चाहिये। जिस सिपहसालार के पास दस सरख़ेल ऐसे न हों जो उसकी आज्ञानुसार अपने परिवार की भी बलि देदें, उसे सिपहसालार न कहना चाहिये। जिस अमीर के पास प्रबन्ध करने के लिये दस सिपहसालार न हों उसे अमीर न कहना चाहिये। जिस मलिक के अधीन दस अमीर न हों उस मलिक को व्यर्थ समझना चाहिये। जिस ख़ान के पास दस मलिक न हों उसे ख़ान नहीं कहा जा सकता। जिस बादशाह के पास दस सहायक तथा विश्वासपात्र ख़ान न हों उसे जहाँदारी (राज्य व्यवस्था) एवं जहाँगीरी (दिग्विजय) का नाम भी न लेना चाहिये। ऐसे निस्सहाय बादशाह को किसी स्थान का ज़मींदार या किसी इक़लीम का वाली कहा जा सकता है। बादशाह की बादशाही की यह शर्त है कि सरख़ेल या ख़ान जो कोई भी हों वे बुद्धिमान, कुलीन और प्रतिष्ठित व्यक्ति हों। वे लोग तुच्छ, कमीने, अधम, नपुंसक और साधारण व्यक्ति न हों।"

(१४६) उपर्युक्त उपदेश देने के पश्चात् जमशेद ने अपने पुत्रों से कहा कि "यदि बादशाह के सहायक विश्वासपात्र, सेना और लावलश्कर वैसे नहीं हैं, जैसा कि कहा गया, तो उसकी राज्य व्यवस्था की कदापि रौनक़ नहीं हो सकती। उसकी बादशाही का संचालन सफलता-पूर्वक नहीं हो सकता। यह उपदेश हमें हमारे पूर्वज क्यूमुर्स द्वारा वंश परम्परा के अनुसार पहुँचते हैं।[1] मन्त्रियों तथा दार्शनिकों ने क्यूमुर्स के सामने बादशाही की जो शर्तें निश्चित की हैं, वे सब की सब ऐसी शर्तें हैं कि जिनके बिना किसी को बादशाह नहीं कहा जा सकता। उसकी बादशाही व्यर्थ तथा मूल्य-रहित हो जायगी। वे शर्तें लिखली गई हैं।" जमशेद ने कहा कि "आज तक जबकि मैं बादशाह हूं इन शर्तों का पालन हो रहा है। मेरे सम्मान, प्रतिष्ठा, ऐश्वर्य, वैभव, लावलश्कर और आचार विचार में क्यूमुर्स के कथनानुसार वृद्धि होती जा रही है। क्यूमुर्स का उपर्युक्त उपदेशों से तात्पर्य यह है, कि जितने लावलश्कर और साज व सामान का वृत्तान्त दिया गया है, यदि वे बादशाह के पास नहीं हैं, तो बादशाह,

१ फ़तावाये जहाँदारी पृष्ठ २४२ ब।

बादशाह नहीं रह सकता। यदि कोई बादशाह इससे अधिक प्राप्त कर ले, तो फिर इससे बड़ी बात और क्या है? उसकी राज्य व्यवस्था और शासन नीति उत्कृष्ट हो जाती है। राज्य व्यवस्था से सम्बन्धित कोई भी कार्य छिपा नहीं रहता।"

राज कोष के धन सम्पत्ति का महत्त्व

जमशेदी उपदेश के वर्णन के पश्चात् सुल्तान नासिरुद्दीन ने सुल्तान मुइज्जुद्दीन से कहा कि "हे पुत्र! तू मेरी आँख का प्रकाश और मेरे घर का उजाला है। तू मेरा प्राण और मुझे सब से प्रिय है। तुझे भोग विलास से और आमोद प्रमोद से इतना अवकाश कहाँ कि प्रतिष्ठित बादशाहों के उपदेशों की ओर ध्यान दे; जो कुछ बड़े-बड़े शासक और बादशाह कह गये हैं, उन पर सन्नद्ध हो। मैं चाहता हूं कि तू केवल एक उपदेश पर आचरण करे जिसे मैंने आदाबुस्सलातीन के पहले अध्याय में पढ़ा है। यही सावधान और बुद्धिमान बादशाहों के लिये, जोकि आरम्भ ही से भाग्यशाली होते हैं, पर्याप्त हैं।"

(१४७) सुल्तान नासिरुद्दीन ने उपर्युक्त उपदेश के अन्त पर अपने पुत्र से कहा कि, "मैंने इस उपदेश के अन्त में किताब आदाबुस्सलातीन के पहले अध्याय में पढ़ा है, कि जमशेद ने कहा था कि उस बादशाह को शासक और प्रबन्धक नहीं कहा जा सकता, जिसके राज कोष में इतनी धन सम्पत्ति न हो कि किसी दुर्घटना के पड़ जाने और शत्रु के आक्रमण के समय वह पर्याप्त न हो सके; वह उस धन को व्यय कर सके और समस्त शत्रुओं का मुक़ाबिला कर सके या दुर्भिक्ष पड़ने पर अपने देशवासियों की सहायता कर सके। अस्तु बादशाह, जोकि अपनी प्रजा से धन सम्पत्ति लेता है, के पास इतनी धन सम्पत्ति होनी चाहिये कि वह दुर्भिक्ष तथा दुर्घटना के समय लावलश्कर तथा प्रजा की सहायता कर सके[1]। वह भी कोई बादशाह है जोकि बादशाही का दावा करता है, अपने आपको अन्नदाता, हाकिम और शासक बताता है परन्तु अपनी प्रजा के कष्ट एवं दुःख के समय उसकी फ़रियाद नहीं सुनता, और प्रजा को भूख से मरने देता है। न्याय से उसी को बादशाह कहा जा सकता है या बादशाह माना जा सकता है जिसकी बादशाही में एक व्यक्ति भी भूखा या नंगा न सोये। वह ऐसे नियम बनाये और उनको इस प्रकार सन्तुलित रखे, कि उन नियमों के पालन से प्रजा के किसी भी व्यक्ति का, दुःख तथा कष्ट के कारण, विनाश[2] न हो।" सुल्तान नासिरुद्दीन ने उपर्युक्त उपदेशों के कहने के पश्चात् अपने पुत्र के कान में लौटने की इच्छा प्रकट की।

कैक़ुबाद की अपने पिता से उपदेश पाने की याचना

(१४८) सुल्तान मुइज्जुद्दीन ने उससे कहा कि 'मेरे राज्य में मेरे दादा के अनुभवी तथा बुद्धिमान हितैषियों में कोई ऐसा बुजुर्ग शेष नहीं रह गया जो क्षण भर मुझे उपदेश दे सके और नसीहत कर सके तथा मुझे असावधानी की निद्रा से जगा सके। यदि बादशाह पितृ-प्रेम के कारण मुझे कुछ ऐसी नसीहतें दे जिससे मेरे राज्य तथा धर्म का कल्याण हो सके तो यह बड़ा उचित होगा।"

सुल्तान नासिरुद्दीन ने कहा कि "हे पुत्र! तू मेरे पिता के स्थान पर विराजमान है। और मेरा राज्य मेरे जीवन ही में तुझको मिल गया है। तू समझ और सावधान रह कि मैंने इतना कष्ट क्यों सहन किया है और तेरे पास क्यों आया हूं। मेरा ध्येय यह है कि मैं कुछ नसीहतें तेरे कानों तक पहुँचा दूँ। नसीहत के कड़वे वचनों से तेरा विलास कड़वा बना दूँ। जिस दिन विदा होने लगूँगा तो जो कुछ मेरे हृदय में है तुझ से कह दूँगा।"

---

१ फ़तावाये जहाँदारी पृ० ७८ अ, ८४ अ

२ फ़तावाये जहाँदारी पृ० ९० ब, ९१ ब

बुग़रा खाँ का कैकुबाद को उपदेश

जिस दिन पिता और पुत्र का विदा होना निश्चित हुआ, सुल्तान नासिरुद्दीन सूर्योदय के पूर्व पुत्र के पास आया और उससे कहा कि "नहारी के खाने के समय से लेकर चाश्त के खाने के समय तक प्रतीक्षा की जाय, मैं तुझ से कुछ बातें कहना चाहता हूं जो आज तुझ से एकान्त में कहूंगा। आज्ञा कर कि निज़ामुद्दीन और क़िवामुद्दीन, जोकि तेरे राज्य के विशेष प्रबन्धक हैं, उपस्थित हों, जिससे जो कुछ मैं उनके सामने कहुं उसे वे भी सुन लें और उनके हृदय में किसी प्रकार की आशंका उत्पन्न न हो।" सुल्तान मुइज्ज़ुद्दीन ने आज्ञा दी कि इस वार्त्ता के समय कोई अन्य व्यक्ति उपस्थित न हो। मलिक निज़ामुद्दीन अमीरदाद तथा मलिक क़िवामुद्दीन अला को बुलवाया गया। आज्ञा दी गई कि दोनों बैठ जायँ। सुल्तान नासिरुद्दीन उन नसीहतों को सुनाने से पूर्व, जो वह एकान्त में कहना चाहता था, फूट-फूट कर रोया और कहने लगा कि, "हे पुत्र! यद्यपि मैं तेरा पिता हूं परन्तु आज तू मेरे पिता के स्थान पर विराजमान है। कोई भी मनुष्य यह नहीं चाहता कि कोई अन्य व्यक्ति उससे बढ़ जाये परन्तु पिता पुत्र को अपने से उत्कृष्ट देखना चाहता है। मै तुझको अपने से सैकड़ों गुना उत्तम देखना चाहता हूं। जिस समय मैंने सुना कि कोतवालियान ने तुझको राज सिंहासन पर आरूढ़ कर दिया और तेरे सहायक बन गये तो मैं बड़ा प्रसन्न हुआ। मैंने यह समझ लिया कि मैं लखनौती का बादशाह था ही, अब देहली का राज्य भी मेरे घर में आगया। मेरा अधिकार तथा मेरी शक्ति हज़ार गुना बढ़ गई। मैंने तेरी बादशाही के बल पर इस प्रदेश में अपने नाम का सिक्का तथा ख़ुत्बा चालू कर दिया।"

(१४६) "इस प्रकार दो वर्ष होने को आये और मैं बराबर तेरे भोग विलास तथा असावधानी के समाचार सुनता रहता हूँ। मुझे आश्चर्य है कि अभी तक तू किस प्रकार राज सिंहासन पर सुरक्षित है। तू अपनी बादशाही के कार्य में किस प्रकार सावधान हो सकेगा? तेरी विलायतों के कर्मचारी, लाव-लश्कर, सेना, प्रजा, राजकोष का आय व्यय किस प्रकार तेरी आज्ञानुसार एवं तथा-रूप चल रहा है? किस प्रकार सर्व साधारण तेरे आधीन हैं? तू नहीं जानता कि ईश्वर ने संसार से अधिक प्रिय तथा रुचिकर कोई अन्य वस्तु नहीं पैदा की है। भगवान् की पैदा की हुई चीज़ों में राज्य से अधिक रुचिकर और प्रिय चीज़ दूसरी नहीं है। राज्य इतना अधिक प्रिय है, कि इसमें बाप और बेटे का प्रेम भी समाप्त हो जाता है। राज्य के लोभ में पिता पुत्र की हत्या कर देता है और पुत्र पिता की गर्दन उड़वा देता है, विष दिलवा देता है और रात दिन पिता की मृत्यु की प्रतीक्षा किया करता है। संसार में कोई ऐसा व्यक्ति नहीं जिसे मनुष्य कहा जा सके या समझा जा सके, और जो राज्य का लोभ न रखता हो।"

"जिस तिथि से मैंने तेरी असावधानी और भोग विलास के समाचार सुने, उसी समय से अपने पिता के राज्य के शोक में ग्रस्त हूँ। मैं देखता हूं कि तू, तेरा राज्य और शासन सब अवनति के पथ पर हैं। जिस समय से तूने कुछ ऐसे व्यक्तियों की हत्या करा दी जोकि मेरे पिता के विश्वासपात्र एवं दास थे, उसी दिन से मेरी नींद उड़ गई, क्योंकि मैं समझता हूं कि इनकी हत्या से दूसरे लोगों में भी तेरा विश्वास शेष न रहेगा। तू नहीं जानता परन्तु मुझे भली भाँति ज्ञात है कि मेरे पिता ने देहली के राज सिंहासन पर अधिकार जमाने के लिये कितने कष्ट भोगे थे और कितनी बार अपने प्राणों को ख़तरे में डाल दिया था; कितने वर्षों तक इस राज्य का प्रयत्न करता रहा। उन शम्सी सरदारों, प्रतिष्ठित व्यक्तियों तथा धन-धान्य सम्पन्न लोगों को अनेक उपायों से छिन्न-भिन्न कर दिया

जिन्होंने शम्सी राज्य को विभाजित करके अपने अधिकार में कर लिया था और प्रत्येक दिशा में बादशाह ही बादशाह दृष्टिगोचर होते थे। उसने राज्य को दृढ़ बनाया परन्तु जब राज्य तेरे हाथ में सुगमता-पूर्वक, बिना किसी परिश्रम के आ गया तो तू उसका महत्त्व नहीं समझता। इतना भी नहीं सोचता और जानता कि मेरा बड़ा भाई राज्य के योग्य था परन्तु उसकी मृत्यु मेरे पिता के जीवन में ही हो गई। तूने उसके पुत्र की हत्या करा दी। मैं लखनौती में फँसा हुआ हूँ। हम चारों के अतिरिक्त बल्बनी राज्य का अधिकारी कोई अन्य न था। अब यदि कोई तुझे राज्य से हटा देगा तो यह राज्य दूसरे वंश अथवा कुल में पहुँच जायगा। वे लोग हमारा नाम व निशान भी ज़मीन पर शेष न रहने देंगे। ईश्वर जानता है कि दूसरे वंश में राज्य पहुँच जाने के उपरान्त हमारे हितैषियों, अनुयायियों, लावलश्कर, आज्ञाकारियों तथा दास-दासियों पर उस राज्य में क्या क्या आपत्ति आ जायगी। वह लोग पता नहीं, हमारी स्त्रियों को किस प्रकार अपमानित और लज्जित करेंगे।"

"मेरे पिता जोकि मलिकी, ख़ानी और बादशाही के अनुभव में वृद्ध हो गया था, यह बराबर कहा करता था कि, 'मैं यदि चाहूं तो अपनी स्त्रियों तथा दासियों द्वारा बहुत बड़ी संख्या में पुत्र और पुत्रियों को जन्म दे दूँ', परन्तु मैंने राज्य और दीन के बुज़ुर्गों से सुना है कि बादशाह के लिये यह उचित नहीं कि उसके पुत्र और पुत्रियाँ बड़ी संख्या में हों, क्योंकि यदि राज्य इनमें से एक को प्राप्त हो जाता है तो वह अन्य सभी पुत्रों, भाइयों, भतीजों को अपना शत्रु समझने लगता है और प्रत्येक की हत्या करा देता है या दूर की इक़लीमों में भेज देता है। बादशाहों के जामाताओं के मस्तिष्क में भी बादशाहों की पुत्रियों से सम्बन्ध के कारण, राज्य का लोभ उत्पन्न हो जाता है। जो बादशाह विलासिता में ग्रस्त रहता है और उसके अनेक पुत्र हो जाते हैं तो यह समझना चाहिये कि वह अपने हाथ से अपने पुत्रों की हत्या करता है। यदि राज्य बादशाह के पुत्र को न प्राप्त हो और किसी अन्य को मिल जाय तो उसे उस समय तक सन्तोष नहीं होता जब तक कि वह उसके सहायकों, मित्रों, आज्ञाकारियों तथा कर्मचारियों की हत्या न करा दे।"

(१५१) 'हे पुत्र! समझ ले और सावधान हो जा कि यदि यह राज्य तेरे पास दो वर्ष तक सुरक्षित रह गया तो यह मेरे पिता के ऐश्वर्य के फलस्वरूप है, जिसने राज्य के उद्यान में बादशाही की जड़ें इतनी नीची पहुँचा दी हैं कि उन्हें साधारण हवा का झोंका नहीं हिला सकता, अन्यथा तेरे आचरण के अनुसार एक दिन भी बादशाही करना सम्भव न था। हे पुत्र! तुझे अपने आप की कोई चिन्ता नहीं। तू दर्पण में नहीं देखता कि तेरा रंग जो गुलाब के फूल से अधिक सुर्ख़ था अब केसर की भाँति पीला पड़ चुका है। जिसे अपनी आत्मा की चिन्ता न हो वह राजनीति तथा राज्य व्यवस्था क्या कर सकता है। जिसे अपने प्राणों की चिन्ता न हो वह दूसरे किसी की क्या चिन्ता कर सकता है। तू इस असावधानी एवं निश्चिन्त अवस्था में किस प्रकार संसार वालों की चिन्ता कर सकेगा, क्योंकि राज्य व्यवस्था दुनिया वालों की चिन्ता पर निर्भर है। मैं तेरे आचार विचार से बड़ा पीड़ित रहता हूँ। मैं तेरा पिता हूँ। इस समय चाहता हूँ कि तुझ से कड़वे से कड़वे किन्तु उचित वचन कहूं क्योंकि मेरे अतिरिक्त कोई अन्य तेरे ऊपर दया-दृष्टि अथवा कृपा-दृष्टि रखने वाला नहीं। मेरे अतिरिक्त तेरे हित की बात कोई अन्य नहीं कह सकता। मुझे ज्ञात है कि तू क्षणिक बादशाही के अभिमान में, जोकि तेरे मस्तिष्क में पैदा हो गया है, और इस कारण से कि तू सब को अपना मुहताज समझता है इन वचनों को न समझ सकेगा। परन्तु यदि तू कुछ दिन सावधान रहे और ध्यान से सोचे कि मैंने तुझसे क्या कहा तो तुझे मेरे वचन का महत्त्व ज्ञात हो जायगा।"

"हे पुत्र ! मेरा पिता मुझ से कहा करता था कि राज्य व्यवस्था पाँच बातों पर निर्भर है। यदि इन पर आचरण न किया जायगा तो बादशाही स्थापित नहीं रह सकती। प्रथम नेकी और न्याय करना, द्वितीय लाव-लश्कर को दृढ़ बनाना और प्रजा की रक्षा करना तृतीय खज़ाने में धन-सम्पत्ति एकत्र करना, चतुर्थ अपने राज्य के सहायकों तथा विश्वासपात्रों को आश्रय देना, पञ्चम राज्य के दूर और निकट के लोगों के हाल से सावधान रहना। तुझ में राज्य व्यवस्था सम्बन्धी पाँचों बातों का कोई निशान या चिह्न नहीं है। तेरा राज्य किस प्रकार स्थायी रह सकता है।"

(१५२) "हे पुत्र ! मैंने तेरा आचरण देख लिया और तेरे दो वर्ष के बादशाही के समय में उन बुरी आदतों के विषय में भी, जोकि तुझ में पड़ चुकी हैं, खूब सुन लिया है। मेरी बातों से रुष्ट न होना। मैंने जिन ऐयाशों, विलासियों, भोगियों और व्यर्थ बातें करने वालों को तेरी महफ़िल में देखा है, उनके विषय में यह कह सकता हूं, कि वे तुझे इस बात का अवसर न देंगे कि तू क्षण भर के लिये भोग विलास त्यागकर बादशाही, विलायत, सेना, प्रजा तथा राजकोष को सुव्यवस्थित करने का प्रयत्न कर सके। तुझे जानना चाहिये कि समस्त आनन्द राज्य-व्यवस्था ही पर निर्भर है। मेरा पितृ-प्रेम मुझे इस बात पर विवश करता है कि मैं तेरे हित की कुछ बातें चाहे वे तुझे हृदय में कितनी ही बुरी क्यों न लगें तुझे बतादूँ, तुझे आलिंगन करूँ, तेरो आखों और कपोलों को चूमूँ और तुझे विदा करूँ।"

"तेरे पिता की पहली नसीहत यह है कि बादशाही का महत्त्व समझ और अपने प्राणों का महत्त्व उससे अधिक जान। यद्यपि तू ईश्वर तथा अन्य लोगों से भय नहीं करता, तो भी अपने प्राण की रक्षा के लिये कुछ क्षण के लिये भोग विलास त्याग दे। अपने मित्रों, नदीमों, रमणियों तथा गायकों को जिन्होंने तुझे भोग विलास में ग्रस्त कर दिया है, अपने पास से पृथक् कर दे। अपने प्राण की रक्षा का प्रयत्न कर। उन कार्यों को, जिनका नाम लेने में भी मुझे लज्जा आती है और जिन्हें तू बड़े ज़ोरों से कर रहा है, पूर्णतया त्याग दे। अपने प्राणों पर दया कर, क्योंकि मुझ से पूर्व बुज़ुर्गों ने कहा है, कि प्राण सबसे बढ़कर हैं, तत्पश्चात् संसार। यदि प्राण क्षीण हो जाय तो संसार से क्या लाभ होगा। हे पुत्र ! तेरा प्राण क्षीण हो रहा है, और तू ध्यान नहीं देता।"

राज्य व्यवस्था के चार स्तम्भ

"दूसरी नसीहत यह है कि जो मलिक शेष रह गये हैं, उनकी हत्या न करा। अपने सभी विश्वासपात्रों तथा सहायकों का विनाश न कर। यदि तू अपने विश्वासपात्रों तथा सहायकों का विनाश करता रहेगा. तो तेरे ऊपर तेरे राज्य में कोई भी विश्वास न करेगा। यदि प्रजा का बादशाह पर से विश्वास हट जाता है तो राज्य सुरक्षित नहीं रहता। अपने शत्रुओं को भी अपनी कृपा, दया, नेकी, बुद्धि तथा राजनीति से अपना मित्र एवं हितैषी बना ले।"

(१५३) "किसी ससय असावधान न हो। तू जिस दशा में भी हो, इन दोनों के समान अर्थात् निज़ामुद्दीन एवं क़िवामुद्दीन, जोकि तेरे राज्य में सब से श्रेष्ठ तथा अनुभवी एवं सुव्यवस्थापक हैं, दो और व्यक्ति अपने राज्य से चुन ले और इन चारों को अपने राज्य के चार स्तम्भ बना ले। अपनी राज्य व्यवस्था के महत्त्व को इन चारों स्तम्भों से दृढ़ बना। राज्य नीति का संचालन इनके सिपुर्द कर। इन चारों में से एक को दीवाने विज़ारत का पद प्रदान कर। उसका पद दूसरों से ऊँचा रख। दूसरे को दीवाने रिसालत बना। उसकी अनुमति तथा निवेदन पर विश्वास कर। तीसरे को दीवाने अर्ज़ नियुक्त कर और सेना

सम्बन्धी प्रबन्ध उसको सौंप दे । चौथे को दीवाने इंशा नियुक्त कर और विलायत, मुक्तों कर्मचारियों के प्रश्नों एवं प्रार्थना पत्रों का उत्तर देना उसके सिपुर्द कर । इनमें से चारों को अपना विश्वासपात्र बना ले । अपने राज्य के सभी जानकारों को जिन्हें राज्य व्यवस्था सम्बन्धी कार्यों में दौड़ धूप के कारण जानकारी हो जाती है, राज्य व्यवस्था के कार्य में सम्मिलित न कर । एक व्यक्ति के हाथ में सभी कार्य न दे दे । इन चारों में से किसी एक को या अपने किसी अन्य विश्वासपात्र एवं निकटवर्त्ती का अपने ऊपर पूर्ण अधिकार प्राप्त न करने दे और न प्रजा के ऊपर इनका पूर्ण अधिकार प्राप्त होने पाये और न ऐसा हो कि सब एक दूसरे की हत्या करने का प्रयत्न करने लगें ।"

"तेरे पिता की तीसरी नसीहत यह है कि जब तू चार अनुभवी, आज्ञाकारी, सत्यवादी तथा योग्य पुरुष अपने राज्य व्यवस्था के लिये चुन ले तो उन्हें अपने राज्य की सभी गुप्त बातें बता दे । राजनीति के सिद्धान्त उनको सौंप दे । जो आदेश अथवा राय दे, या इन चारों के सिपुर्द जो कार्य करे तो राज्य की समस्त गुप्त बातें सर्व प्रथम इन चारों व्यक्तियों के सम्मुख बयान कर दे । यद्यपि मंत्री का पद सर्वोच्च होता है परन्तु तेरे राज्य के हित में यह उचित है कि इन राज्य के चारों स्तम्भों में से किसी एक को इतने अधिकार न दे दे कि अन्य तीन उसे बुरा मानने लगें और तुझ से घृणा करने लगें ।"

(१५४) "अपने पदाधिकारियों के अच्छे बुरे सभी कार्यों की जानकारी रख । जिन अधिनियमों के अनुसार तेरा दादा राज्य करता था, उन्हें मत त्याग और अपने राज्य की व्यवस्था में उन्हीं आज्ञाओं का पालन कर जोकि उस समय लागू थीं । उस अनुभवी बादशाह के न्याय तथा इन्साफ़ करने के ढंग में कमी बेशी न कर । प्रजा से इस प्रकार मीठा न बना रह कि तेरा भय, डर तथा आतंक किसी के हृदय में न रहे । यदि बादशाही ऐश्वर्य का भय तथा आतंक प्रजा के हृदय से निकल जाता है, तो राजा और प्रजा बराबर हो जाते हैं । तेरी आज्ञाओं का पालन कोई भी न करेगा । मेरे कहे हुये वचनों का पालन उस समय तक सम्भव नहीं जब तक कि तू अत्यधिक मदिरा पान न त्याग देगा ।"

उलमाये आख़ेरत तथा उलमाये दुनिया

"तेरे पिता की चौथी नसीहत यह है कि मैंने सुना है तू नमाज़ नहीं पढ़ता, रमज़ान का रोजा नहीं रखता और बहाना बना लेता है । कुछ विश्वासहीन विद्वान् जिन्हें मुसलमान न कहना चाहिये, तन्के तथा जीतल के लोभ में, जोकि मृतक शरीर के समान हैं, तुझे रोज़ा न रखने की आज्ञा दे देते हैं । वे कह देते हैं कि प्रत्येक रोज़े के स्थान पर कोई ग़ुलाम आज़ाद कर दे या साठ ग़रीबों को भोजन करा दे । तू उन अभागों की बातें सुनकर उन पर श्रद्धा रखने लगा है । तूने नहीं सुना कि जो कोई रमज़ान के महीने का केवल एक रोज़ा छोड़ देता है वह युवावस्था में मर जाता है । हे पुत्र ! तेरा दादा बहुत कहा करता था कि बादशाहों को और समस्त मुसलमानों को उलमाये आख़ेरत की बातों पर विश्वास तथा श्रद्धा रखनी चाहिये । बहाने बाज़ और दुराचारी आलिमों को पास न फटकने देना चाहिये । बेईमानों के बहानों तथा व्याख्यानों पर आचरण न करना चाहिये । मैंने अपने पिता से अनेक बार सुना है कि उलमा दो प्रकार के होते हैं । उलमाये आख़ेरत वे हैं जिन्हें ईश्वर दुनिया, दुनिया के प्रेम तथा लोभ से सुरक्षित रखता है । उलमाये दुनिया वे हैं, जो दुनिया की लालच और लोभ में कुत्तों की तरह गली-गली मारे-मारे फिरते हैं । वे नाना प्रकार के बहाने बनाया करते हैं तथा अनेक छल की बातें किया करते हैं और प्रत्येक बात की भिन्न-भिन्न व्याख्या किया करते हैं ।

इसी प्रकार के अनुचित कार्य करना उनका व्यवसाय होता है। बुद्धिमान तथा दीनदार (धार्मिक) वही बादशाह कहा जा सकता है जोकि उल्माये दुनिया के कहने में न आवे।"

(१५५) "वे दुनिया को अपने प्राणों से भी अधिक प्रिय समझते हैं। उनके सिपुर्द तू शरा के कार्य तथा आज्ञायें न कर। हज़रत मुस्तफ़ा की शरा को उनके हाथ में देकर लज्जित न कर। अपने दीन की समस्यायें ऐसे लालचियों से न पूछ जो दुनिया को अपना ईश्वर समझते हैं। यदि दीन तथा दुनिया में तू अपना कल्याण चाहता है तो हज़रत मुस्तफ़ा की शरा के आदेशों का पालन कराना ऐसे उल्मा के सिपुर्द कर, जिन्होंने दुनिया न मुँह फेर लिया हो; तन्का और जीतल उन्हें साँप तथा बिच्छू प्रतीत होते हों। अपने दीन की समस्यायें ऐसे ही उल्मा से पूछनी चाहिये। भगवान् का भय रखने वालों के बचनों पर आचरण करना चाहिये।"

सुल्तान बल्बन की नमाज़-रोज़े से रुचि

"हे पुत्र! तू अपने दादा की सेवा में रह चुका है। तू देख चुका है कि रोज़ा रखने और फ़र्ज़ तथा नवाफ़िल[1] की नमाज़ें पढ़ने में उन्हें कितनी रुचि थी। किसी आलिम अथवा शेख को उतने रोज़े रखने और नमाज़ पढ़ने की शक्ति न थी। तेरा दादा सुल्तान बल्बन यदि यह सुन पाता कि हम दोनों भाइयों में से किसी ने एक नमाज़ छोड़ दी है या सोते रह गये और प्रातः काल की नमाज़ जमाअत के साथ नहीं पढ़ी तो वह हमसे एक मास तक बात न करता। जिस किसी के विषय में यह सुन लेता कि उसने एक समय की भी नमाज़ छोड़ दी है तो वह जब भी उसकी सेवा में उपस्थित होता तो बल्बन उसकी ओर ध्यान न देता। मैंने अनेक वृद्धों से सुना है कि जो कोई रमज़ान के महीने का रोज़ा नहीं रखता वह युवावस्था में ही मर जाता है। जो नमाज़ नहीं पढ़ता उसे मुसलमान नहीं कहा जा सकता अथवा समझा जा सकता। उसका रक्त बहाना उचित होता है।"

"हे पुत्र! यह जान ले कि मरना बड़ा कठिन है, विशेष कर बादशाह का, जिसे अनेक दैवी देनें प्राप्त होती हैं। उससे कठिन जवान बादशाह की मृत्यु है जो अपने साथ आकाश से पाताल तक के दुःख ले जाता है। तेरे विषय में तेरे पिता की अन्तिम शिक्षा यह है कि रमज़ान का रोज़ा न छोड़। जिस प्रकार हो सके नमाज़ पढ़ता रह। अपने पास एक ऐसा आलिम हमेशा रख जिसे ईश्वर की विशेष भक्ति हो क्योंकि तेरी दुनिया की कठिनाइयों का समाधान कई हज़ार मनुष्य करते रहते हैं, परन्तु वह तेरे धर्म की चिन्ता रखेगा।"

बुग़रा ख़ाँ का निज़ामुद्दीन की हत्या के विषय में संकेत

(१५६) सुल्तान नासिरुद्दीन ने उपर्युक्त नसीहत करने के पश्चात् फूट-फूट कर रोना आरम्भ कर दिया। सुल्तान मुइज़्ज़ुद्दीन को आलिंगन किया और विदा किया। जिस समय पिता पुत्र की आंखें और कपोल चूम रहा था, और बार बार गले से लगा रहा था, गुप्त रूप से उसने पुत्र से कहा कि 'निज़ामुद्दीन को अपने बीच से शीघ्र हटा दे, क्योंकि यदि इसके बाद उसे अवसर मिला तो वह तुझे एक दिन भी राज सिंहासन पर आरूढ़ न रहने देगा।' यह कहा और रोता हुआ वापस हुआ। वापस होते समय दो तीन बार यह छन्द पढ़े :

छन्द

आज्ञा दे कि मैं सावन के बादल की भाँति रोऊँ
क्यों कि मित्रों के वियोग के दिन पत्थरों के भी आँसू निकल आते हैं।

---

१ ऐसी इबादतें अथवा नमाज़ रोज़े जोकि न सुन्नत हैं और न फ़र्ज़, किन्तु उनके करने से विशेष पुण्य होता है।

बुग़रा ख़ाँ तथा कैक़ुबाद की विदा

जिन लोगों ने पिता और पुत्र के विदा के समय का विलाप, शोक तथा रोदन देखा है, वे स्वयं रक्त के आँसू बहाने लगे। कई दिन तक विलाप का दृश्य उनकी आँखों के समक्ष रहा। कहा जाता है कि लौटते समय सुल्तान नासिरुद्दीन चिल्लाता हुआ घोड़े पर सवार हुआ और रोता हुआ अपने शिविर तक पहुँचा। भोजन न किया। अपने निकटवर्त्ती एवं विश्वासपात्रों से कहा कि 'पुत्र को और देहली के राज्य को आज विदा कर दिया। मैं जानता हूं और भली भाँति समझता हूं कि अब मेरे निकट न तो यह पुत्र रहेगा और न देहली का राज्य।'

कैक़ुबाद की देहली को वापसी तथा उसके काल के विलास-प्रिय लोग

सुल्तान मुइज़्ज़ुद्दीन ने अवध से देहली की ओर प्रस्थान किया। कुछ दिनों तक अपने पिता की शिक्षा पर आचरण किया; भोग विलास के पास न फटका; मदिरापान न किया; गाना न सुना; रमणियों को अपने पास न बुलाया। चूंकि दान, भोग विलास, आमोद प्रमोद और आनन्द से भरी हुई बातों में उसकी रुचि राज्य के नगरों में प्रसिद्ध हो चुकी थी और निकट तथा दूर के लोगों तक पहुँच चुकी थी, तथा उसकी इश्क़बाज़ी और रमणियों से प्रेम, सभी लोगों को ज्ञात हो चुका था, अतः प्रसिद्ध गदाग़ाज़ियों और बुरे आचरण की नायिकाओं ने अपनी सुन्दर पुत्रियों को बादशाह की सेवा में भेंट करने के लिए विशेष रूप से तैयार किया था। बाँके लोच व नख़रे वाली शोख़ी और हाव-भाव से भरी हुई युवतियों तथा सुन्दरियों को गाना बजाना और ग़ज़ल पढ़ना, चुटकुलेबाज़ी, शतरंज, चौसर खेलना सिखाया गया।

(१५७) प्रत्येक सुन्दरी को, जोकि नगर ही में नहीं अपितु समस्त संसार को कष्ट में डालने योग्य थी, अनेक प्रकार से पालन-पोषण करके तैयार किया गया। इससे पूर्व कि उनके यौवन की कली युवावस्था के उपवन में प्रवेश करे, उन्हें घुड़ सवारी, गेंद खेलना, और भाला चलाना बड़ी कुशलता तथा सावधानी से सिखाया गया। ऐसी-ऐसी अनेक रुचिकर कलायें जोकि ज़ाहिदों (संतों) को भी ज़ुन्नार[1] बँधवादें और आबिदों (उपासकों) को भी मधुशाले में पहुंचा दें, उन उपद्रव-कारी रमणियों को सिखलाई गईं। अपनी ओर आकर्षित कर लेने वाले हिन्दुस्तानी दासों, सुन्दर दासियों को फ़ारसी तथा गाना सिखाया गया। उन्हें सुनहरे आभूषण तथा सुनहरे काम के वस्त्र पहनाये जाते थे। उन हृदय हारिणी रमणियों को राज दरबार के नियम, ढंग और उनमें उठने बैठने का तरीक़ा सिखाया जाता था। अद्वितीय तरुण दास[2] अपने कानों में कुण्डल लटकाये रहते थे। अद्वितीय दासियों की पुत्रियों का दुलहिन की भाँति शृङ्गार किया जाता था। दक्ष तथा कुशल गायक फ़ारसी एवं हिन्दी गाने गाते। सुल्तान की प्रशंसा में ग़ज़लें, क़ौल, हुब तथा कीलानी लिख लिये गये थे। वह पढ़े जाते थे। विदूषक तथा भाँड़ अपने मसख़रेपन से शोक-ग्रस्त लोगों को भी हँसा देते थे। हँसी के मारे विलासियों के पेट में बल पड़-पड़ जाते थे। सुल्तान के दान के समाचार दूर-दूर तक पहुँच चुके थे। कोल और मेरठ के कलवार दो-दो और तीन-तीन साल की खिंची हुई पुरानी सुगन्धित शराबें सुराहियों में भरवा कर उपहार स्वरूप लाते थे।

---

१ एक प्रकार की पेटी अथवा धागा जोकि ईसाई अपनी कमर में बाँधते हैं। जनेऊ के लिये भी ज़ुन्नार शब्द का प्रयोग होता है।

२ इमरद, वह युवक जिसके दाढ़ी मूँछ न निकली हों।

एक गदाग़ाज़ी बच्चे द्वारा सुल्तान की प्रतिज्ञा भंग होना तथा भोग विलास में लीन होना।

सुल्तान मुइज्ज़ुद्दीन ने अवध से देहली की ओर प्रस्थान किया और चार पाँच मंज़िलें पार कर लीं। प्रत्येक दिन सरोक़द[1] युवतियाँ, सरोक़द रमणियाँ जोकि परहेज़गारों से भी मूर्त्ति पुजवा दें और दीनदारों के जुन्नार बँधवा दें, मार्ग में खड़ी हो जाती थीं। जिस समय सुल्तान की सवारी पहुँचती तो वे अपनी छवि का प्रदर्शन करतीं तथा गाना गातीं।

(१५८) यद्यपि सुल्तान का हृदय उन रमणियों की ओर आकर्षित होता था और उसका दिल उन युवतियों की ओर झुका जाता था किन्तु अपने पिता की शिक्षा के कारण जिसके विषय में लश्कर के सभी विशेष तथा साधारण व्यक्तियों को सब कुछ ज्ञात हो गया था, लज्जा-वश अपने ऊपर नियंत्रण कर लेता था। कटाक्ष से उन युवतियों की ओर देखता और बार-बार उन युवतियों से भेंट करने के लिये उसका हृदय उसे बाध्य करता, यहाँ तक कि एक दिन सवारी के समय एक सुन्दर चाँद का टुकड़ा गदाग़ाज़ी बच्चा जो अपने हाव-भाव, चपलता तथा चंचलता और शोख़ी में सबसे बढ़ा-चढ़ा था, सुनहरी क़बा पहने, सुनहरा निषंग कमर से बाँधे और उसका डोरा बाहर लटकाये, आधे कान तक शाहाना कुलाह सिर पर पहने कुम्मैत रंग के घोड़े पर सवार आखेटक की भाँति दृष्टिगोचर हुआ। घोड़े के सीने के सामने काला पताका फहराता हुआ, वह सुन्दरता के मैदान का शहसवार फ़ौजे ख़ास से निकल कर बाहर आया। घोड़े को दौड़ाता और चक्कर देता हुआ सुल्तान की सवारी की ओर बढ़ा। निकट के लोग और फ़ौजे ख़ास वालों ने समझा कि कोई मलक-ज़ादा[2] किसी मृगया का पीछा कर रहा है। उसके चंचलपन, हाव-भाव, शोख़ी, चपलता और घोड़ा दौड़ाने का ढंग देख कर दर्शकों की आखें चका चौंध हो गईं। वह प्राणों को क्लेश में डालने वाला और हृदयों को हरण करने वाला, मैदान में तीर की भाँति आगे पीछे चला जाता था। इस प्रकार सुल्तानी चत्र के समक्ष पहुंच गया। जानदार, चाऊश तथा नक़ीब, जोकि सुल्तानी सवारी के सामने चक़माक़ और गंदा लिये चल रहे थे, उस सुन्दर बालक की सुन्दरता से ऐसे मूर्छित हो गये कि उसे चत्र के समक्ष आने से रोक भी न सके। पलक झपकाते ही वह सुन्दरता का दीपक एवं नेत्र सुल्तानी चत्र के निकट पहुँच गया। घोड़े से नीचे उतरा। सुल्तान के घोड़े के सामने भूमि पर गिर पड़ा और यह छन्द रमणियों तथा सुन्दरियों के हाव-भाव से पढ़ा।

छन्द

(१५९) यदि तू मेरे नेत्र पर अपने चरण रख देगा।
तेरे मार्ग में इस कारण मैं आँख बिछाता हूं कि तू उन पर चले।

तत्पश्चात् सुल्तान से कहा कि 'हे शाहेजहाँ[3] इस ग़जल का पहला छन्द अन्नदाता के लिये बड़ा ही उचित है परन्तु भय के कारण नहीं पढ़ सकता। सुल्तान उसे देखकर मूर्छित हो गया और उसकी वार्त्ता से मस्त हो गया। घोड़ा रोक लिया और उससे स्वयं कहा कि पढ़ और भय मत कर। उस परहेज़गारों की तोबा[4] तुड़वा देने वालों ने इस प्रकार कहा —

---

१ सरो की भाँति डील डौल रखने वाले, अर्थात् सुडौल या सुगठित आकार वाले।

२ फ़रिश्ते का पुत्र।

३ संसार के बादशाह।

४ किसी कार्य को न करने की प्रतिज्ञा।

छन्द

कोमल सरो जंगल में जा रहा है।
यह ख़ूब प्रतिज्ञा है कि बिना मेरे जा रहा है।

उपर्युक्त छन्द पढ़ने के पश्चात् सुल्तान से बड़े हाव-भाव से कहा 'कि हम जैसे न जाने कितने नाज़ व अन्दाज़ हाव-भाव वाले स्वरूपवान बादशाह की सुन्दरता को देखने के लिये कहाँ कहाँ से आये हैं, परन्तु बादशाह हम से मुँह मोड़ कर जा रहा है। हमारी छवि क्यों नहीं देखता ? सुल्तान सभी को नष्ट-भ्रष्ट कर देने वाले की सुन्दरता, सम्भाषण, हाव-भाव से व्याकुल, पागल तथा मूर्छित हो गया और उसके चंचलपन एवं चपलता, हाव-भाव तथा बातचीत से चकित और स्तब्ध हो गया। उस बेहोशी में उसकी छवि देखकर यह लालसा हुई कि तुरन्त घोड़े से उतर कर उसे आलिंगन करे। उस तोबा तुड़वा देने वाले की सुन्दरता ने सुल्तान को विवश कर दिया और उसकी मधुर स्वर तथा प्रिय आवाज़ ने उसको पूर्णतया निर्बल कर दिया। अत्यन्त शक्तिहीन बन कर तोबा तोड़ डाली। उसी स्थान पर मदिरा मँगवाई। मदिरा का प्याला हाथ में लेकर उस सुन्दर सरोक़द के समक्ष पिया और तोबा तोड़ते समय यह छन्द पढ़े :

छन्द

रात्रि में मैंने सुन्दरियों के चंचलपन के भय से मदिरा से तोबा कर ली।
प्रातःकाल साक़ी[1] का रूप फिर अपना काम कर गया।

इस्लाम पर आपत्ति लाने वाले ने सुल्तान के मुख से जब उपर्युक्त छन्द सुने तो पहले की अपेक्षा अधिक मधुर स्वर और प्रिय आवाज़ से यह छन्द पढ़ा :

छन्द

(१६०) मेरा आबिदों को धोखा देने वाला हाव-भाव सैकड़ों वर्ष के ज़ाहिद को,
मत्थे के सामने के बाल पकड़ कर मधुशाले में पहुँचा देता है।

वह छन्द पढ़ता जाता था और हाव-भाव, शोख़ी तथा नाज़ व अन्दाज़ दिखाता जाता था। दर्शक-गण उसके दर्शन, मधुर स्वर तथा बात के ढंग से चकित और स्तब्ध हो गये थे। लोगों की यह हार्दिक कामना थी कि अपने आपको उसके शीश पर से न्यौछावर कर दें। वह घोड़ा कुदाता हाथ में धनुष लिये और धनुष में बाण जोड़े पत्थरों के बीच में चकोर ढूँढता फिरता था। उसकी सुन्दरता और कृत्रिम हाव-भाव को देखकर फ़ौजे ख़ास वाले मूर्छित हो गये थे। उनके हाथ से लगाम छूट गई थी। उसी के ऊपर दृष्टि डाले हुये चले जाते थे। दर्शकों का प्राण तथा हृदय उस कृत्रिम भाव वाले की ओर चक्कर लगा रहा था।

जैसे ही सुल्तान अपने शिविर में घोड़े से उतर कर पहुँचा विलास की महफ़िल गरम हो गई। उस आपत्ति ढाने तथा व्याकुलता उत्पन्न करने वाले को बुलवाया गया। सुल्तान ने अपनी हार्दिक इच्छा उसके सामने इस प्रकार प्रकट की कि "मैं चाहता हूँ कि आज तेरे हाथ से मदिरा पान करूँ। आज की महफ़िल का तू साक़ी बन।" उस चंचल कृत्रिम हाव-भाव वाले ने सुल्तान को उत्तर दिया :

छन्द

यद्यपि कि हम चाँद से भी अधिक रूपवान हैं
परन्तु शाह के दासों के दास हैं।

---

१ मदिरा पिलाने वाला।

यह छन्द पढ़ कर प्याला भरा और सुल्तान के हाथ में दिया। सुल्तान ने प्याला हाथ में लेकर उस संसार को उज्वल करने वाले की सुन्दरता को निहारते हुये स्तब्ध होकर यह छन्द पढ़े :

छन्द

जब प्याले का दौर चलने लगे तो महफ़िल में बैठे हुये लोगों को दे।
मेरी चिन्ता न कर क्योंकि हे साक़ी ! मैं तेरी आँखों के दर्शन से स्तब्ध रहूँ।

(१६१) उस सरोक़द रजत शरीर वाले साक़ी ने कृत्रिम हाव-भाव दिखाते हुए भूमि पर अपना शीश रख दिया और बड़ी शोख़ी तथा चंचलपन एवं चपलता से कृत्रिम हाव भाव दिखाते हुए मध्यम स्वर में दो बार कहा, 'शाहेजहाँ नोश ! शाहेजहाँ नोश !' (हे संसार के बादशाह ! पी, हे संसार के बादशाह ! पी) सुल्तान ने कहा—

छन्द

यदि तू मेरा साक़ी बना रहे,
तो कौन कह सकता है कि मदिरा पान हराम है।

सुल्तान ने इस अवसर पर जब कि साक़ियों का बादशाह "और पियो और पियो,' के नारे लगा रहा था, ज़िया जहजी की ओर देखा और मुस्करा कर कहा कि 'साक़ियों का राज्य बुरा नहीं।' ज़ियाउद्दीन जहजी ने सिर भूमि पर टेका और कहा :—

छन्द

साक़ियों का राज्य संसार में नहीं।
संसार यहीं है। यह लोग संसार में नहीं हैं।

सुल्तान ने आदेश दिया कि चाँदी के हज़ार तन्के लाये जायँ और उस सुन्दरता के उपवन के सरों के सिर पर से न्यौछावर किये जायें। उस चंचल हाव-भाव वाले ने मुस्करा कर राज सिंहासन के समक्ष निवेदन किया कि यह न्यौछावर उन लोगों का हक़ है, जिन्होंने मुझ जैसे चन्द्रमा का तुझ जैसे सुल्तान के लिये पालन-पोषण किया है। वे लोग दरबार के द्वार पर भीतर आने की प्रतीक्षा कर रहे हैं। सुल्तान ने आँखें खोलते हुए पूछा कि, "तुझ जैसा उन लोगों में कौन है ?" उसने उत्तर दिया, "हे शाहेजहाँ ! मुझ जैसा अन्य कोई माँ जन्म नहीं दे सकती, किन्तु मेरे साथ अनेक सुन्दरियाँ सितारों की भाँति एकत्रित हैं जो कि आकाश के चन्द्रमा को घेर कर उसकी शोभा बढ़ाती हैं। वे बड़ी मधुर गायिका हैं और नृत्य में बड़ी उत्तम हैं। यदि शाहेजहाँ उन्हें अपने भव्य राज भवन में आने की आज्ञा प्रदान कर दे तो उनके संगीत से चिड़ियाँ हवा से उतर आयेंगी और दीवार तथा द्वार नाचने लगेंगे।" सुल्तान ने आज्ञा दी कि उन लोगों को पेश किया जाय। जब उनकी सुन्दरता की ओर उसने दृष्टिपात किया तो देखा कि उनमें से सभी एक से एक सुन्दर बाँकी और हाव-भाव वाली हैं। जब उन्होंने संगीत तथा नृत्य आरम्भ किया तो सभी उपस्थित जन, उन हूरपैकर[1] सुन्दरियों के चंचलपन और उन सरो क़ामत[2] चाँद सरीखी रमणियों के नाज़ व अन्दाज़ और शोख़ी से भरी एवं उन गुलाब सदृश होश हवास छीन लेने वाली और प्राण क्षीण कर देने वाली युवतियों को देखकर स्तब्ध हो गये।

(१६२) चौसर खेलते समय उन लोगों का झगड़ना, चुटकुले, रजत सदृश पिंडलियों वाली रमणियों का नृत्य एवं उन लोगों के गाने बजाने को देखकर सुल्तान अपने पिता के

---

१ हूर जैसी, अर्थात् अति सुन्दर।
२ सरो के समान शरीर वाले।

उपदेश भूल गया, और उसकी नसीहत का कोई ध्यान न रहा। उसके उपदेशों को कोने में डाल दिया और रात दिन उन तोबा तुड़वा देने वालियों के साथ भोग विलास में ग्रस्त हो गया।

पद

पिता का आदेश बादशाह को भोग विलास से न रोक सका।

कैकुबाद के दरबार की रमणियाँ तथा गायक एवं नर्तकियाँ

सुल्तान ने उन रमणियों से भेंट करने तथा रजत-तुल्य शरीर वाली नाज़ से पली हुई युवतियों को देखकर अपनी गर्दन में भोग विलास की ज़ुन्नार डाल ली और मूर्त्तिपूजा आरम्भ कर दी। विलास में मस्त हो गया। आमोद प्रमोद तथा भोग में पड़ा रहने लगा। उन रमणियों से शतरंज और चौसर खेलने तथा उन सुन्दरियों के पाँसा फेंकने के अन्दाज़ पर वह मूर्छित तथा आसक्त रहने लगा। प्रत्येक दिन प्रत्येक मंज़िल पर नई महफ़िल सजाई जाती। उन लोगों को उपस्थित किया जाता। बारी बारी एक एक तायफ़ा[1] पेश होता। सुल्तान उन पर इतना आसक्त हो गया था कि उन तायफ़ों को बीसियों तीसियों हज़ार तन्के प्रदान कर देता था। वे सुन्दरियाँ जो सुल्तान के साथ उठने बैठने वाली बन गई थीं और सुल्तान तथा उसके मित्रों के साथ शतरंज एवं चौसर खेलने लगी थीं, सुल्तान के नदीमों तथा सहचरों के साथ आकर चुटकुले बाज़ी करती थीं, कुछ समय शोख़ी, छेड़ छाड़ और वाक प्रहार से हृदय को व्याकुल बना देती थीं और आनन्द में वृद्धि करती थीं। उनमें से कुछ चुनी हुई और विशेष रमणियों को सुल्तान ने सोने जवाहिरात तथा मोतियों से लाद दिया था। जिस मंज़िल पर भी सुल्तान का शिविर लगता, शिविर के चारों ओर से सुन्दरियों की मधुर तानें सुनाई देने लगतीं। हृदय को आकर्षित करने वाली उनकी नाज़ की आवाज़ से तीसरे आसमान पर ज़ुहरा[2] स्तब्ध हो जाता था। आकाश उनके सिरों पर न्यौछावर होता था। उन मधुर स्वर वाली रमणियों की छवि और उन रजत-तुल्य सुन्दरियों के बिनागोश[3] के दर्शन से दर्शक बेहोश हो जाते थे। चंग[4] व रबाब[5] की आवाज़ें, क़मांचे[6] के स्वर, मिसकल[7] और बाँसुरी की आवाज़ एवं तम्बूरों[8] के बजने से चिड़ियाँ हवा से उतर आती थीं। बन के पशु मूर्छित होकर शिविर में घुस जाते थे।

सैनिकों का भोग विलास

उन मधुर गायकों के गायन तथा उन छेड़ छाड़ करने वाली नर्तकियों के नृत्य एवं उन सलावण्य रमणियों के हाव-भाव और उन चुटकुलेबाज़, छल बाज़ और आपत्ति ढाने वाली युवतियों के चंचलपन से सेना वाले और लश्कर के वीर, योद्धा, पागल तथा आसक्त स्वभाव के युवक और दीवाने, आशिक़ मिज़ाज, अपना सिर फोड़ डालते और कपड़े फाड़ डालते थे। अपने सिर के बाल नोच डालते थे। आशिक़ मिज़ाजों के हृदय से शान्ति तथा सन्तोष मानों उड़ गया था। आशिक़ों की फ़रियाद तथा आह आकाश तक पहुँचती थी। सुन्दरता के

---

१ मण्डली

२ शुक्र सितारा। इसका सम्बन्ध प्रेम तथा संगीत एवं नृत्य से बताया जाता है।

३ कान की लौर।

४ ढफ़ के आकार का एक छोटा बाजा।

५ सारंगी की तरह का एक बाजा।

६ एक प्रकार का बाजा जो कमान की तरह होता है।

७ वीणा की तरह का एक बाजा।

८ सितार की तरह का एक बाजा।

पुजारी रमणियों के लोभ में नाक़ूस[1] हाथ में लिये, उन्हें मूर्त्ति की भाँति पूजते थे। जो कुछ धन सम्पत्ति उन परेशान आशिक़ मिज़ाजों के खीसे अथवा थैलियों में था, वह उन्होंने उन हृदय हारिणी रमणियों के ऊपर से न्यौछावर कर दिया। जब उन आशिक़ मिज़ाजों के पास कुछ भी शेष न रह गया तो उन्होंने अपने घोड़े, अस्त्र-शस्त्र, दास-दासियाँ, खेमे, बोझ ढोने वाले जानवर बेच डाले और जो कुछ मिला उन रमणियों के चरणों पर न्यौछावर कर दिया। जब कुछ न रह गया तो सिर की टोपी तथा कमर में बाँधने वाली पेटी जो कुछ भी उनके हाथ लगता, उन रमणियों के कुत्तों के सामने डाल देते थे। दरिद्र आशिक़ मिज़ाजों ने उन मनुष्य जैसी सूरत रखने वाली मूर्त्तियों की लालसा से विवश होकर और उन सुन्दरियों की छबि देखकर अपना खाना, पीना और सोना छोड़ दिया। दिन-दिन भर बेहोश रहते और रात-रात भर होश न आता। विदूषकों की बातों, भांड़ों के भाँडपन, बाज़ीगरों के तमाशे और निर्लज्जों की निर्लज्जता से, जोकि देश के चारों ओर से राजसभा में पहुंच गये थे, लोग चकित थे। उन लोगों ने सुल्तानी शिविर के चारों ओर तमाशा दिखाकर अपनी कलाओं का प्रदर्शन करके चुटकुले बाज़ी के द्वारा निर्लज्जता एवं भाँडपन को चरम सीमा तक पहुंचा दिया था। चारों ओर से हँसी ठट्ठे की आवाज़ें आया करती थीं।

धन-सम्पत्ति का विनाश

(१६४) मलिक निज़ामुद्दीन दादबक ने जो कुछ भी हिन्दुस्तान की अक़्ता का फ़वाज़िल[2], लूट का माल, राजे महाराजों के उपहार (ख़राज) और पिछले कई वर्षों की (निसारे चत्र) न्यौछावर एकत्र करके खज़ाने में जमा किया था, सुल्तान ने वह सब धन सम्पत्ति उन विलासियों तथा गायकों को बांट दी, जिनके समूह अवध से पहुँचते थे। अवध से देहली तक के मार्ग के विलास-प्रिय गाना सुनने वाले शराबी तथा भोगी क़िलोखड़ी के महल में पहुँच गये।

देहली में सुल्तान की वापसी का समारोह

सुल्तान के पहुँचने की खुशी में देहली में क़ुब्बे सजाये गये। पुराने और नये गायक तथा रमणीक नर्तकियाँ संगीत तथा नृत्य के लिए क़ुब्बों पर पहुँच गईं। शहर वाले उनकी सुन्दरता पर आसक्त और दीवाने बन गये। महीनों तक शहर निवासी उन चन्द्रमा-तुल्य रमणियों तथा युवतियों के साथ भोग विलास में ग्रस्त रहे। उनकी मिल्क गिरवी हो गई। उनके घर, धन-सम्पत्ति आदि हाथ से निकल गये। क़र्ज़ गर्दन पर चढ़ गया। मलिक-ज़ादे दीवाने हो गये। ख्वाजा-ज़ादे आसक्त हो गये। सुल्तानी बच्चों ने ब्याज लेना देना त्याग दिया। धनी लोग दरिद्र हो गये। जो बे घर के हो गये, वे लखनौती की ओर प्रस्थान कर गये। बुद्धिमान आसक्त बन गये। आलिम व्यभिचार में पड़ गये। ज़ाहिदों (त्यागियों) ने धर्म त्याग दिया। आबिद (उपासक) मधुशाले में पड़े रहने लगे। लज्जा और शर्म शेष न रही। लोगों की मान मर्यादा समाप्त हो गई। क़ुब्बों से मदिरा वितरित की जाती थी। शराब के मटके लुटा दिये गये। क़ुब्बों को भोग विलास की सामग्री से इस प्रकार सजाया गया कि क़ुब्बों की ऐसी सजावट इससे पूर्व कभी न देखी गई थी और न इसके पश्चात् किसी ने देखी। जो आनन्द और भोग विलास मुइज़्ज़ी राज्य के समकालीनों ने देखा वह इसके पश्चात् कोई भी न देख सका।

(१६५) इस प्रकार का भोग, विलास, आनन्द, निश्चिन्तिता न तो आँखों ने देखा और न कानों ने सुना।

१ शंख—लेखक ने इस स्थान पर यह भाव प्रकट किया है कि लोगों ने इस्लाम के आदेश त्याग दिये थे।

२ अक़्ता का वह कर जो समस्त व्यय निकाल कर शेष रहता है।

क़ुब्बों के सज जाने के पश्चात् सुल्तान मुइज़्ज़ुद्दीन ने शहर में प्रवेश किया। क़ुब्बों का निरीक्षण किया। राज महल में उतरा और पुनः शहर से किलोखड़ी जाकर भोग विलास में ग्रस्त हो गया।

'बरनी' का मुइज़्ज़ी समय को याद करके आँसू बहाना

मैं दो क़रन पश्चात् अपितु इससे भी अधिक समय उपरान्त मुइज़्ज़ी इतिहास लिख रहा हूँ और उस बादशाह के एवं उसके समकालीनों के भोग विलास का वर्णन कर रहा हूँ। मैं अपना यह लेख, जोकि मैंने उस बादशाह तथा उसके समकालीनों के विषय में लिखा है और जो कुछ उस समय की रमणियों, सुन्दरियों तथा युवतियों एवं विलासियों का वर्णन दिया है, उसे पढ़कर स्वयं मूर्च्छित हुआ जाता हूँ। इस समय जब कि वृद्धावस्था तथा निर्बलता के फलस्वरूप मेरे मुँह में एक भी दाँत नहीं रह गया है और मैं संतप्त-हृदय हूँ तथा विलासिता से मुख मोड़ चुका हूँ, शत्रुओं की ईर्ष्या और द्वेष की मार से हताश हो गया हूँ, अपनी युवावस्था मुझे पुनः याद आती है और उन भोग विलास की महफ़िलों का ध्यान आता है जोकि मैंने उच्च विचार तथा साहस वालों के साथ व्यतीत की हैं। मेरी महफ़िल में अनेक रमणियाँ, चुटकुले बाज़, अद्वितीय विदूषक, युवतियाँ, रजत सदृश पिण्डली वाली सुन्दरियाँ, सरोक़द साक़ी, मधुर होंठों वाले तरुण, चुनी हुई नर्तकियाँ, बेहतरीन ग़ज़ल गाने वाले रहा करते थे। यह याद मेरे दिल में चुभती है। आज उपर्युक्त लोगों का कितना अभाव है और किस प्रकार मैं बिना पैसे कौड़ी के कोने में अपमानित, तुच्छ, पतित, अल्प-मूल्य और सम्मान-रहित पड़ा हूँ। मैं क्या करूँ। यह इतिहास किस के पास ले जाऊँ। किससे न्याय माँगू। यह कुछ पन्ने मुइज़्ज़ी इतिहास के सम्बन्ध में लिख डाले हैं और उसके तथा उसके समकालीनों के भोग विलास के वर्णन का नाम 'क़ुव्वतुत तारीख'[1] रखा है।

(१९६) उन पागल बना देने वाली ग़ज़लों[2] का अर्थ और उन रमणियों की सुन्दरता की प्रशंसा इस कारण लिख दी है कि यदि पिछले विद्वानों के वर्णन से भविष्य में लोग इसकी तुलना करेंगे तो वे इसकी प्रशंसा तथा इसके प्रति न्याय करेंगे, और जो शोक का धुआँ मेरे सीने में भरा है तथा पीड़ा का मोरचा जो मेरे हृदय पर लग गया है, दूर हो जायगा। उन कवियों तथा विद्वानों के समान जोकि मेरे मित्र रह चुके हैं, पूरे हिन्दुस्तान में आज कोई दक्ष, कुशल कवि मुझे दृष्टिगोचर नहीं होता, जिसके सम्मुख अपनी रचनाओं को पेश करूँ और उसकी प्रशंसा तथा न्याय द्वारा अपने व्याकुल हृदय को सान्त्वना तथा आश्वासन दूँ। यदि मेरी यह कामना हो कि उपर्युक्त पन्ने जिनके प्रत्येक वाक्य तथा पंक्ति से भोग विलास टपकता है और प्रत्येक शब्द से ऐश व इशरत की बातें स्पष्ट होती हैं, किसी ऐसे भाग्यशाली की सेवा में भेजूँ, जिसे अच्छे स्वभाव वालों के भोग विलास, नाज़ुक मिज़ाजों की रुचि और शौक़, ऊँची हिम्मत वालों की बुज़ुर्गी के विषय में कुछ जानकारी हो, और वह इस विषय में कुछ अधिक ज्ञान की इच्छा रखता हो, तो ऐसा व्यक्ति मेरी दृष्टि में नहीं जोकि इस प्रकार अच्छे स्वभाव वाला, हिम्मत वाला, मुनासिब तबियत वाला और उच्च वंश से सम्बन्धित हो। मैं वह हूँ जिसने अपना सब कुछ नष्ट भ्रष्ट कर लिया है। मैं अपनी दरिद्रता तथा इस निस्सहाय अवस्था में यह चाहूँ कि यदि कोई ऐसा खानज़ादा अथवा मलिकज़ादा मिल जाय जो कि भोगी, विलासी, ऐयाश, आमोद प्रमोद में रुचि रखने वाला हो और उसे अपनी उचित तबियत, स्वभाव, मिज़ाज और उपर्युक्त वर्णन से अपनी ओर आकर्षित करलूँ और इस प्रकार उससे सोना या नक़दी की

१ इतिहासों में सर्वश्रेष्ठ।

२ इसका अर्थ दीवान (ग़ज़लों का संग्रह) की ग़ज़लें भी हो सकता है।

आशा रखूँ तो यह व्यर्थ है, क्योंकि मैं ऐसे लोग नहीं पाता, जिन्हें इस समय रमणियों, युवतियों सुन्दरियों के नाज़ व अन्दाज़ से इतनी रुचि हो। अतः विवश होकर अपने समय के ऊपर विलाप करता हूँ और इस नैराश्य के कारण जोकि मेरे हृदय में उत्पन्न हो गया है अपनी आँखों से रक्त के आँसू बहा रहा हूँ। मेरे नेत्रों से निकलती हुई रुधिर की यह धारा लेखनी से टपक रही है और काग़ज़ पर मैं अङ्कित करता जा रहा हूँ।

मुइज्ज़ी काल में सर्व साधारण की निश्चिन्तिता

(१६७) अब मैं मुइज्ज़ी राज्य-काल के भोग विलास का वर्णन छोड़ता हूं जोकि उसके राज्य के साधारण तथा विशेष व्यक्तियों में उत्पन्न हो गया था। उस समय समस्त देश भोग विलास में ग्रस्त था। देहली के कुशल ज्योतिषी कहा करते थे, कि यद्यपि मुइज्ज़ी राज्य-काल तीन ही वर्ष तक वर्त्तमान रहा किन्तु उस समय भाग्य का सितारा उन्नति पर था और अभाग्य का सितारा अवनति पर। मुइज्ज़ी काल के इतिहासकार उसके राज्य को बहराम[1] ग़ोर के राज्य के बराबर समझते थे। मुइज़्ज़ी राज्य के तीन वर्षों में किसी को ऐश व इशरत और भोग विलास में ग्रस्त रहने के अतिरिक्त कोई कार्य न था। भोग विलास की महफ़िलें सजाई जाती थीं, लोग मदिरा पान करते, संगीत सुनते और गाते, इश्क़-बाज़ी करते, रमणियों से मिलते जुलते, शतरंज और चौसर खेलते तथा चुटकुले बाज़ी किया करते थे। उस बादशाह के राज्य-काल के तीन वर्ष के भीतर कोई भी दुःख अथवा पीड़ा किसी के हृदय में उत्पन्न न हुई। कोई अकाल अथवा दुर्भिक्ष न पड़ा। भोगी तथा विलासी, भोग-विलास में ग्रस्त रहते और नाना प्रकार की विलासिता के कार्य किया करते थे।

बादशाह के आचार विचार का प्रजा पर प्रभाव

प्राचीन विद्वानों ने यह बड़ी उचित तथा उत्तम बात कही है कि प्रजा बादशाह में जो अच्छाई अथवा बुराई, आज्ञाकारिता या अवज्ञा, पुण्य या पाप, सदाचार या दुराचार देखती है, उन्हीं बातों पर वह भी आचरण करने लगती है। बादशाह के आचार-विचार का प्रजा पर जितना प्रभाव पड़ता है उतना प्रभाव किसी दण्ड, सख्ती, कठोरता और सज़ा से नहीं पड़ता। प्रजा बादशाह के अच्छे बुरे आचरण का विशेष रूप से अनुसरण एवं अनुकरण करती है। मुइज़्ज़ुद्दीन उत्कृष्ट स्वभाव तथा उच्च विचार का सुल्तान था। वह नेक, सुगमता तथा सरलता-प्रिय था। उसके हृदय में बादशाही ऐश्वर्य तथा आतंक का, जोकि बड़े-बड़े बादशाहों में पाया जाता है, नाम भी न था। इसी सुगमता तथा सरलता से रुचि होने के कारण बह यह न चाहता था कि कोई तुच्छ से तुच्छ मनुष्य भी अप्रसन्न रहे। चूंकि स्वयं भोग-विलास में ग्रस्त रहता अतः वह यह चाहता था कि सब ही भोग-विलास में ग्रस्त रहें और किसी को कोई दुःख अथवा संकट न हो।

(१६८) वह यह न जानता था कि बादशाही, वैभव, आतंक एवं दया के समन्वय से स्थापित होती है। बादशाह में विरोधाभास[2] के गुण वर्त्तमान होने चाहिये। केवल दया ही से, बिना क्रोध के, बादशाही नहीं चल सकती। राज्य तथा धर्म सम्बन्धी ज्ञान रखने वालों ने प्राचीन काल में कहा और लिखा है कि जहाँदारी वास्तव में ख़ुदा का ख़लीफ़ा[3] होना है। उलिलअम्री का सम्मान ख़ुदा और रसूल की आज्ञाओं के पालन करने पर निर्भर है। ऐसा भव्य कार्य बिना दया तथा क्रोध, कृपा तथा कठोरता क्षमा, दण्ड, सहनशक्ति और

---

१ ईरान के सासानी वंश का १४ वाँ बादशाह। उसने ४२० ई० से ४३८ ई० तक राज्य किया।

२ फ़तावाये जहाँदारी पृ० १६४ ब।

३ फ़तावाये जहाँदारी पृ० १६७ अ।

रोष, प्राप्ति और दान के नहीं चल सकता। बादशाही का सम्मान और उलिलअम्री में शोभा उस समय तक नहीं पैदा हो सकती जब तक कि आज्ञाकारियों तथा राजभक्तों को दया एवं कृपा द्वारा शान्ति के आकाश के नीचे न रहने दिया जाय और अवज्ञाकारियों एवं विरोधियों को क्रोध तथा आतंक से दण्ड और सज़ा न दी जाय। बिना उलिलअम्री की प्रतिष्ठा और शरा की आज्ञाओं के पालन के इस्लामी नियम उन्नति नहीं कर पाते। जब तक कि इस्लाम की सभी बहत्तर शाखायें इन परस्पर विरोधाभासी गुणों को बादशाह में नहीं देखतीं उस समय तक जहाँबानी उचित प्रकार से नहीं हो सकती। बादशाही कार्य दृढ़ नहीं हो पाते। संसार वालों के कार्य केवल कृपा ही से सिद्ध नहीं होते और न केवल क्रोध से ही पूरे होते हैं। कृपा के स्थान पर कृपा तथा क्रोध के स्थान पर क्रोध करना चाहिये।

मलिक निज़ामुद्दीन

इस तारीखे फ़ीरोज़शाही के संकलनकर्त्ता ज़िया बरनी ने मलिक निज़ामुद्दीन तथा मलिक क़िवामुद्दीन के विषय में जोबड़े उत्कृष्ट मलिक थे, क़ाज़ी शरफ़ुद्दीन सुरपाई से सुना है कि यदि मलिक निज़ामुद्दीन दादबक तथा मलिक क़िवामुद्दीन अला दबीर न होते तो मुइज़्ज़ी राज्य, सुल्तान के भोग विलास में ग्रस्त होने और राज्य के प्रतिष्ठित व्यक्तियों के विरोध के कारण एक सप्ताह भी स्थापित न रह सकता था। उपर्युक्त दोनों मलिक, शम्सी तथा बल्बनी मलिकों में यादगार के रूप में शेष रह गये थे। वे अपनी सूझ बूझ तथा कार्य-कुशलता में अद्वितीय थे। वे बड़े कलाकार एवं कलाकारों के आश्रयदाता थे। वे सर्व साधारण के विषय में भी तथा अपनी श्रेणी के व्यक्तियों के बारे में संतुलन रखते थे।

(१६९) मलिक निज़ामुद्दीन बहुत बड़ा साहसी था। प्रत्येक दिन दरबार में जाने के समय तथा वहाँ से लौटने के समय सौ तन्के न्यौछावर देता था। शहर के प्रतिष्ठित और उत्कृष्ट आलिम फ़ाज़िल, ज्योतिषी, तबीब, विश्वासपात्र क़व्वाल प्रतिष्ठित कलाकर उसकी सभा में उपस्थित रहते। वह उनमें से प्रत्येक को उनकी योग्यतानुसार दान तथा आश्रय प्रदान करता था। उसकी आकांक्षा यह रहती थी कि प्रतिष्ठित कलाकार उसकी सेवा में उपस्थित रहें। आदमी को पहचानने में उसके समान, उसके राज्य-काल तथा कई क़रन में कोई उत्पन्न न हुआ। बड़ा खेद है कि इस प्रकार के बुद्धिमान परामर्शदाता को जो अपने समय का आसिफ़ तथा बुज़र्चमेहर था, राज्य की लालसा एवं सिंहासन पर अधिकार जमाने की आकांक्षा हो गई। उसमें इतनी समझ थी कि जिस किसी से भी मिलता तो पहली ही भेंट में उसके गुणों तथा अवगुणों का पता लगा लेता। यदि उसके सम्मुख दो सौ मनुष्य भी खड़े होते तो वह यह समझ जाता कि इनमें से कौन किस कार्य के योग्य है और उसी के सिपुर्द वह उस कार्य को करता। किसी वस्तु में बेजोड़ मिलावट पसन्द न करता था। गधे को कुर्सी पर बैठाने तथा ईसा को भूमि पर फेंक देने का वह क़ायल न था। उसके निकट कोई भी व्यर्थ षड्यन्त्रकारी, अपने आपको बहुत कुछ समझने वाला, बकवादी, न फटक सकता था। वह अपनी ज़बान से कोई अनुचित बात न कहता था। बादशाहों और सुल्तानों के अदब और सम्मान को भली भाँति जानता था।

मलिक क़िवामुद्दीन

मलिक क़िवामुद्दीन अला जोकि उमदतुलमुल्क तथा मुशरिफ़ भी था, रचना-शैली और दबीरी के कार्य में सब से बढ़ा चढ़ा था। वह अपने कार्य तथा उसके संचालन में बड़ा ही दक्ष, कुशल और प्रसिद्ध था। दबीरी और सर दबीरी में माहिर था। यदि बहाउद्दीन बुग़दादी रशीद वतवात और मुईन आसिम जोकि अपने समय में बहुत बड़े दबीर और मुन्शी हुए हैं,

मलिक क़िवाम के लिखे पत्र पढ़ते तो स्तब्ध हो जाते। उसने लखनौती का फ़तेहनामा लिखने में जादू कर दिया।

निज़ामुद्दीन की हत्या

(१७०) अब मैं मुइज़्ज़ी राज्य का शेष हाल लिखता हूं जोकि इस प्रकार है। सुल्तान मुइज़्ज़ुद्दीन के अवध से देहली पहुँचने के थोड़े समय भीतर उसका शरीर रोगी हो गया। भोग की अधिकता ने उसे निर्बल तथा पीला बना दिया। उसने चाहा कि पिता की आज्ञानुसार निज़ामुद्दीन को मार्ग से हटा दे। उसने यह न सोचा कि निज़ामुद्दीन का स्थान लेने वाला कोई अन्य श्रेष्ठ उमदतुलमुल्क नहीं हो सकता। निज़ामुद्दीन को हटा देने से राज्य में विशेष विघ्न पड़ जायगा। उसने निज़ामुद्दीन को आज्ञा दी कि, "तू मुल्तान चला जा और मुल्तान के शासन की देख भाल कर।" निज़ामुद्दीन समझ गया कि उसके पिता ने उसे कुछ सिखा दिया है। इसी कारण वह मुझे अपने पास से हटा रहा है। उसे भय हुआ कि उसकी अनुपस्थिति में राज्य के प्रतिष्ठित व्यक्ति जो उसके शत्रु बन चुके हैं, उसकी हत्या करा देंगे। वह जाने में टालमटोल करने लगा। सुल्तान मुइज़्ज़ुद्दीन के विश्वासपात्रों तथा निकटवर्त्तियों ने समझ लिया कि सुल्तान उसे हटाना चाहता है। बस उनकी मुँह माँगी मुराद मिल गई। सुल्तान से एकान्त में जब कि वह सावधान था, निज़ामुद्दीन को मदिरा में विष दे देने की आज्ञा प्राप्त करली गई। इस प्रकार निज़ामुद्दीन को जहर दे दिया गया और दो दिन में उसकी मृत्यु हो गई। देहली के सभी लोगों ने समझ लिया कि उसे ज़हर दिलवा दिया गया।

सुल्तान जलालुद्दीन का अर्ज़े ममालिक नियुक्त होना

निज़ामुद्दीन की मृत्यु के पश्चात् मुइज़्ज़ी राज्य में जो कुछ शक्ति रह गई थी, वह भी क्षीण होने लगी। व्यर्थ के लोग दरबार में प्रविष्ट हो गये। जब कोई भी शासन व्यवस्था सम्बन्धी ज्ञान रखने वाला शेष न रह गया तो कोई भी कार्य ठीक न होता था। जिस समय निज़ामुद्दीन को बीच से हटाया गया, सुल्तान जलालुद्दीन (खलजी) सामाने का नायब तथा दरबार का सरजानदार था। उसे सामाने से बुलवा कर अर्ज़े ममालिक नियुक्त किया गया और बरन की अक़्ता उसके सिपुर्द कर दी गई। उसे सियासत ख़ाँ की पदवी प्रदान की गई।

एतिमुर कच्छन तथा एतिमुर सुर्ख़ा की नियुक्ति

(१७१) मलिक एतिमुर कच्छन बार्बक नियुक्त हुआ। मलिक एतिमुर सुर्ख़ा वकीलदर नियुक्त हुआ। ये दोनों सुल्तान बलबन के दासों में से थे। दरबार के पद भिन्न-भिन्न लोगों को बाँटे गये। बलबनी दासों में से कुछ जो निज़ामुद्दीन के शत्रु थे भिन्न-भिन्न पदों पर नियुक्त हो गये। मुइज़्ज़ी राज सिंहासन के सम्मुख उन्हें सम्मान प्राप्त हो गया। राज्य के कार्यों में विघ्न पड़ने लगा। कोई भी कार्य स्थायी न रहा।

मुइज़्ज़ुद्दीन का रोग ग्रस्त होना तथा उसके पुत्र का राज सिंहासन पाना

इसी समय सुल्तान भी बीमार पड़ गया। उसे फ़ालिज और लक़वा मार गया। दिन प्रतिदिन उसका रोग बढ़ता गया। शीघ्र ही वह किसी कार्य के योग्य न रहा। राज्य के उच्च पदाधिकारी राज्य का अधिकार हड़प लेने का प्रयत्न करने लगे। सभी एक दूसरे के बराबर थे। कोई यह न चाहता था कि दूसरा उससे बढ़ जाय और उसके ऊपर स्वतंत्र शासन करने लगे। जब सुल्तान का रोग बहुत बढ़ गया और उसके अच्छे होने की आशा न रही तो बलबनी दास जो मलिक, अमीर, प्रतिष्ठित व्यक्ति, सरख़ेल और सर मरोह थे, एकत्र हुए और निश्चय किया कि 'सुल्तान मुइज़्ज़ुद्दीन के पुत्र को, यद्यपि वह अल्पायु का है,

अन्तःपुर से निकाल कर राज सिंहासन पर आरूढ़ किया जाय। सर्व सम्मति से राज्य व्यवस्था के लिये कोई नायब नियुक्त किया जाय ताकि राज्य सुल्तान बल्बन के ही वंश में रहे, किसी दूसरे वंश अथवा कुल में न पहुँच जाय और तुर्कों के वंश से न निकल जाय।'

यह निश्चय करके सुल्तान मुइज्जुद्दीन के पुत्र को अन्तःपुर से बाहर लाकर उसकी पदवी सुल्तान शम्सुद्दीन निश्चित की गई और उसे राज सिंहासन पर बैठा दिया गया। बल्बनी दास उसके मित्र तथा सहायक बन गये। प्रत्येक को कोई न कोई पदवी, पद अथवा अक़्ता मिल गई। सुल्तानी दरबार नासिरी चबूतरे पर लगने लगा। सुल्तान शम्सुद्दीन को उस जगह बैठाया जाता और मलिक तथा अमीर सुल्तानी दरबार में विराजमान रहते। किलोखड़ी के राज-भवन में रोगी सुल्तान मुइज्जुद्दीन की चिकित्सा की जाती।

सुल्तान जलालुद्दीन के विरुद्ध षडयन्त्र[1]

सुल्तान जलालुद्दीन जोकि आरिज़े ममालिक हो चुका था अपने खेल खानों तथा सम्बन्धियों को भारपुर ले आया। सेना का निरीक्षण तथा अर्ज़ (भर्ती) आरम्भ कर दिया। वह दूसरे वंश का था।

---

१ इस षड्यन्त्र का हाल तारीखे मुबारकशाही में इस प्रकार लिखा है—

६८७ हि० (१२८८-१२८९ ई०) में अजबर खाँ यह देखकर कि वह अब सुल्तान का कृपापात्र नहीं रहा है, भयातुर होकर कोहपाया की ओर चला गया और मलिक सलाहुद्दीन, मलिक दौलतशाह तथा मलिक होशंग भी उससे जाकर मिल गये। मलिक एतिमुर कच्छन को बारबक का पद प्राप्त हुआ। कुछ समय के पश्चात् अजबर खाँ सुल्तान मुइज्जुद्दीन से मैदाने सैरगाह में आकर मिल गया जहाँ सुल्तान ने दरबारे आम किया था। राजादेश के अनुकूल जब खान सुल्तान के सम्मुख पहुँचा तो बिस्मिल्लाह कह कर उसका स्वागत नहीं किया गया जिससे वह बड़ा खिन्न हुआ। मलिक कोतवाल को फ़रमान हुआ कि वह अजबर खाँ से इन शब्दों में पूछे कि चूंकि उसने इक़रारनामे की पवित्रता को नष्ट किया है और निर्दिष्ट शर्तों के अनुसार कार्य नहीं किया है इस लिये उचित दण्ड क्या होना चाहिये? खान मौन रहा। (पृ० ५५) मलिक कोतवाल ने अजबर खाँ तथा उसके पुत्र एवं भाइयों को अपने ही घर में बन्दी बना लिया। वहीं उनकी मृत्यु हो गई। तब मलिक तुर्की को बन्दी बनाया गया और मार डाला गया। फ़ीरोज़ बग़राश (यग़रश) खलजी आरिज़े ममालिक हुआ और शायस्ता खाँ की उपाधि प्राप्त की।

अधिकांशतः सुल्तान मनोविनोद तथा विलासिता में ग्रस्त रहा। निरन्तर मदिरापान, अत्यन्त कामुकता के कारण सुल्तान को लक़वा मार गया।

मलिक एतिमुर कच्छन ने दूसरे अमीरों तथा मलिकों के साथ मिलकर निश्चय किया कि शायस्ता खाँ को बन्दी बना लिया जाय। उन्हें भय था कि शायस्ता खाँ, जोकि एक अनुभवी तथा अमीर व्यक्ति था, कहीं कोई गड़बड़ न कर दे। मलिक अहमद चप जो मलिक एतिमुर कच्छन का अमीर हाजिब था शायस्ता खाँ का अधीन रह चुका था। उसने एतिमुर कच्छन के षड्यन्त्र का कुछ हाल शायस्ता खाँ को बता दिया और कहा 'कल तुम्हें दरबार में बुलाया जायगा, कदापि न जाना।' शायस्ता खाँ ने अपने चचा हजा हुसैन को अपना द्रुतगामी दूत बनाकर बरन भेजा और यह कथा प्रसारित कर दी कि मुग़ल सेना सामाना तक आ पहुँची है और इस लिये यह आवश्यक है कि सभी (खलजी) सरदार अपने धन, सम्पत्ति तथा अन्य आवश्यक वस्तुओं को लेकर रातोंरात चल पड़ें और यमुना तट के घाट के उस पार ग़यासपुर के सम्मुख अपने डेरे लगा दें। उसका विचार यह था कि वह अपने पूरे सामान के साथ देहली से पीछे हट कर कहीं और चला जावे। उसने अपने सम्मुख अपने भाई मलिक खमोश तथा अपने भतीजे मलिक इज्जुद्दीन को बुलाया और उनसे कहा कि चूंकि उसकी तबीयत ठीक नहीं है अतः वे लोग उसके साथ उस रात को रहें। उन्होंने इसे स्वीकार कर लिया (पृ० ५६)। दिन निकलने पर शायस्ता खाँ ने अपना शिविर फ़ीरोज कोह पर जोकि भूकल पहाड़ी के नाम से भी प्रसिद्ध है लगाया और क़न्नौज की सेना का अर्ज़ आरम्भ कर दिया। मलिक दारपी, जोकि क़न्नौज का मुक़्ता था, भी शायस्ता खाँ के निकट बैठा था। इसी समय उपर्युक्त एतिमुर ने एक सन्देश

शेष पृष्ठ २४३ पर

(१७२) उसे तुर्कों से विशेष प्रेम न था और न तुर्क उससे प्रेम करते थे। एतिमुर कच्छन बार्बक तथा एतिमुर सुर्खा वकीलदर ने यह निश्चय किया कि चूंकि कुछ अमीर विरोधी ज्ञात होते हैं, अतः उन्हें बीच से हटा देना चाहिये। उनके नामों की सूची तैयार की गई। उस सूची में सुल्तान जलालुद्दीन को उन लोगों का सरदार रखा गया। सुल्तान जलालुद्दीन सावधान हो गया। अपने आपको सँभाल लिया और सभी खलजी मलिकों तथा अमीरों को एकत्र कर लिया। भारपुर में अपना अड्डा जमा लिया। कुछ बड़े-बड़े अमीर उसके सहायक बन गये। एतिमुर कच्छन भारपुर को कुछ सवार लेकर गया जिससे सुल्तान जलालुद्दीन को धोखा देकर ले आये और शम्सी दरबार उसका अन्त कर दे। सुल्तान जलालुद्दीन को सब हाल ज्ञात हो चुका था। वह सावधान हो गया। जैसे ही एतिमुर कच्छन बार्बक उसको बुलाने उसके द्वार पर पहुँचा और घोड़े से उतरा वैसे ही उसकी गर्दन तलवार से उड़ा दी गई। सुल्तान जलालुद्दीन के पुत्र, जिनमें से प्रत्येक शेर बबर था, पचास सवारों को लेकर सुल्तानी दरबार में घुस गये। सुल्तान मुइज़्ज़ुद्दीन के पुत्र को राज सिंहासन से उतार कर उसके पिता के पास पहुंचा दिया। एतिमुर कच्छन[1] ने सुल्तान जलालुद्दीन के पुत्रों का पीछा किया। उन्होंने उसे मार्ग में तीर मार कर गिरा दिया।

वाहक उन्हें बुलाने के लिये भेजा और कहलाया कि सुल्तान ने उसको निमन्त्रित किया है। शायस्ता खाँ ने उसे निकाल दिया। एतिमुर ने दूसरा व्यक्ति भेजा। इसी प्रकार हर बार एतिमुर शायस्ता खाँ के पास आदमी भेजता और हर बार ही शायस्ता खाँ उसे भगा देता। यह देखकर, कि शायस्ता खाँ नहीं आ रहा है और उसकी शंका को दूर करने के विचार से, एतिमुर घोड़े पर सवार हुआ; और खान की ओर गया। शायस्ता खाँ भी इससे पूर्व घोड़े पर सवार हो चुका था। दोनों ने ही एक दूसरे के प्रति सम्मान प्रदर्शित किया। मलिक एतिमुर ने तब पूछा, "आपको इतनी बार बुलाया गया आप क्यों नहीं आये।" ख़ान ने उत्तर दिया "क़न्नौज की सेना के कुछ अश्वारोही रह गये हैं। मलिक एक क्षण के लिये उतर पड़ें जिससे उसके समक्ष अर्ज़ समाप्त करके सुल्तान की सेवा में, आप के साथ चलूँ।" एतिमुर अपने घोड़े से उतर पड़ा। शायस्ता खाँ ने उसका हाथ पकड़ कर कहा "कि तू ऐसा मनुष्य है जो लोगों को गेंदों के समान ज़िब्ह करके नदी में फेंक देता है। तू मेरे साथ भी यही करना चाहता है। मलिक एतिमुर का सिर उसी स्थान पर काट डाला और उसके कटे हुए सिर को भाले की नोक पर क़िलोखड़ी के राज भवन के सामने खड़ा हो गया। मलिक दारपी ने, जो क़न्नौज का मुक़्ता था, उसका साथ दिया। (पृ० ५७)

१ एतिमुर कच्छन की हत्या सुल्तान जलालुद्दीन खलजी पहले ही कर चुका था। तबक़ाते अकबरी के अनुसार जिसमें यह घटना तारीखे फ़ीरोज़शाही से ली गई है एतिमुर सुर्खा होना चाहिये (तबक़ाते अकबरी कलकत्ता पृ० ११५) तारीखे मुबारकशाही के अनुसार सुल्तान शम्सुद्दीन कैकाऊस के सिंहासनारूढ़ कर दिये जाने के तीन मास पश्चात् मलिक एतिमुर सुर्खा तथा समस्त ग़यासी दासों ने यह निश्चय किया कि सुल्तान शम्सुद्दीन को शायस्ता खाँ से छीन लिया जाय। मलिक बकतत को भी इन लोगों ने अपना सहायक बना लिया किन्तु उसने तत्काल जलालुद्दीन को इस षड्यन्त्र की सूचना कर दी। शायस्ता खाँ ने तुरन्त अपने पुत्र मलिक हुसामुद्दीन को कुछ सवार देकर सुल्तान शम्सुद्दीन के महल पर भेजा कि वे उसे ले आयें। जब सुल्तान को शायस्ता खाँ के पास ले जाने लगे तो एतिमुर सुर्खा तथा अन्य लोगों को भी पता चल गया। उन्होंने हथियार लगाकर सुल्तान का पीछा किया। जब वे शायस्ता खाँ के पास पहुँचे तो उन्होंने युद्ध छेड़ दिया। शायस्ता खाँ तथा अन्य खलजी सरदारों को सवार भी न होने दिया। मलिक इख्तियारुद्दीन जो सवार था घोड़े से गिर पड़ा। (६०) मलिक एतिमुर सुर्खा ने पहुँच कर मलिक इख्तियारुद्दीन के दो तीन तलवार के घाव लगाये किन्तु किसी का कोई प्रभाव न हुआ। मलिक एतिमुर सुर्खा की, इख्तियारुद्दीन ने एक बाण द्वारा हत्या कर दी। उसकी मृत्यु के उपरान्त सभी छिन्न भिन्न हो गये। उस समय शायस्ता खाँ ने सुल्तान शम्सुद्दीन को किलोखड़ी के राज भवन में बन्दी बना दिया और स्वयं सिंहासनारूढ़ हो गया। सुल्तान शम्सुद्दीन की वहीं मृत्यु हो गई। उसने ३ मास और कुछ दिन राज्य किया।

देहली में उपद्रव

मलेकुल-उमरा के पुत्रों को भारपुर पकड़ ले गये। शहर में गड़बड़ मच गई। शहर के विशेष तथा साधारण व्यक्ति, छोटे बड़े बारह दरवाज़ों[1] से सुल्तान के पुत्र की सहायता के लिये बाहर निकल कर भारपुर की ओर चल खड़े हुये। सभी शहर वालों को ख़लजियों की बादशाही पसन्द न थी, और सभी सुल्तान जलालुद्दीन की बादशाही से घृणा करते थे। कोतवाल ने अपने पुत्रों के हित को देखते हुये शहर का आम बलवा शान्त करा दिया। शहर वासियों को लौटा लाया। बदायूँ द्वार के सामने सब लोग छिन्न-भिन्न हो गये। बहुत से मलिक तथा अमीर जोकि तुर्कों के वंश से थे सुल्तान जलालुद्दीन के सहायक बन गये और उसकी सेना के शिविर में पहुँच गये। ख़लजियों के सहायकों की संख्या बहुत बढ़ गई।

सुल्तान मुइज़्ज़ुद्दीन की हत्या

(१७३) इसके दो दिन पश्चात् एक मलिक को जिसके पिता की सुल्तान मुइज़्ज़ुद्दीन ने हत्या करा दी थी, किलोखड़ी भेजा गया। उससे सुल्तान मुइज़्ज़ुद्दीन की हत्या करने के लिये कहा गया। सुल्तान मुइज़्ज़ुद्दीन की कुछ साँसें शेष थीं। उसे उसने एक जामख़ाने[2] में (कम्मत) में लपेटा और उसके कुछ लातें मारी और यमुना नदी में धक्का देकर गिरा दिया।

सुल्तान जलालुद्दीन का राज सिंहासन पाना

सुल्तान बल्बन के भतीजे मलिक छज्जू को जो राज्य का उत्तराधिकारी था, कड़े की अक़्ता प्रदान करके उसे उस ओर रवाना कर दिया गया। विरोधियों तथा सहायकों ने सुल्तान जलालुद्दीन की बैअत करली (अधीन हो गये)। सुल्तान जलालुद्दीन बहुत बड़ा लश्कर लेकर भारपुर से सवार हुआ और किलोखड़ी में मुइज़्ज़ी राज भवन में उतरा। वहीं राज सिंहासन पर आरूढ़ हुआ। राज्य व्यवस्था, शासन प्रबन्ध तथा अपने सम्बन्धियों को उच्च पद प्रदान करने में लग गया। शहर के सर्व साधारण को उसकी बादशाही अच्छी न लगी। वह शहरियों (देहली वालों) के भय से देहली न गया और प्राचीन सुल्तानों की भाँति राज भवन में पहुंच कर राज सिंहासन पर विराजमान न हुआ। उसने कुछ समय तक शहर में प्रवेश न किया और शहरवाले भी हृदय से उसे बादशाही की बधाई देने न गये। शहरियों को ख़लजियों की बादशाही में बड़ी आपत्ति दृष्टिगोचर होती थी। वे उनको कोई महत्त्व न देते थे। उस समय देहली में अनेक प्रतिष्ठित गण्यमान्य घराने और प्राचीन बड़े बड़े वंश वाले विद्यमान थे।

सुल्तान मुइज़्ज़ुद्दीन की मृत्यु के पश्चात् राज्य तुर्कों के वंश से निकल कर ख़लजियों के वंश में पहुँच गया। यह सभी बुद्धिमानों पर स्पष्ट हो गया कि निम्नांकित आयत क़यामत तक सत्य रहेगी :[3]

---

१ अमीर ख़ुसरो ने क़ेरानुस्सादैन में देहली के १३ द्वार लिखे हैं।

२ पुस्तक में जामख़ाना शब्द का प्रयोग हुआ है। जामख़ाना का अर्थ, वह कमरा जहाँ शीशे जड़े हों, होता है। इलियट के अनुवाद में यही अर्थ है। फ़रिश्ता ने इसका अर्थ कम्मल लिखा है। (तारीखे फ़रिश्ता पृ० ८८) अन्तिम अब्बासी ख़लीफ़ा मुसतासम बिल्लाह की भी इसी प्रकार हत्या की गई थी। (तबक़ाते नासिरी पृ० ४३०)

३ ज़ियाउद्दीन बरनी ने मुइज़्ज़ुद्दीन की हत्या तथा उसके राज सिंहासन से वंचित होने का हाल बड़े संक्षेप में लिखा है। इसका सविस्तार उल्लेख तारीख़े मुबारकशाही में इस प्रकार हुआ है :

इसी समय फ़ख़रुद्दीन कोतवाल अपने पुत्रों सहित सुल्तान को नये मास के आरम्भ होने पर बधाई देने जा रहे थे। शायस्त ख़ाँ ने उसे देखते ही उसे बुलवाया, उसे अपने पास रोक लिया और उसके पुत्रों को दीवान में भेज दिया। तत्काल सभी अमीर तथा मलिक शायस्त ख़ाँ से मिल गये।

शेष पृष्ठ २४५ पर

'हे मुल्क के मालिक अल्लाह ! तू जिसको चाहता है, मुल्क प्रदान करता है और जिससे चाहता है, छीन लेता है। जिसको चाहता है, इज्ज़त देता है, और जिसको चाहता है ज़िल्लत देता है। तेरे अधिकार में अच्छी बातें हैं, और तुझे प्रत्येक वस्तु पर पूर्ण अधिकार प्राप्त है।'

अगले दिन उसने अपने सम्बन्धियों को एकत्र किया और उनको युद्ध के लिये तैयार किया। उसने अपने मँझले पुत्र हुसामुद्दीन को सेना का अग्रगाभी रक्षक बनाया और युद्ध की प्रत्याशा में अपने आदमियों को क़िलोखड़ी के पास एकत्र किया। ग़यासी और मुइज़्ज़ी अमीर तथा मलिक भी हाथियों तथा एक बहुत बड़ी सेना के साथ युद्ध के लिये तैयार हो गये। मलिक नसीरुद्दीन शहनये पील हाथियों को लौटा कर किलोखड़ी के राज भवन के समक्ष ले गया। सुल्तान मुइज़्ज़ुद्दीन जो मदिरापान के कारण लकवे में ग्रस्त था घोड़े पर चढ़ नहीं सका। क़िलोखड़ी के राज भवन की चोटी पर क़ाज़ी आलम, अमीर अली तथा ख्वाजा दास उसे ले गये और सिर पर चत्र लगा दिया। एक शाही नौकर रजैनी पायक अपने आदमियों के साथ हाथियों के बीच में खड़ा हुआ। जब मलिक छज्जू ने आगे बढ़ कर उसकी ओर चिल्ला कर कहा 'हम सुल्तान मुइज़्ज़ुद्दीन को नाव में बैठाकर सुल्तान नासिरुद्दीन के पास लखनौती भेज देंगे और शाहज़ादा कैक़ाऊस को राज सिंहासन पर आरूढ़ कर देंगे।'

चूँकि ग़यासी वंश अन्त को पहुँच चुका था और बलबन के खानदान तथा शासन का अन्त हो चुका था, अतः मलिक नसीरुद्दीन रजैनी पायक तथा अन्य अमीर अपनी सेना और हाथियों सहित दरबार से हट गये। अवसर पाकर शायस्त खाँ ने अपने पुत्र हुसामुद्दीन को ५०० सवारों का संचालन सौंप कर राजभवन की ओर भेजा जो सुल्तान मुइज़्ज़ुद्दीन के पुत्र शाहज़ादा कैक़ाऊस को गोद में लेकर राज भवन के बाहर आया। शायस्त खाँ उसे सिजानी (सुभानी) चबूतरे पर ले गया और सिंहासन पर बैठाया। फिर उसने अपने चचेरे भाई मलिक हसीन को किलोखड़ी के राज भवन में सुल्तान पर निगरानी रखने के लिये नियुक्त किया। शायस्त खाँ फिर मलिक छज्जू की ओर मुड़ा और इस प्रकार बोला "यह शाहज़ादा तुम्हारे लिये पुत्र के तुल्य है। (५८) अब वह सुल्तान हो गया है। इसलिये तुम नायब मलिक हो जाओ। मुझे मुल्तान तथा तबरहिन्दा से दीपालपुर तक के बीच की अक़्ताँ का प्रबन्ध कर लेने दो ताकि मैं इसी समय चला जाऊँ।" छज्जू ने उत्तर दिया "विज़ारत और नियाबत तुम्हारे लिए अधिक उपयुक्त है मुझे तो कड़ा की अक़्ता ले लेने दो ताकि मैं वहाँ जा सकूँ।"

फ़ख़रुद्दीन कोतवाल शायस्त खाँ की ओर मुड़ा और कहा "न्यायी और महान ईश्वर ने प्रचुर धन दौलत के लिए तुम्हें बनाया है। जैसा कि मलिक छज्जू कहते हैं वही करो।" तत्पश्चात् शायस्त खाँ ने मलिक छज्जू को खिलअत प्रदान की और कड़े की ओर भेजा। खान के आदेश से राज दरबार सीरी में स्थापित किया गया। शाहज़ादे को दरबार में बैठाया गया। शायस्त खाँ ने द्वार पर अपना स्थान ग्रहण किया और शाही सेना का भी वहीं पड़ाव कराया। दूसरे दिन सुल्तान मुइज़्ज़ुद्दीन को जो बारगाह शिविर में बैठा था, बन्दी बना लिया गया। भूख तथा प्यास से उसकी मृत्यु हो गई। मरते समय सुल्तान मुइज़्ज़ुद्दीन ने उस अवसर पर निम्नलिखित अपने लिखे हुए पद्य पढ़े :

पद्य

मेरे वैभव का अश्व मैदान में खड़ा है।
मेरी दानशीलता का हाथ निहाई के नीचे है।
मेरी आँखें जिन्होंने मोती की सैकड़ों खानों से कम देखा है
आज आओ और देखो कितनी परेशान हैं वह।

यह घटना ६८९ हि० में मुहर्रम मास की १९ ता० को हुई (बुद्धवार पहली फ़र्वरी १२५० ई०।) सुल्तान मुइज़्ज़ुद्दीन का शासन ३ साल तथा कुछ मास रहा। (पृ० ५८-४९)

भाग ब

समकालीन इतिहासकार

फ़ख़रे मुदब्बिर

(क) तारीख़े फ़ख़रुद्दीन मुबारकशाह

(ख) आदाबुल हर्ब वश्शुजाअत

सद्रुद्दीन हसन निज़ामी

(ग) ताजुल मआसिर

अमीर ख़ुसरो

(घ) दीवाने वस्तुल हयात

(च) क़ेरानुस्सादैन

फ़ख़्रे मुदब्बिर

फ़ख़रुद्दीन मुहम्मद इब्ने मन्सूर अलमर्वर रूज़ी अस्सिद्दीक़ी मुबारकशाह फ़ख़्रे मुबारक शाह तथा फ़ख़्रे मुदीर एवं फ़ख़्रे मुदब्बिर के नाम से प्रसिद्ध था। उसकी माता का एक पूर्वज अमीर बिन (पुत्र) कातिगीन था। उसने अलपतिगीन के उपरान्त ग़ज़नी में ३५९ हि० (९६९-७० ई०) से ३६२ हि० (९७२-७३ ई०) तक राज्य किया। वह सुल्तान महमूद का ससुर भी था। मुल्तान में एक घातक घाव से बचने का हाल लिखते हुये वह लिखता है कि यह घटना अलाउद्दीन ग़ोरी के द्वारा ख़ुसरो ख़ाँ को परास्त करने के १५ वर्ष पश्चात् घटी थी। वह उस समय बालक था। ख़ुसरो की पराजय ५६० हि० (११६४-६५ ई०) में हुई।[1] यदि उस घटना के समय फ़ख़्रे मुदीर की अवस्था १५ वर्ष की समझ ली जाय तो यह कहा जा सकता है कि उसका जन्म ५६० हि० (११६४-६५ ई०) के लगभग हुआ होगा। उसने अपनी एक पुस्तक सुल्तान शम्सुद्दीन इल्तुतमिश को समर्पित की। उस समय वह वृद्ध तथा निर्बल हो चुका था। सुल्तान शम्सुद्दीन की मृत्यु ६३३ हि० (१२३६ ई०) में हुई। इस प्रकार ५६० हि० से ६३३ हि० के बीच का समय उसका जीवन-काल निश्चित किया जा सकता है।

अभी तक उसकी दो रचनाओं का पता चल सका है। एक वंशों का ग्रन्थ है, जिसका ऐतिहासिक प्राक्कथन ई० डेनीसन रास ने तारीख़े फ़ख़रुद्दीन मुबारकशाह के नाम से लन्दन से १९२७ ई० में प्रकाशित किया था। यह पुस्तक फ़ख़्रे मुदीर ने १२०६ ई० में लाहौर में समाप्त की। वह क़ुतुबुद्दीन ऐबक के लाहौर में सिंहासनारोहण के समय उपस्थित था, अतः उसने जो कुछ भी सुल्तान क़ुतुबुद्दीन के विषय में लिखा है वह बड़ा ही महत्त्वपूर्ण है।

इसके अतिरिक्त उसने एक अन्य पुस्तक भी लिखी जो आदाबुलमुलूक[2] व क़िफ़ायतुलममलूक अथवा आदाबुल हर्ब वश्शुजाअत[3] के नाम से प्रसिद्ध है। इसकी एक सुन्दर हस्तलिखित प्रति रिज़ा पुस्तकालय रामपुर में भी वर्त्तमान है। इस पुस्तक से उस समय के शासन प्रबन्ध तथा युद्ध-प्रणाली के विषय में बड़ी अच्छी जानकारी प्राप्त होती है। यह पुस्तक सुल्तान शम्सुद्दीन इल्तुतमिश को समर्पित हुई। ब्रिटिश म्युज़ियम लन्दन की हस्तलिखित पोथी के रोटोग्राफ़ से आगे के पृष्ठों में इस पुस्तक का संक्षिप्त अनुवाद दिया गया है।

---

१ ब्रिटिश म्यूज़ियम की फ़ारसी हस्तलिखित पुस्तकों की सूची. र्‌यू द्वितीय भाग पृ० ४८८।

२ इण्डिया ऑफ़िस लन्दन की फ़ारसी हस्तलिखित पुस्तकों की सूची, इथे द्वितीय भाग नं १७६७।

३ र्‌यू द्वितीय भाग ४८७-४८८।

तारीखे फ़खरुद्दीन मुबारकशाह

(२९-३०) जब सुल्तान मुइज्ज़ुद्दीन मुहम्मद बिन (पुत्र) साम के मृत्यु की सूचना देहली पहुंची तो क़ुतुबुद्दीन ऐबक देहली से किसी ओर गया था। वह देहली की ओर वापस हुआ। वह सुल्तान की मृत्यु से बड़ा दुःखी था, किन्तु भगवान् ने हिन्दुस्तान के इस्लामी राज्य की तथा लाहौर की जोकि ग़ज़नी के तुल्य था, रक्षा उसके सिपुर्द की थी अतः वह एक शुभ नक्षत्र में लाहौर की ओर रवाना हुआ।

(३१-३२) इस समय ग्रीष्म ऋतु बड़े ज़ोरों पर थी और इस्लामी सेना को कूच करने में विशेष कठिनाई का सामना करना पड़ा। मंगलवार ११ ज़ीक़ाद ६०२ हि० (१९ जून १२०६ ई०) को शाही पताकायें लाहौर पहुँच गईं। उस प्रदेश के सभी क़ाज़ी, इमाम, सैयिद, अहले सुफ़्फ़ा[1], पदाधिकारी, आमिल,[2] सैनिक, साधारण तथा विशेष व्यक्ति, बलवान तथा बलहीन, धनी तथा निर्धन, स्वागतार्थ उपस्थित हुये और सब ने खुशियाँ मनाईं तथा भगवान् से उसके लिये शुभ कामनायें कीं। भगवान् उस शहीद बादशाह के उत्तराधिकारी (क़ुतुबुद्दीन ऐबक) को सर्वदा राज सिंहासन पर आरूढ़ रक्खे। उसने समस्त राज्य को इस प्रकार सुव्यवस्थित कर दिया कि मानो वह सर्वदा राज्य ही करता रहा हो। तुर्क, ग़ोरी, खुरासानी, खलजी, हिन्दुस्तानी सेना तथा अन्य लोग इस प्रकार सुशासित हो गये कि कोई किसी का साधारण से साधारण धन भी न छीन सकता था। उसने सर्व प्रथम यह आज्ञा दी कि मुसलमानों की इमलाक[3] उन्हीं के पास रहने दी जाय। इमलाक से शरा के विरुद्ध $\frac{1}{5}$, जो खराजी[4] भूमि के समान लिया जाता था, बन्द कर दिया गया। किसी स्थान पर उश्र तथा किसी स्थान पर आधा उश्र वसूल करने का आदेश दिया गया। इसके लिये आज्ञा-पत्र लिखा गया और सुल्तान ने अपने हस्ताक्षर कर दिये जिससे कोई उसमें किसी प्रकार का हस्तक्षेप न कर सके। पत्र भिन्न-भिन्न स्थानों पर तथा क़स्बों में भेज दिये गये और मुसलमान इसके लिये उसके प्रति शुभ कामनायें करने लगे। उसने एक ऐसी बहुत बड़ी अनुचित प्रथा का जिसकी शरा द्वारा आज्ञा प्रदान न की गई थी, अन्त कर दिया।

---

१ सूफ़ी, संत।

२ कर्मचारी।

३ वह भूमि जो मुसलमान विद्वानों को तथा निर्धन मुसलमानों को सहायतार्थ प्रदान की जाती थी।

४ इस्लामी राज्य में भूमि दो मुख्य भागों में विभाजित की जाती थी (१) उश्री (२) खराजी। उश्री भूमि निम्नांकित प्रकार की थी:

(१) अरब की भूमि; (२) ऐसी भूमि जिनके स्वामी मुसलमान हो जाते थे; (३) वह भूमि जो विजय के उपरान्त मुसलमान सैनिकों को बाँट दी जाती थी; (४) ऊसर जिसे मुसलमान कृषि के योग्य बना लेते थे। मुसलमानों के अतिरिक्त अन्य लोगों की भूमि खराजी भूमि कहलाती थी। उश्री भूमि से पैदावार का $\frac{1}{10}$ भाग कर के रूप में लिया जाता था। खराजी भूमि का कर भिन्न-भिन्न अवसरों पर घटता बढ़ता रहता था। फ़खरुद्दीन मुबारकशाह के इतिहास से पता चलता है कि खराजी भूमि का कर उस समय पैदावार का $\frac{1}{5}$ था। उश्री भूमि का कर किसी स्थान पर $\frac{1}{10}$ तथा किसी स्थान पर $\frac{1}{10}$ का आधा निश्चित किया गया।

इसके अतिरिक्त उसने यह आदेश दिया कि जो सहायता तथा धन आलिमों, फ़ेक़ह वेत्ताओं, क़ुरान पढ़ने वालों, ज़ाहिदों तथा धर्मनिष्ठ लोगों को प्रदान किया जाता था वह उसी प्रकार प्रदान किया जाय। उसने अपनी ओर से धन सम्पत्ति तथा अनाज दरिद्र लोगों को प्रदान किये। दरवेशों, विधवाओं, अनाथों तथा मुस्तहक़[1] लोगों को धन सम्पत्ति प्रदान की गई। इस प्रकार उसने अपने राज्य को ऐसे उचित कार्य द्वारा प्रारम्भ किया।

१ जिन्हें सहायता की वास्तव में आवश्यकता हो।

आदाबुल हर्ब वश्शुजाअत

(८ ब, १० अ) बादशाहों तथा जहाँदारों को चाहिये कि वे न्याय करने में संलग्न रहें और अपने नाम को दुराचार तथा बुरी रीतियों के संचालन से कलंकित न करें जिससे वे अपनी मृत्यु के उपरान्त अच्छे नाम से याद किये जाया करें। संसार की सुव्यवस्था तथा उपद्रव दोनों ही उनसे सम्बन्धित हैं। शरा के आदेश उनके ऊपर निर्भर हैं। वे खलीफ़ाओं के नायब हैं। क़यामत में उन्हें अपनी प्रजा के विषय में उत्तरदायी होना पड़ेगा। जो बादशाह बुद्धिमत्ता, न्याय तथा दया से कार्य करता है उसका राज्य दृढ़ हो जाता है और वह क़यामत के दिन तक नेकनाम रहता है।

(६ अ) इस निर्बल, वृद्ध, शरीफ़ मुहम्मद (पुत्र, मन्सूर, सैयिद अब्दुल फ़रह, खलील अहमद अबूनस्र पुत्र मुहम्मद शोऐब, तलहा, अब्दुल्ला, अब्दुर्रहमान, अबूबक्र क़ुरैशी जिसकी पदवी मुबारकशाह और जो फ़खरे मुदब्बिर के नाम से प्रसिद्ध है, ने यह बात आवश्यक समझी कि वह.........अब्दुल मुज़फ़्फ़र सुल्तान इल्तुतमिश को समर्पण करने के लिये यह पुस्तक जिसमें बहुत ही लाभप्रद बातें हैं, लिखे और उसका नाम आदाबुल हर्ब वश्शुजाअत रखे और इसे ३४ अध्याय में विभाजित करे[1]।

अध्याय १—बादशाह की कृपा तथा क्षमा प्रदान करने एवं सहनशीलता के विषय में

(१२ अ) ग़ुस्सा पीना और अपराधियों तथा अपहरणकर्त्ताओं को क्षमा कर देना बहुत बड़ी नेकी तथा सदाचारिता है। ईश्वर सदाचारी लोगों को मित्र रखता है।

अध्याय २—बादशाहों के न्याय तथा उनकी नीअत के विषय में

(२७ ब) अल्लाह ने कहा है कि न्याय तथा नेकी करते रहो, अपने निकटवर्त्तियों पर दया करो और पाप मत करो।

(२८ अ) अत्याचार से बचते रहो। पैग़म्बर (मुहम्मद साहब) ने कहा है कि बादशाहों के एक क्षण का न्याय उस मनुष्य के ६० वर्ष की एबादत (उपासना) से कहीं अधिक है जो समस्त रात्रि नमाज़ पढ़ता रहता हो और दिन भर रोज़ा रखता रहा हो।

(३८ अ) *अध्याय ३*—बादशाहों की दया तथा दानशीलता

....

अध्याय ४—बादशाह को किस प्रकार जीवन व्यतीत करना चाहिये

(४६ ब) उसे अपनी प्रजा की दशा तथा प्रदेशों के विषय में जानकारी होनी चाहिये। इसमें उसे असावधानी न करनी चाहिये। मोबिदों[2] के सरदार ने कहा है कि सब से उत्कृष्ट बादशाह तथा अमीर वह है जिसमें यह उत्कृष्ट गुण, जिसका ऊपर उल्लेख हुआ है, एकत्रित हों। बादशाह को अपने धन का दान करते रहना चाहिये। क्रोध में उसे सच बोलना चाहिये। अपनी प्रजा से एक समान व्यवहार करना चाहिये। दुःखी लोगों को सान्त्वना एवं धैर्य देते रहना चाहिये। समस्त पशुओं पर दया करनी चाहिये। सदाचारियों से नम्र व्यवहार करना

---

१ कुछ हस्तलिखित पोथियों में ४० अध्याय बना दिये गये हैं। कुछ बड़े बड़े अध्याय छोटे अध्यायों में विभाजित कर दिये गये हैं।

२ पारसी पुजारी।

चाहिये, दुराचारियों पर कठोरता करनी चाहिये। ईर्ष्या न करनी चाहिये। द्वेष न करना चाहिये। लड़ाई झगड़े से बचना चाहिये। बादशाहों का न्याय तथा प्रजा का ध्यान इस बात पर निर्भर है कि वे सैनिकों को कूच अथवा किसी अन्य समय प्रजा के घर में ठहरने न दें और प्रजा को कष्ट न पहुँचायें जिससे उनके परिवार अन्य लोगों के हाथों तथा आँखों से सुरक्षित रह सकें। जब तक कोई मुसलमानों की स्त्रियों पर इच्छा अथवा अनिच्छा से हाथ नहीं डालता उस समय तक उसकी सेना तथा राज्य पर कोई दुर्घटना नहीं आती।

(४७ अ) जिस सेना के साथ कोई स्त्री जाती है ईश्वर उस सेना को सहायता प्रदान नहीं करता और शत्रुओं को उनके ऊपर अधिकार प्रदान कर देता है। सेना को प्रजा पर किसी प्रकार का अत्याचार न करने देना चाहिये। क्रय करते समय कोई कम मूल्य या खोटे सिक्के न दे। प्रजा द्वारा भी कोई गुप्त अत्याचार अथवा ज़्यादती सैनिकों पर न होने दे। सैनिकों के लिये जो चीज़ें आवश्यक होती हैं और जिनके बिना उनका रहना असम्भव होता है, वह सैनिकों को अधिक मूल्य पर बेची जा सकती हैं और वे उन्हें ख़रीद सकते हैं। उदाहरणार्थ दस दिरम की चीज २० तथा ३० दिरम पर आवश्यकतानुसार खरीदनी पड़ जाती है। प्रत्येक सप्ताह शहर के रईस को आदेश दिया जाये कि वह इस बात की देख रेख किया करे ताकि कोई भी इस बहाने से अपने स्वार्थ की सिद्धि न करने पाये। सर्व प्रथम रईस को इस बात का नियंत्रण करना चाहिये कि समस्त चाँदी (धन) सैनिकों के हाथ से व्यवसायी (पेशावर) लोगों के हाथ में न पहुँच जाये, क्योंकि वे उसे भूमि में गाड़ देते हैं और लेनदेन में चाँदी की कमी हो जाती है, मुसलमानों को कष्ट होता है और (राज्य में) विघ्न पड़ जाता है। चाँदी की खोज तथा उसके विषय में पूछताछ करते रहना चाहिये। उसकी हानि के विषय में सर्वदा कान खुले रखना चाहिये जिससे चाँदी कम न हो जाये और लोगों की धन सम्पत्ति सर्राफ़ों के हाथों में न पहुँच जाये। चाँदी (सिक्कों) की कमी तथा उसे खोटा न होना चाहिये। इसके कारण बड़ी ही हानि होती है।

(४७ ब) दूसरे यह कि मार्गों को सुरक्षित रखना चाहिये। शहनों तथा गुमाश्तों को इस बात का आदेश दे देना चाहिये कि वे इसके विषय में परिश्रम करते रहें। सरायें, जो कि दीनों तथा कारवाँ वालों के ठहरने का स्थान होती हैं, सर्वदा आबाद रहनी चाहिये जिससे मार्ग सुरक्षित रहें और लोग उन पर चलते रहें। इस कारण उत्तम तथा विभिन्न वस्तुयें जोकि दूर-दूर के नगरों से आती हैं और वे वस्तुयें जोकि संसार के देशों से लाई जाती हैं, मार्ग के सुरक्षित होने के कारण व्यापारियों के पास सुगमतापूर्वक आ जा सकेंगी और जिन लोगों को उन वस्तुओं की आवश्यकता है वे उन्हें प्राप्त कर सकेंगे।

आमिल और गुमाश्ते जब अपनी विलायत तथा अमल (शासन क्षेत्र) में जाने लगें तो उन्हें चेतावनी देदी जाया करे कि वे जो कुछ भी अनाज ख़राज तथा मराई[1] प्राप्त करें वह शरा की आज्ञानुसार तथा क़ानून के मुताबिक़ हो। क़ानून के बाहर वे कोई अत्याचार न करें और कोई नया (कर) न प्राप्त करें। इस प्रकार प्रजा को दरिद्र तथा दीन न बनादें कि विलायत (प्रदेशों) का ख़राज न प्राप्त हो सके और राज्य को क्षति पहुंचे।

(४८ ब) राज्य बिना मनुष्यों के स्थापित नहीं रह सकता। मनुष्य तथा सेना धन के बिना क़ायम नहीं रह सकते। धन प्रजा के अतिरिक्त और किसी साधन से प्राप्त नहीं हो सकता। प्रजा की सुख शान्ति न्याय तथा दण्ड पर निर्भर है।

१ मराई का अर्थ चरागाह है। सम्भवतया यहाँ चरागाहों में घोड़े चराने अथवा चरागाह से अभिप्राय है।

(४६-अ) सैनिकों तथा अहले क़लम (पढ़े लिखे लोग) के विषय में पूछ ताछ करते रहना चाहिये। जिस किसी के बाप दादा तथा पूर्वज सैनिक न रहे हों और बादशाहों की सेवा न की हो उसे सवार तथा सरखेल न बनाना चाहिये। जिस किसी ने अपने बाप दादा के समय से सेना का कार्य, युद्ध, सवारी तथा (लोगों को) युद्ध करते हुये न देखा हो और उसने स्वयं ही कार्य प्रारम्भ किया हो तथा सैनिकों एवं योद्धाओं में सम्मिलित हुआ परन्तु कार्य न सीखा हो और न समझा हो, (ऐसे लोगों के) समूह को दो तीन योग्य तथा सीखे हुये सैनिकों के बराबर समझना चाहिये[१]। ऐसा न करने से सैनिकों के हृदय टूट जाते हैं और वे भयभीत हो जाते हैं।

जिनके बाप दादा अहले क़लम तथा दीवान न रहे हों और जिनके पूर्वजों ने बादशाहों तथा अमीरों की सेवा न की हो और दीवान में न रहे हों उन्हें कोई भी साहित्य गणित तथा सियाक़त (रोकड़ी, बही खाता) की शिक्षा प्राप्त न करने देना चाहिये और उन्हें दीवान में शागिर्दी तथा मुहर्रिरी प्राप्त न करने देना चाहिये अन्यथा वे धीरे-धीरे नायब तथा अधिकारी बन जाते हैं और कन्जूमी, छल, बाज़ारीपन, कमीनापन, दुराचार तथा भीख-मंगाई करते रहते हैं।

(४६ ब) किसी कमीने को इतना सम्मान न प्राप्त होना चाहिये, कि मुसलमान उसके सामने झुकें। जब वे कार्य प्रारम्भ कर देते हैं तो शाही कार्यों में दोष आ जाता है। कुलीन तथा उत्कृष्ट वंश वाले बेकार हो जाते हैं। ऐसे लोगों को उन (कमीनों) की सेवा करने के लिये विवश न करना चाहिये। वे अपनी अयोग्यता तथा कृपणता के कारण किसी चीज़ को सफल नहीं होने देते। बादशाहों को दान, उदारता करने, ख़ैरात तथा इनाम देने से रोक देते हैं: अपने आप को परामर्शदाता के रूप में प्रस्तुत करते हैं, सभी कार्यों में देर करते रहते हैं और ख़राबी पैदा करते रहते हैं। कुलीनों, बड़े लोगों, सैनिकों तथा विशेष व्यक्तियों को परेशान करते रहते हैं। इस प्रकार राज्य का पतन हो जाता है और देश में तथा प्रजा को परेशानी होने लगती है। यदि उन्हें थोड़ी सी भी चीज़ मिल जाती है तो वे अभिमानी बन जाते हैं और अत्यधिक लिप्सा करने लगते हैं। यदि उन्हें ऐसी वस्तुयें न प्राप्त हों तो वे कृतघ्नता प्रकट करने लगते हैं और राज्य के शत्रुओं से मिल जाते हैं। उनके पास समाचार भेजते रहते हैं, राज्य की गुप्त बातें तथा अन्य रहस्यमयी बातों की सूचना शत्रु को पहुँचा कर उससे आक्रमण करने का आग्रह करते हैं। थोड़े ही से कष्ट पर भारी बदले की योजनायें बनाने लगते हैं और कुलीनों तथा योग्य व्यक्तियों के रक्तपात तथा धन सम्पत्ति के अपहरण हेतु हाथ बढ़ाने लगते हैं। इन सब बातों पर गर्व करते रहते हैं और उन्हें अपने दुराचार पर कोई लज्जा नहीं होती।

अध्याय ५—उच्च परामर्शदाता वज़ीर की नियुक्ति

(५१ ब) मुहम्मद साहब का प्रवचन है कि जिस किसी को ईश्वर बादशाही, अमीरी तथा प्रतिष्ठा प्रदान करे उसे सदाचारी तथा सच्चा वज़ीर भी दे ताकि यदि वह दान, नेकी तथा न्याय के विषय में कोई चीज़ भूल जाये तो वह उसको याद दिला दे।

(५२ अ) बुद्धिमानों ने कहा है कि यदि कोई बादशाह बड़ा ही अयोग्य एवं आतंककारी हो तो उसके वज़ीर को न्यायकारी तथा दयावान होना चाहिये। जिस प्रकार शरीर बिना जीव के जीवित नहीं रह सकता उसी प्रकार राज्य बिना वज़ीर के स्थापित नहीं रह सकता। बादशाहों का कार्य, सेना का संचालन, राज्यों की विजय, दान, युद्ध आदि होता है किन्तु

---

२ इस वाक्य का अर्थ स्पष्ट नहीं।

विलायत (प्रदेश) को आबाद करना, ख़ज़ाने का एकत्र करना, सेना जमा करना, आमिलों को नियुक्त करना, हिसाब किताब रखना, कारखानों के सामान का निरीक्षण करना, घोड़ों, ऊँटों तथा अन्य पशुओं का प्रबन्ध करना, सैनिकों तथा कर्मचारियों को वेतन प्रदान करना, प्रजा को आराम देना, अहले सलाह[1] को वृत्ति तथा सहायता देना एवं उन पर कृपा करना, विधवाओं तथा अनाथों का पालन-पोषण, आलिमों का प्रबन्ध, दीवानों का इन्तज़ाम और देख रेख तथा अन्य सेवाओं से सम्बन्धित लोगों का नियंत्रण वज़ीर के सिपुर्द होता है।

(५२ ब) यदि वज़ीर में उपरोक्त योग्यतायें नहीं होतीं तो बादशाह को उसके कारण हानि उठानी पड़ती है और लोग उसे ही मूर्ख समझते हैं। वज़ीर के शरीर में किसी प्रकार का कोई दोष न होना चाहिये और न उसे बहुत ही परिहासवेदी, कठोर, कंजूस, जल्दबाज़, ज़ानी[2] तथा लूती[3] होना चाहिये। उसे फ़सादी, बेनमाज़ी, भगवान् का भय न रखने वाला तथा अत्याचारी न होना चाहिये। उसे निर्दयी, बदनाम, जल्द क्रोधित होने वाला, कठोर हृदय वाला, अज्ञानी, बेहुनर, झूठी शपथ खाने वाला, बनावटी और रिश्वत खाने वाला न होना चाहिये। उसे बादशाह तथा दरवेशों का शत्रु न होना चाहिये और मुसलमानों को कष्ट न पहुँचाना चाहिये। उसे वज़ीर के वंश से होना चाहिये। जिसको यह सौभाग्य प्राप्त होता है वह बड़ा ही दानी, उत्कृष्ट, उत्तम व्यक्तित्व का मनुष्य, पाक व साफ़ हृदय तथा विश्वास वाला होता है। अन्य लोगों के प्रति उसका व्यवहार बड़ा ही अच्छा होता है और वह बड़े बड़े उत्तम आदेश निकालता है। वह अत्यधिक दान करता है।

(५३ अ) बातचीत में मीठा और प्रत्येक कार्य सुचारु रूप से करता है। वह बड़े सोच विचार से योजनानुकूल तथा उत्तम कार्य करता है। उसमें पौरुष तथा वीरता भी अत्यधिक होती है। वह सब लोगों से भलीभाँति मिलता है और सभी कार्य उत्तम रूप से समझता है। उसमें ईर्ष्या नहीं होती और वह दयालु होता है। उसका हृदय विशाल तथा वह अपने मित्रों का ध्यान रखने वाला होता है। लोगों को अत्यधिक दान देता है और भगवान् का भय रखता है। वह अनुभवी तथा योग्य लोगों के साथ उठता-बैठता है तथा उनसे परामर्श करता है। नमाज़ पढ़ता है और शरीयत की जानकारी रखता है। वह फ़कीह, इतिहास की जानकारी रखने वाला तथा योग्य लोगों का मित्र होता है। उसकी बातें बड़ी उत्कृष्ट होती हैं और उसका सुलेख तथा उसमें हिसाब किताब की शक्ति भी बहुत बड़ी होती है। वह बड़ा ही उत्तम दबीर (मुन्शी), तबीब (चिकित्सक), ज्योतिषी, कवि तथा कविताओं के गुण का ज्ञान रखने वाला होता है। वह बड़ा ही सहनशील होता है और प्रतिकार की भावना उसमें नहीं होती है। वह बड़ा ही वाक्पटु, उत्तम सैनिक तथा दार्शनिक होता है। उसे अरस्तु तथा बुज़ुर्चमेहर की अनेक उत्कृष्ट बातें याद होती हैं। जिस वज़ीर में ऐसे उत्कृष्ट गुण होते हैं उसके राज्य में शत्रुओं की संख्या कम होती है और कोई विघ्न नहीं डालता। उसे चाहिये कि जब कभी वह बादशाह की सेवा में जाये तो सर्व प्रथम वह जो कार्य करे, वह मुसलमानों तथा ईश्वर के लिये करे। नेक लोगों के कार्य को सदा उन्नति देता रहे।

(५३ ब) संसार में अनेक स्त्रियों तथा बालकों को बादशाही प्राप्त हो जाती है और उन्हें कोई अनुभव नहीं होता। वज़ीर बड़े अनुभवी तथा ज्ञान-सम्पन्न होते हैं। वे अपनी योग्यता तथा अनुभव से शत्रुओं को राज्य से दूर रखते हैं। जिस वज़ीर में यह सब गुण हों बादशाह को तीन चीज़ें उसे न देनी चाहिये और तीन चीज़ें उसे प्रदान करनी चाहिये।

---

१ धार्मिक लोग; संत

२ ज़िना करने वाला, व्यभिचारी

३ गुदा भोगी

जो चीज़ें न देनी चाहियें उनमें से प्रथम तो यह है कि उस पर क्रोध न करे और यदि करे तो शीघ्र ही उसे क्षमा करदे और उससे बदला न ले। (२) यदि वह धनी हो जाय तो उसके लाभ हानि का लोभ न करे। (३) यदि वह किसी की सिफ़ारिश करे तो उसे न टाले। तीन चीज़ें जो उसे प्रदान करे उनमें से प्रथम यह है कि जिस समय भी वह चाहे उसे (वज़ीर को) आने की आज्ञा हो। यदि ऐसा नहीं होता तो बड़ी ही हानि होती है। (२) शत्रुओं तथा दुश्चिन्तकों की बात उसके विषय में न सुने। (३) अपने कार्य तथा रहस्य उससे न छिपाये क्योंकि वज़ीर की बुद्धिमत्ता तथा समझ बूझ उसके समकालीनों से कहीं अधिक होती है।

वज़ीर का हृदय इतना विशाल होना चाहिये कि वह किसी भी शत्रु तथा किसी भी बात का भय न करे। यदि बादशाह उसके शत्रु को उसके पास भेजे तो वह निराश न हो और हँसी-ख़ुशी उसके समक्ष कार्य करता रहे।

(५५ अ व ब) एक दार्शनिक ने कहा है कि राज्य के वज़ीर को प्राण के समान होना चाहिये। जिस शरीर में प्राण नहीं होता वह नष्ट हो जाता है और जिस प्राण के साथ शरीर नहीं होता वह व्यर्थ होता है। जिस राज्य में परामर्श तथा राय देने एवं ऊँच नीच समझाने के लिये वज़ीर नहीं होता वह नष्ट हो जाता है। वज़ीर बिना राज्य के तथा राज्य बिना वज़ीर के नहीं होता।.........

(५६ ब) आमिलों तथा गुमाश्तों को चेतावनी देते रहना चाहिये कि वे अत्याचार तथा ज्यादती न करें और बिना किसी विशेष बात के प्रजा का विनाश न करें। यदि किसी ने कोई अत्याचार किया हो तो उसको दण्ड दिया जावे। यदि प्रजा क्षीण हो जाती है तो धन प्राप्त नहीं होता। यदि धन प्राप्त नहीं होता तो सेना एकत्र नहीं हो सकती। बिना सेना के सुव्यवस्थित हुये राज्य शक्तिहीन हो जाता है और यदि शत्रु शक्तिशाली हो जाता है तो राज्य हाथ से निकल जाता है। संक्षेप में यह समझना चाहिये कि विज़ारत से अधिक ख़तरनाक कोई अन्य कार्य नहीं। उसे बादशाह से लेकर दरबान तक की देख-रेख करनी होती है। जितने ईर्ष्या करने वाले तथा शत्रु वज़ीर के होते हैं उतने किसी अन्य के नहीं होते। अहले क़लम (विद्वानों) की अन्तिम श्रेणी विज़ारत है। उसे बादशाह को परामर्श देते रहना चाहिये और ईमानदारी तथा ईश्वर का भय करके प्रत्येक कार्य करना चाहिये। जिन बातों की आज्ञा शरा में न हो उन्हें न करना चाहिये। उसे कोई बुरी आकांक्षा न करनी चाहिये। मुसलमानों के प्राण तथा धन का विनाश न करना चाहिये। इस प्रकार कार्य करने से कोई भी शत्रु उस पर अधिकार नहीं पा सकता और सुल्तान के क्रोध से उसे कोई भय नहीं हो सकता।

अध्याय ६—दूतों तथा उपहार भेजने के सम्बन्ध में

(५६ ब, ५७ अ) एक दरबार से दूसरे में दूत भेजते समय इस बात का ध्यान रखना चाहिये कि दूत कुलीन हो और धर्मनिष्ठ तथा आलिम (विद्वान्) भी हो। उसके पूर्वज भी राज्यों में उत्कृष्ट रह चुके हों। कुलीन सैयिदों को चुनना उचित है क्योंकि वे बाल्यावस्था से ही राज सिंहासन के समक्ष बड़े होते हैं और शिष्ट होते हैं। बादशाहों से सम्बन्धित शिष्टता की जानकारी रखते हैं और समस्त विषयों में दक्ष होते हैं। उसका (दूत का) व्यक्तित्व उत्कृष्ट तथा उसे हाज़िर जवाब होना चाहिये। कुरूप दूत न भेजने चाहिये। उसमें किसी प्रकार का दोष न होना चाहिये। उसे बड़ा ही सहनशील, वाक्पटु तथा दानी होना चाहिये। उसे अत्यधिक व्यय करना चाहिये जिससे वह किसी भी वस्तु को अधिक महत्त्व न दे। बड़े-बड़े इमाम तथा फ़ाज़िल (योग्य) उसकी संगति में बैठते हों।

(५७ ब) जिसको भी दूत बनाया जाये उसके साथ अत्यधिक धन भेजना चाहिये। यदि उसने राज्य के हित में धन व्यय किया हो किन्तु उसका कार्य सम्पन्न न भी हो पाया हो तो भी उससे पूछताछ न करनी चाहिये। राज्य और बादशाहों का कार्य नदी के जल के समान अथाह होता है। उसे जिस बादशाह की सेवा में भेजा गया हो उसके दरबार में सर्वदा उपस्थित रहना चाहिये जिससे वह प्रत्येक बात का उचित उत्तर दे सके। वह बकवास न करे और व्यर्थ हास्य में तल्लीन न हो। यदि किसी विज्ञान के ऊपर कोई वार्त्ता हो रही हो तो वह उचित शब्दों में उत्तर दे और यदि उसे कुछ ज्ञान न हो तो मौन रहे। वह इस बात को न दिखाये कि उसे किसी ज्ञान में दक्षता है क्योंकि हो सकता है कि परीक्षा के समय उसे सफलता न मिले।

उपहार

(५९ ब) अच्छे खत में (सुलेख में) लिखी हुई क़ुरान तथा तफ़सीर (क़ुरान के अर्थ से सम्बन्धित पुस्तक) तुर्क, रूमी, हबशी, हिन्दूदास तथा कनीज़ें, सुनहरे रूपहले वस्त्र, घोड़े व ऊँट, तथा उनसे सम्बन्धित सामान, बर्तन, तलवार, कटार, ढाल, तीर कमान, जिरह जौशन, खोद आदि युद्ध के सामान, चन्दन, ऊद, आबनूस की सामग्री, हाथी और मछली के दांत, लाल फ़ीरोज़ा, अक़ीक़ (रत्न), उत्तम रेशमी कपड़े, मुश्क, काफ़ूर, शेर बबर चीते आदि की खाल, शिकारी कुत्ते, बाज, शाहीन, तथा इस प्रकार की अन्य चीजें।

(६० अ) यदि किसी से सन्धि करनी हो तो स्वीकृति-पत्र (इक़रारनामा) लिखा जाये और सौगन्द खाई जाये। पत्र लिखे जाने के उपरान्त दोनों पक्ष के लोग उसे पढ़ें। दोनों ओर के समस्त क़ाज़ी, इमाम, सैयिद, मशायख़, सूफ़ी, सेना तथा राज्य के अधिकारी, साक्षी रहें। दोनों ओर के लोग उस पत्र को अपने पास रखें। उसके विरुद्ध कोई कार्य न करें। यदि शत्रु उसका उल्लंघन करे तो बादशाहों, अमीरों, गण्यमान्य व्यक्तियों, क़ाज़ियों, इमामों, सैयिदों तथा मशायख़ एवं सूफ़ियों को इस घटना से परिचित कराना चाहिये। अपनी ओर से विरोध प्रकट न करना चाहिले। यदि दूसरी ओर से (युद्ध) आरम्भ होता हो तो उस समय पौरुष तथा साहस से कार्य करे और वचन तथा शपथ तोड़ने वोले को पराजित करे। जो कोई अपना वचन तथा अपनी शपथ नहीं तोड़ता वह अवश्य ही विजयी तथा सफल रहता है।

अध्याय ७—युद्ध के विषय में परामर्श

(६६ अ, ब) जहाँ तक सम्भव हो युद्ध न करना चाहिये क्योंकि युद्ध बड़ा कटु भोजन है। दार्शनिकों ने कहा है कि बादशाह को ईश्वर की आज्ञा का पालन करने के अतिरिक्त कोई कार्य न करना चाहिये। यथा सम्भव युद्ध की उपेक्षा करते रहना चाहिये क्योंकि कोई भी नहीं कह सकता कि विजय किस की होगी। चूँकि बादशाह न्याय करता है अतः उसे युद्ध की आवश्यकता नहीं होती अपितु सभी लोग उसके मित्र तथा आज्ञाकारी बने रहते हैं, ईश्वर उससे प्रसन्न रहता है और वह अपने कार्यों में सफल रहता है।

अध्याय ८—घोड़ों की विशेषता तथा उनसे लाभ

(७१ अ, ब) घोड़े की विशेषता तथा उसके रखने का एक आशीश यह है कि जिस घर में घोड़ा होता है उस घर में भूत नहीं आते। वहाँ किसी की अकस्मात् मृत्यु नहीं होती। उससे बड़े ही आशीश तथा लाभ प्राप्त होते रहते हैं। शैतान के निकट घोड़े की आवाज से अधिक कोई अन्य शत्रु नहीं होता।

अध्याय ९—घोड़ों के रंग तथा उनके गुण एवं दोष, सवारी तथा घोड़ों की कसरत

(७६ ब) यह जानना चाहिये कि बादशाह तथा समस्त लश्कर को किस चीज की सब से

अधिक आवश्यकता होती है। राज्य का गौरव तथा उसकी सजावट घोड़ों द्वारा ही होती है। बादशाह बिना घोड़ों के नहीं रह सकते।

(८१ अ) ऐसे योग्य लोग भी होने चाहिये जिन्हें इस बात की जानकारी हो कि घोड़ों की चिकित्सा की आवश्यकता है या उनसे मेहनत (कसरत) कराने की। यदि चिकित्सा के स्थान पर घोड़े से मेहनत कराई जाती है और मेहनत के स्थान पर उसकी चिकित्सा कराई जाती है तो घोड़ा बेकार हो जाता है।

अध्याय १०—घोड़ों, उनके दाँत तथा अन्य चिह्नों की पहिचान और घोड़ों की चिकित्सा

(८७ अ) घोड़ों को दौड़ाना बड़ी ही अच्छी विद्या है। जो कोई घोड़ा न पहिचानता हो उसे मूर्ख समझना चाहिये। घोड़े तथा उसके दाँतों की पहिचान रखनी चाहिये। उसके दोषों के विषय में पूर्ण जानकारी होनी चाहिये।

(९६ ब) *अध्याय ११*—प्रत्येक अस्त्र शस्त्र के गुण तथा विशेषता और उनके प्रयोग से लाभ

(१०७ अ) हिन्दुस्तानी भाले से उत्तम कोई भाला नहीं।

अध्याय १२—सेना का निरीक्षण व भर्ती तथा उसकी रक्षा

(१०९ ब) बादशाह तथा लश्कर-कश जिस समय किसी लश्कर का अर्ज़ करें तो सर्व प्रथम मैसरे (बाईं ओर) का, तत्पश्चात् क़ल्ब (मध्य भाग) और उसके उपरान्त मैमने (दाहिनी ओर) का। अर्ज़ करने वाले को ऊँचे स्थान पर बैठना चाहिये जिससे वह सवार तथा प्यादे दोनों को देख सके। नक़ीब को उसके सम्मुख खड़ा रहना चाहिये जिससे सवार, प्यादों, घोड़ों, अस्त्र-शस्त्र तथा अन्य सामानों का अर्ज़ हो सके। ईश्वर के नाम का सर्वदा जाप करते रहना चाहिये। सर्व प्रथम सवारे बरगुसत्वान[1] तथा उसके अस्त्र शस्त्र का अर्ज़ करना चाहिये और उसका नाम व हुलिया लिख लेना चाहिये। इसके पश्चात् वेतन पाने वाले प्यादों का अर्ज़ करना चाहिये और उनका नाम व हुलिया लिख लेना चाहिये।

(११० अ) तत्पश्चात् उन प्यादों का अर्ज़ करना चाहिये जो केवल सहायता के लिये आये हों। सब बातें लिखकर नक़ीब को दे देनी चाहिये जिससे कि युद्ध के दिन सब उसी क्रम से आ सकें। सर्व प्रथम बड़े बड़े अमीरों का अर्ज़ करना चाहिये। तत्पश्चात् ऐसे अमीरों का अर्ज़ करना चाहिये जिनके पास ढोल तथा झंडा[2] न हो। उसके उपरान्त वेतन पाने वाले प्रत्येक खेल (सवारों) का अर्ज़ करना चाहिये। प्यादों के गिरोह का भी अर्ज़ होना चाहिये और यह लिख लेना चाहिये कि वे किस सरहँग[3] के अधीन हैं। युद्ध के पूर्व जो अर्ज़ हो रहा हो उसमें घोड़े तथा अस्त्र शस्त्र के विषय में कदापि पूछताछ न करनी चाहिये, सभी पर कृपा करनी चाहिये और उन्हें इनाम का आश्वासन दिलाना चाहिये, जिससे सब लोग हृदय से कार्य कर सकें तथा प्राणों की बलि दे सकें। यदि किसी प्रकार की रोक टोक हो तो उनके दिल टूट जायेंगे, युद्ध में भाग खड़े होंगे तथा अपने प्राणों को ख़तरे में न डालेंगे। इस प्रकार की रोक टोक से बहुत से सैनिक शत्रु से मिल जाते हैं और पश्चाताप करना पड़ता है। आरिज़ को सेना का माता पिता होना चाहिये। सेना की शक्ति आरिज़ पर निर्भर है। ऐसे समय रोक टोक करने पर उसके प्राणों का भय हो जाता है।

---

१ ऐसे सवार जो अपने घोड़ों को भी तनुत्राण धारण कराते हों।

२ साधारण अमीर।

३ सेना का सरदार; सेनापति।

(११०ब) जब समस्त सेना का अर्ज़ हो चुके तो बड़े बड़े अमीरों एवं सेना के बड़े बड़े सिपहसालारों को बादशाह तथा सेना के सरदार के सम्मुख ले जाना चाहिये। उनके घोड़ों तथा उनके आदमियों की प्रशंसा करनी चाहिये। यद्यपि बादशाह तथा लश्कर के सिपहसालार को सब कुछ ज्ञात ही क्यों न हो फिर भी सवारों तथा प्यादों की संख्या एक के स्थान पर २, २, व ३, ३ न बतानी चाहिये क्योंकि कदाचित् शत्रु के गुप्तचर उसकी बात सुन रहे हों और इस प्रकार अफ़वाह फैल सकती है। शत्रु को भी सेना की संख्या ज्ञात हो सकती है। सेना के सरदारों को यह बता देना चाहिए कि जिस खेल का अर्ज़ हो चुका हो वह एक ओर चले जावें और सवार उनके पृथक् न होने पायें और ऐसा दिखाना चाहिए कि उन्हें वापस होना है।

(१११ अ) जहाँ तक हो सके अपनी संख्या का भय दिलाकर शत्रु के हृदय को तोड़ दें और उसे सन्धि करने पर विवश करें। युद्ध से सन्धि कहीं अच्छी होती है क्योंकि युद्ध के विषय में निश्चित रूप से किसी को कोई ज्ञान नहीं होता। इस प्रकार की सन्धि विनाश से कहीं अच्छी होती है कि किसी को कोई हानि भी न पहुँचे, सेना भी सुरक्षित रहे और व्यर्थ रक्तपात न हो, राज्य नष्ट न हो तथा प्रजा का विनाश न हो।

अध्याय १३—लश्कर का उतरना तथा सेना के शिविर

(११२ अ) इसके विभिन्न नियम हैं ईरानियों के, तुर्कों के, रूमियों के तथा हिन्दुओं के। किन्तु ईरानियों के नियम सब से उत्तम हैं। बादशाह तथा सेनानायक को चाहिए कि वह सेना को ऐसे मैदान में उतारे जहाँ जल तथा चारा हो; शत्रु सेना तक न पहुँच सकता हो। घात लगाने से सम्बन्धित स्थानों से भी असावधान न रहना चाहिए। यदि सेना अधिक न हो तो किसी नदी अथवा नहर या पर्वत के आँचल में ऐसे स्थान पर पड़ाव डाले जहाँ चारा, जल, जलाने की लकड़ी उपलब्ध हों। सेना के शिविर के सम्मुख रुकावटें होनी चाहिए जिससे रात्रि में शत्रु उन पर छापा न मार सके। इसी प्रकार युद्ध के दिन से शिविर में सेना का स्थान निश्चित होना चाहिये जिससे सब लोग वहीं पर उतर सकें और प्रत्येक को अपने स्थान का पता हो। सर्व प्रथम मुक़द्दमे (अग्रिम दल) को उतरना चाहिये, तत्पश्चात् दाहिने जनाह (पक्ष) को। उसके उपरान्त बायें जनाह (पक्ष) को, फिर मैमने[1] को और फिर मैसरे[2] को। इसके पश्चात् क़ल्ब (मध्य भाग) को। तत्पश्चात् स्त्रियों के डेरे, रसोई, राजकोष, ज़र्राद ख़ाना (अस्त्रागार), रिकाब ख़ाना[3] और फिर घायल एवं बन्दी लोग। सवारों की अधिक संख्या दाहिनी ओर होनी चाहिये। प्रत्येक को एक दूसरे से पृथक् रहना चाहिये। स्त्रियों के शिविर के पीछे घोड़े, पशु, ऊँट तथा प्यादे होने चाहिये। अधिक सवारों की संख्या बाईं ओर इस प्रकार होनी चाहिये कि दासों के शिविर सेना के मध्य में हों मानो वे क़िले में हों। यदि शत्रु उन तक पहुँचना चाहे तो न पहुँच सके।

(११२ ब) दासों के शिविर के समक्ष झंडे, बाजे आदि होना चाहिये। उनके आगे ख़ासे[4] के बोझ ढोने वाले तथा सैनिक होने चाहिये; उनके आगे सेना का बाज़ार होना चाहिये। प्यादों की दो तीन पंक्तियाँ अस्त्र शस्त्र से सुसज्जित आगे होनी चाहिये। दासों के शिविर के चारों ओर पर्याप्त स्थान होना चाहिये जिससे जो सवार पहरे पर हों वे दासों के शिविर के

---

१ दाहिना पक्ष।

२ बायां पक्ष।

३ भण्डार घर, मोदीख़ाना।

४ सुल्तान की व्यक्तिगत सेवा से सम्बन्धित।

पास खड़े हो सकें। मुख, सेना के शिविर की ओर तथा पीठ दासों के शिविर की ओर होनी चाहिये। सेना को चाहिये कि बादशाह को शत्रु की चालों तथा छल से सुरक्षित रखे।

(१३३ अ) ईश्वर ने बादशाहों को संसार वालों के प्रबन्ध, दुनिया को आबाद करने, लोगों को आराम पहुंचाने, मार्गों की रक्षा तथा प्रजा की शान्ति के लिये पैदा किया है। उसे मुसलमानों, समस्त मनुष्यों तथा प्रजा की धन सम्पत्ति का निरीक्षक बनाया है। उन्हें सर्वदा प्रजा की चिन्ता करते रहना चाहिए और उनका प्रबन्ध करते रहना चाहिए।

अध्याय १४—तलाया[1]

(११५ अ) जासूसों तथा गुप्तचरों को भेजा जाना चाहिए क्योंकि तलाया सेना के रक्षक होते हैं। ४००० की संख्या (इस) सेना के लिए बहुत ही उचित है। १२००० सुसंगठित सवारों को पराजय प्राप्त होना कठिन है। १२००० सवार कम नहीं होते। तलाया के पास बाहर जाने के समय उत्तम प्रकार के घोड़े होने चाहिये। उन्हें स्वयं कभी युद्ध की इच्छा नहीं करनी चाहिये। उनके पास भारी बोझ न होना चाहिये। अस्त्र-शस्त्र के साथ उनके भोजन तथा जल का भी प्रबन्ध होना चाहिये। तलाया चाहे अधिक हों या कम, उन्हें बड़ा ही सावधान, अनुभवी तथा योग्य होना चाहिये। मार्ग में चलते समय उन्हें पृथक् रहना चाहिये। कभी कभी उन्हें ऊँचाई पर चलना चाहिये, कभी सवार होकर कभी पैदल।

(११५ ब) जब शत्रु दृष्टिगत हो तो एक दूसरे को सावधान कर दें और धीरे धीरे प्रस्थान करें। उनके चलते समय धूल न उड़नी चाहिये। एक दो बुद्धिमानों को आगे भेज देना चाहिये जिससे वे धीरे धीरे सिपहसालार एवं बादशाह के पास पहुँच कर उन्हें सावधान कर दें। उन्हें शोर बिल्कुल भी न करना चाहिये अपितु बादशाह तथा सेनानायक के अतिरिक्त किसी को भी किसी बात का पता न चलना चाहिये। यदि वे जल्दी करेंगे अथवा शोर करेंगे तो इससे सेना के प्रबन्ध में विघ्न पड़ जायेगा और सेना की पराजय हो जायेगी। यदि तलाया को शत्रु के निकट अचानक आ जाने के कारण युद्ध करना पड़े तो उन्हें एक साथ भाग न खड़े होना चाहिये अपितु धीरे धीरे युद्ध करके लौटना चाहिये। एक या दो आदमियों को सूचना देने के लिये शीघ्रातिशीघ्र भेज देना चाहिये।

गुप्तचरों को भी सेना में इस प्रकार आना जाना चाहिये कि बादशाह तथा सेनानायक के अतिरिक्त किसी को उनके विषय में सूचना न प्राप्त हो सके। यदि किसी को कुछ पता चल जाये तो उसके उत्साह का प्रयत्न करेगा। गुप्तचर को बुद्धिमान तथा सच्चा होना चाहिये। सेनानायक से कोई बात गुप्त न रखनी चाहिये और सभी अच्छी बुरी बातें उसे बताते रहना चाहिये। सेना का हतोत्साहित होना बड़ा आसान होता है परन्तु उन्हें प्रोत्साहन देना बड़ा कठिन होता है। झूठ द्वारा सेना हतोत्साहित हो जाती है और युद्ध करने में शीघ्रता करती है तथा लोगों को विरोधी बना देती है।

तलाया को चाहिये कि सेना के शिविर के आगे पीछे तथा दाहिने बायें घूमता रहे। बहुत दूर अर्थात् दो तीन फ़रसंग से दूर न जाना चाहिये। एक फ़रसंग से अधिक न बढ़ना चाहिये। यदि उनकी संख्या कम हो तो भी उन्हें एक ही ओर न रहना चाहिये अपितु चारों ओर घूमते रहना चाहिये जिससे शत्रु के विषय में जानकारी प्राप्त हो सके। यदि उन्हें किसी से युद्ध करना पड़ जाये तो बढ़ा-चढ़ा कर झूठ बात नहीं करनी चाहिये कि इस प्रकार सवार आये थे और उन्हें इस प्रकार मार कर भगा दिया गया और उनके शिविर तक उनका पीछा किया गया। इससे दूसरे सवारों को अपने शिविर से दूर निकल जाने का लोभ हो जाता है और इस प्रकार उनका शत्रुओं के हाथ में पड़ जाना सम्भव हो जाता है।

१　गूढ़चारी सेना।

(११६ ब) किसी भी दशा में नशा न करें और शत्रु को कम न जानें। अत्यधिक नशा करने से भी सेना शत्रु के हाथ पड़ जाती है। इस पुस्तक के लेखक को इसका अनुभव है। प्रत्येक दिन बारी-बारी सेना को तलाये के लिये भेजना चाहिये जिससे वे काहिल न हो जायें। जिस किसी को भी भेजें उसे खूब प्रोत्साहन दें और उसको प्रसन्न रखने का प्रयत्न करें। उनसे अच्छे-अच्छे वादे करें। ४०० सवार इस कार्य हेतु बड़े ही उपयुक्त होते हैं। इन लोगों पर भी सरदार नियुक्त किये जायें जिससे वे उनकी आज्ञाओं का पालन करते रहें और सभी संगठित रहें और एक दूसरे पर कृपा करते रहें। जिस स्थान पर भी उतरें वह स्थान ऊँचा हो। कुछ सवारों को दाहिनी और बाईं ओर भेज दें। यदि रोटी खायें तो आधी अपने लिये और आधी मित्रों को दें। १००, १०० लोग मिल कर पहरा दें और सर्वदा ईश्वर की उपासना करते रहें।

(११७ अ) यदि किसी स्थान पर वे कोई भोजन सामग्री पायें तो जितनी आवश्यकता हो उतना ले लें और अधिक न लें जिससे उनका बोझ न बढ़े। जहाँ भी जायें सावधानी से जायें। यदि वे किसी बस्ती में जायें तो किसी को भी कष्ट न पहुँचायें। किसी से कोई चीज़ न लें। यदि किसी चीज़ की आवश्यकता हो तो धन देकर मोल लें और ऐसा व्यवहार करें जिससे यह ज्ञात हो कि वे भी उसी प्रदेश के निवासी हैं। जिस स्थान पर जाना हो वहाँ अच्छे ढंग से पहुँचें और यह प्रसिद्ध करें कि हम उसी स्थान से सम्बन्धित हैं अथवा हमें वहाँ अक़्ता प्राप्त हुई है। दरवेशों के साथ अच्छा व्यवहार करें। सर्वदा ईश्वर पर निर्भर रहें। जब उस स्थान पर पहुँचें तो यदि वे कोई उत्कृष्ट कार्य कर सकते हैं तो करें अन्यथा अपने आपको ख़तरे में न डालें और सुरक्षित लौट जायें। यदि पर्वत निकट हो तो उसके आँचल में वापस हो जायें और धीरे-धीरे ऊपर बढ़ें।

अध्याय १५ –रात में छापा मारने के लिये भेजना

(११८ अ, ब) ज्ञात हो कि दो प्रकार के समूहों को रात में छापा मारना चाहिये; एक युद्ध में निपुण तथा अनुभवी लोगों को और दूसरे बुद्धिमानों, सावधान तथा आज्ञाकारी लोगों को। आधी रात्रि से तथा प्रातः काल तक छापा मारना चाहिये। उनके (शत्रु के) घोड़ों को खोल दें, डेरों तथा शिविरों पर टूट पड़ें, उनकी डोरियाँ काट दें जिससे शिविर तथा ख़ेमे गिर पड़ें। इससे सेना में आतंक छा जायेगा। कुछ लोगों को चाक़ू लेकर भीतर भेज दें जिससे यदि कोई सामने आये तो उसे घायल किया जा सके। तवेलों पर अधिकार जमा लें। यदि बिना युद्ध किये तथा बिना रक्तपात के ही इस उद्देश्य की पूर्ति हो जाये तो एक कोस पर युद्ध आरम्भ करें और शिविरों तक कोई सामग्री न पहुँचने दें। उचित तो यह है कि रात के छापे के समय इस प्रकार चिल्लाते रहें कि अमुक को पकड़ लिया गया और अमुक की हत्या कर दी गई चाहे यह झूठ ही क्यों न हो क्योंकि इससे शत्रु ढीले पड़ जाते हैं और भयभीत हो जाते हैं। उनके हाथ पैरों में शक्ति नहीं रहती। छापा मारने के उपरान्त भाग जाना चाहिये और शिविर तथा असबाब छोड़ देना चाहिये। युद्धस्थल में शत्रु की पराजय के लिये झूठ बोलना उचित बताया गया है।

(११९ अ) यदि दूसरी ओर से रात्रि में छापा मारा जाये तो सेना के चार दल कर देने चाहिये। एक दल प्यादों का हो जिनमें धनुर्धारी, तलवार तथा भाला चलाने वाले एवं ढाल वाले हों जो मार्ग की रक्षा करते रहें। दाहिनी पंक्ति तथा मध्य के लोग अपने स्थान पर छिपे रहें और किसी को कुछ पता न लगाने दें। किसी ऐसे स्थान पर आग जलायें जहाँ कोई भी न हो। इससे शत्रु, आक्रमण करने वाली सेना को न देख सकेगा किन्तु आक्रमण करने वाले शत्रु

को देख सकेंगे। उस अवसर पर शत्रु को घेर कर आक्रमणकारियों की उद्देश्यपूर्ति हो सकती है। तीसरा दल मैसरे का अपने स्थान पर पूर्ण रूपेण तैयार रहे। यदि उनके ऊपर आक्रमण किया जाये तो वे प्रतिकार कर सकें और आक्रमणकारियों को पराजित कर सकें। चौथा दल तफ़ारीक़[1] का सेना के सामने रहे। मैदानों तथा मार्गों की देख रेख रखें। एक दूसरे की सहायता के लिये शीघ्रातिशीघ्र पहुँचने के योग्य रहें। यदि कोई दिखाई दे तो उसका उत्तर दें। प्रतिआक्रमण करें और उसे पराजित कर दें। उचित तो यह है कि शिविर के चारों ओर जंजीर लगा दें अथवा खाई खोद दें।

अध्याय १६—किस प्रकार घात लगानी चाहिये

(१२० ब) युद्ध में सबसे बड़ा काम घात लगाना है क्योंकि युद्ध दो प्रकार का होता है, एक खुल्लम खुल्ला आमने सामने युद्ध करना और एक छिपकर, घात लगाकर। घात लगाने के लिये प्रसिद्ध तथा युद्ध में कुशलता रखने वाले सवार चुनने चाहिये। घात लगाने का स्थान लोगों से दूर होना चाहिये। यदि निकट में कोई नदी, नहर, जंगल आदि हो, तो अच्छा है। पशुओं को इस प्रकार रखें कि शत्रुओं को सूचना न मिल सके। जिस समय सवार घात लगायें तो किसी को ऊँचे स्थान अथवा वृक्ष पर भेज दें जिससे वह शत्रु के विषय में सूचना देता रहे।

(१२१ अ) समय की प्रतीक्षा करते रहें जिससे शत्रुओं पर अचानक टूट पड़ा जाये और युद्ध में सफलता प्राप्त की जाये। जब छिपने के स्थान से बाहर आये तो सवारों को विभिन्न भागों में विभाजित कर दें जिससे उन लोगों की संख्या के विषय में किसी को कोई ज्ञान न हो सके और जब एक दल आक्रमण करे तो तीन दल चारों ओर से उन पर टूट पड़ें और उन्हें पराजित कर दें। यदि सेना के कई शिविर हों तो दो तीन स्थानों पर छिपना चाहिए जिससे पीछे से शत्रु पर आक्रमण किया जाए। छिप कर आक्रमण करने तथा रात में छापा मारने के लिये बसन्त ऋतु में सब से उत्कृष्ट समय प्रातःकाल होता है। उस समय पहरेदार सोते रहते हैं और चौकीदार (रक्षक टुकड़ी) टुकड़ी अपने स्थान को लौट जाती है। ग्रीष्म ऋतु में दोपहर के समय भोजन के उपरान्त जब लोग विश्राम करते हैं तो उस समय आक्रमण करना चाहिये। आक्रमणकारियों को संगठित रहना चाहिये। यदि सफलता प्राप्त न हो तो एक दूसरे को बुरा भला न कहना चाहिये क्यों कि इससे बुरी अन्य कोई आदत नहीं। यदि कोई छिप कर आक्रमण करे तो बड़ी वीरता से कार्य करना चाहिये। अपनी रक्षा करते रहना चाहिये और जागते हुये तथा सावधान रहना चाहिये। किसी कारण असावधान न रहना चाहिये।

अध्याय १७—युद्धस्थल का चुनाव

(१२३ ब, १२४ अ) जब कोई बादशाह अपने राज्य से आक्रमण करने के लिये निकले तो वह शत्रु के राज्य में दूर न जाये। पीछे की ओर कठिन भूमि, पर्वत तथा मरुभूमि एवं ऊजड़ स्थान हों। जिस स्थान पर शिविर लगें वहाँ चारा घास, भोजन सामग्री तथा जलाने की लकड़ी एकत्र की जाये जिससे मार्ग के कष्ट से आराम मिल सके। युद्धस्थल की समस्त भूमि में चट्टान न होनी चाहिये। इसमें घोड़ों को कष्ट होता है। ऐसा स्थान भी न हो जहाँ बहुत धूल हो क्योंकि इससे शत्रु दिखाई नहीं देता और न उसके विषय में कोई सूचना ही मिल पाती है। ऐसा स्थान भी न हो जहाँ अत्यधिक घास तथा कीचड़ हो परन्तु रेगिस्तान भी न हो। ऐसा स्थान हो जहाँ कंकरियाँ और रेत मिली हुई हो जिससे धूल न उड़े। आबादी भी बहुत ही निकट न हो।

---

१ सम्भवतया छोटी छोटी टुकड़ियों का भाग।

(१२४ ब) प्रातःकाल युद्ध न छेड़ना चाहिये क्योंकि दिन भर युद्ध नहीं किया जा सकता। यदि शत्रु की सेना अधिक होगी तो आधी सेना युद्ध करेगी और आधी सेना आराम करेगी। इससे शत्रु की अपेक्षा तुम्हारी सेना थक जायेगी। दिन के अन्तिम भाग में युद्ध करना चाहिये जब कि सब आराम कर चुके हों। इससे उधर के लोग भूखे प्यासे होंगे और इस कारण से सफलता प्राप्त करने में सुगमता होगी। किसी न किसी युक्ति, धैर्य तथा बहाने से युद्ध को दिन के अन्तिम समय तक टालते रहना चाहिये जिससे यदि युद्ध न हो सके और अँधेरा हो जाये तो शत्रु कोई हानि न पहुँचा सके। यदि हार हो रही हो तो भी रात्रि तो अपने अधिकार में ही होती है और उससे लाभ उठाना चाहिये। यदि प्रातःकाल से युद्ध आरम्भ हो जायेगा और दोपहर के निकट पराजय होने लगेगी तो भागना सम्भव न हो सकेगा; सभी मार डाले जायेंगे अथवा बन्दी बना लिये जायेंगे।

अध्याय १८—युद्ध की पंक्तियों का प्रबंध

(१२६ ब) जानना चाहिये कि सभी के अपने अपने नियम होते हैं जिनका वे पालन करते हैं; किन्तु वे सब प्रथायें कुफ़ तथा अज्ञानता की थीं। अब इस्लाम की प्रथाओं का पालन करना चाहिये। चाहे इसमें कुछ परिवर्तन करना पड़े किन्तु मूल को उसी प्रकार रहने देना चाहिये।

अध्याय १९—युद्ध की पंक्तियों की सुव्यवस्था तथा उनका क्रम

(१२९ अ) सर्व प्रथम प्यादों की पंक्तियाँ होनी चाहिये जिनके पास अस्त्र-शस्त्र हों और जो धनुर्धारी हों। दूसरी पंक्ति तलवार, ढाल और भाले वाले प्यादों की होनी चाहिये। तीसरी पंक्ति में ऐसे प्यादे हों जिनके पास तलवार, निषंग तथा लोहे की ढाल और बड़े-बड़े चाकू हों। चौथी पंक्ति में अधिकारियों को तलवार, ढाल और गदा लिये हुये प्यादों के साथ होना चाहिये। पंक्तियों के मध्य में पर्याप्त स्थान होना चाहिये जिससे सब कुछ दिखाई पड़े, सवार दौड़ सकें तथा योद्धा प्रत्येक स्थान से पहुंच सकें और युद्ध कर सकें। युद्ध करने वालों के चार दल होते हैं। उन वीर योद्धाओं को जोकि अपनी प्रसिद्धि चाहते हैं मैमने में रखना चाहिये। दूसरे, अधिकारी हैं। उन लोगों को युद्ध के समय साक़ा[1] में रखना चाहिये। तीसरे धनुर्धारी हैं, जिन्हें सहारे की आवश्यकता होती है और जो ढाल आगे रखते हैं, घुटनों के बल झुक कर बाण चलाते हैं। उन्हें मैसरे पर रखना चाहिये। चौथे सेना की सजावट है, उदाहरणार्थ झंडे वाले, बाजे वाले तथा गाने वाले आदि। कुछ ऐसे उत्साही वीर भी होने चाहियें जो सेना का उत्साह बढ़ाते रहें और भयभीत न हों।

(१२९ ब) सामान, खेमे, खज़ाना, सेना का बाजार तथा व्यवसायी लोगों को पीछे रखना चाहिये। उन्हें मध्य भाग तथा मैमने व मैसरे के निकट होना चाहिये। सब लोगों को अपने अपने उचित स्थान पर खड़ा होना चाहिये। हाजिबों तथा विशेष व्यक्तियों को बादशाह तथा सिपेहसालार के निकट होना चाहिये। मार्ग दर्शाने वालों को मध्य भाग के दाहिनी ओर होना चाहिये। धनुर्धारियों, हीलतगरों[2] निफ़्त अन्दाज़[3] को मध्य भाग के बाईं ओर होना चाहिये। मीकवदारों[4], कुदकशों[5] तथा कमन्द फेंकने वालों और जिगरअन्दाज़ों[6] को

---

१ सेना का पिछला भाग।
२ यह शब्द स्पष्ट नहीं।
३ शीघ्र जलने वाली तरल पदार्थों को फेंकने वाले।
४ घोड़े की रक्षा करने वाले अधिकारी।
५ सम्भवतया ये भी घोड़े की रक्षा करने वाले अधिकारी होते थे।
६ यह शब्द स्पष्ट नहीं।

दाहिने हाथ की ओर होना चाहिये। पशुओं, भेड़ बकरी गाय आदि के गल्लों को बाहर रखना चाहिये। बोझ ढोने तथा सामानों का प्रबन्ध करने वाले भी वीर पुरुष हों और उनके पास उत्तम अस्त्र-शस्त्र हों। बड़े-बड़े सिपेहसालार, सरहंग, दबीर, बुद्धिमान, चिकित्सक, नदीम, ज्योतिषी, बादशाह तथा सेनापति के निकट रहें। सेवक तथा विशेष एवं साधारण व्यक्ति दाहिनी ओर वज़ीर के साथ रहें। दो योग्य तथा अनुभवी अमीर बादशाह के रक्षक तथा जानदार सेना के दाहिनी ओर हों।

(१३० अ, ब) स्त्रियाँ, ख़ज़ाना, शस्त्रागार सर्वदा मध्य भाग के निकट रहें और शाही रसोई उनके साथ हो। यदि मैसरे की ओर सेना हो तो उसका भी प्रबन्ध इसी प्रकार करना चाहिये। मध्य भाग से सरहंग, तथा सालार युद्ध के लिये व्यवस्थित पंक्तियों का निरीक्षण करें। वे तलाया तथा सेना के चारों ओर भी चक्कर लगायें। यदि सामने से भय हो तो मैसरे का आधा भाग आगे की पंक्ति में भेज दिया जाये और आधा भाग पीछे की ओर। सर्व प्रथम मैमने को युद्ध आरम्भ करना चाहिये और फिर अन्य लोगों को। यदि मध्य भाग के पीछे से भय हो तो वही करना चाहिये जिसका ऊपर उल्लेख हुआ। यदि यह ज्ञात न हो कि किस ओर से भय है तो चुप रहना चाहिये। तलाया को पता लगाने के लिये नियुक्त करना चाहिये।

युद्ध के दिन प्रत्येक सवार को चारा रोटी और मांस, भोजन सामग्री देना चाहिये। सवार को अपने ज़ीन लगाम तथा अस्त्र-शस्त्र के विषय में सावधान रहना चाहिये। यदि बीच में कोई विघ्न पड़ जाये तो उसे ठीक करना चाहिये। किसी सवार को भी बिना सूये, सुई रस्सी आदि के न होना चाहिये जिससे यदि कोई चीज़ ख़राब हो जाये तो वह शीघ्र ही उसे ठीक कर सके। यदि घोड़े में कोई ख़राबी आ जाये तो सवार में उसे भी ठीक करने की योग्यता होनी चाहिये।

अध्याय २०—युद्ध करना तथा योद्धाओं और सरदारों का जागना

(१३१ अ, १३२ अ) युद्ध दो प्रकार से हो सकता है एक सवारों द्वारा और दूसरा प्यादों द्वारा। सवारों के लिए उनका घोड़ा और प्यादों के लिए खाई क़िले के समान होती है। युद्ध पाँच प्रकार के होते हैं। एक तो काफ़िरों से युद्ध। यह युद्ध बड़ा ही उत्कृष्ट होता है। यदि इसमें दूसरों की हत्या करें तो ग़ाज़ी होते हैं, और यदि स्वयं मारे जाते हैं तो शहीद हो जाते हैं। दूसरा युद्ध ऐसी अवस्था में होता है जब कि कोई मुसलमान किसी दूसरे मुसलमान से बढ़ जाने का प्रयत्न करता हो। ऐसी अवस्था में जहाँ तक सम्भव हो युद्ध तथा रक्तपात न करना चाहिये और परस्पर सन्धि कर लेनी चाहिये। तीसरा ख़ारजियों से युद्ध। चौथा उन लोगों से युद्ध जो सुल्तान को ख़राज देना बन्द कर देते हों। यह युद्ध उचित है। पाँचवाँ उन लोगों से, जिन्होंने विजय प्राप्त कर ली हो तथा चोरों से युद्ध। यदि कोई किसी को मार कर धन सम्पत्ति ले जाना चाहता हो तो उससे युद्ध करना तथा उसकी हत्या करना उचित है।

(१३२ ब, १३३ अ) मुसलमानों तथा इस्लाम के लिये युद्ध करना नमाज़ और रोज़े के समान अनिवार्य है। युद्ध का एक ढंग तो यह है कि तुर्कों की तरह दल बनाकर युद्ध किया जाय। ताज़ीकों के समान युद्ध मैमना, मैसरा, क़ल्ब, जनाह आदि में विभाजित होकर; सासानियों के समान, जोकि ईरानी बादशाह थे, युद्ध इस प्रकार होता है कि मैमने की ओर धनुर्धारी रहें और मैसरे की ओर भाले वाले, मध्य भाग में गदाधारी तथा तलवार ढाल से युद्ध करने वाले हों। मध्य भाग ऊँचाई पर हो जिससे दोनों सेना वाले दिखाई दे सकें। दोनों जनाह पर विभाजित करने वाले मनुष्य प्रत्येक प्रकार के अस्त्र शस्त्र लिये हों। सवारों का एक गरोह, जिसके पास समस्त अस्त्र शस्त्र हों और जो अनुभवी भी हों तथा संग्राम में

प्रविष्ट होना एवं बाहर निकलना जानते हों, इधर उधर प्रबन्ध करने के लिये रखना चाहिये और जो प्रत्येक स्थान से दिखाई पड़ सकें। इस बात का प्रयत्न करते रहना चाहिए कि मध्य भाग अपने स्थान पर टिका रहे और बादशाह तथा सेनानायक मध्य में रहें। ईरानियों की सेना के प्रबन्ध को चन्द्राकार कहा जा सकता है। रणक्षेत्र में नमाज़ के लिए भी स्थान होना चाहिए।

अध्याय २१—युद्ध का प्रारम्भ

(१३३ ब) सर्व प्रथम मैमने को युद्ध प्रारम्भ करना चाहिए फिर क़ल्ब को (मध्य भाग को), तत्पश्चात् मैसरे को। प्रत्येक (भाग) का सेनानायक अपने चिह्नों तथा अपने सैनिकों के साथ अपने स्थान पर रहे जिससे बादशाह तथा मुख्य सेनानायक के पास से आज्ञायें प्राप्त हो सकें। यदि कोई सेना अत्यधिक हो तो ४००० सैनिक छिप कर आक्रमण करने के लिए पृथक् कर लिए जायें जिससे वे पराजय के समय सहायता को पहुँच सकें।

(१३४ अ) यदि कोई रक्षा के लिए आये तो उसे रक्षा प्रदान कर दी जाये और सर्वदा उसकी देख भाल होती रहे। उसे सेना से मिलने जुलने न दिया जाये। उसके ऊपर रक्षक नियुक्त कर दिये जायें। उससे उसके चिह्न तथा अस्त्र शस्त्र पृथक् करा दिए जायें। बन्दियों के बध के विषय में जल्दी नहीं करनी चाहिए। यदि उनकी हत्या का आदेश हो गया हो तो उनके मुंह बन्द करा दिए जायें, अर्थात् बोलने न दिया जाये, इस लिए कि जब वे निराश हो जाते हैं तो फिर ऐसी बातें करने लगते हैं जिससे उपद्रव का भय होता है।

अध्याय २२—युद्ध के लिये बाहर निकलना तथा नमाज़ पढ़ना

(१३८ ब) जब योद्धा मध्य भाग के बाहर निकल कर दाहिने भाग की ओर बढ़े और आक्रमण करे तो दोनों पंक्तियों के मध्य में पत्थर के समान चुपचाप खड़ा हो जाये, जिससे लोगों को पता चल जाय कि वह बड़ा ही वीर है। यदि कोई उससे युद्ध करने के लिये आये तो सर्व प्रथम बाण चलाये और फिर यदि वह निकट आ जाये तो भाला। यदि उससे भी काम न चले तो तलवार। यदि गदा से काम लिया जा सके तो उत्तम है। अपने रिकाब में पैर जमाये रखे जिससे कि मृत्युकारी घाव लगाया जा सके।

(१३९ अ) जो कोई दाहिनी पंक्ति से युद्ध करने के लिये बाहर निकले तो उसे जनाह (बाज़ू) तथा मध्य भाग की ओर रुख करना चाहिये। जो कोई मध्य भाग से निकले वह मैसरे की ओर बढ़े। यदि कोई सेना में लौटे तो उसे अपने चिह्न स्पष्ट रखने चाहियें जिससे यह पता चल सके कि वह मित्रों में से है। जब तक कि किसी का घोड़ा बहुत ही अच्छा न हो वह मैसरे से बाहर न निकले। यदि कोई शत्रु के मैसरे से सामने निकल कर आये तो केवल बड़े ही वीर, बुद्धिमान तथा उत्तम घोड़े वाले को ही बाहर निकलना चाहिये। अपने मैसरे की रक्षा करते रहना चाहिये। झण्डे वालों को झण्डे की रक्षा के अतिरिक्त कोई अन्य कार्य न देना चाहिये। उनके साथ वीर तथा साहसी सैनिकों को रहना चाहिये जिससे उन्हें किसी प्रकार का भय न हो।

(१३९ ब) यदि कोई युद्ध से लौट रहा हो तो उसका पीछा न करना चाहिये अपितु उसे मार्ग दे देना चाहिये जिससे वह अपने स्थान को लौट जाये। प्रायः ऐसे अवसर बड़े ही हानिकारक सिद्ध हुये हैं।

अध्याय २३—युद्ध के फ़रहँग[१] तथा लड़ाई से सम्बन्धित गूढ़ बातें

(१४० ब) प्रत्येक को अपने साथ कुछ न कुछ सिक्के (चाँदी) रखने चाहियें क्योंकि यह नहीं कहा जा सकता कि किस समय क्या हो जाये।

---

१ शब्द कोष।

(१४५ अ, ब) शत्रु के मार्ग को सवारों तथा प्यादों द्वारा रोक देना चाहिये। सर्व प्रथम अपनी रक्षा का प्रयत्न करना चाहिये। यह कार्य युद्ध से कहीं बढ़कर है। सिपेहसालार को पंक्तियों के प्रबन्ध, सेना के प्रस्थान तथा ठहरने के विषय में पूर्ण ज्ञान होना चाहिये। जो कुछ भी वह करे बुद्धिमानों से परामर्श लेकर करे। सरहँगों तथा सेना के मुक़द्दमों को चाहिये कि वे सिपहसालार के आज्ञाकारी रहें।

अध्याय २४—जो सैनिक विभिन्न स्थानों से लाये जाते हैं उनसे कोई लाभ नहीं होता

(१४६ ब) बुद्धिमानों ने कहा है कि सेनापति को सेना विभिन्न स्थानों से एकत्र न करनी चाहिये जैसे कि १०० इस स्थान से आ जायें और १०० उस स्थान से। इससे कोई लाभ नहीं होता। भिन्न-भिन्न सेनाओं से कोई बड़ा कार्य कदापि नहीं हो सकता। सेना तथा सेनापति को एक ही समूह का तथा सुसंगठित होना चाहिये। सुसंगठित होना सब से अधिक आवश्यक है।

(१४७ अ, ब) जो कार्य ४००० सुसंगठित मनुष्य कर सकते हैं, वह ४०००० अपितु ४००००० विभिन्न स्थानों के पुरुष नहीं कर सकते। अत्यधिक सेना से भी शत्रु पराजित नहीं हो सकता क्योंकि सेना की संख्या जितनी ही अधिक होती है वे परस्पर एक दूसरे के विरोधी ही होते हैं क्योंकि भिन्न-भिन्न स्थानों से एकत्र किये जाते हैं। उन्हें युद्ध की चिन्ता नहीं होती, केवल अपने प्राणों की फ़िक्र होती है। यदि किसी स्थान से कोई झूठी सूचना भी प्राप्त हो जाये कि वहां ऐसा हो गया तो वे परेशान हो जाते हैं और यही बात सेना की पराजय का कारण बन जाती है। संगठित न रहने पर किसी को एक दूसरे की चिन्ता नहीं रहती। जब सेना की संख्या इतनी होती है कि सेनापति उन्हें सुव्यवस्थित रख सकता है तो सेनापति जो कुछ चाहे उनसे करा सकता है।

अध्याय २५—ग़ज़ब तथा काफ़िरों से जेहाद (धर्मयुद्ध) की विशेषतायें

(१५१ अ, ब) जानना चाहिये कि, काफ़िरों से युद्ध करना बहुत बड़ा कर्तव्य है। मुहम्मद साहब ने कहा है कि यदि कोई रात या दिन में काफ़िरों से धर्मयुद्ध करता है तो वह संसार की सभी वस्तुओं से बढ़कर होता है। ग़ाज़ियों की पंक्ति में क्षण भर के लिये खड़े हो जाना ६० वर्ष की एबादत से बढ़कर होता है। तीन गरोह क़यामत के दिन स्वर्ग में सर्व प्रथम जायेंगे: (१) शहीद जोकि ईश्वर के लिये मारा गया हो। (२) जो ईश्वर की आज्ञा का पालन अपने स्वामियों की आज्ञा के पालन से बढ़ कर समझता हो। (३) वह दरवेश जिसकी सन्तान अधिक हो और वह पवित्र जीवन व्यतीत करता हो।

(१५२ ब) कहा गया है कि ग़ाज़ी तीन प्रकार के होते हैं: (१) जो युद्ध करते हैं। (२) जो ग़ाज़ियों के घोड़े तथा पशु चराते हैं। (३) जो ग़ाज़ियों की सेवा करते हैं।

अध्याय २६—ग़नीमत (लड़ाई की लूट का माल) एकत्र करना

(१५४ ब) मुसलमानों को लूट का माल खाना धार्मिक रूप से उचित है। सैनिक, ऊँट, घोड़े, गाय, भेड़, ग़ुलाम, धन सम्पत्ति तथा अस्त्र शस्त्र जो कुछ भी लायें उसमें से सुल्तान पाँचवाँ भाग ले ले।

(१५५ अ) लूट के माल के वितरण के पूर्व बादशाह, वाली तथा सेनापति को इस बात की आज्ञा है कि उसे जो कोई घोड़ा, ऊँट, दास अथवा अस्त्र शस्त्र पसन्द आये उसे ले ले। समस्त सेना एक या दो दास अथवा घोड़ा या ऊंट या जो कुछ भी लाये, उन सब को बाँटना चाहिये। उसमें से कोई चीज़ छिपानी न चाहिये। लूट के धन का पांचवाँ भाग अल्लाह, रसूल, अनाथों, दरिद्रों तथा व्यापारियों का हक़ है। यदि एक या दो मनुष्य

दारूलहर्ब[1] में जायें और वहां से कोई चीज़ लायें तो उसमें से पाँचवाँ भाग न लेना चाहिये। यदि कोई मुसलमान हर्बी काफ़िर को मार डाले और उसका घोड़ा, अस्त्र-शस्त्र तथा वस्त्र ले ले तो उससे वे चीज़ें वापस न लेनी चाहिये। काफ़िरों से युद्ध करना अनिवार्य है। यदि कोई काफ़िर किसी नगर से मुसलमानों के नगर में जाये और लूटमार आरम्भ कर दे तो सर्व साधारण को सूचना दे देनी चाहिये और ऐसे अवसर पर पत्नि बिना पति की और दास बिना स्वामी की आज्ञा के युद्ध करने के लिये निकल पड़े।

(१५५ ब) यदि मुसलमान दारूलहर्ब में जायें और किसी शहर अथवा क़िले को घेर लें तो उन्हें चाहिये कि वे सर्व प्रथम उन्हें इस्लाम की ओर बुलायें। यदि वे स्वीकार कर लें तो युद्ध न करें। यदि स्वीकार न करें तो उनसे जज़िया लिया जाये। यदि जज़िया देना स्वीकार कर लें तो युद्ध न करें क्योंकि ऐसी अवस्था में उनका रक्त तथा धन मुसलमानों के ख़ून तथा माल के समान होता है। ऐसी अवस्था में युद्ध न करना चाहिये। यदि इस्लाम अथवा जज़िया स्वीकार न करें तो फिर युद्ध करना चाहिये और ईश्वर से प्रार्थना करना चाहिये। मन्जनीक़[2] लगा देनी चाहिये और उनका विनाश कर देना चाहिये। यदि उनके मध्य में कोई मुसलमान बन्दी पायें तो उनके ऊपर आक्रमण न करें। केवल काफ़िरों से युद्ध करें। पत्नि का बिना पति की और दास का बिना स्वामि की आज्ञा के युद्ध करना उचित नहीं। सभी के लिए केवल सूचना पर उचित है। मुसलमानों के साथ विश्वासघात न करें। उनके अङ्ग न काटें, स्त्रियों की हत्या न करें। काफ़िरों के बच्चों, वृद्धों तथा अन्धों की हत्या न करें। केवल युद्ध करने वालों की हत्या करें। किसी पागल की भी हत्या न करें।

(१५६ अ) यदि बादशाह तथा सेनापति सन्धि करना उचित समझें तो उसकी अवधि निश्चय करके संधि करलें। यदि उन्हें सन्धि का पालन करते हुये न पायें तो उनसे युद्ध करें। यदि उनके दास मुसलमानों की सेना में आयें तो कोई भी उन्हें दास न बनाये क्योंकि वे लोग स्वतंत्र लोगों के समान होते हैं।

यदि किसी नगर के ऊपर बलपूर्वक अधिकार जमा लिया जाये तो दानी बादशाह को चाहिये कि भूमि को मुसलमानों में बाँट दे। उसका ख़राज निश्चित कर दे। बन्दियों की चाहे तो हत्या करा दे, चाहे तो दास बनाये रखे और चाहे तो उन्हें छोड़ दे जिससे वे मुसलमानों की सेवा करते रहें। उन्हें पुनः दारुलहर्ब में न भेजे। यदि उनके पास पशु हों और लौटते समय उनका ले जाना संभव न हो तो उन्हें मार डाले। किसी प्रकार से बेकार करके उन्हें जीवित न छोड़े। लूट के माल को जब तक वहाँ से वापस न हों दारुलहर्ब में न बाँटे।

(१५६ ब) बाँट में सवाराने मुक़ातला[3] तथा ग़ैर मुक़ातला[4] बराबर होते हैं। सेना के बाज़ारियों को ग़नीमत के पाँचवें हिस्से में, उसके अतिरिक्त जिसने युद्ध किया हो, किसी को कोई अधिकार नहीं होता। यदि किसी भी शहर वाले अथवा क़िले वाले काफ़िर स्त्री या पुरुष अथवा दल को शरण प्रदान कर दिया गया हो तो मुसलमानों को उनकी हत्या उस समय तक न करनी चाहिये जब तक कि वे छल अथवा फ़साद न करें। यदि कोई ज़िम्मी, बन्दी अथवा व्यापारी किसी दास के पास शरण के लिये जाय तो उसे उस समय तक शरण देने का अधिकार नहीं है जब तक कि उसके स्वामी ने आज्ञा न देदी हो। यदि दारुलहर्ब वालों ने मुसलमानों की धन-सम्पत्ति लूट ली हो और उन पर अधिकार प्राप्त कर लिया हो परन्तु बाद

१ वह स्थान जो मुसलमानों के अधिकार में न हो।
२ पत्थर, आग तथा अन्य शीघ्र जलने वाले पदार्थ फेंकने की मशीन।
३ जिन्होंने युद्ध में मार काट की हो।
४ जिन्होंने युद्ध में मार काट न की हो।

में मुसलमानों को विजय प्राप्त हो गई हो और उस धन सम्पत्ति पर पुनः अधिकार जमा लिया गया हो तो बाँटने के पूर्व उसे पुनः वापस लिया जा सकता है। यदि वह सम्पत्ति बाँटने के उपरान्त पहचानी जाये तो मूल्य देकर खरीदी जा सकती है। यदि कोई व्यापारी दारुलहर्ब में पहुँचे तो उससे कोई सामान न ख़रीदा जाये। यदि किसी मुसलमान का दास भाग कर दारुलहर्ब में चला जाय और वह पकड़ लिया जाय तो वह उसकी सम्पत्ति नहीं होता। यदि बादशाह के पास लूट का माल लाद कर ले जाने के लिये जानवर न हों तो उन्हें दारुल-इस्लाम में ले जाने के लिये सेना में बाँट दिया जाये।

(१५७ अ) लूट के माल से बाँटने के पूर्व किसी चीज़ को बेचने की आज्ञा नहीं है। यदि दारूलहर्ब में किसी की मृत्यु हो जाये तो उसका हिस्सा उसके उत्तराधिकारियों को दे दिया जाये। कोई चारा अथवा भोजन सामग्री लूट के माल में प्राप्त हो तो उसे दारुलहर्ब से बाहर लाने के पूर्व तथा बाँटने के पूर्व न तो स्वयं खायें और न पशुओं को दें। बादशाह को चाहिये कि लूट का माल बाँटते समय पाँचवाँ भाग स्वयं ले ले और शेष चार भाग लूट का माल लाने वालों में बाँट दे। दासों, स्त्रियों, बालकों तथा ज़िम्मियों को लूट के माल में कोई हिस्सा नहीं मिलता। जो कोई मुर्दा भूमि (बन्जर भूमि) को जीवित करे (कृषि योग्य बनाये) तो वह उसकी ही हो जाती है। अबू यूसुफ़ ने कहा है कि "ख़राजी भूमि के निकट की भूमि ख़राजी होती है और उश्री भूमि के निकट की भूमि उश्री होती है।" मुहम्मद साहब ने कहा है "कि जो कोई बेकार भूमि को ज़िन्दा करे, वहाँ कुआ खोदे अथवा कोई चश्मा निकाले तो वह भूमि किसी के अधिकार में नहीं आती अपितु उस पर उश्र अनिवार्य होता है। जिस भूमि के पास कोई नदी अथवा नहर हो उस ज़मीन पर ख़राज लगता है।"

(१५७ ब) जो कोई ख़राज देने वाला मुसलमान हो जाये तो उससे वही ख़राज लिया जाये जो उससे पूर्व लिया जाता था। यदि कोई मुसलमान किसी ज़िम्मी से ख़राज की भूमि खरीद ले तो उसे वही ख़राज अदा करना होता है जो ज़िम्मी से लिया जाता था। मुहम्मद साहब ने कहा है कि "एक ही भूमि से उश्र तथा ख़राज दोनों ही नहीं लिये जा सकते। या तो उश्र अनिवार्य होता है या ख़राज।" जज़िये दो प्रकार के होते हैं। एक यह है कि लोग संगठित होकर युद्ध तथा रक्तपात को त्याग दें और लोगों को शरण प्राप्त हो जाये। दूसरी क़िस्म यह है कि बादशाह काफ़िरों के किसी शहर पर अधिकार जमा ले और उनकी धन सम्पत्ति उन्हीं के हवाले कर दे। ऐसी अवस्था में धनी लोगों से एक वर्ष में ४८ दिरमनक चाँदी, मध्यम श्रेणी वालों से २४ दिरमनक चाँदी और निम्न व्यवसायी लोगों से १२ दिरमनक चाँदी ली जाये। इससे अधिक उचित नहीं है। जज़िया ईरानियों, यहूदियों, ईसाइयों, मूर्त्ति-पूजकों तथा अग्नि पूजकों से लिया जाता है।

(१५८ अ) अरब के मूर्तिपूजकों, मुरतदों, स्त्रियों, बालकों, अन्धों तथा व्यवसाय न करने वालों तथा फ़क़ीरों से जज़िया नहीं लिया जाता। जिस किसी से भी जज़िया लिया जा रहा हो यदि वह इस्लाम स्वीकार करले तो फिर उससे जज़िया नहीं लिया जा सकता। ज़िम्मियों को मुसलमानों के नगरों में घोड़े की सवारी करने की आज्ञा न होनी चाहिये। उनके बैठने के ढंग, वस्त्र तथा ज़ीन मुसलमानों की प्रथा के विरुद्ध होने चाहियें। जो कोई इस्लाम छोड़ कर मुरतद हो जाये उसकी तीन दिन प्रतीक्षा करनी चाहिये। तत्पश्चात् उसे इस्लाम स्वीकार करने के लिये कहना चाहिये। यदि वह इस्लाम स्वीकार कर ले तो बड़ा अच्छा है अन्यथा उसकी हत्या कर दी जाये। यदि कोई स्त्री इस्लाम त्याग दे तो उसकी हत्या न की जाये अपितु बन्दी बना दिया जाये ताकि वह इस्लाम स्वीकार कर ले। यदि कोई मुरतद हो जाये तो उसकी धन सम्पत्ति उसके अधिकार में नहीं रह सकती। यदि वह पुनः मुसलमान हो जाये तो

उसके अधिकार में आ जाती है। यदि कोई मुरतद मार डाला जाये अथवा मर जाये तो उसकी वह धन सम्पत्ति जो उसने उस समय प्राप्त की थी जबकि वह मुसलमान था, उसके मुसलमान उत्तराधिकारियों को दे दी जाये। जो कुछ उसने मुरतद होने के समय प्राप्त किया था, उसे बैतुलमाल में जमा कर दिया जाये। यदि कोई मुरतद किसी कुफ़् के स्थान पर चला जाये और क़ाज़ी यह कह दे कि वह दारूलहर्ब में चला गया तो उसके दास अपितु दासों के माता पिता एवं पुत्र भी स्वतंत्र हो जाते हैं। यदि कोई मुरतद पुनः दारूल-इस्लाम में आ जाये और इस्लाम स्वीकर कर ले तो अपना जो कुछ भी वह अपने उत्तराधिकारियों के पास पाये उसे पुनः अपने अधिकार में कर ले। जो कोई दारूलहर्ब से किसी बादशाह के पास उपहार भेजे अथवा जज़िया अदा करे तो उसे मुसलमानों के लाभ के कार्यों में व्यय करना चाहिये। उससे पुल, भवन आदि बनवाने चाहियें।

(१५८ ब) यदि कोई गरोह विद्रोही हो जाये और मुसलमानों का मार्ग रोक दे तथा सुल्तान उन्हें अपने अधिकार में कर ले और वे उस समय तक किसी की हत्या न कर चुके हों अथवा धन सम्पत्ति पर अधिकार न जमाया हो तो उन्हें बन्दी बना लिया जाय जिससे वे तोबा कर सकें। यदि किसी मुसलमान अथवा ज़िम्मी का माल उन्होंने छीन लिया हो और वह धन अभी तक सुरक्षित हो तो उस धन को उसके स्वामियों में बाँट दिया जावे। लुटने वाले के हाथ पैर काट लिये जायँ और यदि किसी ने किसी की हत्या करके धन लूट लिया हो तो उसकी हत्या कर दी जाये। जिसकी हत्या हो गई हो यदि उसके सम्बन्धी हत्यारे को क्षमा कर दें तो इस पर कोई ध्यान न दिया जाय और उसको मार डाला जाय। ऐसे व्यक्ति के लिये बादशाह को अधिकार होता है कि वह उसे चाहे तो मरवा डाले और चाहे तो सूली पर चढ़वा दे। हत्यारे के पेट में भाले से छेद कर देना चाहिये जिससे वह मर जाये। तीन दिन तक उसे लटकाये रखना चाहिये।

(१५६ अ) *अध्याय* २६—क़िले की विजय के लिये आक्रमण तथा उपाय

(१६३ ब) क़िले वालों का हृदय अपनी ओर करने का प्रयत्न करना चाहिये। क़िले के भीतर पत्र फिकवाये जायें और सन्देश भेजे जायें। उनसे बड़े अच्छे ढंग से बात चीत की जाय और जिस प्रकार हो सके प्रलोभन दिया जाय। विभिन्न प्रकार के समाचार फैलाये जायें, मन्जनीक़ें लगवाई जायें, ख़रक़[1] काट कर दीवार के नीचे रख दिये जायें, मतर्स[2] तैयार करायें, दीवारों में छेद कर दें, खम्भे लगवायें और उनमें आग लगादें जिससे दीवार गिर पड़े। क़िले में आग फेंक कर सब को जला देना चाहिये। यह प्रसिद्ध करते रहना चाहिये कि अमुक सेना कल आयेगी, अमुक सेना अमुक स्थान पर पहुंच चुकी है। रात्रि में सेना के कुछ भाग बाहर चले जायें और प्रातः काल झण्डा लिये हुये ढोल पीटते चले आयें। यह कहते रहें कि अमुक दिन युद्ध होगा। उन्हें क़िले के विषय में सूचना प्राप्त करते रहना चाहिये। क़िले वालों को चिल्ला-चिल्ला कर यह सुनाना चाहिये कि 'अपने ऊपर अत्याचार मत करो, जो कुछ भोज्य सामग्री, चारा तथा जल क़िले में है वह कुछ ही दिन में समाप्त हो जायेगा।'

(१६४ अ, ब) क़िले वालों में किसी न किसी प्रकार से फूट डलवानी चाहिए और उन्हें लोभ दिला कर अपनी ओर मिलाना चाहिये। क़िले पर विजय प्राप्त करने के लिए यह चीज़ें बहुत आवश्यक हैं: सीढ़ी, रस्सी की कमन्द और फन्दे, ख़रक़, मतर्स, मन्जनीक़,

---

१ ख़रक़ः लकड़ी के तख़्ते जिनसे क़िले पर आक्रमण करने में आसानी हो।

२ मतर्सः खाई के पास की भीत; दीवार।

अरादा[1], दहमुर्दा,[2] अरादये खस्ता,[3] दीवारकन,[4] व आतिशकश[5] (लोहे का) फावड़े, बेलचे, भाले, तख्ते, आदि। क़िले के भीतर वालों को निम्नांकित चीज़ों की आवश्यकता होती है: बुद्धिमान लोग, अनाज देने वाले, चिकित्सक, ज्योतिषी, रसोई पकाने वाले, कमान बनाने वाले, सुनार, लोहार, जर्राह, हज्जाम, दर्ज़ी, धुनिया, जुलाहे, फ़ुक़ा पिलाने वाले, मेहतर, धोबी, नालबन्द, नम्दा बनाने बाले, नहलाने वाले, झंडा, बाजे तथा बाजे वाले, बाण, सूए, भिन्न-भिन्न प्रकार के पत्थर, चर्ख चलाने वाले, मन्जनीक़ व अरादा चलाने वाले, हाथ से मन्जनीक़ से व गोफन से पत्थर फेंकने वाले, गेहूँ और जौ का आटा, अन्य दालें, सिरका, मांस, इत्यादि। यदि बाण न रह जायें तो बाण बनाये जा सकें। पर्याप्त लोहा होना चाहिए। बड़ी बड़ी खूंटियाँ, दीवार खोदने के औज़ार, गाय भैंस, ज़ंजीरें इत्यादि। ख़रक़ बनाने के लिए लकड़ी तथा उनको जोड़ने के लिए सामग्री।

(१६५ अ) रात भर जागते रहना चाहिये और असावधान न रहना चाहिये। दीवारों तथा छेदों के विषय में सर्वदा पूछताछ करते रहना चाहिए। दरबानों पर भरोसा न करना चाहिए। क़िले की कुन्जी ले लेनी चाहिएं तथा स्वयं रक्षा करनी चाहिए। प्रत्येक रात्रि में बुर्जों पर पहरा देने वाले सिपाहियों को बदलते रहना चाहिए। उन्हें दीवार के खुदने तथा नक़ब लगने के विषय में पूर्ण जानकारी होनी चाहिए। रात्रि में कई बार क़िले के द्वार पर जाकर दरबानों तथा सरहंगों के विषय में पूछताछ करते रहना चाहिए। उन्हें प्रोत्साहन देते रहना चाहिए। मन्जनीक़ तथा अरादा चलाने वालों को ख़िलअतें देते रहना चाहिए।

(१६५ ब) व्यर्थ में बाणों को नष्ट न करें अपितु युद्ध के समय उनको प्रयोग में लायें। जो कोई भी भीतर से बाहर वालों पर तीर मार दे उसे इनाम दें। यदि द्वार के बाहर युद्ध हो रहा हो तो चहार दीवारी, खाई तथा द्वार को खाली न छोड़ें और द्वारों पर वीर सैनिकों को नियुक्त करें। यदि किसी न किसी कारण यह देखें कि क़िले पर विजय प्राप्त हो जायेगी तो व्यर्थ युद्ध न करना चाहिए और अपने आपको तथा अपने परिवार को नष्ट न कराना चाहिए अपितु सन्धि कर लेनी चाहिए।

(१६६ अ) मन्जनीक़ कई प्रकार की होती है; मन्जनीक़े ऊरूस चारों ओर से चलाई जा सकती है, मन्जनीक़े देव[6], मन्जनीक़े ग़ूरीवार[7], मन्जनीक़े रवाँ[8], अरादये एकरुई, अरादये गर्दां, अरादये ख़ुफ़ता, अरादये रवाँ[9]। क़िले भी कई प्रकार के होते हैं - (१) एक वह है जो भूमि के नीचे सुरंग बना करके तैयार किया गया हो तथा उस सुरंग में मार्ग बना लिए गये हों। उन सूराखों से किसी जंगल अथवा नदी में बाहर निकलने में सुविधा हो। इस प्रकार के क़िले मुलहिद लोग बनाते हैं और जब वह विवश हो जाते हैं तो भाग जाते हैं।

(१६६ ब) दूसरे ऐसे क़िले जोकि भूमि के ऊपर हों और उनमें सुरंग बनाई जा सकती हो तथा इच्छानुसार युद्ध किया जा सकता हो। (३) ऐसे क़िले जो भूमि के ऊपर हों किन्तु

१ मन्जनीक़ के समान पत्थर तथा आग आदि फेंकने की मशीन।
२ दहमर्द: दस आदमियों की शक्ति को कहते हैं। इस स्थान पर इस शब्द का अर्थ स्पष्ट नहीं।
३ क़िले में आग फेंकने की एक प्रकार की मशीन
४ दीवार खोदने का यंत्र।
५ आग फेंकने का एक प्रकार का फावड़ा।
६ कदाचित बड़ी मन्जनीक़
७ एक प्रकार की मन्जनीक़
८ कदाचित ऐसी मन्जनीक़ जिस में पहिय्ये लगे हों।
९ इन भिन्न भिन्न प्रकार के अरादों का किसी स्थान पर कोई उल्लेख नहीं मिलता।

उनको इस प्रकार से मिट्टी से ढका गया हो कि उनमें सुरंग न बन सकती हो। ऐसे क़िले जो पुश्तों तथा पर्वतों की चोटियों पर हों और कोई भी जहाँ सुगमतापूर्वक न पहुंच सकता हो। बादशाहों को ऐसे क़िलों के निकट न जाना चाहिए अपितु वहाँ वालों से सन्धि कर लेना चाहिए। यदि कोई नगर क़िले के समान हो और उसमें वह समस्त वस्तुयें हों जो क़िले में होती हैं तथा वहाँ के मनुष्यों की संख्या भी अधिक हो तो बादशाहों को ऐसे नगर के निकट न जाना चाहिए।

(१६६ ब) *अध्याय २८*—सेना की कुशलता तथा सहायता

(१६७ अ) मुहम्मद साहब जब किसी यात्रा अथवा युद्ध के लिये जाते थे तो सहाबा यां महाजिर दरवेशों से सफलता एवं विजय हेतु प्रार्थना करने के लिये याचना करते थे और सर्वदा उनकी प्रार्थना से उन्हें विजय प्राप्त हुआ करती थी।

अध्याय २९—युद्ध में विजय के चिह्न

(१७३ अ) जानना चाहिये कि विजय तथा सफलता के चिह्न दो प्रकार के होते हैं। एक तो वह हैं जिसे सेना भी देख सकती है और जो कुछ भी होता है वह प्राप्त हो जाता है। दूसरी विजय का सम्बन्ध बादशाह तथा सेना के अधिकारियों से होता है। जो विजय आँखों द्वारा देखी जा सकती है उसका प्रमाण यह है कि पताकायें मध्य में हों और किसी प्रकार का शोर गुल न हो अपितु शनैः शनैः अग्रसर हों। सेना वालों को किसी प्रकार की चिन्ता न हो। घोड़े हिनहिना न रहे हों, तथा प्रसन्न मुद्रा में हों। सर्व प्रथम शत्रु की सेना से पुरुषों का बन्दी बनाना आरम्भ होता है; कोतल घोड़े तथा पशु, शत्रु की सेना से आने लगते हैं। ऐसी दशा में संगठित होकर शत्रुओं पर आक्रमण करना चाहिये और कोई भय न करना चाहिये।

(१७३ ब) दूसरी प्रकार की विजय यह है कि बादशाह न्याय करे और अत्याचार करना बन्द कर दे। जिन लोगों पर अत्याचार किया गया हो उनकी सहायता करे। धर्म (इस्लाम) में जो हस्तक्षेप किये गये हों उन्हें मिटा दे। अल्लाह के आदेश तथा शरीयत के के अतिरिक्त किसी बात की आशा न करे। ख़राज शरीयत के अनुसार प्राप्त करे और नियमानुसार धन सम्पत्ति माँगे। प्रजा को सन्तुष्ट रखे। सैनिकों को प्रजा के घरों में उतरने न दे। किसी सैनिक को कम मूल्य पर कोई वस्तु ख़रीदने न दे। अहले सलाह (संतों) आलिमों, फ़क़ीहों तथा जमाअत की नमाज़ का प्रबन्ध करे; फ़क़ीहों की, जो फ़िक़्ह का प्रबन्ध करते हैं, प्रार्थनाओं को पूरा करता रहे। उनके इदरार (वृत्ति) के कारण उनके वेतन में कमी न करे अपितु उसमें वृद्धि करता रहे। दीनों तथा निर्बलों की शुभकामनायें प्राप्त करता रहे। मुहम्मद साहब को भी इसी कारण विजय प्राप्त होती रहती थी।

अध्याय ३०—बादशाह तथा सेनापति के सम्बन्ध में

(१७६ अ) प्रत्येक के साथ उसकी श्रेणी के अनुसार व्यवहार करना चाहिये और आश्रय प्रदान करना चाहिये। बादशाह तथा सेनापति को सदाचारियों तथा आज्ञाकारियों का ध्यान रखना चाहिये। प्रत्येक को उसके कार्य एवम् उसकी आज्ञाकारिता के अनुसार खिलअत, इनाम, घोड़े अस्त्र-शस्त्र तथा भोजन सामग्री प्रदान करना चाहिये। उनको प्रोत्साहन भी दे जिससे कि अन्य लोगों को भी सेवा करने अथवा आज्ञाकारी बनने का लोभ हो सके।

अध्याय ३१—उन बातों के विषय में जिनसे सैनिक दंड के पात्र होते हैं

(१७८ब, १७९अ) बादशाह तथा सेनापति को चाहिये कि वे समस्त सेना को सभी आवश्यक बातों की सूचना देते रहें। जिन चीज़ों से उन्हें बचते रहना हो उनके विषय में उन्हें बताते रहें। ऊँची आवाज़ में भी कभी कभी इन आदेशों के विषय में सूचना देते रहना चाहिये जिससे उन्हें कोई

कष्ट न हो। यदि किसी से कोई अपराध हो जाये तो उसकी रोक टोक की जाये जिससे अन्य लोगों को सूचना मिलती रहे। यदि कोई उस स्थान से जो उसके लिये निश्चित हो चुका हो बिना आज्ञा आगे अथवा पीछे हो जाये तो उसे दण्ड दिया जाये। यदि सेनापति किसी में कोई दोष पाये और उसकी रोक टोक न करे और उसे बन्दी-गृह में न भेजे तो बाद को सेनापति से पूछताछ करनी चाहिये और चेतावनी देनी चाहिये। युद्ध आरम्भ होने से पूर्व यदि कोई पहल करे तो उसे दंड दिया जाये। निम्नांकित लोगों को दंड देना चाहिये : जो अपने आप को युद्ध के दिन बीमार डाल दें, बहाना करें और झूठ बोलें तथा अन्य लोगों से पृथक् उतरें; जो कोई तलाया के समय अथवा युद्ध को जाते समय या पहरे के समय सो जाये; जो कोई शत्रु को भागने का मार्ग दिखाये; जो अपनी ओर से कोई बात कहे अथवा झूठा सन्देशा भेजे; जो कोई शत्रु को अपनी सेना के विरुद्ध साहस दिलाये जो कोई शत्रु की सेना में वाण में पत्र बाँध कर फेंके; जो कोई भी शत्रु को अस्त्र शस्त्र भेजे; जो शत्रु को अपनी सेना के विषय में अथवा संख्या के विषय में सूचना दे; जो शत्रु पर अधिकार प्राप्त करके बादशाह अथवा सेनापति को सूचना देने से पूर्व छोड़ दे; जो कोई अपनी सेना की योजनाओं के विषय में शत्रु को सूचना दे; जो कोई शत्रु को कोई भोजन सामग्री भेजे; जो शत्रु को बन्दी बना कर छिपा दे; जो कोई अपने साथियों के साथ न रहे; जो कोई तलाया के समय अपने साथियों को अपरिचित मार्ग की ओर ले जाये; जो कोई भी अपने साथियों से उचित व्यवहार न करे; जो अपनी शक्ति के बाहर युद्ध करे; जो अपने वस्त्र को शत्रु के वस्त्र अथवा अपने चिह्नों को शत्रु के चिह्नों के समान बनाये।

अध्याय ३२—उस्तादों के बताये हुए लाभ

(१८० अ, ब) जानना चाहिए कि अनुभवी तथा योग्य उस्तादों ने जो कुछ अस्त्र शस्त्र तथा अन्य चीज़ों के विषय में जैसे गेंद खेलना, पत्थर उठाना, ज़ोर करना, मल्लयुद्ध करना, मुक्के बाज़ी करना, गोफन से पत्थर फेंकना आदि निश्चय किया है उससे बड़े लाभ हैं।

अध्याय ३३—युद्ध में मृत्यु से बचते रहने का प्रयत्न अधिकतर सम्भव नहीं।

(१८५ अ) समस्त बातों के लिए समय होता है और मृत्यु ईश्वर के अधिकार में है।

अध्याय ३४—बादशाह तथा सेनापति एवं प्रजा को क्या करते रहना चाहिये

(१८८ ब) बुद्धिमानों ने कहा है कि अपने भेदों की रक्षा करो; अपने बड़ों के आज्ञाकारी बने रहो ताकि तुम से छोटे तुम्हारे आज्ञाकारी बने रहें। जल्दबाज़ी मत करो। परामर्श करते रहना अच्छा है। सेना से धैर्य से कार्य लो जिससे पश्चाताप न हो। शत्रु चाहे छोटा हो किन्तु उसे बड़ा समझो। युद्ध में युक्ति से कार्य लेना युद्ध से उचित होता है। जहाँ तक हो सके युद्ध न करो और यथा-सम्भव स्वयं युद्ध मत करो। सेनापति की हानि अत्यधिक लोगों की हत्या से कहीं अधिक महत्त्वपूर्ण होती है। सेनापति तथा सेना का उदाहरण शरीर तथा सिर से दिया जा सकता है। यदि सिर सुरक्षित रहता है तो फिर कोई हानि नहीं होती। सेनापति तथा बादशाह को युद्ध के समय कोई चिन्ता न करनी चाहिए।

(१८९ अ, १९० ब) किसी सेना में दो अमीर तथा दो आदेश देने वाले न होने चाहिए; बादशाह तथा सेनापति को न्यायकारी होना चाहिए; जो कुछ ईश्वर ने प्रदान किया है उसके लिये सन्तुष्ट रहना चाहिए।

सद्रुद्दीन हसन निज़ामी

सद्रुद्दीन मुहम्मद बिन (पुत्र) हसन निज़ामी का जन्म नीशापूर में हुआ था। ख़ुरासान में मुग़लों के उत्पात के कारण उसे भी अपनी जन्म भूमि त्याग कर हिन्दुस्तान आना पड़ा। मार्ग में उसने बड़ी कठिनाइयों का सामना किया। देहली में पहुँचकर वह क़ाज़िये ममालिक शर्फ़ुलमुल्क की सेवा में उपस्थित हुआ। कुछ समय उपरान्त उसके मित्रों ने उससे एक इतिहास लिखने की प्रार्थना की।

उसने ६०२ हि० (१२०५ ई०) में ताजुल मआसिर लिखना प्रारम्भ किया। साधारणतया ताजुल मआसिर की जितनी भी हस्तलिखित प्रतियाँ वर्त्तमान हैं, उनमें ५८७ हि० (११९१ ई०) से लेकर ६१४ हि० (१२१७ ई०) तक का हाल वर्त्तमान है। इतना लिखने के उपरान्त हसन निज़ामी ने लिखा है कि, "यदि मैं जीवित रहा तो इसके आगे का हाल भी लिखूँगा;" किन्तु यह हाल इस पुस्तक के अतिरिक्त जो इलियट ने नवाब ज़ियाउद्दीन देहलवी से प्राप्त की थी, किसी अन्य पुस्तक में नहीं मिलता। नवाब ज़ियाउद्दीन की पुस्तक में जो ७७९ हि० (१३७७-७८ ई०) में नक़ल की गई थी, ६२६ हि० (१२२८-२९ ई०) तक का हाल मिलता है। इलियट ने इसी पुस्तक में ६२६ हि० तक का हाल अपने अङ्गरेज़ी अनुवाद में दिया है।

ताजुल मआसिर में लेखक ने बड़ी अलंकारिक भाषा का प्रयोग किया है। साधारण ऐतिहासिक घटनाओं को ऐसी कठिन भाषा में लिखा है और बीच बीच में नाना प्रकार की इतनी बातें लिख दी हैं कि उसके इतिहास का समझना सरल नहीं। ऐसा ज्ञात होता है कि हसन निज़ामी अपने आप को अलंकारिक भाषा लिखने में निपुण सिद्ध करना चाहता था। इस दोष के होते हुये भी उसके इतिहास का महत्त्व कम नहीं। उसने जितनी भी घटनायें लिखी हैं, वे उसके सामने घटी थीं। उसके इतिहास द्वारा पता चलता है कि उस समय विद्वान् किस प्रकार की भाषा को महत्त्व देते थे। समारोहों तथा भिन्न-भिन्न वस्तुओं के उल्लेख में यद्यपि अलंकारिक भाषा का प्रयोग किया गया है, किन्तु इस पर भी हमें उसके इतिहास द्वारा उस समय की संस्कृति की झांकी प्राप्त हो जाती है।

ताजुल मआसिर, प्रोफ़ेसर मुहम्मद हबीब, अलीगढ़ विश्वविद्यालय, ने हैदराबाद के आसफ़िया पुस्तकालय से नक़ल कराई थी। इसमें भी वह भाग नहीं है जिसका अँगरेज़ी अनुवाद इलियट ने अपनी पुस्तक में दिया है। इस कारण वह भाग इलियट के इतिहास से लिया गया। शेष भाग प्रोफ़ेसर मुहम्मद हबीब की पुस्तक से लिया गया है।

ताजुल मआसिर

क़ुतुबुद्दीन ऐबक का सिंहासनारोहण

भिन्न-भिन्न प्रदेशों की प्रजा को शान्त करने के लिये चारों ओर शुभ आदेश भेजे गये और दरबार के अमीर तथा सहायक उपस्थित हुये और उन्होंने अपनी अधीनता-स्वीकृति अर्पण की। ग़ज़नी का राज्य ताजुद्दीन यलदुज़ को प्राप्त हुआ और हिन्दुस्तान का राज्य परशोर से समुद्र तट तक और दूसरी दिशा में सिविस्तान से चीन पर्वत की सीमा तक क़ुतुबुद्दीन ऐबक के अधीन हो गया। ख़ुत्बा तथा सिक्का, दिरम तथा दीनार दोनों ही उसके नाम से सुशोभित हुये। विद्रोह और विरोध का अन्त हो गया। सभी उसके आज्ञाकारी बन गये। लाहौर, जहाँ बुद्धिमान तथा विद्वान् लोग एवं ज़ाहिद और धर्मनिष्ठ लोग एकत्र हो गये थे, राजधानी बना। शरा की आज्ञाओं तथा हनफ़ी धर्म को बड़ी उन्नति प्राप्त हुई।

सुल्तान की मृत्यु चौगान खेलते समय घोड़े से गिर कर हो गई और वह लाहौर में दफ़न हुआ।

शम्सुद्दीन का राज्य

६०७ हि० (१२१० ई०) में हिन्दुस्तान के राज सिंहासन को शम्सुद्दीन वद्दुनियाँ इल्तुतमिश द्वारा सम्मान प्राप्त हुआ। सरजानदार तुर्की ने, जोकि षड्यंत्रकारियों का नेता था और जो ख़ून के प्यासे तुर्कों द्वारा मुसलमानों का रक्त बहाने के लिये तैयार हो गया था, खुल्लमखुल्ला विद्रोह कर दिया। यद्यपि सुल्तान से विद्रोह के दमन के लिये प्रार्थना की गई किन्तु उसने कुछ दिन इस कार्य में हाथ न डाला। अन्त में वह इन लोगों से युद्ध करने के लिये एक बहुत बड़ी सेना लेकर निकला। इज़्ज़ुद्दीन बख़्तियार, नासिरुद्दीन मर्दानशाह, हिज़ब्रुद्दीन अहमद सूर, इफ़्तिख़ारुद्दीन, मुहम्मद उमर जैसे वीर सरदार उसके सहायक थे। यह सेना जो अग्नि की भाँति आक्रमण करने के लिये तथा वायु के समान तीव्रता से बढ़ने के लिये निकली थी, एक लोहे की पहाड़ी के समान जूद उद्यान के निकट युद्ध के लिये तैयार हो गई। अक़संकर कित्ता और ताजुद्दीन, फ़र्रुख़शाह युद्ध में मारे गये। सरजानदार तुर्की यमुना नदी में कूद पड़ा और लोमड़ी के समान सिंह के भय से भाग गया। उसके कुछ साथी मारे गये और कुछ छिन्न-भिन्न हो गये।

जालौर पर अधिकार

कुछ समय उपरान्त सुल्तान को सूचना मिली कि जालौर के क़िले के निवासी युद्ध की तैयारियाँ कर रहे हैं और दो एक बार बड़े अनुचित कार्य कर चुके हैं। शम्सुद्दीन ने एक बहुत बड़ी सेना एकत्र की। राज्य के कुछ स्तम्भों जैसे रुक्नुद्दीन हमज़ा, इज़्ज़ुद्दीन, बख़्तियार नासिरुद्दीन मर्दानशाह, नासिरुद्दीन अली और बजरुद्दीन शौकरतिगीन तथा अन्य वीर और योग्य धनुर्धर युद्ध के लिये चल पड़े। भोजन सामग्री तथा जल की कमी के कारण रेगिस्तान की यात्रा सरल न थी। उदीशाह ने जालौर के क़िले के द्वार बन्द कर दिये। जब शम्सुद्दीन ने उस स्थान को घेर लिया तो उदीशाह ने शाही सेना के कुछ सरदारों द्वारा क्षमा-याचना का प्रयत्न प्रारम्भ कर दिया। जिस समय उससे क़िले पर से अपना अधिकार हटा लेने के लिये कहा गया उसी समय क़िले के दो तीन गरगज[1] गिरा दिये गये। उसने इसके

१ एक प्रकार का मचान जिसके द्वारा क़िले पर आक्रमण करने तथा प्रतिकार में सुविधा होती थी।

उपरान्त तुरन्त उपस्थित होकर सुल्तान के चरणों पर अपना सिर रख दिया। सुल्तान ने उसे क्षमा कर दिया और उसका क़िला लौटा दिया। राय ने सौ ऊँट तथा बीस घोड़े सुल्तान की सेवा में उपस्थित किये। सुल्तान इसके उपरान्त देहली लौट गया। उसके पहुंचने पर मन्दिरों का, जोकि अपना सिर उठाये हुये थे, नाम भी शेष न रहा और कुफ़ के अँधेरे से इस्लाम का प्रकाश चमक उठा।

ग़ज़नी की सेना की पराजय, ताजुद्दीन यंलदुज़ का पकड़ा जाना

ग्रीष्म ऋतु के उपरान्त सुल्तान काफ़िरों पर आक्रमण तथा हिन्दुस्तान के कुछ स्थानों पर अधिकार जमाने का आयोजन कर रहा था, किन्तु इसी बीच में सुल्तान को दूतों द्वारा सूचना मिली कि ताजुद्दीन ने अपने मस्तिष्क में विरोध की भावनायें पैदा करली हैं। शम्सुद्दीन ने उसकी आकांक्षाओं का अन्त करना निश्चय कर लिया। वह एक बहुत बड़ी सेना लेकर आगे बढ़ा और सोमवार ३ शव्वाल ६१२ हि० (२५ जनवरी, १२१६ ई०) को समन्द नामक स्थान पर पहुँच गया। मलिक ताजुद्दीन की मुक़द्दमे की सेना ने उससे युद्ध किया। युद्ध में शत्रु की सेना ने इस्लामी सेना के बायें बाज़ू पर आक्रमण करके हिन्द तथा सिन्ध पर अधिकार जमाने का प्रयत्न किया। ताजुद्दीन एक बाण द्वारा घायल हुआ और सुल्तान शम्सुद्दीन के सम्मुख पेश किया गया।

नासिरुद्दीन क़ुबाचा का भागना और लाहौर की विजय

कुछ समय उपरान्त मुईदुलमुल्क मुहम्मद जुनैदी, वज़ीर नियुक्त हुआ। सुल्तान के सम्मुख यह निवेदन किया गया कि मलिक नासिरुद्दीन ने अपने वचनों का पालन नहीं किया और उसने उचित रूप से कर अदा नहीं किया तथा उसने उन उत्तम परामर्शों का जो उसे दिये गये थे, उचित उपयोग नहीं किया। सुल्तान इस कारण एक शुभ नक्षत्र में जमादी-उल-आख़िर के प्रारम्भ में देहली से एक बहुत बड़ी सेना लेकर लाहौर की ओर रवाना हुआ। ज़ब शत्रुओं को यह सूचना प्राप्त हुई तो वे उस मछली के समान व्याकुल हो गये जिसे भूमि पर फेंक दिया गया हो, और जल-पक्षियों की भाँति ब्याह नदी के नट पर शरण के लिये पहुंचे। उनकी सेना चींटियों और टिड्डियों से भी अधिक थी। १४ शव्वाल को विजयी पताकायें युद्ध के लिये पंक्तियाँ जमा कर डट गईं। जब नासिरुद्दीन ने यह देखा कि विजयी सेना बढ़ते हुये समुद्र की भाँति है तो वह लाहौर की ओर भाग गया। शाही सेना ने उसका पीछा किया। उसकी पताकायें तथा समस्त साज़ व सामान इस्लामी सेना के हाथ आगये। वह उच्च की ओर भागा। शम्सुद्दीन लाहौर में पहुँच गया। यह नगर जोकि इस्लाम का केन्द्र था, शासकों के कई बार बदलने के कारण नष्ट-भ्रष्ट हो गया था। अब उसे पुनः सुव्यवस्थित किया गया। युद्ध में पकड़े गये बन्दियों को क्षमा कर दिया गया। शम्सुद्दीन, विजय की सूचना भिन्न-भिन्न दिशाओं में प्रेषित करने के उपरान्त वापस हो गया।

शाहज़ादा नासिरुद्दीन की लाहौर में नियुक्ति

६१४ हि० (१२१७ ई०) के आरम्भ में सुल्तान ने लाहौर का राज्य शाहज़ादा नासिरुद्दीन महमूद को प्रदान कर दिया और उसे राज्य व्यवस्था सम्बन्धी सविस्तार आदेश दिये।

भक्खर पर अधिकार

इस भाग में लेखक ने सर्व प्रथम ईश्वर की वन्दना तथा बादशाह की प्रशंसा की है और लिखा है कि सुल्तान पर ईश्वर की असीम कृपा का सबसे बड़ा प्रमाण यह है कि

ग्वालियर, रणथम्भौर, मंदावर, क़न्नौज, बिहार तथा बारह का राज्य उसके अधीन हो गया और शक्तिशाली राजे उसके आज्ञाकारी बन गये। उच्च तथा मुल्तान के क़िले जोकि सिकन्दर की दीवार से भी अधिक दृढ़ थे इस प्रकार उसके अधीन हो गये कि संसार वाले स्तब्ध हो गये।

सुल्तान को यह सूचना मिली कि मलिक नासिरुद्दीन क़ुबाचा जोकि बड़ा ही अभिमानी था और जो मनुष्य के जीवन का कोई मूल्य न समझता था, भक्खर में गढ़बन्दी करने लगा है। उस क़िले पर अभी तक किसी का भी अधिकार स्थापित न हो सका था। यह समाचार मिलते ही शम्सुद्दीन ने अपने वज़ीर ख़्वाजये जहाँ निज़ामुलमुल्क मुहम्मद जुनैदी को एक बहुत बड़ी सेना देकर ग्रीष्म ऋतु में भक्खर की ओर भेजा। सेना का कुछ भाग जंगलों के बीच से स्थल मार्ग से और कुछ भाग जल मार्ग से रवाना हुआ। जब क़िला घेर लिया गया तो नासिरुद्दीन बड़ा व्याकुल हुआ। उसने अपने पुत्र अलाउद्दीन मुहम्मद को शम्सुद्दीन के पास १०० लाख देहलीवाल तथा कपड़े के हज़ारों थान भेजे। सुल्तान उससे बड़ी नम्रतापूर्वक मिला। किन्तु उसे लौटने की आज्ञा प्रदान न की। इससे नासिरुद्दीन बड़ा भयभीत हुआ और वह शोक के कारण बीमार पड़ गया। नासिरुद्दीन की थोड़े दिन में शोक के कारण मृत्यु हो गई और उसके जीवन की नौका मृत्यु के भँवर में डूब गई। उसकी मृत्यु के कारण ५० लाख से अधिक देहलीवाल, नाना प्रकार के बहुमूल्य सामान, जवाहिरात, मोती तथा वस्त्र सुल्तान शम्सुद्दीन के राज-कोष में पहुंच गये। १२ प्रसिद्ध क़िले जिन पर इससे पूर्व अधिकार न जमाया जा सका था, प्राप्त हो गये। सिविस्तान तथा लक्की से लेकर समुद्र तट तक के स्थान सुल्तान के अधिकार में आ गये और उसके नाम का सिक्का और ख़ुत्बा हिन्दुस्तान तथा कुसदर और मकरान प्रदेशों में चलने लगा। वह १४ रबी-उल-अव्वल ६२४ हि० (१४ मार्च १२२७ ई०) को देहली वापस हुआ।

अब्बासी ख़लीफ़ा द्वारा आज्ञा-पत्र तथा ख़िलअत प्राप्त होना

कुछ समय उपरान्त इमाममुस्तनसिर बिल्लाह ने देहली के सुल्तान के पास एक ख़िलअत तथा एक आज्ञा-पत्र भेजा जिसके द्वारा उसे हिन्दुस्तान का राज्य तथा सुल्ताने आज़म की उपाधि प्रदान की गई। उसने आज्ञा-पत्र आदरपूर्वक प्राप्त किया और २३ रबी-उल-अव्वल ६२६ हि० (१९ फ़रवरी, १२२९ ई०) को दरबारे आम किया, जिसमें बादशाहों, शाहज़ादों, मलिकों तथा अन्य लोगों के सम्मुख फ़रमान पढ़ा गया। इस फ़रमान में यह लिखा था कि जो जल तथा स्थल के प्रदेश सुल्तान ने जीते थे, वे उसे स्थायी रूप से प्रदान किये जाते हैं। दूत तथा अमीरों, मलिकों एवं गण्यमान्य व्यक्तियों को ख़िलअतें प्रदान की गईं और विशेष समारोह का आयोजन हुआ।

अमीर ख़ुसरो[1]

अमीर ख़ुसरो का जन्म ६५१ हि० (१२५३ ई०) में पटियाली नामक स्थान में, जो उत्तर प्रदेश के एटा जिले में स्थित है, हुआ। उसका पिता सैफ़े शम्सी अथवा अमीर सैफ़ुद्दीन महमूद, सुल्तान शम्सुद्दीन इल्तुतमिश और उसके उत्तराधिकारियों के समय में उच्च पदों पर नियुक्त रहा। उसकी माता बल्बन के राज्य के एक उच्च पदाधिकारी एमादुलमुल्क की पुत्री थी। वह तुर्क वन्श से था। उसे कविता से विशेष रुचि थी। वह अपने विषय में लिखता है कि, "मेरा पिता मुझे मकतब (पाठशाले) में पढ़ने के लिये भेजा करता था। मेरे गुरू सादुद्दीन मुहम्मद मुझे सुलेख सिखाने का विशेष प्रयत्न करते किन्तु मेरा जी कविता के अतिरिक्त अन्य वस्तु में न लगता था।"[2] उसने आठ वर्ष की अवस्था ही से कविता करनी आरम्भ कर दी थी। बारह वर्ष की अवस्था में वह बड़ी अच्छी कविता करने लगा था। उसने फ़ारसी के सभी कवियों की रचनाओं का विशेष अध्ययन किया और प्रत्येक कवि की शैली का अनुसरण करना आरम्भ कर दिया। उसने फ़ारसी, तुर्की और अरबी के अतिरिक्त हिन्दी का भी अध्ययन किया था। यह कहना बड़ा कठिन है कि उसे भिन्न-भिन्न भाषाओं तथा उनके साहित्य के अतिरित्त विज्ञान या दर्शन शास्त्र से भी रुचि थी अथवा नहीं।

बल्बन के राज्य-काल में अमीर ख़ुसरो, अलाउद्दीन किशली खाँ के दरबार में नौकर हो गया। किशली खाँ बहुत बड़ा दानी तथा बल्बन का भतीजा और बार्बक था। इसके पश्चात् उसने बल्बन के लघु पुत्र नासिरुद्दीन बुग़रा खाँ की नौकरी कर ली। वह उस समय सामाने का मुक़्ता था। वह बुग़रा खाँ के साथ लखनौती भी गया किन्तु ऐसा ज्ञात होता है कि वह बल्बन के साथ लखनौती से लौट आया और सुल्तान बल्बन के ज्येष्ठ पुत्र नुसरतुद्दीन सुल्तान मुहम्मद का नदीम (मुसाहिब) हो गया। अमीर ख़ुसरो शाहज़ादा मुहम्मद के साथ ५ वर्ष तक मुल्तान में रहा। जब ६८३ हि० (१२८४-८५ ई०) में मुहम्मद मारा गया तो अमीर ख़ुसरो भी अन्य सैनिकों के साथ बन्दी बना लिया गया। मुहम्मद का दरबार साहित्य प्रेमियों से भरा था। अमीर हसन सिजज़ी भी उस समय सुल्तान मुहम्मद का नदीम (मुसाहिब) था। शाहज़ादा मुहम्मद के प्रोत्साहन से अमीर ख़ुसरो की कवितायें उन्नति के शिखर पर पहुँच गईं। अमीर ख़ुसरो को मंगोलों की क़ैद में बड़ा कष्ट उठाना पड़ा किन्तु वह शीघ्र ही किसी प्रकार उनके हाथ से छूट कर मुल्तान पहुँचा। मुल्तान में अभी तक शोक मनाया जा रहा था। मुल्तान से अमीर ख़ुसरो देहली पहुँचा, सुल्तान बल्बन के दरबार में उपस्थित हुआ, और वह मरसिया[3] जो उसने महमूद की मृत्यु के विषय में लिखा था सुल्तान के दरबार में पढ़ा। समस्त दरबार में कोलाहल मच गया।

मुइज्जुद्दीन कैक़ुबाद के राज्य में अमीर ख़ुसरो मलिक अमीर अली सरजानदार के यहाँ नौकर हो गया। मलिक अमीर अली हातिम खाँ के नाम से प्रसिद्ध था। अमीर ख़ुसरो को

१ अमीर ख़ुसरो पर डाक्टर वहीद मिर्ज़ा की पुस्तक "अमीर ख़ुसरो–उनकी जीवनी तथा रचनायें" (कलकत्ता १९३५ ई०) बड़ी ही उत्तम पुस्तक है। यह अँगरेज़ी भाषा में है।

२ दीबाचा, तुहफ़तुस्सिग़र; वहीद मिर्ज़ा। पृ० २०

३ वह कविता जिसमें किसी की मृत्यु का शोक उसके गुणों का उल्लेख करके लिखा गया हो।

कैक़ुबाद ने अपने दरबार में भी बुलवाया। किन्तु वह हातिम ख़ाँ को छोड़ कर न गया। जिस समय कैक़ुबाद ने अपने पिता बुग़रा ख़ाँ से युद्ध करने के लिये अवध की ओर प्रस्थान किया, तो हातिम ख़ाँ भी सुल्तान के साथ था। इस प्रकार अमीर ख़ुसरो भी बाप बेटे की भेंट के समय उपस्थित था। अवध से लौटते समय कक़ुबाद ने हातिम ख़ाँ को अवध का मुक़्ता बना दिया। ख़ुसरो भी हातिम ख़ाँ के दरबार में उपस्थित रहने लगा, किन्तु अपनी माता की बीमारी के कारण वह ६८८ हि० (१२८९ ई०) के आरम्भ में देहली पहुँचा। कैक़ुबाद ने उससे अपने पिता की भेंट का हाल कविता में लिखने के लिये कहा। यह कविता उसने रमज़ान ६८८ हि० (सितम्बर-अक्तूबर १२८९ ई०) में पूरी की।

जलालुद्दीन फ़ीरोजशाह ख़लजी (१२९०–९५ ई०) के समय में ख़ुसरो, सुल्तान का मुसहफ़दार[1] नियुक्त हो गया। उसका वेतन १२०० तन्के निश्चित हुआ। उसकी पदवी सुल्तानी महफ़िलों में मलेकुलनुदमा (नदीमों का बादशाह) की थी। वह रोज़ सुल्तान की महफ़िल में नई नई ग़ज़लें लिखकर ले जाता था और उसे इन रचनाओं पर बड़ा प्रोत्साहन प्रदान किया जाता था।

अलाउद्दीन के राज्य में (१२९५–१३१५ ई०) वह उसके दरबार से सम्बन्धित रहा। अलाउद्दीन के राज्यकाल के विषय में कई कवितायें लिखीं। उसका वेतन १००० तन्के वार्षिक था।

क़ुतुबुद्दीन मुबारकशाह (१३१६-१३२० ई०) के दरबार में भी उसे बड़ा सम्मान प्राप्त था। उसके राज्य-काल के विषय में भी उसने नुह सिपेहर नामक कविता लिखी है। ग़यासुद्दीन तुग़लक़ (१३२०-१३२५ ई०) के राज्य-काल में उसने 'तुग़लक़नामे' नामक कविता की रचना की। वह ७२४ हि० (१३२४ ई०) में सुल्तान के साथ बंगाल की ओर गया, किन्तु इसी बीच में अमीर ख़ुसरो के गुरु निज़ामुद्दीन औलिया की मृत्यु हो गई। उनकी मृत्यु के शोक में ख़ुसरो भी अधिक दिन जीवित न रहा और ७२५ हि० १३२५ ई० में परलोकगामी हो गया और उसे निज़ामुद्दीन औलिया के समीप दफ़न किया गया।

अमीर ख़ुसरो की रचनायें

अमीर ख़ुसरो ने अनेक पुस्तकों की रचनायें गद्य एवं पद्य में की थीं। तारीखे फ़रिश्ता में अमीर ख़ुसरो की लिखी हुई पुस्तकों की संख्या ९२ बताई गई है।[2] इससे पता चलता है कि अमीर ख़ुसरो की बहुत सी रचनायें नष्ट हो गईं, किन्तु अब भी बहुत बड़ी संख्या में उसकी पुस्तकें विद्यमान हैं। ख़ुसरो ने दो प्रकार के ग्रन्थों की रचना की है। प्रथम साहित्यिक, द्वितीय ऐतिहासिक।

साहित्यिक

१—पाँच दीवान

(अ) तोहफ़तुस्सिग़ार—इसमें अमीर ख़ुसरो की वह कवितायें हैं, जिनकी रचना उसने १५ वर्ष की अवस्था से लेकर १९ वर्ष की अवस्था तक की।

(ब) वस्तुल हयात—इसमें १९ वर्ष की आयु से लेकर ३४ वर्ष तक की आयु की

---

१ मुसहफ़दार अथवा मुसहफ़ बरदार अथवा किताबदार सुल्तान के पुस्तकालय के अध्यक्ष होते थे।

२ जामी (जन्म १४१४ ई०, मृत्यु १४९२ ई०) ने नफ़हातुलउन्सा में लिखा है कि ख़ुसरो की लिखी हुई पुस्तकों की संख्या ९९ थी। बरनी ने लिखा है कि ख़ुसरो ने गद्य और पद्य में एक पूरा पुस्तकालय लिख डाला था।

कवितायें हैं। इसमें अधिकतर बलबन के ज्येष्ठ पुत्र सुल्तान मुहम्मद तथा बलबन के अन्य अमीरों के विषय में कवितायें हैं।

(स) ग़ुर्रतुल कमाल—इसमें वह कवितायें हैं जिनकी रचना उसने ३४ वर्ष की आयु से लेकर ६९३ हि० (१२९३-९४ ई०) के बीच में की। इसी में सुल्तान जलालुद्दीन की विजय सम्बन्धी कविता मिफ़ताहुलफ़ुतूह भी है।

(द) बक़ीअए नक़ीया—इसकी कविताओं की रचना अमीर ख़ुसरो ने ७१५ हि० (१३१५-१६ ई०) तक की।

(य) निहायतुल कमाल—इसमें अमीर ख़ुसरो के अन्तिम जीवन की कवितायें हैं।

२—ख़मसा—इसकी रचना अमीर ख़ुसरो ने निज़ामी[1] के ख़मसे के अनुसरण में की है। इसमें निम्नांकित पाँच ग्रन्थ हैं :

(अ) मतलउल अनवार—इसकी रचना ख़ुसरो ने ३९८ हि० (१२९८, १२९९ ई०) में दो सप्ताह में की। इसमें कुल बीस अध्याय हैं जिनमें भगवान् की भक्ति तथा उच्च चरित्र सम्बन्धी अनेक बातों का उल्लेख मिलता है।

(ब) शीरीं व ख़ुसरो—इस कविता की रचना अमीर ख़ुसरो ने रजब ६९८ हि० (अप्रैल १२९९ ई०) में की। इसमें ख़ुसरो व शीरीं के क़िस्से का वर्णन किया गया है।

(स) मजनूं व लैला—इसकी रचना अमीर ख़ुसरो ने ६९८ हि० (१२९९-१३०० ई०) में की। इसमें लैला मजनूं के क़िस्से का वर्णन हैं।

(द) आईनये सिकन्दरी—इसकी रचना अमीर ख़ुसरो ने ६९९ हि० (१२९९-१३०० ई०) में की। इसमें सिकन्दर के क़िस्से का वर्णन है।

(य) हश्त बहिश्त—इसकी रचना अमीर ख़ुसरो ने ७०१ हि० (१३०१-१३०२ ई०) में की। इसमें बहराम तथा दिलराम की प्रेम कथा का उल्लेख किया गया है।

३—रसायले एजाज़ अथवा एजाज़े ख़ुसरवी—इसमें अमीर ख़ुसरो ने अपनी गद्य की रचनायें संकलित की हैं। इसे अमीर ख़ुसरो ने बड़ी अलंकारी भाषा में लिखा है। पूरा ग्रन्थ पाँच पुस्तकों में विभाजित है। पहली चार पुस्तकों की रचना अमीर ख़ुसरो ने ६८२ हि० (१२८३-८४ ई०) में समाप्त की। पाँचवीं पुस्तक की रचना ७१९ हि० (१३१९-१३२० ई०) में की।

४—अफ़ज़लुलफ़वायद[2]—इसमें अमीर ख़ुसरो ने अपने गुरु निज़ामुद्दीन औलिया के कथन संकलित किये हैं। यह गद्य में लिखी है। इसकी भाषा बड़ी ही सरल है। कहा जाता कि इसका एक भाग ख़ुसरो ने अपने गुरू को ७१९ हि० (१३१९-१३२० ई०) में दिखा लिया था। दूसरे भाग को कदाचित ख़ुसरो पूरा न कर सका।

इन पुस्तकों के अतिरिक्त कुछ अन्य पुस्तकें भी अमीर ख़ुसरो द्वारा लिखी हुई बताई जाती हैं, जैसे क़िस्सये चहार दरवेश (चार फ़क़ीरों की कहानियाँ), खालिक़ बारी जो फ़ारसी और हिन्दी का कोष है। यह भी कविता में है।

अमीर ख़ुसरो की हिन्दी—अमीर ख़ुसरो को अपने भारतीय होने पर बड़ा गर्व था। वह अपने आप को हिन्दुस्तानी तुर्क कहता था। उसने लिखा है कि वह हिन्दवी अरबी से कहीं

---

१ निज़ामी का जन्म ५३५ हि० (११४०-४१ ई०) तथा मृत्यु ५९९ हि० (१२०२-१२०३ ई०) में हुई। निज़ामी अपने समय के बहुत बड़े कवि समझे जाते थे। इनकी रचना ख़मसे का अनुसरण अनेक फ़ारसी कवियों ने किया है।

२ इस पुस्तक के विषय में संदेह है कि यह ख़ुसरो ही की लिखी है।

अच्छी बोल सकता है। वह अपने आप को तूतिये हिन्द (भारतीय तोता) कहता था। उसने हिन्दी शब्दों का अपनी कविताओं में अनेक स्थानों पर प्रयोग किया है।[1] उसने अपने तीसरे दीवान की भूमिका में यह लिखा है कि उसकी हिन्दी कवितायें भी बड़ी प्रसिद्ध हैं।

ऐतिहासिक रचनायें (कवितायें)

क़ेरानुस्सादैन—इसकी रचना अमीर ख़ुसरो ने रमज़ान ६८८ हि० (सितम्बर-अक्तूबर, १२८९ ई०) छः मास के परिश्रम के पश्चात् ३६ वर्ष की अवस्था में की। इसमें बुग़रा खाँ तथा कैक़ुबाद की भेंट का हाल लिखा गया है। ६९२ हि०(१२९२-९३ ई०) में ख़ुसरो ने इसमें कुछ और छन्द भूमिका-स्वरूप जोड़ कर उसे पूरा किया। यह उसकी पहली कविता थी जिसमें उसने एक ऐतिहासिक घटना का इतने विस्तार से उल्लेख किया है। एक साधारण घटना पर ३९४४ छन्द की कविता लिख दी। इस कविता द्वारा उस समय की सामाजिक, राजनैतिक तथा सांस्कृतिक स्थिति पर विशेष प्रकाश पड़ता है। देहली नगर की दशा, मुख्य भवन, किलोखड़ी के राज भवन का निर्माण, दरबार का वैभव एवं ऐश्वर्य, अमीरों तथा उच्च पदाधिकारियों के पारस्परिक व्यवहार का उल्लेख बड़े विस्तार से किया गया है। सवारी के वैभव तथा ऐश्वर्य, मदिरा पान की गोष्ठियों, संगीत एवं नृत्य का विशेष वर्णन क़ेरानुस्सादैन में वर्त्तमान है। बुग़रा खाँ तथा कैक़ुबाद के चरित्र पर पर्याप्त प्रकाश डाला गया है। इस प्रकार अमीर ख़ुसरो ने एक साधारण घटना द्वारा एक उच्च कोटि की रचना के साथ-साथ उस समय की अनेक ऐतिहासिक तथा सांस्कृतिक बातों को स्पष्ट कर दिया है।

मिफ़ताहुलफ़ुतूह[2]—इसकी रचना अमीर ख़ुसरो ने २० जमादी उस्सानी ६९० हि० (२० जून, १२९१ ई०) में की। इसमें सुल्तान जलालुद्दीन फीरोज़ ख़लजी की उन विजयों का उल्लेख है जो उसे सिंहासनारोहण के प्रथम वर्ष में प्राप्त हुईं। यह अधिक लम्बी

---

१ उसने एक रुबाई में लिखा है—

'रफ़्तम बतमाशाये किनारे जूए : दीदम ब लबे आब ज़ने हिन्दूए।'

मैं नहर के किनारे सैर करने गया, वहाँ मैंने पानी के किनारे एक हिन्दू युवती देखी।

'गुफ़्तम सनमा बहाए ज़ुल्फ़त चे बुवद : फ़रियाद बरआवुर्द कि "दुर दुर मूए"

मैं ने उस युवती से कहा कि तेरे केश कितने सुन्दर हैं। उसने चिल्ला कर कहा कि "दुर दुर मुए"

ख़ुसरो ने क़ेरानुस्सादैन में नाव की प्रशंसा में इस प्रकार लिखा है।

'माहे नव के अस्ले वै अज़ "साल" ख़ास्त
गश्त यके माह ब देह साल रास्त'
नया चाँद जो कि साल (लकड़ी) से तैयार हुआ।
एक चाँद दस वर्ष में तैयार हुआ।

ईरान के फ़ारसी के प्रसिद्ध कवि मौलाना जामी (मृत्यु १४९२ ई०) ने जब यह छन्द पढ़ा तो उसे पहली पंक्ति में "साल" का अर्थ समझ में न आया और उसने इसकी टीका एक छोटी सी पुस्तक में की और अन्त में यह लिखा कि यह कोई ऐसी वस्तु है जो हिन्दुस्तान की भाषा में लिखी है। नफ़ायसुल मआसिर का लेखक अलाउद्दौला क़ज़वीनी लिखता है कि जब देहली का प्रसिद्ध सूफ़ी शेख़ जमाली ख़ुरासान पहुँचा और उसकी भेंट मौलाना जामी से हुई तो मौलाना जामी ने इस छन्द का अर्थ शेख़ जमाली से पूछा। शेख़ जमाली ने उत्तर दिया "साल एक लकड़ी का नाम है जिससे हिन्दुस्तान में नावें बनाई जाती हैं।" (नफ़ायसुल मआसिर, अलीगढ़ विश्वविद्यालय की हस्तलिखित पुस्तकों का संग्रह)।

२ ख़लजी कालीन भारत पृ० १५१–१५४।

कविता नहीं और अमीर ख़ुसरो के तीसरे दीवान गुर्रतुल कमाल का एक भाग है। ख़ुसरो ने यह कविता बड़ी ही साधारण शैली में लिखी है। इसमें कवि ने जो कुछ भी लिखा है वह बड़ी सावधानी से ऐतिहासिक दृष्टिकोण से लिखा है। इसमें मलिक छज्जू के विद्रोह के दमन तथा झायन की विजय का उल्लेख विशेष रूप से किया गया है।

दिवल रानी तथा ख़िज़्र ख़ाँ[1]—इसकी रचना अमीर ख़ुसरों ने ज़ीक़ाद ७१५ हि० (जनवरी १३१६ ई०) में की; इसमें कुछ छंद इसके बाद भी लिखे गये। इस कविता में अलाउद्दीन के ज्येष्ठ पुत्र ख़िज़्र ख़ाँ तथा गुजरात के राजा करण की पुत्री देवल देवी के प्रेम की कहानी का उल्लेख है। आरम्भ में ख़ुसरो ने इसे देवल देवी तथा ख़िज़्र ख़ां के विवाह का उल्लेख करके समाप्त कर दिया था किन्तु मुबारकशाह द्वारा ख़िज़्र ख़ाँ के बध तथा अलाउद्दीन की बीमारी और मलिक काफ़ूर के अत्याचार का वर्णन ग़यासुद्दीन तुग़लक़ के राज्य-काल में लिखा गया।

ख़ुसरो, ख़िज़्र ख़ाँ से बड़ा प्रभावित था। वह बड़ा ही वीर और रूपवान शाहज़ादा था। वह उसके पीर निज़ामुद्दीन औलिया की सन्त गोष्ठियों में आया जाया करता था। ख़िज़्र ख़ाँ ने स्वयं अपने प्रेम की कथा लिख कर ख़ुसरो को दी थी। ख़ुसरो ने अभी तक इस प्रकार की कोई कथा न लिखी थी। इसके अतिरिक्त फ़ारसी साहित्य में भी इस प्रकार की कोई कविता वर्त्तमान नहीं, जिसमें किसी समकालीन राजा अथवा राजकुमार के प्रेम का उल्लेख हो।

नुह सिपेहर[2]—इसकी रचना अमीर ख़ुसरो ने ७१८ हि० (१३१८ ई०) में समाप्त की। इस समय ख़ुसरो की अवस्था ६७ वर्ष की हो चुकी थी। इस कविता में ४५०९ छन्द हैं। कविता नौ भागों में विभाजित है।

पहला सिपेहर—इसमें मुबारकशाह की प्रशंसा की गई है और मुबारकशाह के देवगिरि पर आक्रमण का हाल लिखा गया है।

दूसरा सिपेहर—इसमें उन भवनों का विशेष उल्लेख है जिन्हें मुबारकशाह ने निर्मित कराया।

तीसरा सिपेहर इसमें अमीर ख़ुसरो ने भारतवर्ष की प्रशंसा की है। भारतवर्ष की जलवायु, वनस्पति, फल, फूल, भारतवासियों के चरित्र तथा भारतवर्ष के रीति रिवाजों का उल्लेख बड़े सुन्दर ढंग से किया है।

चौथा सिपेहर—इसमें अमीर ख़ुसरो ने एक ऐसी सुबह का वर्णन किया है, जबकि इक़बाल (भाग्य) ने उससे, अपने मित्र को कुछ नसीहतें लिखने की प्रार्थना की। इसमें बादशाह, मलिकों तथा लश्कर के लिये शिक्षा है।

पाँचवाँ सिपेहर—इसमें भारतवर्ष की शीत ऋतु का वर्णन किया गया है। इसके अतिरिक्त एक आखेट का भी उल्लेख किया गया है।

छठा सिपेहर—इसमें मुबारकशाह के पुत्र शाहज़ादा मुहम्मद के जन्म का हाल लिखा है।

सातवाँ सिपेहर—इसमें नौरोज़ तथा बसन्त ऋतु (बहार) का उल्लेख किया गया है। शाहज़ादा मुहम्मद के जन्म के समारोहों का भी हाल इस कविता में मिलता है।

आठवाँ सिपेहर—इसमें चौगान (पोलो) के खेल का उल्लेख किया गया है।

नवाँ सिपेहर—इसमें अमीर ख़ुसरो ने अपनी कविताओं के विषय में लिखा है।

---

१ ख़लजी कालीन भारत पृ० १७१-१७६।

२ ख़लजी कालीन भारत पृ० १७७-१८३।

इस कविता के लिखते समय अमीर ख़ुसरो काफ़ी वृद्ध हो चुका था। उसे लगभग साठ वर्ष से कविता करने का अनुभव प्राप्त हो रहा था। वह भारतवर्ष में ही इतना वृद्ध हुआ था। उसे भारतवर्ष की सभी चीजों से प्रेम था। उसने भारतवर्ष को बाबर बादशाह की आँखों से नहीं देखा, जिसके हृदय में अभी तक काबुल की याद वर्त्तमान थी। इस कविता के भारतीय पाठक अमीर ख़ुसरो को कभी न भूल सकेंगे।

तुग़लक़नामा[१]—यह अमीर ख़ुसरो की अन्तिम ऐतिहासिक कविता है। इसमें अमीर ख़ुसरो ने ग़यासुद्दीन तुग़लक़ की ख़ुसरो ख़ाँ पर विजय का उल्लेख किया है। यह विजय ग़यासुद्दीन तुग़लक़ को ७२० हि० (१३२० ई०) में प्राप्त हुई। यह कविता भी लगभग उसी समय में लिखी गई।

गद्य

ख़ज़ाइनुल फ़ुतूह[२]—अमीर ख़ुसरो की यह रचना तारीख़े अलाई के नाम से भी प्रसिद्ध हैं और गद्य में लिखी गई है। अमीर ख़ुसरो ने इस में अलाउद्दीन ख़लजी की विजयों का हाल लिखा है जो उसने ७११ हि० (१३११ ई०) में समाप्त की। ख़ुसरो ने इस पुस्तक में बड़ी अलंकारिक भाषा का प्रयोग किया है।

ख़ुसरो का चरित्र

ख़ुसरो इस्लाम के नियमों का पूर्णतया पालन करता था। वह अपने समय के सर्व प्रसिद्ध सूफ़ी शेख़ निज़ामुद्दीन औलिया का बड़ा भक्त था। अमीरों तथा सुल्तानों के दरबार में उपस्थित रहने के पश्चात् उसका जो समय बचता उसे वह सूफ़ियों तथा सन्तों की गोष्ठियों में व्यतीत करता था। उसे इस्लाम के अतिरिक्त दूसरे धर्म के अनुयायियों से भी प्रेम था। हिन्दू धर्म को समझने का उसने विशेष प्रयत्न किया था। हिन्दू धर्म की अनेक बातें यहाँ तक कि सती तक को भी वह बहुत महत्त्वपूर्ण कार्य समझता था। उसके तथा ज़ियाउद्दीन बरनी के दृष्टिकोण में बड़ा अन्तर है, यद्यपि वे एक दूसरे के बड़े मित्र थे। ख़सरो ने ज़ियाउद्दीन बरनी की अपेक्षा हिन्दू धर्म, साहित्य तथा कलाकारों का बड़े सुन्दर शब्दों में उल्लेख किया है। अत्याचारी हिन्दू आमिलों तथा कर्मचारियों की निन्दा लिखी है। विद्रोही हिन्दुओं की बुराई भी बड़े-बड़े शब्दों में की है किन्तु किसी स्थान से यह पता नहीं चलता कि वह किसी से उसके धर्म के कारण घृणा करता था। उसे मानव जाति से प्रेम था। अपने देश से प्यार था। यही दोनों विशेषतायें उसके चरित्र तथा उसकी रचनाओं में विद्यमान हैं।

अमीर ख़ुसरो से उसके सभी समकालीन बड़े प्रभावित थे। प्रत्येक की महफ़िल में उसका आदर सम्मान किया जाता था। हर जगह वह बुलाया जाता था और हर एक उसकी बातों से आनन्द लेता था। जहाँ जाता कोई न कोई ऐसी बात कर देता, कोई न कोई ऐसा छन्द पढ़ देता तथा कोई न कोई ऐसा चुटकुला कह देता कि सभी हँसते हँसते लोट-पोट हो जाते। वह बहुत बड़ा दानी भी था; किसी भिखारी को अपने द्वार से लौटाना न चाहता था। उसमें वे सभी गुण विद्यमान थे जो मनुष्य के व्यक्तित्व को उन्नति के शिखर पर पहुँचा देते हैं।

ख़ुसरो तथा कला

ख़ुसरो की कविताओं तथा गद्य से स्पष्ट होता है कि उसे गद्य-पद्य दोनों ही के लिखने

१ ख़लजी कालीन भारत पृ० १८४—१९४।
२ ,, ,, ,, पृ० १५५—१७०।

में बड़ी कुशलता प्राप्त थी। शब्दों के चुनने और उनके प्रयोग में उसे बड़ी दक्षता प्राप्त थी। फ़ारसी कविता के क्षेत्र में भारतवर्ष में फ़ैज़ी के अतिरिक्त उसकी तुलना किसी अन्य कवि से नहीं की जा सकती। ईरान के कवि भी उसका लोहा मानते थे। जामी ने, जोकि ईरान का एक बहुत बड़ा कवि था, उसकी बड़ी प्रशंसा की है। उसकी ऐतिहासिक कविताओं द्वारा यह भली भाँति स्पष्ट हो जाता है कि उसमें घटनाओं के समझने तथा उनके उल्लेख की बड़ी योग्यता थी। उसकी निरीक्षण शक्ति बड़ी तीव्र थी; और इसी निरीक्षण शक्ति के कारण उसकी कविताओं को इतना मान प्राप्त हो सका। उसने छोटी छोटी बातों तथा साधारण घटनाओं का भी बड़ा ही मार्मिक विवरण दिया है[1]।

अमीर ख़ुसरो को संगीत से भी बड़ा प्रेम था। उसने संगीत का विशेष अध्ययन किया था। सूफ़ियों की गोष्ठियों में संगीत की बड़ी आवश्यकता होती थी। उसके समकालीन बादशाहों और अमीरों को भी संगीत तथा नृत्य से बड़ा प्रेम था। कैक़ुबाद तथा जलालुद्दीन खलजी के दरबार के संगीत तथा नृत्य का वर्णन ज़ियाउद्दीन बरनी ने बड़े गर्व से किया है; अतः अमीर ख़ुसरो ने जो दक्षता संगीत में प्राप्त कर ली थी, उस पर कोई आश्चर्य न होना चाहिये[2]। उसने ईरानी तथा हिन्दुस्तानी रागों को मिला कर नये राग ईजाद किये। कहा जाता है कि सितार की भी ईजाद अमीर ख़ुसरो ही ने की। कुछ अन्य बाजों के विषय में भी कहा जाता है कि वे अमीर ख़ुसरो के आविष्कार थे।

———

१ खलजी कालीन भारत "समीक्षा"

२ ज़ियाउद्दीन बरनी ने तारीख़े फ़ीरोज़शाही में लिखा है, "वह संगीत तथा संगीत की रचना में बड़ा दक्ष था। अनेक कलाओं में, जिनमें मधुर तथा उत्तम स्वभाव की आवश्यकता होती है, भगवान् ने उसे दक्ष बनाया था। (तारीखे फ़ीरोज़शाही पृ० ३५९; खलजी कालीन भारत पृ० १११)

दीवाने वस्तुल हयात[1]

[इसमें भिन्न भिन्न प्रकार की अनेक कवितायें हैं जिनमें अधिकतर सुल्तान बल्बन के समय से शाहज़ादा मुहम्मद की मृत्यु तक की घटनाओं का उल्लेख किया गया है।]

तुग़रिल पर विजय

इस कविता में २७५ छन्द हैं। छन्द ४६ से ८५ में बल्बन की तुग़रिल पर विजय का वर्णन किया गया है। सुल्तान ग़यासुद्दीन बल्बन की प्रशंसा करते हुये वह लिखता है कि उसके चत्र तथा दूरबाश सूर्य एवम् आकाश के तुल्य हैं। वह नित्य विजय करता रहता है। उसके तुच्छ से तुच्छ कर्मचारी भी सैकड़ों बादशाहों से बढ़ कर हैं। जिस समय सुल्तान ने तुग़रिल पर आक्रमण किया उसके पास असंख्य सेना थी, किन्तु वर्षा की अधिकता तथा गंगा में बाढ़ के कारण सेना तेज़ी से न जा सकती थी। तुग़रिल इससे लाभ उठाकर लखनौती से बंग के मार्ग से भाग गया। बल्बन ने बंग के राय द्वारा समुद्री मार्ग बन्द कर दिया।

सुल्तान के सैनिकों ने तुग़रिल पर आक्रमण करके उसकी हत्या कर दी और उसके दूरबाश तथा चत्र एवम् पताकायें सुल्तान की सेवा में प्रस्तुत कर दिये गये। बुग़रा खाँ को लखनौती का राज्य देकर सुल्तान देहली लौट आया।

मुहम्मद की पहाड़ी राजाओं पर विजय

छन्द ८६ से १४५ तक में ख़ान मुहम्मद की मुल्तान में अन्य विजयों का हाल लिखा है। एक विजय उसने दमरीला के राजा पर प्राप्त की। राजा को जज़िया अदा करने का आदेश दिया गया, किन्तु उसने स्वीकार न किया। इस पर मुहम्मद की सेना ने उस पहाड़ी राजा पर पुनः आक्रमण किया और उसके सभी क़िलों को तुड़वा डाला। साँबह को विध्वंस कर दिया। अन्त में पहाड़ी राजा ने अधीनता स्वीकार कर ली और जज़िया देने पर राज़ी हो गया।

इस विजय के पश्चात् मुहम्मद ने नगरकोट पर आक्रमण किया। इसके लिये मीर हाजिब तकली तथा अन्य वीरों को सेना देकर उसकी ओर भेजा। नगरकोट के राय ने जज़िया देना स्वीकार कर लिया।

मुग़लों पर विजय

छन्द २४६ से २७५ तक शाहज़ादा ख़ान मुहम्मद का मुग़लों से युद्ध तथा मुग़लों की पराजय का हाल बड़े विस्तार से लिखा है। इस युद्ध में ख़िजलक मुग़ल तथा उसके अन्य साथी मारे गये। यह विजय ११ रमज़ान ६८२ हि० (३ दिसम्बर, ११८३ ई०) शुक्रवार के दिन प्राप्त हुई। जब ख़ान विजय पाकर लौटा तो अमीर ख़ुसरो ने उसकी प्रशंसा में यह कविता लिखी। जो सेना मुग़लों से युद्ध करने के लिये भेजी गई थी उसकी वीरता के विषय में अमीर ख़ुसरो लिखता है कि उस सेना के कारण सिंह भी काँप उठते थे।

मुग़लों के रूप रंग की निन्दा

मुग़लों के चरित्र तथा उनके रूप रंग की खिल्ली अमीर ख़ुसरो ने प्रत्येक स्थान पर उड़ाई है। इस मसनवी में वह लिखता है, कि उनके सिर घुटे हुए थे और वे उल्लू के परों की

१ यह अलीगढ़ कालेज द्वारा प्रकाशित हो चुका है।

टोपी पहिने हुए थे। दाढ़ी बिल्कुल न थी, और चेहरा ढाल के समान चौड़ा था। आँखें माथे में घुसी हुई थीं। नाक चपटी जिससे पानी बहता रहता था। उनके साँस लेते समय ऐसा ज्ञात होता था कि मानो पानी के किनारे मेंढक बोल रहा हो। वे बड़े मैले कुचैले थे और उनके शरीर से दुर्गन्ध आती थी तथा जो कोई भी उन्हें देख लेता था क़ै कर देता था। जब दोनों सेनायें आमने सामने हुईं तो मुहम्मद ने अपनी सेना को ललकार कर इस प्रकार आगे बढ़ाया कि मुग़ल छिन्न-भिन्न हो गये और खिजलक भी गिर कर मर गया।

मुहम्मद की हत्या

इस मसनवी के अतिरिक्त अन्य मसनवियों में भी अमीर ख़ुसरो ने सुल्तान मुहम्मद की प्रशंसा तथा मुग़लों की निन्दा की है। मसनवियों के अतिरिक्त वस्तुल हयात में तरजीबन्द[1] भी हैं। इनमें भी मुग़लों के आक्रमण तथा उनकी पराजय और महमूद की हत्या का हाल लिखा है। यह युद्ध शुक्रवार के दिन ज़िलहिज्जा[2] मास के अन्तिम दिन अर्थात् ६८३ हि० के अन्तिम दिन (८ मार्च, १२८५ ई०) को हुआ। (पृ० १६६)

इस युद्ध में भी मुहम्मद ने बड़ी वीरता दिखाई। उसने मुल्तान से सहाउर तक मुग़लों का पीछा करने तथा उन्हें छिन्न-भिन्न करने का दृढ़ संकल्प कर लिया था किन्तु भाग्य के निर्णय के समक्ष विवश हो गया। दिन भर मुहम्मद की सेना ने बड़ी वीरता से मुग़लों से युद्ध किया, किन्तु सायंकाल को वह मुग़लों के हाथ से मारा गया। इधर सूर्य अस्त हुआ और उधर राज्य का सूर्य अर्थात् मुहम्मद मारा गया। यह दुर्घटना ऐसी है कि मानो क़यामत आ गई। समस्त मुल्तान में हा हाकार मच गया[3]। (पृ० १६१-१६६)

अमीर ख़ुसरो का बन्दी बनाया जाना

वस्तुल हयात में अनेक क़सीदे भी हैं। इनमें भी मुहम्मद की प्रशंसा, उसके युद्ध तथा उसकी मृत्यु का वर्णन है। क़िशली खां इख़्तियारुद्दीन तथा कुछ अन्य अमीरों की भी प्रशंसा की गई है। सुल्तान बल्बन की प्रशंसा में भी एक क़सीदा लिखा है। एक क़सीदे में मुहम्मद की मृत्यु के पश्चात् अपने बन्दी बनाये जाने का भी हाल लिखा है। वह लिखता है कि जिस समय यह दुर्घटना हुई उस समय ६८४ हि० (मार्च, १२८५ ई०) का आरम्भ था। इस समय उसकी अवस्था ३३ वर्ष की हो चुकी थी और ३४ वाँ वर्ष आरम्भ हो रहा था। वह अपने बन्दी बनाये जाने का हाल इस प्रकार लिखता है :

'मुझे मुग़लों ने बन्दी बना लिया। इस भय से कि कहीं वे मेरी हत्या न कर दें, मेरे शरीर में रक्त की एक बूंद भी शेष न रह गई थी। जिस मुग़ल ने मुझे गिरफ़्तार किया था वह स्वयं घोड़े पर इस प्रकार बैठा था, जैसे पहाड़ी पर चीता बैठा हो। उसका मुँह चौड़ा और गन्दा था। मैं बड़ा थका और प्यासा था। मुझे वह पैदल ही चलने पर विवश कर रहा था। मेरे पैरों में छाले पड़ गये थे, और छालों की खाल निकल चुकी थी, किन्तु वह किसी बात पर ध्यान न देता था।' अन्त में किसी प्रकार अमीर ख़ुसरो मुग़लों के हाथ से शीघ्र ही मुक्त हो गया, जिस पर उसने ईश्वर के प्रति बड़ी कृतज्ञता प्रकट की।

---

१ तरजीबन्द—एक प्रकार की कविता जिसमें एक बन्द को बार बार लाते हैं। वह इस प्रकार कि कुछ छन्द भिन्न भिन्न क़ाफ़ियों के एक ही बहर (वृत्त) में लिखते हैं और फिर एक छन्द को लाया करते हैं।

२ हिजरी कलेण्डर का अन्तिम महीना।

३ यह कविता अमीर ख़ुसरो ने महम्मद के पिता सुल्तान बल्बन को भी सुनाई थी।

क़ेरानुस्सादैन[1]

कैक़ुबाद के पूर्वज

क़ेरानुस्सादैन के अलीगढ़ प्रकाशन में पृष्ठ १ से २१ तक अमीर ख़ुसरो ने ईश्वर की बन्दना, मुहम्मद साहब की स्तुति का उल्लेख किया है। पृष्ठ २१ से उसने सुल्तान मुइज्ज़ुद्दीन कैक़ुबाद की प्रशंसा लिखी है। उसने लिखा है कि शम्सुद्दीन (इल्तुतमिश) कैक़ुबाद के बाप का नाना और नासिरुद्दीन महमूद बिन (पुत्र) इल्तुतमिश कैक़ुबाद का नाना और ग़यासुद्दीन (बल्बन) कैक़ुबाद का दादा था। (२२)

देहली

फ़ारसी कवियों की प्रथा के अनुसार ख़ुसरो ने मुइज्ज़ुद्दीन कैक़ुबाद की प्रशंसा करते हुये पृष्ठ २८ से देहली की प्रशंसा आरम्भ कर दी है। देहली के उस समय तीन हेसार[2] थे, दो पुराने और एक नया। (२८) नगर में १३ द्वार थे; शहर क़ुब्बये इस्लाम कहा जाता था। वह बड़े-बड़े बादशाहों की राजधानी था। भीतरी हेसार में शहर का शाही क़िला था। (२९) जामे मस्जिद की प्रशंसा करते हुए वह लिखता है कि उसके गुम्बद के नीचे सर्वदा तस्बीह[3] पढ़ी जाती थी। गुम्बद की संख्या नौ थी। मस्जिद के समक्ष जो द्वार थे, उन पर छत न थी। क़ुतुब मीनार पत्थर का बना था। इस मीनार के ऊपर सुनहला क़लम था। उसकी ऊँचाई बहुत अधिक थी। ऐसा ज्ञात होता था कि सातवें आकाश पर पहुँचने के लिए भूमि से कोई सीढ़ी लगाई गई है। उस पर से अज़ान देने वाला अज़ान देता था। (३०-३१) दो पहाड़ियों के बीच में, सिकन्दर जैसा गुण रखने वाले सुल्तान शम्सुद्दीन ने एक पत्थर का हौज़[4] बनवाया था। वहाँ से शहर वालों को पीने के लिए अच्छा जल मिलता था। जल इतना स्वच्छ था कि बालू के कण भी गिने जा सकते थे। हौज़ का जल पथरीली भूमि के कारण भूमि के भीतर नहीं प्रविष्ट हो सकता था। यमुना नदी से उस हौज़ तक बहुत सी नहरें निकाली गई थीं। बीच में एक चबूतरा बना हुआ था जिस पर एक भवन भी निर्मित था। (३२) वह इतना गहरा था कि मानो उसके नीचे भूमि ही नहीं थी। उसके चारों ओर लोग पहाड़ी के आंचल में मनोविनोद के लिए शिविर लगा लिया करते थे। (३३) यद्यपि इस देश में गरम हवा चलती है किन्तु ख़ुरासान की ठण्डक से क्या लज्जा। आकाश के इस देश से प्रेम के कारण यहाँ की हवा गरम है। यहाँ की भूमि फूलों के कारण सुनहरी रुपहली बनी रहती है। यहाँ की हरियाली के सामने स्वर्ग भी मात है। यहाँ के जैसे मेवे ख़ुरासान वालों ने खाये भी न होंगे। यहाँ के लोग फ़रिश्तों के समान हैं। सभी बड़े कलाकार तथा विद्वान् हैं। यहाँ के सैनिक भी बड़े वीर हैं। यहाँ के ५००० सैनिक अन्य स्थानों के एक लाख से बढ़ कर हैं। (३४)

कैक़ुबाद का सिंहासनारोहण

कैक़ुबाद ने, जो एक नवयुवक बादशाह था, ६८६ हि० (१२८७-८८ ई०) में राजमुकुट

---

१ अलीगढ़ कालेज द्वारा १९१८ ई० में प्रकाशित।

२ शहर पनाह की चहार दीवारी, कोट

३ माला

४ हौज़े शम्सी।

धारण किया[1]। उसने संसार को इस प्रकार सुव्यवस्थित किया कि लोग जमशेद को भूल गये। सैनिक तथा शहरी सब उससे सन्तुष्ट थे। लखनौती से सिन्धु नदी तक के राय, जज़िया भेजा करते थे। पूर्व के बादशाह और दिल्ली के राज सिंहासन के (वास्तविक) अधिकारी नासिरुद्दीन को जब यह ज्ञात हुआ कि जो सम्मान उसे मिलना चाहिये था वह उसके पुत्र को मिल गया है तो उसने चत्र धारण कर लिया। एक बहुत बड़ी सेना लेकर बंगाल से अवध की ओर प्रस्थान किया। (३५, ३६)

इसके पश्चात् अमीर ख़ुसरो ने शीत-काल का वर्णन किया है और यह बताया है कि किस प्रकार लोग जाड़े से बचने के लिये भिन्न-भिन्न प्रकार के उपाय करते थे। कोई ऊनी वस्त्र धारण करता था, कोई रुई के मोटे वस्त्र पहिनता था। जिन्हें कुछ उपलब्ध न था वे रात्रि में अपने पेट में घुटने चिपका कर सोने का प्रयत्न किया करते थे। बादशाह ने भोग-विलास मदिरापान से सर्दी भगा दी थी। (३७, ४६)

कैक़ुबाद के पिता बुग़रा ख़ाँ का राज्य प्राप्त करने का प्रयत्न

नासिरुद्दीन लखनौती से निकल कर अवध में ठहरा और समस्त इक़लीम अपने अधिकार में कर ली। वह रात दिन यही कहा करता था कि "अपने पिता की मृत्यु के पश्चात् मैं ही राज्य का अधिकारी हूँ। मेरे अतिरिक्त राज्य के योग्य और कौन है? यद्यपि कैक़ुबाद मेरी आँखों की पुतली है और बादशाह हो गया है, किन्तु उसे कोई अनुभव नहीं; अतः जब तक मैं अपने अधिकार को प्राप्त न कर लूँगा निश्चिन्त नहीं हो सकता।" (४६)

कैक़ुबाद का अपने पिता के विरुद्ध युद्ध के लिये तैयार होना

संसार के बादशाह को भी इस घटना का पता चल गया। उसने अपने योद्धाओं को आदेश दिया कि वे तैयारी प्रारम्भ कर दें। कोषाध्यक्षों को आज्ञा दी कि वे सेना तैयार करते समय किसी अन्य बात पर ध्यान न दें। प्रत्येक किशवर[2] को पत्र भेजा गया प्रत्येक नगर तथा विलायत से सरदार बुलाये गये। प्रत्येक स्थान के अमीर, बादशाह, ख़ान और मलिक एकत्र हुये। एक लाख सवार युद्ध के लिये तैयार हो गये। (४७)

देहली की सेना की तैयारी

ज़िलहिज्जा मास के अन्त में सोमवार के दिन प्रातःकाल बादशाह अपना लश्कर लेकर बाहर निकला। (४८) पताकाओं की चमक दमक चारों ओर छा गई। सेना के सामने दूरबाश का प्रकाश शत्रुओं को दहलाने के लिये काफ़ी था। सुल्तान सीरी में उतरा। वहीं उसका शिविर लगा दिया गया। शिविर की डोरियाँ रेशम की थीं। बारगाह (शिविर) साधारणतया दो बार खम्भों पर स्थापित होते थे, किन्तु बादशाह ने उसे चार सतूनों (स्तम्भों) पर स्थापित कराया। दाहिनी ओर की सेना तिलपट में और बाईं ओर की इन्द्रप्रस्थ में डाली गई। शाही हाथियों का पड़ाव भापुर में रखा गया। सीरी उस समय घास का मैदान था। शाही शिविर फूलों से सजा था और गोलाई में लगाया गया था। उसके देखने से ऐसा ज्ञात होता था कि बादल घास के मैदान में उतर आया है। बादशाह ने एक रात वहाँ विश्राम किया और मदिरापान होता रहा। (४८, ५२)

प्रातःकाल उसने सेना के निरीक्षण के लिये घोड़ा मंगवाया। एक स्थान से दूसरे स्थान तक सब देखा भाला। तत्पश्चात् शिकार खेलता हुआ क़िलोखड़ी के राज भवन में पहुँच गया। (५३, ५४)

१ यह घटना १२८७ ई० के मध्य में घटी होगी।

२ अधीन राज्यों के अधिकारी।

किलोखड़ी के राजभवन की प्रशंसा

वह राजभवन मानो स्वर्ग था। महल की ईंटों पर इस प्रकार चूना लगाया गया था, कि स्वर्ग उसमें अपनी छबि निहारता था। जो कुछ युवक दर्पण में देखते हैं वह वृद्ध ईंटों में देख लेते थे। यह महल सजी धजी दुलहिन था। यमुना का जल उसका दर्पण बना हुआ था। यमुना नदी के जल की तह से महल का प्रतिबिम्ब दिखाई पड़ता था। महल के एक ओर नदी और दूसरी ओर उद्यान थे। नदी के कारण उद्यान में सर्वदा ठण्डक रहती थी। महल के निर्माण में संगमरमर का भी प्रयोग किया गया था।

बादशाह ने उस स्वर्ग में उतर कर मदिरापान और भोग-विलास की महफ़िलें आरम्भ कर दीं। मदिरा का दौर चलने लगा। गायक संगीत में अपनी निपुणता दिखाने लगे और बजाने वाले चंग, बांसुरी आदि बजाने लगे। शीत-काल में भोग-विलास के कारण गरमी पैदा हो गई थी। (५४, ५७)

मुग़लों का आक्रमण

पतझड़ की ऋतु आई और मुग़लों ने आक्रमण कर दिया। उन्होंने पतझड़ की हवा के समान देश को नष्ट-भ्रष्ट करने की सामग्री एकत्र कर दी। बादशाह इस ऋतु में भी भोग विलास में मस्त था। उसे सूचना मिली कि मुग़ल बढ़ते चले आ रहे हैं। उनकी सेना बालू के कण के समान है।

कैक़ुबाद का मुग़ल आक्रमण पर क्रोध

बादशाह को जब यह ज्ञात हुआ तो वह घृणा की हंसी हंसा और उसने कहा कि "मेरे राज्य-काल में इस प्रकार का उपद्रव आरम्भ हो गया। लोग कहेंगे कि मेरी बादशाही में दूसरों को विजय प्राप्त हो रही है। भेड़िये और कुत्ते मृगों को भयभीत कर सकते हैं किन्तु सिंह से युद्ध नहीं कर सकते। मैं हिन्द के रायों से प्रत्येक वर्ष जज़िया लेता हूं और हाथी, धन सम्पत्ति प्राप्त करता रहता हूं। धन सम्पत्ति के लिये, कभी गुजरात के तो कभी देवगिरि के राजा को फ़रमान भेजता हूं। कभी तिलंग से घोड़े प्राप्त करता हूँ। बंगाल से हाथी वसूल करता हूं। मालवा और जाजनगर से धन सम्पत्ति प्राप्त करता हूं।[१] इन दगला[२] पहिनने वालों के भय से मैं अपने कानों में रूई नहीं डाल सकता। मैं उनकी सेना को रुई के समान हवा में उड़ा दूँगा, परन्तु मैं यह नहीं चाहता कि स्वयं तलवार खींचूं, और उन कुत्तों के रक्त से अपनी तलवार गन्दी करूँ।" (५८-६३)

ख़ानजहाँ बार्बक को मुग़लों से युद्ध करने के लिये भेजना

यह कह कर उसने आरिज़ को बुलवाया और कहा कि 'तीस हज़ार योग्य सवार मुग़लों से युद्ध करने के लिये नियुक्त हों। उस लश्कर का सरदार खाने जहाँ बार्बक को नियुक्त किया जाय।' योग्य आरिज़ ने शाह की आज्ञा से विरोधी की ओर सेना भेजी। मुग़लों के आक्रमण द्वारा सामाना से लाहौर तक सभी भवनों का विनाश हो गया था। इस्लामी लश्कर के पहुंचने का समाचार सुन कर शत्रु का लश्कर भाग निकला। (६४)

तिमुर मुग़ल का भागना

यद्यपि तिमुर ने बड़ी तेज़ी दिखाई, किन्तु उससे कुछ न हो सका। सरसद तथा कीली,

---

१ अमीर ख़ुसरो ने जिन प्रदेशों का नाम लिया है उनमें से देवगिरि, तिलङ्ग, तथा बंगाल कैक़ुबाद के अधीन न थे। ख़ुसरो ने केवल अलंकारिक भाषा का प्रयोग किया है।

२ रुई का वस्त्र पहिनने वाले।

दोनों एक ओर भाग गये। चचलक, बेद तथा बुदकर एक ओर भागे। चारों ओर मुग़ल ही मुग़ल दिखाई देते थे। बार्बक ने भागने वालों का पीछा किया। पर्वत मुग़लों के रक्त से लाल हो गया। बहुत से मारे गये और बहुत से बन्दी बना लिये गये। संसार को विजय करने वाला ख़ान विजय पाकर वापस हुआ। (६५) बन्दी मुग़ल पंक्तियों में उसके साथ थे। सेना ने जीत की खशी में ख़ूब मदिरापान किया, और सिपाहियों को बहुत कुछ इनाम बाँटा गया। (६६-६७)

कैक़ुबाद का नौरोज़ मनाना

इतने में बहार (बसन्त) ऋतु आगई। केवड़ा, सेवती, गुलाब, लाला, मौलसिरी चारों ओर फूलने लगे। बुलबुल, तोते, फ़ाख़्ता बोलने लगे। चकोर और अन्य पक्षी पखेरू तथा पशु किलोलें करने लगे। (६७) सुल्तान ने नौरोज़ का समारोह मनाने की तैयारियाँ आरम्भ कर दीं। महल सजाया गया। पाँच प्रकार के चत्र सजाये गये: एक चत्र काला बना था। उसका कालापन भी अति शोभायमान था। दूसरा चत्र सफ़ेद रंग का बना था। तीसरा चत्र लाल रंग का था। चौथा चत्र हरे रंग का था और पाचवाँ चत्र झाऊ का था। (६८-७७)

दूरबाश शाह के दोनों ओर रहते थे। उनके भय से कोई एक वाक्य भी मुँह से न निकाल सकता था। उनके उठाने वाले हाथों में डण्डे लिये रहते थे। उन लोगों के कारण मक्खी तक सुल्तान के निकट न पहुंचती थी। जानदारों के अस्त्र-शस्त्र के भय से तथा दूरबाश के कारण शत्रुओं के हृदय दहले जाते थे। (७८-७६)

बादशाह की तलवार यद्यपि मियान में रहती थी तो भी विरोधियों को उसके कारण नींद न आती थी। उसका लोहा सोने से भी बहुमूल्य था।

उसके धनुष के झुकाव का सामना आकाश भी न कर सकता था। उसके बाणों की बड़ाई भी सम्भव नहीं क्योंकि उनकी वर्षा से शत्रु क्षीण हो जाते थे। उसके भाले और ढाल की भी प्रशंसा नहीं हो सकती। (७६-८२)

उसके दोनों ओर लाल और काले झण्डे थे। उनका साया आकाश से पाताल तक पहुँचता था। इस प्रकार जश्न सजाया गया। बादशाह सुनहरे राज सिंहासन पर विराजमान हुआ। ऐसा बहुमूल्य राज मुकुट सिर पर रखा जिसकी क़ीमत विश्व भर के कर से भी न दी जा सकती थी। सहमुल हश्मान सितारों को भी भयभीत कर रहे थे। शहनये ने पंक्तियों को ठीक किया और तलवारें चलाने वाले दाहिनी तथा बाईं ओर अपनी पंक्तियाँ जमाये उपस्थित थे। हाजिबे फ़स्ल उपहार भेंट करने वालों के उपहार पेश कराते थे। (८३-८५) जश्न के उपरान्त बादशाह एकान्त में गया। साक़ी लाल मदिरा का प्याला पेश करने लगे। मदिरापान को देख कर भूमि को भी प्यास लग आई। इस समय सुल्तान ने बहुत कुछ दान किया। (८६)

बुग़रा ख़ाँ से युद्ध करने के लिये कैक़ुबाद का स्वयं प्रस्थान करना

बहार का अन्त हुआ। गेहूं की बालियाँ दानों से भर गईं। खलिहान लग गये। हरियाली में पीलापन आने लगा। फूल झड़ने लगे। पूर्व के सुल्तान से युद्ध करने के लिये सुल्तान स्वयं प्रस्थान करना न चाहता था, परन्तु परामर्श-दाताओं ने सलाह दी कि बादशाह का चलना अत्यन्त आवश्यक है। उन्होंने निवेदन किया कि 'बादशाह अकेला जो कर सकता है वह इतनी बड़ी सेना नहीं कर सकती। यद्यपि बादशाह की सेना विजय प्राप्त कर लेगी, किन्तु विजय का द्वार खोलने के लिये शाह का उपस्थित रहना आवश्यक है।' अन्त में बादशाह को भी चलने के लिये तैयार होना पड़ा। (८७-८८)

मुग़ल क़ैदियों का पेश होना

रबी-उल-अव्वल मास के मध्य में लश्कर ने कूच किया। बादशाह भी शहरे नव से लश्कर लेकर चला। पहला पड़ाव तिलपट और अफ़ग़ानपुर की हद में हुआ। भोग-विलास की सामग्री वहाँ भी एकत्र हो गई। शराब का दौर चलने लगा। यहीं मुग़लों से युद्ध करके बार्बक सुल्तान की सेवा में उपस्थित हुआ। मुग़लों के गले बँधे हुए थे। बादशाह यह समाचार सुनकर बड़ा ही प्रसन्न हुआ। मदिरा मँगाई और जश्न होने लगा। प्रातः से सायंकाल तक शराब का दौर चलता रहा। (८८-९०)

दूसरे दिन बड़े समारोह से दरबार हुआ। बार्बक ढोल बजाता हुआ दरबार में प्रविष्ट हुआ। बादशाह ने उसे बहुमूल्य ख़िलअत दी। उसके अधीन सरदारों को भी ख़िलअत और इनाम प्रदान किये गये। सबने सिजदा किया और बादशाह ने उन्हें दस्तबोस का सम्मान प्रदान किया। सरदारों ने भी अपने उपहार प्रस्तुत किये। हाजिबे फ़स्ल ने सबका सविस्तार परिचय दिया। (९०-९३)

मुग़लों के रूप तथा उनकी वेष भूषा का वर्णन

तत्पश्चात् युद्ध के बन्दी, जिनके कारण सुल्तानी सेना को कूच करना पड़ा था, पेश हुये। उन तातारी काफ़िरों की संख्या हज़ार से भी अधिक थी। वे लोग बड़े कठोर, परिश्रमी तथा युद्ध में अत्याचार करते थे। सबका शरीर फ़ौलाद के समान था। उनका चेहरा आग के समान था। वे सिर पर बाल और ऊन की टोपी पहिने हुये थे। उनके रोयें से आग की चिंगारी निकल रही थी। उनके सिर के बाल कटे हुए थे। (९३) उनकी छोटी-छोटी आँखों से ताँबे के तश्त में छेद हो जाता था और उनकी दृष्टि से पत्थर में छिद्र हो जाते थे। उनके शरीर से दुर्गन्ध आती थी। उनका चेहरा उनकी पीठ में धँसा हुआ था। उनका चेहरा मश्क की तरह था और इधर उधर से टेढ़ा मेढ़ा था। उनकी चपटी नाक उनके चेहरे पर फैली हुई थी। नथुने टूटी हुई क़ब्र के समान थे। होठों पर लम्बी-लम्बी मूँछें थीं। ठुड्डी पर उनके दाढ़ी न थी क्योंकि बर्फ़ पर घास जम ही नहीं सकती। उनका भोजन कुत्ते और सुअर का मांस था। कहा जाता है कि यदि इनमें से कोई एक क़ै करता था, तो दूसरा उसे खा लेता था। उनका मूल वंश कुत्ते से था। वे बांसुरी बजाते और तातारी भाषा में नारे लगाते थे। उनके भाले उनके सिरों से भी ऊँचे थे। उनके घोड़े तातारी नस्ल के थे। (९४-९५)

मुग़लों को दण्ड

उनके बाणों पर कष्ट का पानी चढ़ा था। उनकी तातारी कमानें बड़ी सख़्त थीं। बादशाह ने उनके घोड़े और अस्त्र-शस्त्र शाही भंडार में भिजवा दिये। तत्पश्चात् हाथी मँगवाये। उनके कारण भूमि काँपने लगी और पर्वत हिलने लगे। हिन्दुस्तानी ढोल; क़रना, ताशे और तुरही बजने लगे। हाथियों ने भी चिंघाड़ना आरम्भ कर दिया। शाह ने आदेश दिया कि एक बहुत बड़े बैल तथा भैंसे को बाँध कर हाथियों के सामने फेंका जाय। हाथियों ने दोनों को अपने दाँतों से फाड़ डाला। बादशाह ने जब यह देखा कि हाथी युद्ध के लिए तैयार हैं तो उसने आज्ञा दी कि दस दस मुग़लों के पेट एक में कस कर बाँधे जायँ और उन्हें हाथियों के सामने डाल दिया जाय। इस प्रकार अमीराने सदा[1] के अनेक सरदार मार डाले गये। जो शेष रहे उनके लिए आदेश हुआ कि वे नगर में घुमाये जायें। इस प्रकार दिन इस कार्य में समाप्त हुआ। रात में फिर मदिरापान होने लगा। (९६-९९)

१ सौ सवारों के अफ़सर।

देहली की सेना का यमुना तट पर पहुँचना[1]

दूसरे दिन जब सुबह हुई तो सेना ने कूच किया और दो पड़ाव करने के पश्चात् लश्कर यमुना तट पर पहुँच गया। सेना की अधिकता के कारण इतनी धूल उड़ी कि यमुना नदी टापू बन गई और यदि सेना दो तीन दिन रुक जाती तो उसकी धूल से पुल बन जाता।

बार्बक की सेना का अवध की ओर प्रस्थान

नदी पार करके सेना जेवर[2] के स्थान पर रुकी। वहाँ से बार्बक को आज्ञा दी गई कि वह शीघ्रातिशीघ्र कूच करता हुआ आगे बढ़े। इस प्रकार बार्बक की सेना कूच करती हुई गंगा को पार करती हुई सरयू की ओर बढ़ी। मार्ग में कड़े का ख़ान छज्जू कई हज़ार सवार लेकर मिला। शाह की आज्ञा से अवज़ (अवध) का ख़ान भी एक बहुत बड़ी सेना लेकर बार्बक से मिला। इस प्रकार सभी सेनायें एकत्र होकर सरयू नदी के छः कोस निकट पहुँच गईं। पूर्व के बादशाह को सूचना मिल गई कि युद्ध के लिए सेना पहुँच गई। वह बड़ा क्रोधित हुआ। (१००-१०१)

सुल्तान नासिरुद्दीन बुग़रा ख़ाँ का बार्बक को संदेश भेजना

पूर्व के बादशाह ने अपने विश्वासपात्रों में पर्याप्त खोज करने के पश्चात् शम्स दबीर को उसका सन्देश बार्बक के पास ले जाने के लिए नियुक्त किया और उसे आदेश दिया कि वह उससे कहे कि 'वह प्रदेश (देहली) मेरे अधीन है। तूने मेरा नमक खाया है, अतः तू नमक-हरामी क्यों करता है ? तू जानता है कि इस राज्य का अधिकारी कौन है ? यदि कोई अन्य मेरा स्थान लेता तो मैं अपनी तलवार से इसका मज़ा चखा देता किन्तु क्या करूँ जब कि मेरा ही पुत्र जोकि मेरी आँख के समान है, मेरी आँख का प्रकाश छीन रहा है। कोई किस प्रकार अपने हाथ से अपनी आँख फोड़ सकता है। वह जिस किसी को भी मुझ से युद्ध करने के लिए भेजेगा, वह मेरा दास होगा। यदि दास स्वामी से युद्ध करेगा तो उसे लोग क्या कहेंगे।' मुझे तेरे ऊपर क्रोध नहीं आता अपितु उस पर क्रोध आता है जिसने तुझे मेरी ओर भेजा है। मेरे जी में तो यह आता है कि तलवार खींच कर रक्त की नदी बहादूँ परन्तु इसमें मुझे ही हानि होगी। यदि मेरी सेना तुझे कोई हानि पहुँचाये तो इससे मेरे पुत्र को हानि होगी। यदि तेरे कारण मेरी सेना को हानि पहुँचे तो तू ही मेरे सामने लज्जित रहेगा। (१०२-१०३) तू इतनी देर प्रतीक्षा कर कि यह शत्रुता रखने वाला आ जाय। उसे स्वयं ज्ञात हो जायगा कि मुझे उससे कितना प्रेम है।"

बार्बक का उत्तर

संदेश-वाहक ने आकर सेना नायक बार्बक को यह समाचार सुनाये। उसने उत्तर दिया कि, "मेरी ओर से मेरी दासता का सिज्दा बादशाह तक पहुँचा दे और कह दे कि 'यद्यपि तेरा पुत्र तेरा राजमुकुट धारण किये हुए है, किन्तु मैं तो अपने स्वामी की आज्ञा से यहाँ आया हूँ। यदि कोई सिंह मुझ से युद्ध करेगा तो मैं उसका मज़ा चखा दूँगा किन्तु यदि अन्नदाता मुझ से युद्ध करने के लिये आयेंगे तो मैं युद्ध न करूँगा, और सामने से हट जाऊँगा, किसी से भय के कारण नहीं अपितु अन्नदाता के सम्मान का ध्यान रखते हुए।" बादशाह के सन्देश-वाहक ने लौट कर बार्बक का सन्देश पहुँचा दिया। उसने जब उसको विरोध करते हुए

---

१ सेना का प्रस्थान लगभग रबी-उल-अव्वल ६८७ हि० के मध्य (अप्रैल १२८८ ई० के मध्य) में हुआ होगा।

२ बुलन्दशहर ज़िले में।

न पाया तो चुप हो गया और फिर मदिरापान तथा भोग विलास में तल्लीन हो गया। (१०४-१०५)

ख़रबूज़े की बहार

उधर देहली के बादशाह का लश्कर प्रस्थान कर रहा था। ग्रीष्म ऋतु आ चुकी थी। गरम हवा के झोंके चल रहे थे। घास फूस आदि सूख चुके थे। वृक्षों की पत्तियाँ भी शुष्क हो गईं थीं, किन्तु खरबूज़े की बहार ज़ोर पर थी। वह सब फलों का बादशाह बना हुआ था। उसे खाकर लोग गरमी को भूलते जा रहे थे। बादशाह घोड़े पर सवार और सिर पर चत्र लगाये निरंतर कूच कर रहा था। गरमी का उस पर कोई प्रभाव न था, यहाँ तक कि बादशाही पताकायें अवध तक पहुँच गईं।

कैक़ुबाद का अवध पहुँचना[1]

शहर के निकट घाघरा तट पर डेरे, ख़ेमे लगा दिये गये। एक ओर घाघरा नदी थी तो दूसरी ओर सरयू। दूसरे दिन बादशाह सैर के लिये निकला। उसके पीछे एक हज़ार सवार थे। पिता को जब पुत्र के आने का समाचार मिला तो वह भी नदी तट पर आ खड़ा हुआ। दोनों ओर दो सूर्य चमकने लगे। पिता की दृष्टि पुत्र पर पड़ी। आँख से आँसू टपकने लगे। तुरन्त अपने हाजिब को नौका पर बैठा कर पुत्र की ओर भेजा और उससे मिलने की इच्छा प्रकट की। जब नौका सरयू नदी के बीच में पहुंची तो मुइज़्ज़ुद्दीन की दृष्टि उस पर पड़ी। यद्यपि उस पर भी पिता के प्रेम का प्रभाव था तथापि शत्रुता दिखाते हुए अपने निषंग से बाण निकाला। धनुष पर चिल्ला चढ़ाया और बाण नौका की ओर छोड़ दिया। नौका में छेद हो गया और वह डूब गई। हाजिब बड़ी कठिनाई से जान बचा कर भागा।

बुग़रा ख़ाँ का असमंजस

बादशाह (नासिरुद्दीन) को यह दृश्य देखकर बड़ा क्रोध आया। वह बड़े असमंजस में पड़ गया। उसे भय हुआ कि पुत्र कहीं युद्ध प्रारम्भ न कर दे। "यदि पुत्र को अपनी युवावस्था पर गर्व है तो क्या हुआ, मैं तो अनुभवी हूं। यदि मेरी तलवार से उसे कोई हानि पहुंचेगी तो फिर उसका दुःख मुझको ही होगा और यदि उसके द्वारा मुझे कोई हानि पहुँचेगी तो उसे इसका दुःख होगा।" इसी सोच में दिन भर वह पड़ा रहा। रात में इस दुविधा के कारण उसे नींद न आई। यहाँ तक कि सुबह हो गई और वह यही सोचता रह गया कि किस प्रकार पुत्र से सन्धि की जाय। (१०६-११४)

बुग़रा ख़ाँ तथा कैक़ुबाद में पत्र व्यवहार

जब दिन निकला तो उसने एक विश्वासपात्र द्वारा पुत्र के पास सन्देश भेजा कि वह पिता की ओर से सलाम व दुआ कह कर यह समझाये कि वह विरोध न करे। "राज्य मेरे पिता से मुझे और मुझ से तुझ को मिलना चाहिये। तुझे जो लोग मार्ग-भ्रष्ट करना चाहते हैं, उनकी बात न सुन। यह सच है कि युवक बुद्धिमान होते हैं; किन्तु तेरी यह युवावस्था नहीं अपितु पागलपन है। तू बालकों की भाँति युवावस्था व्यतीत कर और वृद्धों के लिये स्थान छोड़ दे।" (११५-११७)

बादशाह ने हाजिब को उत्तर दिया कि "राज्य किसी को वंशागत नहीं प्राप्त होता, अपित तलवार द्वारा प्राप्त होता है। यदि तू अपने पिता की सम्पत्ति माँगता है तो यह राज्य

१ सेना लगभग दो मास में जमादी-उल-अव्वल ६८७ हि० के मध्य (जून १२८८ ई०) में पहुँची होगी।

मुझे तीन बादशाहों की ओर से मिला हुआ है। तू मुझे राज्य प्रदान कर। यदि तू यह राज्य प्राप्त ही करना चाहता है तो मैं तो न दूँगा, तू जिस प्रकार बने ले ले।" (११७-११६)

बादशाह नासिरुद्दीन ने इसका यह उत्तर दिया कि "तू युद्ध न कर, अन्यथा स्वयं कष्ट भोगेगा। मेरे पास ऐसे हाथी हैं कि तेरे सहस्त्रों घोड़े उन से युद्ध नहीं कर सकते। तेरे लिये यह उचित है कि तू मेरा स्थान लेले, और मैं अपने पिता का।" (१२०-१२२)

पुत्र ने यह उत्तर सुन कर पिता के पास सन्देश भेजा कि "आपको अपने हाथियों पर गर्व न होना चाहिये और मुझ से युद्ध न करना चाहिये. क्योंकि मेरे घोड़े आपके हाथियों का सफ़ाया कर देंगे। यदि आप सन्धि करलें तो मैं आप की प्रत्येक इच्छा पूरी कर सकता हूं। यदि आप मुझ से राजमुकुट ही माँगना चाहते हैं, तो मेरे निकट आयें, मैं उसे आपके चरणों में अर्पित कर दूँगा।" (१२३-१२५)

पिता ने इसका यह उत्तर दिया कि "तू मेरी आँख है। तू मेरी ओर से अपने हृदय में कोई मैल न रख। तेरे नाम से मेरा नाम है और यदि मैं तुझ से राजमुकुट ले भी लूं तो फिर अपनी मृत्यु के पश्चात् तेरे अतिरिक्त किसे दे सकता हूं। मैं तो केवल तेरे दर्शन का प्यासा हूँ, अतः इसमें विलम्ब न कर।" (१२६-१२८)

पुत्र ने पिता को यह उत्तर भेजा कि 'आपके पूरब में और मेरे पच्छिम में होने का यह अर्थ है कि हमारा मुक़ाबिला कोई नहीं कर सकता। मुझ में यह साहस नहीं कि अपने आप को आपसे दूर रख सकूँ।" पिता यह समाचार सुन कर बड़ा प्रसन्न हुआ, और इस ख़ुशी में जश्न किया। लोगों को इनाम बाँटे। (१२६-१३०)

इसके पश्चात् उसने अपने लघु पुत्र कैकाऊस को बुलवाया, और उसके साथ बड़े समारोह से उपहार, अस्त्र-शस्त्र, तथा हाथी पुत्र की ओर भेजे, और कहला भेजा कि 'मुझमें अब दूर रहने की शक्ति नहीं है और तुझ से मिलने की प्रतीक्षा कर रहा हूं।" (१३१-१३४)

पुत्र ने कैकाऊस के आने का समाचार सुन कर दरबार सजाया। कई मील तक आदमियों, घोड़ों और हाथियों की पंक्तियाँ स्वागतार्थ खड़ी की गई। शाही चौखट पर पहुँच कर शाहज़ादा घोड़े से उतर पड़ा। जो उपहार लाया था पेश किया। जो बातें पिता ने कही थीं वह उसे समझा दीं। कैक़ुबाद भाई से मिल कर अत्यन्त प्रसन्न हुआ। उसकी ख़ातिर मदारात (आओभगत) मेंजश्न किया गया और शराब के दौर चले। (१३४-१३६)

दूसरे दिन बादशाह ने अपने पुत्र क्यूमुर्स को बुलाकर उसके दादा की ओर भेजा। उसके हाथ बहुमूल्य उपहार, घोड़े, ऊँट, तथा साज़-व-सामान भेजा। क्योंकि वह बालक था इसलिये एक बुद्धिमान आरिज़ को उसके साथ किया और उसके द्वारा पिता को सन्देश भेजा कि "मैं भी भेंट करने के लिये व्याकुल हूँ। मैं स्वयं बादशाह के द्वार तक उसी प्रकार दौड़ता जाता जिस प्रकार पिता के पास पुत्र जाते है, किन्तु सुल्तान की प्रतिष्ठा का प्रश्न है" क्यूमुर्स आरिज़ के साथ दादा के पास गया। दादा ने बड़े प्रेम से उसका स्वागत किया और बड़ी देर तक उसे प्यार करता रहा। किसी दूसरी ओर दृष्टि उठा कर भी न देखा। थोड़ी देर पश्चात् आरिज़ पर उसकी दृष्टि पड़ी। आरिज़ ने वह सब उपहार भेंट किये और बादशाह का सन्देश सुनाया। सुल्तान ने उत्तर दिया कि, "मैं कल अवश्य भेंट करूँगा।" तत्पश्चात् पोते और आरिज़ को बहुत कुछ उपहार देकर विदा किया। (१३७-१४२)

बुग़रा ख़ाँ तथा कैक़ुबाद की भेंट

शाह ने आज्ञा दी कि स्वागत की तैयारियां की जायँ। उपहार के मोती जवाहिरात एकत्र किये जायँ। कर्मचारियों को आदेश देकर स्वयं मदिरापान में तल्लीन हो गया।

जिस स्थान पर शाही शिविर लगे थे उस स्थान पर पर्याप्त मैदान न था। उसे छोड़ कर शहर से नीचे की ओर शिविर लगाया गया, जहाँ मैदान भी काफ़ी था और नदी का पाट भी कम था। इस कारण नौका के आने जाने में बड़ी सुगमता थी। (१४२-१४४)

नासिरुद्दीन ने दिन ढलने के पश्चात्, जब कि गरमी की तेज़ी कुछ कम हो गई, नदी पार करने के लिये नौका मँगवाई। नौका शिशुचन्द्र के समान थी। वह दस वर्ष में बन कर तैयार हुई थी और साल की लकड़ी से तैयार हुई थी। उसके तख्ते और अन्य सामग्री बड़ी सुन्दरता से जड़ी हुई थीं। बादशाह उस लकड़ी के गृह में बैठ गया। नौका चल दी। मल्लाहों के नारों से लहरों में कँपकपी पैदा हो जाती थी। मल्लाहों ने नौका को तेज़ी से खे कर दूसरे घाट पर पहुंचा दिया। (१४५-१४८)

बादशाह उतर कर पुत्र के दरबार में पहुँचा। पुत्र दौड़ कर पिता से लिपट गया। दोनों की आँखों से आँसू बहने लगे। जब कुछ होश आया तो दोनों एक दूसरे से राज सिंहासन पर बैठने का आग्रह करने लगे। कोई भी राज सिंहासन पर बैठने के लिये उद्यत न होता था। (१४९)

जब पिता ने देखा कि पुत्र उसके आदर सम्मान के कारण राज सिंहासन पर नहीं बैठता तो उसने कहा कि, "मेरे हृदय में एक इच्छा बहुत दिनों से है। मैं तुझे अपने हाथ से राज सिंहासन पर बैठाना चाहता हूं, क्योंकि जब तू ने राज मुकुट धारण किया था, उस समय मैं न था जो तेरी सहायता करता।" यह कह कर पुत्र का हाथ पकड़ा और उसे राज सिंहासन पर बैठा दिया। स्वयं हाथ बाँध कर खड़ा हो गया। इस प्रकार यह सिद्ध कर दिया कि राज सिंहासन के सम्मान के कारण पिता को भी अपने पुत्र के सामने खड़े होने में संकोच न करना चाहिये। पिता की आज्ञा का पालन करने के पश्चात् कैक़ुबाद तुरन्त राज सिंहासन से उतर आया। दरबार के अमीरों ने दोनों बादशाहों पर सोना, चांदी, मोती, जवाहिरात लुटाये। तत्पश्चात् पिता नौका में बैठ कर अपने शिविर की ओर चला गया। (१५०-१५१)

दूसरे दिन पुत्र ने पिता की सेवा में बड़े सुन्दर और बहुमूल्य घोड़े भेजे। वे सब के सब ताज़ी नस्ल के थे। उनका रूप रंग, चाल ढाल, सजावट, सब देखने के योग्य थी। (१५१-१५८)

रात में पुत्र ने बड़े समारोह से प्रीति भोज किया। एक ओर मोम बत्तियाँ अपनी छटा दिखा रही थीं तो दूसरी ओर दीपकों के प्रकाश से प्रत्येक वस्तु जगमग जगमग कर रही थी। विशेष प्रकार की मदिरा का प्रबन्ध किया गया था। वह बड़ी सुन्दर सुराहियों में भरी हुई थी। मदिरा के भरे प्याले को देख कर ही लोग मूर्च्छित हो जाते थे। साक़ी की सुन्दरता तथा चपलता ने सभी को मूर्च्छित कर दिया था। महफ़िल में जो चंग और रबाब बजाने के लिये लाये गये थे, वे भी विशेष कर बड़ी होशियारी से तैयार कराये गये थे। गायकों की मधुर तानें तथा नर्तकियों के नृत्य से समारोह की शोभा और भी बढ़ गई थी। भोजन के लिये नाना प्रकार की वस्तुएँ पकवाई गई थीं। भिन्न-भिन्न प्रकार की रोटियाँ, समोसे, पुलाव, दुम्बे का मांस, जिसमें चिकनाई भरी हुई थी, बटेर, तेहू, दुर्राज के मांस तथा भिन्न-भिन्न प्रकार के हलवे तैयार कराये गये थे। पान के बीड़े की तो प्रशंसा ही असम्भव है। पिता ने पुत्र को लखनौती का बहुमूल्य सिंहासन और जड़ाऊ राज मुकुट दिया था, जोकि उसके सिर पर बड़ी ही शोभा दे रहा था। पिता ने पुत्र को हाथी और अनेक उपहार भी दिये। इस प्रकार यह समारोह रात भर बड़ी शान से होता रहा[१]। (१५९-१६३)

१ यह भेंट जमादी-उल अव्वल ६८७ हि० के अन्त (जून १२८८ ई० के अन्त) के लगभग हुई होगी।

उपहार भेंट करने के उपरान्त नासिरुद्दीन ने पुत्र से प्रार्थना की कि "मेरी इच्छा है कि तेरे पास मेरे पिता की यादगार के तौर पर जो दो चीजें हैं उन्हें तू मुझे दे डाल। एक तो सफ़ेद चत्र दूसरे काली टोपी। पहले इन्हें तू अपने सिर पर रख फिर मुझे प्रदान कर दे।" कैक़ुबाद ने दूसरे दिन पिता की यह इच्छा भी पूरी करदी। जो व्यक्ति इन वस्तुओं को लाया था, सुल्तान ने उसे बड़े बहुमूल्य उपहार दिये। दूसरी रात में फिर पिता और पुत्र की भेंट हुई। पुत्र ने बड़े समारोह से जश्न का प्रबन्ध किया था। संगीत, नृत्य, मदिरा, सभी का प्रबन्ध था। दोनों ने थोड़ी-थोड़ी मदिरा पी। तत्पश्चात् कुछ वार्त्तालाप के उपरान्त पिता ने पुत्र को परामर्श दिया कि "हे पुत्र! युवावस्था पर गर्व न करना चाहिये। निर्बलों को कभी न सताना चाहिये। यदि कोई क्षमा याचना करे तो उसे प्रदान कर देना चाहिये। (१९३-२०९) अपने मित्रों पर दया दृष्टि रखनी चाहिये। अपने दोस्त दुश्मन को पहचानना चाहिये। सर्वदा न्याय करते रहना चाहिये। लोगों पर नेकी करना आवश्यक है। इतना मदिरापान न करना चाहिये जिससे होश हवास शेष न रहें।" (२०३-२१०)

कैक़ुबाद तथा बुग़रा ख़ाँ की विदा

इन समारोहों के पश्चात् विदा का समय आ पहुँचा। जाने से पूर्व पिता और पुत्र दोनों फिर मिले। उस समय एकान्त था। राज्य व्यवस्था के विषय में भी कुछ गूढ़ बातें हुई। पिता ने पुत्र को समझाया कि "अमुक व्यक्ति तेरे राज्य के उपवन में विष भरा काँटा है, उसको शीघ्रातिशीघ्र दूर कर दे। अमुक व्यक्ति को परामर्श के लिए नियुक्त कर।" पुत्र ने पिता की नसीहत कान खोल कर सुनी। अन्त में दोनों गले मिल कर आँसू बहाते हुये विदा हुए। उधर पिता की नौका चली इधर पुत्र चिल्ला चिल्ला कर रोने लगा। जब नौका आँखों से ओझल हो गई तो घोड़े पर सवार होकर अपने शिविर में आया। खेमे के परदे गिरवा दिये। लोगों का आना जाना बन्द करा दिया और पिता को याद करके रोता रहा। (२११-२१६)

अब वर्षा भी आरम्भ हो गई थी। आकाश पर घटा छाई रहती थी। जंगल हरा भरा हो रहा था। धान के खेत लहलहाने लगे थे। बागों में आमों की बहुतायत थी। नदी नाले चढ़ते जा रहे थे। मार्ग में पानी भर चुका था। लश्कर के ऊँट, घोड़ों को बड़ी कठिनाई का सामना करना पड़ रहा था। यद्यपि घास तो बहुत मिल जाती थी किन्तु दाना बड़ी कठिनाई से प्राप्त होता था। लश्कर गंगा तट पर पहुंच गया। गंगा को पार करके कूच करता हुआ देहली पहुँचा। बादशाह के वापस लौटने की खुशी में बड़े समारोह से जश्न हुये। (२१६-२२१)

बादशाह ने खानजहाँ को, जोकि हातिम से बढ़ कर था, कन्तपुर के स्थान पर अवध की अक़्ता प्रदान की। अमीर ख़ुसरो जो इससे पूर्व उसका सेवक था, उसकी दानशीलता से प्रभावित होकर उसके साथ रुक गया, और दो वर्ष तक उसके साथ रहा। उसकी माता दिल्ली में ही थीं और उसे बार बार बुलाती थीं। अन्त में अपने स्वामी से आज्ञा लेकर वह जीक़ाद में देहली पहुँचा। उसकी माता उसे देख कर बड़ी प्रसन्न हुई[1]। (२२१ २२२)

दो ही दिन बाद बादशाह को जब अमीर ख़ुसरो के आने की सूचना मिली तो उसने हाजिब भेज कर उसे बुलवाया। बादशाह ने उसे बहुत ही सम्मानित किया, और प्रसन्न होकर उससे कहा कि, वह उसके पिता की भेंट के विषय में एक कविता लिखे, जिससे उसे पिता के विलाप के दुःख से कुछ शान्ति प्राप्त हो। तत्पश्चात् बहुत कुछ इनाम इकराम दिया। कविता लिखने के लिये उसने सबसे मिलना जुलना छोड़ दिया। तीन महीने के भीतर कविता की रूप

1 जीक़ाद ६८७ हि० (दिसम्बर १२८८ ई०)।

रेखा तैयार हो गई। तीन महीने उसको लिखवाने और बादशाह के पढ़ने योग्य बनाने में लग गये। छः महीने में रमज़ान ६८८ हि० (सितम्बर-अक्तूबर, १२८९ ई०) में कविता बिल्कुल तैयार हो गई[१]। उस समय उनकी अवस्था ३६ वर्ष की थी। (२३१-२३५)

अन्त में ख़ुसरो ने लिखा है कि इस कविता में उसने ३९४४ छन्द लिखे हैं। "मैंने प्रारम्भ में इन्हें गिना न था; इस कारण इसमें कमी करली गई और मेरी सम्पत्ति में कमी कर ली गई।" इनके लिखने में मैंने बड़ा परिश्रम किया है। मुझे बादशाह ने बहुत इनाम देने का वचन दिया था, किन्तु मैंने यह कविता धन सम्पत्ति के लोभ से नहीं लिखी है। मैंने इसमें जो बातें लिखी हैं, वे सब की सब मेरी देखी हुई हैं। मैं जानता हूँ कि लोग मेरी नक़ल कर लेते हैं, और मुझ ही से चाहते हैं कि मैं उनकी प्रशंसा करूँ। जो लोग मेरी कविता में त्रुटि निकालते हैं, वे भी मेरी योग्यता का लोहा मानते है। बहुत से ईर्ष्या रखने वाले मुझ से जलते रहते हैं। मैंने जो कुछ इस कविता में लिखा है, वह शायरी नहीं, अपितु सभी बातें सच सच लिख दी हैं। मुझे किसी का भय नहीं है। मैंने अपने समकालीनों से भी किसी बात की इच्छा न रखी। वे सब के सब तुच्छ तथा अधम है किन्तु मेरी कविता सर्वदा जीवित रहेगी।"

छन्द

कविता की इति हुई, ईश्वर ने इसे ऐसा बनाया है कि सभी इसे स्वीकार करते हैं।
ईश्वर करे कि यह क़यामत तक शेष रहे और इसका अन्त न हो। (२३५-२५६)

---

१ इस प्रकार इस कविता का लिखना मई १२८९ ई० में प्रारम्भ किया गया होगा।

भाग स

बाद के कुछ मुख्य इतिहासकार

एसामी

(क) फ़ुतूहुस्सलातीन

इब्ने बतूता

(ख) यात्रा का वर्णन

एसामी

फ़ुतूहुस्सलातीन का लेखक, एसामी के नाम से प्रसिद्ध है। उसके पूरे नाम का पता न चल सका है। उसके पूर्वजों में से सर्व प्रथम जो देहली में आया उसका नाम फ़ख़रुलमुल्क एसामी था। वह अब्बासी ख़लीफ़ाओं का वज़ीर रह चुका था। ख़लीफ़ा से किसी बात पर रुष्ट होकर उसने अपने सम्बन्धियों तथा मित्रों को लेकर मुल्तान की ओर प्रस्थान कर दिया। इनमें से कुछ मुल्तान में रह गये, और कुछ देहली पहुँचे। सुल्तान शम्सुद्दीन इल्तुतमिश ने उसका बड़ा सम्मान किया और उसे अपना मन्त्री नियुक्त कर दिया[1]। उसका एक पुत्र सद्रुलकिराम एसामी सुल्तान नासिरुद्दीन के राज्य-काल में ज़हीरुल ममालिक तथा वकीलदर नियुक्त हो गया था।[2] सद्रुलकिराम एसामी का पुत्र सिपहसालार इज्ज़ुद्दीन एसामी सुल्तान बल्बन के राज्य-काल में ख़ास हाजिब तथा बहुत बड़ा विश्वासपात्र होगा।[3] बाद में वह बल्बन ही के राज्य-काल अथवा ख़लजी शासन काल में सिपेहसालार नियुक्त हुआ होगा। लेखक का जन्म ७११ हि० (१३११-१२ ई०) के लगभग हुआ था। उसने अपनी बाल्यावस्था के सोलह वर्ष अपने दादा इज्ज़ुद्दीन की संरक्षता में व्यतीत किये। जब सुल्तान मुहम्मदशाह बिन तुग़लक़ शाह ने दौलताबाद को बसाना प्रारम्भ किया, तो एसामी भी अपने दादा के साथ अन्य अमीरों की भाँति दौलताबाद गया किन्तु पहली ही मंज़िल में उसके दादा की, जो ९० वर्ष का हो चुका था, मृत्यु हो गई।[4] ऐसा मालूम होता है कि उस समय से ७५१ हि० (१३५०-५१ ई०) तक एसामी दौलताबाद ही में रहा। ७५१ हि० में उसने फ़ुतूहुस्सलातीन की रचना समाप्त की। इस समय उसकी अवस्था ४० वर्ष की थी।[5]

एसामी ने फ़ुतुहुस्सलातीन को फ़िरदौसी के शाहनामे की भाँति कविता में लिखा है। शाहनामे में आदम से लेकर महमूद ग़ज़नवी तक का हाल लिखा गया है। एसामी ने महमूद ग़ज़नवी से ७५१ हि० तक का इतिहास लिखा है। एसामी की यह पुस्तक बड़ी ही महत्त्वपूर्ण है। ऐसा ज्ञात होता है कि बहुत सी पुस्तकें, जो फ़ुतूहुस्सलातीन लिखते समय एसामी के पास थीं, अब अप्राप्य हैं। उसने जिन घटनाओं का वर्णन किया है, उनके विषय में उसे अपने दादा से भी बड़ी सहायता मिली होगी। मुहम्मद तुग़लुक़ के राज्य-काल के विषय में उसने जो कुछ लिखा है, वह उसकी अपनी जानकारी पर अवलम्बित है। देहली से दौलताबाद तक की यात्रा में वह स्वयं सम्मिलित था। मुहम्मद तुग़लक़ के विरुद्ध दक्षिण के विद्रोह के समय वह दौलताबाद ही में होगा। इस प्रकार उसे दक्षिण की समस्त बातों का पूर्ण ज्ञान था। इसके अतिरिक्त उसने देहली के सुल्तानों के विषय में जो लिखा है, वह भी बड़ा महत्त्वपूर्ण है क्योंकि उसने अनेक ऐसी घटनाओं का उल्लेख किया है जिनके विषय में हमें किसी स्थान से कोई जानकारी प्राप्त नहीं होती। फ़ुतूहुस्सलातीन सर्व प्रथम डा० महदी हुसेन ने आगरे से प्रकाशित कराई थी। किन्तु अब ए० एस० यूशा० ने मद्रास विश्वविद्यालय से १९४८ ई० में इस पुस्तक का एक बड़ा अच्छा संस्करण प्रकाशित करा दिया है। अनुवाद इसी संस्करण से किया गया है।

१ फ़ुतूहुस्सलातीन (मद्रास यूनिवर्सिटी १९४८ ई०) पृ० १२७–१२८
२ वही पृ० १२७, १२८
३ बरनी पृ० ३६
४ फ़ुतूहुस्सलातीन पृ० ४४६-४५०
५ वही ६१६-६१८

फ़ुतूहुस्सलातीन

क़ुतुबुद्दीन ऐबक के सिंहासन पर विराजमान होने के ३-४ वर्ष उपरान्त ऐबक तथा यलदुज़ में युद्ध हुआ। यलदुज़ ग़ज़नी से और ऐबक लाहौर से चला और पंजाब के दूसरे अन्त पर युद्ध हुआ। किन्तु यलदुज़ किर्मान की ओर भाग गया। ऐबक ने ग़ज़नी पहुंच कर वहाँ के राज सिंहासन पर अपना अधिकार जमा लिया किन्तु यलदुज़ ने किर्मान से पहुँच कर उसे परास्त कर दिया। ऐबक को ग़ज़नी से भागना पड़ा। (१०४) वह भाग कर लाहौर पहुंचा, किन्तु थोड़े ही दिन पश्चात् चौगान खेलते समय घोड़े से गिर कर उसकी मृत्यु हो गई। (१०५)

उसके उपरान्त उसका पुत्र आरामशाह लाहौर का बादशाह हो गया किन्तु कुछ ही दिन बाद वह संसार से चल बसा और राज सिंहासन रिक्त हो गया। यलदुज़ को जब यह समाचार मिला तो उसने एक सेना भेज कर लाहौर पर अधिकार जमा लिया। उसने इल्तुतमिश के पास एक चत्र भेजा जिसमें मोती जड़े थे और उसे लिख दिया कि 'लाहौर तक मेरे राज्य की सीमा रहेगी। तू हिन्दुस्तान से समुद्र तक आक्रमण कर सकता है।' शम्सुद्दीन ने यह बात स्वीकार करनी निश्चय करली थी, किन्तु उसी समय ख़्वारज़्म की सेना ने ग़ज़नी पर आक्रमण कर दिया और यलदुज़ को ग़ज़नी से लाहौर आना पड़ा। (१०५-१०७)

शम्सुद्दीन इल्तुतमिश का राज्य

क़ुतुबुद्दीन ऐबक की मृत्यु के उपरान्त उसने एक सप्ताह पश्चात् बदायूं से देहली पर आक्रमण करके उसे अपने अधिकार में कर लिया। उस समय देहली केवल एक परगना था। वहाँ का क़िला तथा वहाँ की सुन्दरता देख कर उसने वही स्थान अपनी राजधानी बना लिया। यह घटना ६०७ हि० में घटी। (१०८) राज्य प्राप्त करने के उपरान्त उसे सूचना मिली कि यलदुज़ उस पर आक्रमण करने के लिये बढ़ रहा है। उसने तुरन्त सेना एकत्र करके लाहौर की ओर प्रस्थान कर दिया और तरायन की सीमा पर पहुँच गया। (१०९) यलदुज़ ने अपने दूत इल्तुतमिश के पास भेजे और कहलवाया कि 'मैं ईरान के बादशाह के पुत्र के स्थान पर हूं। तू बादशाह के दासों का दास है। तुझे मुझसे युद्ध नहीं करना चाहिये।' शम्सुद्दीन ने उत्तर भेजा कि 'राज्य वंशागत नहीं प्राप्त होता। वह तग़ल्लुब[1] के अनुसार मिलता है। (११०) तूने ही मुझ से जो निश्चय किया था उसके विरुद्ध आचरण करना प्रारम्भ कर दिया है। अब भी संधि करके तू लाहौर चला जा और मैं हिन्दुस्तान। दोनों एक दूसरे को उपहार भेजते रहें।' (१११) यलदुज़ ने स्वीकार न किया और युद्ध करने के लिये बढ़ा किन्तु हाँसी के स्थान पर उसकी पराजय हुई और वह बन्दी बना लिया गया तथा सुल्तान की सेवा में उपस्थित कर दिया गया।

यलदुज़ को बदायूँ के क़िले में बन्दी बना दिया गया और उसने स्वयं क़ुबाचा पर आक्रमण करने के लिये तरायन से मुल्तान की ओर प्रस्थान किया। जब वह रावी के निकट पहुँच गया तो क़ुबाचा को भी युद्ध के लिये तैयार होना पड़ा। (११२) क़ुबाचा नदी पार करते हुये डूब कर मर गया। हिन्दुस्तान के बादशाह को यह सूचना तुरन्त भेज दी गई। इस प्रकार मुल्तान तथा लाहौर दोनों ही सुल्तान को प्राप्त हो गये। (११३)

---

१ शक्ति।

सुल्तान शम्सुद्दीन के देहली में सिंहासनारूढ़ होने के उपरान्त अनेक आबिद (उपासक) सैयिद, धर्म-निष्ठ तथा कलाकार-देहली पहुँचे। (११४) उसने शहर देहली में एक जामा मस्जिद बनवाई। उसके बाहर "हौज़े शम्सी" नामक एक हौज़ बनवाया। उस मस्जिद की मीनारें स्वर्ग में तूबा[1] के समान थीं। उसने उसके निकट एक क़िला भी बनवाया। (११५)

कहा जाता है कि उसके राज्य-काल में नागौर के हमीदुद्दीन[2] नामक सूफ़ी दिल्ली आये। वे रात-दिन समा[3] सुना करते थे और इसी में मस्त रहते थे। जब उन्हें होश आता तो वे बादशाह की सेवा में उपस्थित होते। बादशाह उनका बड़ा आदर सम्मान करता था। इस पर साद तथा एमाद नामक दो मुफ़्तियों[4] ने उनकी आलोचना करते हुये सुल्तान से निवेदन किया कि यह कार्य शरा के विरुद्ध है और उन्होंने सुल्तान को परामर्श दिया कि क़ाज़ी को बुलवाया जाय, जिससे वाद-विवाद करके शरा के विरुद्ध जो कार्य हो रहा है उसे रोक दिया जाय। बादशाह ने वाद विवाद के लिये क़ाज़ी हमीदुद्दीन को बुलवाया। क़ाज़ी हमीदुद्दीन ने कहा कि अहलेक़ाल (आलिमों) के लिये समा हराम[5] है किन्तु अहलेहाल[6] के लिये हलाल[7] है। क़ाज़ी ने इसके उपरान्त कहा कि "हे बादशाह! एक रात्रि में बग़दाद में एक ख़ानक़ाह में ४० फ़क़ीर समा कर रहे थे। उस महफ़िल में मैं भी था और हे शाह! तू भी था। मै अन्य सूफ़ियों के साथ समा सुन रहा था तथा नृत्य कर रहा था, किन्तु तू केवल बालक होने के कारण बिना किसी के कहे मोमबत्ती का गुल काटता था। उसी रात्रि में सूफ़ियों की सेवा के फलस्वरूप तुझे हिन्दुस्तान का राज्य प्राप्त हुआ।" बादशाह को वह रात्रि याद आ गई और वह क़ाज़ी के पैरों पर गिर पड़ा, किन्तु साद तथा एमाद ने परीक्षा के लिये आग्रह किया। क़ाज़ी हमीदुद्दीन ने महमूद नामक अपने क़व्वाल को बुलवा कर ग़ज़लें गाने का आदेश दिया। क़ाज़ी मूर्च्छित होकर नृत्य करने लगे। उन लोगों ने क़ाज़ी के पैर के नीचे काँटे तथा अँगारे डाल दिये किन्तु क़ाज़ी को पता भी न चला। जब क़व्वाल चुप हो गया तो साद तथा एमाद ने क़ाज़ी का बड़ा आदर सम्मान किया। (११७-११६)

क़ाज़ी ने अपनी ख़ानक़ाह में रात्रि में फिर समा करवाया। समा के प्रभाव से सब लोग रात भर नृत्य करते और इतने मूर्च्छित हो गये कि किसी को होश न रहा। जब प्रातः-काल की नमाज़ के लिये अज़ान हुई तब कहीं जाकर सब लोग होश में आये।

सुल्तान ने ग्वालियर पर आक्रमण करके उसे अपने अधिकार में कर लिया। उसके एक दो महीने उपरान्त रणथम्भोर पर अधिकार जमाया। वहाँ रावते अर्ज़ को छोड़ दिया।

---

१ स्वर्ग का एक वृक्ष

२ क़ाज़ी हमीदुद्दीन नागौरी का पूरा नाम शेख़ मुहम्मद इब्ने अता था। वे मुइज्ज़ुद्दीन मुहम्मद बिन (पुत्र) साम के राज्य-काल में बुख़ारा से देहली पहुँचे और नागौर के क़ाज़ी बना दिये गये। उनकी मृत्यु १२४५ ई० में हुई।

३ वह संगीत जिसे सूफ़ी ईश्वर की याद में ग्रस्त रहने के लिये सुना करते हैं। चिश्ती सिलसिले के सूफ़ी विशेषकर समा सुनते हैं। कट्टर आलिम इसे शरा के विरुद्ध बताते रहे हैं और उनका सूफ़ियों से इस विषय पर सर्वदा वाद-विवाद हुआ करता था। सूफ़ी समा को आत्मा की शुद्धि के लिये भी परमावश्यक समझते हैं। समा सुनते सुनते वे भगवान् की याद में मूर्च्छित होकर नाचने लगते हैं और उन्हें किसी बात की सुध-बुध नहीं रहती।

४ न्याय विभाग के अधिकारी जो क़ाज़ियों को शरा के आदेश बताते थे।

५ वह बात जिसकी शरा से आज्ञा न मिली हो।

६ सूफ़ी संत।

७ स्वीकृति।

सुल्तान शम्सुद्दीन के राज्य-काल में कुछ मुलहिदों ने जुमा मस्जिद में प्रविष्ट होकर सुल्तान की हत्या कर देने तथा शहर पर अधिकार जमा लेने का प्रयत्न किया किन्तु उन्हें सफलता न हुई और चारों ओर से लोगों ने एकत्र होकर विद्रोह शान्त कर दिया।

एक दिन चीन के व्यापारियों ने अनेक बहुमूल्य वस्तुओं के साथ चालीस तुर्क दास भी प्रस्तुत किये। इनमें से सुल्तान ने एक को स्वीकार न किया। उसका नाम बल्बन ख़ुर्द (छोटा) था। उसे उसकी योग्यता से भय था। उसे बाद में कमाल जुनैदी वज़ीर ने जो बड़ा बुद्धिमान था, मोल ले लिया। जब वह शाह के समक्ष प्रस्तुत हुआ तो वह उसके भाग्य को देख कर चकित रह गया। उसने उसे पायगाह की सेवा सौंप दी और वह घोड़ों की सेवा करने लगा। कुछ दिन उपरान्त तुर्कों ने सुल्तान से कहा कि 'एक तुर्क को इस प्रकार का निम्न कार्य देना उचित नहीं।' वहाँ से हटा कर सुल्तान ने उसे शिकरों की देखभाल सौंप दी। एक दिन वह बाजार में जा रहा था। वहाँ एक वृद्ध खूसट बैठा था। वह आवाज़ लगा रहा था कि "कौन एक दुकानी में (पैसे में) हिन्दुस्तान का राज्य मोल लेना चाहता है?" बल्बन के पास उस समय कोई दाँग (पैसा) न था। (१२३) घर पहुंचकर उसने दाँग का प्रबन्ध किया और उस वृद्ध को लाकर दे दिया। उसने कहा "हिन्दुस्तान के राज्य की कुंजी ले लो।" कुछ ही समय उपरान्त सुल्तान ने शिकरों की सेवा का कार्य उससे लेकर अमीर शिकार नियुक्त कर दिया। कुछ समय पश्चात् वह सुल्तान का बहुत बड़ा विश्वासपात्र हो गया। (१२०-१२३)

सुल्तान के ज्येष्ठ पुत्र की ६२६ हि० (१२२८-२९ ई०) में मृत्यु हो गई। इसके डेढ़ वर्ष पूर्व उसे लखनौती का शासक बना दिया गया था। (१२४-१२५) ६३१ हि० (१२३३-३४ ई०) में सुल्तान शम्सुद्दीन ने भिलसा पर आक्रमण किया। उस पर अधिकार जमा कर उसने उज्जैन पर आक्रमण करके वहाँ के मन्दिरों को नष्ट-भ्रष्ट कर दिया और हिन्दुओं की हत्या करदी। (१२६-१२८) ६३३ हि० (१२३५-३६ ई०) में सुल्तान शम्सुद्दीन की मृत्यु हो गई। उसके स्थान पर उसका पुत्र सुल्तान रुक्नुद्दीन फ़ीरोज़शाह राज सिंहासन पर आरूढ़ हुआ। वह ३-४ मास पश्चात् ही से दुराचार में पड़ गया और राज कोष का धन व्यर्थ में नष्ट करने लगा। अतः तुर्क अमीरों ने ६३५ हि० (१२३७-३८ ई०) में सुल्तान की सुपुत्री रज़िया को बादशाह बना दिया। तीन वर्ष राज्य करने के उपरान्त उसने परदा त्याग दिया। वह हाथी तथा घोड़े पर सवार होने लगी। ६ मास इसी प्रकार व्यतीत हो गये। एक हब्शी गुलाम उसके हाथ पकड़ कर घोड़े पर उसे सवार कराता था। उसका नाम याक़ूब था। वह अमीर आख़ुर था। अन्य अमीर इस बात से असन्तुष्ट हो गये। जमादी-उल-आख़िर ६३७ हि० (दिसम्बर जनवरी १२३९-४० ई०) में उसे राज सिंहासन से पृथक् करके तबरहिन्दा में बन्दी बना दिया गया और मुइज्ज़ुद्दीन बहरामशाह को राज सिंहासन पर बैठा दिया गया। (१२९-१३६) अल्तूना ने १½ वर्ष पश्चात् रज़िया को क़ैद से निकाल कर उससे विवाह कर लिया। दोनों ने पुनः देहली पर चढ़ाई की। सुल्तान मुइज्ज़ुद्दीन ने बल्बन ख़ुर्द को सेनापति बना कर उन से युद्ध करने को भेजा। रज़िया हार कर तबरहिन्दा की ओर भाग गई। बल्बन राजधानी को लौट आया। ३-४ मास उपरान्त रज़िया ने पुनः आक्रमण किया और बल्बन युद्ध करने के लिए भेजा गया। इस बार भी वे सफल न हो सके। ६३८ हि० (१२४०-४१ ई०) में दोनों की कैथल में हिन्दुस्तान के एक दल ने हत्या कर दी। (१३४-१४२)

तुर्क अमीरों ने ६३९ हि० (१२४१-४२ ई०) में मुइज्ज़ुद्दीन को भी राज सिंहासन से हठा दिया और अलाउद्दीन मसऊदशाह को राज सिंहासन पर बैटा दिया। मुइज्ज़ुद्दीन बहरामशाह की क़ैद में हत्या कर दी गई। उसने चार वर्ष तक राज्य किया। ६४४ हि०

(१२४६-४७ ई०) में सुल्तान नासिरुद्दीन को बहराइच से लाकर राज सिंहासन पर बैठाया गया। ६५६ हि० (१२५८ ई०) में मुग़लों ने उच्च तथा मुल्तान पर आक्रमण किया। सुल्तान ने बल्बन खुर्द को, जिसने अपनी पुत्री का विवाह सुल्तान से कर दिया था और सुल्तान ने जिसे उलुग़ खाँ की पदवी दे दी थी, लश्कर का सरदार बना कर उनसे युद्ध करने के लिए भेजा। शाही सेना सिन्धु नदी के तट पर पहुँच गई और एक सप्ताह तक मुग़लों की प्रतीक्षा देखती रही। मुग़ल जब वहाँ पहुँचे तो वे पराजित हो गये। सुल्तान ने मुल्तान के चारों ओर सेनायें भेज कर समस्त विरोधियों को कठोर दण्ड दिये। ६५७ हि० (१२५८-५९ ई०) में सुल्तान के एक पुत्र का जन्म हुआ। इसी समय उच्च तथा मुल्तान से एक दूत ने आकर मुल्तान में बल्बन ज़र के विद्रोह करने की सूचना दी। सुल्तान ने उलुग़ खाँ को विद्रोह के दमन हेतु मुल्तान की ओर भेजा। बल्बन ज़र मुल्तान से भाग गया। कुछ समय उपरान्त उलुग़ खाँ भी देहली पहुँच गया। (१३५-१५५)

मुल्तान से देहली लौटने के कुछ समय उपरान्त उलुग़ खाँ ने बीमारी का बहाना कर दिया। उसकी यह आकांक्षा हुई कि सुल्तान उसे सफ़ेद रंग का चत्र प्रदान कर दे। दो तीन दिन तक वह दरबार में न गया। सुल्तान ने अपने हाजिब को उसके पास भेजा। उलुग़ खाँ ने हाजिब से कहा कि 'मेरी महत्वाकांक्षा यह है कि सुल्तान मुझे एक सफ़ेद चत्र प्रदान कर दे।" जब सुल्तान को यह ज्ञात हुआ तो उसने उलुग़ खाँ के पास यह सूचना भेजी कि, "तू तुरन्त मेरे पास चला आ। मैं तुझे अपना चत्र प्रदान कर सकता हूँ।" दूसरे दिन उलुग़ खाँ चत्र प्राप्त करके सुल्तान की सेवा में उपस्थित हुआ। (१५६-१५९)

कहा जाता है कि मलिक क़ुतुबुद्दीन हसन ग़ोरी ने, जो कि उस समय दरबार में उपस्थित था, उलुग़ खाँ की खिल्ली उड़ाने के लिये एक ऐसी बात कही जिससे उलुग़ खाँ उससे रुष्ट हो गया और रात-दिन उससे बदला लेने के उपाय सोचने लगा। एक दिन बादशाह ने दरबार किया। उलुग खाँ ने अपने कुछ लोगों को महल के द्वारों पर खड़ा कर दिया और उन्हें आदेश दे दिया कि जब क़ुतुबुद्दीन हसन दो द्वारों के बीच में आये तो आगे पीछे से उस पर आक्रमण करके उसका सिर काट लिया जाय। जब क़ुतुबुद्दीन हसन दरबार की ओर चला और दो द्वारों के बीच में पहुँचा तो उलुग़ खाँ के आदमियों ने उसका सिर काट डाला। (१६०) जब बादशाह ने उलुग़ खाँ से पूछा कि 'यह शोर कहाँ हो रहा है।' तो उसने उत्तर दिया कि "राज्य के उद्यान में जो काँटा था वह पृथक् हो गया।" जब सुल्तान को क़ुतुबुद्दीन हसन की हत्या की सूचना मिली तो वह बड़ा दुःखी हुआ।

कहा जाता है कि नासिरुद्दीनशाह के दो पुत्र थे। वे दोनों अवस्था में उलुग़ खाँ के पुत्रों के बराबर थे। चारों एक साथ खेला करते थे। जब वे बालिग़ हो गये तो भी इसी प्रकार साथ रहते थे। एक दिन चारों प्रातःकाल एक उद्यान में कुछ मदिरा तथा भोजन सामग्री लेकर पहुँच गये। दो-तीन प्याला मदिरा पीने के पश्चात् उलुग़ खाँ के पुत्रों ने कहा कि "हमारे पिता के समान कोई भी बुद्धिमान नहीं है।" शाहज़ादों ने उत्तर दिया कि "उलुग़ खाँ बड़ा ही अनुभवी है किन्तु हम लोग युक्ति से उसे घोड़े से उतार सकते हैं।" खान के पुत्रों ने कहा "यदि खान घोड़े से उतर जायेगा तो हम ८० सोने के दीनार दे देंगे, नहीं तो तुम्हें देने पड़ेंगे।" दूसरे दिन जब खान शाहज़ादों के साथ घोड़ा दौड़ाते हुये मैदान में पहुँचा तो शाहज़ादों ने दो तीन बार उसके साथ घोड़ा दौड़ाया और उसके उपरान्त अपना कोड़ा घोड़े से नीचे फेंक दिया। खान ने घोड़े से उतर कर कोड़ा उठा कर शाहज़ादों को दे दिया। शाहज़ादों ने लौट कर खान के पुत्रों से ८० सोने के दीनार माँगे। खान के पुत्रों ने अपने पिता के पास उपस्थित

होकर सब हाल कहा और उससे दीनार माँगे। ख़ान ने जब यह हाल सुना तो वह बड़ा दुःखी हुआ और अपने हृदय में सोचने लगा कि इसी प्रकार शाहज़ादे किसी न किसी दिन उसे बन्दी बना कर उसकी हत्या कर देंगे। उस समय तो उसने अपने पुत्रों को ८० सोने के दीनार दिलवा दिये किन्तु रात-दिन शाहज़ादों की हत्या कर देने के विषय में सोचने लगा। ६६५ हि० (१२६६-६७ ई०) में उसने बादशाह को फ़ुक़ा[1] में विष दिला दिया। (१६१-१६३)

ग़यासुद्दीन बल्बन

मैंने हिन्दुस्तान के वृद्ध लोगों से सुना है कि नासिरुद्दीन के पश्चात् उलुग़ ख़ान ६६५ हि० (१२६६-६७ ई०) में ग़यासुद्दीन के नाम से बादशाह हुआ। सिंहासनारोहण के दूसरे वर्ष उसने चित्तौड़ पर आक्रमण किया। छठे वर्ष लाहौर पर आक्रमण किया। देहली के आस पास के जंगल कटवा डाले। गोपालगिरि का क़िला और अन्य क़िले निर्मित कराये। आठवें वर्ष एक बहुत बड़ी दुर्घटना हुई। (१६४)

लखनौती की अक़्ता के स्वामी तुग़रिल ने, जो एक तुर्क दास था, विद्रोह कर दिया। बल्बन ने तुरमती को उससे युद्ध करने के लिए भेजा। तुग़रिल के राज्य की सीमा पर तुरमती तथा तुग़रिल का युद्ध हुआ; तुरमती अवध की ओर भाग निकला। (१६५) जब बल्बन को देहली में यह समाचार मिला तो उसने तुरमती का अवध के द्वार पर बध करा दिया। तत्पश्चात् बहादुर को लखनौती की ओर भेजा। जब वह त्रिहुत पार करके लखनौती की सीमा पर पहुंचा तो तुग़रिल भी युद्ध के लिए आया। (१६६)

बहादुर ने बड़ी वीरता से मुक़ाबिला किया, किन्तु तुग़रिल ने उसे भी परास्त कर दिया। उसकी पराजय का समाचार पाकर ६७० हि० (१२७१-७२ ई०) में सुल्तान बल्बन अवध होता हुआ लखनौती की ओर रवाना हुआ। (१६७-१६८) तुग़रिल सुल्तान के पहुँचते ही भाग निकला। वह एक नहर के किनारे अपना शिविर लगाये था, कि बल्बन के भेजे हुये अली नामक एक वीर ने कटार मार कर तुग़रिल की हत्या करदी। तुग़रिल का शिविर लाल रंग का था। कहा जाता है कि बल्बन ने अली को तुग़रिलकुश की उपाधि प्रदान कर दी। दो तीन मास लखनौती की राज्य व्यवस्था ठीक करने के पश्चात् वह अपने पुत्र बुग़रा खाँ को लखनौती प्रदान करके देहली वापस चला आया। (१६९-१७०)

कहा जाता है कि सुल्तान ने अपने ज्येष्ठ पुत्र को आरम्भ ही से क़आन मलिक की पदवी प्रदान करके मुल्तान की ओर भेज दिया था। उसके कारण मुग़ल, जोकि अभी तक हिन्दुस्तानी सेना पर विजय प्राप्त कर लिया करते थे, पराजित होने लगे। जिस वर्ष उसकी मृत्यु हुई, उससे पूर्व सुल्तान ग़यासुद्दीन बल्बन कुछ बीमार हो गया था और उसने मुहम्मद को मुल्तान से बुलवाया। वह जाने की तैयारी कर ही रहा था कि सूमराह लोगों ने विद्रोह कर दिया। मुहम्मद ने जातराल पहुँच कर उन्हें छिन्न-भिन्न कर दिया। (१७४-१७५) इतने में उसे सूचना मिली कि ३० हज़ार मुग़ल सैनिकों ने धावा कर दिया। लोगों ने उसे परामर्श दिया कि वह स्वयं युद्ध न करे, किन्तु वह न माना। मुहम्मद ने बड़ी वीरता से मुग़लों से युद्ध किया किन्तु वे बहुत बड़ी संख्या में होने के कारण विजयी हुए और मुहम्मद युद्ध करता हुआ मारा गया। सुल्तान बल्बन को इस समाचार से अत्यन्त दुःख हुआ और उसका रोग बढ़ने लगा। (१७६-१८१)

कहा जाता है कि बल्बन के राज्य-काल में कुछ लोग बन्दी होकर आये। उनमें एक निर्दोष युवक भी था। सबके साथ उसकी भी हत्या करादी गई। उसकी वृद्ध माता राज भवन के चारों ओर चिल्लाती घूमती थी और किसी के प्रयत्न करने पर भी वहाँ से न जाती थी

१ एक प्रकार की जौ की मदिरा।

जब खान शहीद की मृत्यु हो गई तो वह ईश्वर की ओर कृतज्ञता प्रकट करती हुई वहाँ से चली गई और फिर कभी न दिखाई दी। (१८२-१८३)

कैक़ुबाद

सुल्तान की इस शोक से मृत्यु हो गई। मरने से पूर्व उसने कख़ुसरो को अपना उत्तराधिकारी घोषित कर दिया था। अमीरों ने सोचा कि 'यदि वह बादशाह बना दिया जाता है तो बुग़रा खां राज सिंहासन पर अधिकार जमाने के लिए देहली पर आक्रमण करेगा और बड़ा रक्तपात होगा अतः उसके पुत्र को बादशाह बनाया जाय।' इस प्रकार अमीरों ने ६८६ हि० (१२८७-८८ ई०) में मुइज्ज़ुद्दीन कैक़ुबाद को बादशाह बना दिया। (१८४-१८५) सुल्तान ने निज़ामुद्दीन अमीरदाद के कहने से नव मुसलिमों की हत्या करादी। (१८६) बुग़रा ख़ाँ को जब सुल्तान ग़यासुद्दीन बल्बन की मृत्यु तथा मुइज्ज़ुद्दीन के सिंहासनारोहण के समाचार मिले तो वह बड़ा रुष्ट हुआ और नासिरुद्दीन की उपाधि धारण करके स्वतन्त्र बादशाह बन गया। तत्पश्चात् उसने एक सेना लेकर अवध की ओर प्रस्थान किया। सुल्तान मुइज्ज़ुद्दीन भी अपनी सेना लेकर सरयू तट पर पहुँच गया किन्तु अन्त में बाप बेटे में सन्धि हो गई और दोनों बादशाह अपनी अपनी राजधानी को लौट गये। (१८८-१९५)

कैख़ुसरो मुल्तान पहुँच कर वहाँ का शासन प्रबन्ध करने लगा किन्तु दिल ही दिल में कुढ़ता रहता था कि 'मेरे साथ किस प्रकार विश्वासघात हुआ।' कुछ समय पश्चात् कुछ सवारों को लेकर वह मुग़लों के राज्य की ओर इस आशय से गया कि उन्हें वह हिन्दुस्तान पर आक्रमण करने के लिए लाए। (१९६) मुग़लों में उस समय परस्पर कोई युद्ध छिड़ा था। वे दो तीन मास तक टालमटोल करते रहे और इस बीच में जो कुछ उसके पास था, उसे प्राप्त कर लिया और वह किसी न किसी युक्ति से बड़ी कठिनाई से वहाँ से निकल सका, और हिन्दुस्तान की ओर रवाना हुआ। हिंदौली पहुंच कर उसने कुछ सरदार अपने आगे रवाना कर दिये। निज़ामुद्दीन मीर दाद ने यह बात बहुत बढ़ा चढ़ा कर सुल्तान से कही और हिंदौली में कुछ आदमी भेज कर उसकी हत्या करादी। (१९७) किन्तु शीघ्र ही उसे अपने आदेश पर पश्चाताप होने लगा। निज़ामुद्दीन को जब यह सूचना मिली तो उसने सुल्तान की सेवा में मदिरा में विष मिला कर प्रस्तुत किया किन्तु सुल्तान ने बड़ी चतुराई से वह मदिरा उसी को पिला दी। (१९७-२००)

फ़ीरोज़ ख़लजी का प्रभुत्व

फ़ीरोज़ ख़लजी को, जो बादशाह का बहुत बड़ा भक्त था, कुछ समय उपरान्त पायल की अक्ता प्रदान करके उस ओर भेज दिया। उसके भाई शिहाबुद्दीन को भी उसके साथ भेज दिया। वहाँ पहुँच कर उसने उसे बड़ी अच्छी तरह सुव्यवस्थित किया। कुछ लोगों के बहकाने पर सुल्तान ने आदेश दिया कि उसे बन्दी बना कर लाया जाय"। जब वे सुल्तान के समक्ष बन्दी बना कर लाये गये तो सुल्तान ने उन्हें मुक्त कर दिया। (२०१-२०२) सुल्तान ने उसकी पदवी एमादे ममालिक कर दी। उसके सभी सम्बन्धी बड़ी संलग्नता से उसकी सहायता करने लगे। कोई भी कार्य उसके परामर्श के बिना न होता था। (२०३)

एतिमुर कच्छन अमीर हाजिब और एतिमुर सुर्खा ने फ़ीरोज़ ख़लजी के विनाश के लिए एक षड्यन्त्र रचा। अहमद चप खास हाजिब को इसका हाल ज्ञात हो गया कि किस प्रकार उनके विनाश के लिये एक सूची तैयार की गई है। फ़ीरोज़ ख़लजी ने भूकल पहाड़ी पर सेना का अर्ज़ आरम्भ कर दिया। इतने में हाजिबे बार बादशाह का सन्देश लेकर आया। चूंकि फ़ीरोज़ ख़लजी को षड्यन्त्र का हाल ज्ञात था, अतः उसने जाने में देर की। उन्होंने दूसरा

हाजिब भेजा किन्तु वह फिर भी न गया। यह देख कर एतिमुर कच्छन स्वयं फ़ीरोज़ के पास आया। फ़ीरोज़ ने अपने जामाता अली द्वारा उसकी हत्या करा दी। इसके पश्चात् फ़ीरोज़ खलजी ने सुल्तान मुइज्जुद्दीन के पुत्र शम्सुद्दीन क्यूमुर्स[1] को उसके पिता के जीवन ही में बादशाह बना दिया। उसने अपनी पदवी शास्ती खाँ निश्चित की और शिशु सुल्तान क्यूमुर्स का नायब नियुक्त हो गया। (२०४-२०५) उधर कैक़ुबाद, जो राज सिंहासन से वंचित हो चुका था, अपने महल में बीमार पड़ा था। किसी ने उसे तीन दिन तक भोजन तथा जल भी न दिया। एक तुर्क, जिसके पिता की मुइज्जुद्दीन कैक़ुबाद ने हत्या करा दी थी, उसका बहुत बड़ा शत्रु था। उसने उसे जामखाने (एक कपड़े) में लपेट कर लात मार मार कर, उसकी हत्या कर दी। (२०३-२०६)

एतिमुर सुर्ख़ा फ़ीरोज़ से बड़ा द्वेष रखता था। एक दिन फ़ीरोज़ का पुत्र महमूद भूकल पहाड़ी से सवार होकर किलोखड़ी की ओर गया और क्यूमुर्स को लेकर अपने शिविर की ओर चल खड़ा हुआ। एतिमुर सुर्ख़ा उस समय अपना सिर धो रहा था। उसे जब यह सूचना मिली तो तुरन्त घोड़े पर सवार होकर वह महमूद का पीछा करने के लिये चल खड़ा हुआ और भूकल पहाड़ी पर जा पहुँचा। वहाँ देखा कि शास्ती खाँ का शिविर लगा हुआ है। उसने निश्चय किया कि शास्ती खाँ के शिविर पर धावा बोल दे। जैसे ही वह घोड़ा भगाता हुआ शिविर के द्वार पर पहुँचा, उसके घोड़े का पैर शिविर की डोरी में उलझ गया। वह और उसका घोड़ा दोनों ही गिर पड़े। प्रत्येक दिशा से 'पकड़ो' 'पकड़ो' के नारे लगने लगे। एक हिन्दू ने एतिमुर का सिर काट कर फ़ीरोज़ की सेवा में भेज दिया। उसी दिन से उस पहाड़ी का नाम फ़ीरोज़कोह हो गया। (२०७-२०८)

---

१ इस बादशाह का हाल ज़ियाउद्दीन बरनी ने तारीखे फ़ीरोजशाही में नहीं लिखा। तारीखे मुबारक शाही में इस घटना का उल्लेख इस प्रकार दिया गया है :

सुल्तान शम्सुद्दीन कैकाऊस सुल्तान मुइज्ज़ुद्दीन कैक़ुबाद का पुत्र था। जब सुल्तान मुइज्ज़ुद्दीन किलोखड़ी के राज प्रासाद में शहीद हुआ तो उसका पुत्र सुल्तान शम्सुद्दीन ६८९ हि० (१२९० ई०) में सिजानी (सुभानी) चबूतरे पर सिंहासनारूढ़ किया गया। शायस्त खाँ उसका नायब बनाया गया। उसकी नायबी के काल में ३ मास के भीतर देश की दशा स्थिर हो गई। तीन मास बीतने के पश्चात् मलिक एतिमुर सुर्ख़ा और अन्य ग़यासी दासों ने सुल्तान शम्सुद्दीन को शायस्त खाँ के नियन्त्रण से मुक्त कराने एवं शायस्त खाँ की हत्या करने का प्रयत्न किया। इसी उद्देश्य को दृष्टि में रख कर उन्होंने एक घोषणापत्र नायब अमीरे हाजिब मलिक बकतत के पास भेजा। बकतत ने छलयुक्त आज्ञायें प्रदर्शित कीं और उनसे अपने तैयार होने तक की प्रतीक्षा करने को कहा। मध्याह्न में वह घोड़े पर चढ़ा और शायस्त खाँ के निकट पहुँच कर विश्वासघातक षड्यन्त्रों की उसे सूचना दी। शायस्त खाँ ने तुरन्त ही अपने पुत्र हुसामुद्दीन को शीघ्रता में कुछ घोड़ों के साथ सुल्तान के दरबार में उसे उठा ले जाने के उद्देश्य से भेजा। जब सुल्तान शायस्त खाँ के पास लाया गया, एतिमुर सुर्ख़ा एवं दूसरे सेवक इस बात का आभास पाकर अपने अस्त्र शस्त्र छिपा कर सुल्तान का पीछा करने के लिये रवाना हुए। शायस्त खाँ के निकट पहुँचते ही उन्होंने अपने हथियार खोल लिये और युद्ध करने लगे। उन्होंने शायस्त खाँ एवं खलजियों को घोड़ों पर भाग जाने की आज्ञा न दी। शायस्त खाँ का सबसे बड़ा पुत्र इख्तियारुद्दीन अपने घोड़े से गिरा और मलिक एतिमुर सुर्ख़ा ने तलवार के दो तीन वार किये किन्तु प्रत्येक ही निष्फल गया। मलिक इख्तियारुद्दीन ने अपनी कमान खींच ली और मृत्युकारी तीर एतिमुर की ओर चलाया। मृतक का सिर एक भाले पर रखा गया।

जब एतिमुर सुर्ख़ा मारा गया तो पदाधिकारियों एवं सरदारों में विच्छेद प्रकट हुआ। इसी बीच में शायस्त खाँ ने सुल्तान शम्सुद्दीन को घोड़े पर बैठा कर किलोखड़ी के राज भवन में बन्दी कर दिया। वह तब राज सिंहासन पर आरूढ़ हुआ। सुल्तान शम्सुद्दीन बन्दी अवस्था में ही मर गया। (६०-६१)

इब्ने बतूता

शेख[१] अबू अब्दुल्लाह मुहम्मद इब्न (पुत्र) अब्दुल्लाह इब्न (पुत्र) मुहम्मद इब्न (पुत्र) इबराहीम जो इब्ने बतूता के नाम से प्रसिद्ध है तानजीर निवासी था। वह चौदहवीं शताब्दी (ईसवी) का बड़ा ही महत्त्वपूर्ण यात्री था। उसने २ रजब २५ हि० (१४ जून, १३२५ ई०) को मक्के के लिये प्रस्थान किया। मार्ग में सिकन्दरिया, क़ाहेरा, दमिश्क़ तथा मदीने होता हुआ मक्का पहुंचा। वहाँ से वह बसरे, इस्फ़हान, शीराज़, गाज़रून, कूफ़ा, हिल्ला, कर्बला, बग़दाद, तबरेज़, सामर्रा, तेकरित, मूसल तथा मारिदीन की यात्रा करके बग़दाद तथा कूफ़े होता हुआ मक्के हज करने के लिये १० ज़िलहिज्जा ७२७ हि० (२७ अक्तूबर, १३२७ ई०) को पहुंच गया। १२ ज़िलहिज्जा ७३० हि० (२६ सितम्बर, १३३० ई०) को मक्के से चलकर उसने पूर्वी अफ़रीक़ा के कुछ भागों तथा फ़ारस की खाड़ी के कुछ बन्दरगाहों की यात्रा की और ७३१ हि० के हज के समय (१५ अगस्त, १३३१ ई०) को मक्के पहुँच गया।

वहाँ से चल कर वह जद्दे, मिस्र, शाम, त्रिपोली, एशिया माइनर, अनातोलिया, कोनिया, साइनोप, किरीमिया, बुलग़ार, वालग़ा क़ुस्तुनतुनिया, समरक़न्द, त्रिमिज़, खुरासान, बलख़, हेरात, जाम, मशहद, नीशापूर, बिस्ताम होता हुआ १ मुहर्रम ७३४ हि० (१२ सितम्बर, १३३३ ई०) को सिन्ध पहुंचा। वहां से चलकर वह १३ रजब ७३४ हि० (२० मार्च, १३३४ ई०) को देहली पहुंचा। सुल्तान मुहम्मद बिन तुग़लक़ ने उसे बहुत सम्मान प्रदान किया और उसने भारतीय समाज के प्रत्येक वर्ग से भेंट की और जहाँ तक सम्भव हो सका, उसने यहाँ के सामाजिक ढाँचे, रीति रिवाज तथा दरबार को समझने का प्रयत्न किया। पिछले सुल्तानों के विषय में भी उसने विश्वस्त सूत्रों से ज्ञान प्राप्त करने का प्रयत्न किया। कहीं कहीं उसने कुछ भूलें भी की हैं किन्तु फिर भी जो कुछ उसने लिखा है वह बड़ा ही महत्त्वपूर्ण है।

१७ सफ़र ७४३ हि० (२२ जुलाई, १३४२ ई०) को सुल्तान मुहम्मद बिन तुग़लक़ ने उसे अपनी ओर से दूत नियुक्त करके चीन भेज दिया। मार्ग में उसे बड़े कष्ट भोगने पड़े। उसका जहाज़ नष्ट हो गया। २३ शाबान ७५० हि० (६ नवम्बर, १३४६ ई०) को वह फ़ेज़ पहुंचा और वहाँ से तानजीर गया। वहां से उसने फिर स्पेन की यात्रा की। मराको के सुल्तान अबू इनआन मरीनी ने उसे विशेष प्रोत्साहन प्रदान किया और जिन-जिन देशों को उसने देखा था, उनका हाल लिखवाने का उसे आदेश दिया। तदनुसार उसने अपनी विचित्र तथा आश्चर्यजनक यात्रा का हाल लिखवाया। इसके उपरान्त सुल्तान ने मुहम्मद इब्ने (पुत्र) मुहम्मद इब्ने (पुत्र) जुज़ये[२] अल कतबी को मूल पुस्तक को पूर्णतया ध्यान में रखते हुये सुन्दर रूप में संकलित करने का आदेश दिया। उसने सुल्तान के आदेशानुसार शेख़ अबू अब्दुल्लाह के विचारों को साफ़ तथा प्रभावशाली भाषा में लिखा। कहीं-कहीं उसने शेख़ के

---

१ उसका सविस्तार उल्लेख तुग़लक़ कालीन भारत (भाग १) में किया गया है।

२ उसका जन्म शव्वाल ७२१ हि० (अक्तूबर, १३२१ ई०) में ग़रनाते में हुआ था। उसकी मृत्यु शव्वाल ७५७ हि० (अक्तूबर, १३५६ ई०) में फ़ेज़ में हुई। वह बहुत बड़ा विद्वान्, कवि, इतिहासकार, फ़क़ीह, मुहद्दिस तथा शब्द-शास्त्रज्ञ था। मराको के सुल्तान अबू इनआन मरीनी का वह बहुत बड़ा कृपापात्र था।

शब्दों तथा वाक्यों को बिना किसी परिवर्तन के उसी प्रकार रहने दिया। इसका संकलन ७५६ हि० (१३५५-५६ ई०) में समाप्त हुआ। एक हस्तलिखित पोथी के अनुसार इस यात्रा का नाम "तुहफ़तुन्नुज़्ज़ार फ़ी ग़राइबिल अमसार व अजाइबुल असफ़ार" रखा गया।

इब्ने बतूता को प्रारम्भिक तुर्क सुल्तानों का कुछ हाल कमालुद्दीन मुहम्मद बिन बुर्हान ग़ज़नवी से ज्ञात हुआ था जिन की उपाधि सद्रे जहाँ थी और जो हिन्दुस्तान के क़ाज़ीउल क़ुज़्ज़ात थे। सुल्तान इल्तुतमिश के न्याय व्यवस्था के सम्बन्ध में जो कुछ उसने लिखा है वह कहीं नहीं मिलता। सुल्तान ग़यासुद्दीन बल्बन द्वारा सुल्तान नासिरुद्दीन की हत्या की पुष्टि एसामी की फ़ुतूहुस्सलातीन से भी होती है। सुल्तान ग़यासुद्दीन बल्बन के निधन के उपरान्त कैख़ुसरो के विरुद्ध मलेकुल-उमरा के षड्यंत्र का हाल बड़ा ही स्पष्ट है। इस प्रकार इब्ने बतूता ने प्रारम्भिक तुर्क सुल्तानों के विषय में जो कुछ लिखा है, वह, यद्यपि दूसरों से सुनकर लिखा है किन्तु बड़ा ही महत्त्वपूर्ण है।

इब्ने बतूता की यात्रा

देहली का इतिहास

देहली विजय

(१६१) हिन्द तथा सिंध के क़ाज़ीउल कुज़्ज़ात कमालुद्दीन मुहम्मद बिन (पुत्र) बुर्हान ग़ज़नवी ने जिनकी पदवी सद्रे जहाँ थी, और जो बड़े योग्य, विद्वान्, सन्त तथा इमाम थे, मुझे बताया कि देहली पर काफ़िरों के विरुद्ध ५८४ हि० (११८८ ई०) में विजय प्राप्त हुई।[1]

जामा मस्जिद की मेहराब में भी यही तारीख़ खुदी थी जिसे मैंने स्वयं पढ़ा है।

(१६२) मुझ से सद्रे जहाँ ने बताया कि देहली पर क़ुतुबुद्दीन ऐबक ने विजय प्राप्त की। वह उस समय सिपहसालार (सेनापति) था। वह सुल्तानुल मुअज़्ज़म शिहाबुद्दीन मुहम्मद बिन (पुत्र) साम ग़ोरी का दास था। (मुहम्मद बिन साम) ग़ज़नी तथा ख़ुरासान का सुल्तान था और उसने इब्राहीम बिन (पुत्र) सुल्तान ग़ाज़ी महमूद बिन (पुत्र) सबुक्तिगीन के राज्य पर जो हिन्दुस्तान का प्रथम विजेता था अधिकार जमा लिया था।

सुल्तान शिहाबुद्दीन ने अमीर क़ुतुबुद्दीन को एक बहुत बड़ी सेना देकर भेजा। उसने ईश्वर की कृपा से सर्व प्रथम लाहौर पर विजय प्राप्त की और वहीं निवास करना प्रारम्भ कर दिया। वह बहुत बड़ा बादशाह हो गया। सुल्तान के मित्रों ने एक बार उसकी यह चुग़ली खाई कि वह हिन्दुस्तान में पृथक् राज्य स्थापित करके विद्रोह करना चाहता है। यह समाचार क़ुतुबुद्दीन को भी प्राप्त हो गये। वह अकेला ग़ज़नी की ओर चल खड़ा हुआ और रात्रि में ग़ज़नी पहुँच गया। वह उसी समय सुल्तान की सेवा में उपस्थित हुआ और उसकी निन्दा करने वालों को उसके विषय में कुछ ज्ञात न हो सका।

(१६३) दूसरे दिन जब सुल्तान राज सिंहासन पर विराजमान हुआ तो ऐबक राज सिंहासन के नीचे बैठ गया। जिस समय सब लोग बैठ गये तो सुल्तान ने क़ुतुबुद्दीन ऐबक के विषय में पूछा। जिन नदीमों तथा विश्वासपात्रों ने उसकी चुग़ली खाई थी, वे बोल उठे कि "हमें प्रमाणित रूप से ज्ञात हो चुका है कि वह स्वतन्त्र बादशाह बन बैठा है।" सुल्तान ने राज सिंहासन पर पैर मारा और ताली बजाकर कहा "ऐबक"। क़ुतुबुद्दीन ने उत्तर दिया "उपस्थित" और बाहर निकल आया और दरबार में सब के समक्ष खड़ा हो गया। चुग़ली खाने वाले बड़े लज्जित हुये और भयभीत होकर धरती चुम्बन करने लगे। बादशाह ने कहा "इस बार मैं तुम्हारा अपराध क्षमा करता हूं। फिर कभी ऐबक के विरुद्ध मुझ से कुछ न कहना।" क़ुतुबुद्दीन को आदेश दिया कि वह हिन्दुस्तान चला जाय। उसने वापस होकर देहली तथा अन्य स्थानों पर विजय प्राप्त की। इस्लाम उस समय से अभी तक वहाँ वर्त्तमान है। क़ुतुबुद्दीन अपनी मृत्यु के समय तक उस स्थान पर रहा।

सुल्तान शम्सुद्दीन ललमिश (इलतुतमिश)

वह देहली का प्रथम स्थायी सुल्तान था। वह पहले क़ुतुबुद्दीन का ममलूक (दास) तथा साहिबुल असकर (सेनापति) तथा नायब था। जब क़ुतुबुद्दीन की मृत्यु हो गई तो वह राज सिंहासन पर आरूढ़ हो गया और लोगों से अपनी बैअत करा ली। समस्त फ़क़ीह, क़ाज़ीउल

1 इसे ५८७ हि० (११९१ ई०) अथवा ५८९ हि० (११९३ ई०) होना चाहिये।

क़ुज़्ज़ात वजीहुद्दीन काशानी के साथ उसकी सेवा में उपस्थित हुये और उसके सम्मुख बैठ गये। क़ाज़ीउल क़ुज़्ज़ात पूर्व की भाँति उसके बराबर बैठा। सुल्तान समझ गया कि वे उससे क्या कहना चाहते हैं। उसने अपने फ़र्श का एक कोना उठा कर एक काग़ज़ निकाला और क़ाज़ीउल-क़ुज़्ज़ात को दे दिया। उससे ज्ञात हुआ कि क़ुतुबुद्दीन ने उसको स्वतन्त्र कर दिया था। क़ाज़ी तथा फ़क़ीहों ने उसे पढ़ा और सबने उसकी बैअत कर ली। इस प्रकार वह पूर्णरूप से सुल्तान हो गया और २० वर्ष तक राज्य करता रहा।[1] वह बड़ा ही न्यायी, योग्य तथा चरित्र वान था।

(१६५) उसने सब से बड़ा महत्त्वपूर्ण कार्य यह किया कि उसने न्याय की विशेष रूप से व्यवस्था की। उसने यह आदेश दे दिया था कि जिस किसी पर अत्याचार हो वह रंगे हुये वस्त्र धारण करे क्योंकि हिन्दुस्तान में साधारणतया सभी निवासी श्वेत वस्त्र धारण करते हैं। जब सुल्तान दरबार करता या उसकी सवारी किसी स्थान को जाती तो जैसे ही उसकी दृष्टि रंगे वस्त्र पहने हुये मनुष्य पर पड़ती, वह तुरन्त उसके विषय में पूछताछ करता और उसके साथ न्याय करता।

उसने यह सोचा कि सम्भव है कि किसी पर रात्रि में अन्याय हो और वह तुरन्त न्याय चाहे अतः उसने अपने महल के द्वार के बुर्जों पर संगमरमर के बने हुये दो शेर रखवा दिये थे। उन दोनों के गलों में ज़ंजीरें डलवा दीं, जिनमें बड़ी बड़ी घंटियाँ लगी थीं। जिस पर अत्याचार होता वह रात्रि में घंटियाँ बजा देता और सुल्तान घंटियाँ सुन कर तुरन्त उसके विषय में पूछताछ करके न्याय कर देता था।

(१६६) सुल्तान शम्सुद्दीन की मृत्यु के समय उसके ३ पुत्र थे अर्थात् रुक्नुद्दीन जो उसका उत्तराधिकारी था, मुइज़्ज़ुद्दीन तथा नासिरुद्दीन और एक पुत्री रज़िया। वह तथा मुइज़्ज़ुद्दीन एक ही माता की पुत्री तथा पुत्र थे। सुल्तान शम्सुद्दीन की मृत्यु के उपरान्त जैसा कि उल्लेख हो चुका है रुक्नुद्दीन सुल्तान हुआ।

सुल्तान रुक्नुद्दीन बिन (पुत्र) सुल्तान शम्सुद्दीन

जब वह अपने पिता की मृत्यु के उपरान्त राज सिंहासन पर आरूढ़ हुआ तो उसने सर्व प्रथम अपने भाई मुइज़्ज़ुद्दीन की हत्या करादी। रज़िया इस पर बड़ी खिन्न हुई। बादशाह ने चाहा कि उसकी भी हत्या करा दे। एक शुक्रवार को जब रुक्नुद्दीन जामा मस्जिद में गया हुआ था तो रज़िया उन लोगों के वस्त्र धारण करके जिन पर अत्याचार किया गया हो, प्राचीन शाही महल अर्थात् दौलतखाने की छत पर जो जामा मस्जिद के निकट था, खड़ी हो गई और अपने आप को लोगों के सामने उपस्थित करके कहा कि "मेरे भाई ने अपने भाई की हत्या करदी है और वह अब मेरी भी हत्या करना चाहता है।" यह कह कर उसने लोगों को अपने पिता के उत्कृष्ट कार्य तथा गुण याद दिलाये।

(१६७) इस पर लोग बड़े क्रोधित हुये और मस्जिद में सुल्तान रुक्नुद्दीन के ऊपर टूट पड़े। उसे बन्दी बना कर रज़िया के पास ले गये। उसने हत्यारे के बध का आदेश दे दिया। उसका भाई नासिरुद्दीन अभी बालक था अतः सैनिकों ने रज़िया को उसका बादशाह बनाना निश्चय कर लिया।

सुल्तान रज़िया

रुक्नुद्दीन की हत्या के उपरान्त सैनिकों ने एकत्र होकर रज़िया को बादशाह नियुक्त किया। उसने ४ वर्ष तक स्वतन्त्र रूप से राज्य किया। वह पुरुषों के समान घोड़े पर सवार

---

१ उसने वास्तव में १२१०-१२३६ ई० तक २६ वर्ष राज्य किया।

होती और तीर कमान लगाती थी। वह अपना मुँह न ढाँकती थी। फिर उस पर यह आरोप लगाया गया कि उसका एक हब्शी दास से सम्बन्ध है। सेना ने उसे राज सिंहासन से उतार दिया और इसके उपरान्त उसके एक सम्बन्धी से उसका विवाह हो गया। उसका भाई नासिरुद्दीन सुल्तान हो गया।

सुल्तान नासिरुद्दीन बिन (पुत्र) सुल्तान शम्सुद्दीन

(१६८) जब रज़िया राज सिंहासन से उतार दी गई तो उसका छोटा भाई नासिरुद्दीन बादशाह बना दिया गया। उसने बहुत समय तक राज्य किया। कुछ समय उपरान्त रज़िया तथा उसके पति ने विद्रोह कर दिया। वह अपने दास तथा सहायकों को लेकर चल खड़े हुये। नासिरुद्दीन तथा उसके नायब ने, जोकि ग़यासुद्दीन बल्बन के नाम से बादशाह हुआ, रज़िया से युद्ध किया। रज़िया की सेना परास्त हुई और वह भाग गई। जब वह थक गई और भूख तथा प्यास से विवश हो गई तो उसने एक किसान को हल चलाते हुये देखा। उसने उससे कुछ खाने को माँगा। किसान ने उसे एक रोटी का टुकड़ा दिया; वह खाकर सो गई। उस समय वह मर्दाने वस्त्र धारण किये थी। किसान की दृष्टि उसकी क़बा पर पड़ी; उसमें जवाहिरात जड़े थे। वह समझ गया कि वह स्त्री है। उसको सोते हुये मार डाला और उसके वस्त्र तथा अन्य सामान को ले लिया और उसके घोड़े को भगा दिया। उसका मृतक शरीर खेत में गाड़ कर उसका एक कपड़ा बेचने बाज़ार में गया किन्तु बाज़ार वालों को उस पर सन्देह हुआ।

(१६९) वे उसे शहना अर्थात् हाकिम के पास ले गये। उसे बुरी तरह पिटवाया गया। उसने अपना अपराध स्वीकार कर लिया और उसके मृतक शरीर का भी पता बतला दिया। उसका मृतक शरीर वहाँ से निकाला गया और नहला कर तथा कफ़न देकर उसी स्थान पर दफ़न कर दिया गया। उसकी क़ब्र पर एक गुम्बद बना दिया गया। अब उसकी क़ब्र के सभी दर्शन करते हैं। वह यमुना नदी के तट पर शहर से १ फ़रसंग की दूरी पर स्थित है।[1]

रज़िया की मृत्यु के उपरान्त नासिरुद्दीन स्थायी रूप से बादशाह हो गया। उसने २० वर्ष तक राज्य किया। यह बादशाह बड़ा ही चरित्रवान बादशाह था। वह स्वयं क़ुरान की नक़ल किया करता था। उसे बाज़ार में बेच कर वह जीविकोपार्जन करता था। क़ाज़ी कमालुद्दीन ने उसके हाथ का लिखा हुआ क़ुरान मुझको दिखाया। वह बड़े ही सुन्दर ढंग से लिखा गया था।

(१७०) उसका नायब ग़यासुद्दीन बल्बन उसकी हत्या करके राज सिंहासन पर आरूढ़ हो गया[2]। बल्बन के विषय में एक रोचक कहानी प्रसिद्ध है जिसका उल्लेख मैं अभी करूँगा।

सुल्तान ग़यासुद्दीन बल्बन

बल्बन अपने स्वामी सुल्तान नासिरुद्दीन की हत्या के उपरान्त स्वयं बादशाह हो गया। उसने २० वर्ष तक राज्य किया। राज सिंहासन पर आरूढ़ होने के पूर्व वह बीस वर्ष तक सुल्तान का नायब रह चुका था। वह समस्त सुल्तानों से बढ़ कर था। वह बड़ा ही न्यायकारी, चरित्रवान तथा विद्वान था। उसने सबसे अच्छा कार्य यह किया कि दारुल-अमन (शान्ति का स्थान) नामक एक घर बनवाया। जो ऋणी उसमें प्रविष्ट हो जाता उसका ऋण सुल्तान की ओर से अदा कर दिया जाता था। जो किसी की हत्या करके अथवा कोई अन्य अपराध करके उसमें प्रविष्ट हो जाता था तो जिसका बध होता था उसके उत्तराधिकारियों को सन्तुष्ट कर दिया जाता था। इस बादशाह की क़ब्र भी उसी घर में बनाई गई थी। मैंने उसकी क़ब्र देखी है।

१ यमुना से तीन मील दूर बुलबुलीख़ाना गली में सीताराम बाज़ार के अन्त पर।

२ एसामी का भी यही मत है।

(१७१) इस बादशाह के विषय में एक विचित्र कहानी प्रसिद्ध है। कहा जाता है कि बुख़ारा के बाज़ार में उसे एक फ़क़ीर मिला। बल्बन छोटे डील डौल का मनुष्य था। वह बड़ा कुरूप था। फ़क़ीर ने उसे घृणा से पुकारते हुए "तुर्कक"[1] कहा। उसने उत्तर दिया कि 'हे आख़ुन्द (मेरे स्वामी)! मैं उपस्थित हूं।' फ़क़ीर प्रसन्न हो गया और उसने कहा "मुझे यह अनार मोल ले दे।" उसने कहा "बहुत अच्छा" और अपनी जेब से कुछ पैसे निकाले जो उसके पास मौजूद थे। उनके अतिरिक्त उसके पास कुछ न था। उसने अनार मोल लेकर फ़क़ीर को दे दिया। फ़क़ीर ने अनार लेकर कहा कि "हमने तुझे हिन्दुस्तान का राज्य प्रदान किया।" बल्बन ने अपने हाथ चूम कर कहा कि "मुझे स्वीकार है और मैं इससे सन्तुष्ट हूं।" यह बात उसके हृदय में बैठ गई।

एक बार सुल्तान शम्सुद्दीन ललमिश (इल्तुतमिश) ने एक व्यापारी समरक़न्द बुख़ारा तथा त्रिमिज़ से अपने लिए दास मोल लेने के लिये भेजा। व्यापारी ने १०० दास ख़रीदे; उनमें बल्बन भी था। जब बादशाह के सामने दास उपस्थित किये गये तो उसने बल्बन के अतिरिक्त सबको पसंद कर लिया; क्योंकि जैसा उल्लेख हो चुका है वह बड़ा ही कुरूप था।

(१७२) सुल्तान ने कहा कि "मैं इसको नहीं लेता।" बल्बन ने निवेदन किया कि "हे आख़ुन्दे आलम (संसार के स्वामी)! यह दास अन्नदाता ने किस कारण मोल लिए हैं।" सुल्तान ने हंस कर कहा कि "अपने लिए।" बल्बन ने निवेदन किया कि ९९ दास तो आपने अपने लिये ख़रीदे हैं; एक दास आप ईश्वर के लिए मोल ले लें। सुल्तान ने हंस कर उसको भी ख़रीद लिया। उसके कुरूप होने के कारण लोग उससे घृणा करते थे। उसे जल लाने का कार्य सौंपा गया। ज्योतिषियों ने सुल्तान को सूचना दी कि "तेरा एक दास तेरी सन्तान से राज्य छीन कर उस पर अधिकार जमा लेगा। ज्योतिषी सर्वदा यही कहा करते थे किन्तु सुल्तान अपनी नेकी तथा न्याय के कारण उनकी बातों पर ध्यान न देता था। अन्त में उन्होंने मुख्य मलेका से इस विषय में निवेदन किया। जब मलेका ने बादशाह से कहा तो बादशाह को भी कुछ चिन्ता हुई। उसने ज्योतिषियों को बुला कर पूछा कि 'क्या तुम उसे पहचान सकते हो?' उन्होंने उत्तर दिया कि 'उसके कुछ ऐसे चिह्न हैं जिन्हें देख कर हम उसे पहचान सकते हैं।'

(१७३) सुल्तान ने आदेश दिया कि "उसके दास अर्ज़ (निरीक्षण) के लिये पेश किये जायँ।" बादशाह बैठ गया। प्रत्येक श्रेणी के दास एक-एक करके उसके सामने अर्ज़ (निरीक्षण) के लिये पेश हुये। ज्योतिषियों ने सबको देख कर कहा कि 'इनमें वह व्यक्ति नहीं है।" जब दोपहर बीत चुका तो जल लाने वालों ने आपस में कहा कि 'हम भूखे मर गये हैं; अतः कुछ एकत्र करके किसी को भोजन लाने को भेज दिया जाय।' उन्होंने कुछ एकत्र करके बल्बन को दिया क्योंकि उन लोगों में उससे निम्न कोई न था। उस बाज़ार में बल्बन को कोई भोजन-सामग्री न मिली। अतः वह दूसरे बाज़ार को चला गया और इस प्रकार उसे देर हो गई। इसी बीच में अर्ज़ के लिये जल लाने वालों की भी बारी आ गई किन्तु बल्बन उस समय तक उपस्थित न हुआ था। उन्होंने एक बालक को कुछ देकर बल्बन की मश्क तथा उसका असबाब उसके कन्धे पर रख दिया और उसे बल्बन के स्थान पर पेश किया। जब बल्बन का नाम पुकारा गया तो वही उसके स्थान पर पेश कर दिया गया।

(१७४) जब अर्ज़ हो चुका तो ज्योतिषियों को वह व्यक्ति, जिसकी उन्हें खोज थी, न मिला और बल्बन अर्ज़ समाप्त हो जाने के पश्चात् आया, क्योंकि भाग्य का लिखा पूरा होना ही था।

---

१ हे छोटे लड़के।

बल्बन अपनी योग्यतानुसार उन्नति करता रहा और वह जल लाने वालों का नेता बना दिया गया। इसके उपरान्त वह सेना में भर्त्ती हो गया और धीरे-धीरे अमीर (सेना नायक) बन गया। सुल्तान नासिरुद्दीन के बादशाह होने से पूर्व बल्बन की पुत्री का विवाह उससे हो गया था। जब नासिरुद्दीन बादशाह हुआ तो उसने बल्बन को अपना नायब बना लिया। वह ० वर्ष तक नायब रहा। इसके उपरान्त उसने सुल्तान नासिरुद्दीन का बध कर दिया और राज्य पर अधिकार जमा कर स्वयं सुल्तान बन बैठा।

बल्बन के दो पुत्र थे। उसका ज्येष्ठ पुत्र ख़ान शहीद के नाम से प्रसिद्ध था। वह उसका उत्तराधिकारी था। उसके पिता ने उसे सिन्ध का वाली बना दिया था। वह मुल्तान में निवास करता था किन्तु वह तातारों से युद्ध करता हुआ मारा गया। उसके दो पुत्र थे। एक का नाम कैक़ुबाद[1] तथा दूसरे का कैख़ुसरो था। सुल्तान बल्बन के दूसरे पुत्र का नाम नासिरुद्दीन था। अपने पिता की ओर से वह लखनौती तथा बंगाल का वाली था।

(१७५) ख़ान शहीद की हत्या के उपरान्त बल्बन ने कैख़ुसरो को अपना उत्तराधिकारी बना दिया और अपने पुत्र को न बनाया। नासिरुद्दीन के पुत्र का नाम मुइज़्ज़ुद्दीन था। वह अपने दादा के साथ राजधानी देहली में रहता था। वही अपने दादा की मृत्यु के उपरान्त देहली का स्वामी बना। यह एक बड़ी विचित्र घटना थी क्योंकि उसका पिता जीवित था। इसका उल्लेख बाद में होगा।

सुल्तान मुइज़्ज़ुद्दीन बिन (पुत्र) नासिरुद्दीन बिन (पुत्र) सुल्तान ग़यासुद्दीन बल्बन

जब सुल्तान ग़यासुद्दीन बल्बन की रात्रि में मृत्यु हुई तो उसका पुत्र नासिरुद्दीन लखनौती में था। अतः उसने अपने पोते कैख़ुसरो को अपना उत्तराधिकारी बनाया। वह उसके शहीद पुत्र का पुत्र था किन्तु सुल्तान ग़यासुद्दीन बल्बन का नायब मलेकुल-उमरा उससे द्वेष रखता था। उसने एक चाल चली जो सफल हो गई। उसने एक जाली पत्र समस्त अमीरों के हस्ताक्षर का तैयार कराया। उसमें यह लिखा था कि वे सुल्तान बल्बन के पोते मुइज़्ज़ुद्दीन की बैअत करेंगे। उसने कैख़ुसरो को परामर्श देते हुये कहा कि बड़े-बड़े अमीरों ने उसके भाई से बैअत कर ली है अतः उसके प्राण ख़तरे में हैं। जब कैख़ुसरो ने उससे यह पूछा कि 'मुझे क्या करना चाहिये' तो नायब ने परामर्श दिया कि "आप इसी समय सिन्ध चले जायें।"

(१७६) कैख़ुसरो ने कहा कि "मैं इस समय कैसे भाग सकता हूं, शहर के समस्त द्वार बन्द हैं" मलेकुल-उमरा ने उत्तर दिया कि "कुंजियाँ मेरे पास हैं। मैं द्वार आपके लिये खोल दूँगा।" उसने मलेकुल-उमरा के प्रति कृतज्ञता प्रकट करते हुये उसके हाथ चूमे। इसके उपरान्त वह मलेकुल-उमरा के परामर्श से घोड़े पर सवार हुआ और अपने कुछ विश्वासपात्र अधिकारियों तथा दासों को लेकर चल खड़ा हुआ। मलेकुल-उमरा ने उसके लिये द्वार खोल दिये और उन लोगों के चले जाने के उपरान्त द्वार बन्द करा दिये।

इसके उपरान्त वह मुइज़्ज़ुद्दीन की सेवा में उपस्थित हुआ और उसकी बैअत करने को कहा। मुइज़्ज़ुद्दीन ने उत्तर दिया कि "मैं किस प्रकार राज्य का अधिकारी हो सकता हूँ क्योंकि मेरे चाचा का पुत्र उत्तराधिकारी बनाया जा चुका है।" मलेकुल-उमरा ने उसे बताया कि किस प्रकार उसने एक युक्ति से कैख़ुसरो को भगा दिया है। इस पर मुइज़्ज़ुद्दीन उसे धन्यवाद देकर शाही महल में ले गया और अमीरों तथा बड़े-बड़े पदाधिकारियों को बुलवाया। सबने रात्रि ही में उसकी बैअत करली।

---

१ वह बुग़रा ख़ाँ का पुत्र था।

(१७७) दूसरे दिन प्रातःकाल समस्त प्रजा ने उसकी बैग्रत करली ग्रौर वह पूर्णरूप से बादशाह हो गया। इसके उपरान्त उसके पिता को, जो जीवित था, यह समाचार मिला। उसने कहा कि "मैं राज्य का उत्तराधिकारी हूं। मेरा पुत्र किस प्रकार राज्य पा सकता है ग्रौर पूर्णरूप से स्वतन्त्र शासक बन सकता है, क्योंकि मैं तो जीवित ही हूं।" उसने ग्रपनी सेना तैयार की ग्रौर सेना लेकर देहली की ग्रोर चल पड़ा। उस ग्रोर से नायब ने बादशाह को साथ लिया। गंगा-तट पर कड़े के ग्रामने-सामने दोनों सेनाग्रों के शिविर लग गये। नासिरुद्दीन ने नदी तट पर, उस स्थान पर शिविर लगाये जहाँ कड़ा स्थित था ग्रौर जहाँ हिन्दू यात्रा करने जाते हैं। उसके पुत्र सुल्तान मुइज्ज़ुद्दीन ने नदी के दूसरे तट पर ग्रपने शिविर लगाये। दोनों के बीच में नदी थी। दोनों ने युद्ध करना निश्चय कर लिया था किन्तु इसी बीच में ईश्वर की कृपा से सुल्तान नासिरुद्दीन के हृदय में यह बात ग्राई कि "यदि मेरा पुत्र बादशाह है तो इससे मुझ ही को सम्मान प्राप्त है ग्रौर मुझ ही को उसके विषय में यह इच्छा करनी चाहिये।"

(१७८) इस प्रकार उसके हृदय में ग्रपने पुत्र की ग्रोर से प्रेम उत्पन्न हो गया ग्रौर ईश्वर ने मुसलमानों को मारे जाने से बचा लिया। उसने सुल्तान मुइज्ज़ुद्दीन के हृदय में भी ग्रपने पिता के प्रति प्रेम उत्पन्न कर दिया। दोनों ग्रपनी-ग्रपनी नावों पर सवार हुये ग्रौर नदी के बीच में मिले। सुल्तान ने ग्रपने पिता के पैर चूमे ग्रौर उससे क्षमा माँगी। उसके पिता ने उससे कहा कि "मैं ग्रपना राज्य तुझे प्रदान करता हूँ ग्रौर तुझको उसका स्वामी बनाता हूँ।" उसने उसकी बैग्रत की। इसके उपरान्त वह ग्रपने प्रदेश को लौट जाना चाहता था किन्तु उसके पुत्र ने उससे ग्रपने राज्य में चलने का ग्राग्रह किया। वह उसे ग्रपने साथ देहली ले गया। जब वे राज-भवन में प्रविष्ट हुये तो उसके पिता ने उससे राज सिंहासन पर विराजमान होने के लिये कहा ग्रौर उसके सामने ग्रादरपूर्वक खड़ा हो गया। नदी पर इन दोनों की भेंट लिक़ाउस्सादैन[1] के नाम से प्रसिद्ध है क्योंकि इसके द्वारा बड़ा रक्तपात बच गया ग्रौर एक दूसरे को राज्य प्रदान किया गया तथा दोनों ही ने युद्ध न किया। कवियों ने इस घटना पर कविताग्रों की रचना की।

(१७९) नासिरुद्दीन इसके उपरान्त ग्रपने प्रदेश को लौट गया। कुछ समय पश्चात् उसकी मृत्यु हो गई। उसके उत्तराधिकारियों में ग़यासुद्दीन बहादुर था जिसे सुल्तान तुग़लक़ ने बन्दी बना लिया था किन्तु तुग़लक़ की मृत्यु के उपरान्त उसके पुत्र मुहम्मद ने उसे मुक्त कर दिया। मुइज्ज़ुद्दीन ने ४ वर्ष तक राज्य किया[2]। उसका राज्य एक बहुत बड़ा समारोह कहा जा सकता है। मेरी भेंट उन लोगों से हो चुकी है जिन्हें उस समय की स्मृति थी। वे उस समय में प्रत्येक वस्तु के बाहुल्य, चीज़ों का मूल्य सस्ता होने तथा मुइज्ज़ुद्दीन के दान-पुण्य की चर्चा किया करते थे। उसने देहली की जामा मस्जिद के उत्तरी प्रांगण में एक मीनार[3] बनवाया। इसके समान कोई ग्रन्य मीनार संसार में नहीं। हिन्दुस्तान के एक निवासी ने मुझे बताया कि सुल्तान मुइज्ज़ुद्दीन को भोग-विलास तथा मदिरा-पान के कारण एक ऐसा रोग हो गया था जिसकी चिकित्सा तबीब (चिकित्सक) न कर सके। उसके शरीर का एक भाग सूख गया। तत्पश्चात् उसके एक नायब जलालुद्दीन फ़ीरोज़शाह ख़लजी ने विद्रोह कर दिया।

———

१ क़ेरानुस्सादैन।

२ १२८७ ई० से १२९० ई० तक।

३ यह सूचना उसे भली भाँति याद न रही।

मुख्य सहायक ग्रन्थों की सूची

फ़ारसी

अब्दुल हक़ मुहद्दिस देहलवी — अखबारुल अखियार (मुजतबाई प्रेस, देहली १३३२ हि०)

अमीर ख़ुर्द, मुबारक अलवी — सियरुल औलिया (देहली १३०२ हि०/१८८५ ई०)

अमीर ख़ुसरो — वस्तुल हयात (अलीगढ़)

क़ेरानुस्सादैन (अलीगढ़ १९१८)

मिफ़ताहुलफ़ुतूह (अलीगढ़)

ख़ज़ाइनुलफ़ुतूह (अलीगढ़ १९२७)

दिवलरानी ख़िज़्र ख़ाँ (अलीगढ़ १९१७)

नुह सिपेहर (इस्लामिक रिसर्च एसोसियेशन १९५० ई०)

तुग़लक़नामा (हैदराबाद १९३३)

एसामी — फ़ुतूहुस्सलातीन (मद्रास १९४८ ई०)

क़ज़वीनी, मीर अलाउद्दौला — नफ़ायसुल मआसिर (हस्तलिखित, अलीगढ़ विश्वविद्यालय)

निज़ामुद्दीन अहमद — तबक़ाते अकबरी (बिबलियोथिका इण्डिका १९१३-३१)

फ़ख़्रे मुदब्बिर — तारीख़े फ़ख़रुद्दीन मुबारकशाह

आदाबुल हर्ब वश्शुजाअत (र्‌यू, ब्रिटिश म्युज़ियम)

फ़रिश्ता, मुहम्मद क़ासिम हिन्दूशाह — गुलशने इबराहीमी या तारीख़े फ़रिश्ता (नवल किशोर प्रेस)

बदायूनी, अब्दुल क़ादिर — मुन्तखबुत्तवारीख़ (बिबलियोथिका इण्डिका १८६४-६९)

बरनी, ज़ियाउद्दीन — तारीख़े फ़ीरोज़शाही (बिबलियोथिका इण्डिका १८६०-६२)

अख़बारे बरामेका (बम्बई)

सहीफ़ै नाते मुहम्मदी (हस्तलिखित, रामपुर रिज़ा-पुस्तकालय)

फ़तावाये जहाँदारी (इण्डिया आफ़िस, लन्दन)

मिनहाज सिराज — तबक़ाते नासिरी (बिबलियोथिका इण्डिका १८७३-८१ ई०)

यहया बिन अहमद सरहिन्दी — तारीख़े मुबारकशाही (बिबलियोथिका इण्डिका १९३१ ई०)

सद्रुद्दीन हसन निज़ामी — ताजुल मआसिर (प्रोफ़ेसर मुहम्मद हबीब की हस्तलिखित पोथी)

अरबी

इब्ने बतूता — यात्रा का वर्णन (पेरिस १९४९ ई०)

उर्दू

सर सैयिद अहमद ख़ाँ — आसारुस्सनादीद (कानपुर १९०४)

हिन्दी

रिज़वी, एस० ए० ए० — ख़लजी कालीन भारत (अलीगढ़ १९५५)

ENGLISH

Ahmad, M. A.	Early Turkish Empire of Delhi (Lahore 1949)
Elliot and Dowson.	History of India as told by its own Historians, 8 Vols. (London 1887)
Ethe, H. E.	Catalogue of the Persian Manuscripts in the Library of the India Office.
Habibullah, A. B. M.	The Foundation of Muslim Rule in India (Lahore 1945)
Hodivala; S. H.	Studies in Indo-Muslim History (Bombay 1939)
Mahdi Husain.	The Rehla of Ibn Battuta (Baroda 1953)
Mirza, M. W.	The Life and Works of Amir Khusrau (Calcutta 1935)
Qureshi, I. H.	The Administration of the Sultanate of Delhi (Lahore 1944)
Raverty, H. G.	Translation of Tabaqat-i-Nasiri (London 1873)
Rieu, C. R.	Catalogue of the Persian Manuscripts in the British Museum, London 1879-95.
Storey, C. A.	Persian Literature; A Bio-Bibliographical Survey.
Thomas, E.	Chronicles of the Pathan Kings of Delhi (London 1871)

नामानुक्रमणिका

(अ)

(आ)

(इ)

(ऐ)

(औ)

(क)

(ख)

(ग)

(घ)

(च)

(छ)

(ज)

(झ)

(ट)

(ड)

(ढ)

(त)

(थ)

(द)

(न)

(प)

(फ)

(ब)

(भ)

(म)

(य)

(र)

(ल)

(व)

(श)

(स)

(ह)

(त्र)

शुद्धि पत्र

पृष्ठ	पंक्ति	अशुद्ध	शुद्ध
१७	२	निकलता ता	निकलता तो
	३०	अपना नेता	अपना नेता होने
१९	१५	भेजन	भोजन
	३१	इमाम ज़ादी	इमाम ज़ादा
२०	१८	शम्मुद्दीन	शम्सुद्दीन
२२	२१	अल्तमश	इल्तुतमिश
२३	२३	भद्रों	सद्रों
३१	२	बादशाह शाहज़ादा	शाहज़ादा
३२	३७	मुशारिफ़े मूमालिक	मुशरिफ़े ममालिक
३६	१	विद्वान नूर तुर्क	नाम मात्र के विद्वान नूर तुर्क
३७	१८	मुग़ीमुल ख़लक	मुग़ीसुल ख़लक़
४१	३०	क़जा	क़ज़ा
४५	१५	तुकतिरमू	तुकतिमुर
५१	१४	नज्मुद्दीन	नज्मुद्दीन
५७	३५	मलिक कूजी	मलिक कूची
५९	४	कज़ल खाँ	कज़लक खाँ
६१, ६५	२५, १०	क़र्राख़िता	क़रा ख़िता
६७	३६	कह कविता	वह कविता
८४	३०	माग	मार्ग
९६	२०	हज़ार सजी	हज़ार सवार सजी
९८	१४	पढ़ने हेतु	पत्र पढ़ने हेतु
१०४	२०	जनाज़	जनाज़े
१०८	१७	इख़बारे बरामेका	अख़बारे बरामेका
	१०	अब्दुल क़ासिम	अबुल क़ासिम
१०९	२३	पुत्र के नाम	पुत्रों के नाम
११५	३०	दवेशों	दरवेशों
१२५	३६	रूस	रूम
१२७	१७	संग्रहीत	संगृहीत
१२८	३५	माबिया	माविया
१३२, १३६	१६, १०	सालवी	सालबी
१३३	१९	गुलात	गुलात
	३५	मौलाना नूरुद्दीन	मौलाना सद्रुद्दीन

पृष्ठ	पंक्ति	अशुद्ध	शुद्ध
१३६	२०	चरणों	चारणों
१४३	१८	ुकाता	भुकाता
१४८	२७	तमन्नी	तुमन्नी
१५६	२८	अब्बाबीन	अव्वाबीन
	२६	अबराद	अवराद
१६०	६	निश्चय	निश्चिन्त
१६२	१६	के समय एक हजार	के समय के एक हजार
१६५	१-२	और और	और
	१६-२०	का का बध	का बध
१७०	३८	अबुल मज्द मज्दूद	अबुल मज्द मज्दूद
१७१	२८	अफ़ज़क्षुद्दीन	अफ़ज़लुद्दीन
१७७	१३	भगवान् से डरने वाले	भगवान् से न डरने वाले
१८१	१	७० तथा ८० हज़ार	१७ तथा १८ हज़ार
१८७	१६	शेर अन्दाज	शेर अन्दाज़
१८९	३५	पत्र विभाग के व्यवहार	पत्र व्यवहार के विभाग
१९२	३२	बुद्धिमानी	बुद्धिमानों
१९५	२७	मुवक़्क़िदा	मुवक्किदा
१९६	२०, २५	जलालुरूस	जलाल उरूस
२००	१३	निश्चित	निश्चिन्त
२०१	३२	मराज़ी	मराजी
२०२	३	शेख़ुरशुयूख़ुल	शेख़ुश्शुयूख़ुल
	३२	चौग़ाने ज़र	चौगाने ज़र
२०३	१६	बल्बन के	बल्बन का
	२४	यादगाह	यादगार
२०४	५	जब कि क़रन	जब कि दो क़रन
२०९	२८	और लोगों के उसके	और उसके लोगों पर
२१७	५	खेल खानादारों	खेल खानादारों
	२१	खेल-खानों	खेल खानों
२१८	३०	खेल खाने	खेल खाने
२२४	५, ७	हौजक	हौजक
२२७	२३	तथा-रूप	यथा रूप
२३०	१८	व्वस्था	व्यवस्था
२३१	७	दुनिया न	दुनिया से
२३८	२०	क़ुव्वतुत तारीख़	़ुब्बतुत तारीख़
२३९	१२	बहराम ग़ोर	बहराम गोर
२४१	३७	सर मरोह	सर गरोह

पृष्ठ	पंक्ति	अशुद्ध	शुद्ध
२४३	८	दरबर उसका	दरबार में उसका
	२४	गेंदों	मेंढों
२४४	१३	कम्मत	कम्मल
२४५	११	ख्वाजा दास	ख्वाजा सरा
२५२	१२	अब्दुल मुज़फ़्फ़र	अबुल मुज़फ़्फ़र
२६६	२१	ग़ज़ब	ग़ज़्व
२७१	२२-२३	शरीयत के के	शरीयत के
२७५	२३	नट	तट
२७८	४	कक़ुबाद	कैक़ुबाद
	३६	नफ़हातुलउन्सा	नफ़हातुल उन्स
२८५	१०	महमूद	मुहम्मद
२८६	१५	क़लम	कलस
२८९	२५	शहनये	शहनये बार
२९१	१४	पूव	पूर्व
२९५	३७	विलाप	वियोग
३०२	२७	याक़ूब	याक़ूत
३०५	४	कखुसरो	कैखुसरो
३०७	२९	कतबी	कलबी
३१२	२८	जल जाने वाले	जल लाने वाले
३१३	५	० वर्ष	२० वर्ष
३१४	२१	लिक़ाउस्मादैन	लिक़ाउस्सादैन
३१६	२०	१८३९	१९३९

नोट—छपाई की बहुत ही साधारण अशुद्धियों का उल्लेख नहीं किया गया है। आरम्भ के कुछ पृष्ठों में 'पूर्णतया' के स्थान पर 'पूर्णतयः' तथा 'सैयिद' के स्थान पर 'सैयद' छप गया है।